宗教 | 五術 | 心靈 | 保健 | 人文

宗教｜五術｜心靈｜保健｜人文

陽宅 2026 AI風水新視角
風水指南
Guide to Yang House Feng Shui
CHINESE GEOMANCY
FENGSHUI
學術、專業、權威、信賴

紫旺氣

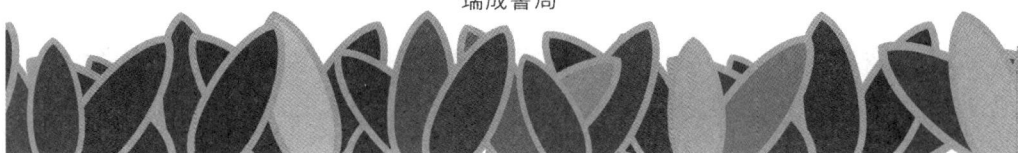

胡肇台 博士 編著
www.hutair.com.tw
大學系所風水課程指定教材
瑞成書局

作者序

　　風水學源遠流長，乃古人為尋求理想居住與生存環境，尤為重視山川形勢之格局，歷經千年觀察與實踐，遂形成一套有系統的環境選址與利用準則，成為古代建築規劃設計與營建施工的重要依據。俗語說：「成敗看陰宅，吉凶論陽宅。」足見風水對於人生禍福、興衰得失之關鍵影響。自古以來，無論王侯將相或黎民百姓，皆對風水情有獨鍾，上觀其義理浩瀚深遠，下察其應用廣泛普及，已蔚為千年傳統之風氣。「風水」一詞，從字義解析，「風」為氣流之象，象徵能量的流動與傳導；「水」則為萬物之源，主養生育，具形體流動之特性。風與水，象徵自然界兩種重要元素，其互動關係構成風水實踐的核心價值所在。風水之道，旨在順應自然，掌握「藏風聚氣」的環境條件，以期達到趨吉避凶、安居樂業之效。

　　古代建築，在選擇建地之初，古人往往綜合考量氣候、地質、地貌、生態與景觀等自然環境因素，藉由長年累積的經驗與觀察，形成評判理想聚落與民居選址的風水準則。因此，傳統民居與聚落在營建之前，必須先行風水勘察，以定擇址與坐向。人們深信，優良的地氣關係著居住者的健康與運勢，其影響深遠，由此可見風水在古代建築規劃中的重要性，實難忽視。

　　現代建築，在科技高度發展的今日，除強調機能性與藝術性外，也日益重視建構技術與風水理念的整合應用。然而，隨著城鄉差距縮小，都市高樓密集，常遮蔽山水視野，難以重現傳統風水所追求的「山環水繞、氣聚有情」之理想格局。為創造更適宜的建築空間，現代風水可歸納為三大核心要素：一是推算適當時機，掌握天時；二是擇定基地與朝向，順應地利；三是規劃有利氣場流通的空間格局，達成人和。此融合自然觀、人文精神與當代表現的設計調控方式，正是風水從傳統走向現代、由形而上落實於建築實務的升級途徑，也將成為空間規劃中不可忽視的重要學門。

當代讀者研讀先賢所遺之風水典籍，常覺艱澀難解，文字深奧、歌訣晦澀、章法結構繁複，使人有「管中窺豹」之感，難窺全貌。有鑑於此，本書以三元玄空學理為基礎，輔以圖解說明，融合筆者多年大學教學與實務操作經驗，並結合現代科技工具，致力突破傳統風水與建築設計及營建施工的藩籬，建構活化整合的空間意象。全書不涉宗教背景與民俗觀點，跳脫風水迷信刻板印象，轉以科學、理性的觀點重新詮釋風水內涵。透過豐富插圖與案例，引導讀者建立清晰實用的理解架構，避免陷入抽象幻想。本書貫穿「發現問題、解決問題、創造機會、永續發展」理念，內容涵蓋理論剖析、文獻回顧、流年宜忌、實務應用與擇日技巧，既是風水入門指引，亦可作為進階研究與操作之參考依據。

　　筆者秉持先父 胡敏如（洓溪）先生虛懷若谷、敦厚樸實之精神，自幼耳濡目染，承其研習玄空風水之志，深感此學蘊含天人合一、形氣相生之智慧。多年潛心鑽研實務與理論，體悟風水觀宅辨象與布局構圖須耗時費力，卦理推演若無嚴謹邏輯，易致誤判。基於此，筆者確立「釐清存在概念、設定判斷準則、建構應用模式」為研究與撰寫核心，結合理論解析、文獻回顧與實務驗證編成本書，兼具系統性與可操作性。因應 AI 時代來臨，筆者亦探索人工智慧於風水研判與建築規劃之應用潛力，透過數據分析、圖形辨識與模擬演算，提升精準度並降低誤差，邁向智慧化、可視化、科學化之方向。書中內容除作為教學教材，更提供初學者便捷入門之徑，亦為實務與學術交流之參考，敬祈指教。

佛曰：「一切法，為治一切心，若無一切心，何用一切法。」

胡肇台（圓銘） 謹識
2025年8月

賜教：+886-935-253888
E-mail：hutair@gmail.com
Http://www.hutair.com.tw

目錄

凡讀書最切要者，目錄之學；
目錄明，方可讀書；
不明，終是亂讀。

—清代學者王鳴盛《十七史商榷》

第壹章、風水學基礎知識 001

第一節、風水基本概念 003
　一、風水是什麼？爲什麼要學習它？(論氣、藏風聚氣) 003
　二、風水術形成(體驗轉化為知識範疇) 005
　三、風水學演進(分五階段之整合) 005
　四、風水研究主體(陰宅風水、陽宅風水) 012
　五、風水研究取向(人文社會、歷史哲學、建築風水) 013
　六、風水流派分類(十八種類別、判斷與輔助之法、系統流派) 014
　七、怎樣下功夫學好風水(釐清概念、判斷準則、應用模式) 015
　八、選址吉凶決定因素(風水環境、建築環境取材範圍) 016
　九、風水學之繼承與創新(篩選技法、技術創新、和諧融合) 018

第二節、AI 技術在風水領域之潛力 019
　一、AI 定義與生成模式(數據分析、機器學習、深度學習、未來發展) 019
　二、AI 在風水領域之應用(不同層次應用分析) 020
　三、AI 與風水結合之必要性與可能性(具科學性與可信度) 021
　四、現階段挑戰與未來努力方向(核心差異、後續研究與實踐) 022

第三節、巒頭與理氣互參應用 023
　一、學理區分(巒頭學、理氣學) 023
　二、相輔相成(研究觀點、輔助工具、人物論述、現代建築) 023
　二、呼形喝象(操作上之盲點、理性選擇應用) 025

第四節、行龍結穴 027
　一、觀脈認龍 027
　二、龍脈行止 029
　三、龍脈運動過程(從過度至結穴九項過程繪圖分析) 030

第五節、陰陽精義(相對論) 037

一、陰陽對立……………………………………………………038
　　二、陰陽平衡……………………………………………………038
　　三、陰陽轉化……………………………………………………038

第六節、五行精義(掌握相生、相剋、中和、比和)…………039
　　一、五行特性(化生萬物)………………………………………039
　　二、五行相生(依賴促進)………………………………………040
　　三、五行相剋(對立排斥)………………………………………040
　　四、五行生剋之運用(吉凶判斷、五行中和、比和)(生剋制衡)……041
　　五、四時二十四節氣(土圭計時、確定方位、北斗七星、計時單位)…042
　　六、正五行象徵(基本概念、五行方位)………………………051
　　七、五行與四季之關係(旺、相、休、囚、死變化現象)………053
　　八、六十甲子納音五行(手掌便捷推算)………………………054
　　九、五行強旺、衰弱、生剋制化之理(哲理分析)……………058
　　十、五行分類(常用參考分類)…………………………………059
　　十一、建築物樓層數與朝向推算法(河圖五行應用、案例引述)…060

第七節、八卦精義(起源誕生、排列組合)……………………064
　　一、八卦起源(自然現象創造卦象)……………………………064
　　二、八卦誕生(無極、太極、兩儀、四象、八卦)……………064
　　三、六十四卦形成(有序1/2、1/4、1/8、1/16、1/32、1/64化生)…069
　　四、八卦卦象(陰陽動靜、卦爻現象與淺釋)…………………070
　　五、畫八卦(爻由下而上、排列組合哲理)……………………072
　　六、先天(伏羲)八卦(自然規律衍生、有卦序、記憶模式)……073
　　七、後天(文王)八卦(節令排列順序、有方位、記憶模式)……078
　　八、先、後天八卦之關係(陰陽消長、相對位置)……………082

第八節、掌握方位……………………………………………085
　　一、風水學術中的方位定義(方向、方向角、方位、方位角)…085
　　二、八卦二十四山(羅盤基本方位、角度、陰陽順序)………088
　　三、二十四山組合(二十四山組合、下盤與兼盤、三元龍區分)…089

第九節、測量方位……………………………………………108
　　一、使用工具(指南針、羅盤構造、正確量度)………………108
　　二、定坐向(線向觀測、學理用途)……………………………118

2026 陽宅風水指南

02

三、定八方位(八方觀測、虛擬九宮格、立極點、幾何原理)..............123

第十節、看風水基本操作流程(掌握五個流程)......................127

第貳章、玄空風水學基本學理 129

第一節、《易經》對風水的啟示 131

　　一、《易經》源於《周易》(分經傳兩部分)......................131
　　二、易學流派分類(兩派六宗)......................131
　　三、《易經》對風水理論之影響(模糊性、靈活性、留白性)..............132
　　四、哲理與思維的異同(易經思維模式、風水管理模式)..............133

第二節、玄空風水學(玄空、內涵、操作、紫白、黃白二氣)..............135

第三節、排玄空飛星盤 136

　　一、基本認識(五行顏色、掌握元運、當運為旺)..............136
　　二、洛書盤飛星步驟(入中順逆飛)..............138
　　三、洛書大數(縱橫數合十)..............140
　　四、飛星盤式及順逆飛(陰陽哲理應用)..............141
　　五、飛星盤手掌訣(便捷應用)..............144

第四節、三元九運 145

　　一、元運區分(衰旺判斷準則)..............145
　　二、三元九運與當旺(天心正運、建造竣工)..............146

第五節、挨星下卦法 148

　　一、第一步(先飛運星)..............148
　　二、第二步(坐星與向星入中宮)..............149
　　三、第三步(決定順逆飛)..............149
　　四、排盤要領(時空差距、布局排列、吉凶象徵)..............151

第六節、兼向吉凶 152

　　一、大凶度數(氣機雜亂、為禍甚巨)..............152
　　二、出線(山與山交界)..............153
　　三、出卦(卦與卦交界)..............153
　　四、陰陽差錯(陰陽相雜)..............154
　　五、凶度影響(影響健康、婚姻、事業)..............156

六、文獻回顧(兼盤要領)...156
　　七、替卦應用(應用時機與要領).......................................157

第七節、八卦類象...163
　　一、因星度象(邏輯觀念、常用八卦類象).........................163
　　二、環境與健康(磁場與時空影響、人體健康部位關係).........165

第八節、風水命卦...168
　　一、男性風水命卦運算(便捷手掌法).................................168
　　二、女性風水命卦運算(便捷手掌法).................................169
　　三、命卦計算要領(推算邏輯性).......................................171
　　四、風水命卦速查一覽表(查表運用).................................171
　　五、風水命卦特質(命卦基本特徵、類比參考應用).................176
　　六、風水命卦與宅星之關係(空間方位應用).........................177

第九節、紫白飛星之應用...178
　　一、年紫白飛星(流年便捷應用).......................................178
　　二、月紫白飛星(流月便捷應用).......................................180
　　三、日紫白飛星(流日便捷應用).......................................183
　　四、時紫白飛星(流時便捷應用).......................................184
　　五、刻紫白飛星(流刻便捷應用).......................................185

第十節、五行生剋變化...187
　　一、五類元素(主、客星應用模式).....................................187
　　二、入(發福綿長)..187
　　三、剋入(吉凶轉變)..188
　　四、比(相同主吉)..189
　　五、出(逢出必凶)..189

第十一節、憑星斷事(判斷要領、降龍十八式)..................191

第十二節、雙星加會斷事(集古文獻卦理)......................194
　　一、雙星加會所代表之意義(評判準則).............................194
　　二、雙星斷事要領(五行、陰陽靈活應用).........................203
　　三、紫白九星八方位斷略(當運、退運吉凶判斷)................204

第十三節、二十四山之方位特性..................................211
　　一、雌雄交媾(順逆規則)..212

二、坐向方位特性(吉凶衰旺)..................213
　　三、空位忌流神(挨星空位之影響)..............215

第貳章、重要法訣原理及應用(常用要訣拆解分析)..................219

第一節、風水的境界與層次(判斷層次與應用效果)..................221
　　一、形巒層次(非理性應用)..................221
　　二、形理層次(理解推算)..................222
　　三、望氣層次(體悟應用)..................222

第二節、五行與五常(儒家道德規範)..................224

第三節、八宅明鏡風水學(四吉方、四凶方定局)..................226
　　一、八宅學理分析..................226
　　二、八宅區分法..................228

第四節、大玄空風水學(知元運、合局法則)..................232
　　一、學理分析..................232
　　二、應用實例(都市規劃、空間設計、景觀植栽、水景布局)..................235

第五節、二十八星宿消砂法(分生、旺、奴、泄、煞來論吉凶)..................236
　　一、學理分析..................236
　　二、應用實例(歷史古廟為例)..................239

第六節、常用催吉輔助方位..................243
　　一、主命文昌位(生扶助益)..................243
　　二、主命驛馬位(催旺財祿)..................245
　　三、桃花位(增強助益)..................247

第七節、理想陽宅模式..................251
　　一、四神方位(龍虎無涉吉凶)..................252
　　二、陽宅論四神相應(龍虎為方位上代名詞)..................253
　　三、四神與四方(非龍吉虎凶意象)..................254

第八節、形理兼察..................255
　　一、巒頭學基本宜忌(巒頭宜忌、地理五訣、五星與九星形巒特徵)..255
　　二、理氣學基本格局(四大格局、七.八.九運二十四山坐向吉凶)..279
　　三、下元七、八、九運二十四山綜合星盤..................281

第九節、重要法訣 302
一、反伏吟(極凶格局) 302
二、城門法(定向輔助旺氣) 305
三、三般卦(山向兩宮相互生成) 309
四、北斗七星打劫(劫未來旺氣) 312
五、陰陽合十(天地生成夫婦之道) 315
六、零水正水催水照水(衰方見水為旺、五黃星應用) 317
七、入囚(囚星在向、囚星在山、山星入囚、向星入囚) 321
八、地運長短(地運計算、五黃囚不住、地運統計) 324
九、九運重要法訣吉凶(列表便捷應用) 326

第十節、水法之應用 327
一、九星水法(輔星水法) 327
二、八曜煞(黃泉八煞) 336
三、輔星水法之運用(案例推演) 346
四、開水井(開井方位一覽表) 353

第肆章、建築環境之選址與定向(建築上應用較佔優勢之法)....359

第一節、認龍要領(古創今用) 361
一、建築與風水 361
二、來龍去脈 361

第二節、排龍選址定向(確定建築基地位置) 363
一、選址定向要領 363
二、排龍訣(基本要領，操作步驟、五吉七凶、同元一氣、陰陽相配) 363

第三節、挨星訣(確定建築物朝向) 383
一、擇址立向 383
二、案例引述 383

第四節、收山出煞訣(確定建築景觀形式) 385
一、收山出煞要領(隱蔽與開陽之法) 386
二、收山之特徵 387
三、出煞之特徵 388

第伍章、自救化煞原理與運用(DIY之應用)................389

第一節、自救化煞的原理 391
　一、掌握五行生剋 391
　二、實物制化布局 391

第二節、化煞吉祥物品的應用(掌握普遍性) 393
　一、認清心理自慰 393
　二、運用宜普遍性 393
　三、形塑建築環境 393
　四、化煞吉祥物品之解析 393
　　(一)銅鈴化五黃與鬥牛煞 394
　　(二)銅葫蘆化病星與紫黃大煞 395
　　(三)黑醋化交劍煞 396
　　(四)古銅錢擋煞 397
　　(五)小羅盤化官符 398
　　(六)168水玲瓏催財(其他動水器材) 400
　　(七)文昌塔利功名就 401
　　(八)布四支毛筆利讀書考試 403
　　(九)木雞破桃花煞 405
　　(十)水晶助旺功能 407
　　(十一)九運旺氣能量球(九運催旺與調和水景應用) 409

第三節、空間五行調和應用(卦理分析、水口定局五常應用) 411

第四節、空間缺角方位補救(卦理分析、缺角補救) 414

第五節、改換天心迎旺運(卦理分析、退運裝修之法) 416

第六節、五鬼運財局(九星山法與水法、地母翻卦法與輔星水法之應用) 420

第七節、納骨塔位之選擇(掌握建築朝向、選擇塔位) 428

第陸章、玄空易卦法(掌握星運流轉、卦運組合) 433

第一節、玄空易卦風水學(配合飛星法應用更具效應) 435
　一、卦運 435
　二、星運 441
　三、星運手掌速算法 441
　四、東西父母三般掛 448

五、換爻定陰陽之規則(星運速算) 452

第二節、卦運與星運應用時機 453
　　一、布水局之要領 453
　　二、星運組合學理 453
　　三、挨星納氣規則 454

第三節、玄空易卦羅盤介紹 456

第四節、抽爻換象(定爻度選向) 457
　　一、爻合者(爻度合生成與河圖之數) 457
　　二、爻不合者(兩爻交界之中間線) 460
　　三、中間線法(初、二爻交界線，四、五爻交界線) 463

第五節、易經六十四卦吉凶宜忌(簡釋、世說新語、吉凶宜忌)...464
　　一、六十四卦卦意 464
　　二、成卦與元運吉凶判斷 481

第六節、易卦法操作要領(龍山水向、體用、星運分布、定向純清) 482

第柒章、2026年九運二十四山吉凶便覽(空間DIY調整)......485

第一節、入門實作步驟(天龍八步) 487

第二節、空間太極概念(一物為一太極、空間配飛星) 489

第三節、坎宮壬子癸三山(坐北朝南三方位) 491
　　一、壬山丙向 491
　　二、子山午向 494
　　三、癸山丁向 497

第四節、艮宮丑艮寅三山(坐東北朝西南三方位) 500
　　一、丑山未向 500
　　二、艮山坤向 503
　　三、寅山申向 506

第五節、震宮甲卯乙三山(坐東朝西三方位) 509
　　一、甲山庚向 509
　　二、卯山酉向 512
　　三、乙山辛向 515

第六節、巽宮辰巽巳三山（坐東南朝西北三方位）......518
- 一、辰山戌向......518
- 二、巽山乾向......521
- 三、巳山亥向......524

第七節、離宮丙午丁三山（坐南朝北三方位）......527
- 一、丙山壬向......527
- 二、午山子向......530
- 三、丁山癸向......533

第八節、坤宮未坤申三山（坐西南朝東北三方位）......536
- 一、未山丑向......536
- 二、坤山艮向......539
- 三、申山寅向......542

第九節、兌宮庚酉辛三山（坐西朝東三方位）......545
- 一、庚山甲向......545
- 二、酉山卯向......548
- 三、辛山乙向......551

第十節、乾宮戌乾亥三山（坐西北朝東南三方位）......554
- 一、戌山辰向......554
- 二、乾山巽向......557
- 三、亥山巳向......560

第捌章、實踐案例分析......563

第一節、風水生活應用......565
- 一、名片藏玄機扭轉乾坤（2026年名片吉凶方位）......565
- 二、慎選數字號碼迎好運（手機、車牌號碼DIY選用）......572
- 三、擇日暗建煞推算之法（2026年、月避開建築動土、修造日期）......579
- 四、2026年三合貴位分析（2026年吉祥飾物或畫之禁忌）......581
- 五、2026年吉方位布局（流年財位、零神位、三合貴位）......582

第二節、風水案例分析......583
- 一、舊居裝修－提升生活品質與空間機能......583
- 二、空間蛻變－打造畫廊專屬之商業機能......592
- 三、機能優化－友善便捷的自助洗衣服務......597

第玖章、吉日良辰 ... 601
第一節、擇吉日良辰之重要性(干支運用、二十八星宿) ... 603
第二節、擇吉日良辰宜忌(行事術語、方位與神煞宜忌、四不用) ... 609
第三節、2026年擇吉日良辰便覽(時辰換算、擇吉日良辰) ... 614
- 1月份吉日良辰 ... 615
- 2月份吉日良辰 ... 617
- 3月份吉日良辰 ... 619
- 4月份吉日良辰 ... 621
- 5月份吉日良辰 ... 623
- 6月份吉日良辰 ... 625
- 7月份吉日良辰 ... 627
- 8月份吉日良辰 ... 629
- 9月份吉日良辰 ... 631
- 10月份吉日良辰 ... 633
- 11月份吉日良辰 ... 635
- 12月份吉日良辰 ... 637

參考文獻(參考古籍著作) ... 639
風水操作流程(建築工程、室內裝修工程) ... 641
編後記 ... 643
附註：封面設計—可用的創意羅盤 ... 644

藏書不難，能看為難；
看書不難，能讀為難；
讀書不難，能用為難；
能用不難，能記為難。
——清代文學家張潮《幽夢影》

宋朝·陸九淵《陸象山語錄》記載：「自明然後能明人」

第壹章
風水學基礎知識
Fengshuixue Jichuzhishi

　　風水學是一門人人皆可學習的知識，只要從基礎入手，紮實研究，持之以恆，必能達到「一分耕耘，一分收穫」的成果，並無捷徑可走。學習風水的關鍵，在於釐清基本概念、設定判斷準則，並構建應用模式。只要研究方法正確，即便道路漫長，也能穩步前行。本章共分為十節，作為學習風水的關鍵起點，內容由淺入深，搭配圖說解析，幫助讀者掌握風水學的基礎理念。不僅是入門者必學的基本知識，也為進一步研究奠定堅實根基。此外，本章亦嘗試引入具有發展潛力的 AI 技術，以促進風水技能與知識的廣泛傳播，使其更貼近大眾需求，同時成為進階研究的重要理論依據。

本章內容提要

第一節、風水基本概念

第二節、AI技術在風水領域之潛力

第三節、巒頭與理氣互參應用

第四節、行龍結穴

第五節、陰陽精義

第六節、五行精義

第七節、八卦精義

第八節、掌握方位

第九節、測量方位

第十節、看風水基本操作流程

第一節、風水基本概念

一、風水是什麼？為什麼要學習它？

風水其實是一種環境科學，其目的是讓人在生活環境中，得以安居樂業。"風"與"水"字義上有個別的涵意，"風"就是氣，指空氣受太陽輻射量之不同，會產生高低氣壓流動而形成風；"水"就是人類生活的重要資源，會順著地勢向低處流動而形成水的形態。而"風水"一詞，出自東晉郭璞(276~324)《葬書‧內篇》記載：「氣乘風則散，界水則止。古人聚之使不散，行之使有止，故謂之風水。」揭示從喪葬的角度，最早提出風水概念之處。根據明朝徐善繼、徐善述《人子須知》記載：「地理家以風水二字喝其名者，即郭氏(指郭璞)所謂葬者乘生氣也。而生氣何以察之？曰：氣之來，有水以導之；氣之止，有水以界之；氣之聚，無風以散之。故曰要得水，要藏風。又曰氣乃水之母，有氣斯有水。」及清朝范宜賓《乾坤法竅‧葬書辯證》記載：「無水則風到而氣散，有水則氣止而風無。」均說明了風水是有關生氣的一門學問，並不是傳統意義上的空氣，而是在環境中有利身心成長的生命之氣。因而生氣要在避風聚水(考慮風向與水流)的環境，目的是要藏風以避免氣散，聚氣是為得水界氣，才能使萬物得以成長。因此，風水的核心價值，就是處理人與自然、人與生存環境，要營造融洽的和諧關係。我們為什麼要學習風水，就是要取得社會的和諧與經濟效益。

(一)論氣

"氣"存在於虛無飄渺之間，是一種能量的象徵，在多元智慧不同領域之下，包含著多重意義，就會有各種不同的詮釋，不是一句話，就能概括說明清楚的。"氣"，為中國古代哲學常見的基本概念之一，許多學術經常提及"氣"，如中醫理論講氣血，武術原理練氣功，命理預測談運氣，藝術精神論氣韻，風水則言生氣(指有利身心的生命之氣)。雖各家所建立的理論體系及應用對象不同，但諸家思想淵源與重視氣之妙用，本是一體同根源。

生氣的視覺形象是透過行龍與水流來呈現，藉連貫山脈與環抱的流水表現氣韻；即陰陽之氣在地中行成地氣，有著像氣體一般的流動特性，常藉望氣尋龍（指觀察山脈的走向或水之匯流），所凝聚氣的形態來辨結穴（指生者居處或死者墓穴）的吉凶，用作為環境選址。

(二)藏風聚氣

自古以來，人們營造居室，離不開找尋合適的自然生態環境。根據清朝范宜賓對《葬書註解》記載：「風水二字為地學之最，而其中以得水之地為上等，以藏風之地為次等。」說明環境選擇，以得水為上，藏風次之，得水就是指大地有水，就可證明有生氣的存在，藏風只是措施之一；《葬書》記載：「夫陰陽之氣，噫而為風，升而為雲，降而為雨，行乎地中而為生氣。生氣行乎於地中，發而生乎萬物。」及清朝黃元禦《素問懸解・陰陽應象論五》記載：「清陽為天，濁陰為地；地氣上為雲，天氣下為雨。」均說明了萬物皆由生氣所生，氣出於大地，又循環回歸大地，當溢出於地表後，受太陽熱力的不同，使空氣產生對流進而形成風，上升於天空汽化為雲，水蒸氣凝結降下為雨，生氣再回到大地中運行，不在天空中，亦不入滲地中的就是水，即陽氣上升，陰氣下降，陰陽交合生萬物。因而在自然界中形成一個生氣的循環系統（圖1-1）。

(圖1-1)生氣循環圖

二、風水術形成

　　古人為尋找理想的生存環境，特別重視山川形勢的樣貌，累積了千年的體驗，而這種經驗法則，在現實生活中含有科學無法解釋的疑慮，卻有如同科學邏輯性的平衡法則。西方人講究眼見為憑，東方人證悟天人合一。因此，造成風水學的評價褒貶不一，有人認為超出經驗範圍，不能證實或證偽，一律視為迷信，有人認為似乎與自然科學契合，基本上信者恆信，不信者恆不信。根據德國古典哲學家伊曼努爾·康德（Immanuel Kant）（1724~1804）哲學理論的一個基本出發點是「認為將經驗轉化為知識的理性（即範疇）是人與生俱來的，沒有先天的範疇我們就無法理解世界。」風水觀念，就是來自古人生活經驗的累積，所創造出來的實用理論。這種體驗轉化為理論，可說是中、西方的哲理是一致的。儘管風水帶有迷信色彩，但在一定程度上是具有科學成分，不能簡單的將"風水"與"迷信"劃上等號，而應該以辨證的精神去看待，否則風水是不可能流傳至今而不輟。

三、風水學演進

　　風水學長達幾千年的發展過程中，以西周時期，用氣解釋陰陽，公劉《詩經·大雅》記載：「相其陰陽，觀其流泉。」並增添了占卜的吉凶理念；秦漢時期，強調五行學說與天人感應；東漢時期融入宗教因果色彩，可說是百家爭鳴；魏晉南北朝時期，以風水學對山水美學進一步的詮釋。唐朝時期，揭穿了喪葬之禁忌與迷信，建立理氣方位之理論；宋朝時期，指南針之應用，建立理、象、數體系之理論；明清時期，風水著作大盛。根據清朝紀昀（1724-1805）《四庫全書·術數類敘》記載：「術數之興，多在秦漢以後。要其旨不出乎陰陽五行，生剋制化。實皆《易》（指易經）之支流，傳以雜說耳。」說明了中國漢魏六朝是風水理論體系的構建形成時期，擺脫單純禁忌形態，引入陰陽五行理論，並開始理論化和體系化的歷史過程，初步形成了體系較為完備的風水理論形態，從孕育、成長、成熟、衰退、再生不斷的演變與進化。茲將風水學的發展特徵，歸納分類為五個階段的整合，列表說明如下：

(一)第一階段整合

　　史前文化(前26世紀~-2070)，仰韶文化遺址，據考古發現分布在黃河及其支流的"彎部"及周圍的地形，構成了原始人的地理視野。古代民居聚落之選址，基於生活上的需要，通常臨水而居，考量安全擇址在"彎部"，即水流彎曲處，由於物理慣性與離心力之作用，造成侵淤互現。在內彎處，水流速變緩，水位降低，造成水流搬運泥沙的能力下降，而逐漸石磯淤積而增地；相對在外彎處，水流速變急，水位提高，造成水流搬運泥沙的能力提高，而逐漸造成河岸或土地侵蝕而減地，河川彎部因水流形成環抱與反弓形態示意(圖1-2)。此種以水流形態的觀點，已成為風水擇地之條件。在第一階段風水學的演進，是在殷商、周朝、春秋戰國時期(-1559~-221)，殷商時期，以經常遷都，是透過占卜來選址；周朝時期，以天干地支用以紀年與紀時，亦透過占卜來選址，並用土圭法測日影定方位；先秦時期，以陰陽五行學說形成了理氣概念，其他如相土嘗水、象天法地，運用地、水、氣之觀點形成形勢派。因而此階段的風水理論的發展特徵，已具有陰陽平衡觀念與巒頭學(指研究山水形勢，建物結構，周遭環境等，對人之吉凶影響。)及理氣學(指研究時間、空間之氣場對人之影響；運算須用羅盤測方位，星數推演論吉凶。)之雛形。此為風水學第一階段的整合(孕育期、萌芽期)(表1-1)。

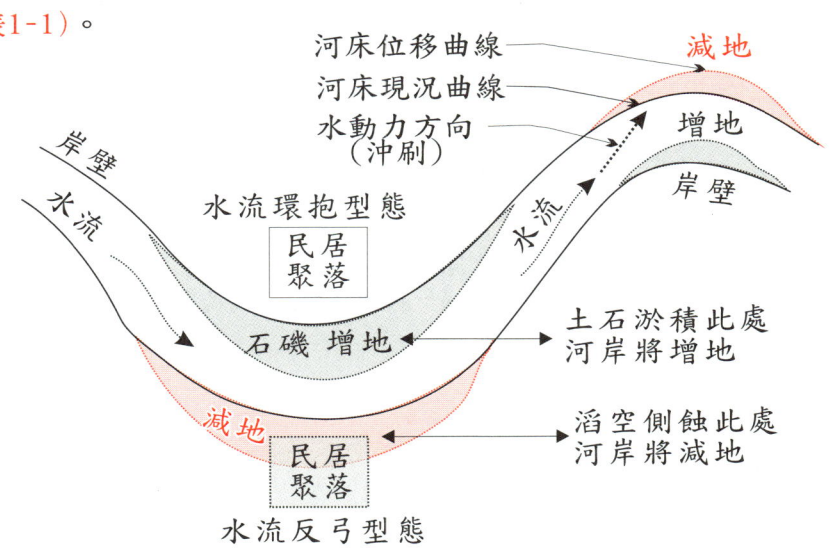

(圖1-2)河川彎部形成環抱與反弓形態

第一節 風水基本概念

(表1-1)風水學第一階段整合(孕育期、萌芽期)

發展階段	朝代 (起止時間)	代表人物與著作	風水理論發展的特徵
孕育期	史前文化 (前26世紀~-2070)	1.仰韶文化遺址、半坡遺址,選擇河川灣部及其周邊的地形,構成原始部落的基址。 2.仰韶文化發現墓室青龍白虎圖案。 3.日光之向背,引申一切現象,恰如陰陽相反相成。	1.文化遺址構成原始人最初地理視野與風水格局,天圓地方的觀念,形成與天人合一思想的萌芽。 2.墓中出現貝殼青龍與白虎;形意墓中星象及河圖洛書圖案的傳說。 3.陰、陽兩極互相運作概念,已臻成熟。
第一階段 萌芽期	殷商 (-1559~-1046)	1.殷墟發現甲骨文。 2.盤庚《盤庚》三篇。	1.甲骨文紀錄已使用十天干、十二地支記日。 2.透過占卜擇址(都城或聚落民居)。
第一階段 萌芽期	周朝 (西周) (-1046~-771) (東周) (-770~-256)	1.公劉(姬劉,周文王祖先)由邰遷豳。 2.古公亶父(周太王)占卜擇址到岐地。 3.周公《周禮‧春官》以周天分十二次,用以計年;土圭測影定疆界。	1.相陰陽,觀流泉,擇地觀形勢,看方位,形成風水觀測的理念。 2.透過占卜擇址(都城或聚落民居)之法。 3.紀載使用十二辰記時,並用土圭法,測日影,定方位之法。
第一階段 萌芽期	春秋戰國 (周、秦、齊、晉、燕、楚) (-770~-221)	1.齊國鄒衍(-324~-250)創立五德終始說。 2.齊國管仲(-719~-645)《管子‧形勢》。 3.楚國伍子胥(-559~-484)姑蘇台建立吳都。	1.為陰陽五行學說的創使人,生剋關係的建立,成為理氣學派的理論。 2.形勢篇談日月、天地、山水,揭開了巒頭學派之先河。 3.相土嘗水,象天法地,成為巒頭學之應用。

(二)第二階段整合

　　漢、魏晉南北朝時期(-202~589),漢朝時期,以太極、陰陽、五行、八卦理論的結合,充分在風水術中應用;魏晉南北朝時期,以玄學與宗教的興起,多元化的發展使風水學更加的神秘性與迷信化。因而此

階段的風水理論的發展特徵，確立巒頭觀察與理氣方位的系統性理論。此為風水學第二階段的整合(成長期)(表1-2)。

(表1-2)風水學第二階段整合(成長期)

發展階段	朝代 (起止時間)	代表人物與著作	風水理論發展的特徵
第二階段 成長期	漢朝 (西漢) (-202~8) (東漢) (25~220)	1.漢朝董仲舒(-179~-104)《春秋繁露》反映神學唯心哲學思想。 2.西漢鄭康成注《周易乾鑿度》宣揚天人感應論。 3.東漢王充(27~97)《論衡》提倡無神論的思想觀點。 4.《圖宅術》、《地形誌》、《宮宅地形》、《相宅圖》、《宅吉凶論》宅有八術、五音、五行。 5.《堪輿金匱》講陰陽五行之理。 6.東漢于吉《太平經》傳達天命的讖書。	1.將宗教天道觀和陰陽五行學說結合一起，提出天人感應論，使風水含有宗教思維與迷信的成因。 2.揭示洛書軌跡運行九宮八方位的規則。 3.駁斥風水文化含有五姓、五音、住宅五行等，屬性不合理與神靈預言的迷信活動。 4.著重形巒相地之法，均已失傳。 5.班固《漢書、藝文誌》記載《堪輿金匱》十四卷，內容著重在陰陽五行之法，已失傳。 6.為道教經典，承負說融入道法與因果論的思維，助長了占卜陰陽宅的神秘性。
	魏晉南北朝 (222~589)	1.北魏酈道元(470~527)《水經注》記載了千條大小河流及歷史遺蹟。 2.魏朝管輅(209~256)《管氏地理指蒙》集形勢、理氣兩學之大成。 3.晉朝郭璞(276~324)《葬經(書)》。 4.東晉陶侃(259~334)《捉脈賦》。	1.系統介紹水系1252條及流域之自然與人文概況。 2.以陰陽、五行、望氣尋龍，建立形(巒頭)理(理氣)兼察為理念。 3.論述生氣、藏風得水、理氣方位、巒頭觀察，確立風水具備邏輯系統性的理論。 4.堪輿家根據地勢尋找龍脈，屬於專論形巒之法。

(三)第三階段整合

隋、唐、宋、元時期(581~1402)，隋朝時期，以整合陰陽五行理論

第一節 風水基本概念

，對風水學有極大貢獻：唐朝時期，在先賢楊筠松大力倡導下，人才輩出著書立作，促使風水理論的視野在廣度與深度上都得到拓展，巒頭與理氣學也相對成熟；宋朝時期，以羅盤的發明與推廣，開啓了理氣學派的研究，形成"巒頭為體，理氣為用"的理念；元朝時期，根據清末民初柯劭忞(1850~1933)《新元史‧禮志》記載：「元泰定二年(1325)官方下令禁用陰陽相地邪說。」為風水學低潮期。因此，此階段的風水理論的發展特徵，確立巒頭與理氣學派的融合，形成體用關係(體指本體，用指作用，體用為一體兩面之述。)的共構模式，促使風水學的發展，為全盛時期。此為風水學第三階段的整合(成熟期)(表1-3)。

(表1-3)風水學第三階段整合(成熟期)

發展階段	朝代(起止時間)	代表人物與著作	風水理論發展的特徵
第三階段 成熟期	隋朝(581~619)	蕭吉《五行大義》、《宅經》、《葬經》略窺陰陽五行與空間分割思想。	蒐集大量文獻，企圖以整合陰陽、五行、節氣、方位建構其對於空間分割的論點。
	唐朝(618~907)	1. 李淳風(602~670)《推背圖》、《乙巳占》為預言書，觀天象，知吉凶與未來。 2. 呂才(605~665)《敘宅經》、《敘葬經》、《敘祿命》創立無神論思想。 3. 丘延翰《海角經》、《撥砂經》、《理氣心印》為人卜葬地理氣，陰陽五行生剋之應用。 4. 張遂(僧一行)(683~727)《銅函經》是偽書以破天下王氣，廢地理真傳。 5. 楊筠松(634~900)《疑龍經》、《撼龍經》為巒頭法。 6. 黃妙應(820~898)《博山篇》相地法。 7. 卜應天《雪心賦》論述巒頭特徵。	1. 天文學、曆法、吉凶預測，溶入風水術中。 2. 揭穿喪葬中的吉凶、禁忌、迷信深刻的批判，放射出唯物論思想光輝。 3. 論述理氣方位及陰陽五行生剋觀念之應用。 4. 借其威名，顛倒陰陽五行，視亂休囚，飛走天星，湮亂視聽，寫下不正確的風水文章，讓外國人去學習，以收制夷之效，俗稱《滅蠻經》。 5. 《撼龍經》探討山龍剝換辨識九星形態，《疑龍經》以探討水口與論結穴形勢。 6. 描述南方山水形勢，屬巒頭學之理論。 7. 為形勢法，主要論述巒頭吉凶與特徵。

第三階段 成熟期	宋朝 （北宋） （960~1127） （南宋） （1127~1279）	1. 吳景鸞《先後天理氣心印》融入易學概念為風水應用。 2. 陳博《先天圖》為自然規律之內涵。 3. 王伋(1007~1076)《問答語錄》定九星四吉四凶。 4. 楊維德《瑩原總錄》是一部相墓書。 5. 廖瑀(943~1018)《地理泄天機》、《葬法新印》、《洩天機》、《九星傳變》整理葬法修正，五行生剋有吉凶。	1. 把《易經》概念融入風水理論與應用之中。 2. 建立理、象、數體系，為先天易學的本質特性。 3. 論述八宅風水及理氣學派之理論。 4. 《瑩原總錄》是迄今所發現的有關指南針的最早文獻，記述了磁偏角，但缺乏對指南針製造方法的敘述。 5. 重視龍、穴、砂、水、堂氣生成於天地。
	元朝 （1271~1368） （北元） （1368~1402）	1. 朱震祥《風水問答》論安土重遷經驗。 2. 劉秉忠(1216~1274)《地理大全》天文地理律曆為指導思想。	1. 《新元史‧禮志》記載元泰定二年(1325)官方下令禁用陰陽相地邪說。 2. 都城建設為指導思想，規劃修建的元大都。

（四）第四階段整合

　　風水的核心內容，就是處理人與生存環境，要營造融洽和諧的問題，其範圍很廣，如宮殿、民居、村莊、都市建設等，有著密切的的關係。古代都城建築，十分慎重，關係到未來是否興旺發達。因而古都選址定向，無論是山、水、林園，建築思維是多元豐富，也蘊含著天人合一的文化意識。以明、清時期(1368~1911)皇宮建築紫禁城，前有金沙河，後枕萬歲山，形成所謂的靠山面水、陰陽和諧的理想風水意境。明清兩個朝代，計有二十四位皇帝用作為皇宮。明朝時期以皇室崇尚風水術，上行下效的結果，促使民間風水蓬勃發展，造成術士眾多與術書龐雜，可由明成祖（1407）推動編纂完成的《永樂大典》(1405~1407)發現收錄了許多風水理論。清朝時期，皇室亦對風水重視，逐漸融入宗教思維與民俗色彩，使得風水術淪為迷信之學，可由康熙年代完成之《古今圖書集成》（1726~1728）與乾隆年代《四庫全書》(1773~1784)發現收錄許多風水理論。因此，此階段的風水理論的發展特徵，風水的研究論述，已氾濫到多、雜、難、亂的地步，由於風水術的畸形發展，淪為術士謀生工具，把風水蒙上了神秘面紗，造成有識之士排斥避之唯恐不及，更遑論研究了。此為風水學第四階段的整合（衰退期）(表1-4)。

(表1-4)風水學第四階段整合(衰退期)

發展階段	朝代(起止時間)	代表人物與著作	風水理論發展的特徵
第四階段衰退期	明朝(1368~1644)	1.繆希雍(1546~1627)《葬經翼》中醫思想融入風水體系。 2.徐善繼、徐善述《地理人子須知》巒頭上有傑出成就。 3.徐試可《地理天機會元》舊集重編。 4.劉基(1311~1375)《堪輿漫興》《披肝露膽經》巒頭形法。 5.周景一《山洋指迷》、王君榮《陽宅十書》屬形巒之法。	1.將中醫的望、聞、問、切移植在風水理論中，進行繼承與發揮。 2.考證巒頭風水案例，將研究的心得和盤托出，坦誠不藏私，立下好的風範。 3.諸家風水論述彙編成書，提供後學研究。 4.著重形巒之法論述。 5.山龍、平洋龍分論，並以山水形巒為本。
	清朝(1636~1911)	1.丁芮樸《風水袪惑》指出風水宗派，自立門戶，不相通用。 2.趙九峰《地理五絕》《陽宅三要》屬三合派著作，並以五行生剋陰陽配合為主。 3.蔣平階(1616~1714)《地理辨正注》《水龍經》精通玄空學，認為生氣的關鍵就是望水。 4.沈竹礽(1849~1906)《沈氏玄空學》悟出玄空學奧祕之破解。	1.風水術大抵不出形勢與方位兩家，各有宗派授受，對偽書考證具貢獻。 2.內容以五行觀念，三合學派理論，龍穴砂水向之論述為主。 3.專論理氣之法，具備邏輯系統性的理論。 4.考量時間、空間、方位因子，即巒頭與理氣學及元運時間三者，用作評價風水之法。

(五)第五階段整合

　　近代風水學的研究，應符合時代的需求，釐清風水理論與宗教背景及民俗觀點的區別，不能以西方的思維模式與科學標準來衡量風水學的理念。誠然，風水術過去主要流傳於建築工匠之間，有甚者淪為江湖術士謀生取財之工具。風水學對古建築的影響其價值鮮為人知，無論是選址定向、規劃設計、營建施工，幾乎無所不在，形成內涵豐富，獨具風格的體系。從現代科學來看，風水學具有人文哲理、地球科學、地形地

貌、水文地質、生態景觀、材質特性、色彩計畫、建築美學、營建管理等諸多內涵，融合爲一體的綜合性學科，其宗旨就是「認識自然、利用自然、改造自然、順應自然」，以河川環境的應用爲例加以說明。「認識自然」，意指瞭解河川的流向、寬度與深度、豐枯水期、漲退水位等特性；「利用自然」，即善加利用河川之水，提供農業灌溉、漁業養殖與交通航運等用途；「改造自然」，需審慎考量河川大部分爲天然護岸，不應爲局部利益而隨意改道、加蓋、取直或塡堵；「順應自然」，則是在水岸適當規劃建築、休憩空間與公園，順應地勢，營造親水和諧的環境。風水學宜將傳統風水學合理內涵融入在現代建築中應用，旣研究建築的選址定向、外觀材質、色彩計劃、空間布局等，並與自然生態產生和諧共生的客觀規律。因此，第五階段的發展面向，亟待風水理論的探求、解析、借鑑、援引的整合，用以釐清存在概念、設定判斷準則、建構操作模式，也正是風水學再生期的轉捩點，將成爲當前重要的趨勢。

四、風水研究主體

古人爲尋找理想的基址（無論是生者居處或死者墓穴），認爲此選擇關乎未來的吉凶禍福，因此特別重視風水術對環境的評估，並據此決定基址的取捨與布局的調整。英國近代生物化學家和科學技術史專家李約瑟博士（Joseph Terence Montgomery Needham）（1900~1995）所著《中國科學與文明》一書，爲風水下過定義：「此爲生者與死者之所處與宇宙氣息中的地氣取得和合的藝術。其基本思想是，如生者的居室與死者的墳墓不置於適當的地方，各種災禍將降及居者與墓中死者的子孫；反之，吉地將降祿壽與福址。」說明了風水對陰陽宅的因果關係。風水學依研究的主體，大致上可分爲陰宅、陽宅風水兩種。陰宅風水是以逝者爲本，研究墓穴的選擇與布局，以求安寧與後代福祉的藝術。依據墳地的選擇，大致上可分爲無山多水之平洋風水及多山不平坦之山地風水兩種。陽宅風水以人爲本，旨在研究居住環境的選擇與利用，進而提升生活品質的藝術。分外在環境布局之外風水及建築空間機能配置之內風水兩種(圖1-3)。基於世界先進國家均鼓勵以環保葬法，採火葬、

樹葬來節省土地資源，已逐漸成為社會廣泛認可與接受。因而陰宅風水的研究與論述正逐漸式微。

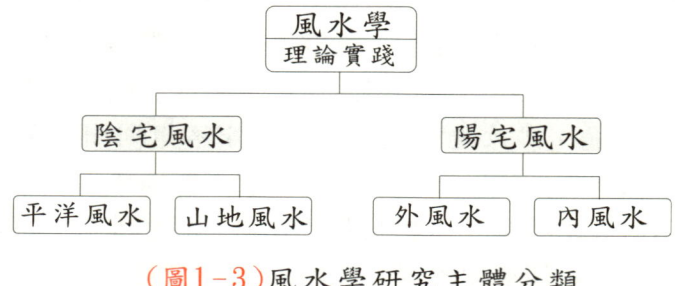

（圖1-3）風水學研究主體分類

五、風水研究取向

中國傳統風水文化，內容龐雜取證相當的艱鉅，導致風水於世俗眼光下，褒貶毀譽互見。究其因為理念不同，有從玄學術法、宗教背景、民俗觀點、實際效應、認知觀念的角度去評論風水，易流於斷章取義，要全面完整、公正、客觀作出合理的評價的確不易。因此，傳統文化的繼承與發揚，是非常嚴肅的課題。風水文化為當代社會流行的術數（指中國傳統五術山、醫、命、卜、相，以後三項歸類為術數）。研究風水的專著與論述更是層出不窮，回顧當前圍繞著風水研究的領域，嘗試歸納為三類面向（圖1-4），並說明如下：

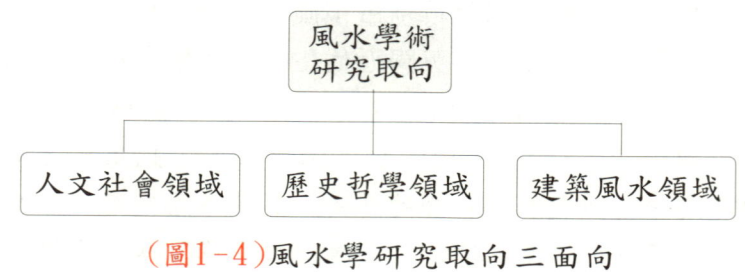

（圖1-4）風水學研究取向三面向

（一）人文社會領域

關注風水知識的流傳深受宗教背景與民俗觀點的影響，透過兩者的互動信念，強化了吉凶意識的表述，並在社會中產生深遠影響。實質而言，風水試圖建立一套兼具文化信仰與功能性的解釋體系，如今在民間社會中依然蓬勃發展。

(二)歷史哲學領域

關注風水典籍文獻的哲學形態與脈絡，探討風水觀念的具體特徵。實質而言，試圖建立一套風水哲學的思想價值與歷史意義，目前在學術界有蓬勃發展的趨勢。

(三)建築風水領域

關注風水術的理性提煉與其對當代科學技術發展的適應，致力於創新應用科技輔助工具（如衛星地圖與AI技術）與圖資共享機制，並促進各專業領域的和諧融合。實質而言，此研究試圖以科學方法驗證傳統風水知識的真實性與有效性，進而建立建築風水的操作模式與實踐體系。目前，此領域仍處於開拓階段。

建築風水學其核心在於探討人、環境、建築與風水四大要素的互動關係，並尋求共融共存之道。因此，建築風水學逐步走向古今交融的發展方向，促進傳統的繼承與創新已成不可逆的趨勢。多年來，透過建築風水的個案分析，發現其可相容於現代建築工程，既承襲傳統文化，又能在規劃設計中孕育新思維，為廣泛應用提供參考依據。

六、風水流派分類

風水學流派繁多，各有其獨特的理論與技法，難以單憑一派之觀點涵蓋整個風水領域。各門各派皆堅信自身理論的正確性，因而時有相互批評、攻訐之情事，讓初學者難以入門。由於風水流派間的論述仍存在矛盾、對立與斷章取義的現象，使其難以形成一套完整而統一的風水體系。目前流傳的風水流派，大致可分為強調地形地勢的「巒頭派」與重視氣場理論的「理氣派」兩大類，分出形法、向法、時法，再延伸出，如三元、三合、形象、九星、斗數、奇門、出世、八宅、四獸、納音、禁忌、交公、符咒、厭勝、卜筮、藥療、食療、修德等十八種之多。嘗試系統整理(圖1-5)，可進一步瞭解風水流派的全貌。風水學在現代建築中的應用，經多年實踐驗證，發現三元派理論較具優勢。其核心包含現代時空觀點，並強調時間變化的規律，使操作方式更具靈活性與可驗證性。

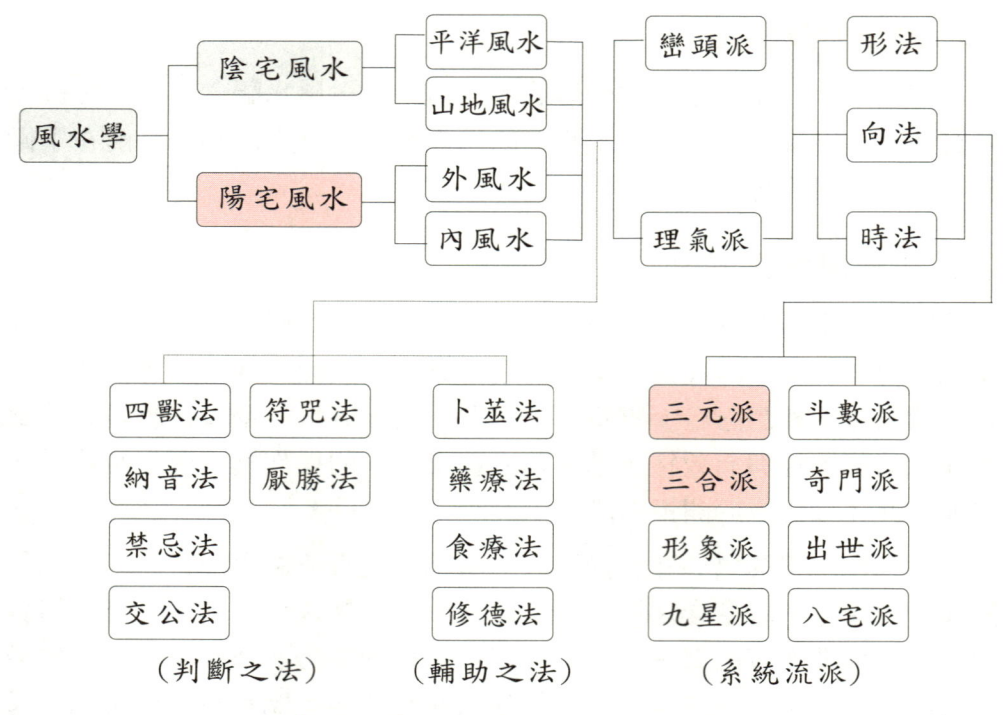

（圖1-5）風水流派系統圖

七、怎樣下功夫學好風水

風水學源自於《易經》，其內容蘊含豐富的人生哲理。然而，學習風水並非易事，不學不會，學了不一定會，但一旦學會，則終身受用。許多人想學風水，首先想到的是買書自學，但面對市面上琳瑯滿目的傳奇故事集、生活常識篇及各門派論述，往往難以系統性地打下基礎，反而容易陷入難解的困境。風水學的核心價值在於指導人們如何選擇環境、利用環境、營建環境及改造環境。簡而言之，學習風水要熟練掌握風水實務，必須從基礎紮實地研究起，相信「一分耕耘，一分收穫」，沒有捷徑可走。理性思考與經驗累積是學習風水應用的關鍵。

(一)釐清存在概念

流傳的風水派別與技法繁多，各具特色，若想全數學習，可謂終生難以完成。然而，許多人誤以為學習風水最重要的是找到秘本或口訣，這是一種錯誤的觀念。沒有紮實的基礎知識，即便擁有秘本也難以學明

白。因此，學習風水應從基礎理論入手，對事物採取理性思考，並重新詮釋經驗的意義，不應過於執著於門派和教理的分別心，而應根據基地環境的實際情況，選擇較佔優勢的風水術，如同拔河競賽，必須掌握方向、定位與行動的變化，這些都是致勝的關鍵。

(二)設定判斷準則

風水學歷經幾千年的演變，已衍生出眾多學派，若要全數學習或辨別其真偽，勢必耗費大量時間與精力。對於研究者或愛好者而言，探索風水學術的過程，從體悟、整理、記憶、理解到問題解決，是一個交互感知的學習歷程。然而，這樣的過程往往如同「遊騎於沙漠難尋歸宿，輕舟於大洋難登彼岸」，容易迷失方向或陷入迷思。因此，設定明確的判斷標準顯得尤為重要。誠然，風水運作，離不開巒頭（指有形可見的不變，如山勢、水流、建築布局等）與理氣（指無形可見，充滿變化，如氣場、方位、時間等）的互參應用，就是要從理論實踐中，找出判斷的關鍵因素，建立起風水術的判斷標準，用作環境吉凶禍福的預測分析，能夠達成有效性的評斷，就是最佳的選擇。

(三)建構應用模式

風水理論古創今用，實務上仍然是延續各師各法之傳統思維與技法，因而無法契合及強化在現代建築上之應用價值。為避免造成相互干擾排斥及延宕影響營建工期之情事發生。因此，風水術操作可依工程生命週期分類建構應用標準作業模式（SOP）（拙作《建築風水論》有詳實分享），用作檢驗所產生系統化架構之適用性，有助於整體面向的思考與判斷，具有互動融合的引導性，建築營造與風水共存和諧的永續發展。

八、選址吉凶決定因素

基址優選，是一種聚焦在土地上及周圍的環境，瞭解既存的、迫切的、潛在的狀態，考量風水學理與建築環境的取材範圍，在視覺環境中，取得優美的背景，把綺麗之自然風光和人文景觀，納入在建築構想中，採取相應的工程規劃設計措施，以確保土地合理的開發與利用。

(一)風水環境取材範圍

選擇符合「山環水抱」原則的基址（即建築構造物的位置），喻為「穴」（指生者居住地或亡者墓穴）。在風水巒頭學中，需考量覓龍、察砂、觀水、點穴、立向五大要素，合稱「地理五訣」(表1-5)。探討相互間的關係用以決定基址與立向。換句話說覓龍求真、察砂環抱、觀水環繞、點穴求吉的風水活動，作為建築選址定向的憑據。

(表1-5)龍、砂、水、穴、向地理五訣簡釋

地理五訣	簡釋
覓龍	審視龍脈的形勢，是否具備真龍條件，並以雄偉、圓潤、秀美為吉龍。
察砂	觀察環繞基址的小山，是否具備護衛與藏風聚氣的作用。
觀水	觀察是否具備山交水會的條件，用以確定氣的聚集處。
點穴	觀察是否具備山環水抱的具體位置，用以擇定天地靈氣匯集之處。
立向	審視基址建築的具體位置，用以確立坐向。

(二)建築環境取材範圍

建築物理環境涵蓋空氣、熱、光、色彩、聲音等研究範疇，其核心目標在於營造宜居環境。在物質層面，須考量地質、地形、水文、日照、風向、氣候、氣象、景觀等自然地理因素，並進行優劣評估。同時，建築環境亦受到精神層面因素的影響，如地理、經濟、政治、文化與歷史等(圖1-6)。建築環境的優劣直接關係到使用者的未來發展，因此需審慎評估，並採取適當措施與步驟，以確保基地開發成果趨於完善。

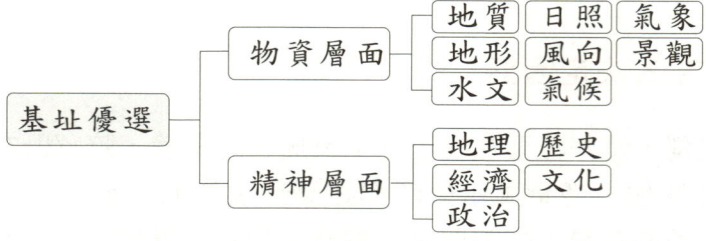

```
                    ┌─ 物資層面 ─┬─ 地質  日照  氣象
                    │            ├─ 地形  風向  景觀
基址優選 ───────────┤            └─ 水文  氣候
                    │
                    └─ 精神層面 ─┬─ 地理  歷史
                                 ├─ 經濟  文化
                                 └─ 政治
```

圖1-6 基址優選取材層面

九、風水學之繼承與創新

(一)篩選風水理論技法

風水學是一門綜合巒頭學（形相）、理氣學（時間與空間）以及擇日學（吉日良辰）相互作用的學問。建築空間之所以在某個時期興旺，而在另一個時期衰退，主要是因為時間的變化與形巒（地貌或空間）的改變，導致不同的吉凶結果。簡而言之，學習風水需掌握適當的時機，善用合宜的形巒與有利的方位等核心因素（圖1-7），以達到趨吉避凶的目的。

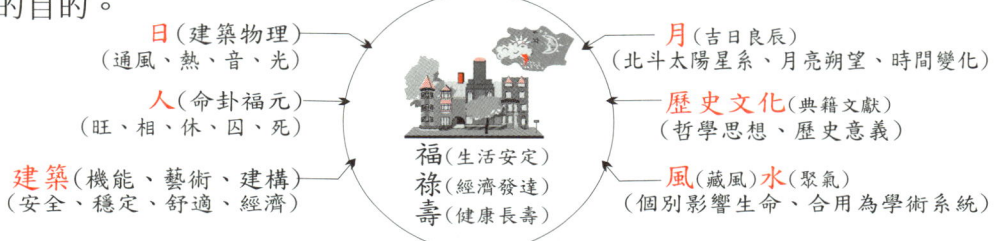

(圖1-7)風水學操作主要參考因子

(二)技術創新啟動升級

技術創新是本著理想化需要而改進風水術之法。目的就是優化作業過程，提高效率減少誤差，如同電腦重新啟動升級程式，保持最佳化狀態。因而"釐清存在概念、設定判斷準則、建構應用模式"的運作方式，就是學習風水的正確態度。建立"發現問題、解決問題、創造機會、永續發展"的思考邏輯為導向，用作決策過程，進行理性與適用性的抉擇。。

(三)塑造和諧友善環境

風水學的繼承與弘揚，應秉持科學家的精神來篩選方法並建立操作模式；以歷史家的精神探討其源流變化與文獻回顧；以哲學家的精神揣摩思想意識並確立核心理念；同時，以大眾的視角分析因果關係與實際效應。在此基礎上，除考量機能、藝術、建構與風水要素外，更應尊重各專業的和諧融合，共同創造具備藝術性與優質生活品質的環境，在現代建築中發揮實際功能，並成為人與環境互動關係中最豐富的收穫者。

第二節、AI技術在風水領域之潛力

　　AI（Artificial Intelligence人工智慧）作為一種專注於語言處理與機器學習的技術，在相關領域展現出極大的發展潛力。然而，在風水學術領域，目前尚無法確定 AI 是否能夠真正助益於風水實踐，畢竟現階段的技術仍未達到全面掌握風水技能並智慧操作的水平。儘管如此，AI 在風水學理的輔助應用方面，仍具有重要價值。例如，它可以幫助整理風水文獻、提供相關術法參考、繪製山水輪廓圖，並解答常見問題，使風水知識的查閱與學習更加便捷。這些應用不僅有助於風水知識的傳播，也讓大眾能夠更容易接觸與理解風水學。

一、AI 定義與生成模式

　　AI 在風水領域的應用，核心在於其定義與生成模式的建立（圖1-8）。從技術角度來看，AI 透過數據分析、機械學習、深度學習、未來發展等方式，用來模擬並優化傳統風水學的判斷過程，使其更加科學化與精確化。此外，AI 的發展還可延伸至未來趨勢預測，進一步提升風水應用的準確度與實用性。

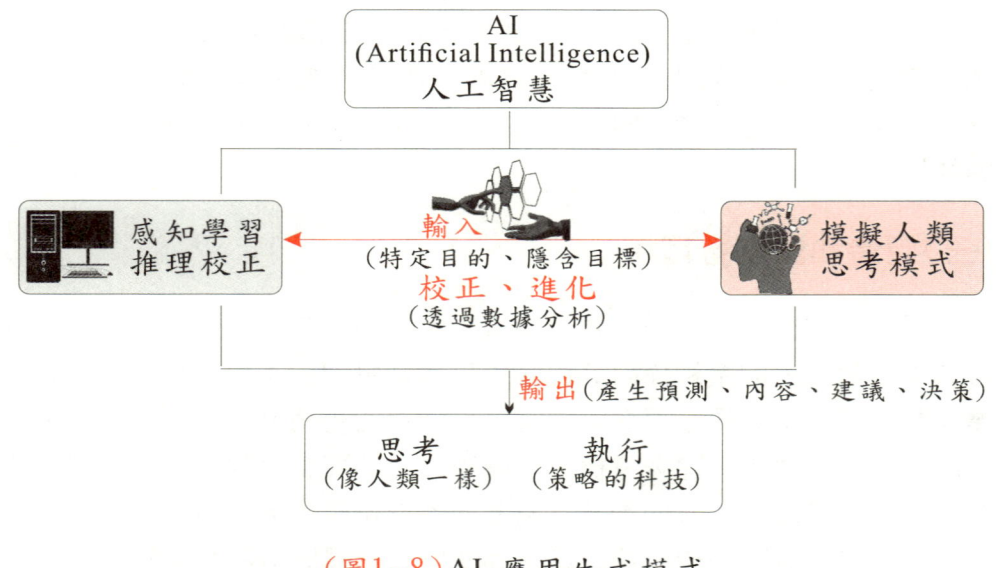

（圖1-8）AI 應用生成模式

二、AI 在風水領域之應用

　　AI 在日常生活中已廣泛應用，如手機語音助理(如Siri、Google小幫手)、YouTube及新聞平台的內容推薦系統，甚至醫療領域的病情判斷與汽車的自動駕駛技術等，這些都展現了AI在不同領域的智能化發展。同樣地，在風水領域AI 能夠透過環境數據分析與風水理論的結合，提供不同層次的應用(表1-6)，從基礎環境評估到高階趨勢預測，進而輔助決策制定。簡而言之，AI 的本質在於讓電腦模擬人類思考與執行策略，使其能夠理解風水理論、分析環境數據，甚至預測未來趨勢，從而為風水應用提供更智能化的決策支援。建立 AI 與風水結合應用生成模式(圖1-9)，既能提升傳統風水的準確性與科學性，也能拓展風水在現代城市、建築設計與日常生活中的應用範圍。隨著 AI 技術的進步，未來風水學將朝向數據化、智能化、個性化發展，使其更符合現代社會的需求。AI 不僅是傳統風水的輔助工具，更可能成為推動風水學革新的重要力量。

(表1-6) AI 與風水不同層次應用分析

層次	區分	不同層次應用分析
人工智慧 AI (Artificial Intelligence)	定義	透過人的知識、經驗、感覺，轉化為程式化的技術，使機器能模仿人類的思考與決策能力。
	應用	風水數據分析、繪山水輪廓圖、模擬布局建議。
機械學習 (Machine Learning)	原理	機器透過數學演繹法進行學習，並從數據中擬合模式，以獲得更準確的預測結果。
	應用	利用風水操作模式訓練AI，分析空間坐向與預測居住者吉凶禍福的關聯性。
深度學習 (Deep Learningce)	特點	採用多層神經網絡(多層感知機)，進行圖像辨識、語言處理、分類模型等，從大量數據中篩選特徵。
	應用	運用AI分析建築環境的風水格局特點，提供吉祥方位優勢條件，輔助規劃最佳風水設計方案。
未來發展 (Future Development)	人類對機器	人類擅長思考與創新，機器則擅長記憶與運算，把低階、瑣碎、重複、無趣的工作交給機器，釋出人力投入研究、創新，用來實現夢想。
	展望	透過AI輔助，未來風水學可能實現智慧化決策、虛擬風水環境模擬、機能量身打造之建議，使風水應用更加科學與精確，提升了風水學的應用價值。

第二節　AI技術在風水領域之潛力

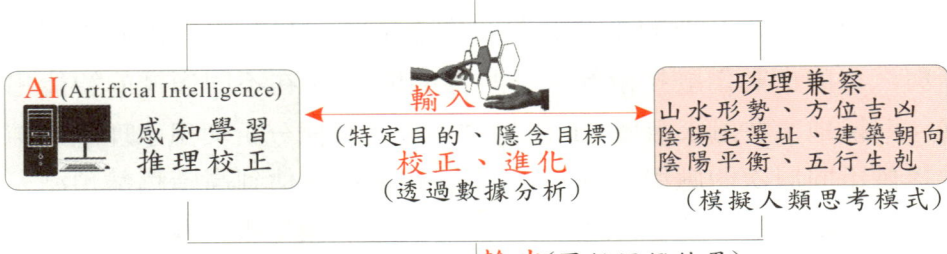

```
                    風水學
                （巒頭學與理氣學）
                        │
        ┌───────────────┴───────────────┐
        │                               │
  AI(Artificial Intelligence)    形理兼察
    感知學習    ←── 輸入 ──→    山水形勢、方位吉凶
    推理校正      （特定目的、隱含目標）  陰陽宅選址、建築朝向
                  校正、進化          陰陽平衡、五行生剋
                 （透過數據分析）
                                    （模擬人類思考模式）
                        │
                   輸出（圖紙評鑑結果）
                        ↓
                  具正確性與科學性
```

（圖1-9）AI與風水結合應用生成模式

三、AI 與風水結合之必要性與可能性

　　風水應用已拓展至高層建築、生態綠建築等現代環境，傳統風水工作者難以迅速處理龐大圖資。因此，AI 的結合既具必要性，也具技術可行性。AI 可透過大數據與演算法精確分析風水環境，並因應風水學派眾多、論述不一的情況，提供客觀且統一的建議，減少個人判斷誤差。此外，風水常被質疑缺乏科學依據，現可運用電子地圖，如高雄壽山圖像，並透過 AI 繪圖生成器提供山脊輪廓圖，以輔助風水判斷龍脈走勢（圖1-10），使風水分析更具科學性與可信度。儘管 AI 尚無法全面掌握風水術法，但其應用可提升風水的實用性，使其更易被接受並融入現代建築與生活。

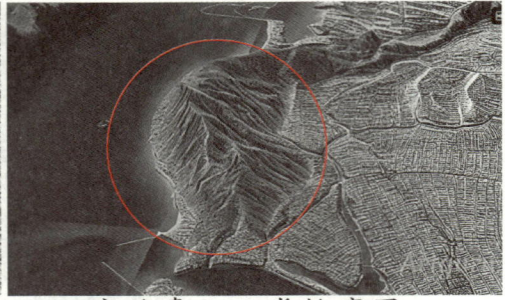

高雄壽山圖像　　　　　　　高雄壽山山脊輪廓圖

（圖1-10）AI 提供山脊輪廓圖輔助龍脈走向的判斷

四、現階段挑戰與未來努力方向

風水學屬於應用領域，而AI 科技可透過科學方法輔助風水分析。但目前仍無法取代風水學中的直覺判斷與象徵詮釋，最終仍需依賴人為解讀與決策。此外，AI 科技與風水學的核心差異，主要體現在研究範疇、方法論與驗證方式(表1-7)。為進一步提升AI 在風水領域的應用，整理現階段挑戰與未來努力方向(表1-8)，以提供後續研究與實踐的參考。

(表1-7) AI科技與風水學之區別

項目	AI 科技	風水學
定義	透過電腦模擬人類智能，包括機器學習、數據分析、影像識別等模擬人類智能，進行預測與決策。	認為環境與氣場影響個人運勢與健康，依靠哲學、陰陽五行學說，用直覺象徵與內部邏輯來驗證解讀。
方法	依賴大數據、機器學習、數學模型來預測與決策。	依賴羅盤觀測、方位角度、地形景觀、環境空間來判斷吉凶。
測試驗證	可透過數據與實驗進行驗證與改進。	多依靠直觀象形、易理邏輯、經驗體悟來判斷，較難完全用科學方式驗證。
應用範圍	不斷拓展，除了醫療、金融、智慧城市、自動駕駛等，未來還會有更多創新應用被挖掘出來。	分辨山水龍脈走勢、基地分析、選址定向，空間機能配置、景觀定位、擇吉日良辰等，為人植福。
可變性	隨科技進步快速演進，朝向數據化、智能化、個性化發展，更符合現代社會的需求。	學理傳承變化較少，有些圖資術法可配合科技工具來輔助應用，但決策推動目前尚需要人為操作控制。

(表1-8) AI 在風水上應用現階段挑戰與未來努力方向

區分	分類	說明
優點	擇優技法	設定陰陽宅在各種不同的場域，選擇較佔優勢的風水技法，由AI用來識別潛在的模式與趨勢，輸出更科學與客觀的決策依據。
	技術創新	AI 透過對大量的風水學資料，幫助風水工作者記憶與提示，是一種技術創新，已開發山水3D應用軟體，足以縮時應用。
	與時俱進	AI 在風水上應用，現在還只是初步，以玄空風水九運(2024~2043年)來論，9紫火運，其特徵為迅速蔓延與擴展，對應電子、電腦、網絡等高科技產業，顯示AI技術將迎來高速成長期。
缺點	主觀因素	個人喜惡、情感需求、文化背景等，這些因子可能不易用數字或量化的方式來表示或衡量。
	不確定性	風水工作者依多年的經驗、直覺、學理來提供風水成果與建議，會因不同涵養、認知、判斷而異，又因爭議和不確定性限制與干擾AI 的發揮。
	經驗判斷	風水學涉及哲學觀念、傳統文化、經驗累積是一門複雜學問。AI目前並不能完全取代傳統的風水學家或顧問的經驗與判斷。

第三節、巒頭與理氣互參應用

一、學理區分

　　風水學強調人類對自然環境的選擇與適應，是一門探索古建築環境與建築營造的學問。風水術隨時代演進，成為古今建築選址、定向與規劃設計的重要技術，並須遵循「趨吉避凶」的原則。風水的應用離不開「巒頭」與「理氣」兩大學理，其區分由來已久。根據東漢班固（32~92）《漢書·藝文志》記載，當時已有兩部早期風水書（皆已佚失）：《宮宅地形》側重形巒相地之法，而《堪輿金匱》則著重陰陽五行之理，這標誌著巒頭與理氣的學術分野。巒頭重視形巒研究，關注可見的地理形勢與環境特徵，能以肉眼觀察或透過五感（觸覺、聽覺、視覺、味覺、嗅覺）感知，具有形可見的不變。因此，相關文獻論述較為具象，易於流傳，較少隱晦或秘傳。理氣則著重推理與分析，構建一套關於時間、空間與方位變化的解釋體系。由於其無形可見且充滿變化，理氣學更依賴理論推導與深層思考。兩者相輔相成，共同構築了風水學的理論基礎與實踐體系。

(一)巒頭學

　　關注環境中的物象，透過視覺、心理感受及景觀衝擊的影響來評估吉凶。其操作方式類似於觀察面相，強調「觀相」之法，即透過對環境景物的敏感度，以直覺與潛意識自動反射出對環境影響的評估，屬於直覺歸納法。

(二)理氣學

　　關注有利時機與環境物象方位的推算，需透過羅盤測定角度，並運用術數規則（數理）來評估吉凶。其操作方式如同算命須推算八字，乃根據環境相關資訊，透過數理類象進行推理與預測，屬於理性演繹法。

二、相輔相成

　　自唐宋時期（618~1279），風水學經歷眾多流派的發展與傳承，大

致可歸納為「巒頭學」與「理氣學」兩大體系。根據清代丁芮樸（1821~1890）《風水袪惑》記載：「風水之術，大抵不出形勢、方位兩家。言形勢者，今謂之巒體，言方位者，今謂之理氣。唐宋詩人，各有宗派授受。」此說明風水術並非對立，而應相互融合應用。此外，宋代靜道和尚在《入地眼全書・例言》中指出：「地理之書，言巒頭者或遺理氣，言理氣者又遺巒頭，彼此偏勝，多無應驗。」此言強調，風水術唯有巒頭與理氣相輔相成，方能真正發揮效用。風水的操作方式可類比於電腦運作，理氣猶如應用軟體，決定運行規則與計算邏輯；巒頭則如同硬體基礎，提供實際運行的載體。唯有兩者相互配合，才能達到最佳效果。基於此，本文進一步歸納巒頭學與理氣學的流派特點，並探討其在現代建築中的應用（見圖1-11、表1-9）。

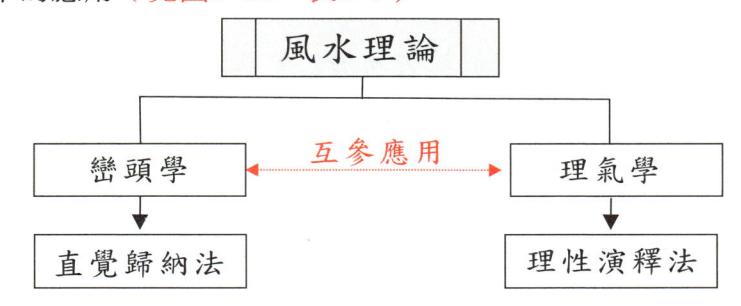

(圖1-11) 風水理論分巒頭學與理氣學之應用系統圖

(表1-9) 巒頭與理氣應用區分說明

區分	巒頭學派	理氣學派
研究觀點	注重覓龍、點穴、察砂、觀水、立向之相配，針對山川形勢之選擇，用作吉凶判斷，屬直覺歸納法。	注重陰陽、五行、八卦、九宮術數之推理，方位朝向角度，用作吉凶判斷，屬理性演繹法。
輔助工具	以視覺、觸覺、精神感受為主，不太注重羅盤使用（精確至二十四山每山15^0），運用時機，僅掌握山水方向。	以有利時機、選址定向、空間布局為主，注重羅盤使用（精確至每爻0.9375^0），測量角度，為推理依據。
人物論述	唐朝楊筠松(834~900)著作《撼龍經》、《疑龍經》、《葬法倒杖》成為巒頭學早期代表之作。	宋朝王伋(1007~1076)著作《心經》、《問答語錄》，成為理氣學早期代表之作。
現代建築	環境特質如地形地貌、地質土壤、生態植被、氣候水文調查分析與風水巒頭勘察，同樣納入基地元素分析。	建築規劃、空間配置、機能設計、營建施工、景觀配置與風水理氣設計意涵，其構想同樣用作優化建築環境為目的。

三、呼形喝象

在風水術中，以形定象、以象取名屬於巒頭學範疇，此法稱為「呼形喝象」或「喚景成象」，簡稱「喝象」。其操作方式著重於觀察大地山水地貌，採「三分神似，七分想像」之法，旨在突顯山川形態特徵，並以類似偶像、物件、靈獸等名稱作為印記。例如，常見的山水形象比擬為觀音、官帽、筆架、龍、龜、鶴、象、獅、蛇等，藉此取其吉祥寓意，認為這些象徵能影響人生的成敗得失。這種方法運用類比思維，在相似關係中尋找聯繫，因此許多山川地名皆源於「喝象」。根據明末清初(1616~1714)蔣大鴻《天元五歌·陽宅篇》記載：「若論來龍休論結，論結藏穴不藏宮。縱使皇都與郡邑，祇審開陽不審龍。」這說明無論陰宅或陽宅，皆須審視來龍之氣。陰宅尋龍察砂的關鍵在於「來龍結穴」，而陽宅的吉凶優劣則取決於地勢開陽、納旺氣，而非是否具備「結穴之氣」。以台北101大樓為例(2004~2010年間為世界第一高樓)，其座落於平洋之地，無需尋龍點穴，而是依賴地勢開闊、利於納旺氣的環境條件。該建築外觀類似竹筍，取象「春筍怒發」，象徵春天竹筍生長迅速、節節高升，寓意財運昌盛、經濟蓬勃發展(見圖1-12)。此外，《天元五歌·山龍篇》記載：「或取喝形來點穴，此是仙人留記訣，好穴難將告後人，記取真形揣摩合。」這說明「喝形點穴」之法須先辨識來龍真穴（即生者居所或亡者墓穴），再觀察星體巒頭，確認穴場與地貌特徵相似者，方能命名以彰顯吉象。這是一種便於後學辨識與尋找龍穴的方法。

(圖1-12)台北101大樓
（寓意財運昌盛、經濟蓬勃發展）

取象春筍怒發

(一)操作上之盲點

天地間的山川地貌早已自然形成，而「喝象」只是運用基地環境，將景觀優美的山水形態，與人世間隨時間變化創造出的吉兆形象相結合

，透過想像進行類比命名，並將其視為吉地。實際上，這種做法帶有心理安慰與視覺審美的成分，卻往往過於牽強，且缺乏學理支持。由於其具備一定的娛樂性，也深受一般大眾喜愛。然而，僅憑簡單的「喝象」命名，容易誤導人們將特定形象與山川地貌相對應，卻無法真正判斷該地的吉凶禍福。因此，不宜僅因一座山形似偶像、物件或靈獸，便輕率認定其為結氣之地。應當先審視來龍是否具備旺氣，並確認該地是否符合陰宅的結穴條件或陽宅的開陽納氣原則，方可運用喝象之法。唯有避開喝象應用上的盲點，方能突破僵化思維，做出更理性、科學的判斷。

(二)理性選擇應用

　　風水術講求巒頭與理氣相輔相成。若一味追求巒頭形勢的優勢，容易忽略理氣推演的價值。喝形點穴雖有其應用範疇，但仍存在局限性。基本上，若巒頭條件優越，仍應輔以理氣檢驗；若巒頭形勢不明顯，則應以理氣推演為先，運用風水學理，如陰陽、五行、八卦、九星、方位、磁場等進行驗證。例如，台北 101 大樓(圖1-13)選址時，即綜合考量巒頭與理氣，確認其基地環境符合開陽納旺氣的原則，方才定向建造。此外，《天元五歌‧山龍篇》記載：「混沌初分即有山，世間萬物後來添。器物衣冠時代異，那得生成太古前。子微玉髓巧分明，只為峯巒論應星，若說龍胎真有相，後人虛揣失真情。」此段強調，天地初開時山脈已然存在，而人世間萬物則隨時間變化而產生。若以山脈形態對應星辰、器物、衣冠，則可能因時代變遷而產生偏差。此外，山川形態千變萬化，拘泥於形象比擬，容易陷入主觀揣測，難以掌握其真實性。雖然喝象在歷史上具有一定的時代意義，但在當今科技發達的時代，風水評述可參考的因素與輔助工具已大幅增加。因此，現代風水研究應以理性與嚴謹的態度為主，避免單純依賴形象類比，以確保判斷的科學性與準確性。

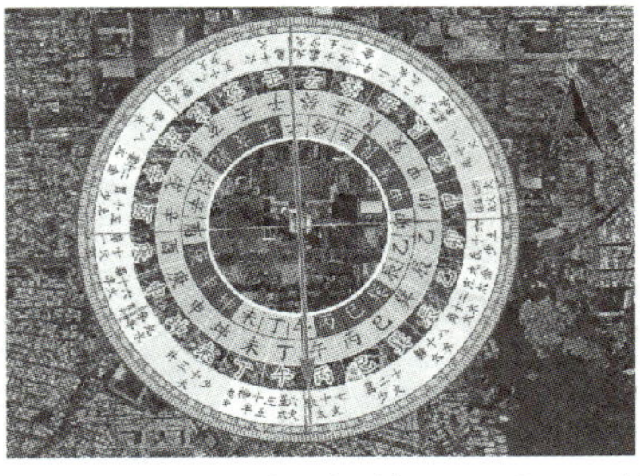

(圖1-13)台北101大樓建築開陽形勢選址定向

第四節、行龍結穴

在風水術中,「觀龍脈」是一門極為精深的學問。古人以「龍」來比喻山脈的起伏與走向,稱之為「龍脈」,其核心目的是尋覓藏風聚氣之結穴,以供生者居住或亡者安葬。根據清朝章仲山《心眼指要·卷二》記載:「點穴之難,難於認氣;認氣之難,難於認脈。」這句話點出,行龍結穴的關鍵在於「觀脈察氣」,即透過龍脈的形勢來判斷氣的流動與聚集。這種方法是風水巒頭學中斷驗地勢的重要依據,影響著風水布局的精準性與有效性。

一、觀脈認龍

風水學中,綿延起伏的山脊輪廓線被喻為地氣流動的通道,稱之為「龍脈」(圖1-14)。山脊線的形成受內力作用(如地震板塊運動或火山活動)與外力作用(如風力或水力的侵蝕、搬運、沉積與固結)的影響,使地貌產生變化。因此,山勢演變出陡峭狹窄且穩固的坡度長線,猶如動物的脊樑,成為最堅實的線性地形。根據清朝葉九升《山法全書》記載:「龍者何?山脈也。」以及清朝孟浩《雪心賦正解》所述:「龍者,山之行度,起伏轉折,變化多端,有似於龍,故以龍明之。」這些記載均指出,龍脈象徵山脈連綿起伏的走勢,因其變化多端而得名。

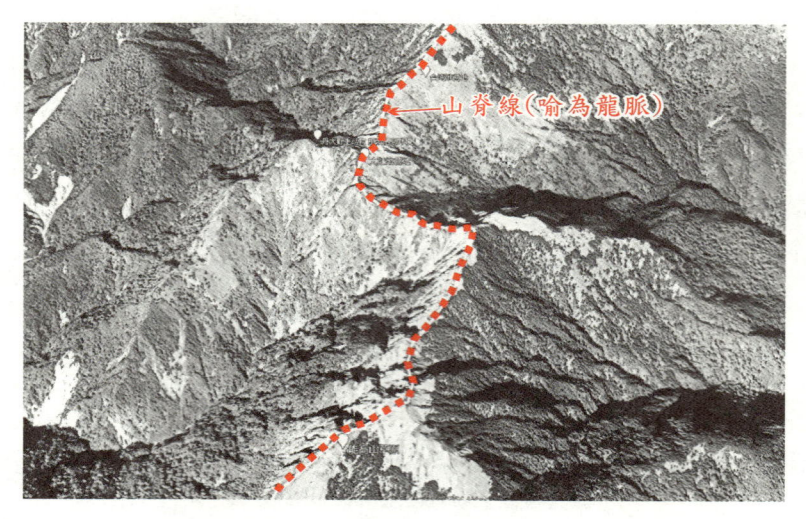

(圖1-14)山脊輪廓線(喻為龍脈)為最強穩固之線性地貌

（一）手握拳示意龍脈走勢

　　風水學的理論並非僅僅關注山川本身的孤立特徵，而是著眼於整體的山川走向，藉此確定龍脈的起伏與行止。根據清朝孟浩《雪心賦正解》記載：「龍者，山之行度，起伏轉折，變化多端，有似於龍，故以龍明之。」這段話指出，山脈的連綿起伏，猶如龍脈一般，呈現出複雜且不斷變化的形態。因此，觀察龍脈的關鍵在於理解龍脈氣勢的變化與各種姿態（即氣象），這些變化有助於表示山脈或河流的走向、伸展、起伏、轉折、圍合等特徵。為了更具象地說明龍脈走勢，可以用手握拳的方式來比擬，將其視為龍脈的走向與變化（圖1-15）。

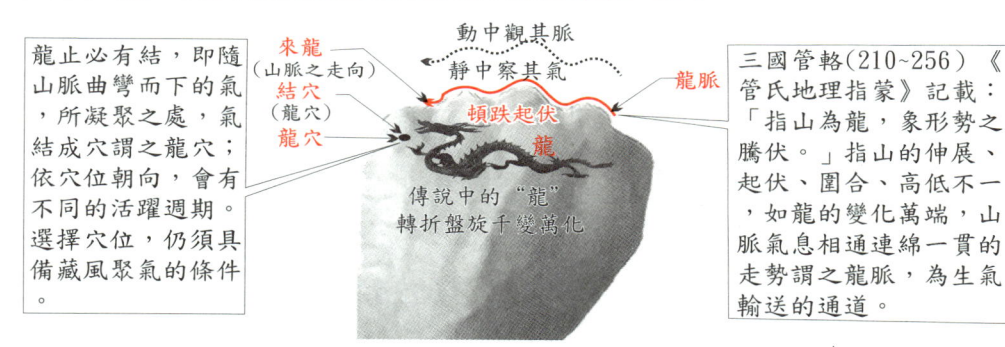

龍止必有結，即隨山脈曲彎而下的氣，所凝聚之處，氣結成穴謂之龍穴；依穴位朝向，會有不同的活躍週期。選擇穴位，仍須具備藏風聚氣的條件。

來龍（山脈之走向）
結穴（龍穴）
龍穴
動中觀其脈
靜中察其氣
頓跌起伏
龍
龍脈
傳說中的"龍"轉折盤旋千變萬化

三國管輅（210~256）《管氏地理指蒙》記載：「指山為龍，象形勢之騰伏。」指山的伸展、起伏、圍合、高低不一，如龍的變化萬端，山脈氣息相通連綿一貫的走勢謂之龍脈，為生氣輸送的通道。

（圖1-15）以手握拳圖示說明龍脈走勢

（二）划龍舟示意山龍行止

　　好的風水環境依賴龍脈來輸送生氣。根據清朝袁守定《地理啖蔗錄·卷二》記載：「手足向前能欲止，手足向後龍方行。」這段話指出，觀察龍脈行止的要領在於觀察手足（即山脊枝腳）的形態（圖1-16）。當手足向前指時，代表龍脈即將停滯；當手足向後指時，則表示龍脈繼續前行不止。這種觀察方式就像是划龍舟，能夠決定前進或停止，並用來判斷風水結穴的位置（無論是為生者選擇居處，還是為死者選擇墓穴）。

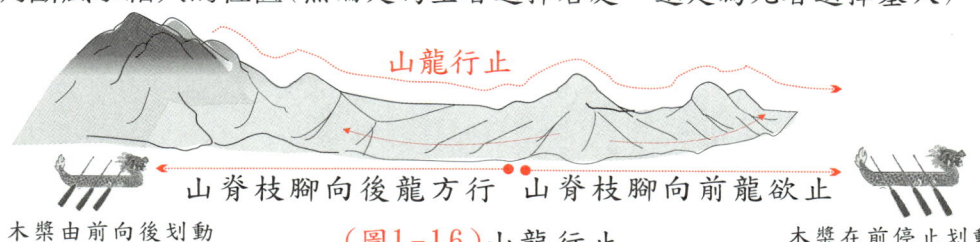

山龍行止
山脊枝腳向後龍方行　　山脊枝腳向前龍欲止

木槳由前向後划動則龍舟前進

（圖1-16）山龍行止

木槳在前停止划動則龍舟欲停

二、龍脈行止

風水學中,觀測行龍結穴的過程,大致可分為太祖山、少祖山與父母山三個階段。根據清朝葉九升《山法全書》記載:「太祖者,最高之山,為一方發脈之祖。少祖者,自太祖分落之後再起大山。祖宗父母者,自己一龍之山也。」這段話形象地比喻龍脈猶如一個世代相承的龐大家族,由一代延續至下一代。所謂太祖山,即為群山的源頭,通常是該區域內的最高峰,例如中國的崑崙山、台灣的玉山,皆為區域內群山之祖。少祖山則是太祖山發脈之後,再次隆起的高山,承接前脈並延續龍氣,扮演著承先啟後的關鍵角色。父母山則位於少祖山與結穴處之間,是最後隆起的山峰,直接影響結穴的風水格局。結穴則是龍脈伸展至盡頭之處(圖1-17),代表生氣匯聚、棲止之點。整體而言,山巒層層起伏,龍脈的行止展現出動態流動的脈絡,而這種行龍結穴的思維可透過四個立體層面示意圖來呈現(圖1-18)。

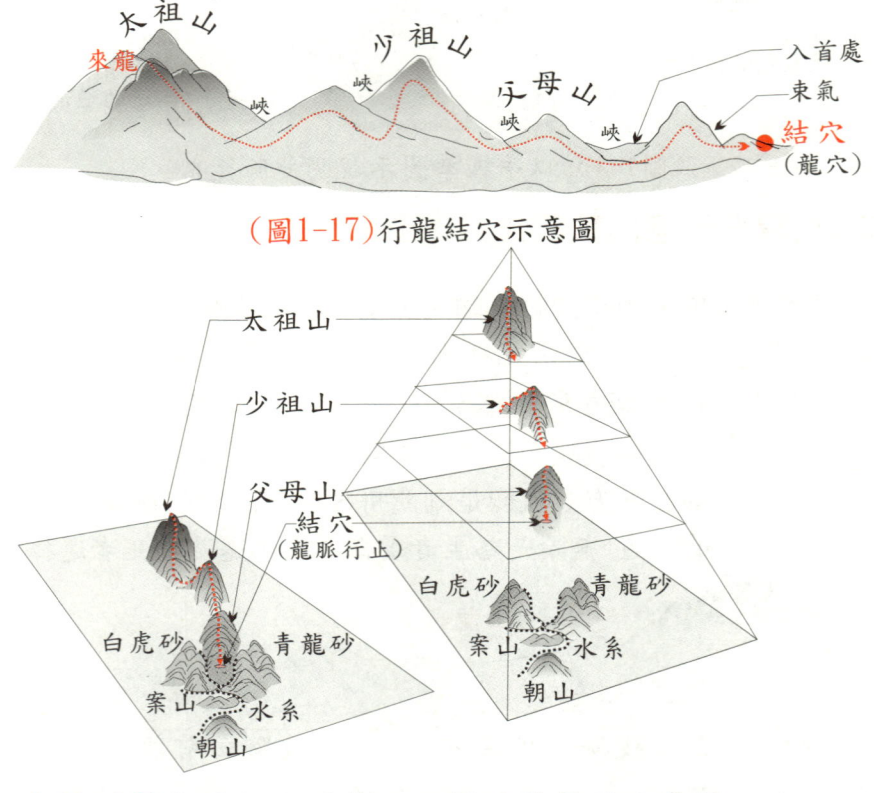

(圖1-17)行龍結穴示意圖

(圖1-18)龍脈行止思維之四個立體層面示意圖

三、龍脈運動過程

　　龍脈的形態雖然是靜止的，但在意境上卻呈現出動態的流轉，隨處可見，寓意為「目之所及，心之所感」。龍脈可以表現在連綿的高大建築群，也可以體現在連續的低矮房舍，甚至可對應於通衢大道或橫街窄巷，展現出不同的流動形態。根據晉朝郭璞(276~324)《葬書‧內篇》記載：「氣行乎地中。其行也，因地之勢。其聚也，因勢之止。」指出生氣在大地中運行，龍脈即是輸送生氣的工具。氣的流動依循地勢高低，由高處向低處行進，從而產生動態的意象。而當龍脈延展至盡頭，運動停止，生氣便會在勢止之處聚集，形成結穴之地。在行龍過程中，龍脈會呈現不同的運動形態，象徵生氣的聚與散。行龍落脈過程，層次分明，不同派別對其命名方式雖有所差異，且詞義繁雜、概念眾多，難以統一。因此，為了化繁為簡、提升判斷的便捷性，我們可以將龍脈的運動過程歸納為九個階段，並以繪圖加以說明「過度、起伏、過峽、開帳、出帳、剝換、入首、束氣、結穴」這九個階段，用作形巒判斷的依據，提供龍脈運動過程的參考圖樣，從而提升風水學的認知與實際應用。

（一）過度

　　過度，指龍脈運行的狀態。山龍運動是山勢急，形態奔騰不息；水龍運動是流速快，落差大；無論山龍、水龍由起點至終點其運動過程，稱過度(圖1-19)。根據《青囊海角經(四)‧錦囊篇》記載；「山狂則度，水狂則怒。」其中「度」意指山勢過於迅疾，難以停留；「怒」則形容水流湍急，波濤洶湧，難以平靜。因而山龍、水龍不停息，就不能結穴。因此，觀察龍脈是否處於「過度」狀態，是尋找吉穴的重要前提。

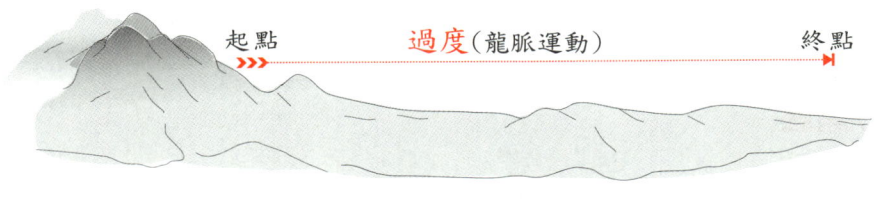

(圖1-19)行龍過度

（二）起伏

　　起伏，指龍脈運行由地勢高處向低處下降頓跌起伏的過程。群山不斷的起伏，就是龍脈運動(圖1-20)。根據《青囊海角經(四)‧詩訣》記

載：「大凡真龍，行度起伏，頓跌節節。」說明龍脈運行速度，不斷起伏下降，運送生氣由急變緩最後停止，才有可能聚氣結穴(龍穴)。

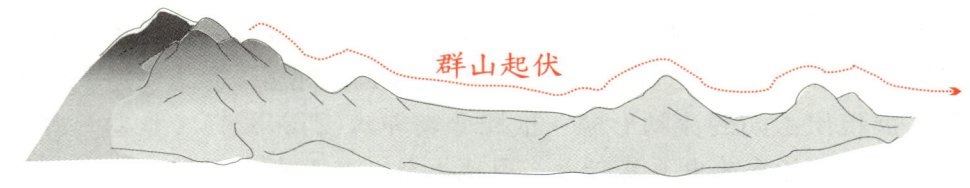

(圖1-20)行龍起伏

(三)過峽

"過"指山龍行走，"峽"則指兩山之間的通道。當兩山相連但未完全貼合，山龍行經其中的連接處稱為過峽(圖1-21)。根據明朝繆希雍(1546~1627)在《繆希雍葬經翼・篇五・峽論》中所述：「夫峽者，祖山中幹行度之次，斂大為小，變粗為精，兩山相夾以成之也。」換言之，山龍行進之間，必然經歷過峽的次數通常不止一次。當山龍行經過峽，使水分流為二，表示正護龍而行，過峽後二水再匯合，標誌著行龍停駐止氣。一般過峽形態有長短、曲直與粗細之分。先賢依其形態特徵賦予不同名稱，若過峽短而細稱蜂腰；若長而細中間有節(凸如小山丘)稱鶴膝；若長且細且中間平順稱仙橋；若彎曲流暢者稱曲峽。因此，風水術審峽，可辨山龍之行止，亦可脫胎換骨卸去凶邪之氣，並有利於結穴。

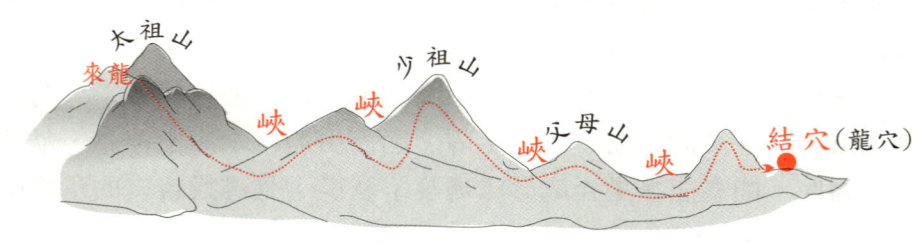

(圖1-21)行龍過峽

(四)開帳

開帳，指龍脈運行時，地勢忽高忽低，由高起處向水平兩肩開展，稱為「開帳」。此形態意境如飛鳥展翅，山龍至中段時穿出稱開帳(圖1-22)。根據唐朝楊筠松(834~900)《撼龍經》記載：「帳幕多時貴亦多，一重只是富豪樣。兩帳兩幕是真龍，帳裡貴人最為上。」指出行龍開

帳者，皆屬富貴之龍。自帳中穿出之龍脈，如同帝王御駕親巡，兩旁護衛重重，象徵尊貴無比。因此，帳幕層層相擁者，行龍必結富貴之地。

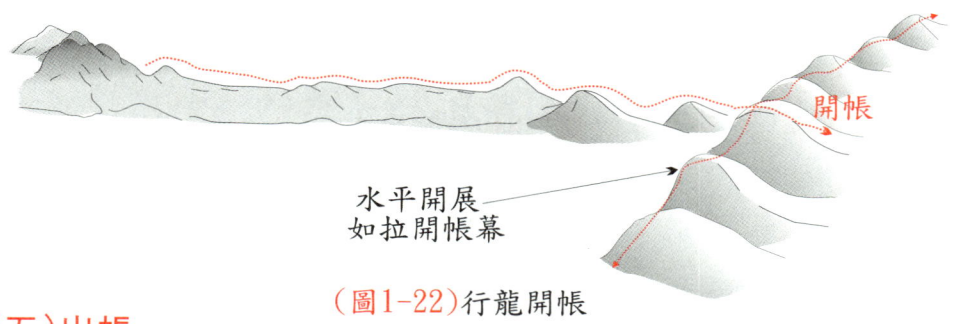

開帳
水平開展
如拉開帳幕

（圖1-22）行龍開帳

（五）出帳

出帳，指山勢由寬闊的高地向前延伸，銜接狹窄或較低矮的山體（圖1-23）。出帳的形態大致上分為三類中心出帳、右邊出帳、左邊出帳，其中以居中心者最爲尊貴。根據清朝袁守定《地理啖蔗錄·卷一·開帳纏護》記載：「貴龍重重穿出帳，賤龍無帳空雄壯。帳中有線穿心行，帳不穿心不入相。」指出龍脈若能層層穿帳而出，則主貴氣加持，象徵富貴昌盛。反之，若無帳相護，雖顯得雄壯，卻少了聚氣之勢，難成貴地。因此，風水理論中，出帳的形態與走向，對於地勢吉凶判斷至關重要。

中心出帳

（圖1-23）行龍出帳

（六）剝換

剝換，指山龍在行進過程中的變化。當山龍經過峽谷，形態隨之轉變，由粗變細、剛變柔、老變嫩、大變小，逐步退卸（圖1-24），也可能發生變異，如五星、九星形體互換爲不同星體的變化過程（圖1-25）。根據唐朝楊筠松(834~900)《撼龍經》記載：「一剝一換大生小，從大剝小最奇異。剝小如人換好裳，如蟬退壳蠶退筐。」指出剝換是爲了山龍脫清凶邪之氣，沒有剝換，龍脈不眞，生氣不全，不貴不發氣，也無法聚氣結穴。

第四節 行龍結穴

(圖1-24)行龍剝換

(圖1-25)行龍星體剝換

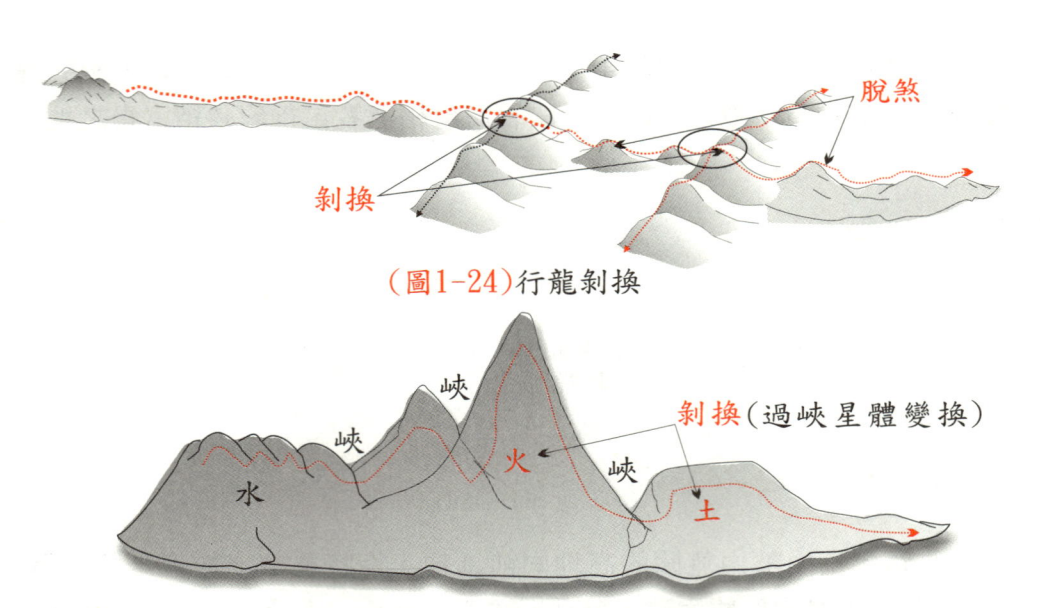

(七)入首

　　入首,指行龍至結穴之際,於終點處隆起的最後一座高山,稱父母山。此處位於少祖山與父母山之間過峽處,稱入首處(圖1-26)。根據明代徐善繼、徐善述《人子須知·龍法》記載:「是則只知以形象定吉凶,不從入首處審慎詳察,差以毫釐,謬以千里,遺害有不可勝言者。」指出若僅憑形勢論吉凶,而不細察入首處,則可能因微小而導致誤差。因此,風水術審龍入首之處,用以判斷結穴位置及其吉凶。來龍入首具秀麗圓滿,生氣充融者,即是發富貴之真龍。

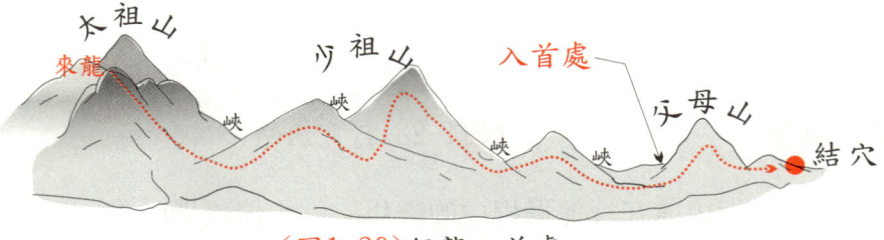

(圖1-26)行龍入首處

(八)束氣

　　束氣,指生氣受到約束而變細之意。即行龍連接結穴處的最後一段位置(圖1-27),一般形容龍脈將結穴前緊縮之態勢。一如未出生之胎兒,靠臍帶連接母體吸收養分來維持生命,束氣的功能就如同臍帶一般;束氣亦如人之頸部,為身體連接頭部,兩部位之間的緊縮處,又稱結咽

。根據清朝袁守定《地理啖蔗錄・卷一・過峽》記載：「地學，峽乃跌斷處也。大老為關，為伏。緊者為束氣，龍必束峽而氣始斂，不束則氣不能揚。人必結咽而聲始長，不結則聲不能出。」此言意指，束氣之地，宜短則氣聚，不宜長易氣散，宜緊縮至極細的位置，則來龍活力強，顯尊貴(圖1-28)。因而束氣用以觀察結穴處的重要憑據。

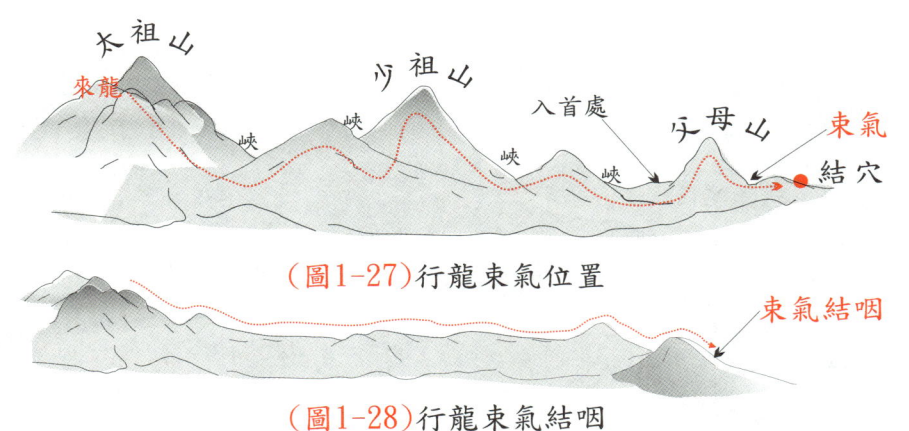

(圖1-27)行龍束氣位置

(圖1-28)行龍束氣結咽

(九)結穴

結穴，非指土坑或石洞，山脈有地氣，當隨山脈起伏運動到盡頭，即山落脈行止至山水交會之處。因而有生成龍，必有生成穴。千里來龍運動過程，一路過峽剝換而來，目的就是為了尋找可用的基址位置，用以建造生者居處或亡者墓穴(圖1-29)。根據清朝尹一勺《地理四秘全書》記載：「來龍如樹幹，行度似枝葉，其結穴，則為花木之果實也。」描寫結穴，如同一棵果樹，生長環境適當養分充足，才能開花結出好果；穴位為生氣之所結，龍脈停止運行止氣，才能融氣結穴，如同禪坐(圖1-30)。因而結穴是興旺的發源地，巒頭風水就是觀察擇定山環水抱天地靈氣所匯集的具體基址。

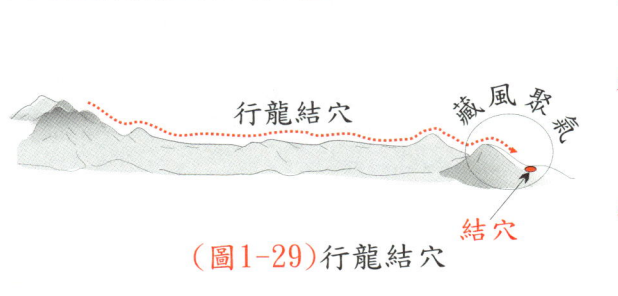

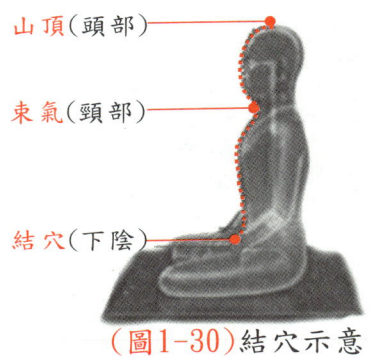

(圖1-29)行龍結穴

(圖1-30)結穴示意

（十）行龍結穴運動過程

　　嘗試以中國北京近郊九渡河一段行龍結穴為例，勾勒出**過度→起伏→過峽→開帳→出帳→剝換→入首→束氣→結穴**九個階段，龍脈運動，以 Google 地圖不同仰角意象（**圖1-31、1-32、1-33**）及山龍分支落脈，支脈引氣入穴，即脈從山行，氣隨水抱意象（**圖1-34**）。

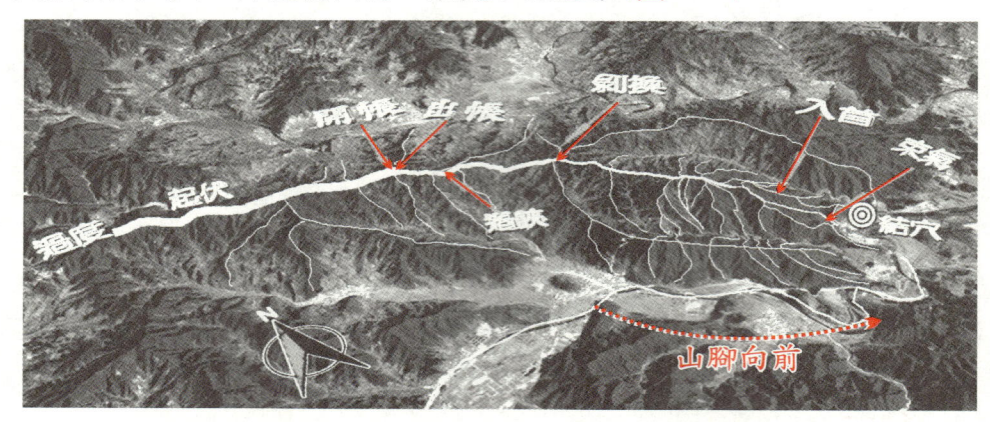

（圖1-31）北京市郊九渡河行龍結穴圖（傾斜52⁰）

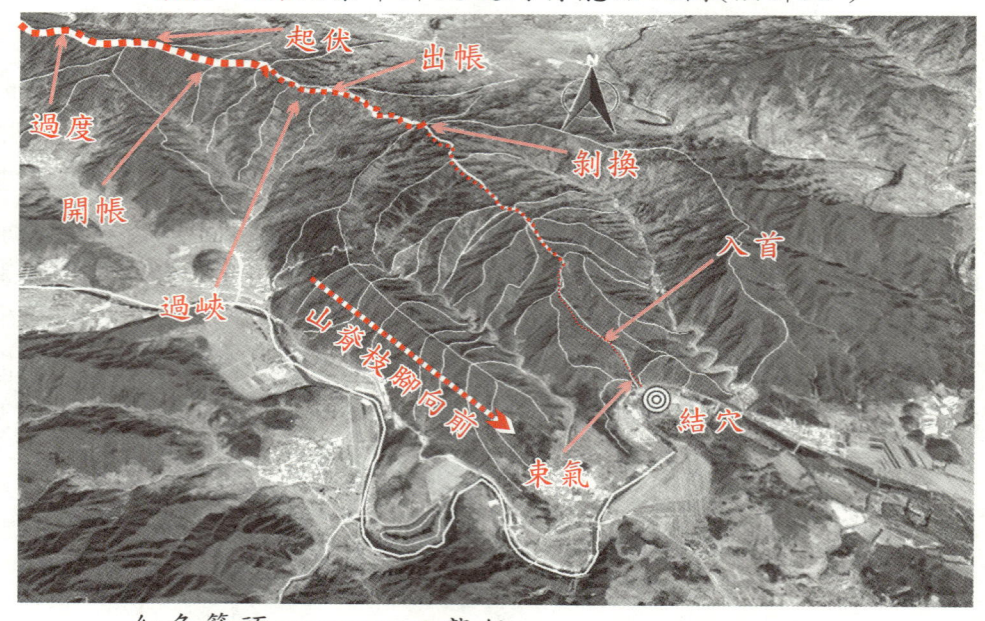

紅色箭頭 ┈┈→ 龍行　　由粗變細
山脊枝腳向前 ┈┈→ 龍欲止　　似划龍舟
開帳、出帳、過峽　由急變緩

（圖1-32）北京市郊九渡河山龍分支落脈地形圖（傾斜46⁰）

台灣新竹苗栗地區龍脈(山、水龍)分布圖

—— 山龍
—— 水龍

(圖1-33)台灣竹苗地區山龍與水龍(——)結作套繪圖

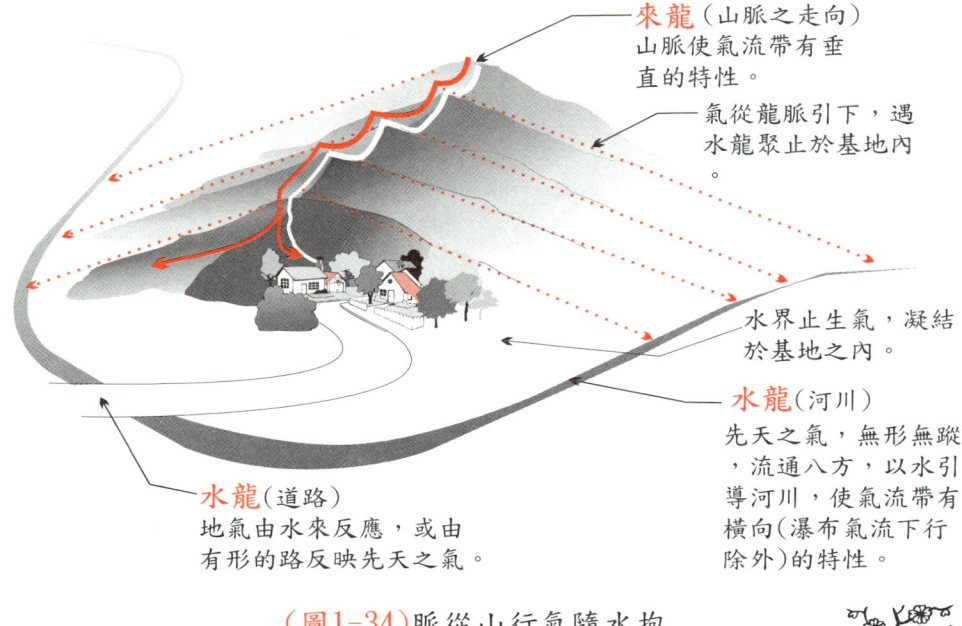

來龍(山脈之走向)
山脈使氣流帶有垂直的特性。

氣從龍脈引下，遇水龍聚止於基地內。

水界止生氣，凝結於基地之內。

水龍(河川)
先天之氣，無形無蹤，流通八方，以水引導河川，使氣流帶有橫向(瀑布氣流下行除外)的特性。

水龍(道路)
地氣由水來反應，或由有形的路反映先天之氣。

(圖1-34)脈從山行氣隨水抱

認識自己難
認識自己的不足更難

第壹章 風水學基礎知識

第五節、陰陽精義(相對論)

　　陰陽概念源自古人對自然現象的觀察，最初僅指日光的向背，向日為「陽」，背日為「陰」。根據《周易‧說卦傳》：「立天之道，曰陰與陽；立地之道，曰柔與剛；立人之道，曰仁與義。」指出自然與人事皆有對立與依存的陰陽關係。古人發現萬物皆具正反兩面，如天地、日月、晝夜、寒暑、男女、上下、動靜、剛柔等，皆象徵宇宙中兩股相對而互補的力量。陰陽不僅相對，更能互相轉化，為中國古代哲學的核心概念之一。在風水術中，陰陽特性廣泛應用於明暗、高低、燥濕、動靜等面向(圖1-35)。以手掌為例，大拇指為奇數屬陽，其他四指為偶數屬陰；拇指兩節為陰，為「陽中有陰」，而四指三節為陽，為「陰中有陽」，顯示陰陽相生相成的特質。太極圖進一步說明陰陽的互動，陰儀(太陰)中含少陽(白點)，陽儀(太陽)中有少陰(黑點)(圖1-36)，象徵陰陽雖對立，卻互依共存。若援引「相對論」(Theory of Relativity)中的二分法來判斷，無陰則無陽，彼此缺一不可。太極與後天八卦分陰陽，體現對立中的平衡與統一(圖1-37)。這一哲理揭示了萬物變化與發展皆源於陰陽互動，並以達致平衡為終極目標。

(圖1-35)風水術常用之陰陽對立

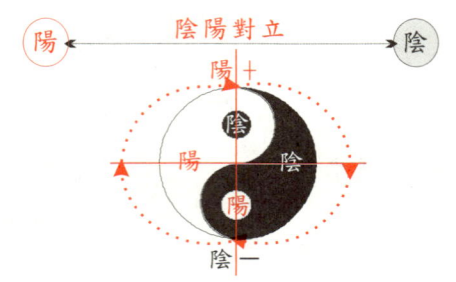

陰陽互含——陰中有陽、陽中有陰
陰陽互生——陽極生陰、陰極生陽
陰陽互化——陰極陽生、陽盡陰至
陰陽互依——無陰不陽、無陽不陰
陰陽消長——陰消陽長、陽消陰長
陰陽變化——相互對立、相互平衡

(圖1-36)太極陰陽關係

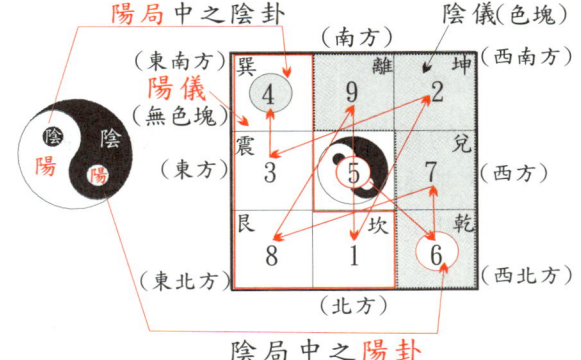

(圖1-37)太極與後天八卦分陰與陽

一、陰陽對立

　　自然界萬事萬物，皆分陰與陽兩面，兩者既相對立又相互依存、互為制約。以四季為例，春夏屬陽，陽氣上升、陰氣下降；秋冬屬陰，陰氣上升、陽氣下降。又如晝為陽，象徵光明；夜為陰，象徵黑暗。若光明與黑暗調和適當，則人居安康、環境和諧；反之，若陰陽失衡，則可能陰氣過盛，導致健康不佳、事業不順、糾紛頻仍。風水學強調順應自然追求陰陽的平衡與和合，方能營造出安定、吉祥的生活與空間環境。

二、陰陽平衡

　　陰陽之間的對立、制約、依存，非靜止不變，而是處於陰消陽長或陽消陰長的變化之中。如四季有規律的循環中，冬季至春夏為陽長陰消，象徵「一陽生」；而從夏季至秋冬陰長陽消，象徵「一陰生」。又如動態屬陽，靜態屬陰，講求協調共存。如一個人提重物時，若雙手平均分擔，行走時才能保持平衡與穩定，這是符合自然與科學的生活智慧。

三、陰陽轉化

　　陰陽雖相對對立，卻可在特定條件下相互轉化，形成循環往復、生生不息的變化。所謂「陰極生陽、陽極生陰」，即物極必反，如熱極生寒、寒極生熱。正如《辭彙》所載：「日中則昃」，意指日過正午必西斜；又如月盈則虧，皆為陰陽轉化的自然法則。

第六節、五行精義(掌握相生相剋)

　　五行的種類與名稱繁多，依據不同學派，組合形式與操作方法亦有所差異。基本上「五」指的是金、木、水、火、土五種基本元素；而「行」指這些元素之間持續運動不息的特性。「五行」一詞最早見於《夏書‧甘誓》記載：「有扈氏威侮五行，威暴殄之也，侮輕忽之也。」此處雖有輕侮之意，卻可視為五行概念成形的早期文獻依據。次見於《周書‧洪範》記載：「五行，一曰水，二曰火，三曰木，四曰金，五曰土。水曰潤下，火曰炎上，木曰曲直，金曰從革，土曰稼穡。」此段指出五行的分類，也揭示了各元素的自然屬性與運作方式，分別為相生、相剋、中和、比和。這種既能互相資生、又能彼此制約的關係，有助於維持平衡與協調，亦稱為「五行制化」。可作為風水中評斷吉凶的依據。

一、五行特性(化生萬物)

　　五行元素，"金"具肅殺收斂之象，"木"具生長伸展之象，"水"具滋潤向下之象，"火"具溫熱炎上之象，"土"具承載中和之象。五行的氣，也稱為「生氣」，是不斷運行、轉化，化生宇宙萬物的演化過程，成為自然界萬象生成與消亡的重要依據(圖1-38)。

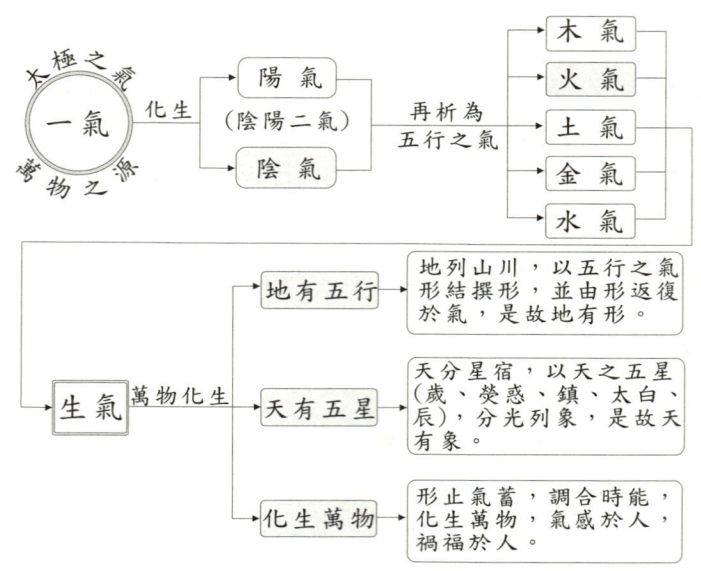

(圖1-38)五行之氣化生萬物演化過程

二、五行相生（依賴促進）

　　五行相生為金生水、水生木、木生火、火生土、土生金，相互依賴促進，有幫助發揮作用，為傳承、轉移、滋養之意（圖1-39）。生我者為母，我生者為子，五行相生中稱母子關係。展現出自然運行的順勢演化機制，其具體說明如下：

(一)**木生火**：木為燃料，能助火勢延燒、生旺。
(二)**火生土**：火能焚燒萬物，使其化為灰燼，積灰成土。
(三)**土生金**：土中蘊藏豐富的礦物質，經過開採與提煉，可析出金屬。
(四)**金生水**：金屬熔煉變為液態（象徵水形質）或以金屬器具開井得水。
(五)**水生木**：水能滋養樹木生長。水在風水上代表感情、智慧、財富。

三、五行相剋（對立排斥）

　　五行相剋為金剋木、木剋土、土剋水、水剋火、火剋金，對立排斥，有抑制、剋制、約束作用，為改造、結合、破壞之意（圖1-40），是維持自然平衡與動態穩定的重要機制。其說明如下：。

(一)**木剋土**：屬結合性的剋制，樹木之根部在土裏生長（木吸土中之養分），能將土壤壓擠或破壞；樹木之根亦可把土流凝聚起來，不流失。
(二)**土剋水**：屬結合性的剋制，土把清水弄濁，亦可阻斷水流。元代戲劇《大戰邳彤》中提及：「兵來將擋，水來土掩」即說明土制水之理。
(三)**水剋火**：屬破壞性的剋制，水能將燃燒之火熄滅之意。
(四)**火剋金**：屬改造性的剋制，火能將金屬物質熔化、變形、再造。
(五)**金剋木**：屬改造性的剋制，以斧頭砍樹之意（金屬以其硬度傷木）。

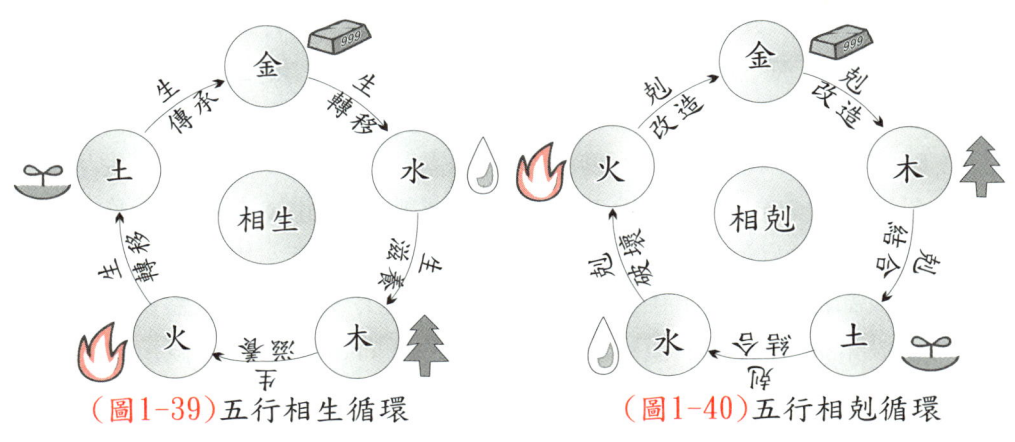

(圖1-39)五行相生循環　　(圖1-40)五行相剋循環

四、五行生剋之運用

(一)吉凶判斷(辨證生剋)

五行元素相生排列為木、火、土、金、水，屬春、夏、秋、冬之序；春木生夏火、秋金生冬水，冬水生春木；夏秋之間中隔土，由土生金(土居中央)。下圖隔一位五行順生，為木生火、火生土、土生金、金生水、水生木；隔二位五行相剋，為木剋土、火剋金、土剋水、金剋木、水剋火。一般萬事萬物根據其特徵，抽象概括劃分成木、火、土、金、水五大類，並以五行生剋來決定吉凶(圖1-41)。

(圖1-41)五行生剋之運用

(二)五行中和(生剋制衡)

五行的中和原理，核心在於「生剋制衡」之道。明代末年張介賓（1563～1640）於《類經圖翼・卷一・運氣上・五行統論》記載：「蓋造化之幾，不可無生，亦不可無制。無生則發育無由，無制則亢而為害。生克循環，營運不息，而天地之道，斯無窮已。」揭示五行的運行，既需生氣流轉以促進萬物生長，亦需剋制制衡以防亢盛為災，強調「生剋並行」方能成就天地萬物之和諧運轉。因此，在風水操作中，以「中和」為最高原則，講求生剋之間的平衡與穩定。以河岸生態為例，樹木之根部深入地下，雖然在五行中屬木剋土，然而樹根盤根錯節，如同網絡般緊抓土壤，不僅不致損壞土壤，反而鞏固地表、減少沖刷，具備良好的水土保持功能。若土多而無木，則面對大水來襲時，土壤易因

缺乏植被覆蓋而流失，形成災害。又如水岸動態，土剋水，屬剋制關係，土可阻水勢；然水亦能滋養植物生長，屬水生木，植被再以木剋土方式穩固坡面，進一步形成良性循環。由此可見，五行生剋之間的互動與調和，正是決定水道穩定與環境永續的關鍵(圖1-41)。

木剋土
土剋水
水生木
木剋土
水生木

（圖1-39）五行之中和(生剋制衡)

（三）五行比和(屬性相同)

五行屬性相同者，稱比和或互和，具相同屬性，亦是和合之意。如金與金、木與木、水與水、火與火、土與土(圖1-42)，指元素相同者，即能量增強，雙方受益，是最吉之象也。

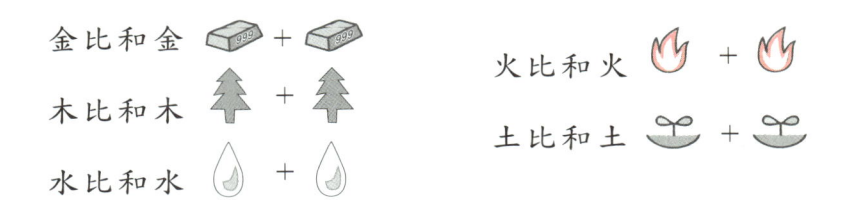

金比和金　＋
木比和木　＋
水比和水　＋
火比和火　＋
土比和土　＋

（圖1-42）五行比和

五、四時二十四節氣

（一）土圭計時

土圭是中國古代用以觀測太陽方位、計算時間的重要儀器，主要透過太陽影子的長短來測定節氣，如冬至與夏至。據晉代郭璞《葬書》記

第六節 五行精義

載：「土圭測其方位，玉尺度其遐邇。」其中「圭」為平放地面的玉尺，「表」則是垂直立於地面的八尺木竿。古人利用圭表，即「立竿見影」之法，測量太陽投影變化，以判定時間與季節。此外，勾股法被用來計算日影所構成的三角形面積(圖1-43)。魏晉時期劉徽於《九章算術・圭田術》中註解：「半廣以乘正從」，三角形面積即以底(廣)乘高(正從)之一半(圖1-44)。圭田即古代對三角形田地的稱呼。掌握勾股法則與日影原理，不僅可確定方位，亦能推算年月日、四季與二十四節氣。土圭亦被視為羅盤的雛形，最初以十二地支標示十二方位，後因磁針的發現，再結合八天干與四維卦象，發展出完整的二十四方位體系，為曆法與風水奠定基礎。

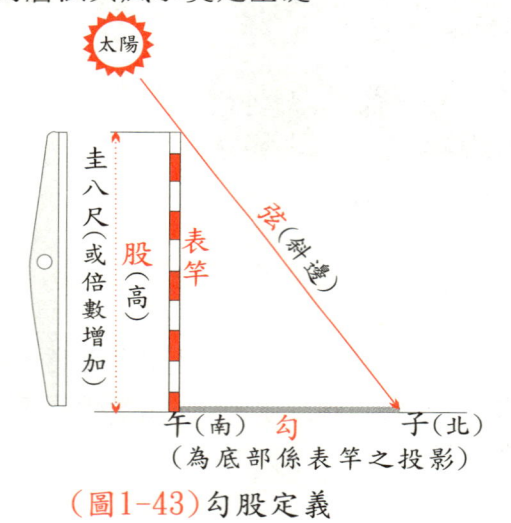

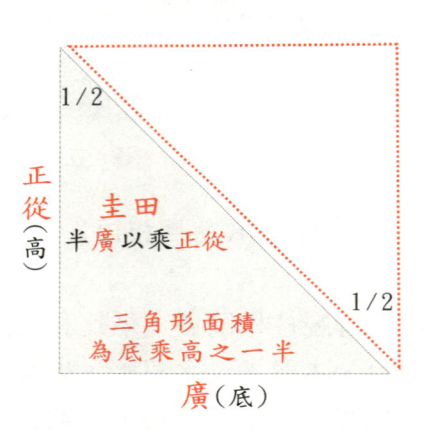

(圖1-43)勾股定義

(圖1-44)三角形面積

(二)確定方位

先民在選址定向時，已掌握以土圭法測量日影，藉此判定東、西、南、北方位。《周禮・地官司徒》記載：「惟王建國，辨方正位以土圭之法測土深、正日景，以求地中。」並記錄日影變化與方位關係：日南景短多暑，日北景長多寒，日東景夕多風，日西景朝多陰。夏至日影最短，稱為「地中」，約長一尺五寸。觀測日出與日落位置，可確認東西方向(圖1-45)；中午時分，太陽直射，表竿所投之影最短，對應南方(圖1-46)。以日出、日落兩時之影與表竿為基準，畫出圓弧(柱長為半徑)，圓心連接圓弧兩點，即為正東西方向(圖1-47)。此法為古人精準定向的重要依據。

(圖1-45)確定東方與西方位置

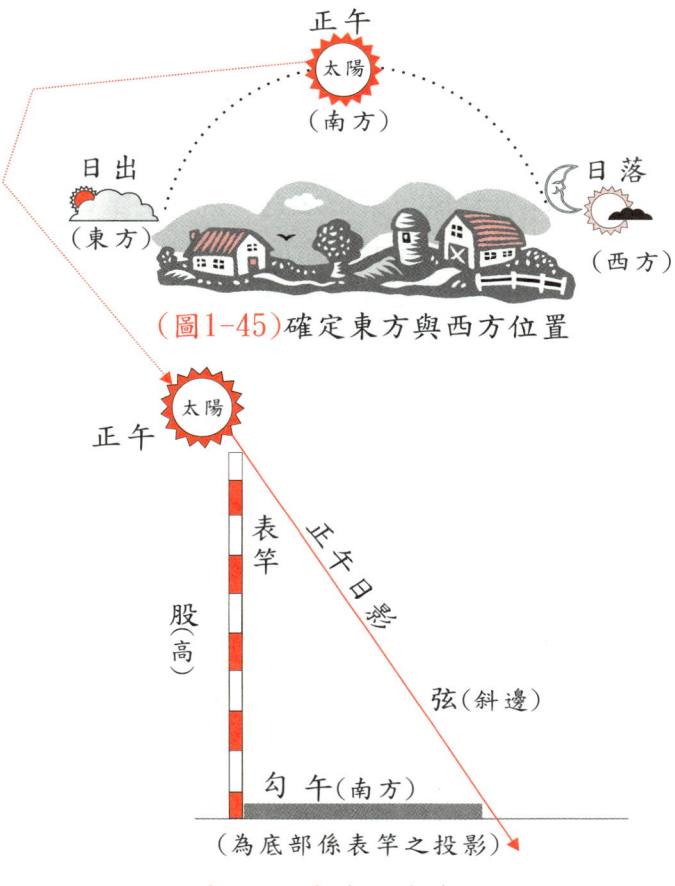

(圖1-46)確定為南方

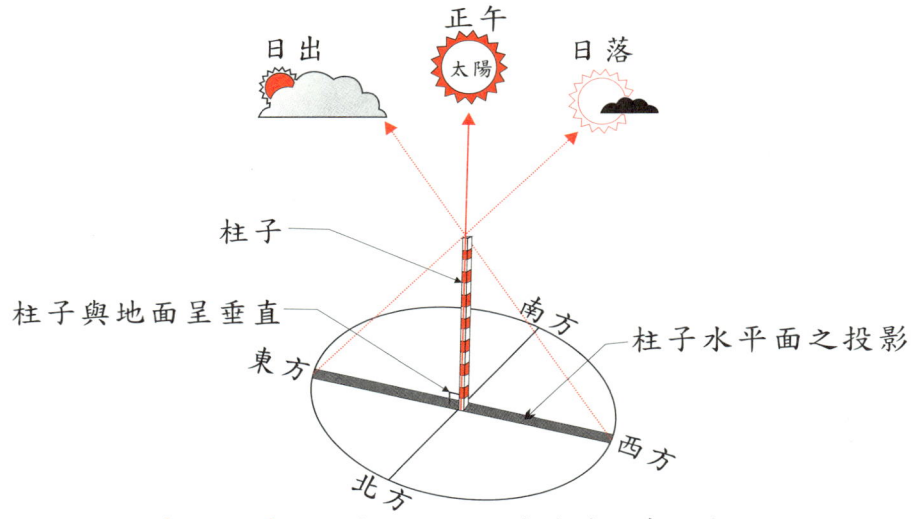

(圖1-47)圓心與圓之兩點連線確定東方與西方

(三)觀北斗七星視察四方

古人白天利用日影辨別方位，夜晚則仰賴北極星來定向。根據漢代(-202~220)緯書《春秋運斗樞》記載：「第一天樞，第二旋，第三璣，第四權，第五玉衡，第六開陽，第七瑤光。第一至第四為魁，第五至第七為標，合而為斗。」此即北斗七星之命名與排列順序。從斗口至斗杓依序為：天樞、天璇、天璣、天權、玉衡、開陽、瑤光；前四星稱「斗魁」，後三星稱「斗杓」。古人以斗杓所指方向來辨四季，作為農耕節令之依據。楚人鶡冠子《鶡冠子卷上‧環流第五》記載：「斗柄東指，天下皆春；斗柄南指，天下皆夏；斗柄西指，天下皆秋；斗柄北指，天下皆冬。」北極星，亦稱北辰，為全天最接近天球北極之恆星，位置固定，居正北方，是夜間辨向的關鍵。北斗七星圍繞北極星運行，依左旋、順時針方向旋轉一周，正好一年(圖1-48)。可利用天璇與天樞連線延長約五倍，即可尋得北極星(圖1-49)。夜間觀星時，最亮且位置不變者即為北極星(圖1-50)，確認北方後，便能推定其餘三方位(指南、東、西)。

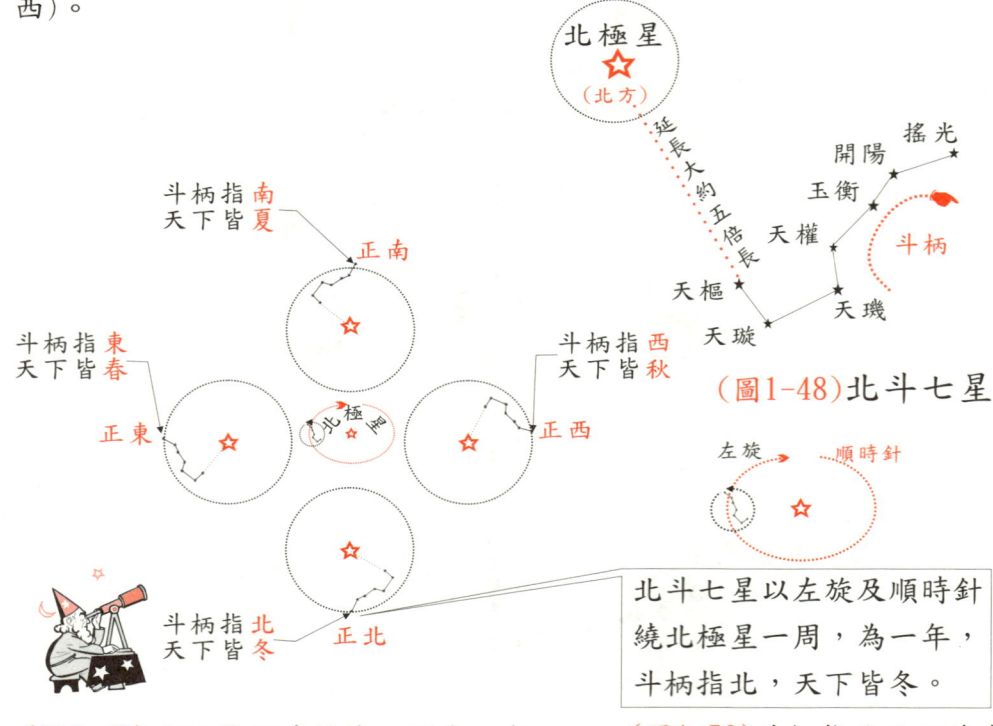

(圖1-48)北斗七星

(圖1-49)北極星順時針繞一周為一年

(圖1-50)斗柄指北天下皆冬

北斗七星以左旋及順時針繞北極星一周，為一年，斗柄指北，天下皆冬。

(四)確立計時單位

曆法是以年、月、日為計時單位,古人觀測天象日月星辰的位置,預知氣候變化及季節來臨的自然法則;無限的時間長河,有了計時單位年、月、日的確切位置、關係長度與表達形式,才能記錄歷史。

1.年:以冬至與夏至之表竿日(投)影之長短間,並以冬至這一天之(投)影最長(圖1-51),為一年之起始點測計,公轉週期即一個"回歸年"為約365天(圖1-52)。

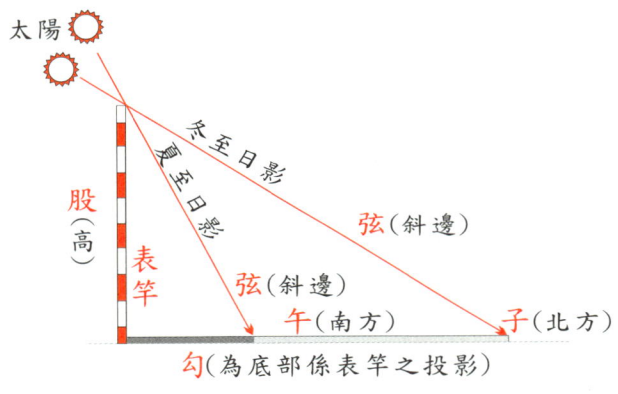

(圖1-51)冬至與夏至之表竿日(投)影

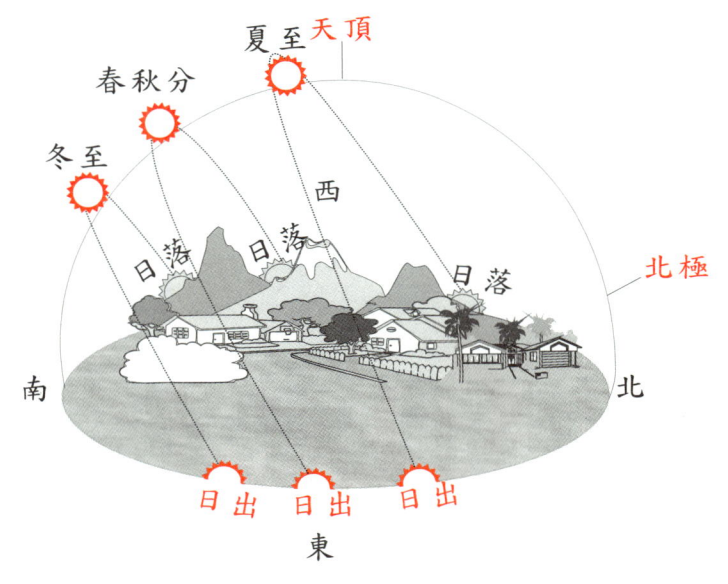

(圖1-52)公轉週期一個回歸年

在地球上觀察，太陽每日會向東移動約1^0，環繞一圈360^0的時間，稱回歸年或稱為太陽年；其運行軌跡，亦稱為黃道。太陽東方升起西方落下，為地球自轉所引起的，但太陽每天的高度及方位與仰角的變化是地球公轉（由西向東繞太陽）所引起的。又因地軸的傾斜（赤道與公轉軌道呈23.5^0傾斜角），每年依季節觀測太陽升起落下之方位如下：

(1)在春分、秋分時，太陽正東方升起，由正西方落下。
(2)春分過後直到夏至時，太陽東北偏東升起，由西北偏西落下。
(3)秋分過後直到冬至時，太陽東南偏東升起，由西南偏西落下。
太陽如此週而復始，就是一年，稱回歸年。

2.月：月球是離地球最近的天體，月球之影響，在漢朝王充《論衡》記載：「濤之起也，隨月盛衰。」說明潮汐的變化，主要是月亮的引力所造成的。月球與太陽對地球之引力不同，海水的自然漲落，所引起的水位升降現象稱潮汐。當月亮到達離地球最近處時，朔望大潮就比平時還要更大。月球繞地球運行，在30日內可觀測盈虧週期(圖1-53)，定為一個月。

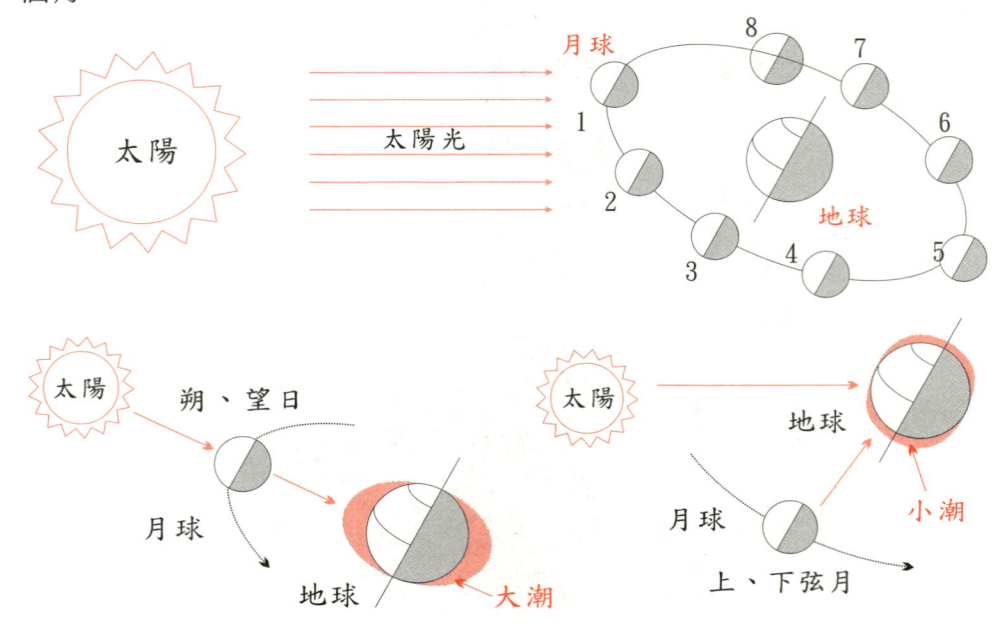

(圖1-53)月球繞地球運行可觀測盈虧週期及朔、望日潮汐變化

古人就想到應用這些特性而制定的日曆，就叫"陰曆"。陰曆每月的長短不一，大月30天，小月29天，其日期和月相關係著，如初一是"朔"，十五、十六為"望"，初七、八是"上弦月"，二十二、二十三是"下弦月"(圖1-54)。

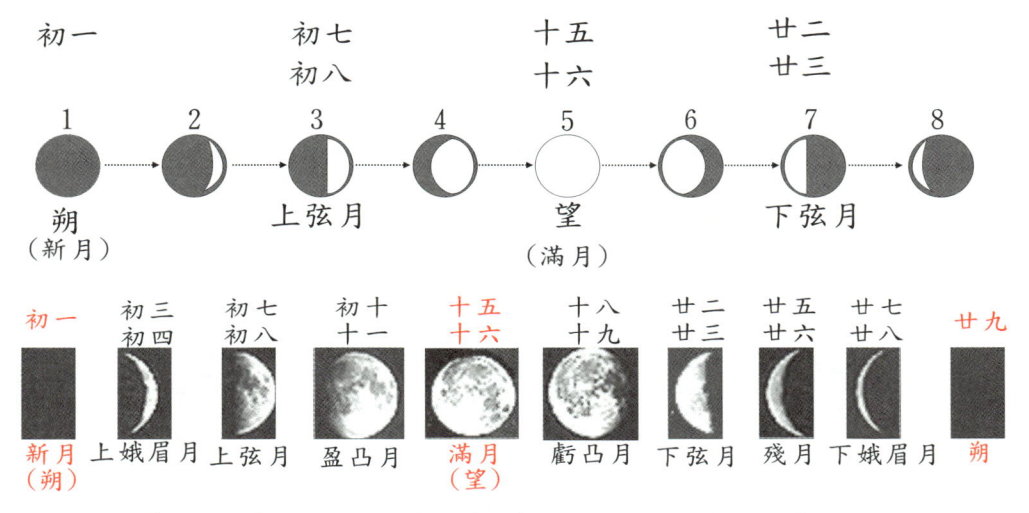

(圖1-54)月亮的朔望盈虧變化週期大約29.5天左右

　　在二百年前，月球對潮汐之影響，只是推測；在19世紀初，其理念獲得科學家證實。月球引力對其他生物亦產生極大之影響力，如蝸牛根據月球之盈虧來產卵；其引力對人類感染疾病與生物成長亦造成影響。

(1)朔(新月)：這時月球淹沒在太陽光中，此時日、度相同，我們無法看到月球。

(2)上弦月：月球在太陽東邊90°，呈凸向右邊的半圓形，出現於上半夜。

(3)望(滿月)：月球和太陽在天上的方向正相反，當太陽西落時它即東升，太陽下中天時(子夜)它在上中天。因此，明月整夜可見，望發生在約農曆的十五或十六左右。

(4)下弦月：月球在太陽西邊90°，呈凸向左邊的半圓形。出現在下半夜的東方夜空。

3.日：以地球自轉顯示日出日落及晨昏晝夜定為一日。

（五）確立四時節氣

一年分爲春、夏、秋、冬四時，並根據季節更替和氣候變化的規律，平分爲二十四個節氣。

1.四季： 先民根據一年春、夏、秋、冬四時，爲順應氣候周期變化，認識四季交替規律，對四季春種、夏耘、秋收、冬藏的循環往復，有序的安排耕作作息(圖1-55)。

（圖1-55）四季交替規律

2.二十四節氣： 是中國古代利用季節和氣候的變化，訂立的一種用來指導民務稼穡行事的曆法。根據春秋時期(-772~-476)《尚書·堯典》記載：「冬至日短。」這一天日處270^0，太陽直射南迴歸線。故北半球白天最短，黑夜最長，過了冬至，白天漸長。根據《周易參同契》記載：「爲冬至一陽生。」取冬至爲一年的開始，將冬至到次一年冬至，整個回歸年的時間平分爲二十四節氣(12個節氣和12個中氣)，可反映出地球實際運行到的位置，當地球依軌道公轉到某一節氣時，因受陽光照射量的不同，而有不同的氣候(圖1-56)。又根據東漢劉安(-179~-122)《淮南子·天文訓》記載：「日行一度，十五日為一節，以生二十四時之變。」說明古代將冬至到次年冬至之間的時間段(約365.25日)也就是回歸年，每十五天一個節氣，即一年有二十四節氣，順序為冬至、小寒、大寒、立春、雨水、驚蟄、春分、清明、穀雨、立夏、小滿、芒種、夏至、小暑、大暑、立秋、處暑、白露、秋分、寒露、霜降、立冬、小雪、大雪(紅字為節黑字為氣)反映四季中細微的氣候變化。方便手掌訣運算二十四節氣相對位置(圖1-57)，二十四節氣的大約日期(表1-10)。

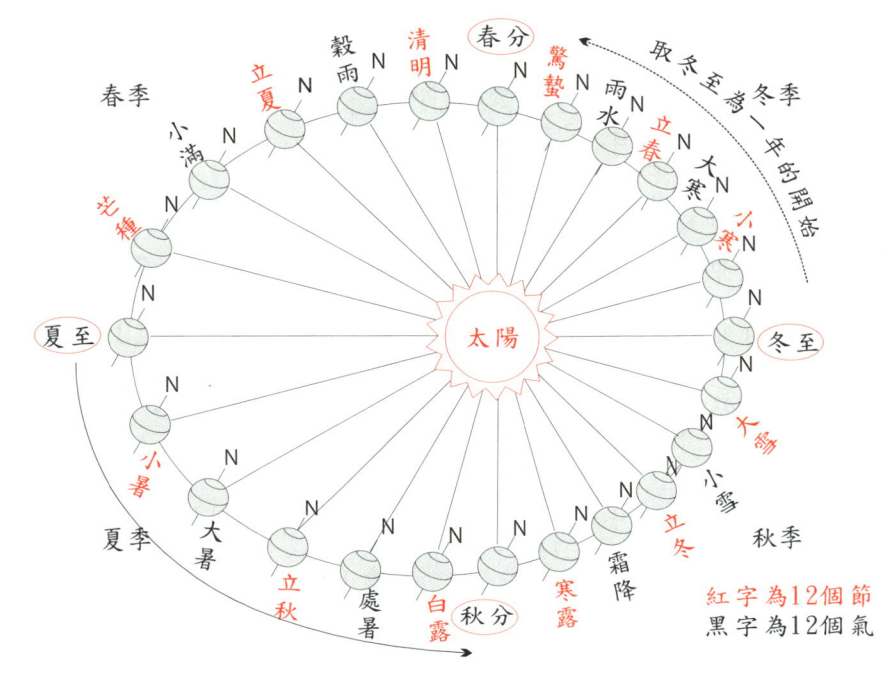

(圖1-56) 地球公轉軌道與二十四節氣

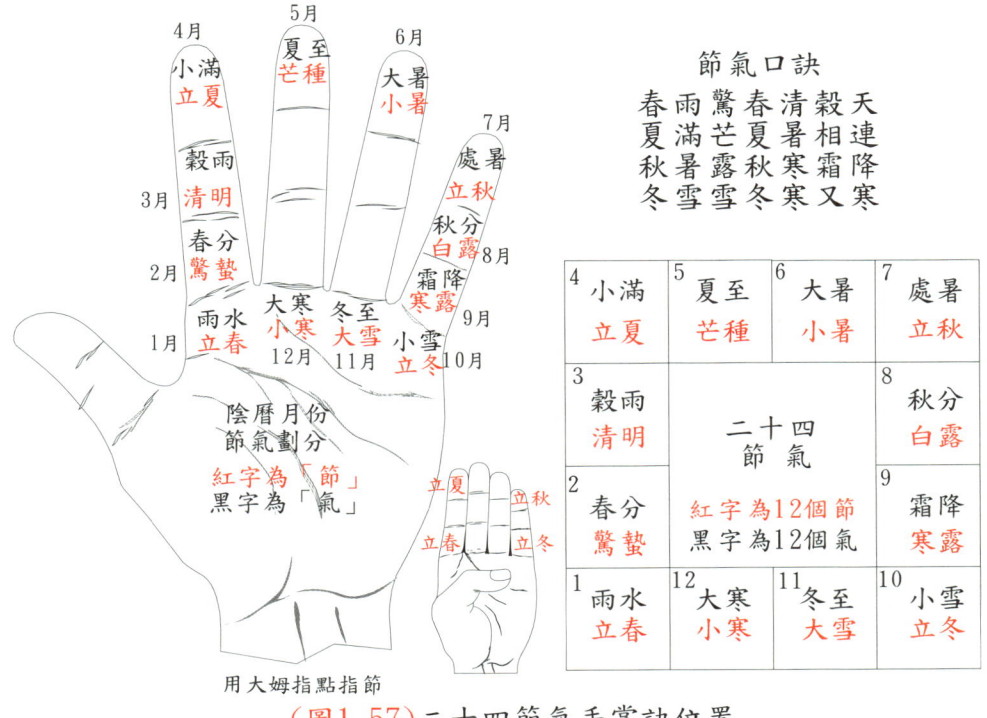

節氣口訣

春雨驚春清穀天
夏滿芒夏暑相連
秋暑露秋寒霜降
冬雪雪冬寒又寒

4 小滿 立夏	5 夏至 芒種	6 大暑 小暑	7 處暑 立秋
3 穀雨 清明	二十四節氣		8 秋分 白露
2 春分 驚蟄	紅字為12個節 黑字為12個氣		9 霜降 寒露
1 雨水 立春	12 大寒 小寒	11 冬至 大雪	10 小雪 立冬

用大姆指點指節

(圖1-57) 二十四節氣手掌訣位置

第壹章 風水學基礎知識

050

(表1-10)二十四節氣大約時間(公曆)

節氣	農曆	大約時間(公曆)	節氣	農曆	大約時間(公曆)
立春	正月(寅)	2月4、5日	立秋	7月(申)	8月7、8日
雨水	正月(寅)	2月18、19日	處暑	7月(申)	8月23、24日
驚蟄	2月(卯)	3月5、6日	白露	8月(酉)	9月7、8日
春分	2月(卯)	3月20、21日	秋分	8月(酉)	9月23、24日
清明	3月(辰)	4月4、5日	寒露	9月(戌)	10月8、9日
穀雨	3月(辰)	4月20、21日	霜降	9月(戌)	10月23、24日
立夏	4月(巳)	5月5、6日	立冬	10月(亥)	11月7、8日
小滿	4月(巳)	5月21、22日	小雪	10月(亥)	11月22、23日
芒種	5月(午)	6月5、6日	大雪	11月(子)	12月7、8日
夏至	5月(午)	6月21、22日	冬至	11月(子)	12月21、22日
小暑	6月(未)	7月7、8日	小寒	12月(丑)	1月5、6日
大暑	6月(未)	7月22、23日	大寒	12月(丑)	1月21、22日

六、正五行象徵

　　五行由「金、木、水、火、土」五種元素氣所構成，象徵自然界與宇宙萬物運行的基本原理，不僅影響人之命運，也主導天地間的循環生化。風水學中五行的分類與運用眾多，如納音五行、河圖五行、三合五行、雙山五行、天干五行、地支五行等，體系龐雜，各有所本。其中，「正五行」為五行最基本的概念，主要用以定位方位。八方去四隅，即為五行之正方位(圖1-58)。東方日出，木性向陽而生，屬春，色青；南方陽盛，火性炎熱，屬夏，色紅；西方日落，金性肅殺清涼，屬秋，色白；北方寒冷，水性清寒，屬冬，色黑；中央為土，主承載與中和，色黃，居四象之中(圖1-59)。此五方五行之象，為風水、命理與自然觀察之基礎依據。

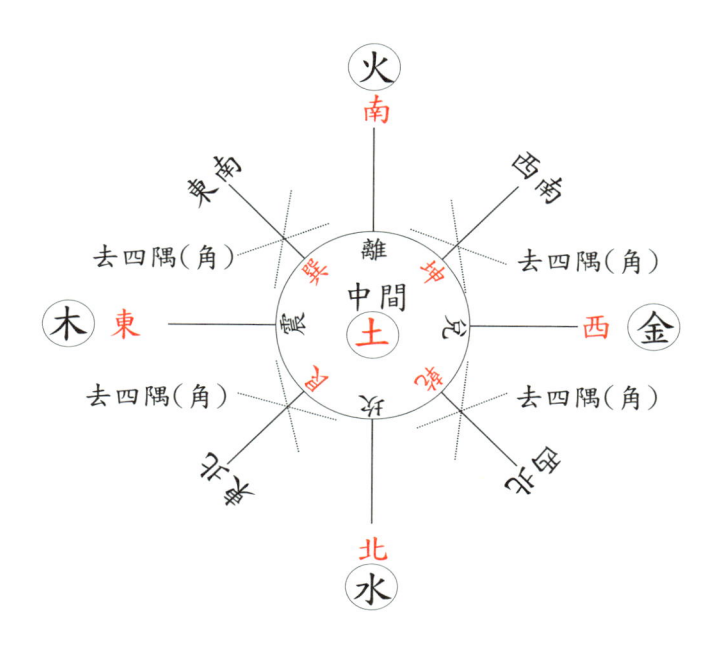

(圖1-58)八方位去四角為五行方位

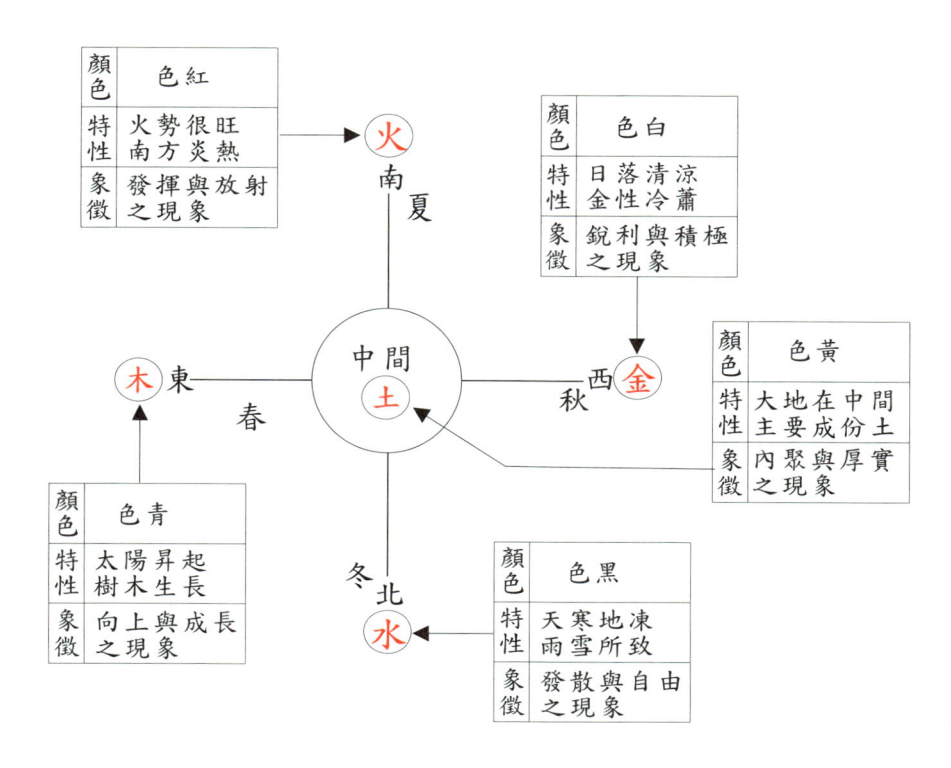

(圖1-59)五行類象

七、五行與四季之關係

五行運行於天地間，由於四季氣候的不同，使得五行「木、火、土、金、水」產生旺衰的變化。如春天屬木旺，夏天屬火旺，秋天屬金旺，冬天屬水旺，另四季中(每季交接時)皆含有土旺。以旺(旺盛)、相(次旺)、休(休歇)、囚(衰落)、死(無生氣)等五種狀態來表徵五行之變化現象(表1-11)。

(表1-11)五行與四季之關係

四季	四季月(農曆) 孟	四季月(農曆) 仲	四季月(農曆) 季	氣候特質	旺	相	休	囚	死
春	端月 1 木(寅)	花月 2 木(卯)	桐月 3 土(辰)	潮濕下雨	木	火	水	金	土
夏	梅月 4 火(巳)	浦月 5 火(午)	暑月 6 土(未)	炎熱和暖	火	土	木	水	金
秋	瓜月 7 金(申)	桂月 8 金(酉)	菊月 9 土(戌)	乾燥清爽	金	水	土	火	木
冬	陽月 10 水(亥)	葭月 11 水(子)	臘月 12 土(丑)	寒冷清涼	水	木	金	土	火

(一)旺：同我者為旺。表合時、興盛、猛烈之現象。

(二)相：生我者為相。表賴生、交互、次旺之現象。

(三)休：我生者為休。表洩氣、停止、休息之現象。

(四)囚：我剋者為囚。表被剋、拘禁、衰敗之現象。

(五)死：剋我者為死。表宜剋、無氣、破敗之現象。

五行變化，以夏季五行火為例，說明旺、相、休、囚、死五種現象；同(比和)我(指同為五行火)者為旺；以五行火生我者(五行土)為相(指火生土)；我(五行木)生者(指木生火)為休；我(五行水)剋者(水剋火)為囚；剋(火剋金)我(五行金)者為死。

八、六十甲子納音五行

(一)六十甲子

自商代起以干支計年來循環使用,又稱六十花甲。以十天干配十二地支,即陽天干(甲、丙、戊、庚、壬)配陽地支(子、寅、辰、午、申、戌),陰天干(乙、丁、己、辛、癸)配陰地支(丑、卯、巳、未、酉、亥)所組成,便可將年、月、日、時(稱四柱),以六十進位之數字科學邏輯來表達(表1-12)。納音,係以干支分配於五音,而五音所生之五行,即為其干支所納之音。納音五行,此理論常應用於擇日、命理推算、風水與祈福造事,為術數學中重要的一環。

(表1-12)六十甲子(納音五行)

順序	干支	納音	五行	順序	干支	納音	五行	順序	干支	納音	五行	順序	干支	納音	五行
1	甲子	海中金	金	16	己卯	城牆土	土	31	甲午	沙中金	金	46	己酉	大驛土	土
2	乙丑	海中金	金	17	庚辰	白蠟金	金	32	乙未	沙中金	金	47	庚戌	釵釧金	金
3	丙寅	爐中火	火	18	辛巳	白蠟金	金	33	丙申	山下火	火	48	辛亥	釵釧金	金
4	丁卯	爐中火	火	19	壬午	楊柳木	木	34	丁酉	山下火	火	49	壬子	桑柘木	木
5	戊辰	大林木	木	20	癸未	楊柳木	木	35	戊戌	平地木	木	50	癸丑	桑柘木	木
6	己巳	大林木	木	21	甲申	泉中水	水	36	己亥	平地木	木	51	甲寅	大溪水	水
7	庚午	路旁土	土	22	乙酉	泉中水	水	37	庚子	壁上土	土	52	乙卯	大溪水	水
8	辛未	路旁土	土	23	丙戌	屋上土	土	38	辛丑	壁上土	土	53	丙辰	沙中土	土
9	壬申	劍鋒金	金	24	丁亥	屋上土	土	39	壬寅	金箔金	金	54	丁巳	沙中土	土
10	癸酉	劍鋒金	金	25	戊子	霹靂火	火	40	癸卯	金箔金	金	55	戊午	天上火	火
11	甲戌	山頭火	火	26	己丑	霹靂火	火	41	甲辰	覆燈火	火	56	己未	天上火	火
12	乙亥	山頭火	火	27	庚寅	松柏木	木	42	乙巳	覆燈火	火	57	庚申	石榴木	木
13	丙子	澗下水	水	28	辛卯	松柏木	木	43	2026 丙午	天河水	水	58	辛酉	石榴木	木
14	丁丑	澗下水	水	29	壬辰	長流水	水	44	丁未	天河水	水	59	壬戌	大海水	水
15	戊寅	城牆土	土	30	癸巳	長流水	水	45	戊申	大驛土	土	60	癸亥	大海水	水

(二)納音

納音(即干支納音)為術數理論架構之一。其基本原理以十天干配十二地支，組成六十甲子循環，自甲子至癸亥共六十組。每兩個干支配一納音五行，如甲子、乙丑配「海中金」。常用於命理與風水判斷中。

(三)手掌訣

六十甲子納音五行，運用手掌先設定天干及五行為固定位置(圖1-60)，再以變動之地支配合，便可推演出納音五行，舉例如下：

例一：甲子納音五行屬金

先確立已知天干甲位置作為地支起始點，以變動之雙地支(如子丑、寅卯類推)分6組，由子丑在甲位置順推三位後，循環回起始點再順推三位，確認已知地支子所在位置，即知甲子納音五行屬金(圖1-61)。

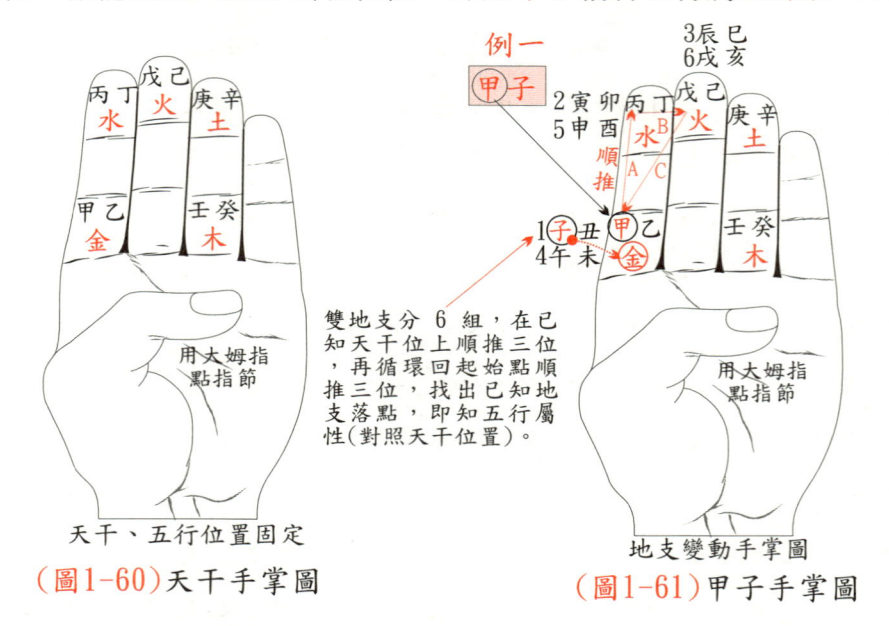

(圖1-60)天干手掌圖

(圖1-61)甲子手掌圖

例二：癸亥納音五行屬水

先確立已知天干癸位置作為地支起始點，以變動之雙地支分6組，由子丑在癸位置順推三位後，循環回起始點再順推三位，確認已知地支亥所位置，即知癸亥納音五行屬水(圖1-62)。

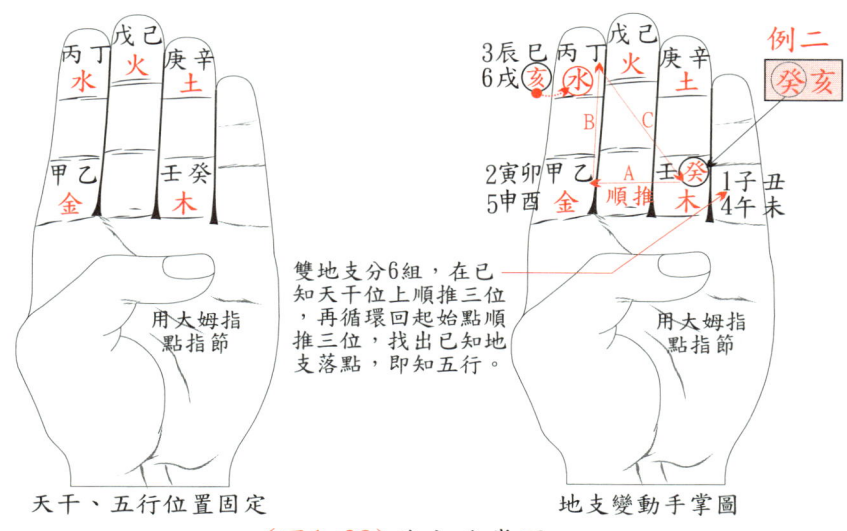

(圖1-62)癸亥手掌圖

（四）納音五行推算行業盛衰

納音五行可預測行業五行的盛衰時機，須掌握流年、月干支，利用手掌訣可轉化成納音五行，並與行業五行(表1-13)作比較分析定生剋衰旺，應用之法如下：

1.五行相同

年、月、行業三者的五行，組合如相同者，如同屬金比和，為最旺。

2.五行順生

年、月、行業三者的五行，組合如屬水生木生火，以最後者為得益。

3.五行順剋

年、月、行業三者的五行，組合如屬水剋火剋金，以最後者為困滯。

4.其它生剋

年、月、行業三者的五行，其他組合盛衰如下：

(1)多不幫身

五行組合如土比和土又生金，屬五行土多，金賴土生，土多金埋，不幫身而受害。

(2) 逆剋被洩

五行組合如金、火、水，為逆剋，呈主體被洩，變弱而傷身。

(3) 中間得益

五行組合如如木、土、火，為木生火生土，呈中間得益。

(4) 中間被剋

五行組合如木、水、土，為木剋土剋水，中間被剋亦為傷害。

(5) 由衰轉旺

五行組合如木、水、水，兩水生木，木賴水生，水多木漂，五行強弱由衰轉旺而得益。

(表1-13) 常用行業五行

五行	行業參考類別
金	屬金屬、機械有堅硬、延展性之相關行業。如金融、五金、珠寶、汽車、會計、電子。
木	屬木材、植物有直向、伸展性之相關行業，如裝潢、文教、宗教、公務、政治、時裝。
水	屬漂游、奔波性之相關行業，貿易、百貨、設計、仲介、旅行、娛樂、物流、醫療。
火	屬光亮、高熱性之相關行業，如電器、軍事、美容、照明、飾物、電子、玩具、餐飲。
土	屬土地、礦業之相關行業，如建築、營造、陶瓷、農作、玉石、地產、農產、倉儲。

(6) 案例引述

以2026年(丙午歲)農曆正月(庚寅)，預測地產與電子行業的盛衰情形？

以地產行業五行屬土、電子行業五行屬火為例；將2026年(丙午歲)正月(庚寅月)轉化成納音五行，並與行業五行比較分析定出生剋衰旺，

納音五行丙午年屬水、庚寅月屬木,若用地產行業五行屬土,組合爲水(丙午年)、木(庚寅月)、土(地產行業),爲木剋土剋水,中間被剋,預測業績不佳,宜撙節開支;再以電子行業五行屬火,組合爲水(丙午年)、木(庚寅月)火(電子行業),五行順生,水生木生火,預測最後者獲益。一般行業含有兩種以上的五行屬性,以建築行業五行屬土,須動腦設計則屬水。九運(2024~2043年)離火當運,則以電子、通訊、視覺、石油五行屬火比和爲旺;文化、傳媒、教育爲五行木生火有助益;金融、交通、運輸五行爲水剋火易困滯;機械、金五行爲火剋金爲不幫身。

九、五行強旺、衰弱、生剋制化之理

　　古人視 金、木、水、火、土 爲構成萬事萬物的五種基本元素。因而掌握五行的屬性原理、陰陽組合、生剋制化,仍須體悟五行吉凶規律方能應用自如。一般五行組成與變化,以金旺得火方成器,火旺得水方成濟,水旺得土方成池沼,土旺得木方能疏通,木旺得金方成棟樑。通常五行規則中,**以火土、土金之組合主富,水木、木火之組合主貴**。根據宋朝徐升《淵海子平》論述五行生剋觀點整理如下:

(一)金賴土生,土多金埋,土賴火生,火多土焦,火賴木生,木多火熾,木賴水生,水多木漂,水賴金生,金多水濁。

(二)金能生水,水多金沉,水能生木,木多水縮。木能生火,火多木焚,火能生土,土多火晦,土能生金,金多土弱。

(三)金能剋木,木堅金缺,木能剋土,土重木折,土能剋水,水多土流,水能剋火,火炎水灼,火能剋金,金多火熄。

(四)金衰遇火,必見消鎔,火弱逢水,必爲熄滅,水弱逢土,必爲淤塞,土衰逢木,必遭傾陷,木弱逢金,必爲斫折。

(五)強金得水,方挫其鋒,強水得木,方緩其勢,強木得火,方洩其英,強火得土,方斂其燄,強土得金,方化其頑。

　　五行學理是一切術數的思想之源,對風水的影響,是將人的命卦與九星附會於五行的自然屬性,以其生剋原理用來判斷人生的吉凶禍福。

十、五行分類

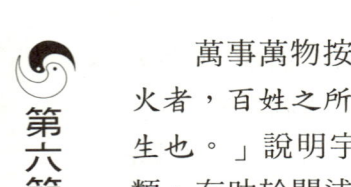

萬事萬物按五行規則進行歸類，根據漢朝《尚書大傳》記載：「水火者，百姓之所飲食也；金木者，百姓之所興作也；土者，萬物之所資生也。」說明宇宙萬物其性質可歸類為五行元素。彙整五行事務之分類，有助於闡述生活上各種物象模擬(象)之參考因子(表1-14、1-15)，在風水術之應用，重視五行和諧狀態，就是通過相生、相剋、中和的平(均)衡原則，用來理解因果關係的體現。其他如八字命理、中醫診療、風水命卦、紫白雙星等，就是參照平衡原則來理解五行關係。因此，五行平(均)衡原則，可用來斷應或吉凶預測上更具重要的意義。

(表1-14)五行分類(一)

五行定位	五行方位	天干五行	地支五行	八卦五行	卦象五行	五常	五臟	五味
金	西方 西北方	庚辛	申酉	乾兌	☰☱	義	肺	辛
木	東方 東南方	甲乙	寅卯	震巽	☳☴	仁	肝	酸
水	北方	壬癸	亥子	坎	☵	智	腎	鹹
火	南方	丙丁	巳午	離	☲	禮	心	苦
土	東北方 中宮 西南方	戊己	辰戌丑未	坤艮	☷☶	信	脾	甘

(表1-15)五行分類(二)

五行定位	河圖五行	洛書五行	八卦五行	形狀五行	材質五行	顏色五行	五化	五音	五氣
金	四九	六白金 七赤金	乾兌	圓形	金屬態	金銀色 白色	收	商	燥
木	三八	三碧木 四綠木	震巽	長條形	木屬態	碧色 綠色	生	角	風
水	一六	一白水	坎	波浪形	含水或流質態	藍色 黑色 灰色	藏	羽	寒
火	二七	九紫火	離	尖形	通電物品或燃燒態	紫紅色 橙色	長	徵	暑
土	五十	二黑土 五黃土 八白土	坤艮	方形	土質態	土黃色 咖啡色 黃色	化	宮	濕

十一、建築物樓層數與朝向推算法

對建築樓層優選及生旺朝向之法,可說是各師各法,內容龐雜,不勝枚舉。簡單之法,採五子時運配合推算如下:

(一)河圖五行

根據秦末漢初(-220)黃石公《青囊經·上卷》記載:「天尊地卑,陽奇陰偶。一六共宗,二七同道,三八為朋,四九為友,五十同途,闔闢奇偶。」揭示一六共宗合水,二七同道合火,三八為朋合木,四九為友合金,五十居中合土,為先天河圖五行系列。如採建築物樓層數,以3、8、13、18、23、28等樓層(取個位數 3 或 8),河圖 38 五行屬木,其它五行數餘此類推(表1-16)。

(表1-16)建築物樓層數對照河圖五行

河圖五行	建築物樓層數	超過十層以上建築物
一六屬水	1、6 樓層	11、16、21、26(類推)等層數取上項相同尾數之樓層
二七屬火	2、7 樓層	12、17、22、27(類推)等層數取上項相同尾數之樓層
三八屬木	3、8 樓層	13、18、23、28(類推)等層數取上項相同尾數之樓層
四九屬金	4、9 樓層	14、19、24、29(類推)等層數取上項相同尾數之樓層
五十屬土	5、10 樓層	15、20、25、30(類推)等層數取上項相同尾數之樓層

(二)五子運五行

根據《紫白賦上篇》記載:「河圖之運、以五子分運、則甲丙戊庚壬、乃配水火木金土之序、而五行之運、秩然不紊。」說明每一元運60年,分為5個子運,每子運管事12年,並分別配以五行所屬,60年(一甲子)循環週期納入五子中所掌管之五行,由甲子、丙子、戊子、庚子、壬子次序,甲子為排列第 1 數,取河圖數(河圖1、6屬水)屬12年水運;丙子為排列第 2 數,取河圖數(河圖2、7屬火)屬12年火

運；戊子為排列第 3 數，取河圖數(河圖3、8屬木)屬12年木運；庚子為排列第 4 數，取河圖數(河圖4、9屬金)屬12年金運；壬子為排列第 5 數，取河圖數(河圖5、10屬土)屬12年土運。以12年為為一運，即秩然不紊也(表1-17)。

(表1-17)五子運五行

五子運	五行	六十甲子十二數次序	六十甲子年	公　元
甲子運	水	1	甲子~乙亥	1924~1935 1984~1995
丙子運	火	2	丙子~丁亥	1936~1947 1996~2007
戊子運	木	3	戊子~己亥	1948~1959 2008~2019
庚子運	金	4	庚子~辛亥	1960~1971 2020~2031
壬子運	土	5	壬子~癸亥	1972~1983 2032~2043

(三)推算之法

推算之法，一般可分五子運選擇樓層與樓層五行生旺朝向兩部分。

1.配合五子運優選樓層

運用五子運與樓層五行生剋來作比較，並分主客關係，以樓層為主，時運為客。即以相生與比和為吉，以相剋或洩為凶。相關文獻回顧參考如下：

(1)《紫白賦上篇》記載：「生運發丁而漸榮，旺運發祿而驟富，退運必冷退絕嗣，殺則橫禍官災，死主損丁，吉凶常半，應如桴鼓，圖運有然。」指出掌握生旺運帶來丁財兩旺。

(2)《紫白訣》記載：「凡屋層與間架值水數者，喜金水運；值木數者嫌金土運，火金土數，此依此類推。」指出符合當運五行為旺。

(3)清朝姚廷鑾《陽宅集成》記載：「如一層、六層、一間、六間是水

數屋也。喜值庚子十二年金運，金能生水數屋也。值甲子二年水運，水運與水屋比和也。」指出層間與河圖數須符合生旺及比和。

2.吉凶象徵

建築物樓層與時運喜生旺忌剋洩吉凶象徵如下：

(1)五子運生(五行相生)樓層(為主)──為生氣，主旺丁(人口、健康)。

(2)五子運比和(五行相同)樓層(為主)──為旺氣，主旺財。

(3)五子運剋(五行相剋)樓層(為主)──為殺氣，損丁財，惹官非訟事。

(4)樓層生(五行相生)五子運(為主)──為退(洩)氣，主不利丁。

(5)樓層剋(五行相剋)五子運(為主)──為死氣，主利財不利丁，主口角鬥爭。

3.案例引述

以建築物第8樓層(河圖3與8之數五行屬木)與五子時運比較如下：

(1)喜：甲子12年水運比較，為時運生入樓層(水生木)，主生氣能旺丁；與戊子12年木運比較，為時運比和樓層(木與木比和)，主旺氣能旺財。

(2)忌：庚子12年金運比較，為時運剋入樓層(金剋木)，主殺氣損丁財；與壬子12年土運比較，樓層剋出時運(木剋土)，主死氣損丁；與丙子12年火運比較，為樓層生出時運(木生火)，主退(洩)氣損丁。

(3)例：以1960(庚子)年出生，其五子運在庚子~辛亥週期內(參考表1-17)，數序為4，五行屬"金"，以建築物之樓層為主(體)(參考表1-16)，喜生旺忌剋洩，五子運為客(用)，生旺建築物樓層，即用生體。因而建築物樓層選擇 1、6 樓五行屬水，與時運(屬金)生入樓層(屬水)，主生氣能旺丁；選 4、9 樓層五行屬金，與時運(屬金)比和主旺氣能旺財。

4.樓層五行生旺朝向

運用樓層五行(河圖數)力量，來生旺空間朝向，以 朝向為主(體)，樓層為客(用)，以體用兩者比較其五行生剋關係，用作吉凶判斷之重要參考憑據。體用關係吉凶參考如下：

(1)用生體大吉
(2)用比和體吉
(3)體剋用半吉
(4)用剋體大凶
(5)體生用凶

口開神氣散
舌動是非生

5.案例引述

以建築物1、6樓層與朝向為例，樓層在體用關係中屬"用"(指客外來所產生之影響作用)，1、6樓層其五行屬水(採河圖數)；空間朝向若為甲向(東方偏東北)或卯向(東方)或乙向(東方偏東南)，均為洛書數三震木，五行屬木，朝向在體用關係中屬"體"(指主體原本之體質)。體用關係五行互參結果，即用生體大吉，為樓層五行水生旺屬朝向五行木。建築物層數生旺朝向一覽表(表1-18)，以五子時運五行配合建築物河圖五行來選擇樓層(間)或朝向，此法顯得呆板，仍可參考運用。

(表1-18)建築物層數生旺朝向一覽表

體(河圖數五行為主)			用(生旺為主)	
河圖五行	建築樓層	超過十層以上建築物	洛書五行	生旺朝向
一六屬水	1、6樓層	11、16、21、26(類推)等層數取上項相同尾數之樓層	三震木 四巽木	甲卯乙 辰巽巳
二七屬火	2、7樓層	12、17、22、27(類推)等層數取上項相同尾數之樓層	二坤土 八艮土	未坤申 丑艮寅
三八屬木	3、8樓層	13、18、23、28(類推)等層數取上項相同尾數之樓層	九離火	丙午丁
四九屬金	4、9樓層	14、19、24、29(類推)等層數取上項相同尾數之樓層	一坎水	壬子癸
五十屬土	5、10樓層	15、20、25、30(類推)等層數取上項相同尾數之樓層	七兌金 六乾金	庚酉辛 戌乾亥

第七節、八卦精義

　　河圖與洛書乃術數之源，最早見於春秋時期《周書‧顧命》記載：「大玉，夷玉，天球，河圖在東序。」《周易‧繫辭上篇》亦載：「河出圖，洛出書，聖人則之。」又曰：「天垂象，見吉凶。」可見《周易》，又稱《易經》，為中國最古老的哲理經典之一，聖人依據河圖與洛書而畫八卦，蘊藏理、象、數之變化，為推演吉凶禍福之基本工具。

一、八卦起源

　　八卦起源於《周易》思想體系。"周"指週而復始之時序變化；"易"則寓空間方位之遞變，合之即為時空之轉化。八卦包括乾、坤、艮、兌、震、巽、坎、離為卦名。"卦"指懸象示人，表意昭昭。根據《周易‧繫辭下篇》所述：「古者伏羲氏之王天下也，仰則觀象於天，俯則觀法於地，觀鳥獸之文，與地之宜；近取諸身，遠取諸物，於是始作八卦，以通神明之德，以類萬物之情。」指伏羲氏仰視天象俯察地理，直觀生態成長的自然現象所創造出八卦，以通天地之道，映萬象之理。

二、八卦誕生

　　卦由陽爻（—）與陰爻（--）符號所組成，每一卦均以三爻組成，畫卦亦由下往上劃。根據《周易‧繫辭上篇》記載：「是故易有太極，是生兩儀（指陰陽兩儀）；兩儀生四象（指老陽、少陰、少陽、老陰），四象生八卦（指乾、兌、離、震、巽、坎、艮、坤）；八卦定吉凶，吉凶生大業。」說明由陰陽衍生八卦，以自然界中常見的事象用作八卦類象。

（一）無極

　　宇宙在混沌未開之時稱無極，即當時天地未開，空無萬物。根據宋朝周敦頤《太極圖說》記載：「無極而太極，太極動而生陽，動極而靜，靜而生陰，靜極復動，一動一靜，互為其根，分陰分陽，兩儀立焉。」說明了天地間的奧祕盡洩其中，無極為"０"後演化成太極為"１"，一劃開天，含有陰陽，而太極再生萬物。

（二）太極

　　盤古初開，陰陽未分，天地渾沌未明，此乃天地萬物未生之前之混元時空，亦即萬象之始源，稱之為「太極」。南宋理學家朱熹於《朱子語類・卷九十八》記載：「譬如陰陽，陰中有陽，陽中有陰；陽極生陰，陰極生陽，所以神化無窮。」此言揭示太極之氣初分，動則為陽，靜則為陰，二氣相對而生，陰陽互含、消長不息，實為一體兩面之理。天地之氣，隨時節而寒暑迭代，晝夜遞嬗，無非陰陽之運行。太極之氣分而為二，謂之「兩儀」，即陽儀與陰儀。其象見於太極圖，明亮之白色部分象徵陽，陰暗之黑色部分象徵陰；而白中一黑點，黑中一白點，正示陽中有陰、陰中有陽之義(圖1-63)，顯示萬物之中皆蘊陰陽互根互生之道理。《黃帝內經・素問・金匱真言論》亦言：「平旦至日中，天之陽，陽中之陽也；日中至黃昏，天之陽，陽中之陰也。合夜至雞鳴，天之陰，陰中之陰也；雞鳴至平旦，天之陰，陰中之陽也。」說明天地之間，日夜循環之際，陰陽二氣相互消長，分合有致，合中有分，分中有合，萬象由此化生無窮。

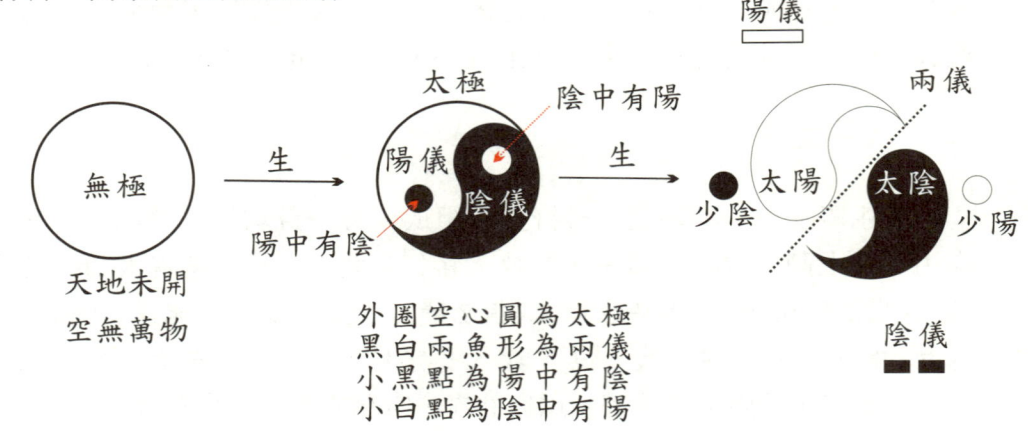

（圖1-63）太極分化為兩儀陰陽

（三）兩儀

　　兩儀指具有兩種對立與均衡性質的事務。根據秦朝黃石公（-292~-195）《青囊經・上卷》記載：「天尊地卑陽奇陰偶。」揭示天地之間存在著陰陽兩氣(圖1-64)。由陽儀與陰儀，可重疊成不同組合，變成四象，即老陽、老陰、少陽、少陰。

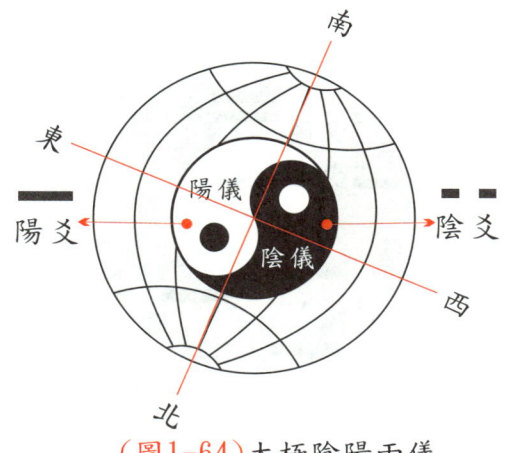

(圖1-64)太極陰陽兩儀

(四)四象

太極之"陽儀"與"陰儀"重疊成不同組合,變成四象(圖1-65),互變步驟(圖1-66)。

1. 陽儀生出純粹之陽為 ⚌ 老陽。

2. 陽儀生出之陰為 ⚍ 少陰。

3. 陰儀生出之陽為 ⚎ 少陽。

4. 陰儀生出純粹之陰為 ⚏ 老陰。

能付出愛心
就是智
能消除煩惱
就是慧

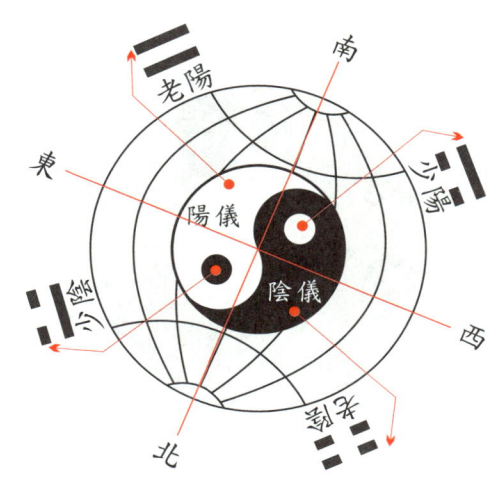

(圖1-65)陰陽兩儀生四象

第七節 八卦精義

兩儀生四象（不同組合）

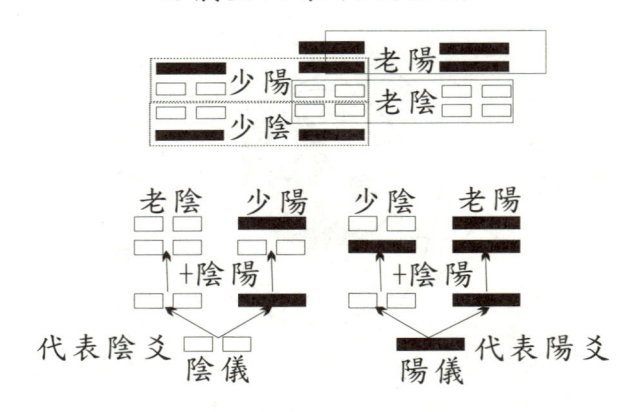

(圖1-66) 兩儀生四象互變步驟

（五）八卦衍生

　　無極一動生太極，太極一變生兩儀，兩儀互變生四象，四象互生八卦(圖1-67)，化生為六十四卦(圖1-68)。即重疊組合，由原卦三爻變成卦六爻(成卦)，可推演成六十四卦。

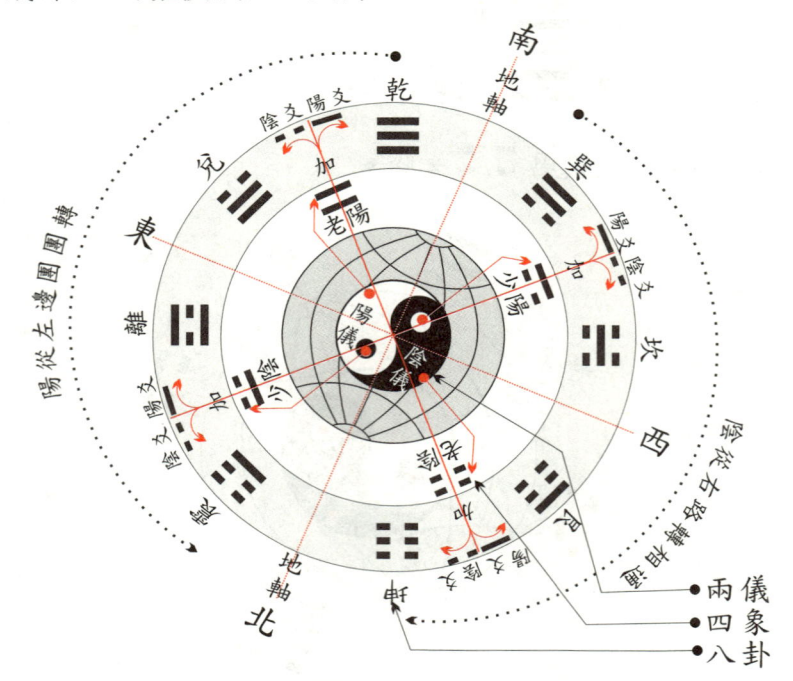

(圖1-67) 陰陽兩儀生四象生八卦互變圖

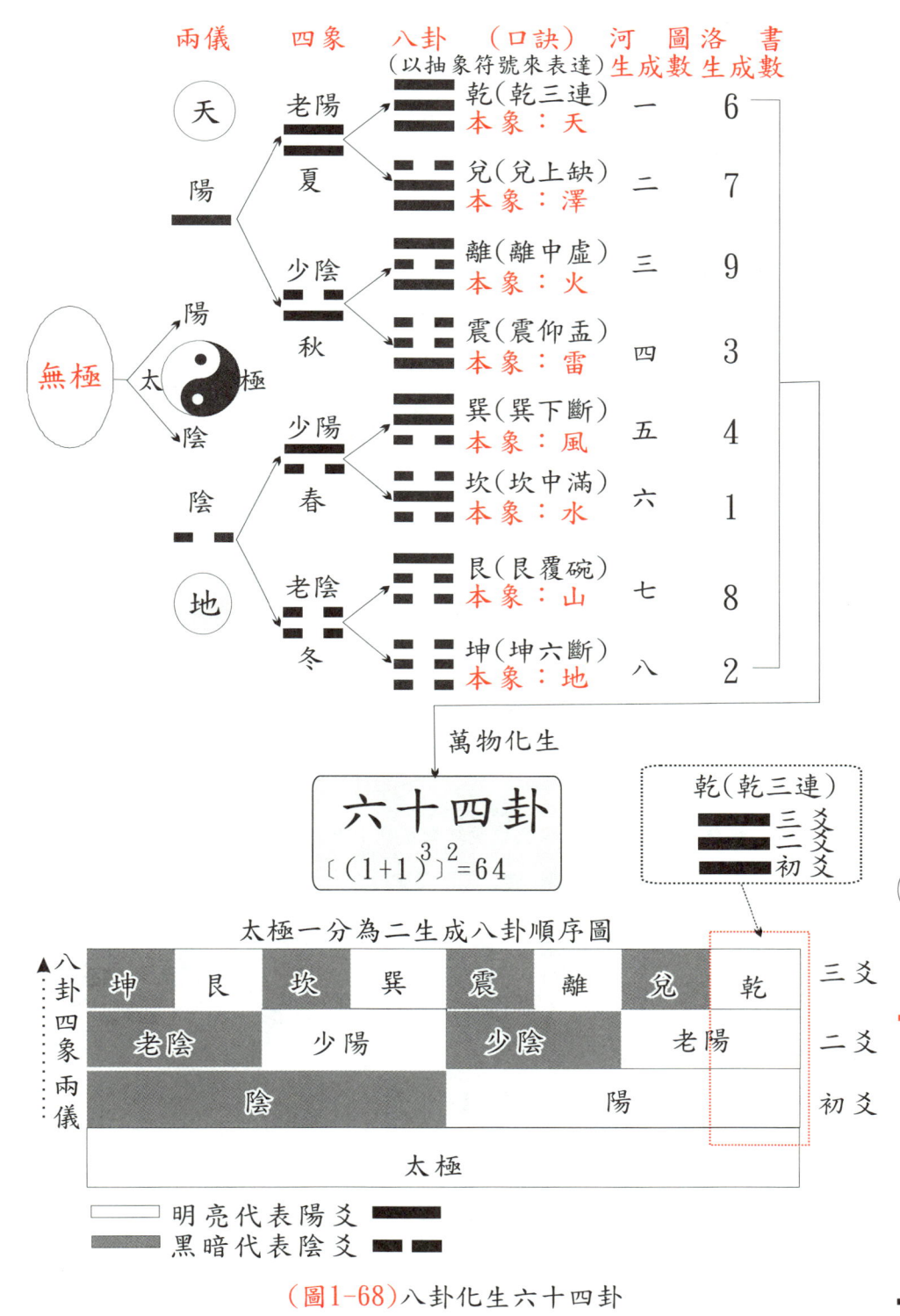

| 兩儀 | 四象 | 八卦（以抽象符號來表達） | （口訣） | 河圖生成數 | 洛書生成數 |

```
                              乾(乾三連)   一    6
                     老陽 ──→ ☰
            天                本象：天
            ○                 兌(兌上缺)   二    7
                     夏   ──→ ☱
            陽                本象：澤
            ━━                離(離中虛)   三    9
                     少陰 ──→ ☲
                              本象：火
無極   太 ☯ 極               震(震仰盂)   四    3
                     秋   ──→ ☳
            陰                本象：雷
            ━ ━               巽(巽下斷)   五    4
                     少陽 ──→ ☴
            地                本象：風
            ○                 坎(坎中滿)   六    1
                     春   ──→ ☵
                              本象：水
                              艮(艮覆碗)   七    8
                     老陰 ──→ ☶
                              本象：山
                     冬   ──→ 坤(坤六斷)   八    2
                              ☷
                              本象：地
```

萬物化生 ↓

六十四卦
$[(1+1)^3]^2 = 64$

乾(乾三連)
☰ 三爻／二爻／初爻

太極一分為二生成八卦順序圖

八卦四象兩儀 ▲	坤	艮	坎	巽	震	離	兌	乾	三爻
	老陰		少陽		少陰		老陽		二爻
	陰				陽				初爻
	太極								

□ 明亮代表陽爻 ▬
■ 黑暗代表陰爻 ▬ ▬

(圖1-68) 八卦化生六十四卦

068

三、六十四卦形成

由太極一分為 1/2、1/4、1/8、1/16、1/32、1/64(圖1-69)，即有次序的將宇宙萬物萬事容納其間。

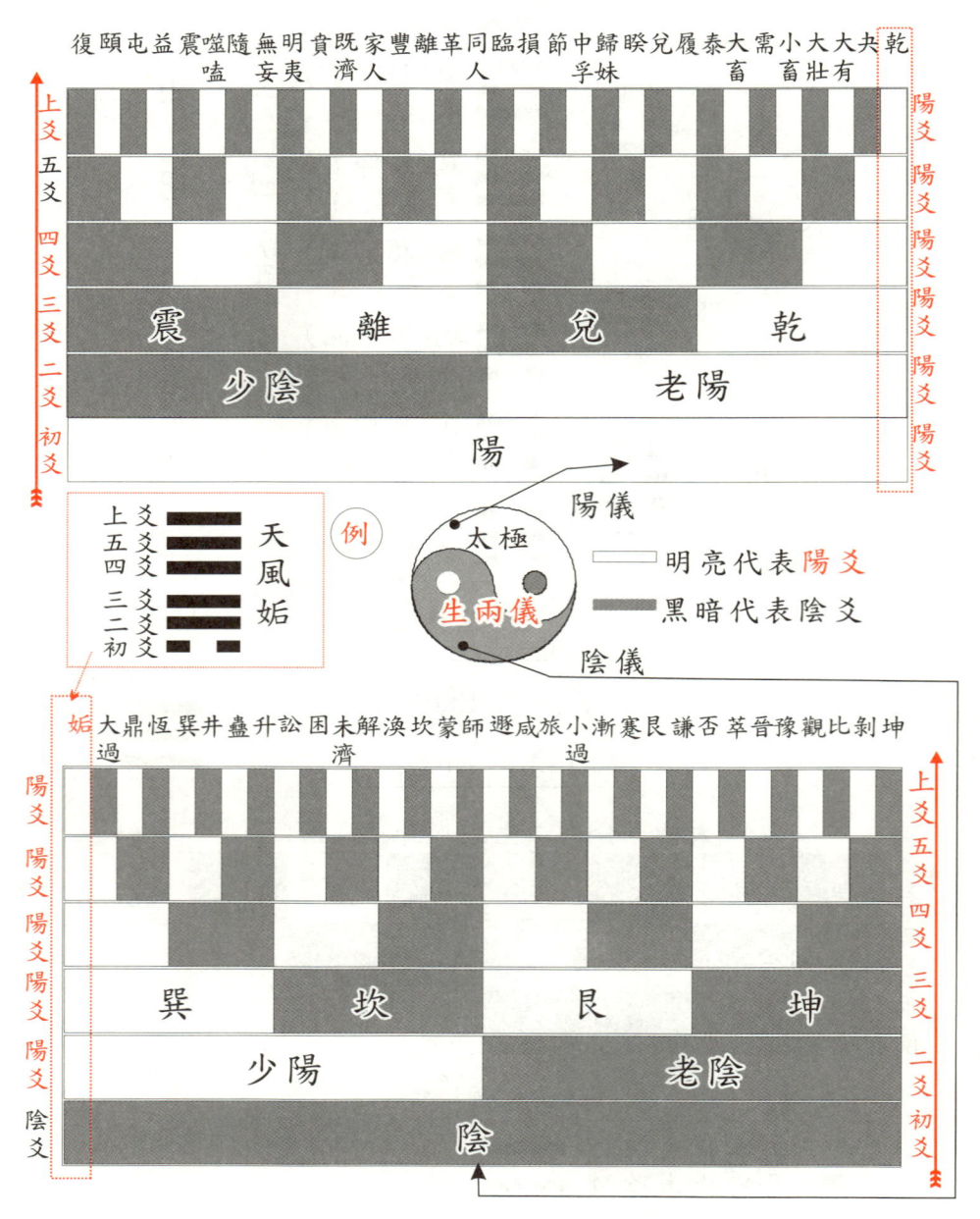

(圖1-69) 由太極、兩儀、四象、八卦化生六十四卦

四、八卦卦象

　　八原卦之卦象，從卦爻位置，方便解說乾坤父母六子卦(圖1-70)，及為幫助記憶八卦卦象，亦可參考南宋朝朱熹（1130~1200）在《周易本義》中寫了一首八卦取象歌，幫助人記憶八卦卦象，如乾三連、坤六斷、艮覆碗、兌上缺、震仰盂、巽下斷、坎中滿、離中虛。茲將八卦卦名、卦象、卦意說明如下：

乾卦陰陽爻採**物以稀為貴**（陰動陽靜）

天乾　　風巽　　火離　　澤兌
　　衍生　　　　　　　　　上
父親　　長女　　中女　　少女

天上面動－澤、兌、少女（陽變陰）
天空中動－火、離、中女（陽變陰）
天底下動－風、巽、長女（陽變陰）

坤卦陰陽爻採**物以稀為貴**（陽動陰靜）

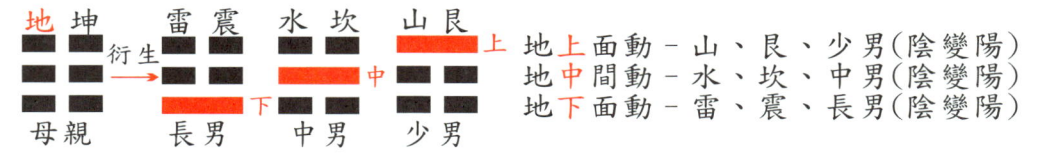

地坤　　雷震　　水坎　　山艮
　　衍生　　　　　　　　　上
母親　　長男　　中男　　少男

地上面動－山、艮、少男（陰變陽）
地中間動－水、坎、中男（陰變陽）
地下面動－雷、震、長男（陰變陽）

（圖1-70）乾坤父母衍生六子卦

(一)乾卦

（乾三連）　此卦三爻皆為陽爻(━)，有前進之意，即陽為動態，有三陽開泰之吉象。象徵天，是萬物之主宰，如天空之變化流動不息，未有片刻停頓。性情為健也，剛健不息。天也謂父，為一家之主，故乾代表為父親。

(二)坤卦

（坤六斷）　此卦三爻皆為陰爻(- -)，有退藏之意，即陰為靜態，有忠厚官貴之吉象。象徵地，為包藏萬物之大地，為凹凸不平，深藏豐富之物質，萬物皆從地出，如母愛之偉大。性情為順，柔順也。故地謂母，故坤代表為母親。

(三)震卦

（震仰盂）　此卦上面為坤之半象(━ ━)，主靜止之意，下面為陽爻

(一)為動態，陽氣在陰氣之下。象徵雷。主地下在動，地上震動之意思，如地氣爆發衝出，便地動屋搖，撼動天地。性情為動。行事多動少靜，卦象為初陽，故震代表為長子。

(四)巽卦

☴ (巽下斷) 此卦上面為乾之半象(☰)，主動態，下面為陰爻(⚋)為靜態。陰氣進入眾多之陽氣的壓力下使其迫散，象徵風。為在地上看天，雲在飄，表風在動。亦主動態之風從天上到地下，指風為無微不入，草木遇風則上動小靜之象。性情為入也。卦象初陰，故巽代表長女。

(五)坎卦

☵ (坎中滿) 此卦中間為陽爻(⚊)為動態，中間為水在流動，兩旁為岸(⚋)凹凸不平為土，主靜。象徵水。即水在兩岸中流動，陰主靜為柔，陽主動為剛，為外柔內剛之表徵。性情為陷也。陽爻居中位，故坎代表中男。

(六)離卦

☲ (離中虛) 此卦中間為陰爻(⚋)為靜態，上下為陽爻(⚊)為動態，即陽氣在外，中間空虛，即外強中乾。象徵火。燃燒中之火燄為中間靜，兩邊在動，如同鑿壁引光或樹葉之縫透光，為外剛內柔之表徵。性情為麗也。陰爻居中位，故離代表中女。

(七)艮卦

☶ (艮覆碗) 此卦上為陽爻(⚊)為動態，下為為陰爻(⚋)為靜態。為陰氣上升，為陽氣所阻擋，即止也。如山岳上有雲在飄揚之象。象徵山。山岳為靜止態。性情為止也。為陽爻在上，故艮代表少男。

(八)兌卦

☱ (兌上缺) 此卦上為陰爻(⚋)為靜態，下為陽爻(⚊)為動態，上升強勁之陽氣，為陰氣所中和軟化，使之歡悅。亦為水之半象(☵)為雨為湖、澤，湖面廣，山川有倒影，表水深。或積雨成澤，象徵澤。性情為悅也。為雨滋潤天下萬物，陰爻在上，故兌代表少女。

五、畫八卦

　　八卦之象，包含天地間之時間、空間、方位、節氣、陰陽、五行、人事及萬物等全方位之複雜變化。因而卦中爻位的排列順序有一定之含義，從下到上，象徵事物週而復始的發展過程與變化的規律(圖1-71、1-72)。

口訣
(坤六斷)(艮覆碗)(坎中滿)(巽下斷)(震仰盂)(離中虛)(兌上缺)(乾三連)

卦象

三爻
二爻
初爻

畫卦由下往上劃

偶數　奇數　偶數　奇數
生數　　　　　成數

(圖1-71)畫八卦(排列組合)

成卦
(六十四卦)

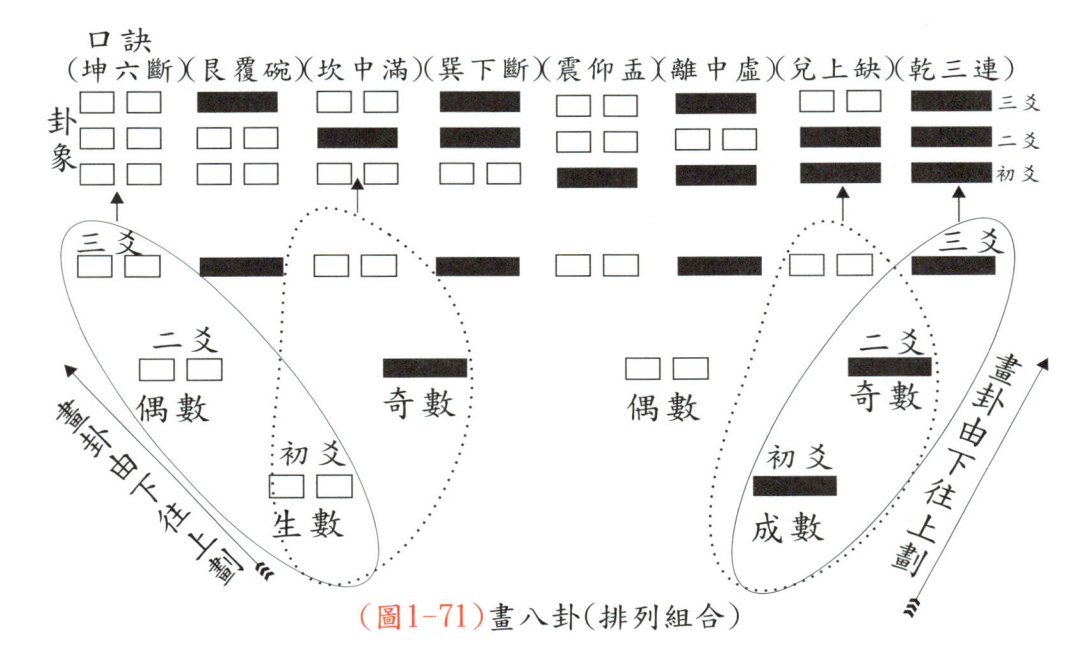

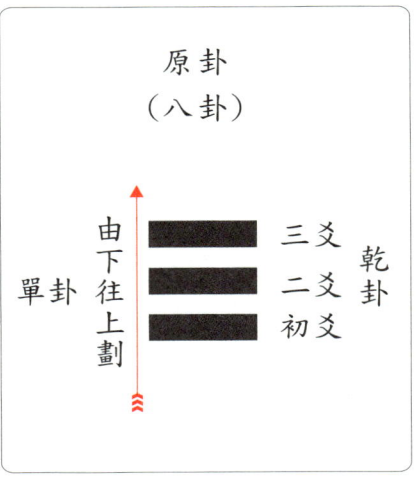

上卦
下卦
由下往上劃

上爻
五爻
四爻
三爻
二爻
初爻

水天需卦

原卦
(八卦)

單卦
由下往上劃

三爻
二爻
初爻

乾卦

(圖1-72)畫原卦(八卦)與成卦(六十四卦)

六、先天（伏羲）八卦

先天八卦主天道、氣機、數理與時間之變化，相傳為伏羲氏所作，為《周易》卦象與數理推演之基。根據《周易·說卦傳》記載：「天地定位，山澤通氣，雷風相薄，水火不相射，八卦相錯，數往者順，知來者逆，是故易，逆數也。」揭示八卦象數與天地自然運行之理。南宋朱熹（1130~1200）引邵雍之說：「此伏羲八卦之位，乾南、坤北、離東、坎西，兌東南、巽西南、艮西北。」為先天八卦定位之序，順應天地陰陽之氣，八卦交錯而生六十四卦，成為先天之學。風水中重卦位與爻變之吉凶判斷，如震巽為木，主生氣；乾金生坎水、艮土生兌金、離火生坤土，皆為五行相生之象（圖1-73），顯示先天八卦蘊含自然生成、生生不息之理。

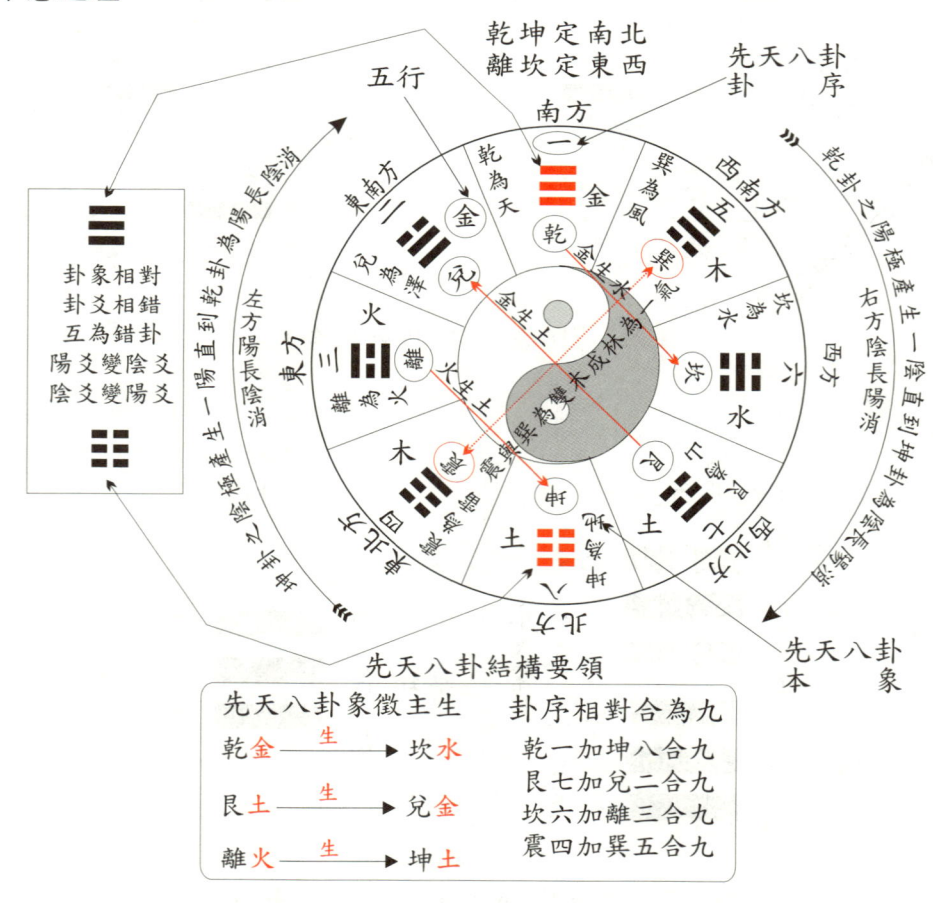

（圖1-73）先天（伏羲）八卦方位圖

(一)八卦本象

伏羲氏觀察自然界發現天地之間有八種互動現象,定義乾為天、坤為地、震為雷、巽為風、艮為山、兌為澤、坎為水、離為火八種經卦。

(二)先天八卦口訣

取《周易·說卦》中之「天地定位,山澤通氣,雷風相薄,水火不相射,八卦相錯。」作為說明,先天八卦排列位置。先天八卦由陰陽爻消長,有位序無方位(圖1-74)。

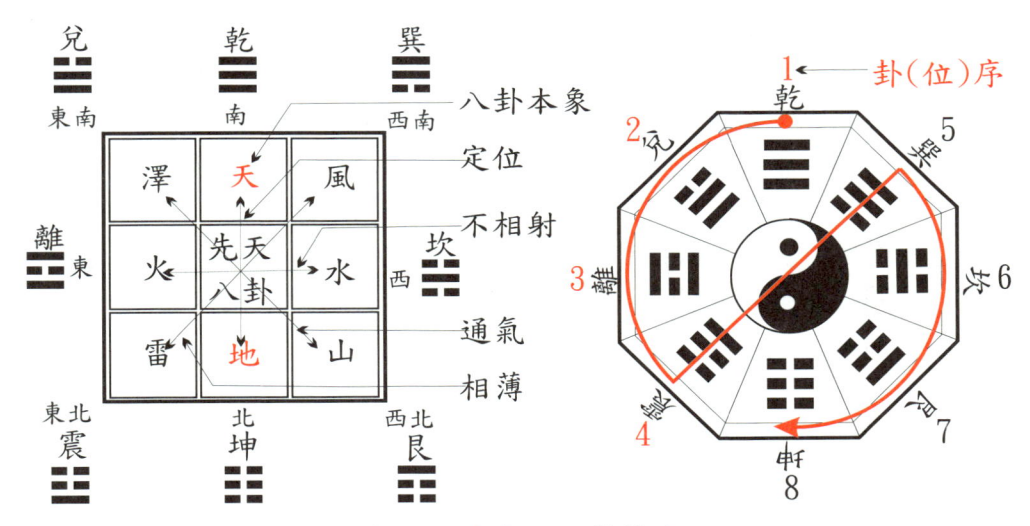

(圖1-74)先天八卦卦序

1.天地定位

乾為天居南,坤為地居北。天、地是人類生存環境。天即是指在大氣層或外太空,地指地球;在大氣層之下,地球之上,還有山與澤、雷與風、水與火三大相對現象,發生相互關係,在宇宙空間不會泯滅,能得永恆。為天高地低,天南地北,人在中,頂天立地。乾卦(☰)三陽爻對坤卦(☷)三陰爻是適當之配合,上天下地,互相配合定位。

2.山澤通氣

艮為山居西北,兌為澤居東南。山、澤是生存表象。山澤之能通氣者,是海洋與湖泊之水,受日光之蒸發,成水蒸氣,升到空中可以凝結

為水滴而降下成雨，雨落到地上，在地表入滲或逕流形成河川與海洋，在自然界中形成一個生氣的循環系統。此系統可滋潤大地，促進自然環境生態，得以相互依存生生不息。生氣循環，季節天氣變化，氣象交流定氣，山與澤互相溝通，水資源無枯竭之虞，稱山澤通氣。兌卦（☱）與艮卦（☶）兩者相對陰陽爻適當相互配合，即山峰與水澤互通氣息，互為補充，相得益彰。

3.雷風相薄

震為雷居東北，巽為風居西南。雷是在大氣中，因氣的流動產生的陰陽二電，在相互接觸而發出激烈的震動與爆炸聲，原理是陰陽離子摩擦成電而產生雷，雷聲震動促使週圍的空氣向內集中，而又起對流調節作用。風是因地表受太陽熱力的不同，使空氣產生對流而形成的。故雷以動之，風以散之，有助於生態環境得以依存。根據《周易·說卦傳》記載：「動萬物者莫疾乎雷，橈萬物者莫疾乎風。」說明震動萬物者，沒有比雷更迅猛的，吹拂萬物者沒有比風更疾速的。因而震卦（☳）與巽卦（☴）之陰陽爻適當互動，即雷與風在天地之中相互激盪，亦有相互取長補短，以求精進。

4.水火不相射

坎為水居西，離為火居東。水與火是人類生存的主要元素。一般水可滅（剋）火，是互不相犯的。水與火二者之屬性不同，火性炎上，主向上發展的特徵；而水性潤下，主向下發展的特徵；水、火兩者屬性雖不同，是可以相濟為用的。根據《周易·說卦》記載：「燥萬物者，莫熯（烘乾）乎火，潤萬物者，莫潤乎水。」說明一燥一潤，促使萬物成長賴以為生，為相濟之功。離卦屬火，以日為代表，坎卦屬水，以月為代表，白天晚上日月是不相照射的。坎卦（☵）與離卦（☲）之陰陽爻適當相配合不相射，即指各有特色互相資助。

5.八卦相錯

八卦生成，由陽爻與陰爻相錯（指交替）而生八卦。伏羲八卦方位的排列，係以宇宙之內，其八卦之卦象有乾為天、坤為地、震為雷、巽為

風、艮爲山、兌爲澤、坎爲水、離爲火，八大空間現象的相對，而又相互發生關係。此宇宙得以能永恆，而萬物始能賴以生存。至離東坎西，則雖包在水火之內。然相對的卦，不會出現上爻與上爻，中爻與中爻，下爻與下爻相同之卦象，不相同者謂之錯，即對立統一。

（三）先天八卦應用

先天查氣，用於穴中，後天看形，用於象外，河圖辨陰陽之交媾，洛書察元運之興衰。先天八卦與天體運行周期之關係，如太陽一年之運行(圖1-75)，太陽一天之運行(圖1-76)，太陽一年四季變化與月之朔望盈虧(圖1-77)。

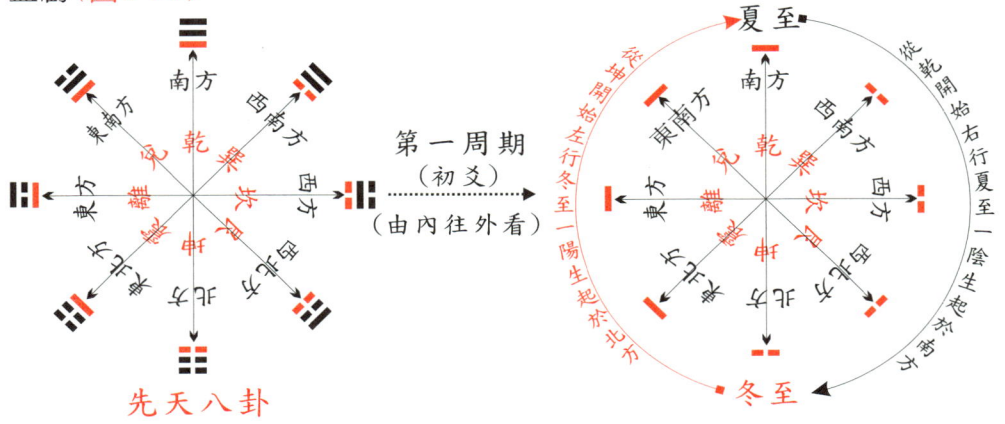

（圖1-75）太陽一年之運行

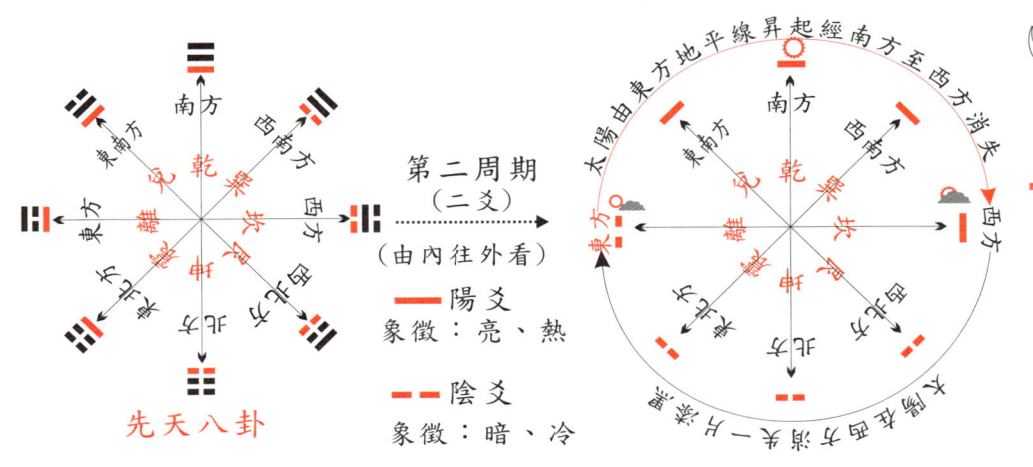

（圖1-76）太陽一天之運行

第七節 八卦精義

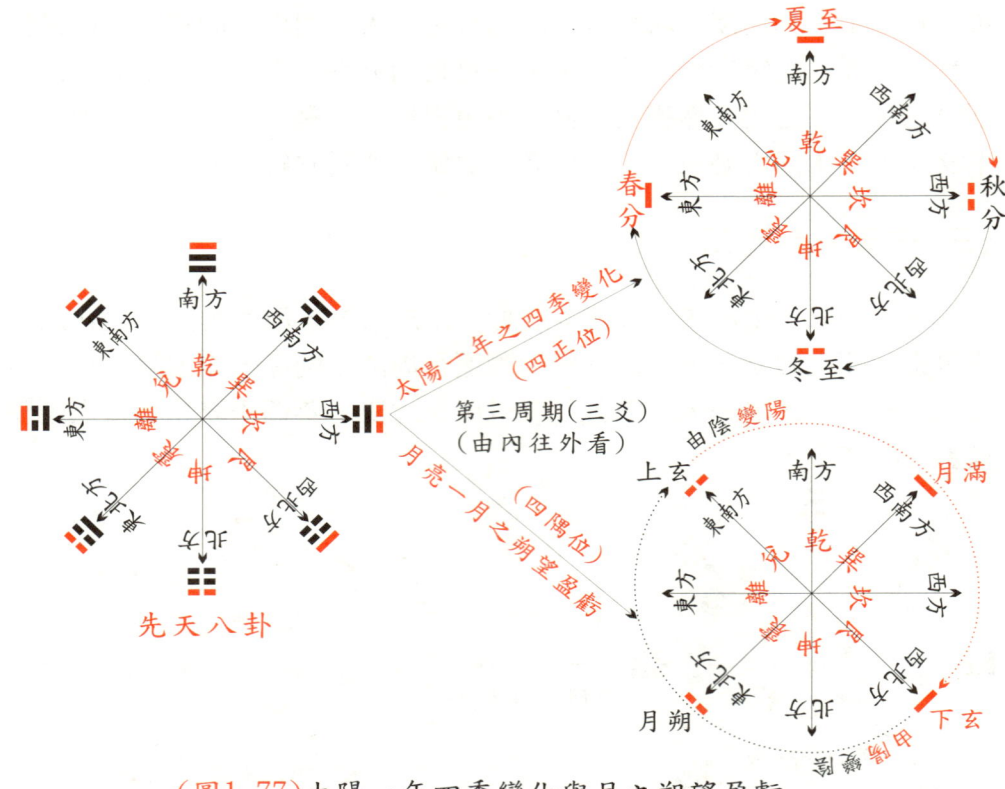

(圖1-77) 太陽一年四季變化與月之朔望盈虧

八卦諸神來自山西永樂宮壁畫之《朝元圖》
乾神　字仲尼號曰伏羲
兌神　字一世
離神　字文昌
震神　字小曾子
巽神　字大夏侯
坎神　字大曾子
艮神　字照光玉
坤神　字楊翟王號曰女媧
八卦合太乙為九宮，司職主閱諸仙、校定吉凶。

《太上老君中經》卷上記載：「八卦天神，下游於人間，宿衛太一，為八方使者，主八節日，上計校定吉凶。乾神字仲尼，號曰伏羲，坎神字大曾子，艮神字照光玉，震神字小曾子，巽神字大夏侯，離神字文昌，坤神字楊翟玉，號曰女媧。」

七、後天(文王)八卦

後天八卦，一般主形、方位、空間。相傳商末周初（-1152~-1056）周文王(姬昌)作後天八卦，又稱文王八卦。根據《周易‧說卦傳》記載：「萬物出乎震，震，東方也。齊乎巽，巽，東南也。齊也者，言萬物之絜齊也。離也者，明也。萬物皆相見，南方之卦也。聖人南面而聽天下，嚮明而治，蓋取諸此也。坤也者，地也。萬物皆致養焉，故曰致役乎坤。兌，正秋也，萬物之所說也，故曰說言乎兌。戰乎乾，乾，西北之卦也，言陰陽相薄也。坎者，水也，正北方之卦也，勞卦也，萬物之所歸也，故曰勞乎坎。艮，東北之卦也，萬物之所成終而所成始也，故曰成言乎艮。」此段由東方震卦為始，依四正與四隅，順時針排列，對應一年四季之節氣，揭示萬物自春生、夏長、秋收、冬藏的自然法則。後天八卦方位與先天八卦不同，卦位是離居南方，坎居北方，巽居東南，乾居西北，震居東方，兌居西方，艮居東北，坤居西南，其排列不僅反映地理形勢，也蘊藏陰陽五行之動靜與變化，成為風水學的重要依據。後天八卦又據洛書數理推演而得，強調「坤為主」，象徵收藏、歸納之義，與先天之「乾為主、生發之氣」相對。其卦象配合五行相剋之理，如坎水剋離火、乾金剋巽木、兌金剋震木，而坤與艮皆屬土，同氣相應，構成收斂穩固之勢(圖1-78)。由此可見，後天八卦體現人間時空與萬物運行之道，為實用之數理法則。

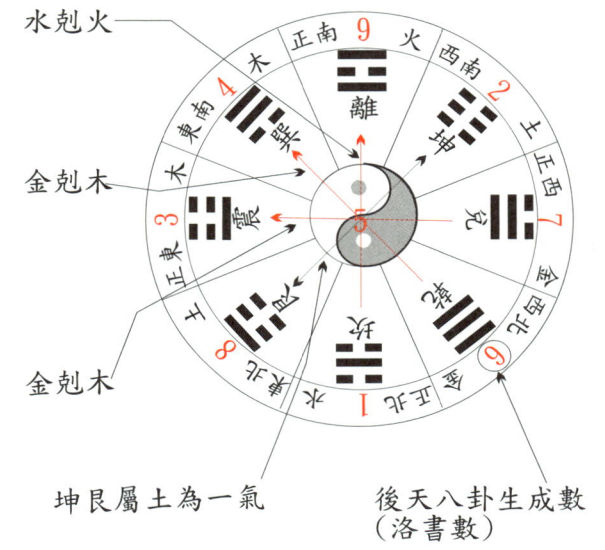

(圖1-78) 後天(文王)八卦方位圖

(一)後天八卦口訣

根據《周易・說卦》記載:「帝出乎震,齊乎巽,相見乎離,致役乎坤,說言乎兌,戰乎乾,勞乎坎,成言乎艮。」及北周甄鸞(535~566)《數術記遺九宮算》記載:「九宮者,即二四為肩,六八為足,左三右七,戴九履一,五居中央。」說明後天八卦排列順序與位置(圖1-79)。

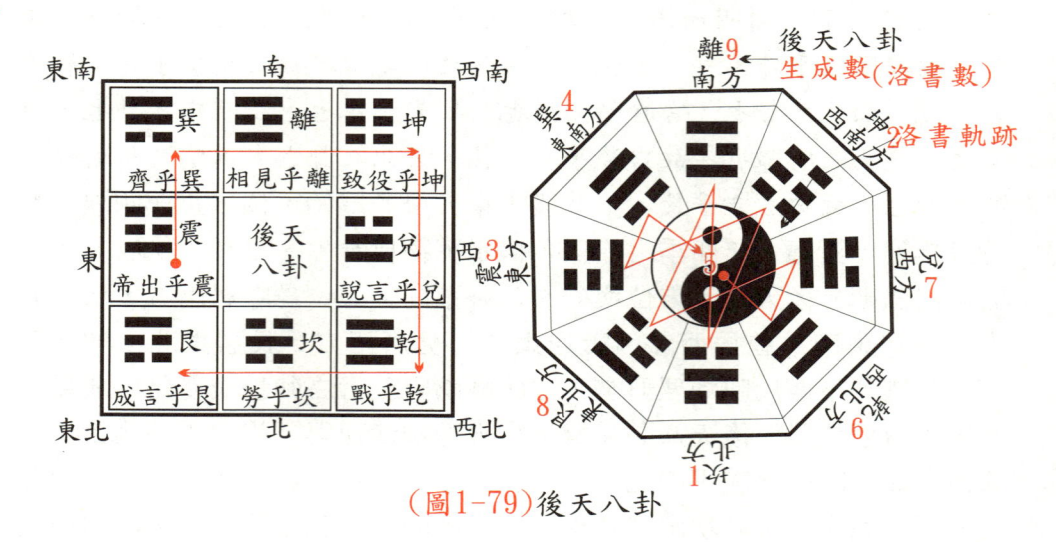

(圖1-79)後天八卦

1.帝出乎震

帝者,指植物農作物等。震位處東方,在先天河圖38屬木。一年之始或一日之始,年時令為二月中春,為草木或農作物播種而生芽出土之時。故曰帝出乎震。

2.齊乎巽

巽位處東南屬木。一年春夏之間 或一日之上午,時令為春末夏初。以農作物生芽出土,白天出土者稱出震,夜晚出土者稱出巽。因而在巽時令(指春末夏初),農作物皆已生芽出土。故曰齊乎巽。

3.相見乎離

離位處正南屬火。一年為夏 或一日正午,時令為五月中夏。為農作物生長旺期,一望即知充分發育皆長成形。故曰相見乎離。

4.致役乎坤

　　坤位處西南屬土。一年之夏末秋初或一日近黃昏酉時(指17~19時)，時令為夏末秋初，為農作物經過五，六月生長之後，為成熟期不復再長(特殊除外)，稻穗皆已開花結粒，一望禾桿高矮齊平，無參差不齊，似軍隊排列整齊，令人歡愉有欣賞之價值。故曰致役乎坤。

5.說言乎兌

　　兌位處正西屬金。一年之仲秋或一日黃昏酉時，時令為八月中秋，為農作物初衰之始，即收割之期。農民一年辛苦，至此已有收穫，安能不悅(指說)。故曰說言乎兌。

6.戰乎乾

　　乾位處西北屬金。一年之深秋或一日入夜之時，時令秋末冬初，農作物皆已收割冬藏，其餘草枯黃、樹葉落，除少數如歲寒三友外，無生機。故曰戰乎乾。

7.勞乎坎

　　坎位處正北屬水。一年之孟冬或一日子夜之時，時令為十一月嚴寒之季，天寒地凍，大雪紛飛，滴水成冰。動植物在此時期，是一年最苦之時。乃被風雪之侵襲，苦不堪言。故曰勞乎坎。

8.成言乎艮

　　艮位處東北屬土。一年之冬盡或一日夜去之時，時令冬末春始，為一年之終，即新一年之始，成終又成始，為生衰之轉淚點。故曰成言乎艮，成終又成始也。說明以四時、五行、八方位、一日十二時辰，一年十二月等變化，來促成萬物之發展。

(二)後天八卦應用

在《周易》中，八卦蘊含著易理。根據《紫白訣・上篇》記載：「圖(河圖)之運論體、書(洛書)之運論用。」說明以先天八卦為體，後天八卦為用，即以先天來探討哲學之道，後天付諸實際應用。

(三)後天八卦方向與屬性

八卦所代表的意象，後天八卦方位，離居南方屬火，坎居北方屬水、巽居東南屬木，乾居西北屬金，震居東方屬木，兌居西方屬金，艮居東北屬土，坤居西南屬土。後天八卦方向與陰陽圖(圖1-80)。

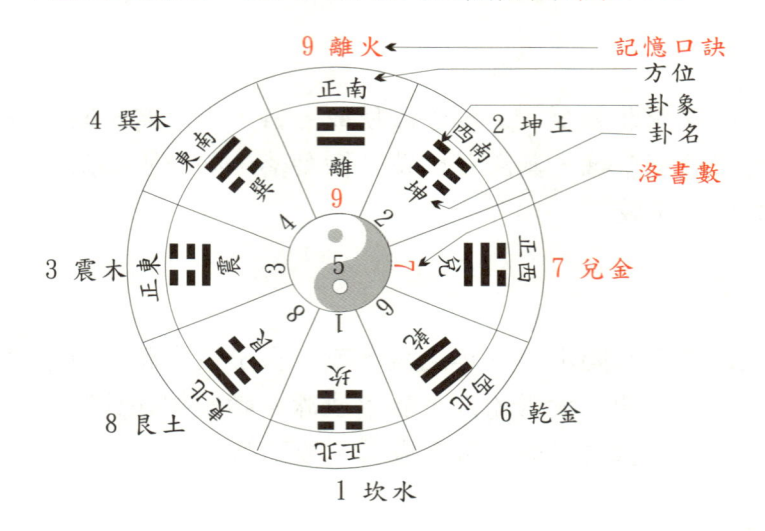

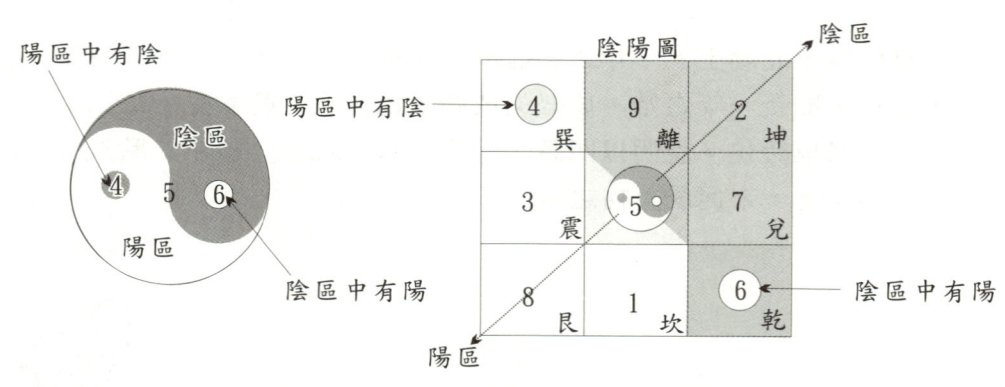

(圖1-80)後天八卦方向與陰陽圖

八、先、後天八卦之關係

先天八卦為陰陽相互對立，後天八卦則為陰陽相互依存。風水學是運用先後天八卦陰陽相配法則，觀察陰陽宅之配合，是否適當與當運。

(一)先天八卦：是豎立在北半球上；上為天屬乾，下為地屬坤，左為離，右為坎(圖1-81)。

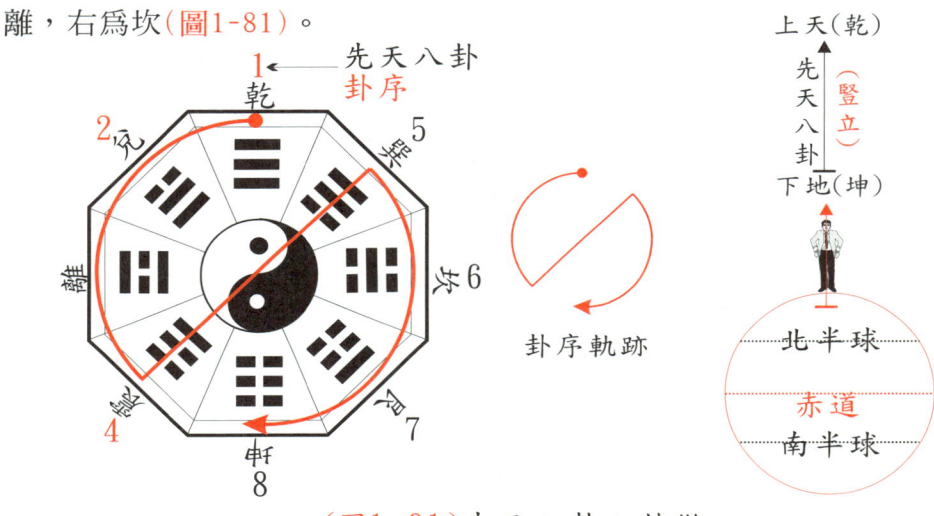

(圖1-81)先天八卦之特徵

(二)後天八卦：是後天八卦盤平放在地面上，人站在北半球之北面；為上離下坎，左震右兌(圖1-82)。

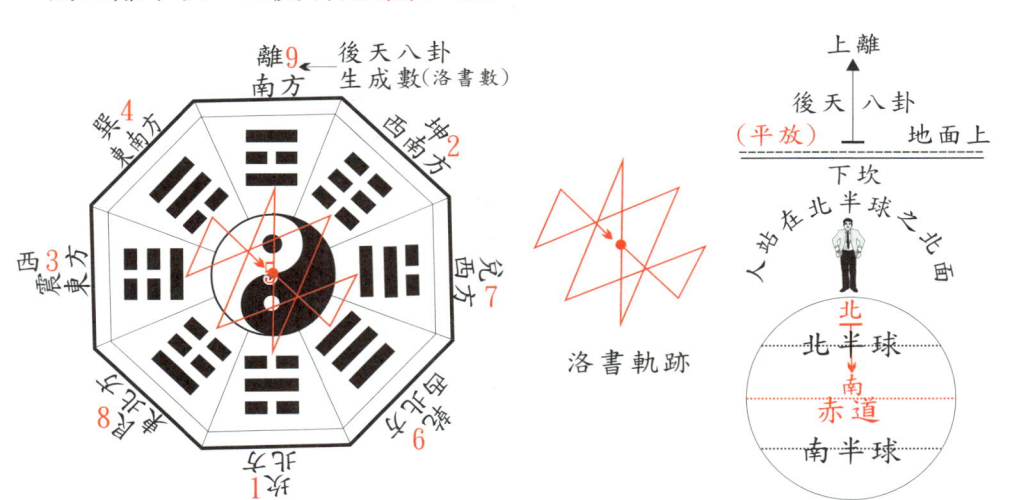

(圖1-82)後天八卦之特徵

(三)陰陽消長

　　先天八卦會變，主元運之氣，無形可見，隨時間變化作判斷。後天八卦不變，主方位，有形可見，為空間判斷，配合巒頭，可判斷風水吉凶禍福。因而先天八卦為體(體制)，後天八卦為用(應用)，以先天之乾、坤二卦之中爻互交，得後天離、坎二卦，離為火，上升為天用(南方)，坎為水，下降為地用(北方)，再以離、坎之初、中、上爻互交，而生後天艮(東北方)、兌(西方)、乾(西北方)、坤(西南方)、震(東方)、巽(東南方)六卦，關係順序變化圖(圖1-83)。先天八卦有卦序無位序，主氣的陰陽消長變化；後天八卦有位序無卦序，主固定不變的方位。知其理而記其用。兩者陰陽消長與對立位置(圖1-84)。

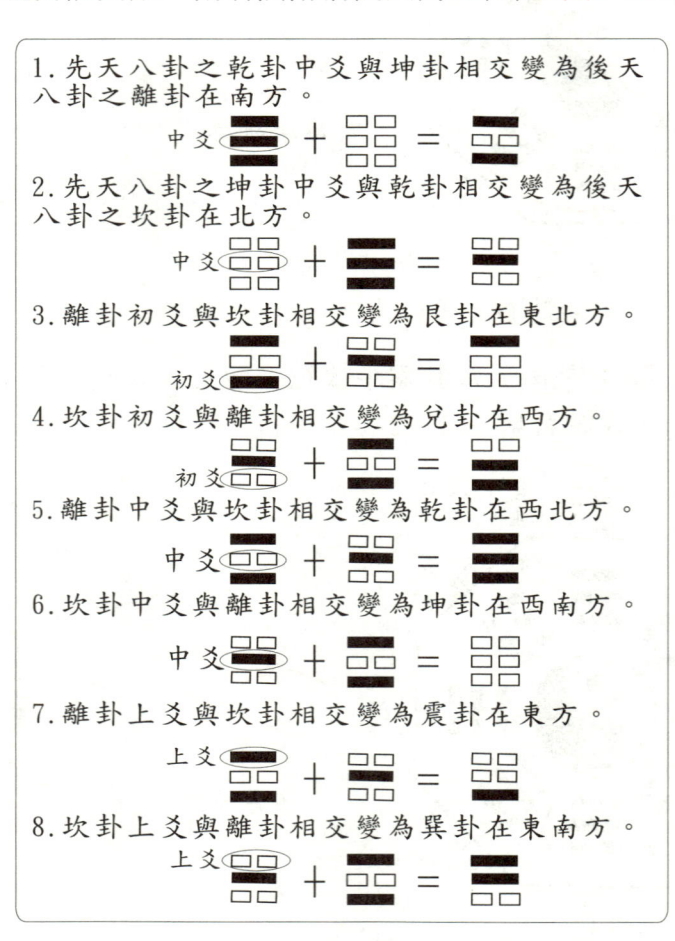

1. 先天八卦之乾卦中爻與坤卦相交變為後天八卦之離卦在南方。

2. 先天八卦之坤卦中爻與乾卦相交變為後天八卦之坎卦在北方。

3. 離卦初爻與坎卦相交變為艮卦在東北方。

4. 坎卦初爻與離卦相交變為兌卦在西方。

5. 離卦中爻與坎卦相交變為乾卦在西北方。

6. 坎卦中爻與離卦相交變為坤卦在西南方。

7. 離卦上爻與坎卦相交變為震卦在東方。

8. 坎卦上爻與離卦相交變為巽卦在東南方。

(圖1-83)先天八卦變化為後天八卦之順序

先天八卦(有卦序)　　　　　後天八卦(有位序)

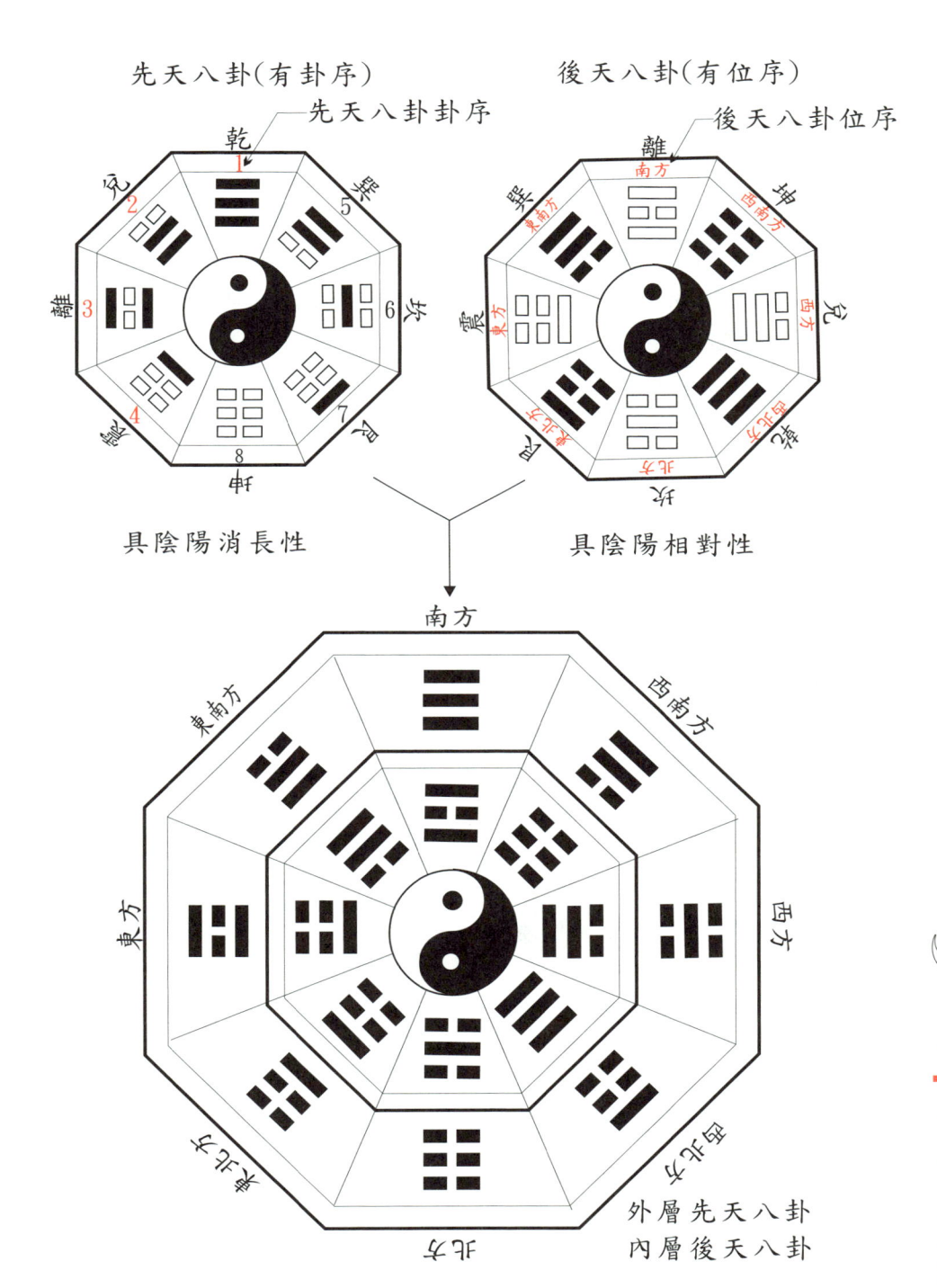

具陰陽消長性　　　　　　　具陰陽相對性

外層先天八卦
內層後天八卦

(圖1-84)先、後天八卦之陰陽消長與相對位置

第八節、掌握方位

風水學的發展，起初以陰宅（即墳墓）擇地安葬為主，後漸擴展至陽宅（即居所）選址與定向的理論。隨著理論深化，發現時間變遷、山水形勢變化與基地朝向三者交互作用，會影響人們生活環境的吉凶應驗與時間差異。此因果關係的認識，進而引申出「天時、地利、人和」之哲理，促使風水學以"天地人合一"為最高原則。其中「地利」指地點、空間與方位，屬尋地之核心。人在世間無時無刻不受空間方位影響，陰陽宅均重視乘氣（指上對下之意）與納氣之利，選址與定向遂成關鍵。因而，掌握方位與空間之運用，遂成為風水學術最重要的課題之一。

一、風水學術中的方位定義

方位的定義，一般指東、西、南、北、東北、西北、東南、西南八方位而言。風水術運用，掌握空間的方向位置，就是對陰陽宅選擇有利位置與朝向，當然對人的判斷力、推理力、記憶力、行動力具助益。

（一）方向：指已知特定直線所朝向的位置(圖1-85)。

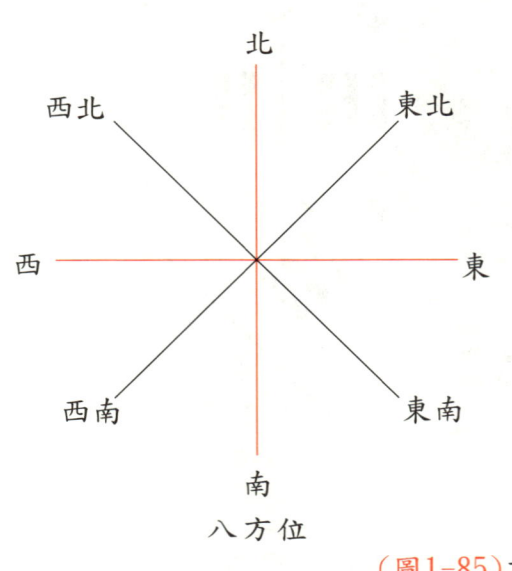

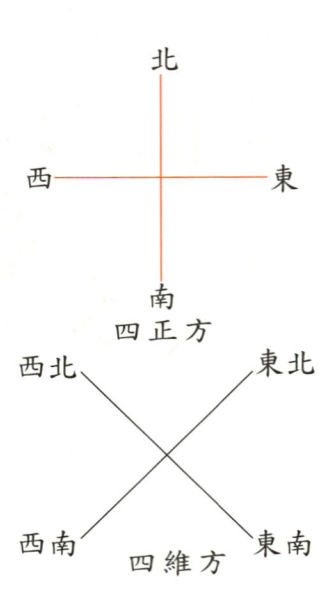

(圖1-85)方向

(二)方向角：指以北方 0^0 為基準，向順時針或逆時針之目標所量測出的水平夾角，且角度絕不超過 90^0（圖1-86）。

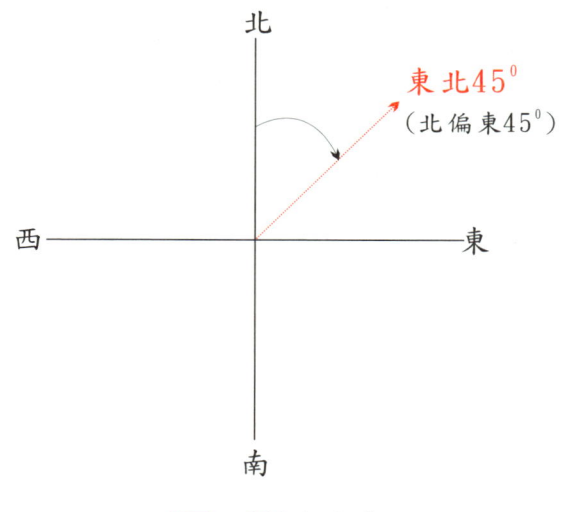

（圖1-86）方向角

(三)方位：指方向位置，以東、西、南、北為基本方位，並以上、下、前、後、左、右為相對方位。量測目標方位的角度，以北方 0^0 為基準，採順時針方向至目標的方向位置（圖1-87）。

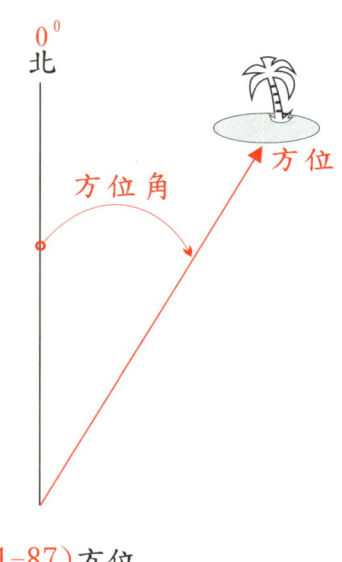

（圖1-87）方位

第八節 掌握方位

(四)方位角： 以北方 0° 為基準起，向順時針方向量測至目標方向，其間水平所夾的角度（或稱銳角），方位角的取值範圍為 0°~360°。如地球上之某觀測點 A 與 B，對準磁北（羅盤上所指向的北方）的 0°（定北），以此基準，對被觀測點 C（尖塔），觀測標定物體的位置（尖塔）之方位角各異。因此，在風水術之度量，係以夾角大小（二十四山向），來定方位（圖1-88）。

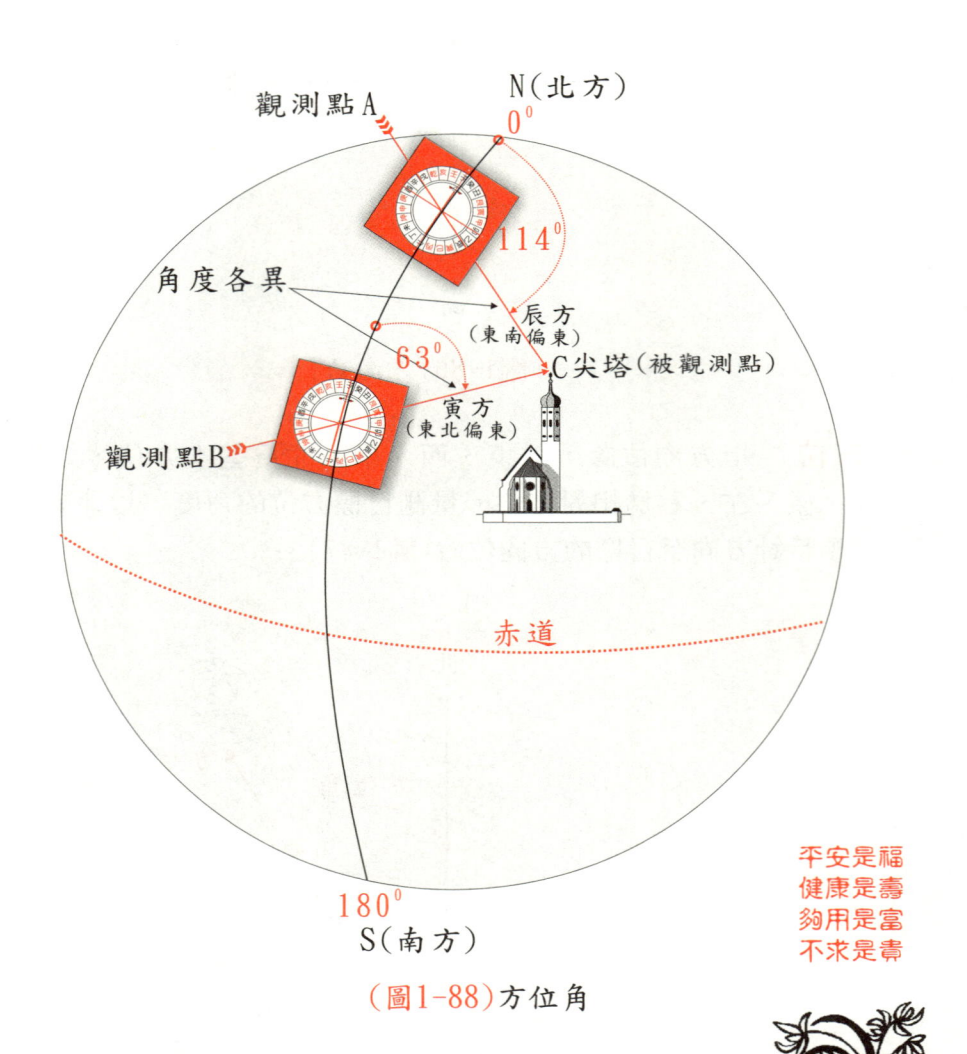

(圖1-88)方位角

平安是福
健康是壽
夠用是富
不求是貴

二、八卦二十四山

　　古人用日光投影辨識方位，並依八卦每卦 45⁰ 分配八方；北宋時（960~1127）以人工磁化之法製造指南針，將十二辟卦演進為十二地支，每支 30⁰ 配十二方；南宋時(1127~1279)再以二十四節氣演進為二十四山（山指方位），每山 15⁰ 配二十四方。羅盤是風水實踐的指導工具，盤面可解答風水技法的奧秘。一般羅盤盤面上的基本方位有八卦（一卦管三山）二十四山或稱二十四個方位（磁針方位），所排列的方位與角度(表1-19)，八卦二十四山陰陽排列(圖1-89)；根據唐朝曾求己《青囊序》記載：「先天羅經十二支，後天再用干與維，八干四維輔支位，子母公孫同此推。」說明確立了盤面二十四山的組成，是研究風水定位、立向，以辨方位吉凶的重要數據。

(表1-19)八卦二十四山排列方位與角度

方位	卦名	卦象	陰陽順序	三元	二十四山	角度
北	坎		四正卦 陽1	地	壬（北西北）	337.5°↔352.5°
			陰2	天	子（正北方）	352.5°↔7.5°
			陰3	人	癸（北東北）	7.5°↔22.5°
東北	艮		四維卦 陰1	地	丑（東北北）	22.5°↔37.5°
			陽2	天	艮（正東北）	37.5°↔52.5°
			陽3	人	寅（東北東）	52.5°↔67.5°
東	震		四正卦 陽1	地	甲（東東北）	67.5°↔82.5°
			陰2	天	卯（正東方）	82.5°↔97.5°
			陰3	人	乙（東東南）	97.5°↔112.5°
東南	巽		四維卦 陰1	地	辰（東南東）	112.5°↔127.5°
			陽2	天	巽（正東南）	127.5°↔142.5°
			陽3	人	巳（東南南）	142.5°↔157.5°
南	離		四正卦 陽1	地	丙（南東南）	157.5°↔172.5°
			陰2	天	午（正南方）	172.5°↔187.5°
			陰3	人	丁（南西南）	187.5°↔202.5°
西南	坤		四維卦 陰1	地	未（西南南）	202.5°↔217.5°
			陽2	天	坤（正西南）	217.5°↔232.5°
			陽3	人	申（西南西）	232.5°↔247.5°
西	兌		四正卦 陽1	地	庚（西西南）	247.5°↔262.5°
			陰2	天	酉（正西方）	262.5°↔277.5°
			陰3	人	辛（西西北）	277.5°↔292.5°
西北	乾		四維卦 陰1	地	戌（西北西）	292.5°↔307.5°
			陽2	天	乾（正西北）	307.5°↔322.5°
			陽3	人	亥（西北北）	322.5°↔337.5°

第八節　掌握方位

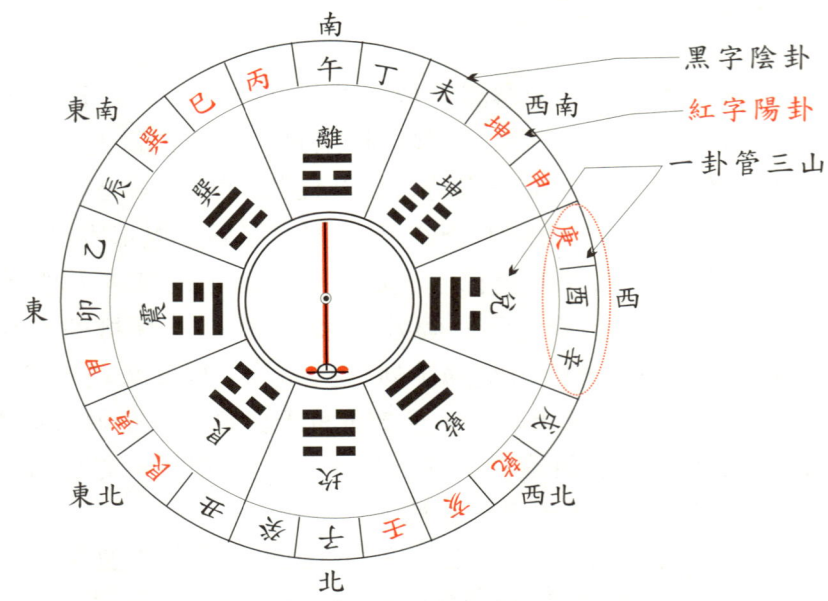

(圖1-89) 八卦二十四山方位陰陽排列

三、二十四山組合

(一) 二十四山涵義

　　羅盤依功能使用的種類很多，無論是各派別羅盤，其盤面中間，必有一層是二十四山(山指方位)與最外圈的周天度數(圓周0°~360°)。根據東漢《淮南子、天文訓》記載：「日行一度，十五日為一節，以生二十四時之變。」地球繞行太陽一周為360°，就是一年360天(我國古採用365.1/4度的周天分割，西方通用360°周天制)，每十五天一個節氣，即一年二十四節氣，隨著春、夏、秋、冬四季周期性之變化；羅盤係將360°之圓周，劃分為24等份，稱二十四山，即每等份(方位)各佔15°，象徵四季運行二十四節氣之變化。

(二) 八卦方位

　　八卦中以震卦代表東方、兌卦代表西方、坎卦代表北方、離卦代表南方、艮卦代表東北方、巽卦代表東南方、坤卦代表西南方、乾卦代表西北方等位置，即八方位也(圖1-90)。

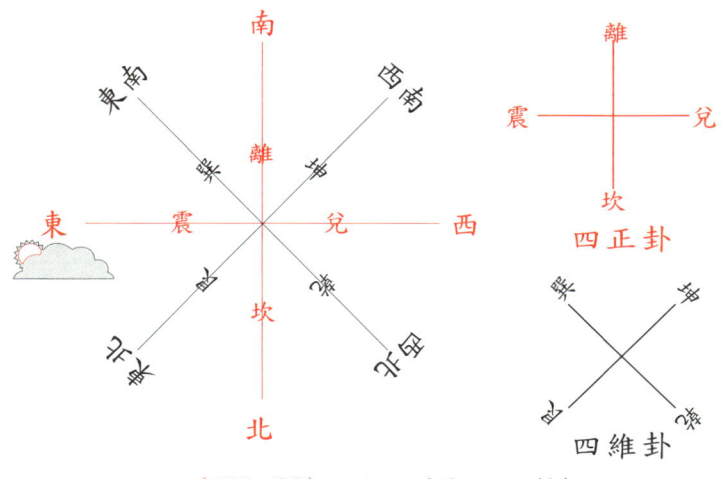

(圖1-90)八方位(後天八卦)

(三)四正位與四維位

　　八卦之震、離、兌、坎在十字線上(＋)稱四正位，八卦之乾、坤、巽、艮在交叉線上(×)稱四維位(角或隅)，因而將八方位區分為四正位與四維位(圖1-91)。

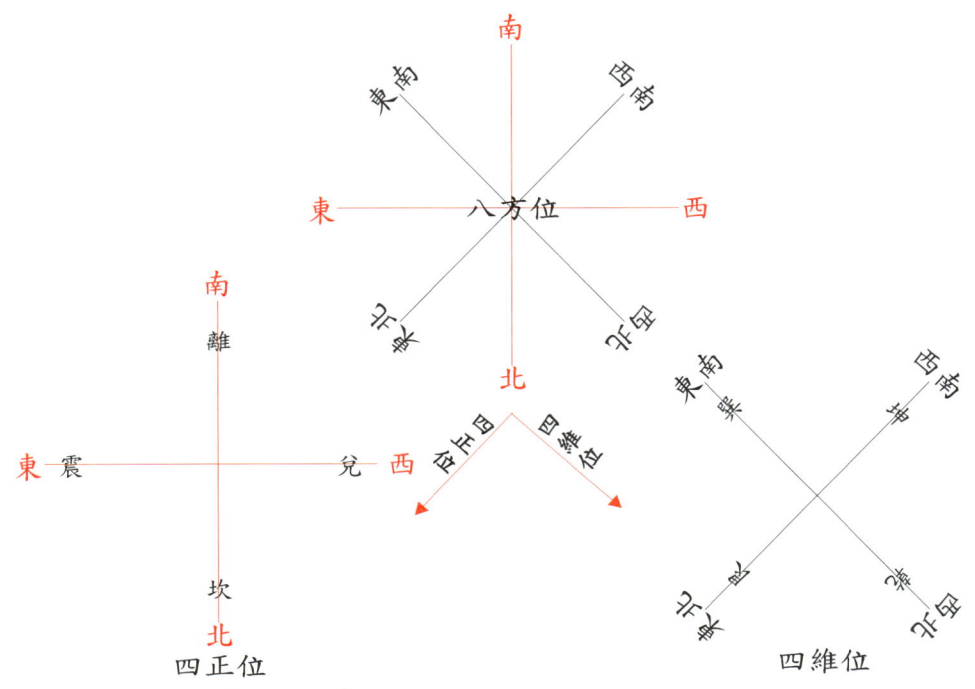

(圖1-91)八方位之四正位與四維位

（四）認識十天干

十天干，常作為符號、命名、排序、時間使用。根據隋朝蕭吉《五行大義·卷一》記載：「大撓採五行之情，占斗機所建也。始作甲乙以名日，謂之幹。」指出干支為大撓創制的。十天干指甲、乙、丙、丁、戊、己、庚、辛、壬、癸共十個字，簡釋象徵(表1-20)。納入二十四山排序之法，有一定的規律性，先認識東、西與南、北方呈"十"字線，稱四正位（四正方位），將天干分成兩字一組，並由首位"甲乙"兩字排列，從日出東方之位置開始，其餘天干依照順時針方向順排，依序為"丙丁"兩字排列在南方位置，"戊己"兩字排列在中央（不在二十四山之中）位置，"庚辛"兩字排列在西方位置，"壬癸"兩字排列在北方位置(圖1-92)。

(表1-20)十天干簡釋象徵(紅色屬陽干，黑色屬陰干)

天干	屬性	五行	方位	意義	象徵
甲	陽	木	東方偏東北	拆、裂開	種子破土而出之象。喬木、棟樑之材。
乙	陰	木	東方偏東南	軋、排擠	幼芽出生屈曲之象。灌木、花草之木。
丙	陽	火	南方偏東南	炳、顯耀	萬物成長顯示生命力之象。太陽之火。
丁	陰	火	南方偏西南	強、壯實	草木生長良好之象。星辰及燈燭之火。
戊	陽	土	中央	茂、擴張	草木欣欣向榮有茂盛之象。大地之土。
己	陰	土	中央	紀、約束	農作物之結實可束縛之象。砂石之土。
庚	陽	金	西方偏西南	更、結實	農作物成熟結果秋收之象。刀劍之金。
辛	陰	金	西方偏西北	新、凋零	氣候變化及草木凋零之象。柔軟之金。
壬	陽	水	北方偏西北	妊、孕育	陽氣漸升孕育新生命之象。江河之水。
癸	陰	水	北方偏東北	揆、培養	培養草木待時機生長之象。溪流之水。

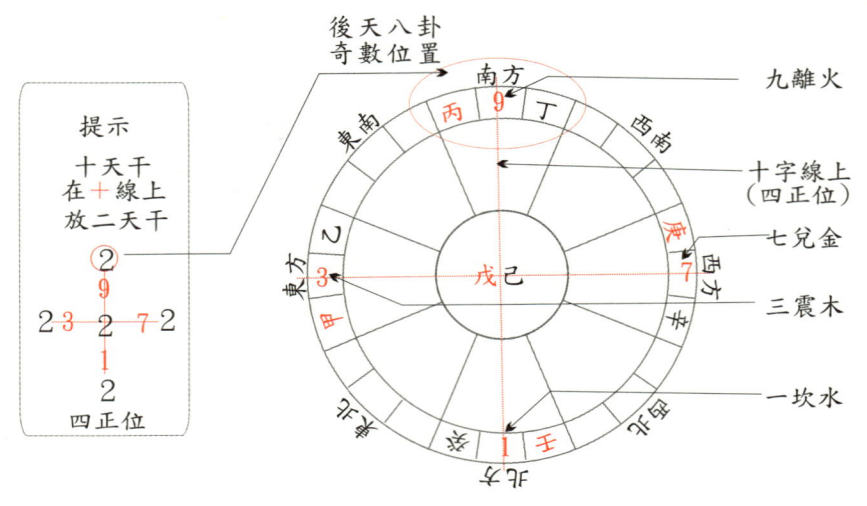

(圖1-92)十天干排列在四正位上

（五）認識十二地支

　　十二地支傳說黃帝創造，在《山海經》、《淮南子》、《尚書》、《呂氏春秋》等典籍中均有記載。十二地支順序爲子、丑、寅、卯、辰、巳、午、未、申、酉、戌、亥，簡釋象徵(表1-21)。納入二十四山排序之法，有一定規律性。先認識東、西與南、北方呈"＋"字線，稱四正位，與東南、西北與西南、東北方呈"×"字線，稱四維位。地支依照順時針方向，從北方開始順排，逢四正位排列地支一字，逢四維位排列地支兩字，即從北方置地支"子"一字開始，東北方置地支兩字"丑寅"，東方置地支一字"卯"，東南方置地支兩字"辰巳"，南方置地支一字"午"，西南方置地支兩字"未申"，西方置地支一字"酉"，西北方置地支兩字"戌亥"(圖1-93)。

(表1-17)十二地支簡釋象徵(紅色屬陽支，黑色屬陰支)

地支	屬性	五行	方位	意義	象　　徵
子	陽	水	北方	孳、繁殖	陽氣蘊釀萬物孳生之象。
丑	陰	土	東北偏北	繫、伸長	植物種子發芽且伸長之象。
寅	陽	木	東北偏東	移、引導	春天幼苗稍吐及草木初生之象。
卯	陰	木	東方	冒、茂盛	陽氣至草木生長冒地而出之象。
辰	陽	土	東南偏東	震、振作	草木成長整齊全面覆蓋地面之象。
巳	陰	火	東南偏南	已、停止	草木成長達到了極限之象。
午	陽	火	南方	仵、逆向	草木增長超過極限開始顯出衰弱之象。
未	陰	土	西南偏南	味、滋味	陰氣變化草木稍衰體曖昧之象。
申	陽	金	西南偏西	身、伸展	草木成長結實成熟之象。
酉	陰	金	西方	老、縮小	草木果實成熟達到了極限之象。
戌	陽	土	西北偏西	滅、消滅	草木呈枯萎之象。
亥	陰	水	西北偏北	核、關閉	草木缺乏生命力並且完全枯萎之象。

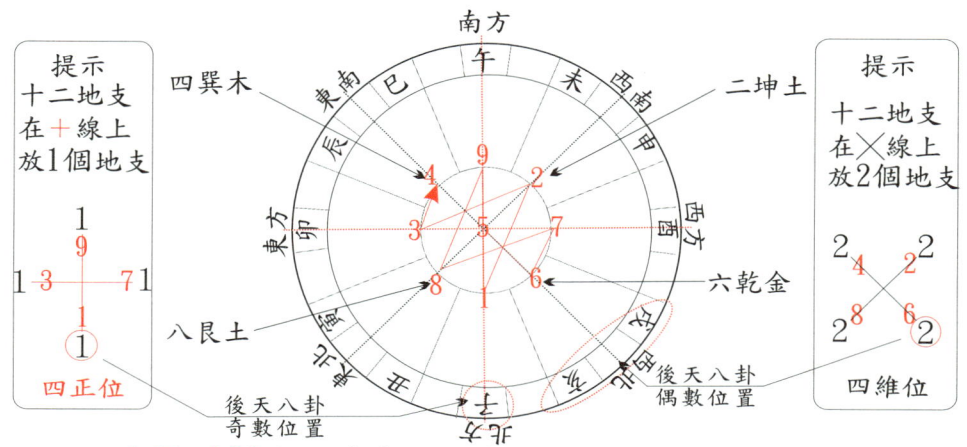

(圖1-93)十二地支排列在四正位與四維位上

(六)卦之陰陽順序

　　天地渾沌至太極而分陰陽，二十四山也分陰陽各分為十二，天元山、人元山陰陽相同，地元山與天元山、人元山陰陽相反。因而四正位為〝陽陰陰〞順序排列，四維位為〝陰陽陽〞順序排列。

1.四正卦：指坎、離、震、兌卦上，為一卦管三山，以震卦甲卯乙為例，三山為陽陰陰，係兩天干(壬癸、甲乙、丙丁、庚辛)夾一地支(子、午、卯、酉)，四正位陰陽圖(圖1-94)。

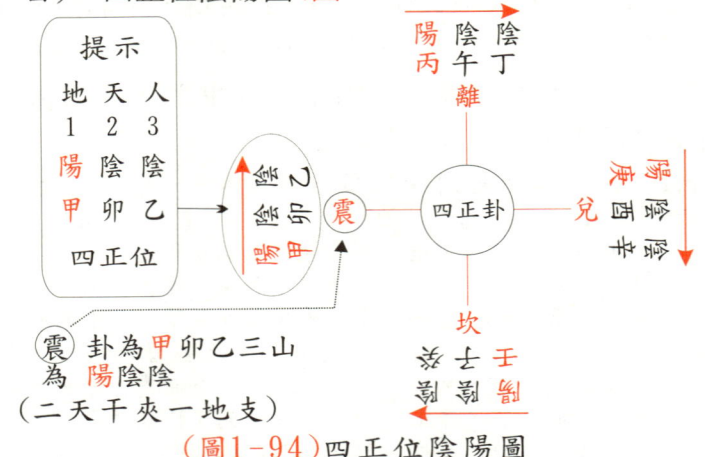

(圖1-94)四正位陰陽圖

2.四維卦：指乾、坤、巽、艮卦上，為一卦管三山，以坤卦未坤申為例，三山為陰陽陽，係兩地支(丑寅、辰巳、未申、戌亥)夾一卦(四維卦艮、巽、坤、乾之一)，四維位陰陽圖(圖1-95)。

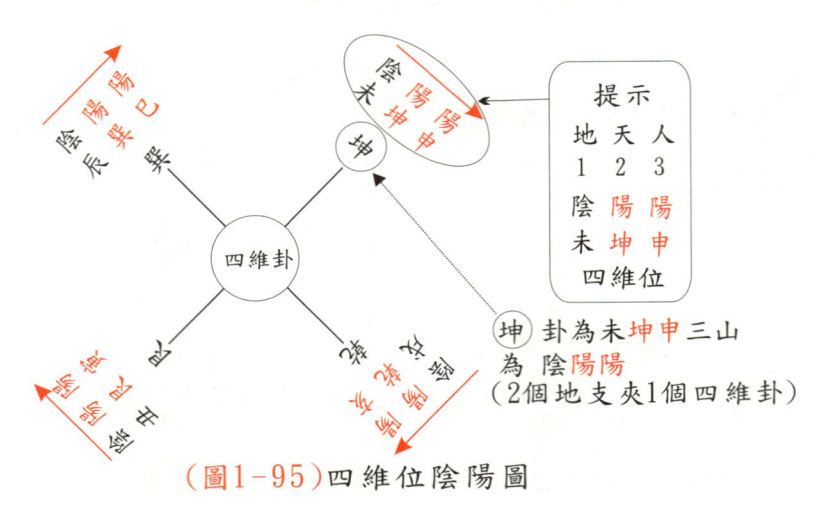

(圖1-95)四維位陰陽圖

(七)二十四山合成

二十四山方位，分別以十天干 甲、乙、丙、丁、庚、辛、壬、癸八天干(戊、己在中間不用)與十二個地支 子、丑、寅、卯、辰、巳、午、未、申、酉、戌、亥及八卦中的四維卦 乾、艮、坤、巽四卦，以此三項疊合在一起，每字 15° 合成為二十四山(圖1-96)。

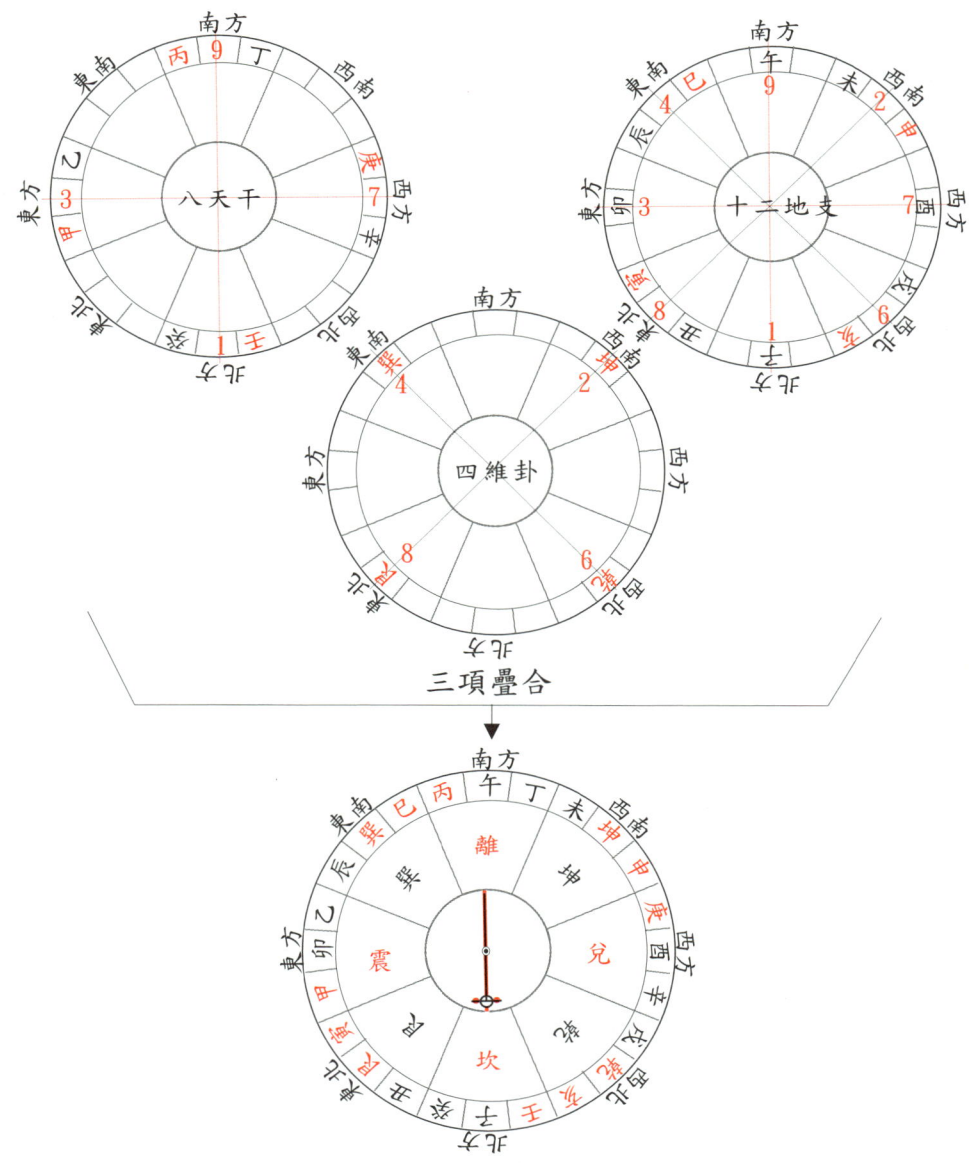

(圖1-96)八天干與十二地支及四維卦疊合成二十四山

第八節 掌握方位

將八干、四維、十二地支三項元素，分解結合，並插入疊合成二十四山，爲羅盤之方位之基本構造(圖1-97)。

八天干插入十二地支

四維插入八天干與十二地支

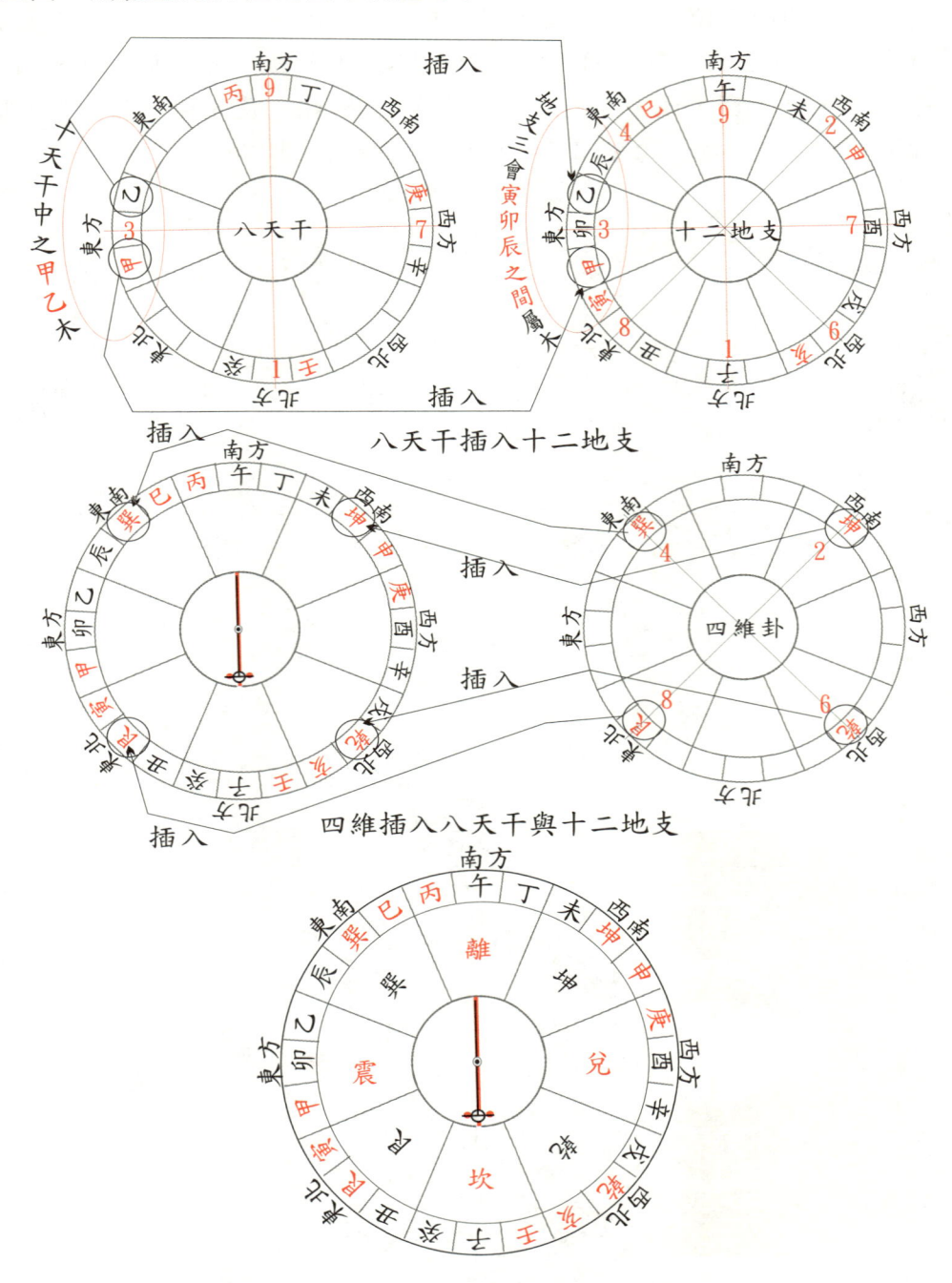

(圖1-97)羅盤基本構造二十四山方位

（八）二十四山方位

　　後天八卦之每一卦管三山，並以一山管 15^0（即將圓一週，分成二十四等分，每等分 15^0）。將十天干中的八個天干(用甲、乙、丙、丁、戊、己、庚、辛、壬、癸，以戊、己在中宮不用。)及十二地支(子、丑、寅、卯、辰、巳、午、未、申、酉、戌、亥)與四維卦(乾、坤、巽、艮)組成二十四山，分陰陽其方向位置固定不變，表徵五行八卦外，並無吉凶斷應可言。茲將羅盤之二十四方位及陰陽(圖1-98)。

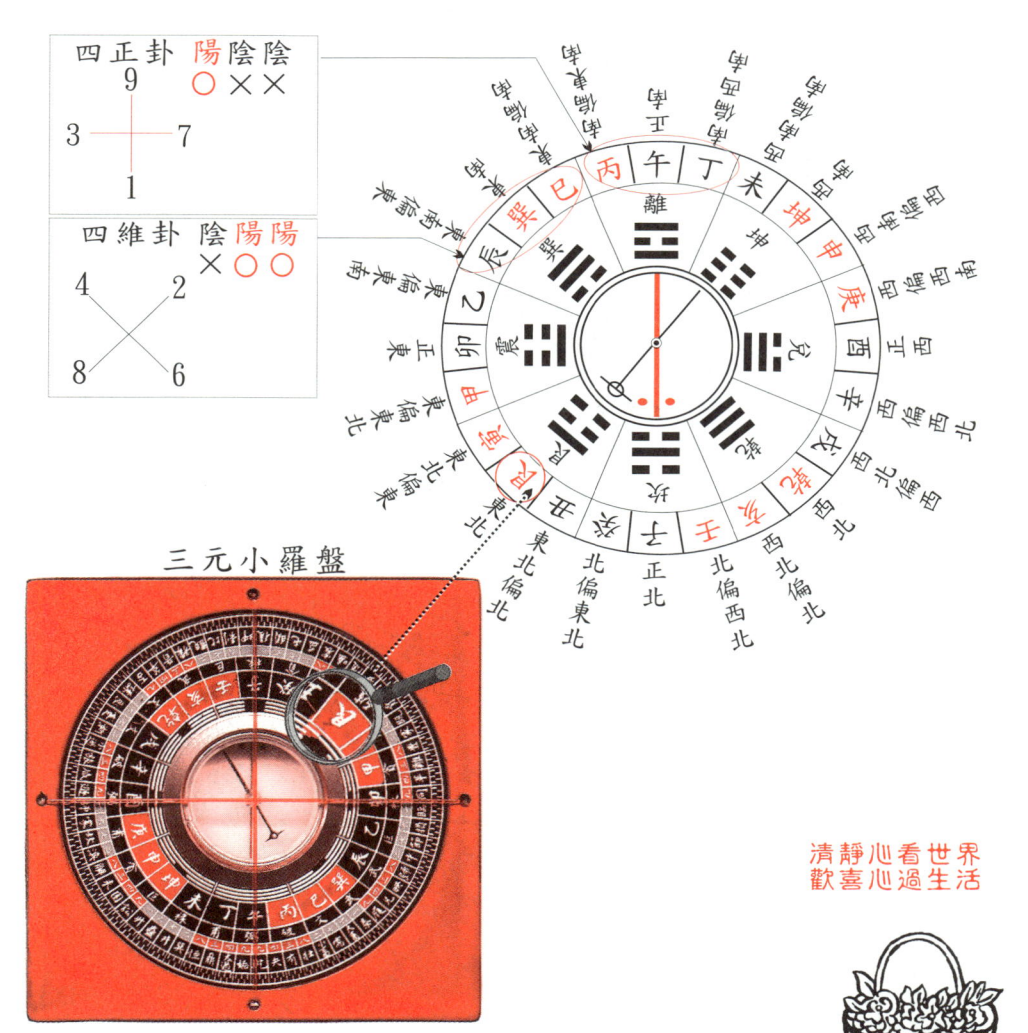

(圖1-98)羅盤二十四方位及陰陽

（九）二十四山陰陽圖

　　八卦每一卦管三山，如四正卦之坎卦管壬、子、癸三山，由羅盤內往外觀，為"陽陰陰"順序，壬山屬陽，排星盤為順行（陽順飛），子山、癸山屬陰，排星盤均逆行（陰逆飛）；四維卦之艮卦管丑、艮、寅三山，為"陰陽陽"順序，丑山屬陰，排星盤均逆行（陰逆飛），艮山、寅山屬陽，排星盤為順行（陽順飛），順逆飛用在絡書盤（九宮飛星盤），決定軌跡的順飛或逆飛。茲將羅盤二十四山陰陽規則(圖1-99)。

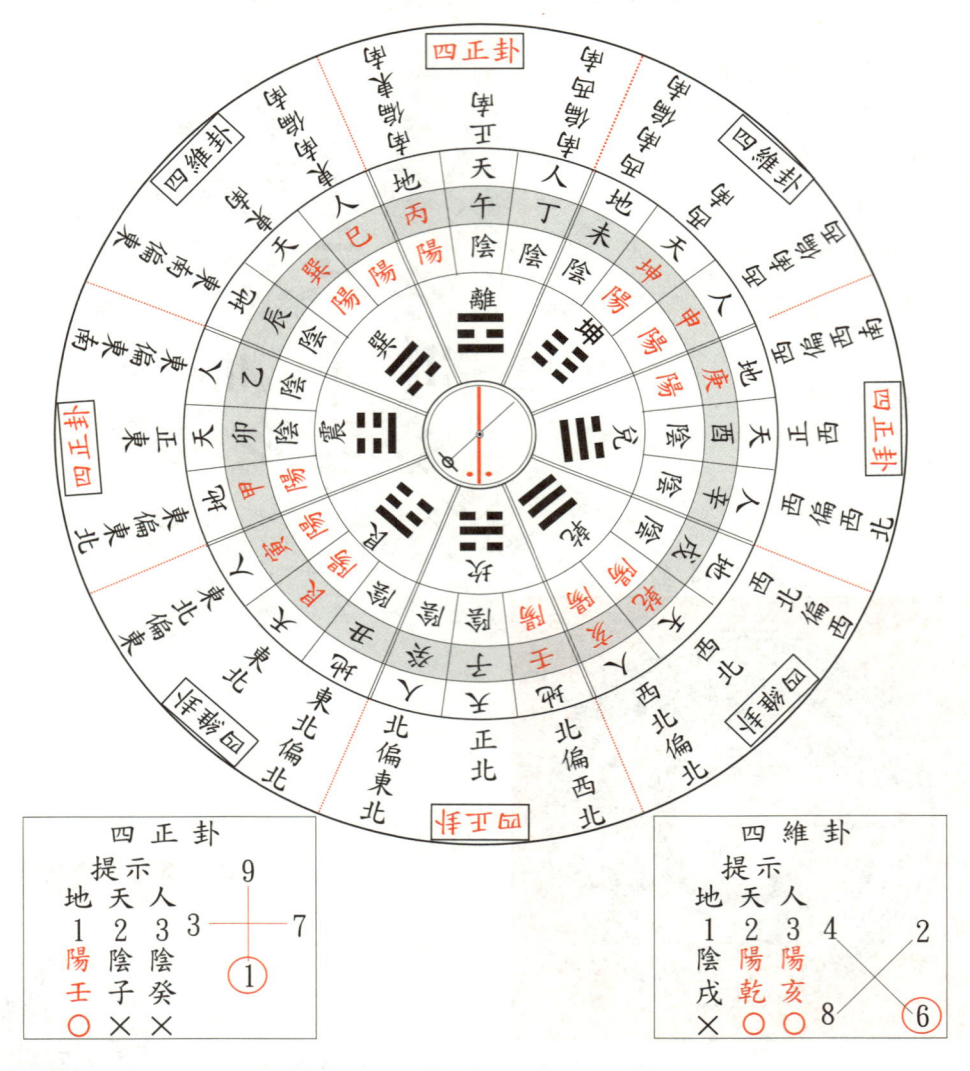

（圖1-99）羅盤二十四山陰陽規則

四正卦之天元龍：子、午、卯、酉（陰），又稱父卦。
四維卦之天元龍：乾、坤、艮、巽（陽），又稱母卦。
四正卦之地元龍：甲、庚、丙、壬（陽），又稱婿卦。
四維卦之地元龍：辰、戌、丑、未（陰），又稱女卦。
四維卦之人元龍：寅、申、巳、亥（陽），又稱媳卦。
四正卦之人元龍：乙、辛、丁、癸（陰），又稱子卦。

陰、陽兩字，起初為先民以向日為陽，背日為陰的自然觀（圖1-100）。在風水研究上，以陰陽概念相地，並闡釋對居住者的吉凶禍福，是一種直觀與思辨的結果。玄空風水以飛星盤製作為必要過程，由《易經》之八卦九星演化而成，由陰陽之方位確定飛星順逆飛。因而八卦二十四山的結構是一卦管三山，每卦 45°，每山 15°。八卦二十四山角度（圖1-101）。

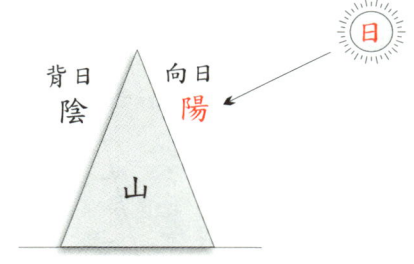

（圖1-100）向日為陽背日為陰

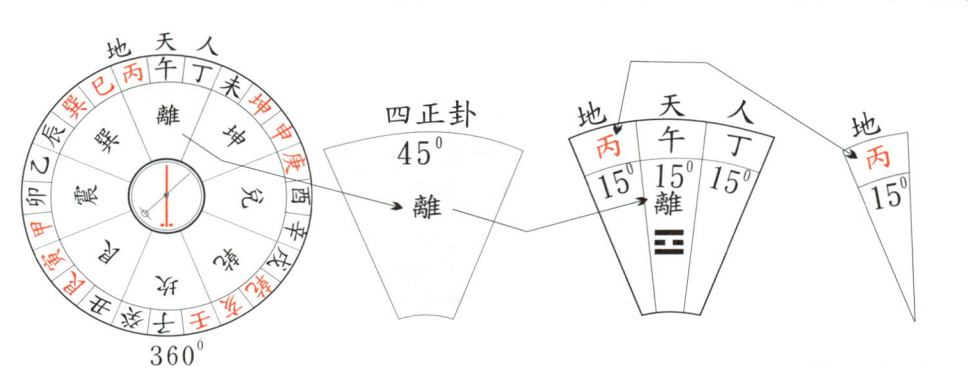

（圖1-101）八卦二十四山角度

第八節 掌握方位

1. 下卦與兼盤之區分

正向又稱"下卦"，係以卦為本位。一卦管三山（如八卦中之坎卦管壬、子、癸三山）每卦 $45°$，每山 $15°$，正線左右各 $7.5°$，下卦在正線算起左右各 $4.5°$ 之內，在 $3°$ 以外不出卦或不出線稱兼盤（又稱替卦或兼線）。茲將正向與兼線之區分（圖1-102）。

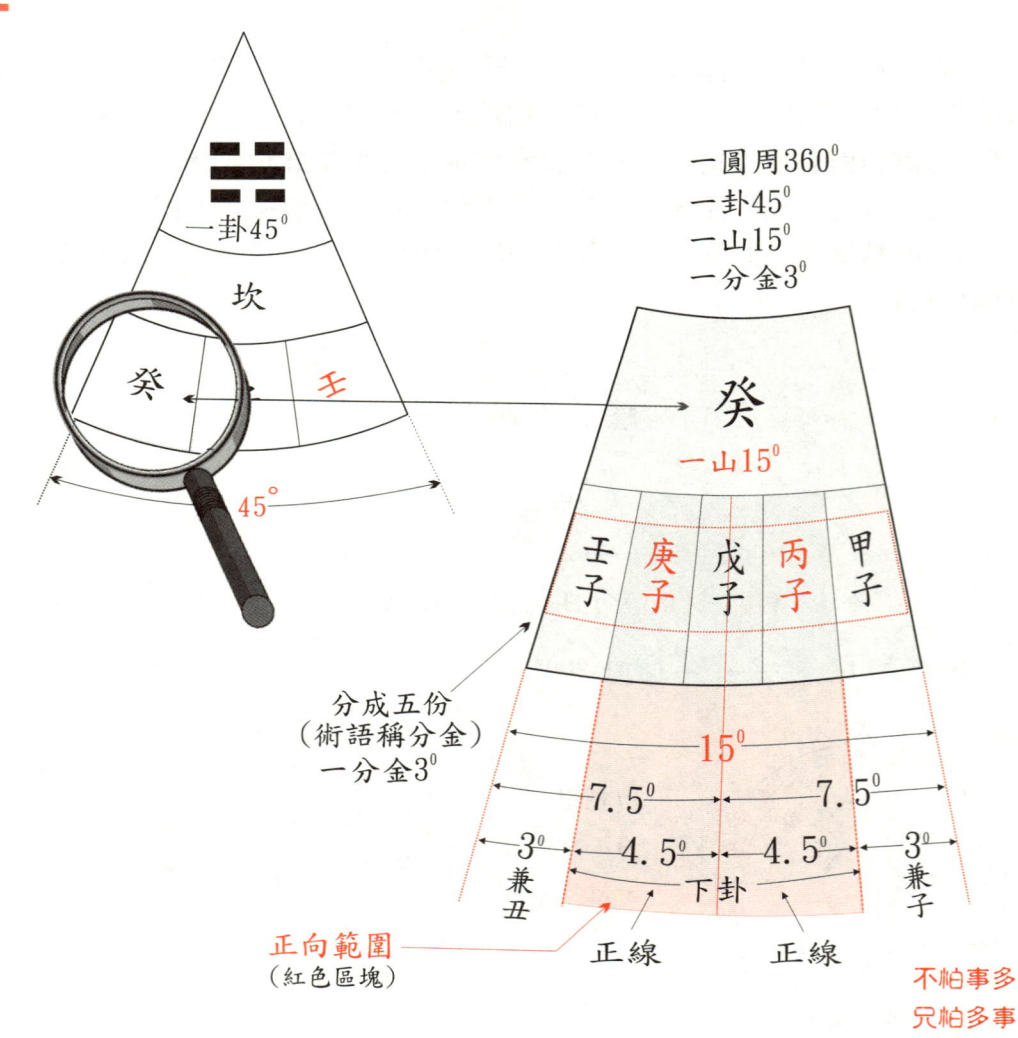

一圓周 $360°$
一卦 $45°$
一山 $15°$
一分金 $3°$

分成五份
（術語稱分金）
一分金 $3°$

正向範圍
（紅色區塊）

$3°$ 兼丑　　$4.5°$　$4.5°$　$3°$ 兼子
　　　　　$7.5°$　$7.5°$
　　　　　　$15°$
正線　下卦　正線

不怕事多
只怕多事

（圖1-102）正向與兼線之區分

2.立向120分金

在風水術的理氣方面，主要用作分金旺相，求達乘氣納氣旺盛的目的。因此，在 120 龍分金中，每一山有 5 個分金，每 1 分金 3^0，則每一山兩旁分金（即 3^0 內）為兼盤（又稱替卦或兼線）（圖1-103）。三合家以每一山之分金中，甲壬為陽孤，乙癸為陰虛，戊己為龜甲空亡，故甲、壬、乙、癸及龜甲空亡為凶線不採用，而以丙、丁、庚、辛為旺相樂以採用，簡言之，每一山之 5 個分金中間及兩旁之分金凶線不採用。

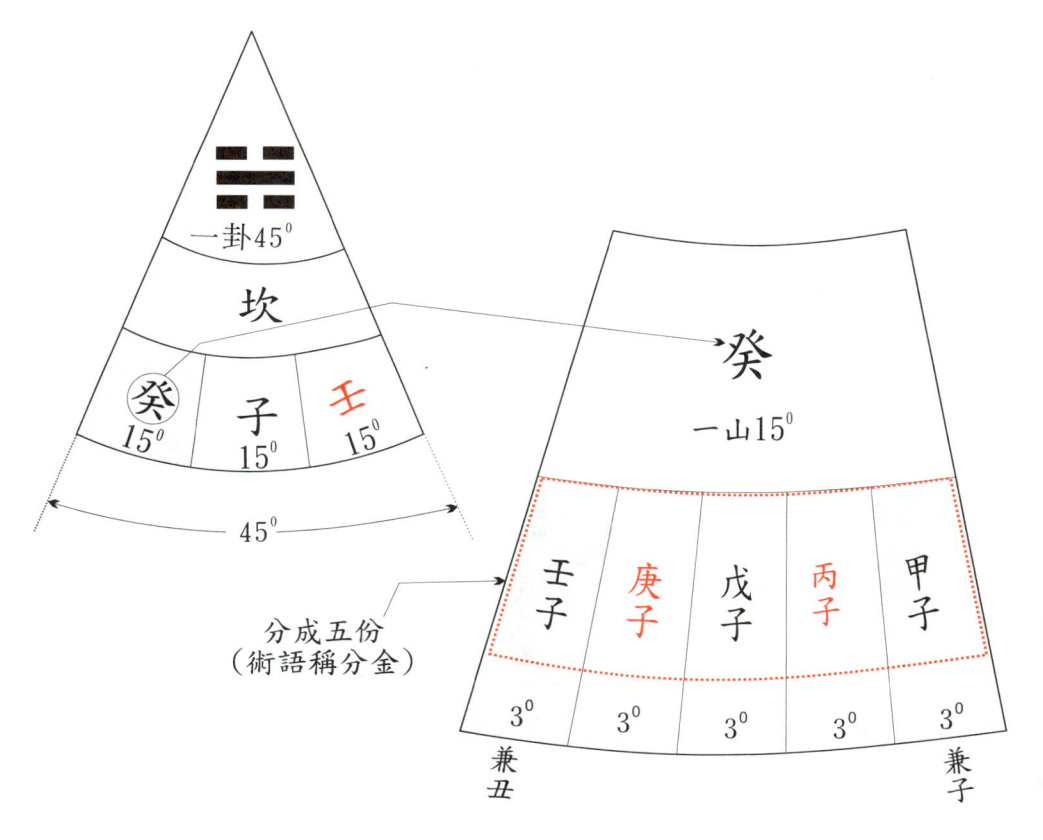

（圖1-103）兼盤（又稱替卦或兼線）

奉獻
生命、時間、
體力、智慧
稱布施

(十)二十四山元龍卦

　　二十四山分屬八個卦，一卦管地、天、人三才，順序為地1、天2、人3。如「四正卦」之離卦管丙、午、丁三山，屬性為「陽陰陰」，由羅盤內往外觀，左邊一山為丙山屬地元龍(1地卦)，中間一山為午山屬天元龍(2天卦)，右邊一山為丁山屬人元龍(3人卦)。龍者，山脈也，故稱地元龍為地元山，天元龍為天元山，人元龍為人元山，茲將1地、2天、3人元龍卦順序規則(圖1-104)；以此類推，「四維卦」之坤卦管未、坤、申三山，屬性為「陰陽陽」。未山屬地元龍(1地卦)，中間一山為坤山屬天元龍(2天卦)，右邊一山為申山屬人元龍(3人卦)。

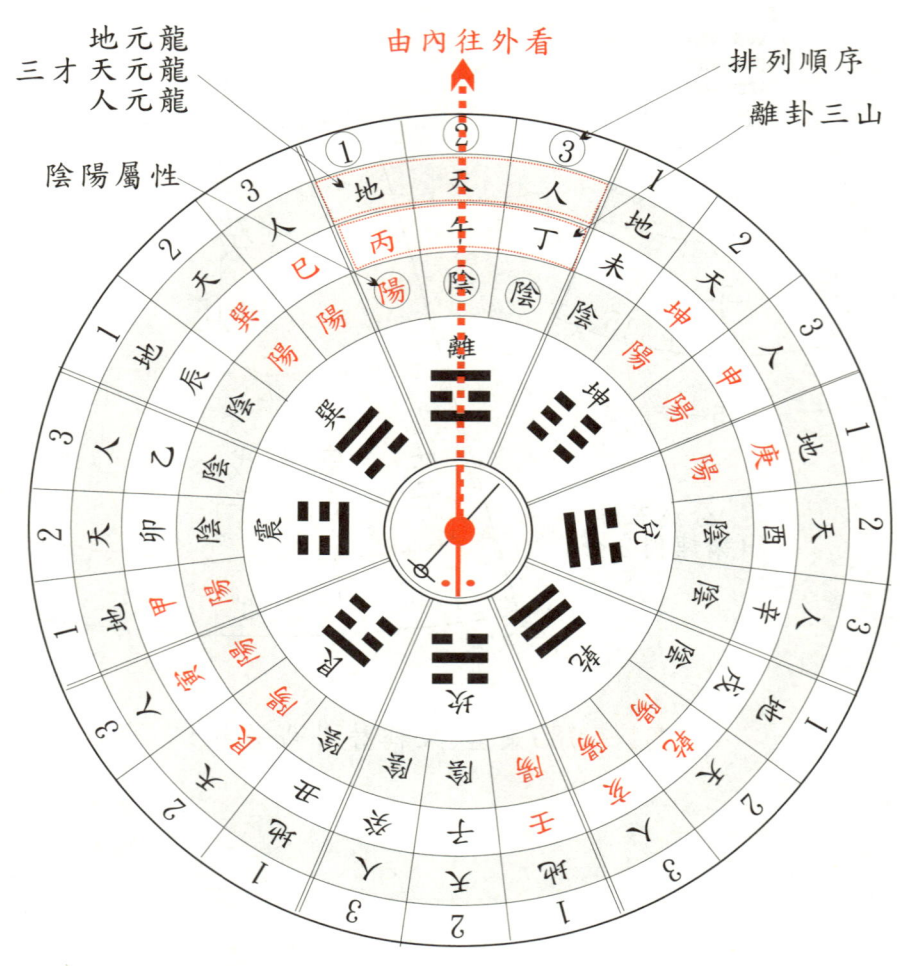

(圖1-104)1地、2天、3人元龍卦順序規則

(十一)羅盤二十四山陰陽

羅盤中之二十四山,即是將圓周360⁰等分成二十四等分,形成二十四個方位,即將地支十二方位與八干四維而成每個方位,各佔15⁰。用來定坐向、觀水口、消砂納水等,並判斷吉凶禍福。一般羅盤應用,大致上依盤面之不同,仍以三元派與三合派居多。

1.元龍陰陽

在八卦的四正卦與四維卦中,有分地、天、人三元龍之排法。陰陽順序對天元龍與人元龍是固定"陰或陽同性",如四維卦之艮卦,以丑、艮、寅三山,屬性為陰陽陽,即地元龍丑山屬陰,天元龍艮山屬陽,人元龍寅山屬陽。因而四維卦之天元龍、人元龍屬陽,則地元龍則相反屬陰,相反天元龍、人元龍屬陰,地元龍一定屬陽。以天元龍能量最大,故稱父母;地元龍與天元龍陰陽互換,與天元龍父母相反,故稱逆子;人元龍與天元龍陰陽相同,稱順子。玄空風水學者常以六親關係來稱之。

(1)**地元龍**:女卦為辰、戌、丑、未(屬陰)、女婿卦甲、庚、丙、壬(屬陽)(又稱逆子)。
(2)**天元龍**:父卦為子、午、卯、酉(屬陰)、母卦為乾、巽、艮、坤(屬陽)。
(3)**人元龍**:子卦為乙、丁、辛、癸(屬陰)(又稱順子)、媳婦卦為寅、申、巳、亥(屬陽)。
(4)**父與順子可兼**:天元龍可兼人元龍,如子、午、卯、酉可兼乙、丁、辛、癸。
(5)**父與逆子不可兼**:天元龍不可兼地元龍,如子、午、卯、酉不可兼甲、庚、丙、壬。
(6)**母與女不可兼**:天元龍不可兼地元龍,如乾、坤、艮、巽不可兼辰、戌、丑、未。
(7)**母與媳婦可兼**:天元龍兼人元龍,如乾、巽、艮、坤可兼寅、申、巳、亥。
(8)**子與女不可兼**:人元龍不可兼地元龍,如乙、丁、辛、癸不可兼辰、戌、丑、未。

(9)媳婦與女婿不可兼：人元龍不可兼地元龍，如寅、申、巳，不可兼甲、庚、丙、壬。

(10)在玄空風水學中，凡立山向貴在一卦純清，以不兼用為宜。

2.盤面天干陰陽

十天干為甲、乙、丙、丁、戊、己、庚、辛、壬、癸。按1、2、3、4、5、6、7、8、9、10之順序排列，則位於單數為陽，如甲、丙、戊、庚、壬；位於偶數為陰，如乙、丁、己、辛、癸，依下列規則排列(圖1-105)。

(1)天一生壬水，地六癸成之，則壬為陽，癸為陰，一六共宗居北。
(2)地二生丁火，天七丙成之，則丙為陽，丁為陰，二七同道居南。
(3)天三生甲木，地八乙成之，則甲為陽，乙為陰，三八為朋居東。
(4)地四生辛金，天九庚成之，則庚為陽，辛為陰，四九為友居西。
(5)天五生戊土，地十己成之，則戊為陽，己為陰，五十同途居中。

(圖1-105)十天干陰陽

3.盤面地支陰陽

十二地支為子、丑、寅、卯、辰、巳、午、未、申、酉、戌、亥，依下列規則排列(圖1-106)。

(1)子、午、卯、酉：天卦順行，子藏癸(干)，午藏丁(干)，卯藏乙(干)，酉藏辛(干)，四干皆陰，故子、午、卯、酉為陰。

(2)寅、申、巳、亥：人卦順行，寅藏甲(干)，申藏庚(干)，巳藏丙(干)，亥藏壬(干)，所藏之干均爲陽，故寅、申、巳、亥爲陽。

(3)辰、戌、丑、未：地卦逆行，辰藏乙(干)，戌藏辛(干)，丑藏癸(干)，未藏丁(干)，所藏之干均爲陰，故辰、戌、丑、未爲陰。

4.盤面四維卦陰陽(河洛之應用)

　　四維卦爲乾、坤、巽、艮，依下列規則排列(圖1-107)
(1)一六共宗合之爲七奇故乾爲陽。
(2)二七同道合之爲九奇故坤爲陽。
(3)三八爲朋合之爲十一奇故艮爲陽。
(4)四九爲友合之爲十三奇故巽爲陽。

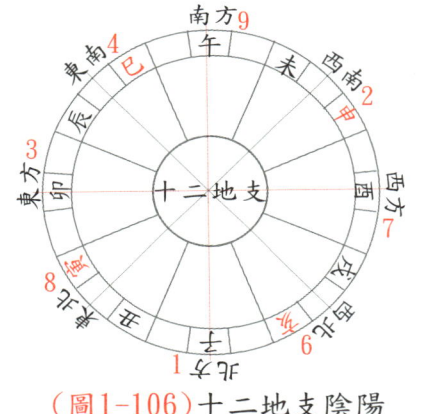

(圖1-106)十二地支陰陽

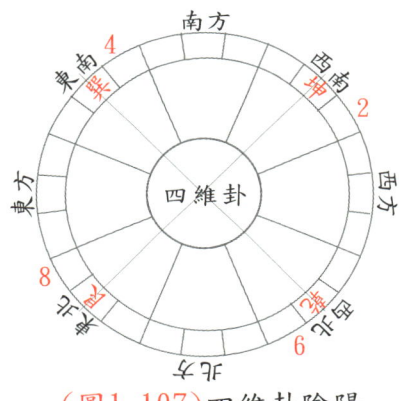

(圖1-107)四維卦陰陽

5.羅盤盤面二十四山

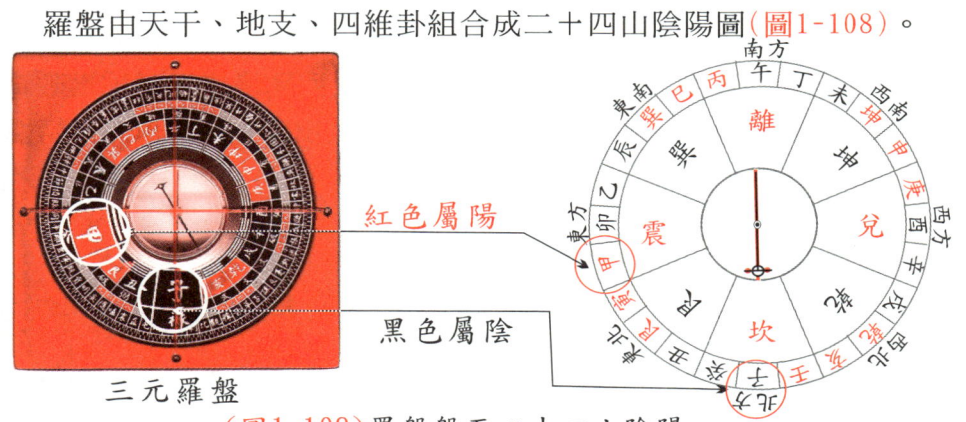

　　羅盤由天干、地支、四維卦組合成二十四山陰陽圖(圖1-108)。

三元羅盤

(圖1-108)羅盤盤面二十四山陰陽

(十二)河圖之運用

1.河圖洛書的傳說

風水理論是從河圖洛書之思想演化而來。天地之間萬事萬物，均離不開一個"數"，根據《周易‧繫辭傳》記載：「河出圖，洛出書，聖人則之。」說明了河圖是"龍馬負圖出於河"，洛書是"神龜負文出於洛"。相傳距今七、八千年之伏羲時代，一龍馬從黃河躍出，其身刻有「16居下、27居上、38居左、49居右」之數字，稱為先天河圖數(圖1-109)。伏羲依照河圖而演繹為八卦。今孟津老城西北之負圖寺(亦名伏羲廟)，據說為當年"龍馬負圖"之處。

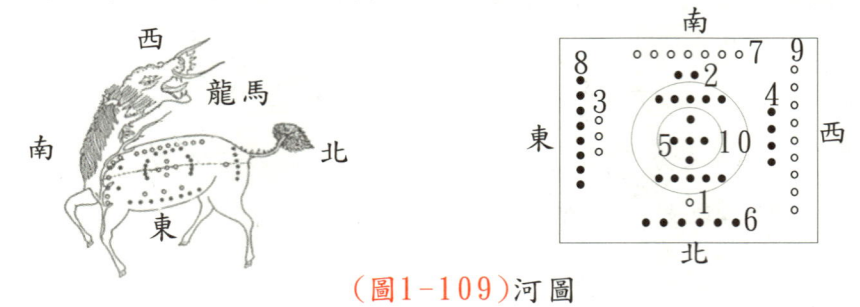

(圖1-109)河圖

大禹依照洛書制定出治理天下的九類大法，被後世人記載於《尚書‧洪範》篇中。今河南省洛寧縣長水鎮洛河岸邊西長水村旁上，有"洛出書處"古碑兩塊，據說為當年"神龜負書"之處。根據漢朝孔安國《論語》記載：「洛書者，禹治水時，神龜負文而列於背，有數至九，禹遂因而第之，以成九類。」指出大禹治水時，一神龜從洛水爬出，背上數字排列為「戴九履一，左三右七，二四為肩、六八為足、五居中央。」所述之數字，稱為後天洛書數(圖1-110)。河圖洛書以天地之數奇妙組合，而涵蓋天人合一思想之宇宙圖式，反映出東方哲學思想之精髓。

(圖1-110)洛書

2.河圖之數

河圖是用點來表示組成的結構，從一點至十點，布列於五方(指東、西、南、北、中間)形成一種圖形的組合，以生數1、2、3、4、5 為屬陽，和為25，成數6、7、8、9、10屬陰和為30，兩者和為55。生數在內，成數在外(圖1-111)。記憶口訣「一六共宗水、二七同道火、三八為朋木、四九為友金、五十共守土。」河圖 5 立極在中央，生數與成數兩者差數均為 5 數，因而組合成49金通16水、38木通27火相生吉數。

(1) 金水相生

49（先天河圖為金）
16（先天河圖為水）

(2) 木火相生

38（先天河圖為木）
27（先天河圖為火）

(圖1-111)河圖之數

3.河圖生成

世上萬物皆藉由雌雄配對生成，生數與成數互為陰陽結合成一對(圖1-112)。

(1)天數：1、3、5、7、9 屬陽
(2)地數：2、4、6、8、10 屬陰
(3)生數：1、2、3、4、5
(4)成數：6、7、8、9、10

	成數	各自成對	生數	
陰	6	一六	1	陽
陽	7	二七	2	陰
陰	8	三八	3	陽
陽	9	四九	4	陰
陰	10	五十	5	陽

(圖1-112)河圖數互為陰陽(雌雄)配成一對

風水是可以相信但不可以依賴的！

4. 河圖歌訣

伏羲依照河圖而演繹為八卦。根據秦末漢初黃石公《青囊經·上卷》記載：「天尊地卑，陽奇陰偶，一六共宗，二七同道，三八為朋，四九為友，五十同途，闢闔奇偶，五兆生成，流行終始。」指出河圖為天地萬物生成之數。茲說明如下：

(1) 北方：天一生水、地六成之；因水無土不成，而一加五（五中土）為六，所以一六共宗居北。
(2) 南方：地二生火、天七成之；因火無土不成，而二加五（五中土）為七，所以二七同道居南。
(3) 東方：天三生木、地八成之；因木無土不成，而三加五（五中土）為八，所以三八為朋居東。
(4) 西方：地四生金、天九成之；因金無土不成，而四加五（五中土）為九，所以四九為友居西。
(5) 中央（宮）：五、十居中同為土，所以同途在中宮。五行中缺土不成，無中央（宮），亦不能臨制四方。

5. 河圖卦意

(1) 一六：主文秀、才藝、聰明、科舉；剋煞主漂蕩、寡婦、溺斃。
(2) 二七：主具資產、偏財、多生女；剋煞主心臟病、吐血、夭折。
(3) 三八：主文才、積極、多生男；剋煞主乏嗣、不利小口。
(4) 四九：主急公好義、喜慶、財富；剋煞主孤苦伶仃、兵戎相見。
(5) 五十：為聚集財富、多子孫；剋煞主瘟疫、意外傷亡。

6. 河圖五行涵義

水主貴，火主富，水亦為文章，火又為財帛。水居一係萬數起頭，凡物需靠其滋潤，水欲散發至各處需靠火來蒸發，故火居二，水、火均屬無形之氣；另木、金、土均具有形，以其質量輕重辨順序，木因輕柔居三，土面積大金蘊藏其中，為土生金，故金居四，土居五。

德高人長壽
心寬福自來

第九節 測量方位

第九節、測量方位

　　早在春秋戰國時期，發現了磁石指南的特殊功能，用來指示方向的儀器稱司南。到了漢代發明了人工磁化的方法，製造了指示方向的工具稱指南針。根據《韓非子・有度篇》記載：「先王立司南，以端朝夕。」及東漢王充《論衡・卷十七》記載：「司南之杓，投之於地，其柢指南。」揭示利用司南定位南方，並可用來觀測相對方位。根據宋朝(1088)沈括《夢溪筆談》論述水羅盤(浮針法)和旱羅盤(縷懸法、指甲法、碗唇法)四種不同裝置的針型指南針。明代有羅盤二十四方點陣圖之旱羅盤出現，即是現代指南針基本形式。羅盤的演進，成為多樣性，亦層次相當的複雜，每一種羅盤都包含著風水派別理念及秘訣精華，主要用來定方位與布局。現代科技之輔助，啓用衛星定位及圖資註記北方用來觀測基地及空間方位，已成為目前風水研究者學習與驗證的輔助工具。

一、使用工具

(一)指南針

　　以指南針中間之銅線與門框或門縫成垂直平行(圖1-113)，便可從指南針上細小之凸透鏡片中，清楚的讀取正確之坐向讀數(圖1-114)，來瞭解正確坐向。

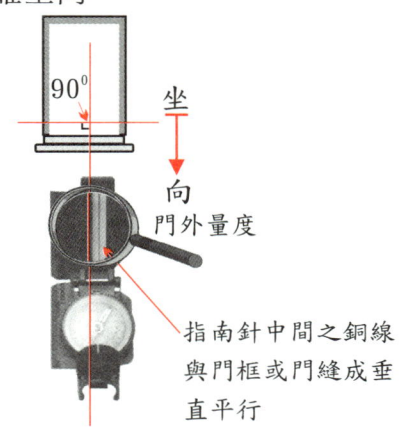

(圖1-113)門之測量　　　　　(圖1-114)指南針讀數

(二)簡易指南針

指南針內S(南方)、W(西方)、N(北方)等字。使用簡易指南針(圖1-115)，可站在建築物空間中心點，把指南針內之磁針一半紅色指南方(指北針操作相反紅色箭頭指北)，另一半黑色指北方，疊在底部南北直線上，可從相對方位角度來測量方位(圖1-116)。

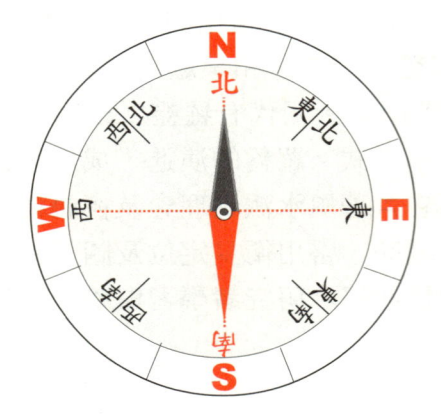

(圖1-115)簡易指南針(紅色箭頭指南)

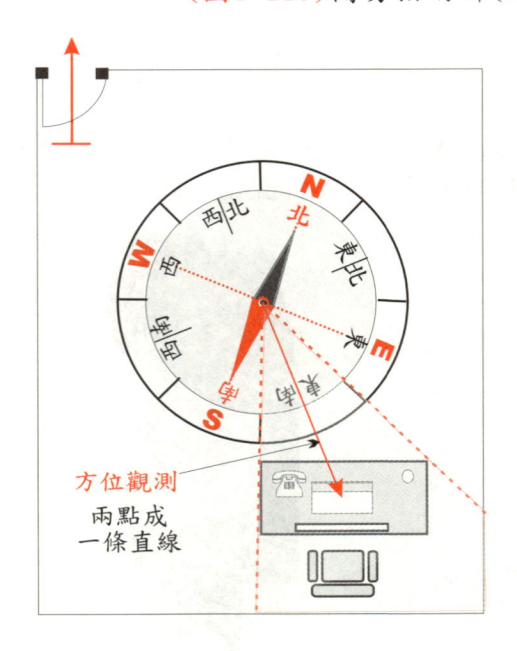

例：方位觀測，使用簡易指南針，先調整指針南北定位，即指南針南北方向與底部之直線南北平行後，站在空間中心點(稱立極點)觀測書桌位置，即兩點成一條直線，從立極點至目標點(書桌)，兩點直線觀測方位是東南方。

(圖1-116)測量方位(書桌之方向位置)

其他常用測量工具，如簡易二十四山指南針、角度測量指南針、指南針（45mm）、創意紙羅盤、二十四方位指南針、三元小羅盤（圖1-117）。

簡易二十四山指南針

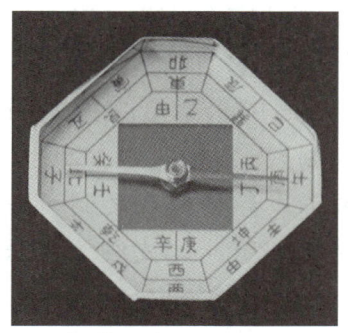

創意紙羅盤
（書封底附紙羅盤使用指北針）

地圖尺規（指北針）

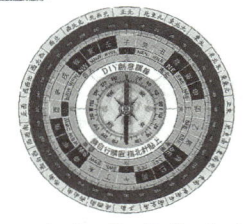

二十四方位角度指南針

指南針（45mm）

三元小羅盤

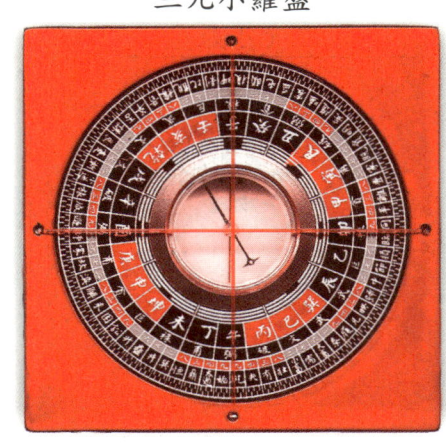

(圖1-117)其他常用測量工具

（三）羅盤

在中國歷朝歷代一直使用指南針，到了宋代以天然磁石磨擦鋼針製成指南針，在地磁的作用下保持指南特性，把指南針裝置在方位盤上，即是現代羅盤之基本形式。風水學重視環境選址定向，首先就必須熟練羅盤定向的基本方法。羅盤（又稱羅庚或羅經）基本結構是指南針與方位盤（指二十四山及周天 0^0~360^0）二合一製成，為風水量度方位的重要工具，**主要功用為確認建築物朝向**（屬線向觀測）**及分配八方吉凶位置**（屬方位觀測）。清朝王道亨《羅經透解》記載：「粵稽羅經之制，軒帝創其始，周公遵其法，指南針方位分定，然先天祇有十二支神，漢張良配至八干四維，羅列於內，名為地盤。楊賴二公，又加中分兩層，號曰天盤、人盤，合成三才。」說明盤面二十四山之結構，亦分地盤、天盤、人盤二十四山。三環其名稱、位置、用途均有不同，以內環二十四山稱地盤正針，用於建築物立向；中環二十四山稱人盤中針，用於判斷建築物周圍砂山；外環二十四山稱天盤逢針，用於判斷建築物周圍水流情況。盤上亦分很多層（市面流通計有45層之多），每一層均有其作用，包含著風水派別之理念及秘訣的精華（在本書中介紹使用地盤二十四山之一層）。因此，掌握角度便可推（換）算各家門派羅盤所應用的理念。地球是圓的，羅盤象徵宇宙的影子。因而羅盤設計上內盤也是圓的，把圓周分成八等份，即八個方向，又稱宮位，每一宮位再分成三小份，合計二十四個小部份，通稱二十四山。羅盤之構造拆解與操作步驟說明如下（圖1-118至1-129）。

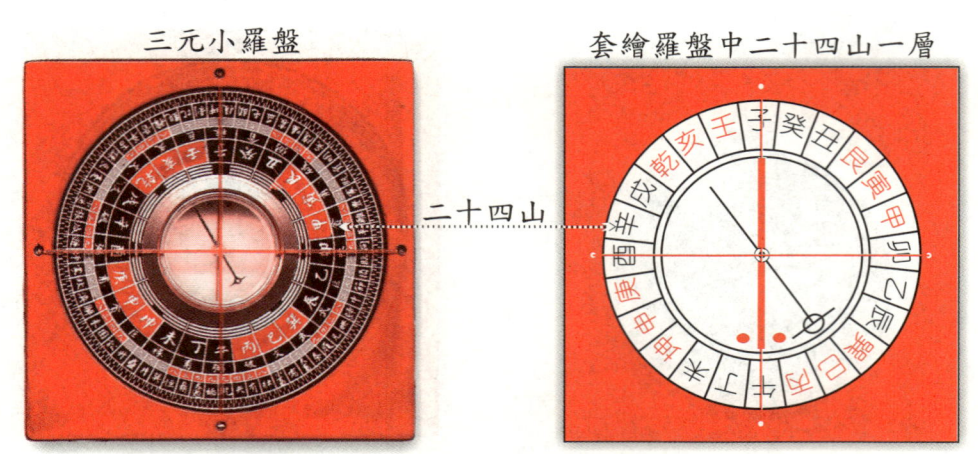

（圖1-118）羅盤構造

1.外盤紅面黑底(紅色底盤)

(圖1-119)底盤

2.天心十道(又稱經緯線)

　　兩條紅線,固定外盤上,穿透內盤與天池中心,兩條垂直的紅線(內盤紅色十字線)用來觀測前、後、左、右二十四山方位卦線及角度。

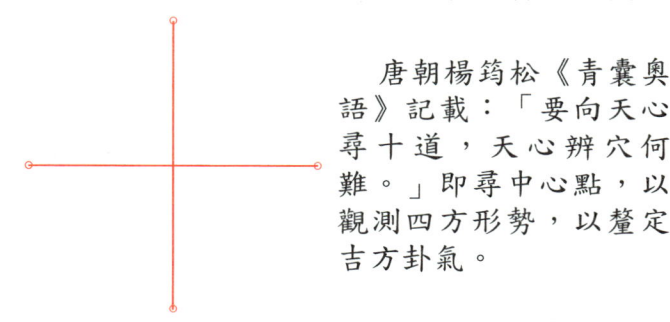

唐朝楊筠松《青囊奧語》記載:「要向天心尋十道,天心辨穴何難。」即尋中心點,以觀測四方形勢,以釐定吉方卦氣。

(圖1-120)天心十道(又稱經緯線)

3.內盤與天池(具有二十四山方位及空間中心的象徵特性)

(圖1-121)內盤與天池

第壹章 風水學基礎知識

112

第九節 測量方位

4. 內盤構造

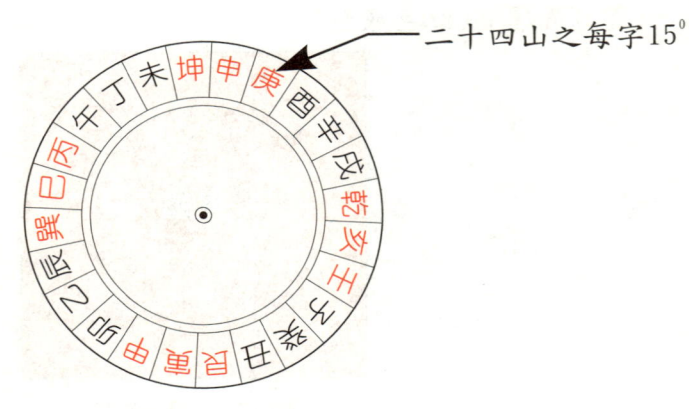

(圖1-122) 內盤構造 — 二十四山之每字15°

5. 天池構造

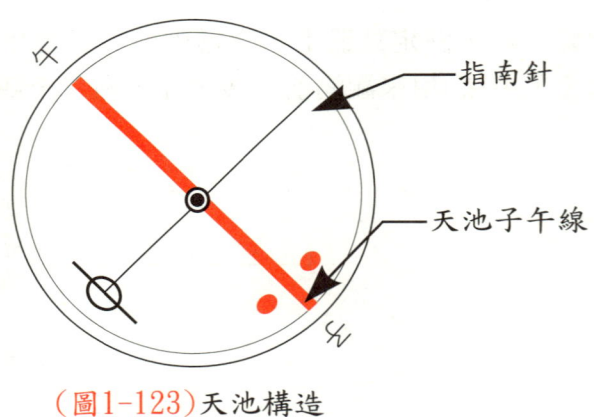

(圖1-123) 天池構造
指南針
天池子午線

6. 指南針

針可轉動，但靜止時固定指南北方向與地球之南北方向趨於一致。

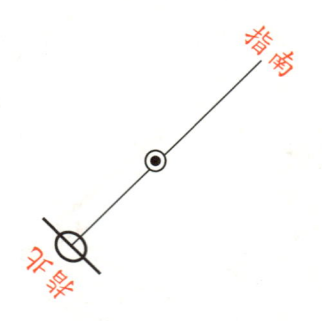

(圖1-124) 指南針構造

7.天池子午線

在天池底部繪製紅線及兩紅點，稱天池子午線，紅線為永遠固定指著子(正北)午(正南)位，並可隨著內盤與天池轉動。

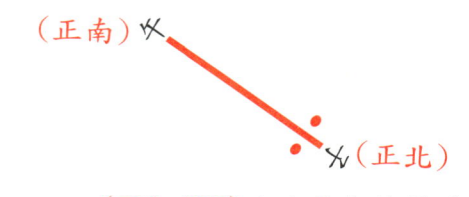

(圖1-125)天池子午線構造

8.羅盤操作方法

(圖1-126)羅盤構造

(1)操作一

首先轉動內盤，讓指南針之北方與南方重疊在天池子(正北方)午(正南方)線上，顯示內盤南北方向與大地之南北方向一致，方可測量。

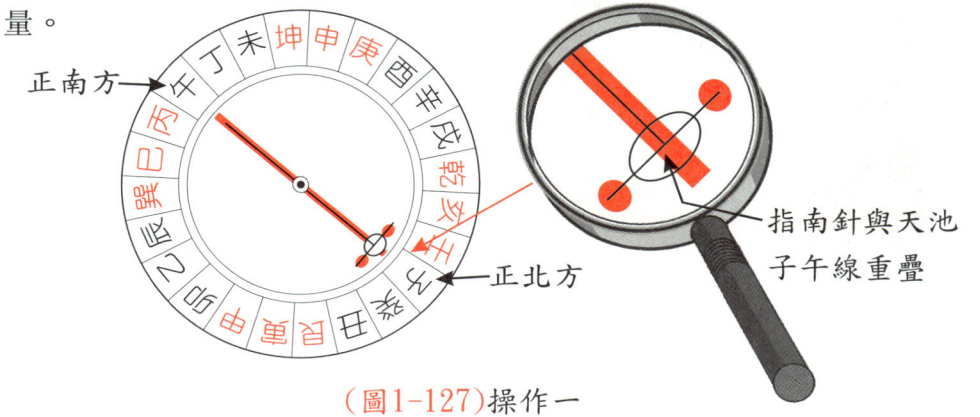

(圖1-127)操作一

(2) 操作二

觀測天心十道紅線，所指之方位，可知所測之二十四山方位。

第九節 測量方位

天心十道（又稱經緯線）

（圖1-128）操作二

(3) 操作三

觀測羅盤所測坐向（例）。

辰向（東南偏東）

向

戌山（西北偏西）

坐

三元小羅盤操作

例：線向觀測

目視前方目標，觀天心十道，所指之方位，即可知坐戌山辰向。

向

坐

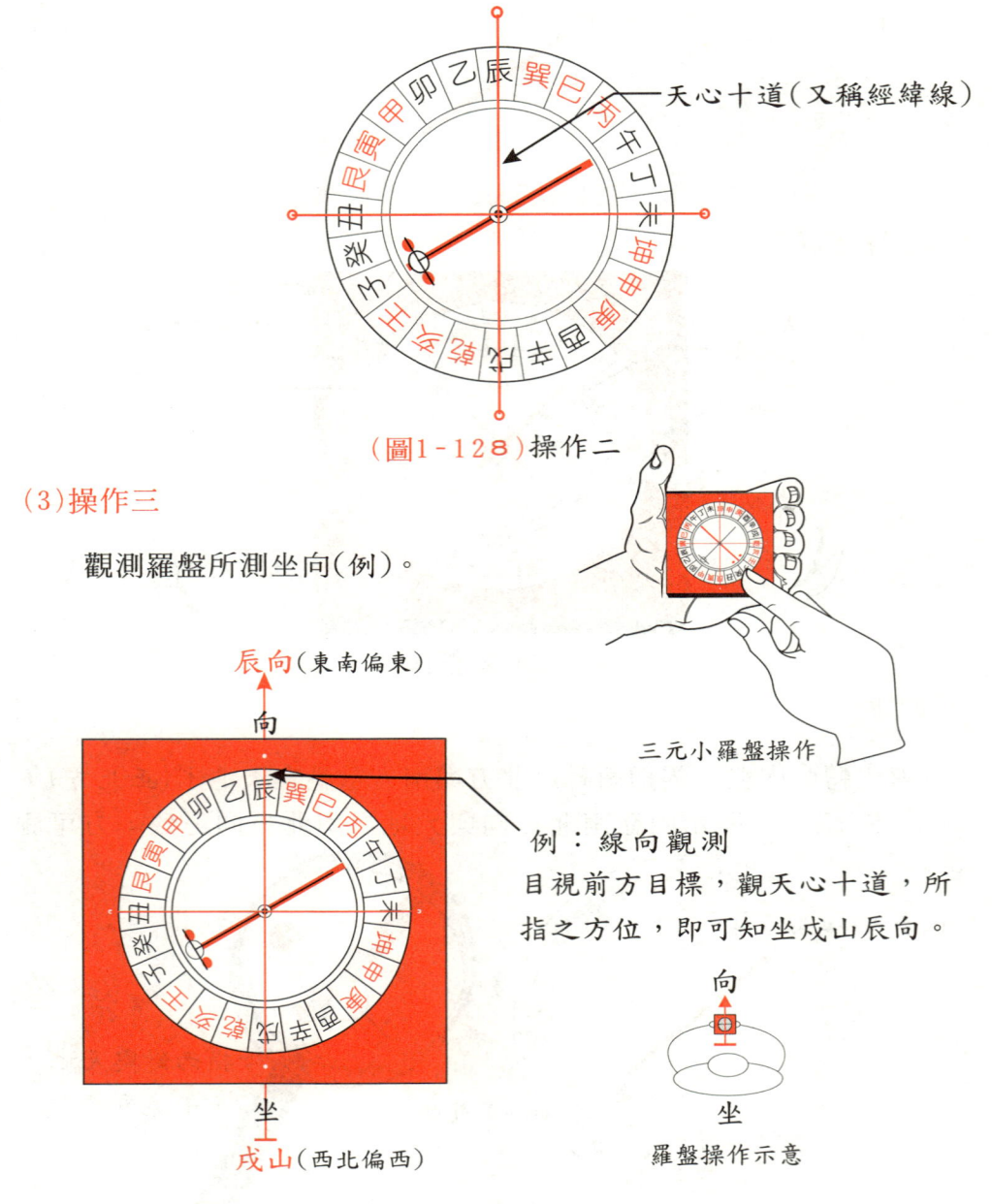

羅盤操作示意

（圖1-129）操作三

（四）羅盤觀測操作

風水理氣學在勘察陰宅與陽宅環境時，須依賴羅盤作爲觀測工具，以判斷山川、景觀與建築物等形巒的方位，並分析空間的朝向，進而推論環境風水的優劣。羅盤的操作方法主要包括「線向觀測」與「方位觀測」(圖1-130)，兩者皆屬風水測量的重要技術，分別稱爲「線向學」與「方位學」。其中，線向觀測用以表示建築物的有利朝向，亦即坐向；方位觀測則用來標示目標物的位置方向，又稱八宮放射線。這兩種觀測法皆以二十四山的方位名稱或實際角度(度數)作爲基本單位。

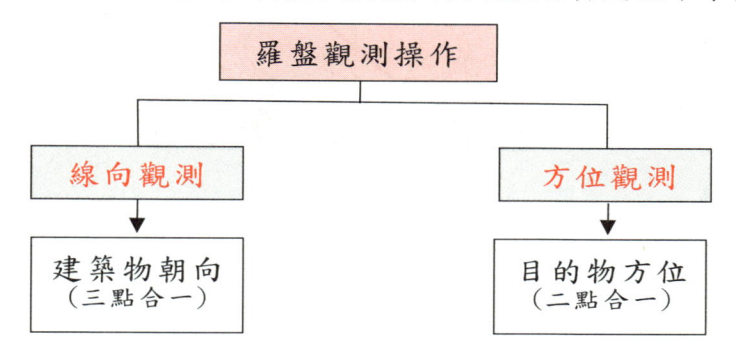

```
                羅盤觀測操作
                /        \
          線向觀測        方位觀測
            ↓              ↓
        建築物朝向       目的物方位
        （三點合一）      （二點合一）
```

(圖1-130)羅盤操作分線向觀測與方位觀測

1.線向觀測

在風水環境勘察中，線向觀測屬於三點觀測法，須確認出發點、羅盤中心點與目標點，三者形成一直線距離關係，藉以觀測從已知點朝向目標點的方向(圖1-131)。此方法主要用於判定建築物之吉利朝向，即其坐向。透過線向觀測所得的測量結果，可判斷是否有出卦、出線或陰陽錯位等情形，亦可評估其所涉方位的大凶程度，進一步推論環境風水的優劣與建築坐向的旺衰情況。

2.方位觀測

在風水環境勘察中，方位觀測著重於確認羅盤中心點與目標點，兩者形成一直線距離關係，藉此觀測目標點所對應的方位(圖1-132)。此觀測法主要應用於判定室內外巒頭或空間中物品的吉利方向與位置。透過方位觀測所得的測量結果，可用以評估建築環境或空間物品配置於八方位或二十四山方位中的吉凶情形，進而輔助風水調整與規劃。

第九節 測量方位

羅盤操作由戶外往內看

觀測天心十道，從坐山出發點巳山（東南偏南），通視羅盤中心點至目標點（呈直線距離）亥山（西北偏北）朝向。

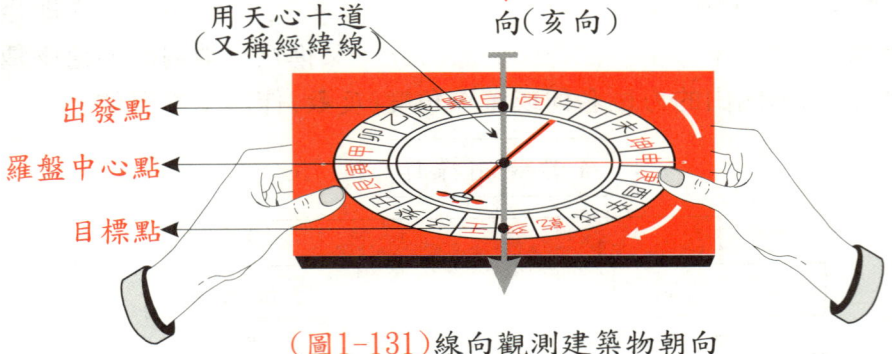

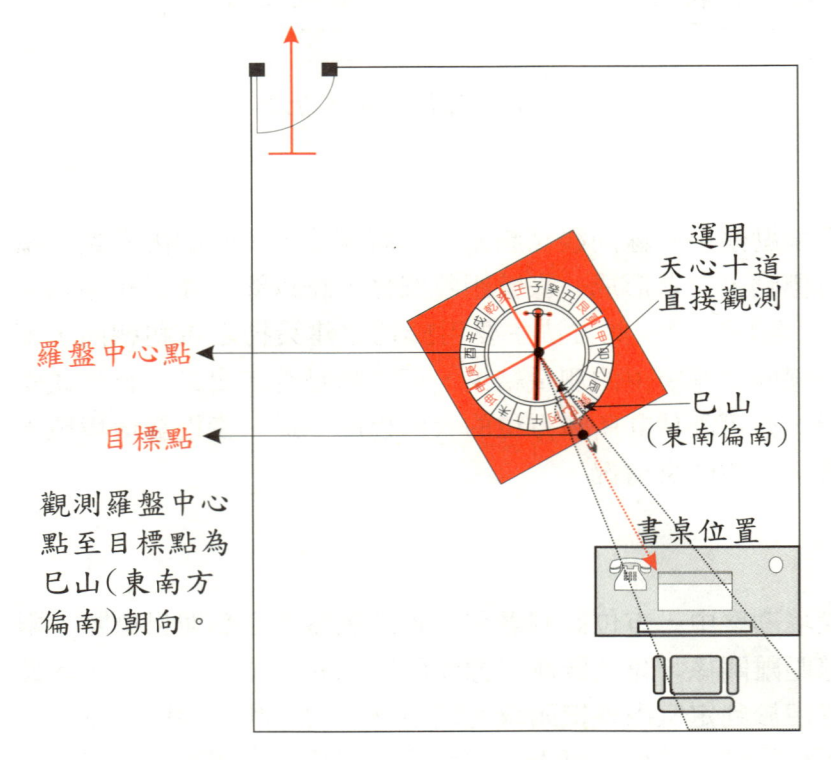

坐（巳山）

向（亥向）

用天心十道（又稱經緯線）

出發點

羅盤中心點

目標點

（圖1-131）線向觀測建築物朝向

運用天心十道直接觀測

羅盤中心點

目標點

巳山（東南偏南）

書桌位置

觀測羅盤中心點至目標點為巳山（東南方偏南）朝向。

福從做中得歡喜
慧從善解觀自在

（圖1-132）方位觀測書桌位置

二、定坐向

建築物的定坐向，是風水操作中最核心且關鍵的技術，亦稱「立極定向」。所謂「立極」，是指定出虛擬直線上的三點（指已知點、中心點、目標點）在一條線上有坐與向，就能確定建築空間朝向，屬線向觀測之學。然而，自古以來，無論查閱古籍文獻或當代著作，各門各派對「定向」的理論與操作方式尚無統一說法，亦缺乏全面性的詮釋。例如，有的主張以門為向，以陽為向、以局勢定向，以動線定向、以巒頭定向等，可說是論述不一。各師各法，多憑經驗施行，導致觀念混雜不清，學者往往如墮五里霧中，難以明確依循。明末清初蔣大鴻於《玄空字字金・納氣吉凶第十四》記載：「墓氣從地，宅氣從門，門旺路吉，出入亨通，財丁兩盛，其樂融融，門旺宅衰，亦不為凶。」揭示風水理論中，陰宅重在「乘氣」（即陰乘陽，象徵居上對下），而陽宅則注重「納氣」，即須藉由門向接納吉氣，以定坐向與氣運之盛衰。在實務操作中，建築物之坐向與門向，通常需先於室外觀測其大方向，用二十四山取得吉方位置；再以室內使用六十四卦爻相應之角度來定位。在傳統建築中，通常以"門為採光納氣"，即採門向為主。但在現代建築類型與空間配置日趨多元的情況下，坐向判定應更具彈性，須綜合納氣、動線、巒頭與開口方向等條件評估。一般原則為「陽向陰坐」，例如公寓大廈多以臨街、開窗多或設有陽台之面向為「向」，作為主要納氣與承氣（即氣由下而上進入）之口。因此，定向時不必拘泥於大門方位，而應根據實際納氣較多的一側作為「向」，據此確立其坐向配置。

（一）羅盤定向

羅盤操作時，雙手分左右把持著外盤，雙腳可略為張開，將羅盤置於胸前肚臍以上但不貼身，並保持羅盤水平狀態，不可忽高忽低或前高後低，造成判讀誤差。羅盤正確操作方式（圖1-133）。

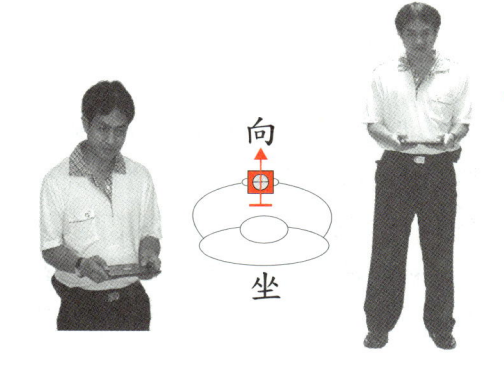

（圖1-133）羅盤正確操作方式

第九節 測量方位

1.背坐面向

以背靠(後)為坐，面向(前)為向，目觀羅盤內盤十字線(指天心十道)與空間之前、後、左、右四方測點相交，用雙手大拇指轉動內盤，至內盤天池指南針靜止不動，並與天池底之紅線(指天池子午線)重疊一起為止，再運用線向觀測來決定建築空間坐向(圖1-134)。

屋內為坐 屋外為向

坐 向

辰山(東南偏東)

天心十道(又稱經緯線)

目視前方，運用線向觀測觀天心十道，所指之方位，即可知坐(辰山)向(戌向)

指南針與天池子午線重疊

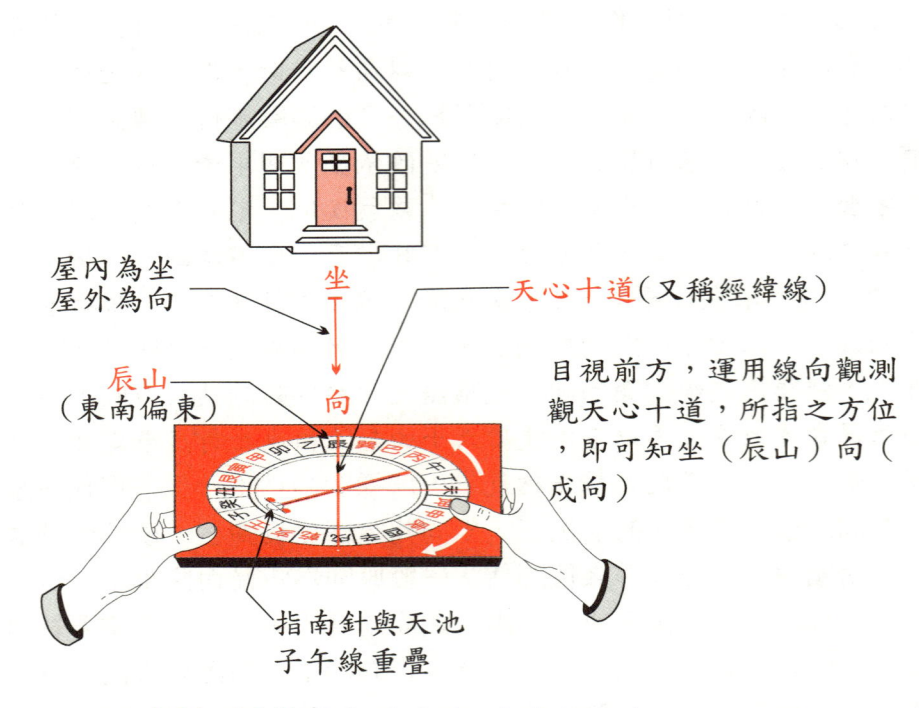

(圖1-134)羅盤線向觀測確定坐向

2.確定朝向

立極定向，確認建築物朝向，運用線向觀測可視羅盤上的內盤十字線(指天心十道)上可判讀，以上圖所測坐向，為背坐辰山(指室內)、朝向戌山(指室外)，即確認建築物朝向為坐辰(東南偏東)向戌(西北偏西)。根據宋朝吳景鸞《玄空秘旨》記載：「重重剋入，立見消亡；位位生來，連添財喜。」及清初蔣大鴻《八宅天元賦》記載：「試問關門何地。乃知氣入之源。」說明大門為納氣最關鍵之處。風水學理以門、房、灶為勘察之三要素，講求門向要旺、主房要配命、灶位要向吉方。

(二)正確量度

　　陽宅以納取旺氣為重點，通常以路為引氣，門是進氣。根據清初蔣大鴻《天元歌・水龍篇》記載：「向首一神為災禍之柄，去來兩口生死之門。」及宋朝吳景鸞《玄機賦》記載：「氣口司一宅之權。」指出一宅吉凶，乘旺開門，將生氣(指三元九運中旺氣)由大門引入宅內成為關鍵點。因此，一般建築物(指平房或透天厝)採堂氣開揚為佳。常用門內、門外取向 操作(圖1-135、1-136)，測量時宜避開金屬物質，以免干擾磁針之正確判讀。風水術應用，著重在一空間一太極的觀念。根據南宋黎靖德《朱子語類・卷九十四》記載：「人人有一太極，物物有太極。」及清初蔣大鴻《天元歌・陽宅篇》記載：「一到分房宅氣移，一門恆作兩門推。有時內路作外路，入室私門是握機。」指出每個空間就是一太極，以太極中心點布局八方，達到趨吉避凶功效。以公寓大廈為例，大家進出之總門為納氣口，當然影響全棟使用者禍福。但影響最鉅的是屬於自己的樓層(單位)，實踐上以窗多或陽台為收氣口，不一定取門為向，已納氣多之一方為向。

羅盤操作示意
(圖1-135)門外量度

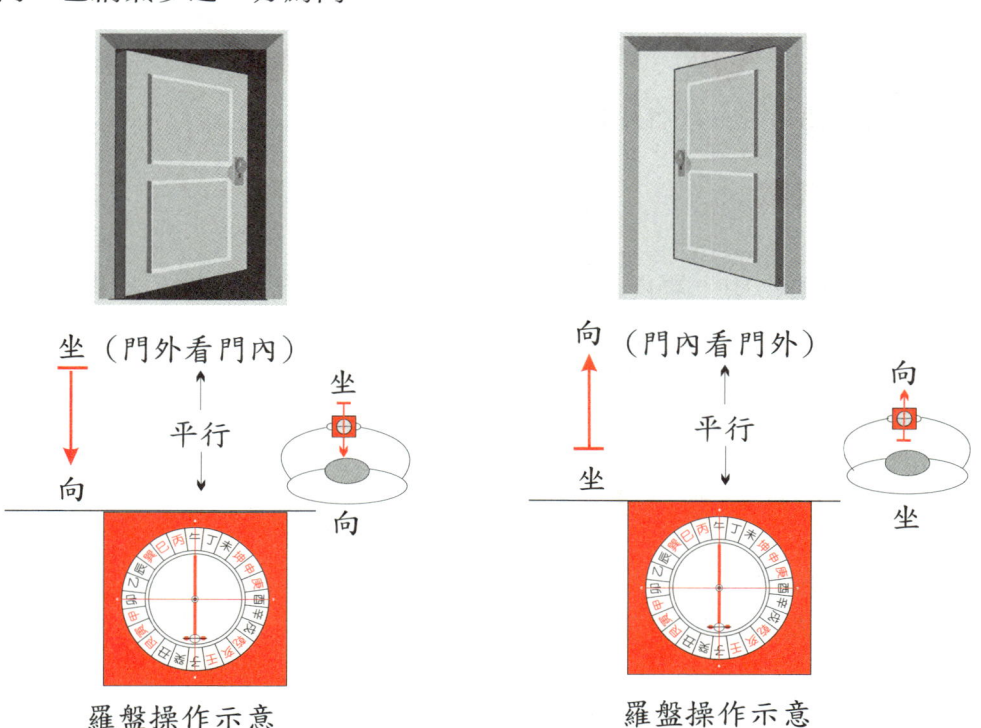

羅盤操作示意
(圖1-136)門內量度

（三）錯誤量度

　　環境觀測，須格外謹慎，羅盤操作錯誤（圖1-137、1-138），會造成取向不正確，其結果當影響吉凶禍福之判斷。風水學重視方位要取吉度線，尤在基地選址定向觀測，須確定空間有利朝向，推演出星盤吉凶方位，用作評斷建築空間規劃設計之優劣。

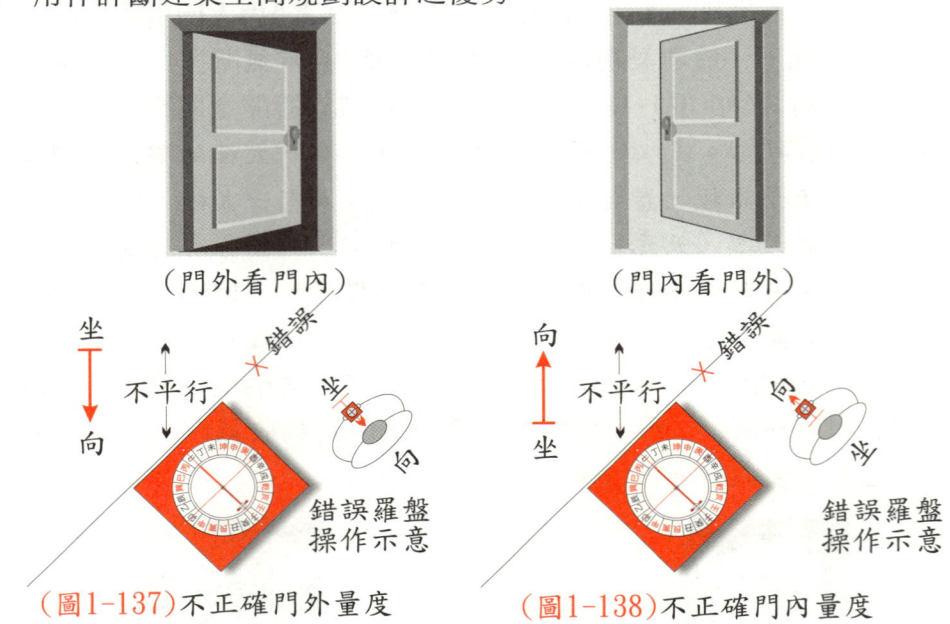

（門外看門內）　　　　　　　（門內看門外）

（圖1-137）不正確門外量度　　（圖1-138）不正確門內量度

（四）量度次數

　　門在建築物中，屬內外二氣臨界之處。一般在宅內門口處開始量度，再以宅外門口處次量度，其所得坐向一樣，顯示無誤。若結果不同，注意宅內外有否使用電器設備，宜先暫停使用避免干擾，並在原量度位置或退後數步後，再量度三次，測量成果以受影響干擾最少的為準。

（五）空間機能影響健康

　　風水理論對每個空間方位均論吉凶，即一物（或空間）一太極理念。空間機能代表人體器官部位，以門象徵咽喉或口；管線象徵血管；廳象徵心臟；廁所（或衛浴）象徵腎臟；廚房象徵肝臟；房間象徵腹部、肺脾臟；宅周圍象徵四肢；規劃設計時考量方位與收納整潔宜格外謹慎。

(六)立向要領

一般立向設定判斷準則，可作為立極定向之參考，整理如下：

1.城鄉規劃： 針對一般城鄉發展局勢，立極定向通常以主要河川為依據，選取城鄉中心點，觀察河川進入口的方位，依據二十四山方位擇一作為取向(圖1-139)，以掌握時運的吉凶變化，作為城鄉規劃的重要參考依據。

2.基地分析： 在建築設計中進行土地分析時，立極定向以主要進入之道路系統為導向，並以土地中心點觀測二十四山之一方位，同時配合排龍訣之運算，掌握有利的選址與定向因子，以期達成時運全吉的目標。

3.避開凶度： 基地放樣與建築立向應避免出卦、出線或陰陽錯誤，以防產生大凶度數(空亡)，以免引發不良效應，確保建築環境的和諧穩定。

4.兼向慎用： 使用兼向時，應謹慎辨別下卦、替卦及其適用時機，並掌握三才(天元、地元、人元)之卦理，務求構成「一卦存清」之局，以發揮最大效益。

5.空間取向： 遵循「一物一太極」原則，立極即為定太極點，強調以人為中心，靈活應用環境巒頭特性，選擇納氣充沛的門向或向陽之空間作為取向依據。

綜上所述，立向之要領在於熟稔本書中所述的重要法訣與原理，於現場觀測時能胸有成竹、條理分明地完成立極定向之作業。

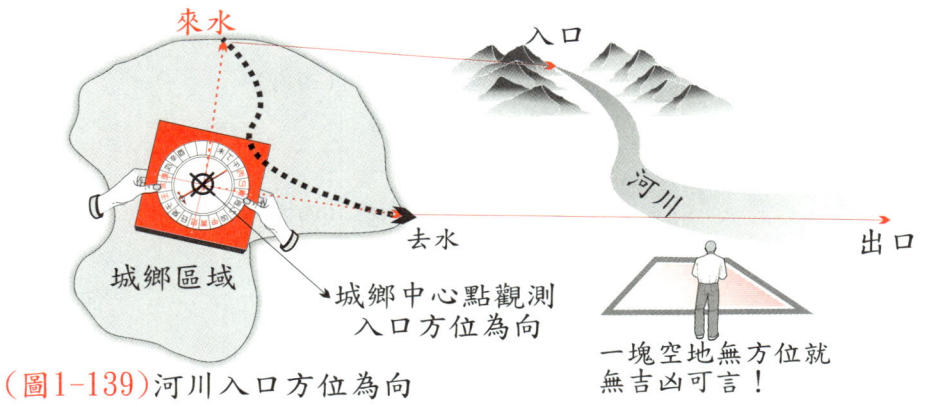

(圖1-139)河川入口方位為向

三、定八方位

　　勘察環境時，除運用線向觀測掌握建築物朝向外，亦運用方位觀測在空間中心點，以每45°劃分八方位或稱八宮放射線。根據秦末漢初黃石公《青囊經·第一節上卷》記載：「中五立極，臨制四方。」又第三節下卷記載：「地有四勢，氣從八方。」說明先確定空間中心點（立極點），運用方位觀測之法來分配八方用作吉凶論述。

(一)八宮放射線

　　選擇立極點視機能區分，通常以建築空間中心點或以人為本中心點來運用，運用方位觀測向四周放射八宮放射線(圖1-140)，每一卦45°為分界線，以區分為震、離、兌、坎、乾、坤、巽、艮八個方位。

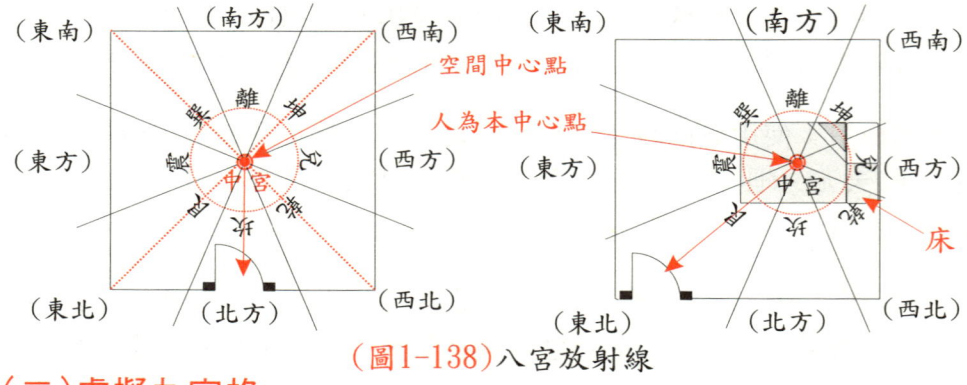

(圖1-138)八宮放射線

(二)虛擬九宮格

　　確定空間中心點後，以虛擬九宮方格來劃分，分中宮及八方位。因每一方位角度欠精確，分界線誤差大爭議多，僅適用卦理運算及判讀(圖1-141)。套用圖資或現場觀測布局，仍以八宮放射線操作為要。

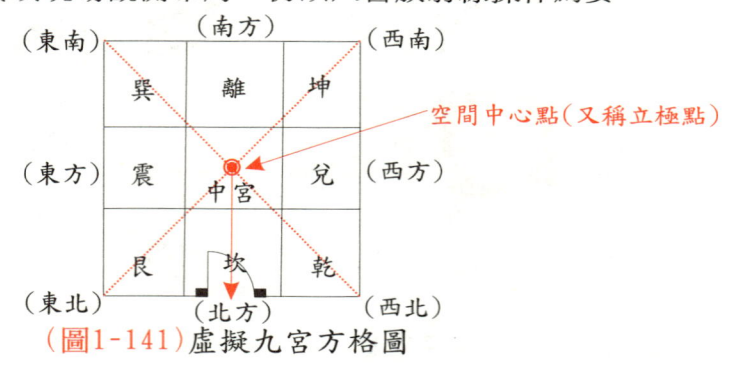

(圖1-141)虛擬九宮方格圖

(三)確定立極點

空間範圍內找出一個中心點,稱立極點。主要用來分辨八方的方向位置。

1.截長補短法

運用空間範圍內四個角拉一條直線,便能找出一個中心點(立極點)(圖1-142、1-143)或以人為本中心點,再配合八方位分布。若空間範圍不足方正或長方形,可將凹凸部份,採截長補短法,大致成為長方形或正方形後,再尋找中心點(圖1-144、1-145)。

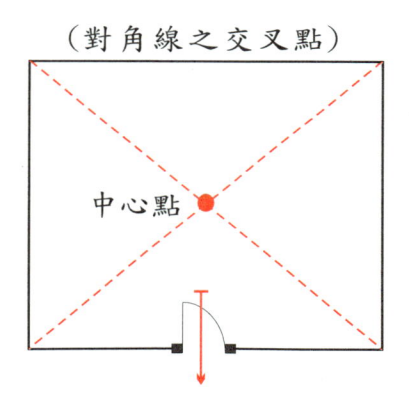

(對角線之交叉點)　　　(對角線之交叉點)

中心點　　　　　　　　中心點

(圖1-142)四方形建築物之中心點 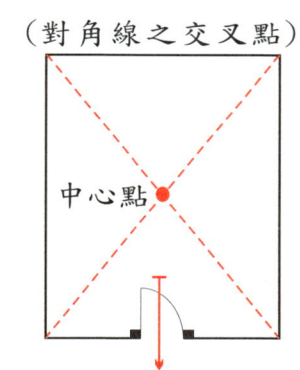　(圖1-143)長方形建築物之中心點

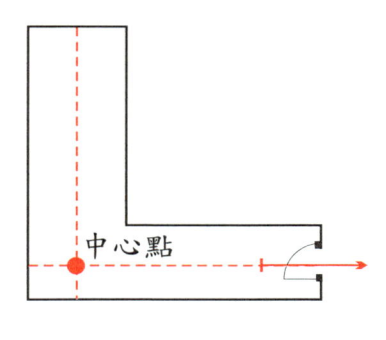

中心點　　　　　　　　中心點

(圖1-144)L形建築物之中心點 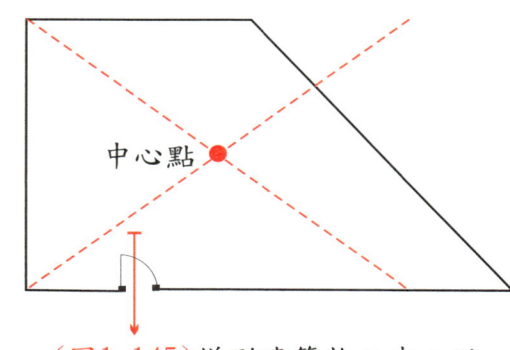　(圖1-145)梯形建築物之中心點

2.幾何原理法

　　圖面資料可運用幾何學原理找出中心點，若建築面積呈L形(圖1-146)，可區分成為兩塊面積後，以各自對角線之交叉點，即為各面積中心點，再由兩面積依比例計算出相交之中心點(立極點)(圖1-147)。

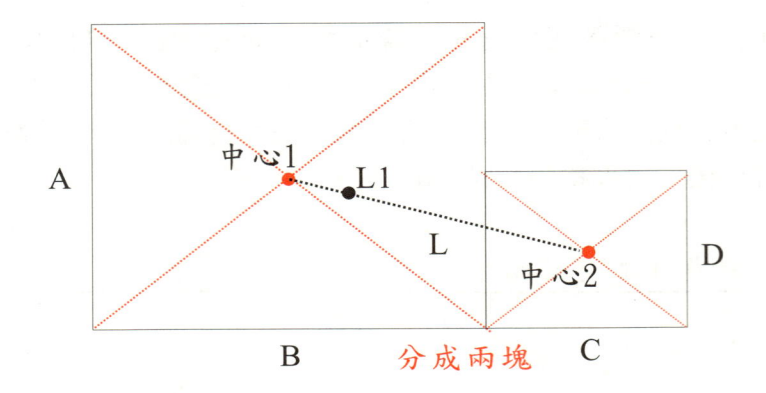

(圖1-146)建築面積呈 L 形分 B、C 兩塊

提示：
面積計算　$S1 = A \times B$　　$S2 = C \times D$
L 為兩塊面積之中心距離，可依比例畫出。

例如：已知 A=3　　B=3.7　　C=1.9　　D=1.5，依比例畫出 L=2.9 另設 L1 為兩區塊之總中心位置(待求出？)。

$$L1 = \frac{S2}{S1+S2} \times L$$

$$L1 = \frac{2.85}{11.1+2.85} \times 2.9$$

$$L1 = 0.59$$

(圖1-147)建築面積中心點計算

協力就是三人
同一心力

(四)布八方位

在確定空間範圍內的中心點（即立極點）之後，可將整個空間每45⁰劃分一次，依此分布為八個方位（圖1-146）。此外，也可以進一步細分為二十四山（方位）（圖1-147）。透過這樣的方位劃分，能與建築規劃設計相結合，作為吉凶方位配置之參考依據。

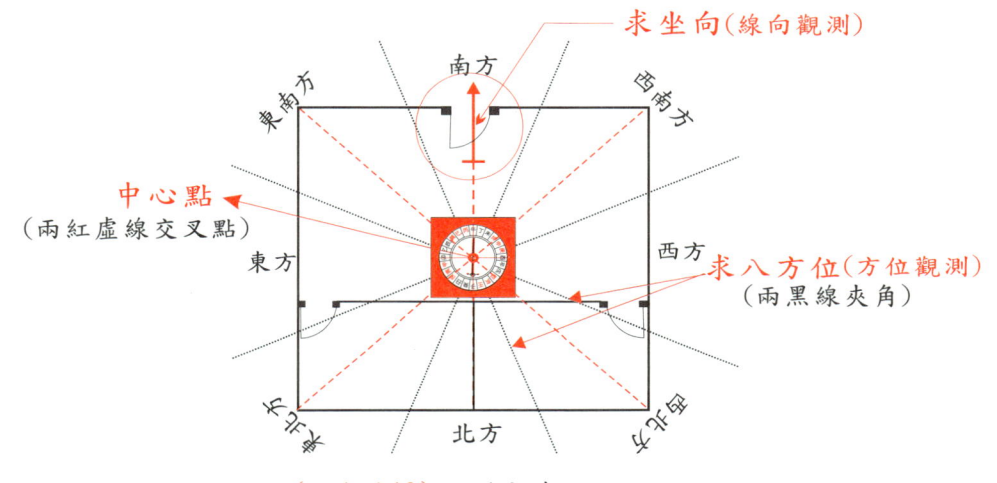

（圖1-146）空間分布八方位

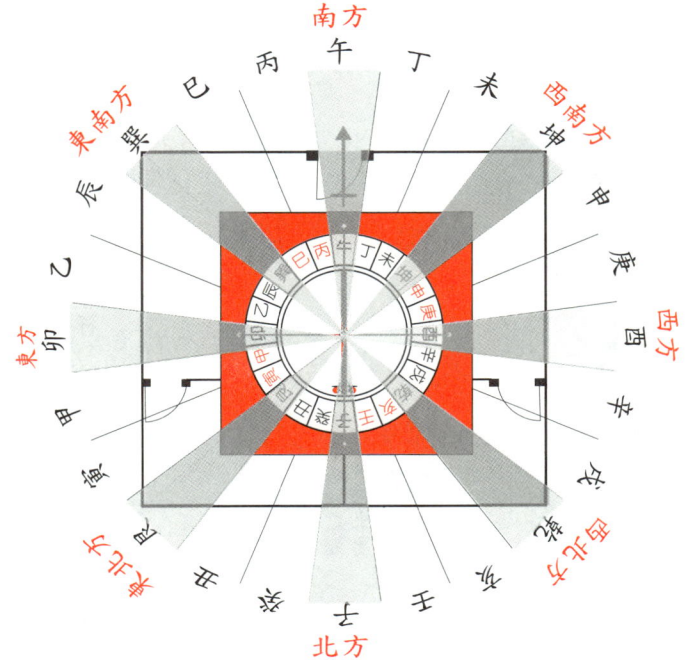

（圖1-147）空間分布二十四山（方位）

第十節、看風水基本操作流程

第十節 風水實踐應用之具體步驟

　　看風水可謂是古創今用的智慧結晶，它融合了巒頭學（著重形勢與地理形相）、理氣學（關注時間與空間的流動）以及擇日學（選擇吉日良辰）三大核心，透過三者間的互動關係，發展出一套兼具理論與實務的應用體系。在現代生活中，透過對風水理論與科學依據的深入研究，並加以合理規劃與空間調整，不僅能引導正向能量的流動，更有助於營造和諧、幸福的生活環境。本書亦提供風水操作的基本流程（圖1-148），可作為學習與實踐風水操作之參考，實際應用時亦可依需求彈性增減步驟。

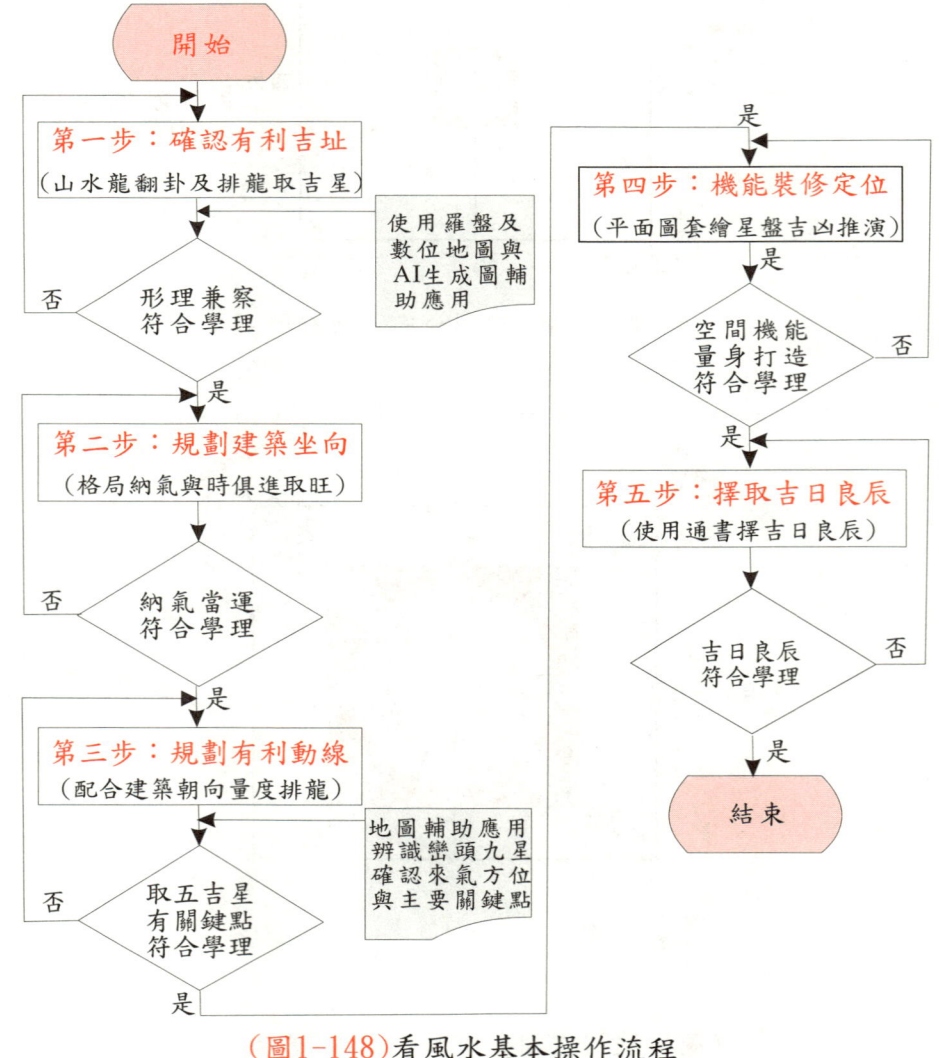

開始

第一步：確認有利吉址
（山水龍翻卦及排龍取吉星）

形理兼察符合學理　否／是

使用羅盤及數位地圖與AI生成圖輔助應用

第二步：規劃建築坐向
（格局納氣與時俱進取旺）

納氣當運符合學理　否／是

第三步：規劃有利動線
（配合建築朝向量度排龍）

取五吉星有關鍵點符合學理　否／是

地圖輔助應用辨識巒頭九星確認來氣方位與主要關鍵點

第四步：機能裝修定位
（平面圖套繪星盤吉凶推演）

空間機能量身打造符合學理　否／是

第五步：擇取吉日良辰
（使用通書擇吉日良辰）

吉日良辰符合學理　否／是

結束

（圖1-148）看風水基本操作流程

一、確認有利吉址

　　選址吉，福氣到。在基地選址階段，可運用風水術九星山、水龍翻卦及排龍選址定向之法，善用科技數位地圖、AI生成圖輔助，便於觀察山水環境、尋找吉址方位。並應進行田野勘察，綜合巒頭形勢與理氣觀測結果交叉驗證，以確認最有利之建築吉址，為後續規劃奠定基礎。

二、規劃建築坐向

　　坐向對，納旺氣。建築定向須使用羅盤精準觀測，結合風水納氣理論，隨時運變化以取當旺（參考三元九運中當運的二十四山吉方）之氣。不僅需考量建築本身的物理因素（如聲音、光線、熱能）與環境景觀的協調，確認建築坐向與基地周邊山水、道路、景觀等元素的方向位置，觀測所取得的角度與吉線（即吉度），可作為建築規劃設計的重要依據。

三、規劃有利動線

　　動線順，氣場通。建築朝向配合排龍量度，據以規劃基地內有利的交通與出入口動線。以基地中心點觀測來龍與水口（含道路交會處）方位，採用二十四山一方位，並配合五吉星與關鍵點與時運之推演，作為設計有利動線與場域能量流動的參考，提升整體空間的實用性與吉祥度。

四、機能裝修定位

　　空間佈局得宜，人和氣順。針對建築物內部所有機能空間，應於平面圖上套繪三元玄空飛星盤，進行吉凶推演。以「一物一太極」為原則，確立當運旺位，並結合使用者命卦特性，量身打造空間機能配置，有助於提升居住者或使用者的整體運勢與福氣。

五、擇取吉日良辰

　　良辰啟動，事事順遂。風水強調天時、地利、人和的密切配合，擇日需根據陰陽五行與干支相配及所值年月日時所臨神煞來選擇適合的吉日良辰。根據《選擇論》記載：「發福由其地脈，催福出於良辰。」說明富貴貧賤雖受地理風水影響，但若欲迅速催福，擇吉日為關鍵關口。

第貳章
玄空風水學基本學理
Xuankong Fengshui Ji Been Xueli

　　玄空風水強調巒頭與理氣的整合運用，是一套針對時間與空間方位結構進行解釋與應用的系統理論，核心目的在於為人造福、趨吉避凶。本章共分十三節，內容融合文獻回顧與實務經驗，並以《易經》哲理、陰陽五行、八卦九星、九宮八方與「憑星斷事」等基本學理為理論核心，提出一套具有邏輯性與操作性的風水分析架構。透過理論梳理與實例歸納，建立出一套具科學思維與實務指引價值的應用規則，可供學習者依循、實踐於現代建築與空間設計中，作為風水規劃與評估的重要依據。

本章提要

第一節、《易經》對風水的啓示

第二節、玄空風水學

第三節、排玄空飛星盤

第四節、三元九運

第五節、挨星下卦法

第六節、兼向吉凶

第七節、八卦類象

第八節、風水命卦

第九節、紫白飛星之應用

第十節、五行生剋變化

第十一節、憑星斷事

第十二節、雙星加會斷事

第十三節、二十四山之方位特性

第一節、《易經》對風水的啟示

一、《易經》源於《周易》

　　《易經》被譽為群經之首，為傳統文化與哲學的根本經典之一。根據東漢班固（32-92）《漢書‧藝文志》記載：「易道深矣，人更三聖，世歷三古。」意指《易經》歷經三位聖人編纂而成，伏羲創立八卦、周文王推演《周易》、孔子撰寫《十翼》（即〈傳〉）。三位聖人分別處於上古、中古與下古時期，顯示《易經》並非一時一人之作。根據商末周初周公旦（周公）(-1152~-1056)《周禮‧春官宗伯》記載：「大卜掌三易之法，一曰連山，二曰歸藏，三曰周易。」說明歷代曾有三部《易》，即夏朝（-2029~-1559）的《連山易》，商朝（-1559~-1046）的《歸藏易》，周朝（西周-1046~-771）的《周易》。連山、歸藏、周易，三易均由八個基本卦（乾、坤、震、巽、坎、離、艮、兌）組成，兩兩重疊共構六十四卦〔(8×8)=64〕。其中，《連山易》與《歸藏易》已失傳，今日所稱《易經》即以《周易》為主體，簡稱《易》。據傳《周易》為周文王所作，內容分為「經」與「傳」兩部分(圖2-1)，「經」為64卦與384爻之卦辭與爻辭，「傳」則為十篇解釋文，相傳出自孔子之手。

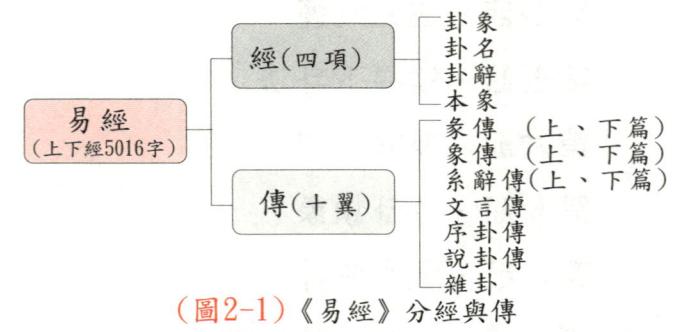

```
                          ┌─ 卦象
                ┌ 經（四項）┤─ 卦名
                │         │─ 卦辭
易經            │         └─ 本象
（上下經5016字）┤
                │         ┌─ 彖傳（上、下篇）
                │         │─ 象傳（上、下篇）
                │         │─ 繫辭傳（上、下篇）
                └ 傳（十翼）┤─ 文言傳
                          │─ 序卦傳
                          │─ 說卦傳
                          └─ 雜卦
```

（圖2-1）《易經》分經與傳

二、易學流派分類

　　易學的發展遵循一定的理論脈絡與詮釋方式形成不同的學派體系。根據清代永瑢所編《四庫全書總目》，將易學的歷史源流劃分為兩大派別、六大宗系，即「象數派」與「義理派」。象數派主要包括占卜宗、譏祥宗、造化宗三宗。代表人物如唐代的陳摶、北宋邵雍與南宋的朱熹，強調透過卦象與數字推演天道之運行。義理派則以哲理思辨與經義詮

釋為主，發展出老莊宗、儒理宗、史事宗三宗，重視文本內涵與義理探究。代表人物為魏晉時期的哲學家王弼，其思想承襲漢儒傳統，融合道家與儒家哲學，強調義理詮釋的重要性。

```
                    ┌─ 象數派 ─┬─ 占卜宗
                    │ (數術派) ├─ 機祥宗
                    │         └─ 造化宗
         易學流派 ──┤
                    │         ┌─ 老莊宗
                    └─ 義理派 ├─ 儒理宗
                              └─ 史事宗
```

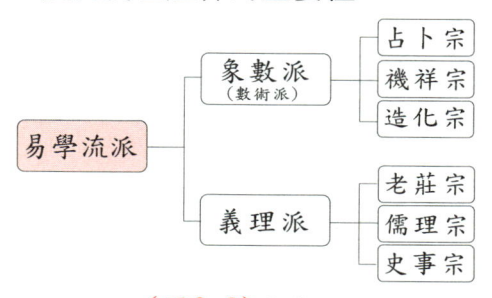

（圖2-2）易學兩派六宗

三、《易經》對風水理論之影響

《易經》分為上經三十二卦、下經三十四卦，共六十四卦。上經論天道，著重天時地利與自然變化；下經論人道，關注人倫修身與處世原則。當代學者曾仕強教授指出《易經》具備模糊、靈活與留白三大特性，其核心精神在於融合與調和，正與風水強調的天人合一、因時制宜之原則高度契合。

(一)模糊性

《易經》由一套符號系統構成，從自然規律轉化至人倫思想，簡潔而深遠，留有廣大想像空間。其思維方式不求說得透徹，而是點到為止，保留模糊彈性，這與西方強調邏輯清晰、定義分明的方式大相徑庭。

(二)靈活性

《易經》在解釋事物時，常呈現「對中有錯、錯中有對」的辯證觀，展現靈活的雙重性，與西方講求的是非對錯分明的思維大異其趣。

(三)留白性

對自然與人的理解，如同欣賞畫作，講究留白與意境延伸，讓接觸者自由想像、各自體悟，展現尊重與包容。有別於西方追求結構完整、邏輯封閉、不留空白的觀念。

四、哲理與思維的異同

先賢從《易經》探討「氣」的觀點，奠定了風水學的理論基礎。根據《周易‧說卦傳》記載：「天地定位，山澤通氣」，與東晉郭璞《葬書‧內篇》記載：「氣乘風則散，界水則止」，皆指出氣在天地自然間的運行法則，並進一步轉化為風水中「藏風聚氣」的核心思維。茲彙整兩者異同如下(表2-1)。

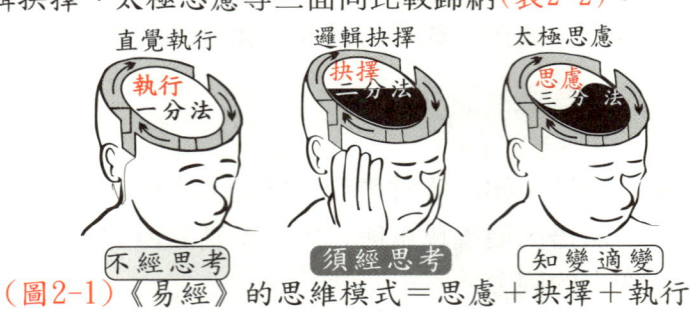

(表2-1)《易經》哲理對風水思維的影響

區分	易經哲理	風水思維
陰陽理論	觀察天地陰陽之變化，對立則相互制約消長，統一則動態平衡，領悟陰陽和合之奧妙。	萬事萬物包含著陰陽因子，彼此對立、且相互依存；所謂孤陰不生，孤陽不長，講求平衡與和諧。
方位觀念	多用後天八卦，乾為西北，坎為北方，艮為東北，震為東方，巽為東南，離為南方，坤為西南，兌為西方。	風水理論對方位的論述，既多且雜，以洛書軌跡九宮圖，即源於易學之後天八卦方位。
吉凶意識	八卦定吉凶，以一卦之卦象，來判斷一卦的吉凶，這種思想以觀察卦爻或天象之變化來判斷吉凶。	風水理論以趨吉避凶為最高處理原則，並以八卦類象來論吉凶，採用符合五行生剋之法，用來化凶為吉。
論氣觀點	以氣聚方成物，氣可演化成各種物質；若氣散則物空也。領悟氣之聚散，就能認知事務變化之理。	望氣尋龍，用以觀測龍脈於大地山川之間運行，所凝聚氣的形態，作為辨識結穴的吉凶。
天人合一	天是客體，指無所不包的自然；人是主體，指與天地同參之人。天人合一是主體融入客體，是自然哲學的特點。	天時、地利、人和的理念，在恰當時機，擇定合宜基址朝向，規劃有利空間格局，力求和諧發展，以創造生活的真善美。

(一)《易經》思維模式

流傳中的風水典籍、文獻內容可說是"多、雜、難、亂"，研究最難之處，就是分辨真偽！在錯綜複雜的環境中學習風水，須應用《易經》的思維模式＝思慮＋抉擇＋執行的三分法(圖2-1)，並以直覺執行、邏輯抉擇、太極思慮等三面向比較歸納(表2-2)。

直覺執行　　邏輯抉擇　　太極思慮
執行　　　　抉擇　　　　思慮
一分法　　　二分法　　　三分法

不經思考　　須經思考　　知變適變

(圖2-1)《易經》的思維模式＝思慮＋抉擇＋執行

(表2-2)易經哲理對風水思維的三種方式

區分	易經哲理	風水思維
直覺執行 (一分法)	直感模式不經思考，對模稜兩可的議題，太過直覺，就下決定執行，這種是非不明的思維，易產生偏差與誤導的現象。	風水理論，雖然具有科學性與迷信的成分，不能直覺簡單的將風水與迷信劃上等號，而應該用科學驗證的精神來看待。
邏輯抉擇 (二分法)	水平模式之思考方法，經過邏輯分析後再做抉擇，是非分明的思維，當認知差異與判斷能力缺乏時，易陷入膠著與僵化的局面。	風水理論，若將巒頭學與理氣學之法，以二分法劃分擇用，各別實踐論述的結果，容易造成片面真理的謬誤。
太極思慮 (三分法)	S型模式之思考方法，是針對二分法的改進與補充，這種是非難明的思維，宜用心去觀察與應變，找出合理之法，來解決問題。	風水理論，不迷戀各門派流傳之秘法，用心勘察，在真實的建築環境中，擇取較佔優勢符合科學合理性之技法，用作實踐應用。

(二)風水管理思維

　　風水理論受到易經哲理的影響與啟示，以建築應用上說明，具有三種主要的管理思維，以三分法為思慮過程，用作規劃設計的整合階段；二分法為抉擇過程，用作建築設計的定案階段；一分法為執行過程，用作營建施工的執行階段。基本上三分法，包含著一分法與二分法，考量施工前後的作為，二分法用來表達決策過程與形成共識，一分法用來執行按圖施工。三種思維是沒有好壞優劣之分，可靈活視需求作合理的應變或採跳躍式選擇。建築風水的思維模式，以思慮、抉擇、執行過程(圖2-2)，對風水未來的應用與發展，實屬理性研究的最佳參考途徑。

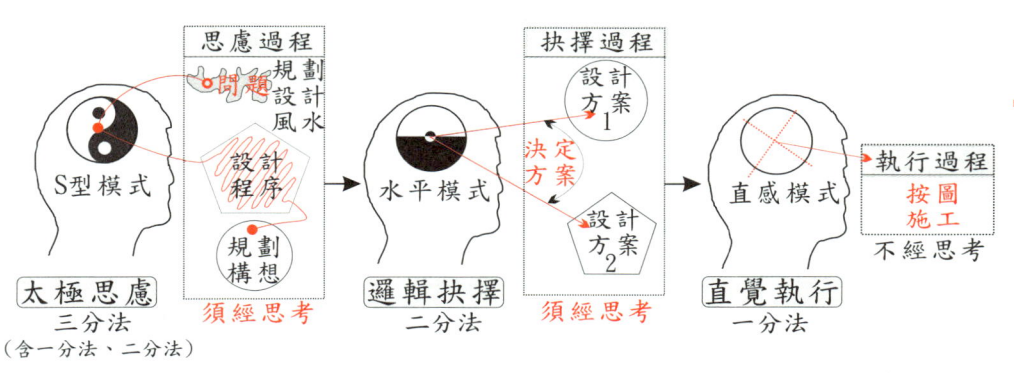

(圖2-2)建築風水思維模式的建立

第二節、玄空風水學

一、玄空

　　「玄」象徵時間的流轉，「空」代表宇宙的空間。根據《易經‧坤卦》記載：「夫玄黃者，天地之雜也，天玄而地黃。」其中「玄」為天，象徵天象運行、日月星辰的變化與時間的推移；「黃」為地，代表大地萬物、空間的載體與滋養之源。「玄空」即是時間與空間的融合。天象的演變（玄）與地理方位（空）密不可分，彼此互動，構成宇宙運行的秩序。因此，玄空之學著重於觀察天時與地利，探索時間的節奏與空間的結構如何共同影響人事與環境的變化。

二、內涵

　　玄空風水學是一門結合外在形勢（巒頭）與內在數理（理氣）來評斷吉凶禍福的學問。其理論基礎源自河圖、洛書與易經八卦，並融合命卦與運勢之理，以達趨吉避凶之效。清代章仲山《心眼指要》記載：「地理之道，形勢為體，理氣為用，故萬物先有體而後用。」說明巒頭為先天之體，著重於龍脈、水勢與地形；理氣為後天之用，重在元運與方位推演。理氣若無巒頭配合，如同電腦有軟體缺乏硬體，難以發揮效力。宋代靜道和尚《入地眼》亦記載：「巒頭無理氣不準，理氣無巒頭不靈。」道出二者相輔相成，缺一不可。

三、操作

　　玄空風水的應用，須先建構完整的操作模式，以理氣（數理）結合巒頭（環境），透過羅盤觀測定向，確定建築朝向與八宮方位；進一步配合八卦與九星，構建洛書九宮飛星盤。接著設定判斷準則，根據九星類象，結合元運時空、空間格局與人物命卦等要素，透過九星組合推演陰陽五行生剋與吉凶。簡而言之，操作模式是 測量朝向→連結元運→轉化為星數→對應八卦→類象判斷 來論吉凶，強調巒頭與理氣互參，配合時運飛星變化，用以評估空間方位的吉凶。因此，學習玄空之道，實為理解天時、地理與人和，以順應自然與優化環境，達成天人合一的境界。

四、紫白與黃白二氣

(一)紫白

「紫白」即指九紫與一白，象徵南北水火(指九離火、一坎水)之合稱，亦為洛書九星的通稱。九星依次為：一白水、二黑土、三碧木、四綠木、五黃土、六白金、七赤金、八白土、九紫火，通稱紫白。"紫"為九紫星，屬洛書九星之末，依九星數序循環而論，九之後便到一；一就是一白星，而"白"為一、六、八三白吉星，並以一白星為首。紫白之說，既有數理意涵，又體現水火既濟、陰陽互動的哲理，為玄空風水理氣分析中的核心依據。

(二)黃白二氣

「黃氣」為地氣，源於山川之勢；「白氣」為水氣，來自江河湖澗。清代蔣大鴻在《地理錄要》記載：「黃氣者，大塊之土氣，白氣者，江湖溪澗之水氣。」說明黃氣為山的靜氣，白氣為水的動氣。黃白二氣主陰陽之靜動、元運之盛衰，須依「零正得位」的原則配置。如八運以 8 為正神、2 為零神；九運則以 9 為正神、1 為零神。

1. 黃氣：山之氣色為黃，屬陰，靜而納氣。陰陽宅得正神之氣，為旺相之象。
2. 白氣：水之氣色為白，屬陽，動而生機。若水順零神方位流動，則可旺氣生財。真水以衰卦為旺，得零神氣。

第三節、排玄空飛星盤

一、基本認識

玄空飛星盤之操作要領，必須確認建築物坐向，便可運用洛書軌跡(飛星軌跡)來掌握起星盤(洛書九宮圖)，從中宮開始，以洛書九星數字，依陰陽屬性，決定順飛和逆飛來運行八方位，並透過雙星組合論生剋與配合巒頭來判斷吉凶。

(一) 九宮結構

九宮圖源於古代的井田制度，是春秋時期土地公有制的實踐形式。根據《穀梁傳·宣公十五年》記載：「古者三百步為里，名曰井田」、「井田者，九百畝，公田居一。」井田即將土地劃分為井字形的九格，每格百畝，中間一格為公田(圖2-3)，四周為私田。土地皆為貴族所有，私田由農民自耕自食，公田則由八戶農家共同耕作，收成歸國有。此制度促進農戶之間的合作與守望相助。九宮圖亦象徵國家疆域，中央為君主所居，象徵權力核心，周圍八格則代表各州縣，由地方分治管理，惟皆以中央為統帥，體現一種秩序分明、上下有序的政治格局。

井田制			井字田格			四周合圍成九宮圖		
私	私	私						
私	公	私						
私	私	私						

(圖2-3) 井田制與九宮圖

(二) 玄空飛星

玄空飛星又稱紫白飛星，是計算九星飛星軌跡(飛星步驟)依陰陽規則採順飛或逆飛之後，再配合三元九運來推算吉凶。

(三) 飛星軌跡

由中宮為起點，按照洛書數序飛移，然後又回到中宮，體現循環原理稱洛書軌跡(圖2-4)。洛書九宮定方配卦，始於東漢張衡，經過二千年的流傳，洛書之數理，仍然支配了風水方位理氣之根本。北周甄鸞（535~566）《數術記遺九宮算》記載：「九宮者，即二四為肩，六八為足，左三右七，戴九履一，五居中央。」揭示了洛書軌跡飛星順序，以 5 入中宮，依洛書軌跡飛布循環如下：

5中宮→6乾→7兌→8艮→9離→1坎→2坤→3震→4巽

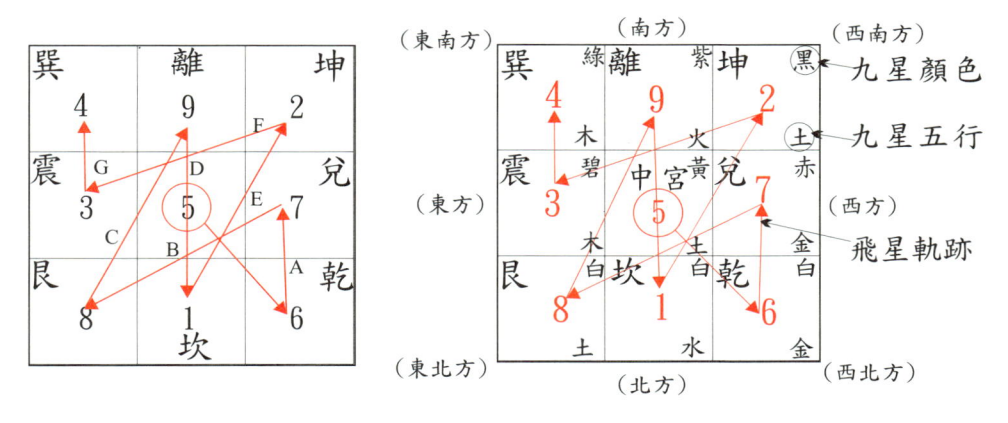

(圖2-4)洛書軌跡(又稱飛星軌跡)

(四)五行顏色

一坎水居正北，二坤土居西南，三震木居正東，四巽木居東南，五黃土居正中，六乾金居西北，七兌金居西方，八艮土居東北，九離火居正南。一般操作上將九星與五行合併，名稱為一白水、二黑土、三碧木、四綠木、五黃土、六白金、七赤金、八白土、九紫火，對應五行屬性之具體顏色來應用。

(五)掌握元運

玄空風水重視元運，將時間分成三元，即上元、中元、下元；每一元管60年，在將每一元分成三小運，每一小運管20年；以上元分1、2、3運，中元分4、5、6運，下元分7、8、9運，合成三元九運共180年。元之計算，由黃帝元年(公元前2697年)開始，即甲子到癸亥年為一元(六十花甲)，依元運挨排，週而復始，目前正值9運(2024~2043年)，風水衰旺的關鍵，以元運當運為旺。

二、洛書盤飛星步驟

洛書盤又稱元旦盤，是大地平面形態的微觀縮影，由九個小方格組成或稱九宮飛星盤。盤中五為皇極(元旦盤中的5)，位居中宮，統領八方，帶動飛星運行軌跡，即五黃星入中順飛之飛星盤步驟(圖2-5)。

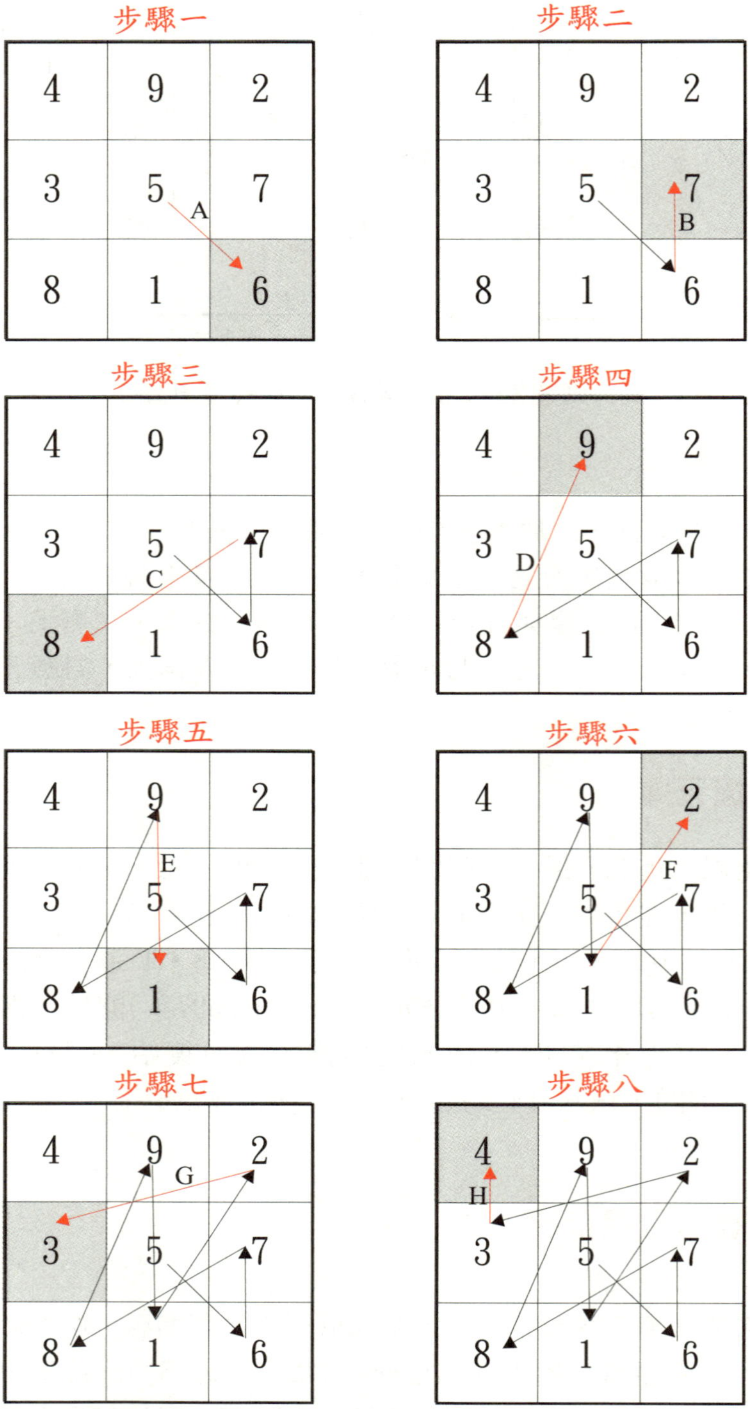

第三節 排玄空飛星盤

步驟一 / 步驟二 / 步驟三 / 步驟四 / 步驟五 / 步驟六 / 步驟七 / 步驟八

(圖2-5)洛書盤飛星順飛步驟

三、洛書大數

洛書盤(九宮圖)之對角相加合十,縱橫相加合十五;東漢學者鄭玄(127~200)《易緯‧乾鑿度》記載:「太一取其數以行九宮,四正四維皆合於十五。」說明四正位縱行如離宮與中宮及坎宮之和為 9+5+1=15,四維為橫行如巽宮與離宮及坤宮之 4+9+2=15,斜行如巽宮與中宮及乾宮之和為4+5+6=15,即對角數乾宮與巽宮之和為 6+4=10。以 5 入中飛布稱洛書盤(又稱元旦盤)(圖2-6)。

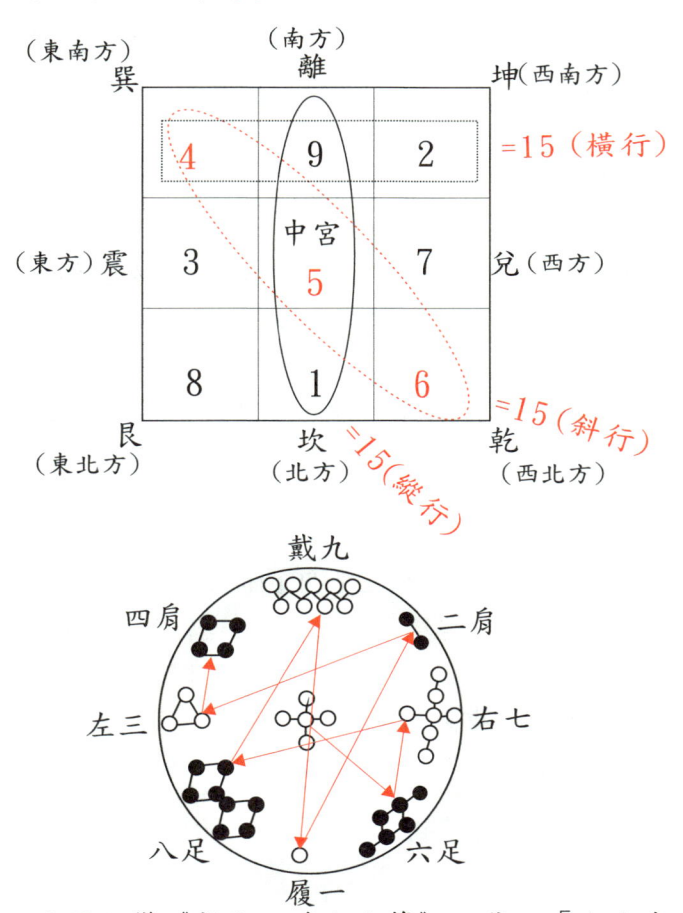

口訣:北周甄鸞《數術記遺九宮算》記載:「九宮者,即二四為肩,六八為足,左三右七,戴九履一,五居中央。」為一方陣,又稱九宮圖或縱橫圖。

(圖2-6)洛書盤

四、飛星盤式及順逆飛

九星用九個數字 1、2、3、4、5、6、7、8、9，代表一白水(坎)、二黑土(坤)、三碧木(震)、四綠木(巽)、五黃土、六白金(乾)、七赤金(兌)、八白土(艮)、九紫火(離)，本身無吉凶，關鍵在於衰旺、生剋、制化。並以陰陽、五行、八卦哲理應用，形成一套有規則的運算模式。

(一)飛星盤式

1. **地盤**：又稱元旦盤，屬後天八卦盤，採 5 居中宮順飛(5中宮→6乾→7兌→8艮→9離→1坎→2坤→3震→4巽)排星盤(圖2-7)。

2. **運盤**：運星盤又稱宅星盤，一律採順飛，寫在中宮(中下側)。如九運(2024~2043)，以 9 入中順飛。一運(2044~2063)，以 1入中順飛。

3. **山盤**：山星採某運坐山數入中宮，寫在中宮(左上側)，並依照後天八卦洛書盤之飛星順序，經判斷二十四山陰陽後，作順飛或逆飛(圖2-8)。山盤之 1、6、8 三白吉星、當運旺星、未來生氣稱五吉星，配合星數落宮，用作觀測宅外如山峰、橋樑、景觀、高大建築等形巒及宅內臥室、床位、辦公室、商場、工廠等機能配置來論吉凶旺衰。

4. **向盤**：向星採某運向星數入中宮，寫在中宮(右上側)，並依照後天八卦洛書盤之飛星順序，經判斷二十四山陰陽後，作順飛或逆飛(圖2-8)。向盤之 1、6、8 三白吉星、當運旺星、未來生氣稱五吉星，配合星數落宮，用作觀測宅外河川、道路、景觀池等及宅內大門、房門、灶門、樓梯、動線等方位來論吉凶。

(圖2-7)元旦盤(後天八卦)　　(圖2-8)飛星盤關係位置

第三節　排玄空飛星盤

5.星盤應用

飛星盤(指地盤、運盤、山盤、向盤)視環境狀況,可採取四種、三種、二種、一種靈活應用,關鍵在確認飛星主客星關係,及本身衰旺與生剋制化,只要有應驗,就是良法。

(二)飛星順逆飛

1.順飛

在飛星盤中,飛入中宮之山星與向星的星數,判斷二十四山之陰陽屬性,陽山採順飛、陰山採逆飛。如二十四山之四正卦(位),以東方震卦為例,為甲(陽)卯(陰)乙(陰)三山,屬陽陰陰。另四維卦(位),以東南方巽卦為例,為辰(陰)巽(陽)巳(陽)三山,屬陰陽陽。舉九運壬山(北方偏西北)丙向(南方偏東南)為例,運星 9 一律順飛,山星 5(5黃土無卦),尋原坎宮位置,屬四正卦陽陰陰,壬(陽)子(陰)癸(陰)三山,已知山星壬山屬陽山(地元山),則飛星採順飛(圖2-9)。

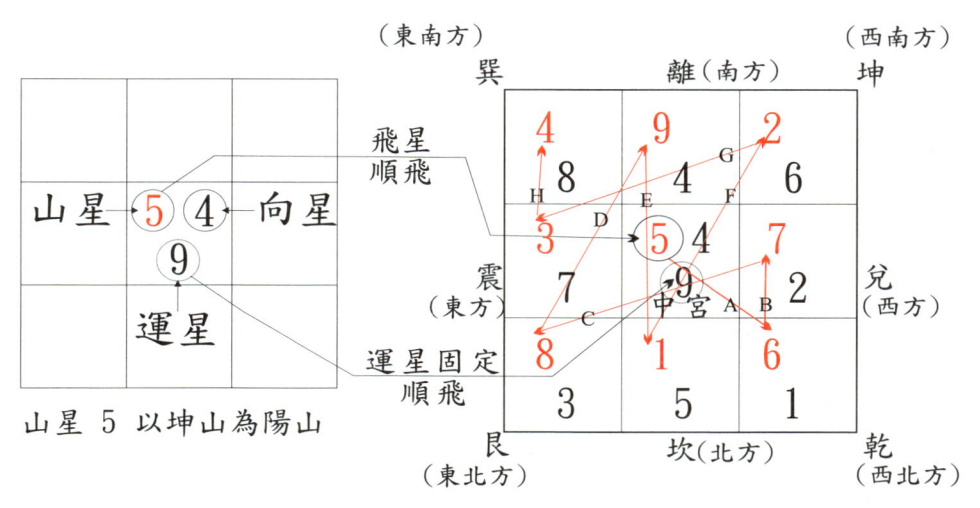

(圖2-9)洛書軌跡(飛星順飛)

2.逆飛

由中宮為起點,然後按照洛書數序飛移,即以中宮為首逆行乾、兌、艮、離、坎、坤、震、巽之順序飛布各宮。以九運壬山(北方偏西北)

142

丙向(南方偏東南)為例，向星 4 ，為四巽木屬四維卦陰陽陽，即辰(陰)巽(陽)巳(陽)三山，同取地元山辰山屬陰山，則飛星採逆飛(圖2-10)。

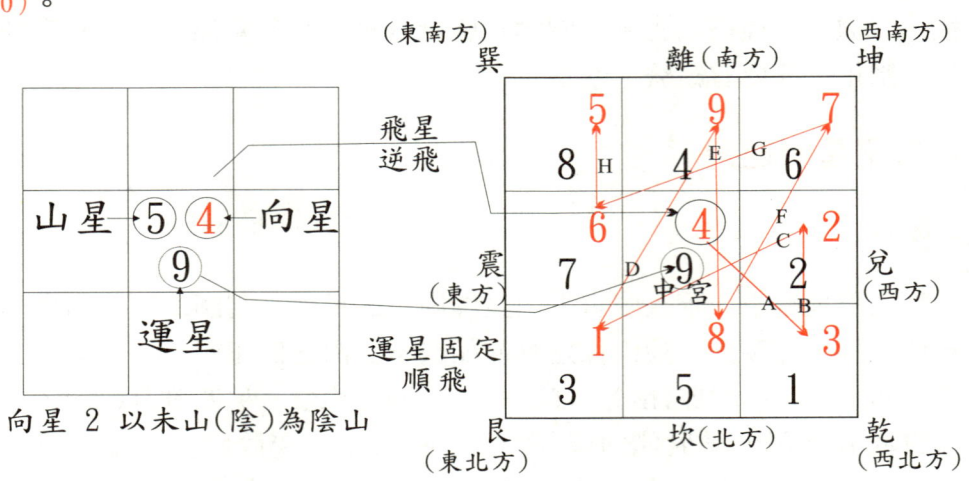

(圖2-10)洛書軌跡(飛星逆飛)

3.五黃無卦順逆飛規則

　　五黃在洛書盤中位居中央(宮)無卦，故此五黃依其所坐星、向星之原宮位(八方位)，屬二十四山之四正卦陽陰陰或四維卦陰陽陽，本位上屬陽則順飛，本位上屬陰則逆飛。以九運午山子向為例(圖2-11)。

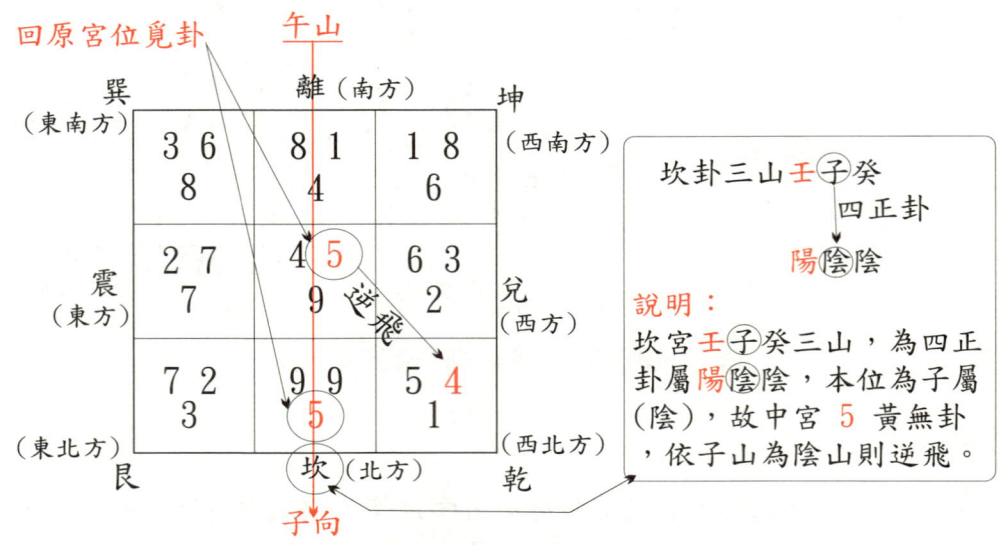

(圖2-11)五黃位居中央(宮)無卦回原宮位覓卦

143

五、飛星盤手掌訣

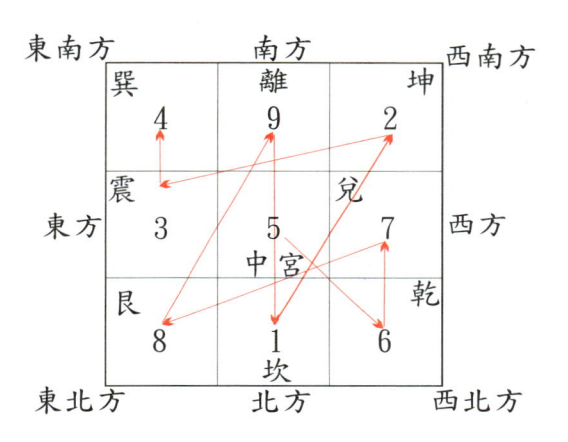

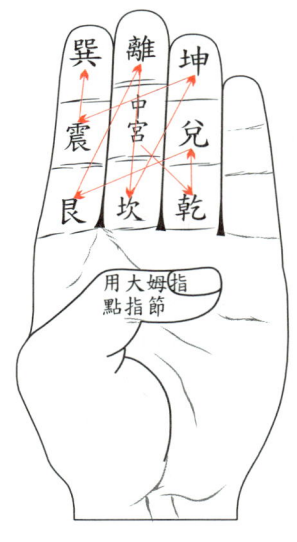

後天八卦數序為 1坎水、2坤土、3震木、4巽木、5中宮(黃)土、6乾金、7兌金、8艮土、9離火，又稱元旦盤。盤面飛星走向，以 5→6→7→8→9→1→2→3→4 為數序(圖2-12)。飛星口訣：5入中宮、6 8 為足、2 4為肩、左 3 右 7、戴 9 履 1 之規則，可運用手掌訣作便捷論斷(圖2-13、2-14)。

(圖2-12)九宮八卦手掌訣

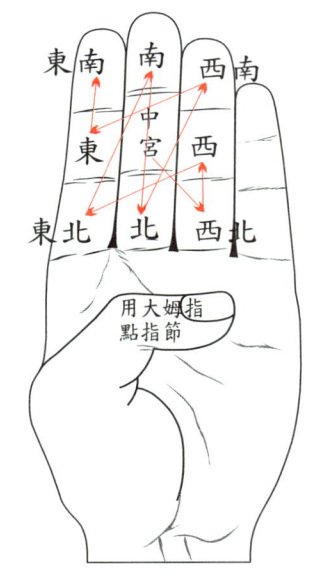

(圖2-13)九宮八方位手掌訣

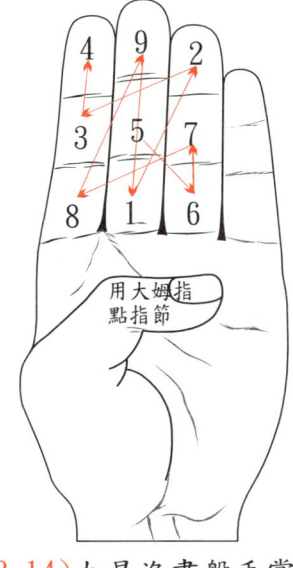

(圖2-14)九星洛書盤手掌訣

第四節、三元九運

　　三元九運，又稱「洛書元運」，依據洛書九宮數理劃分時空，是一種時間與空間的結構體系。清代章仲山於《心眼指要》卷一中記載：「夫數經九易，氣轉三元，顛倒三八，旋乾轉坤，元空定卦，分星、起星、下卦之法，都由北斗運行而使然也…」意指「元」具有循環的意義，而「運」則有盛衰變化之分。風水學中，通常以建築完工時間為依據，結合元運來判斷吉凶禍福。若缺乏準確的時間基準，則無法運用三元九運評定風水優劣，也難以掌握建物是否處於當運旺勢或衰退之期。

一、元運區分

　　元運計算，以每 540 年為一大元，每 180 年為一正元；每一正元包含三元，就是上元、中元、下元；每一元為 60 年，又稱一甲子，每元計算干支，以甲子至癸亥結束。每一元，再分成三小運，就是三元九運(表2-3)。三元九運吉凶旺衰判斷標準，當運者旺，將來者生，已過者衰(或退)，久過者死。

(表2-3)近代三元九運(天運)衰旺一覽表

三元	本運	值	年		旺方	旺氣	生氣	衰氣	死氣
上元	一運(坎)	20	甲子至癸未	1864~1883	北方	1	2、3	9、8	7、6、5、4
上元	二運(坤)	20	甲申至癸卯	1884~1903	西南	2	3、4	1、9	8、7、6、5
上元	三運(震)	20	甲辰至癸亥	1904~1923	東方	3	4、5	2、1	9、8、7、6
中元	四運(巽)	20	甲子至癸未	1924~1943	東南	4	5、6	3、2	1、9、8、7
中元	五運	20	甲申至癸卯	1944~1963	中宮	5	6、7	4、3	2、1、9、8
中元	六運(乾)	20	甲辰至癸亥	1964~1983	西北	6	7、8	5、4	3、2、1、9
下元	七運(兌)	20	甲子至癸未	1984~2003	西方	7	8、9	6、5	4、3、2、1
下元	八運(艮)	20	甲申至癸卯	2004~2023	東北	8	9、1	7、6	5、4、3、2
下元	九運(離)	20	甲辰至癸亥	2024~2043	南方	9	1、2	8、7	6、5、4、3

二、三元九運與當旺

三元九運，能夠掌握有利時機及判斷宅第吉凶、選址定向、機能布局，以達趨吉避凶的作用。

(一)三元九運

三元九運，每一元60年，每一運20年，共計180年。九運分上元一、二、三運，中元四、五、六運，下元七、八、九運。旺氣為當旺生氣，生氣為下一個未來旺氣，衰氣為退運衰落之氣，死氣為已退運毫無生氣。因而每一元運內，均會有遠、中、近之吉星(旺氣)選取。

(二)值年當旺

天心正運，指當運(當令之元運)，操作上宜先查知建築物何運建造竣工，以便掌握時間點，用來確定三元九運，觀測坐向，引導飛星入中運行(起星盤)，配合環境巒頭推演雙星組合，用作評斷風水吉凶。居家以2024年3月1日建造竣工，即屬 9 運(2024~2043年是下元9運)按照前項規則，9 運竣工之建築物，運盤以"9"入中，依飛星軌跡順飛。建築物 8 運以前所建造，屬退運；宜改變天心(風水之法)後，始以 9 運來評鑑吉凶。居家為下元 9 運(指2024~2043年)建造竣工，符合 9 運(當運)，亦可稱天運九運。

(三)行星配九運

在2006年8月25日，國際天文學聯合會(IAU)正式表決，將冥王星從九大行星中除名，將太陽系行星更正為八大行星：水星、金星、地球、火星、木星、土星、天王星與海王星(圖2-15)。這些行星皆具有強大的電磁場，並彼此產生錯綜複雜的電磁波效應。人類在地球上行走時，切割磁力線會產生微電流，形成環繞身體的小型電磁場，因此，容易受到八大行星電磁波干擾，進而影響健康與生活。天文學證實，三元為行星會合的週期，風水學則稱之為「三元九運」。木星體積為地球的318倍，直徑為11倍，是太陽系中自轉最快的行星，每年自轉約300次，公轉週期為12年。土星則為光環之主，沿赤道運行，自轉約每年120次，公轉週期為30年。土星每20年與木星會合一次，稱為「一運」，兩

者公轉週期的最小公倍數為60年，構成一「元」，三元即為180年，循環不息，形成「三元九運」體系。木星對人體健康的影響最大，主肝臟系統；土星次之，影響脾胃；火星影響體力與精力；水星對神經與腎臟有關；金星則關聯腺體系統。

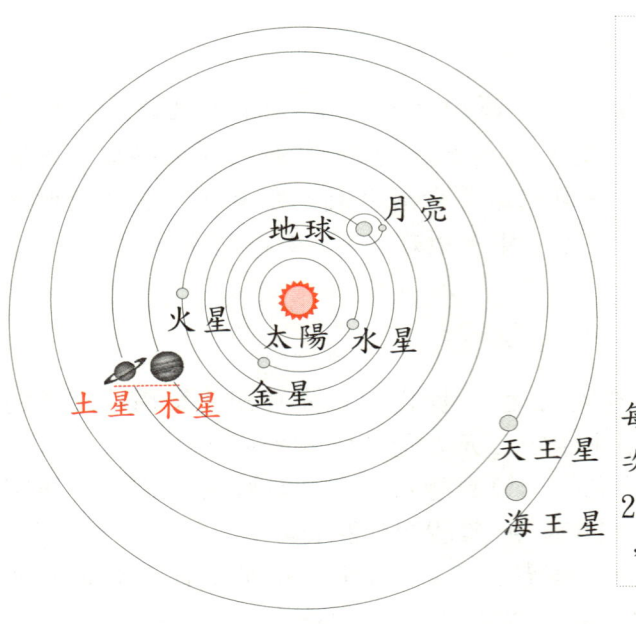

第四節 三元九運

木星
$30°/年 \times 20年 = 600°$
$600° - 360°（圓周）= 240°$

土星
$12°/年 \times 20年 = 240°$

另一計算法
$30° - 12° = 18°$
$360° \div 18° = 20（年）$

每20年木星與土星會合一次，當同為240°時，即為20年，這一年即為甲子年，亦為天運20年為一運。

(圖2-15) 八大行星公轉軌道

（四）歲星

太陽系是以太陽為中心，主要成員為環繞著太陽運行的八大行星都是以橢圓形的軌道順著同一方向環繞太陽運轉，由最接近太陽算起，依次是水星、金星、地球、火星、木星、土星、天王星、海王星，在天球上轉動，每年只移過一個星座，所以叫"歲星"。

1. 木星

木星是八大行星中最大的一顆，直徑 14 萬餘公里，約為地球的11倍，體積比其他各行星的總和還大得多，質量比地球大 318 倍，自轉一周只需 9 時 55 分，木星的公轉周期很長，繞太陽一周將近 12 年。

2. 土星

土星的直徑為 12 萬餘公里，比木星略小，質量比地球大 755 倍，質量相當於地球的 95 倍，是第二顆大行星，它的構造跟木星很相似。土星自轉周期 10 小時 39 分，比木星稍慢。

第五節、挨星下卦法

挨星，就是以當元運飛星入中宮，飛臨其他八方(順飛)之星曜，即運用宅星、坐星、向星之九星數入中宮，根據飛星屬性，即陰陽順逆挨排之規則，運行飛布八方(八卦方)，稱為下卦。根據秦朝黃石公《青囊經‧上卷》記載：「中五立極，臨制四方，背一面九，三七居旁，二八四六，縱橫紀綱。」說明了運用洛書軌跡確立八方位。

一、第一步(先飛運星)

下元九運（2024~2043年）所建造竣工之建築物，屬九運(又稱天運星)。以 9 運午山子向為例，坐午向子，便可以"9"入中宮起星盤，依飛星軌跡順飛(圖2-16)。

	離(南方)午山	
(東南方)巽 8	④	6 坤(西南方)
(東方)震 7	9	2 兌(西方)
(東北方)艮 3	⑤	1 乾(西北方)
	子向 坎(北方)	

運星
九運以 9 入中
依飛星軌跡順飛

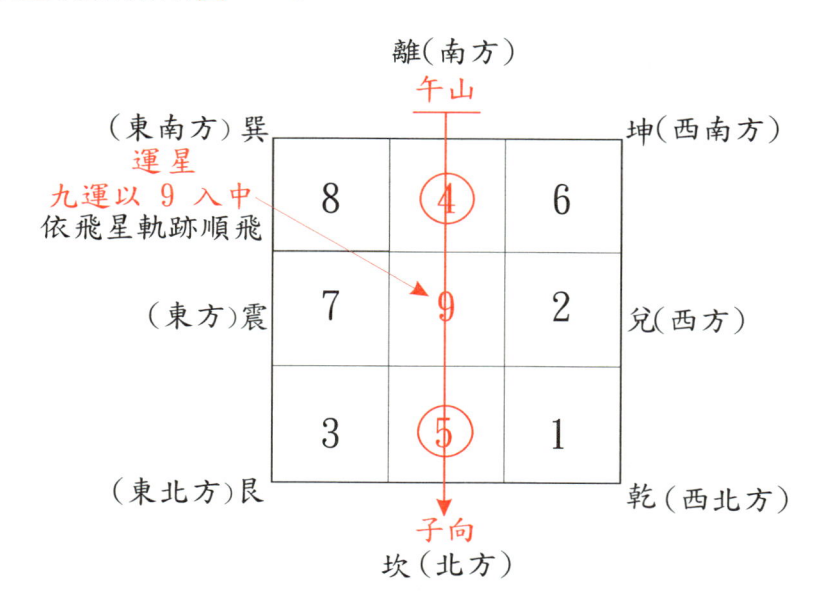

(圖2-16)先飛運星

148

二、第二步（坐星與向星入中宮）

坐星、向星入中宮，排列在9運之上邊，坐星 ④（又稱為山星或人丁）在左，向星 ⑤（又稱為水星或財星）在右（圖2-17）以圓圈 ④⑤ 劃記便於判讀。

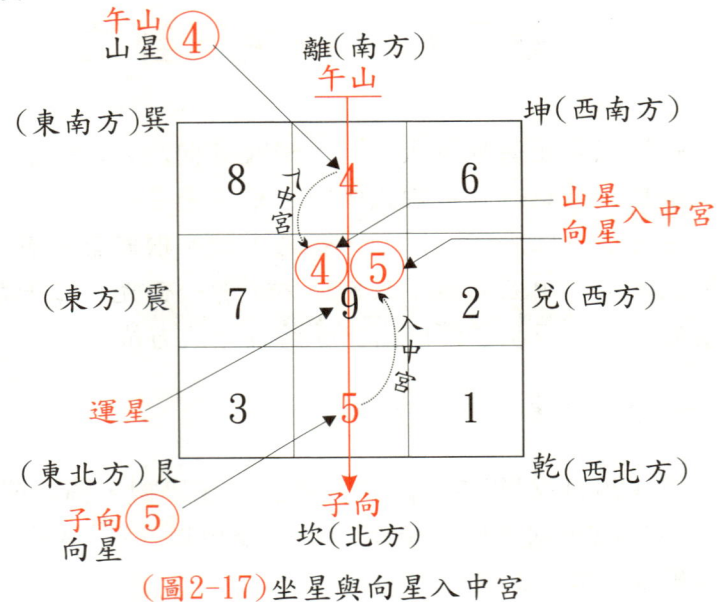

```
          午山
          山星 ④    離(南方)
                     午山
  (東南方)巽                  坤(西南方)
         ┌─────┬─────┬─────┐
         │  8  │  4  │  6  │
         │     │↗入  │     │── 山星 入中宮
         │     │ 中宮│     │   向星 入中宮
         ├─────┼─────┼─────┤
  (東方)震│  7  │ ④⑤ │  2  │ 兌(西方)
         │     │  9  │↙入  │
         │     │     │ 中宮│
         ├─────┼─────┼─────┤
   運星 ─│  3  │  5  │  1  │
         └─────┴─────┴─────┘
  (東北方)艮                  乾(西北方)
       子向 ⑤    子向
       向星      坎(北方)
```

（圖2-17）坐星與向星入中宮

三、第三步（決定順逆飛）

決定山星或向星是順飛或逆飛，二十四山分陰陽，陰卦逆飛，陽卦順飛。唐朝曾文迪《青囊序》記載：「二十四山分順逆，共成四十有八局」揭示每卦管三山（地、天、人元龍），正線共四十八局。

（一）四正卦

四正卦為離、坎、震、兌卦，為每卦三山屬"陽陰陰"三個卦。以震卦為例，甲、卯、乙三山，甲山為陽卦，卯山為陰卦，乙山為陰卦。

（二）四維卦

四維卦為巽、乾、坤、艮卦，為每卦三山為"陰陽陽"三個卦。以巽卦為例，辰、巽、巳三山，辰山為陰卦，巽山為陽卦，巳山為陽卦。

(三)山星順逆飛

取坐(山)星與向(水)星相對之卦位，決定順飛逆飛，以午山子向為例，屬天元山，山星 ④，向星 ⑤。山星 ④ 稱四巽木，二十四山中，巽卦屬四維卦三山中，辰為1(地元山)陰、巽為2(天元山)陽、巳為3(人元山)陽，次序為1陰2陽3陽，取2(天元山)巽山，"2 屬陽"，即飛星順飛(圖2-18)。

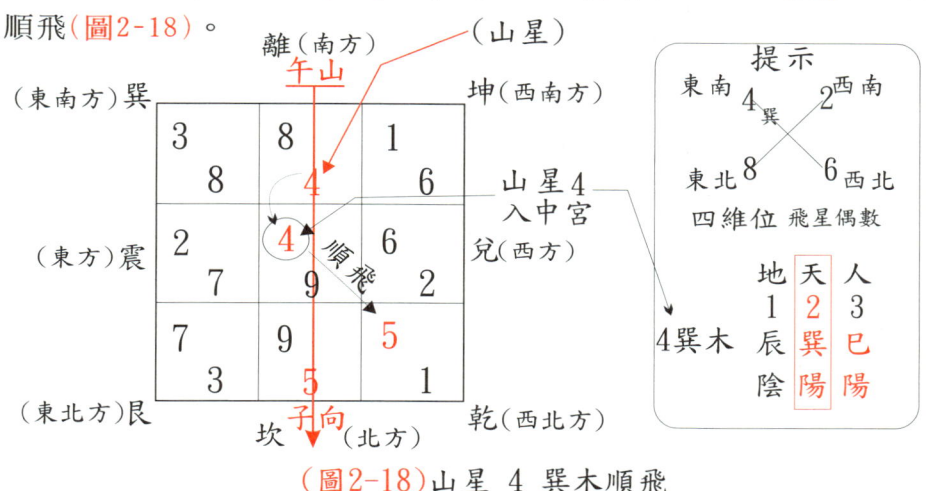

(圖2-18)山星 4 巽木順飛

(四)向星順逆飛

向星 ⑤ 稱五黃在洛書盤中位居中央(宮)無卦，故此五黃依其所坐星、向星之原宮位(八方位)，即回原宮位覓卦，得坎宮壬子癸三山，為四正卦屬陽陰陰，本位上子山 屬陰則逆飛(圖2-19)。

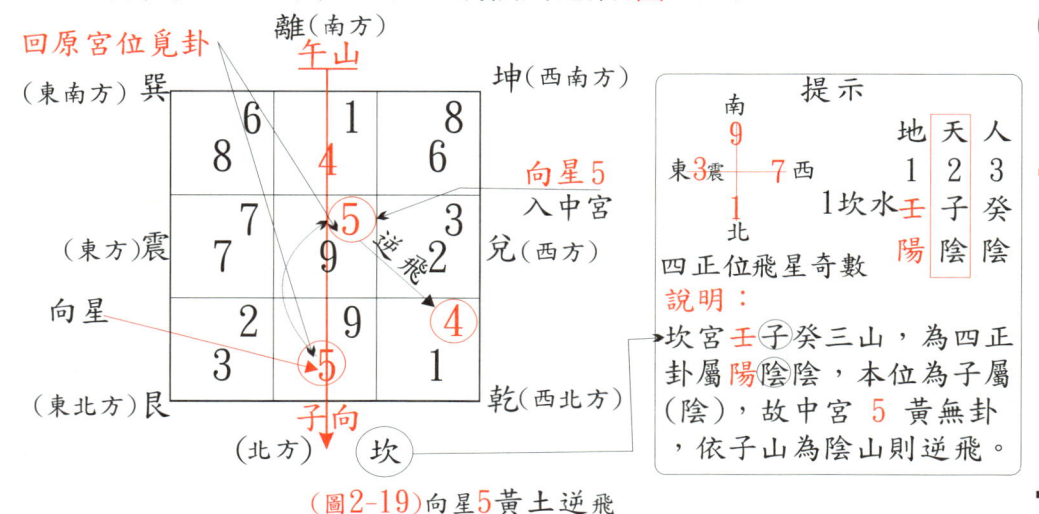

(圖2-19)向星5黃土逆飛

150

5.綜合星盤

星盤將午山子向之運星、山星、向星納入綜合星盤（或稱九宮盤）(圖2-20)。配合環境巒頭之評斷，可推演八方位吉凶之不同影響。

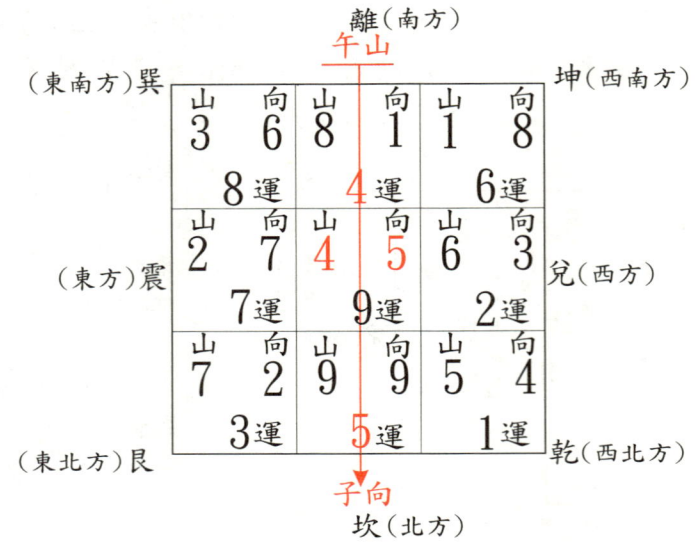

	離(南方) 午山	
(東南方)巽　山　向 3　6 8 運	山　向 8　1 4 運	坤(西南方) 山　向 1　8 6 運
(東方)震　山　向 2　7 7 運	山　向 4　5 9 運	山　向 6　3　兌(西方) 2 運
(東北方)艮　山　向 7　2 3 運	山　向 9　9 5 運	山　向 5　4 1 運　乾(西北方)
	子向 坎(北方)	

(圖2-20)午山子向綜合（坐(山)星、向(水)星、運星）星盤

四、排盤要領

(一)時空差距

三元九運以九星運行之規律，找出時間觀念，以區分時空差距。

(二)布局排列

星盤納入運星、山星、向星，依照其特性及規則或採陽順陰逆，將九星布局至洛書九宮格內，採主客星觀點，作出丁財吉凶禍福分析。

(三)吉凶象徵

九星是一白貪狼星、二黑巨門星、三碧祿存星、四綠文曲星、五黃廉貞星、六白武曲星、七赤破軍星、八白左輔星、九紫右弼星。不計三元九運，以一、六、八、九為吉，以二、三、五、七為凶。若計元運，目前下元九運(2024~2043年)，九紫右弼星為當運旺星主管財，餘類推。

第六節、兼向吉凶

　　陰陽宅定向，分正向與兼向，通常以正向為主，正向又稱下卦。以卦為本位，即以本體卦氣為主；兼向又稱替卦、變卦。根據唐朝楊筠松《青囊奧語》記載：「坤壬乙巨門從頭出，艮丙辛位位是破軍，巽辰亥盡是武曲位，甲癸申貪狼一路行。」揭示山向兩星，用其他星替代(稱兼向)。以入中飛星之星數為依歸，飛布後形成與下卦不同之卦象。茲以文內「坤壬乙巨門從頭出」說明，即卦山坤壬乙，以飛星之星數 2 (巨門)代之入中宮飛布，當改變整個八方位星盤之星數，屬權宜之計，為補救向方不吉利之法。

一、大凶度數

　　對建築物空間測量，指朝向度數，在羅盤上顯示，正位兩卦宮之間(如離宮與坤宮之間)，屬出卦之一種，無法定坐向為何卦？就無法起星盤。因而使用兼向(替卦)時，應儘量避免大凶度數(表2-4)。

(表2-4) 大凶度數(紅色數字出卦黑色數字出線)

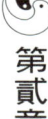

八卦	卦山	中線	界線	八卦	卦山	中線	界線
離 南方	丙山	165	→172.5	坎 北方	壬山	345	→352.5
	午山	180	→187.5		子山	0	→7.5
	丁山	195	→202.5		癸山	15	→22.5
坤 西南方	未山	210	→217.5	艮 東北方	丑山	30	→37.5
	坤山	225	→232.5		艮山	45	→52.5
	申山	240	→247.5		寅山	60	→67.5
兌 西方	庚山	255	→262.5	震 東方	甲山	75	→82.5
	酉山	270	→277.5		卯山	90	→97.5
	辛山	285	→292.5		乙山	105	→112.5
乾 西北方	戌山	300	→307.5	巽 東南方	辰山	120	→127.5
	乾山	315	→322.5		巽山	135	→142.5
	亥山	330	→337.5		巳山	150	→157.5

二、出線

從建築空間或出入之門,測量出其方位在騎縫線上,即每山/每山之間交界處,分不出正確方位坐向,即山與山之交界,謂之**騎縫**。以羅盤天心十道線觀測,在同一卦內,以震卦中卯山/乙山中間分界線97.5°,謂之**出線**(圖2-21)。

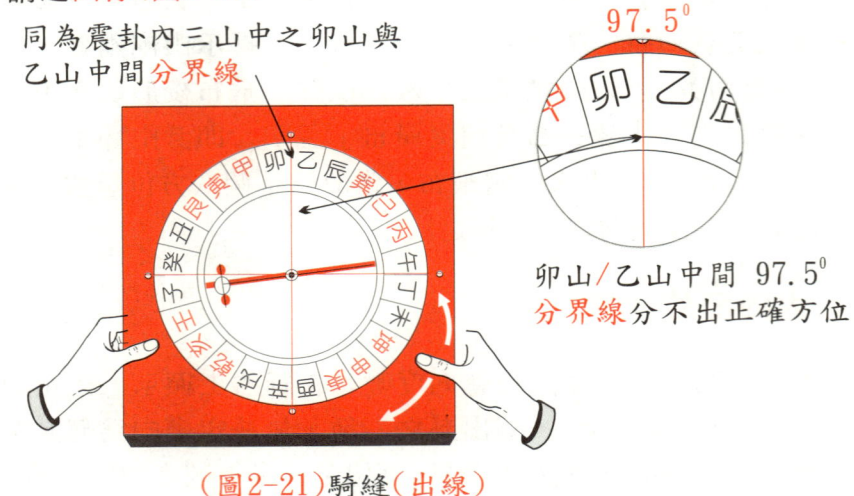

同為震卦內三山中之卯山與乙山中間**分界線**

97.5°

卯山/乙山中間 97.5°
分界線分不出正確方位

(圖2-21)騎縫(出線)

三、出卦

卦與卦之間交界處,謂之**出卦**。如羅盤之天心十道線,在不同卦上,以**坎卦**之癸山與**艮卦**之丑山之交界線22.5°,謂之**出卦**(圖2-22)。

不同卦內之人元山或地元山
如坎卦之**癸山**與艮卦之**丑山**
之**交界線**

22.5°

癸山/**丑山之交界線**
22.5°分不出正確方位

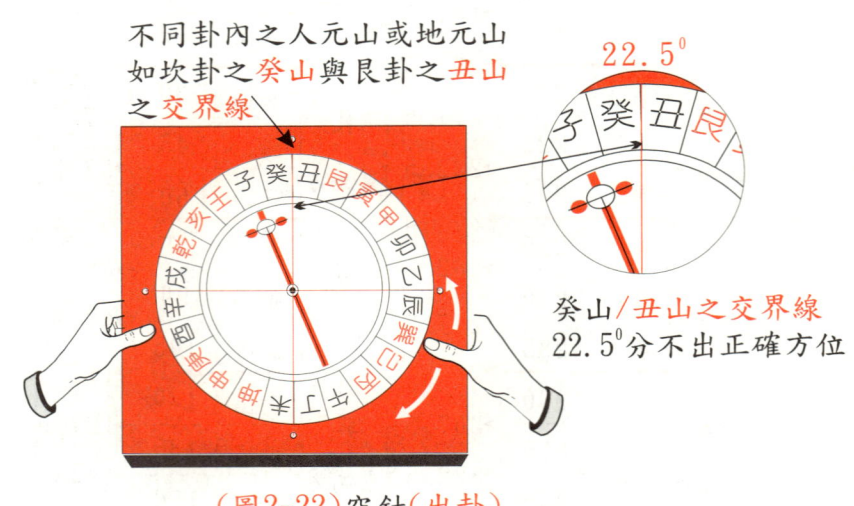

(圖2-22)空針(出卦)

四、陰陽差錯

在二十四山中，地元山不可兼天元山，天元山不可兼地元山，此兩者即所謂之差錯(圖2-23)，以坎卦之子向兼癸向(屬同陰)尚可，兼同卦之壬向，即犯陰陽差錯(屬陰陽相雜)，壬向兼子向亦同(屬陰陽相雜)(圖2-24)。

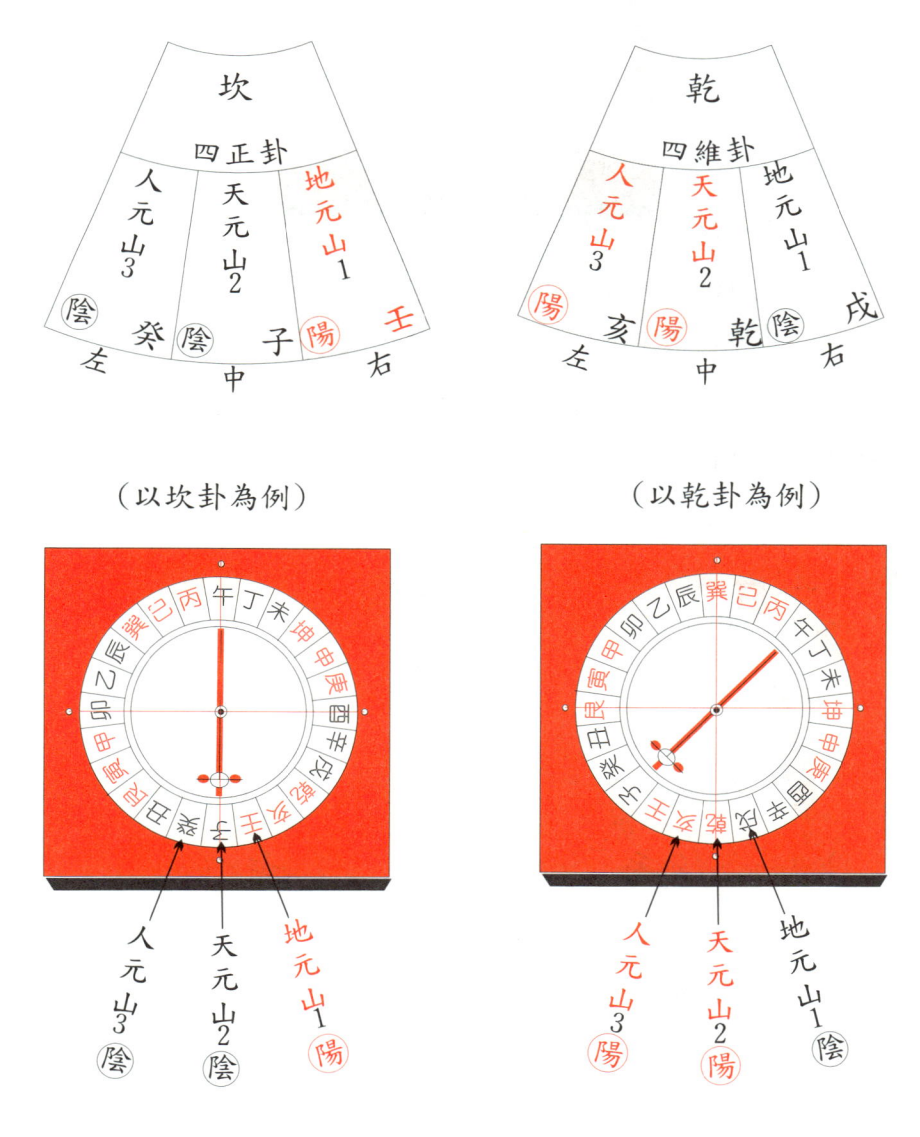

（以坎卦為例） （以乾卦為例）

(圖2-23)地元山與天元山陰陽不同不可兼

第六節 兼向吉凶

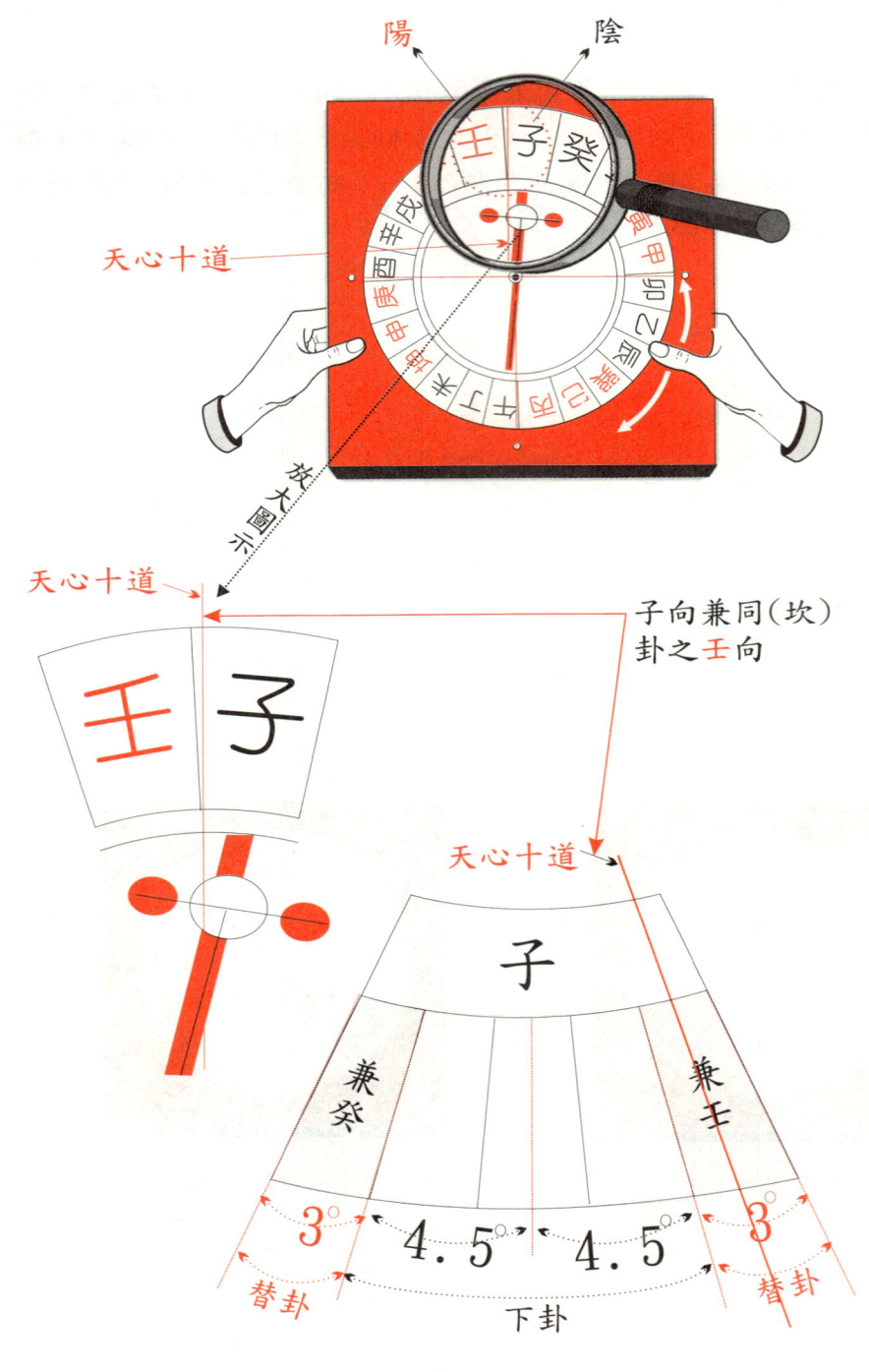

陽　陰

天心十道

放大圖示

天心十道

子向兼同（坎）卦之壬向

壬　子

天心十道

子

兼癸　兼壬

3°　4.5　4.5　3°

替卦　下卦　替卦

（圖2-24）陰陽差錯

五、凶度影響

陰陽宅之營造，設計正確之法，以正向之度數為主；兼向稍一不慎易犯上"**出線、出卦、陰陽差錯**"之度數，均以凶論。根據唐朝楊筠松《天玉經‧內傳下卷》記載：「要求富貴三般卦，出卦家貧乏。」及清朝蔣大鴻《都天寶照經‧下篇》記載：「龍真穴正誤立向，陰陽差錯悔吝生。」又《飛星賦》記載：「豈無騎線遊魂，鬼神入室；更有空縫合卦，夢寐牽情。寄食依人，原卦情之戀養；拋家背父，見星性之貪生。」均說明了**出卦、陰陽差錯、出線逢之敗無窮；並揭示不良效應，易惹官非訟事、血光之災、破財損丁、夫妻欠和、兄弟不睦、精神異常、進退維谷等凶兆**，為禍甚巨。必須調整方位，離開大凶度數或考慮搬家一途。建築工程宜在基地施工放樣階段，審慎配合現場羅盤度量，確認建築物在吉度線上，避開大凶度數方位 得純清一氣，免犯氣機雜亂。

六、文獻回顧

(一)八神四個一

唐朝楊筠松《天玉經‧內傳上卷》記載：「江東一卦從來吉，八神四個一。」說明江東一卦，指坎卦之地元山為壬山，壬屬陽採順行(其餘類推)；八神者，指地元山之 甲、丙、庚、壬、辰、戌、丑、未，左不能兼天元山，右不能兼人元山，只有一山可用，故稱八神四個一(圖2-25)。

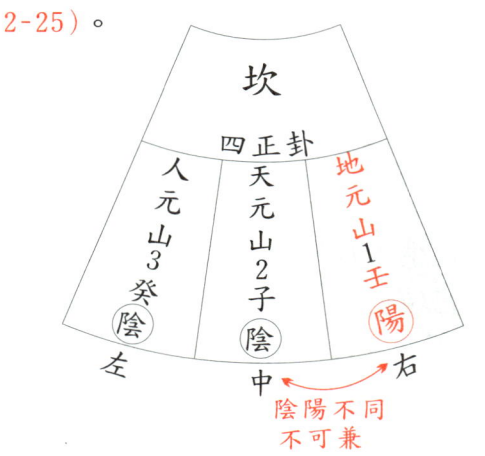

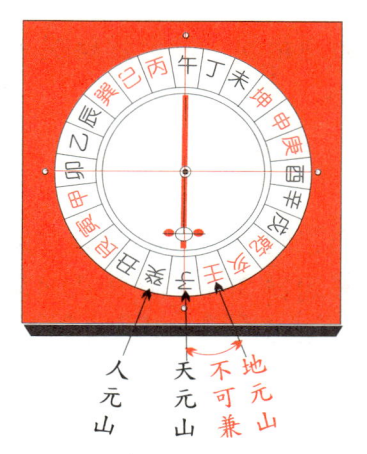

(圖2-25)左不能兼天元山及右不能兼人元山

(二)八神四個二

唐朝楊筠松《天玉經・內傳上卷》記載：「江西一卦排龍位，八神四個二。」說明江西一卦，指坎卦之天元、人元兩山為子、癸，同屬陰，採逆行(其餘類推)；八神者，指天、人兩元山，有子癸、午丁、酉辛、卯乙、艮寅、坤申、巽巳、乾亥稱之。因同屬陰或陽，即同類彼此可以兼用，一山而得兩山用，故稱八神四個二(圖2-26)。

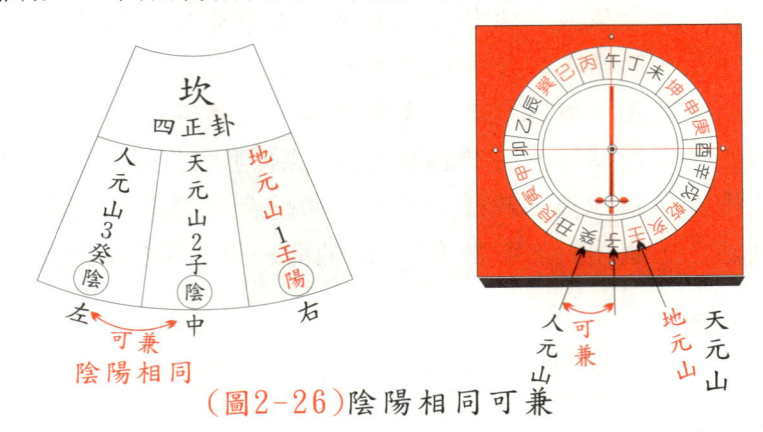

(圖2-26)陰陽相同可兼

七、替卦應用

替卦(兼向)運用時機，為立宅安墳參採巒頭山水走勢，學理雖符合正向定線，但不能求旺，便要運用替卦，以轉變坐山立向來符合當運當旺。原理係藉星數之流轉變遷來補救下卦(指正向)之不足。操作方式，即將替星入中，其坐、向飛星之順逆飛，仍依原卦山坐、向飛星之順逆飛，順逆錯誤，則全盤錯誤。

(一)下卦與替卦區分

取正向(線)，將運星、山星、向星納入飛星盤(九宮格內)稱下卦。以一圓周為 360^0，分為八個宮位，每宮位佔 45^0；分三山(如震宮分甲、卯、乙三山)，以每山各為 15^0；每山再分五格，每格為 3^0(有謂兼三分)，如兼一二分仍以下卦論。替卦若兼左兼右，以中線算起 4.5^0 外者，以坎卦癸山為例(圖2-27)。

（圖2-27）坎卦癸山兼盤為例

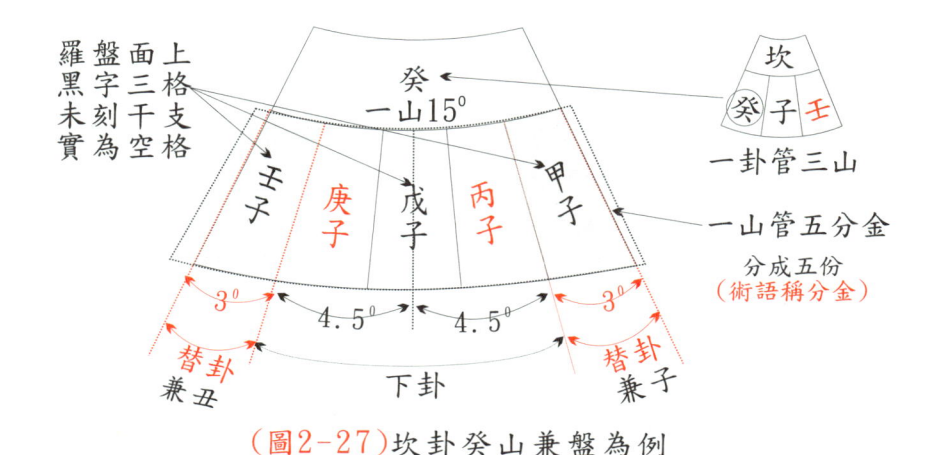

（二）替卦起星

　　替卦（兼向）屬因地制宜之法，以不失運山水之氣，藉由星數的轉換，轉變為當旺卦氣，即取當元旺星到向，方可兼向。根據唐朝楊筠松《青囊奧語》記載：「坤壬乙，巨門從頭出；艮丙辛，位位是破軍；巽辰亥，盡是武曲位；甲癸申，貪狼一路行。」明末清初蔣大鴻之徒姜垚得真傳未公開，僅在《從師隨筆》中提其事，不解其文。挨星下卦、替卦二十八句口訣：「子癸並甲申，貪狼一路行；壬卯乙未坤，五位為巨門；乾亥辰巽巳，連戌武曲名；酉辛丑艮丙，天星說破軍；寅午庚丁上，右弼四星臨；本山星作主，翻向逐爻行；廉貞歸五位，諸星順逆輪；吉凶隨時轉，貪輔不同論；更有先賢訣，空位忌流神；翻向飛臨丙，水口不宜丁；運替星不吉，禍起至滅門；運旺星更合，百福又千禎；衰旺多憑水，權衡也在星；水兼星共斷，妙用更通靈。」揭示替卦挨星口訣又稱起星。口訣係參探九星之代表數為替星，如一為貪狼替星、二為巨門替星、三為祿存替星、四為文曲替星、五為廉貞替星、六為武曲替星、七為破軍替星、八為左輔替星、九為右弼替星。解讀如下：

子癸並甲申	貪狼一路行	以（一）替之
壬卯乙未坤	五位為巨門	以（二）替之
乾亥辰巽巳	連戌武曲名	以（六）替之
酉辛丑艮丙	天星說破軍	以（七）替之
寅午庚丁上	右弼四星臨	以（九）替之

妙法時時用
善念不間斷
法喜常充滿
乾坤福滿門

（三）運用時機

替卦運用時機，以下卦（正向）推演不能取當運（指九運以2024~2043年為當旺）旺向時，藉用替卦取他星來挨排星盤起星，以補救建築物不能當旺之朝向來定宅取旺。

（四）替卦表解

替卦能用替者計十三字（表2-5、2-6），以紅字為替星。九星可替星者以紅字註記二十四山替星（圖2-28）。挨星前必須瞭解九星一貪狼、二巨門、三祿存、四文曲、五廉貞、六武曲、七破軍、八左輔、九右弼順序，以九星星數"1、2、3、4、5、6、7、8、9"替之，如 9 以九右弼星替之、1 則以一貪狼星替之，餘類推。

（表2-5）替星十三字一覽表

三元	宮位八卦	地元	天元	人元	能用替者共十三字
上元	坎宮	壬（巨）	子（貪）	癸（貪）	惟壬可用替
	坤宮	未（巨）	坤（巨）	申（貪）	惟申可用替
	震宮	甲（貪）	卯（巨）	乙（巨）	甲卯乙均可用替
中元	巽宮	辰（武）	巽（武）	巳（武）	辰巽巳均可用替
	乾宮	戌（武）	乾（武）	亥（武）	戌乾亥均不用替
下元	兌宮	庚（弼）	酉（破）	辛（破）	惟庚可用替
	艮宮	丑（破）	艮（破）	寅（弼）	丑艮寅均可用替
	離宮	丙（破）	午（弼）	丁（弼）	惟丙可用替

（表2-6）二十四山替星一覽表

八卦	坎			艮			震			巽		
卦山	壬山	子山	癸山	丑山	艮山	寅山	甲山	卯山	乙山	辰山	巽山	巳山
原星	1	1	1	8	8	8	3	3	3	4	4	4
替星	2	1	1	7	7	9	1	2	2	6	6	6

八卦	離			坤			兌			乾		
卦山	丙山	午山	丁山	未山	坤山	申山	庚山	酉山	辛山	戌山	乾山	亥山
原星	9	9	9	2	2	2	7	7	7	6	6	6
替星	7	9	9	2	2	1	9	7	7	6	6	6

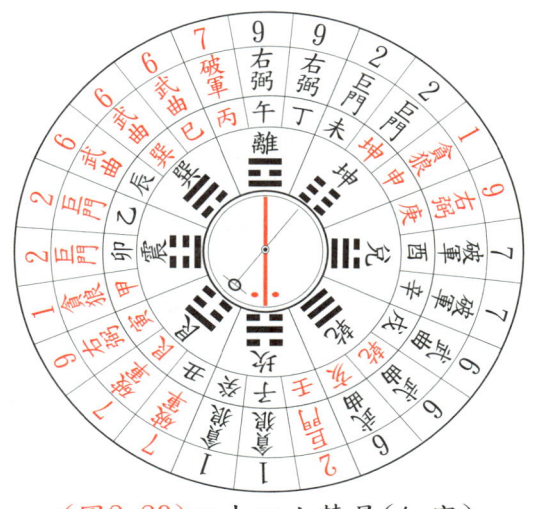

(圖2-28)二十四山替星(紅字)

(五)兼向要領

以地元山(指甲、丙、庚、壬、辰、戌、丑、未)最好取正向(指不偏左或偏右)，若兼多易犯誤觸"陰陽差錯、出卦、出線"凶度線，為確保不犯凶局，盡量採正向為宜。

(六)案例引述

以九運午山→子向(坐→向 符號代表)兼丁癸之替卦(兼向)為例。

1.步驟一

查子、午均屬天元山，四正卦陽陰陰中，地元山屬陽、天元山屬陰、人元山屬陰。以天元山子、午可兼人元山(指癸、丁)，人元山亦可兼天元山(指子、午)，均同屬陰可兼；若天元山屬陰兼地元山屬陽或地元山屬陽兼天元山屬陰，則犯陰陽差錯也。

2.步驟二

九運午山子向，坐星4巽木向星5黃土入中順逆飛，得飛星盤面(圖2-29)，為雙九星到向，旺財不旺丁，向上有水吉，符合七星打劫離震乾三宮位三方通氣及乾艮宮位合城門訣有水吉，向星全局反伏吟不吉。

第六節 兼向吉凶

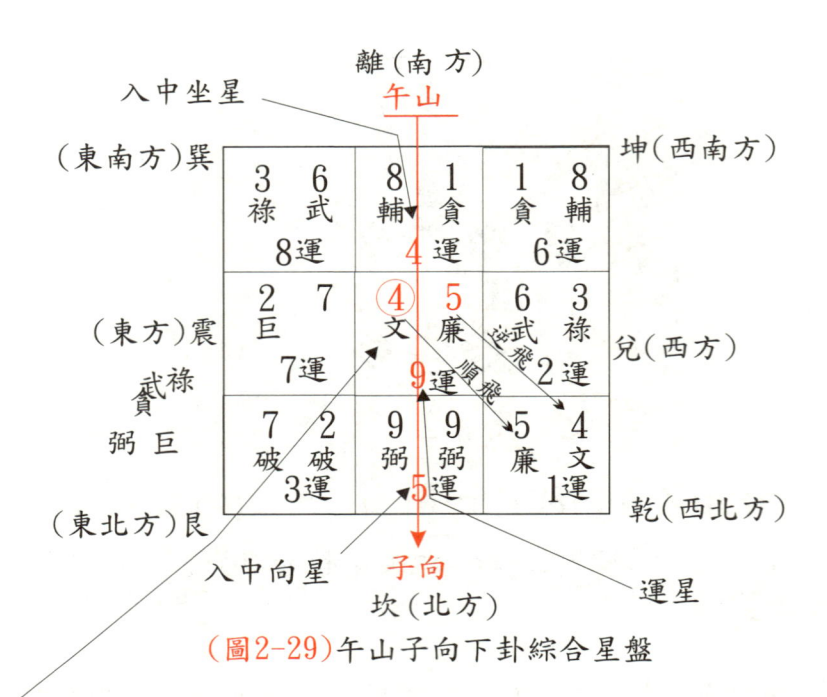

(圖2-29) 午山子向下卦綜合星盤

④ 坐星為四巽木(三山為辰巽巳，取同坐向天元山巽。)
依替星口訣"乾亥辰巽巳，連戌武曲名(六)"。」替星飛星盤面(圖2-30)。

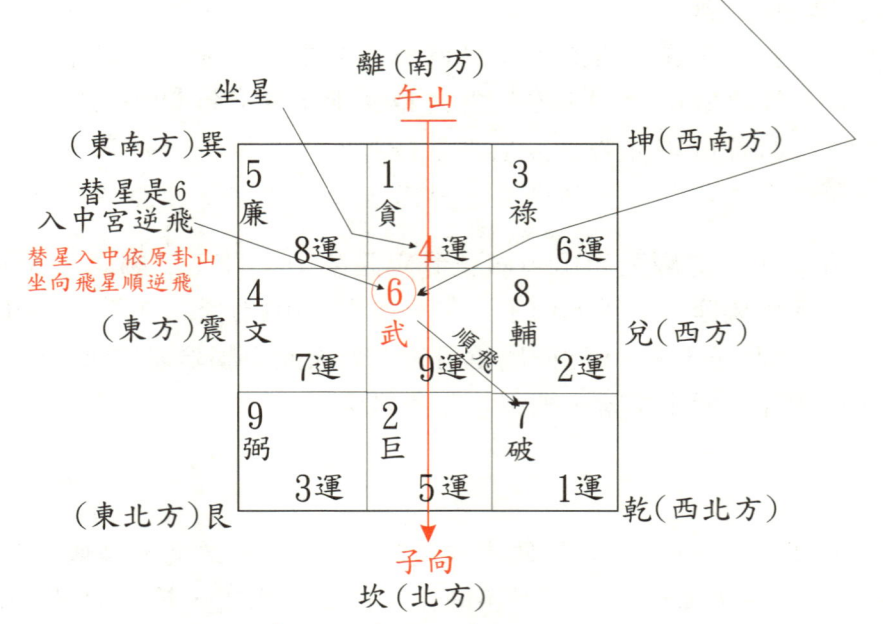

(圖2-30) 坐星替卦星盤

161

3. 步驟三

羅盤線向觀測，**正向為左右各3.5°（合計7°內）定坐向，又稱下卦**，是以卦為本位，兼向以爻為本位，爻從卦變。原盤向星5入中宮，因5黃土無卦，仍由原星數為依歸。即5黃依其所向星之原宮位（坎方位）覓卦決定順逆飛(圖2-31)。

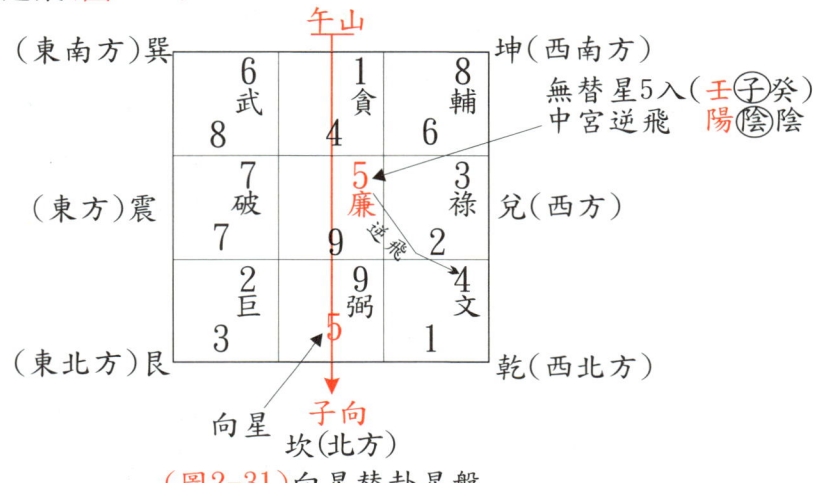

(圖2-31) 向星替卦星盤

4. 步驟四

九運午山子向綜合替卦星盤(圖2-32)，僅山星可用替，向上坎宮有水利財，向星全局反伏吟不吉，乾艮宮合城門訣有水吉。檢討正向與替星盤，結果以不用替星較利多。

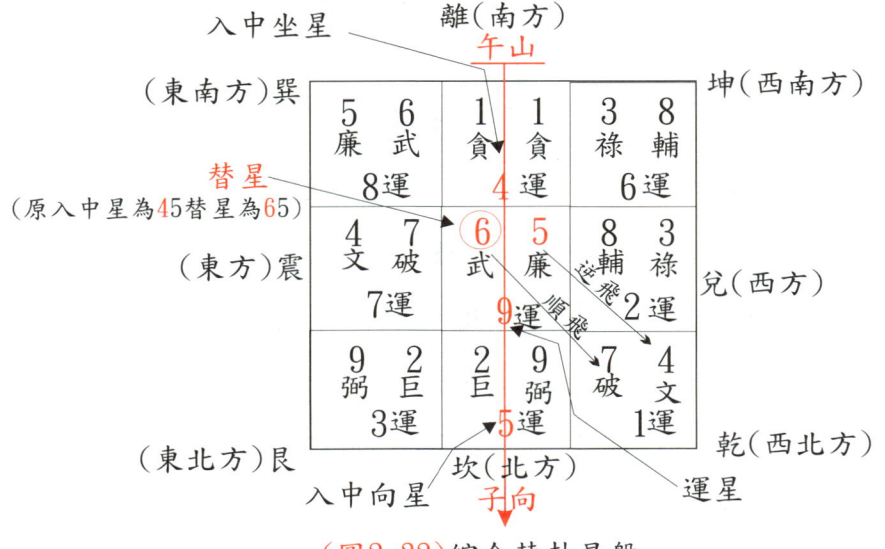

(圖2-32) 綜合替卦星盤

第七節、八卦類象

《周易》是周代用以解釋天地自然變化的重要經典。其中，「周」可理解為週期循環，代表時間的變化；「易」則代表方位變化，象徵空間的轉換，合稱「周易」，即指時空的變化原則。《周易·繫辭》記載：「易者，象也。」此處所指之「象」，非肉眼可見的具體形象，而是萬物於微觀層面上的類象關聯。學會「觀象」即為領悟自然之道，能從象中辨物，進而推演吉凶。《周易·說卦》中的「萬物類象」理論，正是玄空風水判斷吉凶禍福的根本依據。

一、因星度象

自然萬物皆蘊含「象」與「數」的因素。其運作原理為：先將方位轉為數字（即飛星數），再由數轉化為八卦，透過八卦的類象推論吉凶（表2-7、2-8）。熟練掌握「因星度象」之法，便可預測事勢走向，知未來趨吉避凶。九星中，五黃星居中無卦，稱災病星或正關煞。此星得運則大貴；失運則主災病、官非訴訟、火災與淫亂等，應格外警惕，並宜靜不宜動。

(表2-7) 常用八卦類象(一)

區分星數	卦名	五行	卦象	本象	方位	顏色	星名	家庭	年齡	屬性	動物	代表	人事
1	坎	水		水	北	白	貪狼	中男	16~30歲	陷	豬	桃花星 出外星	坎陷
2	坤	土		地	西南	黑	巨門	母親	46歲以上	順	牛	病符星	柔順
3	震	木		雷	東	碧	祿存	長男	31~45歲	動	龍	官非星 破財星	虛驚
4	巽	木		風	東南	綠	文曲	長女	31~45歲	入	雞	文昌星	不定
6	乾	金		天	西北	白	武曲	父親	46歲以上	健	馬	驛馬星 武財星	果決
7	兌	金		澤	西	赤	破軍	少女	1~15歲	悅	羊	破耗星 肅殺星	口諧
8	艮	土		山	東北	白	左輔	少男	1~15歲	止	狗	財帛星 財星	靜止
9	離	火		火	南	紫	右弼	中女	16~30歲	麗	雉	喜慶星 桃花星	文書

(表2-8) 常用八卦類象(二)

星數/卦名/五行	卦象	旺剋	卦　　意	態樣	類象代表	天氣
一坎水	☵	生旺	遷移、聰明、內剛、外柔、文學、智慧、科甲	動	魚缸、動水	雨露主雨
				靜	黑籃色物件	
		剋煞	險陷、漂泊、憂心、刑妻	人體	耳、腎臟、血	
二坤土	☷	生旺	慈善、懦弱、柔順、厚道、旺人丁、置不動產	動	貓科	雲霧陰晦
				靜	布料、舊擺設	
		剋煞	病星、懦弱、吝嗇、愚笨、寡婦、惡瘡	人體	脾、胃臟、肉、腹	
三震木	☳	生旺	白手興業、多動少靜、財祿	動	竹類、敲擊聲	春夏多雷
				靜	書櫥、柱狀物	
		剋煞	動怒、急進、口舌、虛驚、鼓噪、盜賊、官訟、哮喘	人體	足、肝臟、頭髮、聲音	
四巽木	☴	生旺	文昌、聰穎、柔順、人緣佳	動	大葉、草本植物	風寒
				靜	花卉雕刻	
		剋煞	桃花、艱苦、不定、進退不果、女色	人體	呼吸器官、風疾、股、肱	
六乾金	☰	生旺	官貴、剛健、果決、正直、驛馬、旺丁財、權威	動	動態金屬、鐘	晴朗
				靜	剛健銅像	
		剋煞	官煞、鰥夫、刑妻、盜賊、勞役、孤獨	人體	首、肺臟、骨	
七兌金	☱	生旺	喜悅、飲食、金融、休閒活動	動	瀑布、柔情音樂	不雨亦陰
				靜	瀑布畫、金屬飾物	
		剋煞	賊、意外手術、口舌、讒毀、火災、破財、官符	人體	口、舌、喉、肺、痰	
八艮土	☶	生旺	財星、人丁、資產、善曜、孝順、潔淨	動	犬類、生果	久雨必晴
				靜	陶瓷物品	
		剋煞	多疑、反背、阻止、進退不決、自閉、潔癖	人體	四肢、鼻、背	
九離火	☲	生旺	喜慶、聰明、虛心、驟富、美麗、名聲、科第	動	燈、火	主晴
				靜	紅色飾物、水晶	
		剋煞	火災、急躁、憂疑、哭泣、不孕	人體	心臟、目、上焦	

第貳章　玄空風水學基本學理

164

二、環境與健康

古代中醫除了精通醫理，亦須研習風水之道。當遇到久治不癒或病因不明的疑難雜症時，常會考量陰陽宅風水對病患的潛在影響。戰國時期（-476年）《黃帝內經・生氣通天論》記載：「夫自古通天者，生之本，本於陰陽。」指出人與自然環境息息相關，生命的根本在於陰陽變化，陰陽再化為五行，於天地四方間流轉，深刻影響人體健康。清代葉泰在《地理六經注》記載：「氣得五行之沖和，水火交濟則為生氣，物得之而長；氣得五行之偏勝，水火不交，則為惡氣。」意即風水環境中的五行氣場，若協調得當可促進生機，反之則可能導致病氣。因此，良好的風水環境有助於人體陰陽平衡與健康維持，而不良風水環境則易招致疾病。

（一）磁場方位之影響

古人早已發現磁石的特性，並發明磁性指南針，成為中國四大發明之一。先賢對磁場方位的觀察與應用，也成為風水學的重要基礎。然而，由於缺乏系統性的科學研究來佐證磁場對人體與住宅環境的潛在影響，長期以來常被忽視。現代科學已證實，地球表面存在磁場效應與地心引力，雖無法以肉眼直接觀察，但透過指南針即可辨識方向與感知磁力變化。人體處於天地之間，血液中含有鐵質，當血液循環與地磁場產生微妙感應時，雖磁力微弱，長期累積亦可能影響身心健康與家庭和諧。《周易・說卦》記載：「乾為首，坤為腹，震為足，巽為股，坎為耳，離為目，艮為手，兌為口。」揭示八卦對應人體部位的類象，當投射於自然環境中，可作為預測疾病與調整生活環境的重要依據。結合陰陽、五行與八卦理論，透過辨證分析，能提供改善居住環境的具體建議。居家空間涵蓋八方磁場能量，每一方位皆潛藏不同影響。風水學即透過辨識這些磁場方位，進行合理布局與調整，使空間產生正向能量（圖2-33），促進血液中離子濃度的平衡，進而改善新陳代謝、促進血液循環、離子擴散及自律神經功能。對於許多原因不明的症狀（圖2-34），也能藉由空間磁場的調整達到改善效果，使人體恢復健康與平衡。

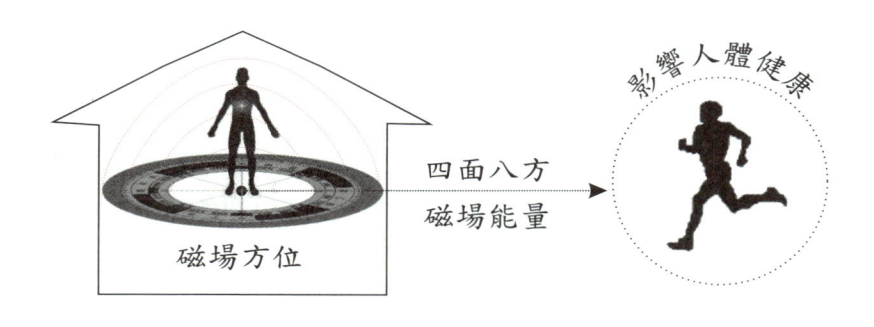

(圖2-33)空間磁場與人體之關係圖

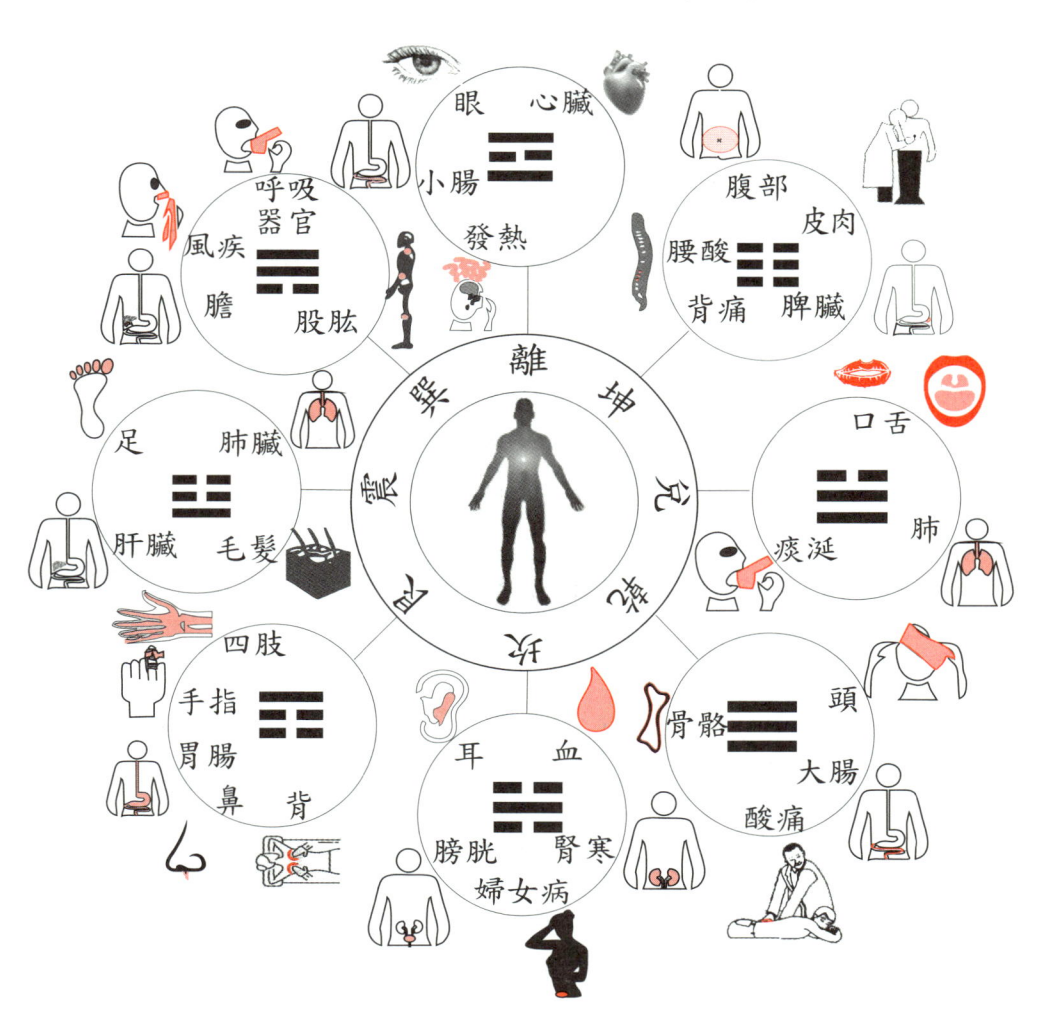

(圖2-34)八卦方位與人體健康之關係圖

第貳章 玄空風水學基本學理

166

第七節　八卦類象

(二)時空之影響

　　人體健康受到節氣變化、地理環境與時間運行等多重因素影響。《黃帝內經・靈樞》記載：「經脈流行不止，與天同度，與地同紀。」此語闡明中醫宇宙觀，強調天、地、人三者合一的整體觀念。因此，陰陽、八卦、天干、地支皆與人體健康息息相關(表2-9)。每日十二時辰(每兩小時為一時辰)對應人體十二經脈，而這些經脈又分別聯繫五臟六腑(表2-10)。致病因素多樣，中醫將其歸納為內因與外因兩類：外因即風、寒、暑、濕、燥、火等「六淫之邪」；內因則為喜、怒、憂、思、悲、恐、驚所致之「七情六傷」。

(表2-9)陰陽、八卦、天干、地支 支配人體健康

陰陽	陰	陽	陰	陽	陰	陽	陰	陽	陰	陽
五行	金		木		水		火		土	
八卦	兌	乾	震	巽	坎	坎	離	離	坤	艮
五臟	肺		肝		腎		心		脾	
六腑	大腸		膽		膀胱		小腸		胃	

天干	甲	乙	丙	丁	戊	己	庚	辛	壬	癸
人體部位	頭、膽	肩、肝	額、小腸	齒、心	鼻、胃	面、脾	筋、大腸	胸、肺	脛、膀胱	足、腎

地支	子	丑	寅	卯	辰	巳	午	未	申	酉	戌	亥
人體部位	耳	胞肚	手	指	肩胸	面齒咽	眼	脊梁	經絡	精血	足	頭

道德是永遠的
財富是暫時的

(表2-10)時辰影響經絡臟腑

地支	子時	丑時	寅時	卯時	辰時	巳時	午時	未時	申時	酉時	戌時	亥時
人體部位	膽	肝	肺	大腸	胃	脾	心	小腸	膀胱	腎	心包	三焦

第八節、風水命卦

風水學強調空間環境與使用者命卦之間的和諧配置。依據出生年份與性別，將人類劃分為九星命卦，包括：一坎水、二坤土、三震木、四巽木、五中土、六乾金、七兌金、八艮土、九離火，此即所謂「風水命卦」。根據《黃帝宅經・序》所載：「夫宅者，乃是陰陽之樞紐，人倫之軌模。」又言：「今採諸秘驗，分為二十四路、八卦、九宮、配男女之位，宅陰陽之界。」可見，住宅空間需配合男女命卦、八卦方位，並參照五行生剋變化，綜合判斷吉凶禍福。風水命理藉此實踐「天人合一」理念，講求人與居所、自然環境間的相生相合。

一、男性風水命卦運算

首先，將出生年份的各數字相加，若總和超過10，則再將其各位數字相加，直至結果小於10為止。所得數字即為命卦基本數。男性命卦可另以加減法（常數11減去總和）或除法的方式計算，亦可透過手掌法推算。命卦分為九種：1坎水、2坤土、3震木、4巽木、5黃土（男性寄2坤土命卦，女性寄8艮土命卦）、6乾金、7兌金、8艮土、9離火。若最終總和為0，則視為"9"，即屬於 9 離火命卦。此一命卦數值為個體五行特質的代表，作為風水空間配置的重要依據。

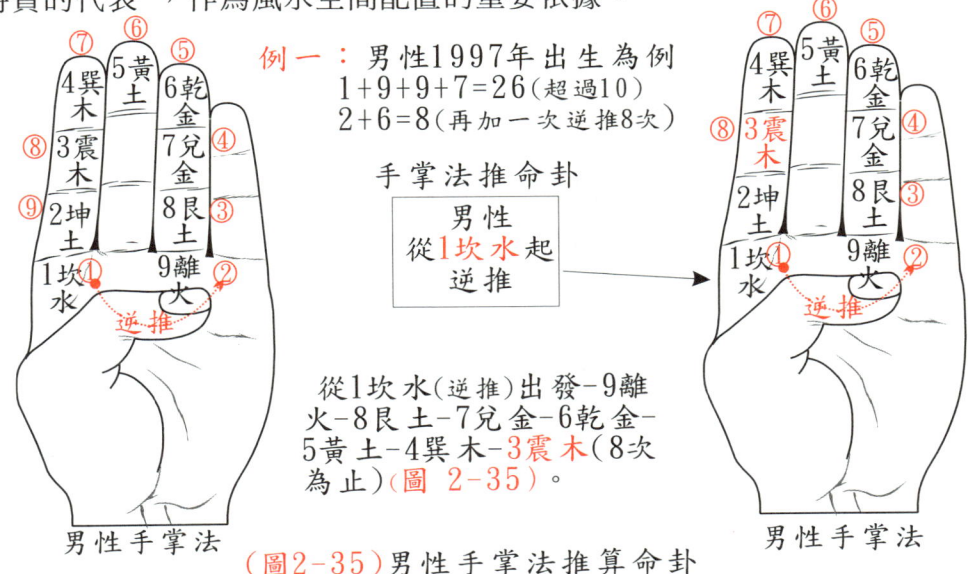

例一：男性1997年出生為例
1+9+9+7＝26（超過10）
2+6＝8（再加一次逆推8次）

手掌法推命卦

男性
從1坎水起
逆推

從1坎水（逆推）出發－9離火－8艮土－7兌金－6乾金－5黃土－4巽木－3震木（8次為止）（圖 2-35）。

男性手掌法

（圖2-35）男性手掌法推算命卦

(二)男性以「加減法」計算命卦

例二：2000年以前出生的男性，如1999年生為例。

　　1+9+9+9=28（超過10）
　　2+8=10（再加一次）
　　11（常數）-10=1（一坎水命）

例三：2000年以後出生之男性，如2013年生為例。

　　2+0+1+3=6（未超過10）
　　11（常數）-6=5（5黃土無卦男寄 2 坤土女寄 8 艮土）

(三)男性以「除法」計算命卦

例四：2000年以前出生的男性，如1953年生為例。

　　(100-出生之年最後之兩個數字)÷9 =商數以其餘數為命卦數
　　(100-53)÷9 =5 餘 2（取餘數2為2 坤土）

例五：2000年以後出生的男性，如2013年生為例。

　　(99-出生之年最後之兩個數字)÷9 = 商數以其餘數為命卦數
　　(99-13)÷9 = 9 餘 5（取餘數為5黃土無卦男寄2坤土女寄8艮土）

二、女性風水命卦運算

　　首先，將出生年各數相加，所得之和，如超過 10，再將結果各數相加一次，直到和小於（或等於）10 為止；女性可用加減法(加常數4)，或除法的方式計算，亦可透過手掌法推算；以加減法計算，將出生年各數和，加常數 4，結果值若超過 9，再用該值減 9，最後所得的值即是命卦，如 1 為一坎水命卦，2 為二坤土命卦...餘類推。若除盡餘數為 0 時，當作"9"，即 9 離火命卦。

(一)女性手掌法

奉獻使心靈富有
創造讓人生美麗

例六：女性1997年出生為例
1+9+9+7=26（超過10）
2+6=8（再加一次順推8次）

手掌法推命卦
女性
從5黃土起
順推

從5黃土（順推）出發－
6乾金－7兌金－8艮土－
9離火－1坎水－2坤土－
3震木（8次為止）（圖
2-36）。

女性手掌法　　　　　　　女性手掌法

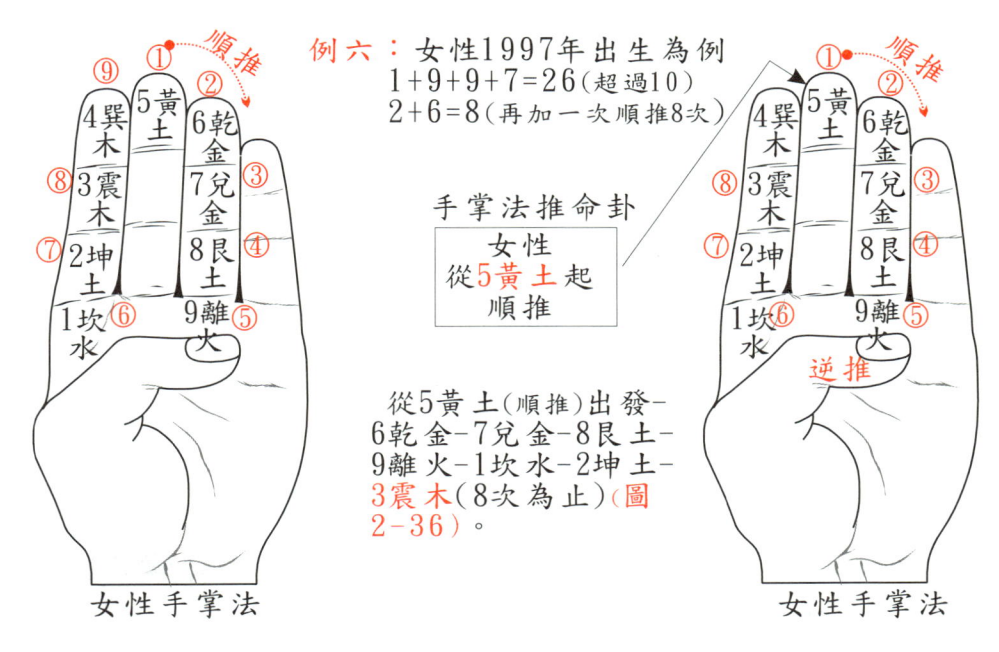

（圖2-36）女性手掌法推算命卦

（二）女性以「加減法」計算命卦

例七：2000年以前出生的女性，如1999年生為例。

1+9+9+9=28（超過10）
2+8=10（再加一次）
10+4(常數)=14（加4超過10再減9）
14-9=5（5黃土無卦男寄2坤土女寄8艮土）

例八：2000年以後出生之女性，如2013年生為例。

2+0+1+3=6（未超過10）
6+4(常數)-9=1（加4超過10再減9）（1坎水命）

（三）女性以「除法」計算命卦

例九：2000年以前出生的女性，如1953年生為例。

（出生之年最後之兩個數字 － 4）÷9 =商數以其餘數為命卦數
(53-4)÷9 = 5 餘 4（取餘數為4巽木）

例十：2000年以後出生之女性，如2013年生為例。

（出生之年最後之兩個數字 + 6）÷9 =商數以其餘數為命卦數
(13+6)÷9 = 2 餘 1（取餘數為1坎水命）

三、命卦計算要領

同年份男性與女性命卦數相加的和數，正確為 6 。若相加的和數超過 6 時，和數可減去 9 ，其餘數正確仍為 6 。

例十一：2015年生之男性為例。

2+0+1+5=8
11（常數）-8=3（3震木）

例十二：2015年生之女性為例。

要求別人
了解、肯定、信任，
不如求自己
守本分、盡本事、堅定心志。

2+0+1+5=8
8+4（常數）-9（超過10再減9）=3（3震木）

※2015年份（同年份）之男性與女性命卦數相加的和數為 6。

四、風水命卦速查一覽表（表2-11~2-15）

（表2-11）風水命卦(1926~1933)速查一覽表

公元	干支	生肖	六十甲子配卦 卦象　卦名	卦運	風水命卦 男	女
1926	丙寅	虎	風火家人	2	2	4
1927	丁卯	兔	山澤損	6	1	5
1928	戊辰	龍	天澤履	9	9	6
1929	己巳	蛇	雷天大壯	8	8	7
1930	庚午	馬	雷風恒	8	7	8
1931	辛未	羊	天水訟	9	6	9
1932	壬申	猴	地水師	1	5	1
1933	癸酉	雞	風山漸	2	4	2

(表2-12)風水命卦(1934~1959)速查一覽表

公元	干支	生肖	六十甲子配卦 卦名	卦運	風水命卦 男	女
1934	甲戌	狗	水山蹇	7	3	3
1935	乙亥	豬	火地晉	3	2	4
1936	丙子	鼠	山雷頤	6	1	5
1937	丁丑	牛	澤雷隨	4	9	6
1938	戊寅	虎	雷火豐	8	8	7
1939	己卯	兔	水澤節	7	7	8
1940	庚辰	龍	地天泰	1	6	9
1941	辛巳	蛇	火天大有	3	5	1
1942	壬午	馬	巽為風	2	4	2
1943	癸未	羊	澤水困	4	3	3
1944	甲申	猴	火水未濟	3	2	4
1945	乙酉	雞	天山遯	9	1	5
1946	丙戌	狗	艮為山	6	9	6
1947	丁亥	豬	雷地豫	8	8	7
1948	戊子	鼠	水雷屯	7	7	8
1949	己丑	牛	天雷無妄	9	6	9
1950	庚寅	虎	男命離為火 / 女命澤火革	3 / 4	5	1
1951	辛卯	兔	風澤中孚	2	4	2
1952	壬辰	龍	山天大畜	6	3	3
1953	癸巳	蛇	澤天夬	4	2	4
1954	甲午	馬	男命乾為天 / 女命天風姤	9 / 9	1	5
1955	乙未	羊	水風井	7	9	6
1956	丙申	猴	雷水解	8	8	7
1957	丁酉	雞	澤山咸	4	7	8
1958	戊戌	狗	地山謙	1	6	9
1959	己亥	豬	風地觀	2	5	1

第貳章 玄空風水學基本學理

172

(表2-13)風水命卦(1960~1985)速查一覽表

公元	干支	生肖	六十甲子配卦 卦象 卦名	卦運	風水命卦 男	女
1960	庚子	鼠	風雷益	2	4	2
1961	辛丑	牛	地火明夷	1	3	3
1962	壬寅	虎	天火同人	9	2	4
1963	癸卯	兔	雷澤歸妹	8	1	5
1964	甲辰	龍	兌為澤	4	9	6
1965	乙巳	蛇	水天需	7	8	7
1966	丙午	馬	澤風大過	4	7	8
1967	丁未	羊	山風蠱	6	6	9
1968	戊申	猴	風水渙	2	5	1
1969	己酉	雞	火山旅	3	4	2
1970	庚戌	狗	天地否	9	3	3
1971	辛亥	豬	水地比	7	2	4
1972	壬子	鼠	震為雷	8	1	5
1973	癸丑	牛	山火賁	6	9	6
1974	甲寅	虎	水火既濟	7	8	7
1975	乙卯	兔	地澤臨	1	7	8
1976	丙辰	龍	火澤睽	3	6	9
1977	丁巳	蛇	風天小畜	2	5	1
1978	戊午	馬	火風鼎	3	4	2
1979	己未	羊	地風升	1	3	3
1980	庚申	猴	男命坎為水 7 / 女命山水蒙 6		2	4
1981	辛酉	雞	雷山小過	8	1	5
1982	壬戌	狗	澤地萃	4	9	6
1983	癸亥	豬	山地剝	6	8	7
1984	甲子	鼠	男命坤為地 1 / 女命地雷復 1		7	8
1985	乙丑	牛	火雷噬嗑	3	6	9

(表2-14)風水命卦(1986~2011)速查一覽表

公元	干支	生肖	六十甲子配卦 卦名	卦運	風水命卦 男	女
1986	丙寅	虎	風火家人	2	5	1
1987	丁卯	兔	山澤損	6	4	2
1988	戊辰	龍	天澤履	9	3	3
1989	己巳	蛇	雷天大壯	8	2	4
1990	庚午	馬	雷風恒	8	1	5
1991	辛未	羊	天水訟	9	9	6
1992	壬申	猴	地水師	1	8	7
1993	癸酉	雞	風山漸	2	7	8
1994	甲戌	狗	水山蹇	7	6	9
1995	乙亥	豬	火地晉	3	5	1
1996	丙子	鼠	山雷頤	6	4	2
1997	丁丑	牛	澤雷隨	4	3	3
1998	戊寅	虎	雷火豐	8	2	4
1999	己卯	兔	水澤節	7	1	5
2000	庚辰	龍	地天泰	1	9	6
2001	辛巳	蛇	火天大有	3	8	7
2002	壬午	馬	巽為風	2	7	8
2003	癸未	羊	澤水困	4	6	9
2004	甲申	猴	火水未濟	3	5	1
2005	乙酉	雞	天山遯	9	4	2
2006	丙戌	狗	艮為山	6	3	3
2007	丁亥	豬	雷地豫	8	2	4
2008	戊子	鼠	水雷屯	7	1	5
2009	己丑	牛	天雷無妄	9	9	6
2010	庚寅	虎	男命離為火 女命澤火革	3 4	8	7
2011	辛卯	兔	風澤中孚	2	7	8

(表2-15) 風水命卦(2012~2037)速查一覽表

公元	干支	生肖	六十甲子配卦 卦名	卦運	風水命卦 男	女
2012	壬辰	龍	山天大畜	6	6	9
2013	癸巳	蛇	澤天夬	4	5	1
2014	甲午	馬	男命乾為天 女命天風姤	9	4	2
2015	乙未	羊	水風井	7	3	3
2016	丙申	猴	雷水解	8	2	4
2017	丁酉	雞	澤山咸	4	1	5
2018	戊戌	狗	地山謙	1	9	6
2019	己亥	豬	風地觀	2	8	7
2020	庚子	鼠	風雷益	2	7	8
2021	辛丑	牛	地火明夷	1	6	9
2022	壬寅	虎	天火同人	9	5	1
2023	癸卯	兔	雷澤歸妹	8	4	2
2024	甲辰	龍	兌為澤	4	3	3
2025	乙巳	蛇	水天需	7	2	4
2026	丙午	馬	澤風大過	4	1	5
2027	丁未	羊	山風蠱	6	9	6
2028	戊申	猴	風水渙	2	8	7
2029	己酉	雞	火山旅	3	7	8
2030	庚戌	狗	天地否	9	6	9
2031	辛亥	豬	水地比	7	5	1
2032	壬子	鼠	震為雷	8	4	2
2033	癸丑	牛	山火賁	6	3	3
2034	甲寅	虎	水火既濟	7	2	4
2035	乙卯	兔	地澤臨	1	1	5
2036	丙辰	龍	火澤睽	3	9	6
2037	丁巳	蛇	風天小畜	2	8	7

第八節 風水命卦

五、風水命卦特質

　　風水命卦根源於《易經》哲理，具有一定的自主性，能靈活結合時間、方位、五行與卦象間的互動關係，便於推算吉凶預測因素，作為趨吉避凶的參考依據。善用個人命卦的特質傾向(表2-16)，是認識自我、創造機運的第一步，並可結合宅星盤了解居家環境的宜忌，再透過「憑星斷事」來調整空間布局，以達身心與環境和諧之效。

(表2-16)風水命卦特質

風水命卦	特		質	
一坎水命	屬智慧性之人，思維清晰，處事注重條理，有時令人難以捉摸，喜自由自在不受拘束，財運佳，易陷入追求物質享受，愛冒險，具江湖義氣，常感嘆知己無幾人，係輔佐人才。			
	優點	外向、責任心重、內心溫柔、機智聰明。	缺點	善變、缺乏膽量、具流動性、性情浮而蕩。
二坤土命	具有母親慈愛精神，易感情用事，常招小人陷害，有耐性，講效率，待人柔順有禮，協調力強，保守踏實，感應力強，易出類拔萃，為良好幕僚人員，喜幫助或照顧他人。			
	優點	溫順、具慈愛心、講求信用、機智。	缺點	寡斷、多情、易感情用事、性柔而靜、吝嗇。
三震木命	行事果決，自我開創性強，白手起家，具知名度與仁慈心，個性固執，親和力強，追求財富，不注重感情世界，略有霸氣，乏耐性易衝動，易惹小人。			
	優點	有積極進取心、反應敏捷、仁慈、不二心。	缺點	缺乏主見及應變能力、遷就別人、性動而直。
四巽木命	協調能力強，人緣佳，具慧根，對文學藝術方面有偏好，做事執著，有理想，變動性強，思維慎密，夫妻緣份淡薄，桃花運不斷，固執難以溝通。			
	優點	柔和、具文學藝術偏好、屬秀氣之人。	缺點	執著、固執、性和而緩。
五黃土命	五黃土象徵著萬物之核心，具強烈的吉與凶作用，為本命卦時，沒有方位(在中宮)即無磁性感應，須透過同是五行有方位屬土之 2 黑土與 8 白土來表達；男命係採逆行(987654321)取 5 逆行 3次為"2黑土"，女命採順行(123456789) 取 5 順行 3次為"8白土"。 逆行 順行			

第八節　風水命卦

六乾金命	做事剛強果決，具獨立性，不善與人共事，一生毀譽參半，在意別人之認同與好感，追求財富，事業心重，領導慾特強，善於推銷自己。		
	優點	剛強、適合主管職務、官貴、果決。	缺點	個性強、性剛而動。
七兌金命	思維慎密，具良好人際關係，能言善道，表達力與說服力強追求完美，令人備增壓力，在意別人之意見與好感，支配慾強，財運佳，急功近利。		
	優點	爽朗剛烈、外柔內剛、有耐性、喜悅。	缺點	易衝動、愛面子、講權勢、陰險、性決而利。
八艮土命	精力旺盛，衝勁十足，浮躁不定，能進入別人內心世界，指引幫助別人，個性易衝動，缺乏生活情趣，一生嘗試錯誤，為大器晚成，易累積財富。		
	優點	寧靜、有主見、任事速決、孝順。	缺點	易衝動、與人不睦、性安而止。
九離火命	個性好動急躁，凡事求好心切，具聰明才智，善於察言觀色，表達力強，剛正不阿，欠中庸之道，亮麗愛出風頭，易招小人嫉妒，愛面子，不能承受挫折。		
	優點	感情豐富、肯幫助他人、美麗、聰明才學。	缺點	自尊心過強、不懂照顧自己、個性急、性躁而烈。

六、風水命卦與宅星之關係

　　檢討使用者命卦，在宅星盤中(指九宮飛星盤)之生剋關係，以宅星(指飛星)生命卦為最吉，宅星剋命卦時，顯示該宅不利該命卦之人居住。以九運乾山(西北方)巽向(東南方)為例，中宮雙星為(18)同宮，為 8 艮土剋 1 坎水，則此宅不利一坎水命之人，尤其向星剋山星凶險最烈(圖2-37)。

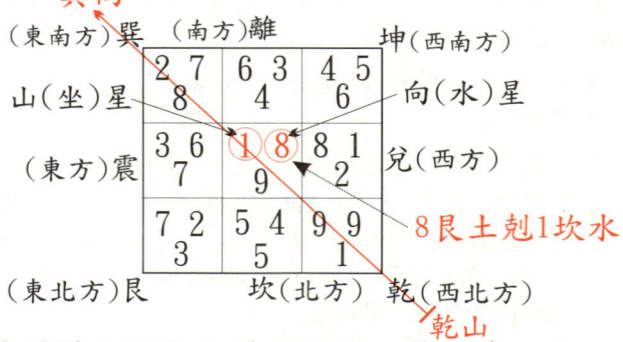

(圖2-37) 九運乾山巽向不利一坎水命之人

第九節、紫白飛星之應用

　　玄空風水理論中，依據後天八卦與洛書數序，將九星按特定軌跡飛布於九宮，稱為「紫白飛星」。其中，以九紫星，以及一白、六白、八白三顆為吉星，統稱為「紫白吉星」。明朝冷謙《歸厚祿・星符章》記載：「天地之內，氣化流行，一皆九星所主治。」揭示紫白九星分別為一白水、二黑土、三碧木、四綠木、五黃土、六白金、七赤金、八白土、九紫火，依照時間輪值入中飛泊於九宮各方位，形成不同組合與變化。藉由空間與時間交互作用，各宮位所承載之能量亦隨之轉變，據此推斷吉凶禍福。宇宙萬物，皆蘊含變數；透過流年、流月、流日、甚至每個時刻之飛星運轉，推演九宮變化，便可洞察事物之盛衰吉凶。

一、年紫白飛星

　　年紫白飛星入中數，根據清朝沈竹礽《沈氏玄空學》記載：「年上吉星論甲子，逐年星逆中宮取，上中下作三元匯，一上四中七下使。」及清朝孟樨《奇門法竅・卷二》增注：「論年白法歌訣：上元甲子一白求，中元四綠木為頭，下元七赤中央去，逐年逆數順宮游。」均說明了上元從坎宮起甲子，中元從巽宮起甲子，下元從兌宮起甲子。即按六十甲子的順序，依宮逆行找出該年的紫白飛星，然後把該飛星入中順行，就可以找出八卦方位的紫白星。2026 年紫白飛星簡易計算(圖2-38)；流年(2026年丙午歲) 1 坎水入中順飛八方(圖2-39)；年紫白飛星入中表(表2-17)。

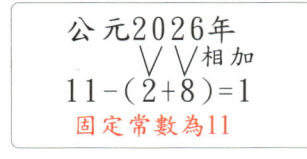

```
公元2026年
  ∨ ∨  相加
11-(2+8)=1
固定常數為11
```

巽 (東南方)	離 (南方)	坤 (西南方)
9	5	7
震 (東方) 8	1	3 兌 (西方)
4	6	2
艮 (東北方)	坎 (北方)	乾 (西北方)

(圖2-38)流年紫白星簡易推算　　(圖2-39)2026年飛星盤

第九節 紫白飛星之應用

(表2-17) 年紫白飛星入中表

三元(入中飛星)									
上元	1白	9紫	8白	7赤	6白	5黃	4綠	3碧	2黑
中元	4綠	3碧	2黑	1白	9紫	8白	7赤	6白	5黃
下元	7赤	6白	5黃	4綠	3碧	2黑	(1白)	9紫	8白
六十甲子(干支)	甲子	乙丑	丙寅	丁卯	戊辰	己巳	庚午	辛未	壬申
	癸酉	甲戌	乙亥	丙子	丁丑	戊寅	己卯	庚辰	辛巳
	壬午	癸未	甲申	乙酉	丙戌	丁亥	戊子	己丑	庚寅
	辛卯	壬辰	癸巳	甲午	乙未	丙申	丁酉	戊戌	己亥
	庚子	辛丑	壬寅	癸卯	甲辰	乙巳	(丙午)	丁未	戊申
	己酉	庚戌	辛亥	壬子	癸丑	甲寅	乙卯	丙辰	丁巳
	戊午	己未	庚申	辛酉	壬戌	癸亥	流年干支對照上項三元入中飛星		

2026丙午年為1坎水星

成功之要件
有好的開始
有好的中間
有好的結尾

二、月紫白飛星

月星，以二十四節氣中之十二節氣為界（即小寒、立春、驚蟄、清明、立夏、芒種、小暑、立秋、白露、寒露、立冬、大雪），為月紫白飛星之變化依據，年星紫白影響一年之吉凶變化，以年月紫白星所臨之宮位，可配合憑星斷事（指雙星斷事）來評斷吉凶禍福。根據清朝沈竹礽《沈氏玄空學》引《月上紫白吉星歌訣》記載：「旺（指子、午、卯、酉四旺年）年八白中宮得，墓（指辰戌丑未年四墓指）是五黃生（指寅、申、巳、亥年四生年）是黑（指二黑），逐月逆星次第行，一周之內可推測。」說明月紫白飛星，以子、午、卯、酉年為旺年，寅（正）月起八白；辰、戌、丑、未年為墓年，寅（正）月起五黃；寅、申、巳、亥年為生年，寅（正）月起二黑。因而入中宮月紫白飛星，隨月星逆數。

（一）歌訣推算：2026年（丙午歲）依《月白歌》第一句：「子、午、卯、酉（四仲之年）八入中」（圖2-40）則正月飛星 8 入中，二月飛星 9 入中，三月飛星 7 入中餘類推（逆推）。

```
          月白歌
子 午 卯 酉（四仲之年）正月八 （四帝旺正月八）
寅 申 巳 亥（四孟之年）二入中 （四長生二入中）
辰 戌 丑 未（四季之年）五中土 （四墓庫五中土）
逆推順布例相同
```

（圖2-40）月白歌

（二）查表法：月紫白飛星入中表（表2-18）：查知 2026 年（丙午歲）流月入中飛星，便可推算八方位飛臨之星。

（表2-18A）子、午、卯、酉年月紫白飛星入中表

農曆月份	正	二	三	四	五	六	七	八	九	十	十一	十二
月紫白飛星	8白	7赤	6白	5黃	4綠	3碧	2黑	1白	9紫	8白	7赤	6白

第九節 紫白飛星之應用

(表2-18B) 寅、申、巳、亥年月紫白飛星入中表

農曆月份	正	二	三	四	五	六	七	八	九	十	十一	十二
月紫白飛星	2黑	1白	9紫	8白	7赤	6白	5黃	4綠	3碧	2黑	1白	9紫

(表2-18C) 辰、戌、丑、未年月紫白飛星入中表

農曆月份	正	二	三	四	五	六	七	八	九	十	十一	十二
月紫白飛星	5黃	4綠	3碧	2黑	1白	9紫	8白	7赤	6白	5黃	4綠	3碧

例：2026年(丙午歲)月紫白飛星(以農曆為主)，並以月紫白星逆推(表2-19)，農曆三月飛星盤入中數(圖2-41)。

(表2-19) 子、午、卯、酉年月紫白飛星入中表

農曆月份	正	二	三	四	五	六	七	八	九	十	十一	十二
月紫白飛星	8白	7赤	6白	5黃	4綠	3碧	2黑	1白	9紫	8白	7赤	6白

```
                    (南方)
                     離
(東南方)巽 ┌─────┬─────┬─────┐ 坤(西南方)
          │  5  │  1  │  3  │
          ├─────┼─────┼─────┤
 (東方)震 │  4  │  6  │  8  │ 兌(西方)
          ├─────┼─────┼─────┤
          │  9  │  2  │  7  │
(東北方)艮 └─────┴─────┴─────┘ 乾(西北方)
                     坎
                    (北方)
```

沒有走不到頂的山
只有找不到路的人

(圖2-41) 2026年(丙午歲)農曆三月飛星盤

(三)流年、月飛星八方位

2026年(丙午歲)月紫白飛星各宮位加臨一覽表(表2-20)。

(表2-20) 2026年、月飛星八方位一覽表

(巽)九(東南)				(離)五(南方)				(坤)七(西南)			
(正) 7	4	1	7	(正) 3	9	6	3	(正) 5	2	8	5
6	3	9	6	2	8	5	2	4	1	7	4
5	2	8	(十二) 5	1	7	4	(十二) 1	3	9	6	(十二) 3
春	夏	秋	冬	春	夏	秋	冬	春	夏	秋	冬

年飛星 → (中宮一)
月飛星 →

(震)八(東方)				一 (中　宮)				(兌)三(西方)			
(正) 6	3	9	6	(正)(四)(七)(十) 8 5 2 8				(正) 1	7	4	1
5	2	8	5	(二)(五)(八)(十一) 7 4 1 7				9	6	3	9
4	1	7	(十二) 4	(三)(六)(九)(十二) 6 3 9 6				8	5	2	(十二) 8
春	夏	秋	冬	春	夏	秋	冬	春	夏	秋	冬

元旦盤大7為兌宮

(艮)四(東北)				(坎)六(北方)				(乾)二(西北)			
(正) 2	8	5	2	(正) 4	1	7	4	(正) 9	6	3	9
1	7	4	1	3	9	6	3	5	2	8	2
9	6	3	(十二) 9	2	8	5	(十二) 2	7	4	1	(十二) 7
春	夏	秋	冬	春	夏	秋	冬	春	夏	秋	冬

三、日紫白飛星

根據《沈氏玄空學》引《寶海經》記載：「日家紫白：日家白法不難求，二十四氣六宮周，冬至雨水及穀雨，陽順一四七中遊，夏至處暑霜降後，九六三星逆行求。」說明日紫白飛星，以冬至及夏至為順、逆之分界，即冬至起順推入中順飛，夏至起逆推入中順飛。

（一）操作模式

冬至一陽生，夏至一陰生，來自十二辟卦，主掌一年12個月的十二個卦(圖2-42)，11月一陽復生於下最為重要及推算日紫白飛星入中及其他八方位的紫白星(表2-21)。

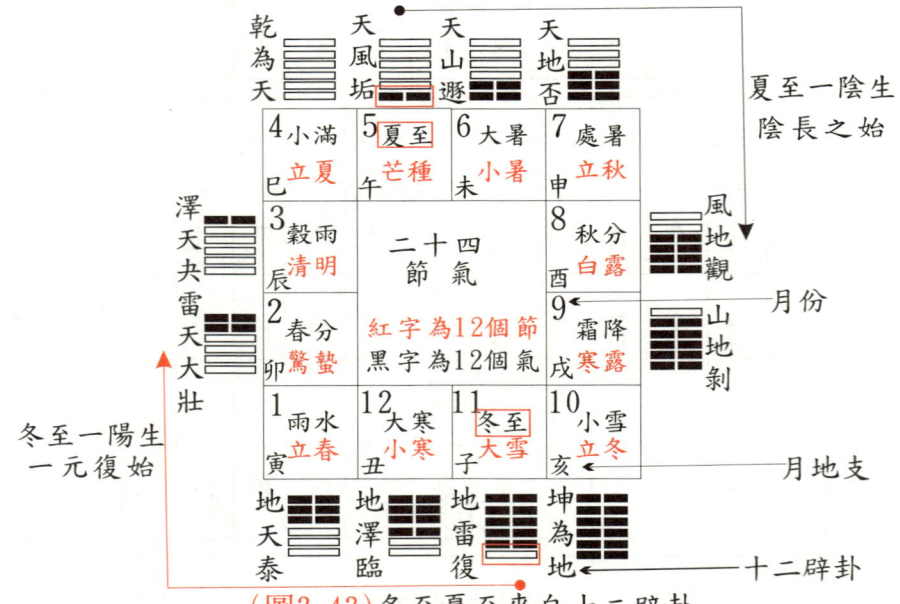

(圖2-42) 冬至夏至來自十二辟卦

(表2-21) 十二辟卦與日紫白飛星入中數

區分	節氣(月份)	紫白飛星入中數(順飛)
冬至一陽生 १ ४ ७	冬至至立春(11、12、1月)	甲子日1白順推(餘日依序類推)
	雨水至清明(1、2、3月)	甲子日7赤順推(餘日依序類推)
	穀雨至芒種(3、4、5月)	甲子日4綠順推(餘日依序類推)
夏至一陰生 ६ ३ ६	夏至至立秋(5、6、7月)	甲子日9紫逆推(餘日依序類推)
	處暑至寒露(7、8、9月)	甲子日3碧逆推(餘日依序類推)
	霜降至大雪(9、10、11月)	甲子日6白逆推(餘日依序類推)

求法：冬至後的第一個甲子日為首1白、乙丑日2黑、丙寅日3碧，依次依序順推。
夏至後的第一個甲子日為首9紫、乙丑日8白、丙寅日7赤，依次依序逆推。

(二)查表法

一般通書或農民曆及本書流年吉日良辰便覽表,均有提供「日紫白飛星入中數」參考應用。

四、時紫白飛星

根據《沈氏玄空學》記載:「《寶海經》(時家紫白):時家紫白更精微,須知二至與三元,冬至三時一四七,子酉宮中順布之,夏至九六三星逆,九星挨巽震排之,順逆兩邊如日例,戌丑亥寅一般施。」說明時紫白飛星,以冬至及夏至為順逆推之分界(圖2-43),即冬至起順推入中順飛,夏至起逆推入中順飛。

立夏	夏至	立秋
春分		秋分
立春	冬至	立冬

夏至一陰生 963 逆推

冬至一陽生 順推 147

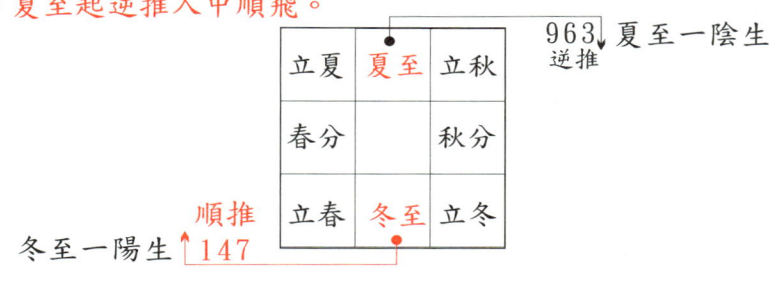

(圖2-43)冬至及夏至為順逆推

(一)操作模式

冬至一陽生 １４７,夏至一陰生 ９６３(表2-22),推算時紫白飛星入中及其他八個方位的紫白星。

(表2-22)時紫白飛星入中數

時地支區分	節氣(公曆大約時間)	時紫白飛星入中數順飛
子、午、卯、酉日	冬至後(大約12月21、22日)	子時起1白為首(順推)
	夏至後(大約6月21、22日)	子時起9紫為首(逆推)
辰、戌、丑、未日	冬至後(大約12月21、22日)	子時起4綠為首(順推)
	夏至後(大約6月21、22日)	子時起6白為首(逆推)
寅、申、巳、亥日	冬至後(大約12月21、22日)	子時起7赤為首(順推)
	夏至後(大約6月21、22日)	子時起3碧為首(逆推)

(二)時紫白飛星入中數對照一覽表

時紫白飛星依節氣入中數冬至後(約12月21、22日)順數(順推入中順飛)、夏至後(約6月21、22日)逆數(逆推入中順飛)(表2-23)。

(表2-23A)子午卯酉日時紫白飛星入中表

節氣＼時辰	子時	丑時	寅時	卯時	辰時	巳時	午時	未時	申時	酉時	戌時	亥時
冬至後（順推）	1白	2黑	3碧	4綠	5黃	6白	7赤	8白	9紫	1白	2黑	3碧
夏至後（逆推）	9紫	8白	7赤	6白	5黃	4綠	3碧	2黑	1白	9紫	8白	7赤

(表2-23B)辰戌丑未日時紫白飛星入中表

節氣＼時辰	子時	丑時	寅時	卯時	辰時	巳時	午時	未時	申時	酉時	戌時	亥時
冬至後（順推）	4綠	5黃	6白	7赤	8白	9紫	1白	2黑	3碧	4綠	5黃	6白
夏至後（逆推）	6白	5黃	4綠	3碧	2黑	1白	9紫	8白	7赤	6白	5黃	4綠

(表2-23C)寅申巳亥日時紫白飛星入中表

節氣＼時辰	子時	丑時	寅時	卯時	辰時	巳時	午時	未時	申時	酉時	戌時	亥時
冬至後（順推）	7赤	8白	9紫	1白	2黑	3碧	4綠	5黃	6白	7赤	8白	9紫
夏至後（逆推）	3碧	2黑	1白	9紫	8白	7赤	6白	5黃	4綠	3碧	2黑	1白

付之於當下
福已在其中

五、刻紫白飛星

　　西周時期古人已懂得一晝夜，劃分成十二時辰（指子、丑、寅、卯、辰、巳、午、未、申、酉、戌、亥），一時辰為 2 小時（指120分鐘），每一時辰分為 8 個刻(指120分鐘/8刻=15分鐘/刻)，每一刻為 15 分。根據唐代《初學記》記載：「李蘭(北魏道士)漏刻法曰：以器貯水，以銅為渴鳥，狀如鈎曲，以引器中水於銀龍口中吐入權器，漏水一升，秤重一斤，時經一刻。」說明古人已懂得用秤漏來讀取時刻。透過每一刻，即"刻紫白飛星"入中順飛八方位，可推演九宮方位之吉凶判斷。

(一)操作模式：
運用時星以冬至後逆推與夏至後順推為區分，由時星數推算出 8 個刻星數，便可入中順飛推算方位吉凶與作八卦類象分析。

(二)案例引述

1.例一：2026 年 5 月 15 日(己丑)早上 6 時(卯時) 45 分，查前表(表2-23B)己丑日卯時，紫白時星 7 赤星管事，"刻星冬至後採逆推"；早上 6 時 45分，屬 7 刻，逆推即 1 白飛星入中順飛(圖2-44)。

分組	時間	星數
1刻	05：00~05：15分	7
2刻	05：16~05：30分	6
3刻	05：31~05：45分	5
4刻	05：46~06：00分	4
5刻	06：01~06：15分	3
6刻	06：16~06：30分	2
7刻	06：31~06：45分	①
8刻	06：46~07：00分	9

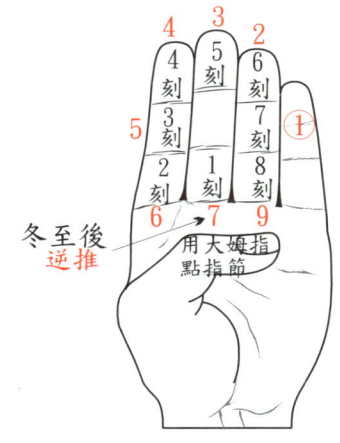

(圖2-44)2026年5月15日6時45分紫白刻星

2.例二：2026 年 11 月 12 日(庚寅)早上 6 時(卯時) 30分，查前表(表2-23C)庚寅日卯時，紫白時星 9 紫星管事，"刻星夏至後採順推"，早上 6 時 30 分，屬 6 刻，順推即 5 黃飛星入中順飛(圖2-45)。

分組	時間	星數
1刻	05：00~05：15分	9
2刻	05：16~05：30分	1
3刻	05：31~05：45分	2
4刻	05：46~06：00分	3
5刻	06：01~06：15分	4
6刻	06：16~06：30分	⑤
7刻	06：31~06：45分	6
8刻	06：46~07：00分	7

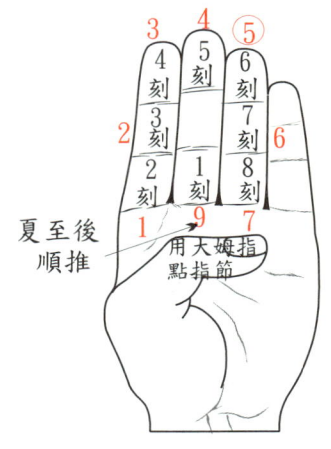

(圖2-45)2026年11月12日6時30分紫白刻星

第十節、五行生剋變化

　　五行是構成宇宙萬事萬物的基本元素，其相生相剋的變化機制，決定了吉凶與盛衰的轉化。根據《尚書・周書・洪範》記載：「五行：一曰水，二曰火，三曰木，四曰金，五曰土。水曰潤下，火曰炎上，木曰曲直，金曰從革，土曰稼穡。」此段文獻揭示了五行的抽象屬性與運行法則，並形成一套穩定的組合模式，可推演至術數的極致。所謂「數」是對萬象的高度濃縮理解，而「術」則是掌握與運用這些法則的方法。在命理學中，如八字學，常以日干代表「我」；而在風水學中，則以年干與主星為「我」的代表。因此，在飛星盤的分析中，當兩星交會，需先釐清主星與客星之別，方能準確判斷吉凶。判斷房屋朝向（向首）時，以向星（水星）為主，山星為客；若論坐山吉凶，則以山星為主，水星為客。透過同宮的山星與水星比對，可分為生入、剋入、生出、剋出與比和五種互動情形。主星分為：運星（代表大運）、坐星又稱山星（關乎人丁與家庭和諧）、向星又稱水星（象徵財富與流動）；而客星則根據時間區分，包含年星（代表全年吉凶）、月星（管月令）、日星（影響當日吉凶）。以下將進一步分析五行生剋的變化與應用。

一、五類元素

　　五行生扶剋洩，分客星生主星為生入吉、同五行相見為比和吉、客星剋主星為剋入吉、主星生客星為生出凶、主星剋客星為剋出凶等五行變化決定吉凶衰旺。

不輕易許諾
答應了的事
就一定要做

二、入

　　生入，是旺丁財之象（依主、客星性質）。根據唐朝楊筠松《青囊奧語》記載：「從外生入名為進，定知財寶積如山。」說明客星生主星屬吉，稱生氣（圖2-46）。以八運的戌山辰向為例，向首為86同宮，8是山星，6是水星；觀察向首的吉凶時，則以向首宮位的水星為主，山星作客。水星6白金乾卦，卻受山星8白土艮卦之生入，則主吉，發福綿長。

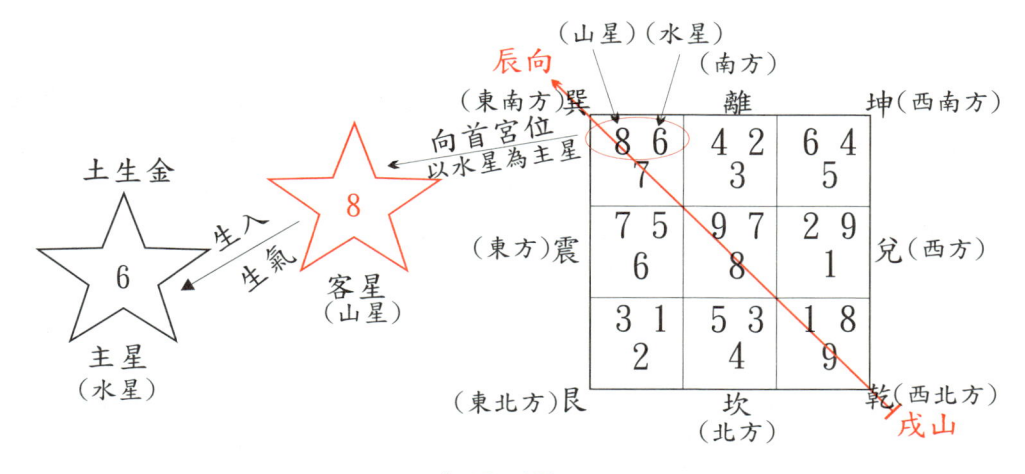

(圖2-46)生入

三、剋入

剋入，客星剋入主星為轉變，吉凶依當運卦氣與否受剋而斷，唐朝楊筠松《青囊奧語》記載：「生入剋入名為旺，子孫高官盡富貴。」說明剋入主星當運屬凶，剋入主星失運屬半吉。以八運的戌山辰向(圖2-47)為例，論朝向(向首)吉凶時，以水星為主星，山星為客星；判斷坐山吉凶時，以山星為主星，水星為客星。因此，星盤坐山(即山星為主星)乾宮是18星同宮，1是山星，8是水星，即水星剋入山星屬半吉。

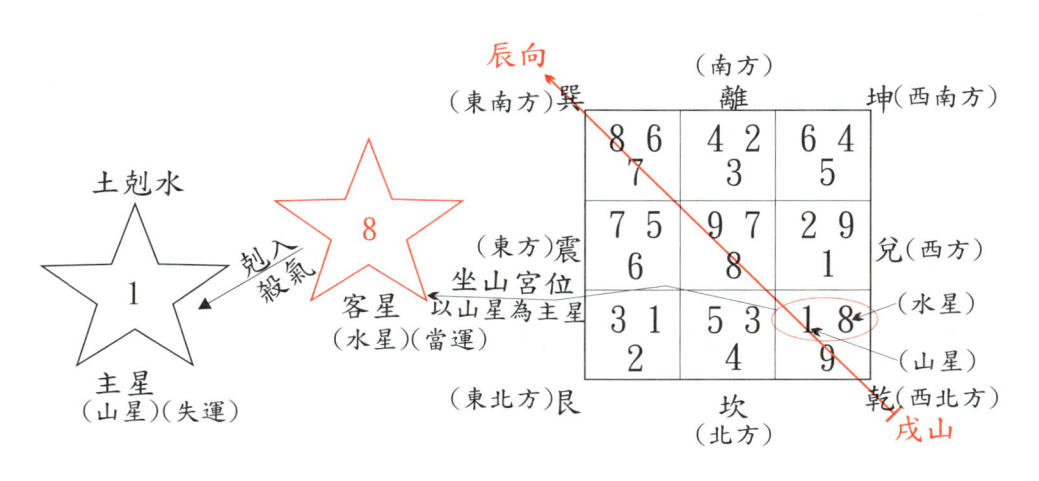

(圖2-47)剋入

四、比

比，即比和之意（圖2-48）。主星與客星五行相同者屬吉，亦稱旺氣，但22（病符星重疊）、33（是非星重疊）、55（災病星重疊）仍以凶論。以八運的庚山甲向為例，朝向（向首）為88同宮，即山星與水星同為8；觀察朝向（向首）的吉凶時，山星與水星同為8白土屬艮卦為比和，主吉。

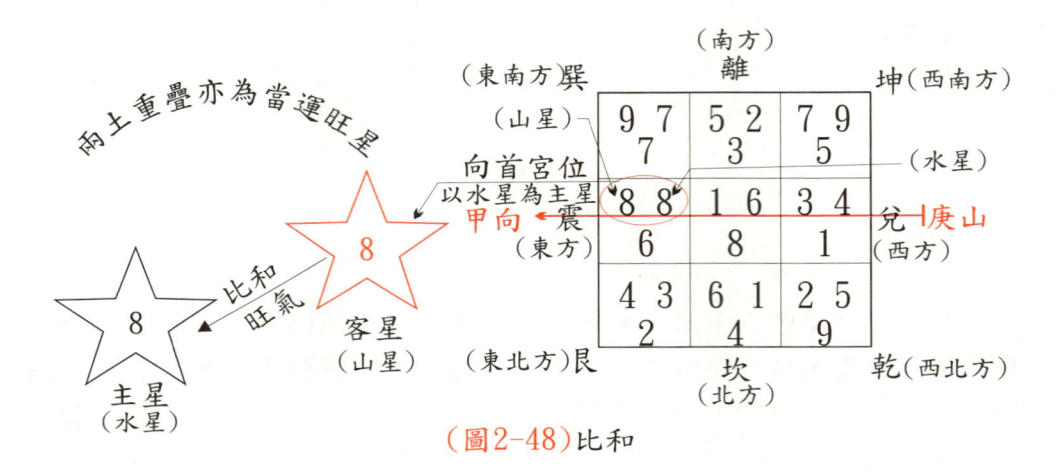

（圖2-48）比和

五、出

出，逢出必凶，根據唐朝楊筠松《青囊奧語》記載：「從外出入名為進，家內財寶積如山；從內生出名為退，家內錢財皆盡費。」說明出分，生出與剋出，屬破敗之象（當依主、客星性質）。以八運的巽山乾向為例：

1.生出

主星生客星言凶，為耗洩，亦稱洩氣（圖2-49）。如8運巽山乾向為例，在觀察朝向（向首）的吉凶時，以水星為主，山星作客。為水星8白土生出山星6白金，主星耗洩為凶。

生命無常
精神常在

2.剋出

主星剋客星言凶，亦稱死氣（圖2-50），陰陽兩星相見為正財，同陰或同陽兩星為偏財。如觀察坐山的吉凶時，以山星為主，水星作客。為山星 8 白土剋出水星 1 白水。剋出為得財，不持久，亦主辛勞。

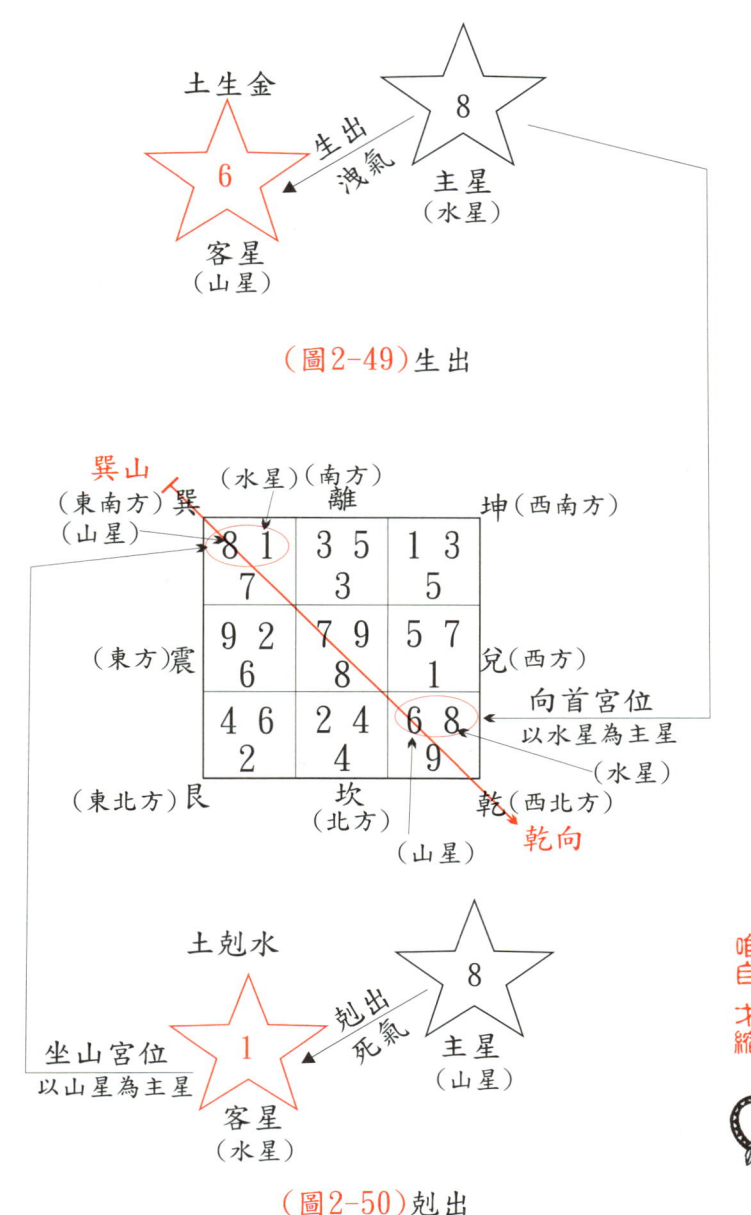

土生金

6 客星（山星） ←生出 洩氣— 8 主星（水星）

（圖2-49）生出

巽山（東南方）（山星）　（水星）（南方）
巽　　　　　離　　　　坤（西南方）

8 1 7	3 5 3	1 3 5
9 2 6	7 9 8	5 7 1
4 6 2	2 4 4	6 8 9

（東方）震　　　　　　　　　兌（西方）
　　　　　　　　　　　　　向首宮位
　　　　　　　　　　　　　以水星為主星
（東北方）艮　　坎（北方）　（水星）
　　　　　　　　　　　　　乾（西北方）
　　　　　　　　　　　　　（山星）
　　　　　　　　　　　　　乾向

土剋水

坐山宮位
以山星為主星　　1 客星（水星）　←剋出 死氣— 8 主星（山星）

（圖2-50）剋出

第十一節、憑星斷事

　　玄空風水操作上，必須透過飛星盤，以雙星加會（主星、客星交會）為參考原則（喻為降龍十八式），係以九星（指1白水、2黑土、3碧木、4綠木、5黃土、6白金、7赤金、8白土、9紫火）相互間之生剋之排列組合，如坐（山）星與向（水）星、坐（山）星與運星、向（水）星與運星、坐（山）星與地盤宮（元旦盤）、向（水）星與地盤宮（元旦盤）、復加年星、月星、日星、時星等排列組合，視需要靈活運用推斷。一般九星以1、6、8為三白吉星，4綠、9紫星屬吉凶參半，2黑、3碧星為凶星，5黃為災病星為基本概念。九星會隨元運而轉變，當運（旺）者即有權為吉，失運（退運）者即失權為凶。因而得時為旺，失時為凶；凶星依元運可轉變為吉星；吉凶定義皆因當運必吉旺，失運則凶敗。

第一式：排列組合係以坐（山）星與向（水）星之組合較為重要，及坐（山）星與運星，向（水）星與運星之組合次之。

第二式：九星均有星名，仍應注意八卦所代表之事務，如3震木，代表長男，因此剋應在長男或所屬命卦。

第三式：坐（山）星主人丁，向（水）星主財源，如8白在坐（山），主少男或所屬命卦之健康，若8白在向（水），主少男或所屬命卦之財帛。

第四式：以陰陽星之組合為最佳，陰星係以2、4、7、9等組合為雙星或陽星係以1、3、6、8等組合為雙星，違反陰陽和合為組合不佳。

第五式：以生旺為吉，但組合後不宜受制，如27同宮合成先天火局後剋7赤金，便屬應旺而不旺。17同宮為金生水之局，惟七赤金被洩，旺氣亦受損。

第六式：雙星之組合，可分生氣、旺氣、退氣、殺氣、死氣等五項。

1.生氣：6白金遇8白土，對6白金而言，為生氣亦為土生金之意。

2.旺氣：2黑土遇8白土，為比和，土氣相互增強為旺氣之意。

3.退氣：1 白水遇 4 綠木為水生木，水氣受洩，為退氣或洩氣之意。

4.殺氣：2 黑土遇 3 碧木為木剋土，故 3 碧木剋殺 2 黑土，為殺氣之意。

5.死氣：其意不易理解，"我剋者為妻財"或"我剋者為死"尚有疑議。23 同宮，為木剋土，死氣係指 2 坤土而言。

第七式：雙星逢生旺為吉，退殺為凶，如 14 同宮，以 1 白水為主；若以 4 綠木為主，為 41 同宮，比較生旺為吉，其退殺為凶，以此類推。

第八式：陰星受剋諸事不宜，2 黑土受剋，易生寡婦，4 綠木受剋不利長女與長媳，7 赤金受剋易惹桃花。27、47、79 同宮均屬陰神滿地，追逐酒色淫蕩。

第九式：陽星（坐星或向星）為陰星（坐星或向星）所剋，坐（山）星主傷丁，向（水）星主破財，如 37 同宮，為坐（山）星 3 震木，為 7 赤金所剋，主長男多病痛。四八同宮為向（水）星 8 白土受 4 綠木所剋為少男破財。

第十式：星之組合，為合成先天河圖數主大吉，若連珠格相剋，主大凶。
1.大吉：16、27、38、49 合成先天河圖數為大吉。
2.大凶：12、32、45 相互剋主大凶。

第十一式：星之主剋吉凶應視元運，如 19 同宮，即為 1 白水剋 9 紫火，若當在九運時，則 9 紫屬當運為生旺， 1 白屬失運為衰退，為因剋而招辱。若在一運時，則 1 白屬當運生旺氣，又 19 合十，反主利財源。又如 41 同宮，主發科甲，若在一運時， 1 白屬當運，而 4 綠屬失運為衰退 ，因受 1 白水所生則主生聰明，但為逆子。

第十二式：凶星，當運尚吉，至衰退則災病立見，如 25 同宮，主災病、死亡，二運當運時尚可，元運一過，則立見災亡。

第十三式：生旺元運內，雖剋不剋。如 96 同宮，於六運， 6 白金屬

當運，受 9 紫火剋而不剋，反主武財及功名。

第十四式：失元運，見生不生。如 29 同宮，2 黑土若在失運，主出尼姑，另 8 白土在失運，主出僧侶。

第十五式：星逢比和為旺，如 34 同宮，雙木成林，皆屬木，在三、四運利丁財，失運則主出盜賊。

第十六式：生氣不宜氣雜，如 49 同宮，主生聰明之長女，倘見 7 赤金（客星中如年星、月星、日星等星之加會），則火剋金、金剋木相互交剋，反主生個性刻薄之女。

第十七式：剋應亦可轉凶為吉，如 96 同宮，主破財傷父，若是 8 白土（客星中如年星、月星、日星等星加會），則火生土、土生金，相生利財及功名。

第十八式：五行中木火氣（如49同宮）及水木氣（如14同宮）主科名，金水氣（如61同宮）及火土氣（如98同宮）與土金氣（如86同宮）主利財。

曾國藩相人術口訣

正邪看眼鼻　　真假看嘴唇
功名看氣宇　　事業看精神
壽夭看指爪　　風波看腳跟
若要問條理　　全在語言中

有智慧能分辨善惡邪正
員謙虛能建立美滿人生

第十二節、雙星加會斷事

雙星加會斷事，是術數應用中的核心技巧。《易經》強調順應天時，即掌握時間與方位之道。風水術透過勘察環境、確定坐向、排布星盤，運用星曜組合(如運星、坐星、向星、年星、月星、日星、時星等)，藉由雙星會合產生的象徵意義進行判斷，稱為「雙星斷事」(表2-24)。其依據包括：兩顆星曜之五行生剋關係、所代表的人物與卦象、以及星曜是否當運或失運。此法在風水實務中極為關鍵，為不可或缺的重要程序。一般理氣法則以當元吉星為依據，「以旺水為重」，飛星盤吉凶之判斷以「向」為主，自能趨吉避凶、迎福納祥。

一、雙星加會所代表之意義

(表2-24A)雙星斷事(11~15)

雙星	斷　　　　　　　　　事
11	當元則才華橫溢，靈秀聰敏；失元則易招酒色之災。星曜比和且當旺，利於文書財運，主志氣高昂，如魁星入命，聰慧科甲，桃花旺盛，宜出門旅遊，常為江湖奔波之人，尤利於三震木與四巽木格局。然若失運，恐招血症或桃色糾紛。《玄空祕旨》云：「坎宮高塞而耳聾。」《玄機賦》亦載：「坎宮缺陷而墮胎。」
12	當元時，主婦當權掌勢；失元則夫受妻辱。若見剋入，為土剋水之象。當旺時，主婦人易患胃腸等腹部疾病。若失運，則男受剋制，女強壓男，妻凌夫。《玄機賦》載：「坎流坤位，朱買臣常遭賤婦之羞。」象徵女性權勢高漲，亦主母子不睦，一二數亦主訟事文字爭端。《玄空祕旨》云：「土制水復生金，定主田莊之富。」
13	當元則長男得貴，前程可期；失元則易生盜竊之事或患足疾。若為生出，為水生木之象。當旺時，主長子丁財兩旺，事業家庭雙得利；失運則多爭執是非，恐涉官非訟詞，亦主破財、竊盜、流動遷移等變動之象，健康方面易有肝疾或足部病痛。
14	當元則名揚科第，仕途順遂；失元則易因貴而染淫逸之風。此為生出，水生木之象。當運有利於考試、升職與加薪，主文才橫溢，步步高升；失運則名而不富。《紫白訣》云：「四一同宮，準發科名之顯。」四綠木主文昌，利讀書科舉、仕進升遷；若失運，則主桃花情緣。《飛星賦》載：「當知四蕩一淫，淫蕩者扶之歸正。」一四亦主畫筆才藝。
15	當元則腎氣充足，財貴雙全；失元則易應在中男，主腎耳衰弱。若見剋入，為土剋水之象。當旺時，利於財運與名聲；失運則健康不佳，視五黃災病星落宮而定，尤須注意耳疾、婦科疾病、貧血與子宮之病變。《飛星賦》云：「子癸歲，廉貞飛到，陰處生瘍。」主不利中男與陰部健康。

(表2-24B)雙星斷事(16~25)

16	當元則文昌喜動、武職顯貴；失元則易患頭骨或神經系統之疾。為生入，金生水之象。當旺主財運亨通，尤利軍警等武職升遷，一六共宗，先天河圖屬水，主吉祥順遂，發小財，惟易神經衰弱。失運則金水多情，情感糾結。《搖鞭賦》云：「水浸天門(乾)內亂殃。」亦象徵水冷金寒，主孤寒寂寞，易有頭痛或金屬傷害之虞。
17	當元則財運亨通，易得富貴；失元則貪花戀酒，沉迷逸樂。生入，為金生水。當旺有利遠行、官運顯達，亦主桃花旺盛與財源廣進。失運則易招口舌是非、破財流離，甚至金屬傷害。《玄空祕旨》云：「金水多情，貪花戀酒。」《竹節賦》載：「一七合八艮土(可以布一個水局，一個假山，及七件瓷器來增益)入癸方有天臨山上家合順，山起天中賢子孫。」宜善佈局以趨吉避凶。
18	當元時，文才得利，學業與財運皆旺；失元則易患耳疾及貧血。若見剋入，屬土剋水之象。當旺時，有文財雙收之利；失運則主耳鳴、耳聾，小兒亦有溺水之險。《竹節賦》載：「坤(二黑土)艮(八白土)動見坎(一白水)，中男絕滅不還鄉。」《玄空密旨》則云：「土制水復生金，定主田莊之富。」
19	當元則吉慶臨門，喜事頻傳；失元則易生爭執失和。剋出，為水剋火之象。當旺時，水火既濟，丁財兩旺，家庭和樂；失運則主家庭不和。一九合十主吉，又稱文筆星，但因水火相剋，終致傷損，喜慶中易生爭端、善變，並有小產、皮膚病、生病及眼疾之患。《搖鞭賦》載：「水火破財主眼疾。」《飛星賦》云：「火暗而神智難清」，糊塗且主文筆。
21	當元時，惡婦剋夫，夫妻關係緊張；失元則情感淡薄，易患胃疾。剋出，為土剋水之象。當旺則利財丁興旺；失運則夫妻不和，尤不利中男健康，常見胃腸疾病。《玄空秘旨》載：「腹多水而膨脹。」女性亦易患婦科疾病。《竹節賦》記：「坤（二黑土）艮（八白土）四季傷仲子。」警示中男健康受損。
22	當元時，當元，田產多富；失元，家醜叢生。比和，地為坤。當運主富有田產，《玄機賦》記載：「巨入艮坤，田連阡陌。」失運，母親多病，小人當道。但二黑是病符星，主懷孕、婦科之疾、胃腸病、內臟病等、易興訟《飛星賦》記載：「若夫申(坤宮)尖(巒頭上遇尖)興訟。」
23	當元時，家財多有損失；失元則易滯食腹疾。剋入，為木剋土之象。當運時，老婦掌權，長子行為不肖；失運則長子破敗，夫妻失和。此為鬥牛煞，《紫白訣》記：「鬥牛煞起惹官刑。」相剋相鬥，主官非訟詞、口角是非、不合導致人才流失。《玄空密旨》云：「雷出地而相衝，定遭桎梏。」象徵困頓桎梏之災。
24	當元時，悍婦剋姑，婦女掌權，家丁興旺；失元則官非纏身，家庭失和。剋入，乃木剋土之象。《秘本》載：「風行地上，必傷脾氣。二逢四咎，主婆媳不合。」《玄空秘旨》云：「山(八白土)地(二黑土)被風(四綠木)還生瘋疾。」此象徵不正常桃花與精神疾病，且易患風寒之疾。
25	當元時，財運頗佳；失元則人口常損。比和當旺時，置產財運皆佳；失運則百病叢生。《紫白訣》記載：「二五交加，罹死亡及疾病。」《飛星斷》云：「二五相逢，釀疾堪傷。」《秘本》亦稱：「二五交加，必損主。」此象主孤寡大凶，須防頑疾纏身、胃癌、脾胃病及死亡凶災。逢二、五、六星齊至一宮，稱為天、地、人到齊三合，易招陰靈作祟。

第十二節 雙星加會斷事

(表2-24C)雙星斷事(26~35)

26	當元時，乾坤交泰，事業興盛，財源廣進。失元則易頭疾寡宿，孤寂難耐。此為生出，土生金之象。《紫白訣》記載：「二黑飛乾，逢八白則財源大進。」失運時，老父多病，且易出現僧尼之象、頭痛及官非訟詞。《飛星賦》云：「乾坤交至，吝心不足。」雖擁有不動產，卻性格孤寒吝嗇，難以廣結善緣。
27	當元時，多得橫財且多生女；失元則易陷異性糾纏。此為生出，土生金之象。當運利橫財，二坤七兌均屬純陰相配，為不正桃花，小心桃花劫財。《搖鞭賦》記載：「地（二黑土）澤（七兌金），進財後嗣絕（凶險）。」失運時，母女易生不和。二黑遇七赤，形成異常桃花，且二七為先天火，須防火燭與血光之災。
28	當元時，主地產豐盈，財富可期；失元則小口多病，家中孩童易患疾。此為比和之象，二八合十，主吉祥與穩定。當運時，正財得利，擁有不動產，並利於遷移發展。《玄空秘旨》記載：「丑（屬艮宮，為閽人閹寺）未（屬坤宮，主寡）換局，而出僧尼。」《搖鞭賦》亦云：「地（二黑土）山（八白土），年幼子孫勞。」象徵小兒多病，辛苦勞碌，須加留意。
29	當元時，文筆生輝，財源廣進；失元則思維遲鈍，易招災厄。此為生入，火生土之象。當旺主文運亨通，才華橫溢。《紫白訣》載：「二黑飛乾，逢八白財源大進；遇九紫火（吉曜，主發丁），則瓜瓞（子孫）綿綿。」然失運則火炎土燥，宜防眼疾與健康問題。《飛星斷》亦云：「火見土而生愚鈍頑夫。」並主桃花繁雜，婦女易患血液與心臟疾病。
31	當元時，長男得貴，仕途順利，利於升職加薪；此為生入，水生木之象。《玄機賦》記載：「木入坎宮，鳳池身貴。」象徵長子氣質高雅，有貴人扶持。若失元，則易惹官非訟事，長子性情暴躁，招致破財與紛爭，須謹慎應對。
32	當元時，財運亨通，長子易置產聚富；失元則勞民傷財，家運漸衰。此為剋出之象，木剋土，主爭鬥與衝突。《紫白訣》載：「鬥牛煞起，惹官刑。」意指易招官非訟事、口舌爭端及破財之災。《玄空秘旨》云：「雷出地而相衝，定遭桎梏。」暗示家庭失和，尤對母親不利。失運時亦宜防腳部傷損與脾胃疾患。
33	當元時，氣勢凌人，財運暢旺；失元則爭強好勝，爭先恐後。此為比和之象，震屬木，木主仁。當旺之時，氣勢顯赫，利於財源與發展。失運則不仁為賊，易招官非訟詞，家中恐有盜賊，四肢亦多有損傷。《紫白訣》記載：「蚩尤碧色，好勇鬥狠之神。」主剋鬥相爭，禍起糾紛，尤需防母親有災，並留意足疾與脾胃病症。
34	當元時，當運發貴，事業順遂；失元則昧事無常，運勢不穩。此為比和之象，男女正配，當旺時利於婚姻與事業發展。失運則恐出盜賊，誤事連連。《玄機賦》云：「雙木成林，雷風相薄（長女多病痛）。」主長女多病。《飛星斷》曰：「同來震（出）巽（入），昧事無常。」易引動男性桃花，亦主精神不穩，若逢五黃更顯病象，逢太歲則防桃色糾紛。
35	當元時，財貴雙收，官運亨通；失元則多病破財，尤應防肝疾與足傷。此為剋出之象，木剋土，主耗損。《玄空秘旨》載：「我剋彼而遭其辱，因財帛以喪生。」意指因財生禍，損人不利己，易引發災劫與病痛。失運之際，氣場不和，恐致貧困潦倒，體弱多病，宜慎防官非與破耗之憂。

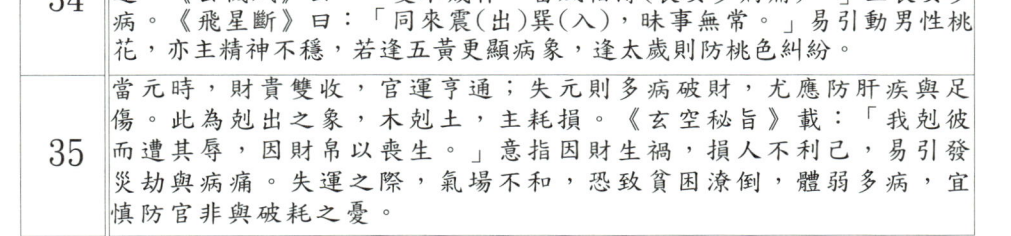

(表2-24D)雙星斷事(36~45)

第十二節　雙星加會斷事

36	當元時，官運亨通，事業有成，利於出入仕途；失元則金剋木，易招肢體損傷。此為剋入之象，主長子與筋骨受剋，宜防足疾與肝病。《飛星斷》記載：「三(三碧木為長子、足、筋骨)逢六(六乾金)，患在長男(主長子為金屬所傷)。」即三碧木遇六白金，長子易為金屬所傷，亦象徵官場失勢、是非口舌纏身，需慎防訟災與人際衝突。
37	當元時，主文武權貴，權勢財運兼得；失元則金剋木，長子易受損傷，惹來官符是非。《玄空秘旨》言：「木(三震木)金(七兌金)相反，背義(金義)忘恩(木主仁)。」《紫白訣》載：「三七疊至，劫盜官災並臨；七逢三到，財來亦被奪。」此組合易生口舌紛爭，長子足(白虎金剋青龍木)有疾，遇九紫火更恐突發災厄，應慎防。
38	當元時，丁財兩旺，家庭和樂；失元則木剋土，兄弟不和，小兒多災。《秘本》記載：「八(為艮少男屬土)逢三(硬木更惡)、四(柔木)，損小口(木剋土)。」主兄弟爭產，家人爭執，小產破財，幼子學業難成。木土相剋，亦象徵根基不穩，應防家庭內部矛盾與幼子健康之患。
39	當元，文才富貴，聰明伶俐，財運亨通；失元則官非纏身，易惹是非官符。木生火象，主聰明文采，卻也刻薄吝嗇。長子性急易衝動，須防頭眼疾與火燭之災。《玄空秘旨》言：「木見火而生聰明奇士，亦稱木火通明，聰明文采。」《秘本》云：「赤(七兌金)連碧(三震木)紫(九離火)，聰明亦刻薄之萌。」主聰明亦吝嗇。長男個性急易衝動。記載聰明伴刻薄。
41	當元名揚科第，利讀書考試，財源廣進；失元則漂泊淫蕩，精神易患疾病。水生木象，主學業有成。《玄機賦》記：「名揚科第，貪狼(一白水)入巽(四綠木)宮。」《紫白訣》稱：「四一同宮，準發科名之顯。」惟失運主桃花多，須防感情糾紛。
42	當元時，婦女掌家權，丁財兩旺；失元則事業衰敗，悍婦剋母，婆媳不合，桃花重。木剋土象，主婦女強勢。《秘本》記：「二逢四，咎當主母。主婆媳不合、婦人欺侮家姑、精神之疾。」風流綠木逢二黑，恐有名聲暴敗之險。
43	當元，陰陽正配，夫妻和睦，財貴雙全；失元夫妻反目，出不肖子女，四肢病痛。雙木成林，雷風相薄，長女多病。《玄機賦》記：「雙木成林，雷風相薄(長女多病痛)。」《飛星斷》：「同來震(出)巽(入)，昧事無常(不當誤事)。」主精神之問題(遇五黃更顯現)。常有不如意之事，遇八白土傷幼子，遇九紫火為木火通明，聰明文采。
44	當元喜逢登科，文曲雙星助力，利考試與聲望；失元漂泊四海，易患風疾。四綠為文昌之神，主祿位文章。《紫白訣》記：「蓋四綠為文昌之神，職司祿位。」逢一白官星之應，主宰文章；還宮復位固佳，交互疊逢亦美。但因風主飄蕩，易流落他鄉，利桃花。
45	當元文才富貴，事業順利；失元家境頹廢，事業荒蕪，婦女病患纏身。木剋土象，主健康與財運損傷。《飛星賦》記：「碧(三震木)綠(四巽木)風魔，它處廉貞(五黃災病星)莫見。」視五黃星而定，恐乳癌、胃潰瘍等重病。《玄空秘旨》警示：「我剋彼兒反遭其辱，因財帛以喪身。」

（表2-24E）雙星斷事(46~55)

46	當元時，家境和氣，四六合十吉，家庭和睦財源廣；失元則父欺妻嫂，家運不順，勞役之苦，長女多病，官非婚訟纏身。金剋木象，主爭鬥與勞苦。《飛星賦》記：「小畜(為風天小畜卦，乾為天指官人或大人巽為風指猜差遣或命令)差徭勞碌。」
47	當元婦權當道，強悍主政，財源亨通；失元沉迷歡愛，口舌是非頻發。金剋木，主同性不合與官非婚訟。《玄空秘旨》曰：「雷(三碧木)風(四綠木)金(七赤金)伐，定被刀傷。」主同性(四巽木為長女，七兌金為少女，兩女相交，同性相拒相剋)不合、官非、婚訟。《秘本》記載：「四七臨而文章不顯，嘔血早夭。」
48	當元相夫教子，家財豐足；失元兒女多病，學藝不精，精神壓力大。木剋土象，破財小口，易離婚。《紫白訣》言：「四綠固號文昌，然八(八白土)會四(四綠木為柔木)而小口而殞生(木剋土)，三(三碧木為硬木)八之逢更惡。」不動產多，家中多災。
49	當元聰慧吉慶，文采斐然，聲名顯赫；失元爭執不和，婦人爭權，家庭失調，須防眼疾。木生火象，為四九河圖之數。《玄空秘旨》記：「木生火，生聰明奇士。」《飛星訣》稱：「開口筆插離方，必落孫山之外。」財不聚長女殃。
51	當元時，丁財兩旺，家運興隆；失元則久病纏身。剋出象徵土剋水，當旺不利中男。失運時，家中病痛叢生，中子受害。《秘本》雲：「一加二五傷及壯丁。」主膀胱病、婦女病、眼疾。《飛星賦》記：「子癸(指坎宮壬子癸一白水)歲，廉貞(五黃災病星為毒為瘡)飛到，陰處(生殖器官、腎)生瘍(潰瘍、膿血)。」尤須注意眼疾。
52	當元大發丁財，家運昌盛；失元百病叢生。比和當旺，丁財雙旺；失運凶煞橫行，疾病破財。《紫白訣》言：「二五交加罹死亡並生疾病」《飛星斷》：「二五兮(二黑土在當運為天醫失運為病符星與五黃同到生疾損主)，釀疾堪傷。」《秘本》稱：「二五交加，必損主；黃黑交錯，家長有凶。」主孤寡、胃腸病、四肢受傷、運途滯困。
53	當元長男得福，家庭和樂；失元則叛逆且腳傷。剋入為木剋土，當旺長男受益。失運家破人離，長男多是非。《玄空秘旨》謂：「我剋彼遭辱，財帛喪生。」《飛星斷》：「寒戶遭瘟，緣自三(三碧木)廉(五黃廉貞災病星)夾綠(四綠木)。」指寒戶遭瘟，主傳染病、破財及手足傷疾。
54	當元文財豐厚，家業興旺；失元則家業衰敗。剋入為木剋土，當旺事業順利。失運喜享樂，手足傷疾，乳房多病，田園荒廢。《飛星賦》記載：「碧(三震木)綠(四巽木)風魔，它處廉貞(五黃災病星)莫見。」依五黃災病星定吉凶，主股病、乳癌、胃潰瘍，家產大破。
55	當元家業興旺，丁財兩旺；失元則血光之災。比和當旺，丁財雙美；失運凶煞橫行，多災多難。《紫白訣》載：「五(五黃土為凶煞)主孕婦(遇二黑土主肚腹)受災。」《飛星訣》云：「正煞為五黃，不拘臨方到間(無論流年小運，當疾病叢生)，人口常損。」重重凶星，當防脾胃病、毒瘤及刑獄之禍。

(表2-24F) 雙星斷事(56~65)

56	當元之時，財源廣進；失元之運，焦頭爛額。金得土生，象徵財氣生成；旺運則子女賢孝，失運則家長多病，諸事不利。《玄空秘旨》云：「富並陶朱斷是堅金遇土(為六乾金化五黃土主吉)。」亦主頭疾、迷亂之象。
57	當元旺盛，家道興隆，財運亨通；失元則情慾橫流，易惹官非。金得土生，象徵事業有成；失運則桃花劫頻，《飛星訣》曰：「紫(九紫火)黃(五黃災病星)毒藥(火味苦，五性毒)，臨宮兌口(五黃土主毒藥，生七兌金為口，主服毒)休嘗。」，七兌金化五黃土主吉，慎防肺病、口疾與情災。
58	當元之時，田宅吉順；失元則運勢滯阻。雙土比和，象徵丁財兩旺、兒女孝順；失運則小兒多病，家運不振。《玄機賦》云：「艮(八白為吉星)非宜(失令或犯煞時)也，筋傷骨折(主筋骨、四肢受傷)。」艮宮失令或犯煞，易引暗疾、背痛、胸悶及筋骨損傷。
59	當元旺盛，思路敏捷、財運亨通；失元則神思混亂、易患頭痛。火生土為生入之象，當旺則子女聰慧、財源廣進，失運則育愚鈍之子，易有眼疾。《玄空秘旨》曰：「值廉貞而頓見火災」，《飛星賦》云：「火暗(九紫火主聰明智慧，失令時火暗愚蠢)而神智難清(無智慧)。」，主火災、性疾、血症，逢七赤金，亦防中毒。
61	當元之時，仕途順遂；失元則有水患骨病之憂。金生水為生出之象，旺運可合成一六吉數，有利科考升遷、名利雙收。失運則官場失意，宜防水災。《玄空秘旨》載：「虛(壬也，坎卦一白水)聯奎壁(二十八星宿之二宿即乾也，為六白金)，啟八代文章(文章顯達、官運騰達)。」金生水旺，文章顯達、官運騰達，亦主桃花緣盛。
62	當元得勢，置產興家、財富可期；失元則家人失和、口角紛爭。土生金為生入之象，旺運主財源廣進；失運則性情貪婪、易出僧尼、家庭不睦。《飛星訣》云：「乾為寒，坤為熱，往來切記；乾(為天為神)坤(為地為鬼)神鬼與他相剋非祥。」，乾坤相剋非祥，主胃腸病變、婦科之疾。
63	當元得令，權威顯赫；失元之時，父子失和。金剋木為剋出之象，當旺則具官威領導力；失運則易傷長男、頭部、腿足多疾。《玄空秘旨》云：「足以金而躓蹶」，《飛星訣》曰：「三(三碧木為長男、腿及足)逢六(六乾金)，患在長男」，主四肢傷病，宜防跌損意外。
64	當元得勢，事業順遂、利路亨通；失元則勞累過度，易患肢體或精神之疾。金剋木為剋出之象，旺運商機處處、貴人相助；失運則剋妻破和，長女體弱。《玄空秘旨》載：「雷風金伐，定被刀傷」，主四六合十吉，貴人多相助，主四肢損傷、病從勞來。
65	當元順行，財官雙旺、仕途得利；失元則家主多病，小人暗害。土生金為生入之象，旺運六乾金化五黃土，主富貴榮顯。《玄空秘旨》曰：「富並陶朱，斷是堅金遇土」，雖主吉，亦須防頭疾、骨病、肺癌、結石等隱憂。

（表2-24G）雙星斷事(66~75)

66	當元之時，權登極位、名利雙收；失元則破財傷身、是非纏身。乾為金，比和之象，當旺則官運亨通、財源滾滾；失運則招官非訟事、破財多災。《飛星訣》曰：「金曜連珠」，《天玉經》載：「乾山乾向水朝乾，乾峰出狀元」，主富貴顯達。
67	當元旺盛，文武雙全、威權顯赫；失元則家庭不安，口舌糾紛頻仍。比和之象，主權勢名聲；失運則招官非、四肢易傷。《紫白訣》載：「交劍殺興，多劫掠」，六七交劍煞主爭訟破耗，亦為女強男弱、逢三碧木主足疾之兆。
68	當元順運，功名顯耀、事業順遂；失元則多見頭部或骨疾之憂。土生金為生入之象，旺運主發科名、置產安居。《紫白訣》曰：「六八（六遇八主發武，八遇六主發文）武科發跡，否則韜（文）略（武）榮身。」，主文武雙全、富貴雙收，失運則固執不通，影響升遷發展。
69	當元，家主貴壽；失元，火盛必災。剋入，火剋金之象；當旺，貴壽聰明，丁財兩旺；失運，家出不肖之子。《玄空秘址》記載：「丁丙朝乾，貴客而有其耆耄之壽。」，《秘本》記載：「六九為肺痿，衰則血症，盛必火災。」，《飛星訣》記載：「火（九紫火）燒天門（六乾金）而張牙相鬥，家生罵父之兒。」主首疾，出逆子。
71	當元得運，飲食豐盈、出行順遂，金生水為生出之象，利旅遊、移民、仕途發展；失運則沉迷酒色、流離破敗。《玄空秘旨》曰：「金水多情，貪花戀酒」；《搖鞭賦》記：「水臨白虎（七兌金為西方稱白虎方）墮胎煞。」；《竹節賦》云：「一七合八艮土入癸方有天臨山上家合順，山起天中賢子孫。」，主子孫興旺。
72	當元之時，婦人貴顯、財運亨通，合先天二七河圖，主升遷加薪；失元則回祿之災、色酒破財。土生金為生入之象，旺運主女性顯貴。《玄空秘旨》載：「陰神（二坤土與七兌金均為女性）滿地成群，紅粉場中空歡喜。」，合成先天火局，主呼吸口腔之疾，亦防虛榮愛欲之禍。
73	當元得勢，文武兼備、子女賢能；失元則家庭失和，病後遭訟，破財連連。金剋木為剋出之象，主剋制之應。《玄空秘旨》載：「足以金而躓跚」；《紫白訣》云：「三七疊至，被劫盜更見官災；三七臨生病，那知病癒遭官，七逢三到生財，豈識財多被盜。」，主破財、訟事、橫禍臨身。
74	當元順行，官運亨通、婦女顯貴、桃花旺盛；失元則情慾過盛、爭執不休、夫妻失和。金剋木為剋出之象，當旺利權貴之運。《玄空秘旨》載：「雷風金伐，定被刀傷」；《秘本》云：「四七臨而文章大顯，嘔血早夭」，主桃花是非、情劫傷身。
75	當元旺盛，財富穩固、不動產增值；失元則口舌爭執、桃花劫起，宜防疾厄。土生金為生入之象，主財旺身安。《飛星賦》云：「紫黃毒藥，臨宮兌口休嘗」，七兌金化五黃土，主肺疾、口腔病、大腸、喉部等疾，亦防服毒之災。

(表2-24H) 雙星斷事(76~85)

76	當元時，文運昌隆、財庫豐盈；失元則官場紛爭，難以調和。比和得旺，財運滾滾；失運則家宅不寧，易見女凶男災。《紫白訣》曰：「交劍殺興，多主劫掠。」主六(六乾金)七(七兌金)交劍煞、大凶官非、肢體傷損。《竹節賦》云：「蛇驚夢裡，皆緣內兌外乾。」《搖鞭賦》言：「澤天陰邪，損及老翁。」
77	當元之時，橫財大發，勢如破竹；失元則色難纏身，禍及官災。比和旺盛，權勢與財並進；失運則遭劫破財，桃花色煞。《飛星訣》言：「金曜連珠」，七兌重疊，主當運大旺。《紫白訣》載：「破軍赤名，肅殺劍鋒之象。」主凶煞臨身，需慎防官非與口舌。
78	當元則家道和順，福祿雙全；失元則病患頻仍，財氣散失。當旺時家庭興旺、財運亨通；失運則小女多病，破財不斷。《玄機賦》曰：「金(七兌金)居艮(八白土)位(土生金之象)，烏府求名(異路功名)。」主財旺利貴。《玄空秘旨》載：「男女多情，無媒妁則私約。」主富貴多桃花，情緣反覆。
79	當元，家業興隆、火宅生旺；失元，易患血症與火險。剋入，為火剋金之象；當旺，家道昌盛；失運，回祿之災頻仍（七九會一白動則災，遇二黑不動亦禍）。《飛星斷》載：「赤、紫兮，致災有數。」七赤先天火、九紫後天火，若逢巒頭水或二黑加臨，主眼疾、心病、貪色戀酒之患。
81	當元，大利文昌，才思敏捷；失元，兄弟不睦，運勢受阻。剋出，為土剋水之象；當旺，文職順遂，適宜置產；失運則兄弟乖離，交友不慎，易患膀胱、耳鳴、耳疾。《竹節賦》云：「坤(二黑土)艮(八白土)動見坎(一白水)，中男絕滅不還鄉。」《玄空秘旨》載：「土制水復生金，定主田莊之富。」
82	當元，田產興旺，正財得利；失元，小口多病，家庭煩擾。比和，為八二合十，主吉象；當旺宜置不動產，利於遷移轉運；失運則小兒多病，腸胃受損。《玄空秘旨》載：「丑(屬艮宮為閽人閻寺)未(屬坤宮主寡)換局，而出僧尼。」主孤寡離鄉。《搖鞭賦》記：「地(二黑土)山(八白土)年幼子孫勞(小兒多病痛，而辛苦厭煩。)」多主小兒病痛，辛苦勞碌。
83	當元，地產得利，權勢相助；失元，破財傷官，運勢下滑。剋入，為木剋土之象；當旺，三八組合為先天吉數，主權威與置產之富；失運則破財損官，小口多災。《秘本》云：「八(為艮少男屬土)逢三(硬木更惡)、四(柔木)，損小口(木剋土)。」主小產、離婚、幼兒讀書無成、腰痛與鼻疾等災象。
84	當元，地產興旺，婦得財權；失元，妻奪夫權，家道不和。剋入，為木剋土之象；當旺，女性當家，置產有成；失運，夫妻失和，小口多病，精神壓力沉重。《紫白訣》曰：「四綠固號文昌，然八(八白土)會四(四綠木為柔木)而小口而殞生(木剋土)，三(三碧木為硬木)八之逢更惡。」主木剋土，小兒損傷，婚姻多困。
85	當元，運勢暢旺，財源廣進；失元，易招病災，尤患精神之疾。比和得旺，諸事順遂；失運則病痛破財，應防胃疾、鼻病、背痛與神經失調。《玄機賦》載：「艮(八白為吉星)非宜(失令或犯煞時)也，筋傷骨折(主筋骨、四肢受傷)。」意指八白吉星失令或犯煞，主筋骨、四肢疼痛，並有暗疾、胸背之患。

第十二節 雙星加會斷事

（表2-24I）雙星斷事(86~95)

86	當元，富貴雙全，福澤綿長；失元，易患頭痛骨酸。生出，為土生金之象，當旺則福德兼具，財源廣進，適宜置產；失運則父子失和，性情固執，純陽過重有鰥夫之象。《紫白訣》載：「六八(六遇八主發武，八遇六主發文)武科發跡，否則韜(文)略(武)榮身。」
87	當元，運勢暢旺，財利雙收；失元，則多精神病痛之患。比和得旺，財源滾滾；失運則病痛纏身，尤須防胃疾、鼻病、神經痛與背部傷害。《玄機賦》曰：「金(七兌金)居艮(八白土)位(土生金之象)，烏府求名(異路功名)。」意指八白吉星若失令或受煞，易主筋骨損傷、手背胸疼與暗疾潛伏。
88	當元，雙吉臨門，丁財興旺；失元，事業受挫，肩骨酸痛。比和得旺，事業發達，錢財盈滿；失運則事業下滑，財運耗散。《飛星訣》記：「土曜連珠(八白土重疊，富貴功名)。」八白重疊為吉象。《玄機賦》亦載：「艮(八白為吉星)非宜(失令或犯煞時)也，筋傷骨折(主筋骨、四肢受傷)。」主四肢損傷、肩背疼痛、筋骨之災。
89	當元，喜事臨門，婚慶重來；失元，易患眼疾、鼻病。生入，為火生土之象；當旺，丁財兩旺，婚喜連連，財運亨通；失運則火炎土燥，主眼、心、鼻及四肢之疾。《紫白訣》記：「八(八白吉星)逢紫曜(九紫喜慶星)，婚喜重來(火生土)。」
91	當元，家門多喜，子息昌盛；失元，目疾耳鳴，易有爭端。剋入，為水剋火之象；當旺，陰陽合配，正室旺男丁，財運亨通；失運，水火不容，中男受剋，遇七赤易致火災，並主眼耳之疾。《搖鞭賦》云：「水火破財主眼疾。」《玄空秘旨》曰：「南離(九離火)北坎(一坎水)，位極中央。」九一合十主文筆，然水火難容，喜中藏憂有爭端(善變)。
92	當元，母主家業，置產得利；失元，胃疾火災，小口不利。生出，為火生土之象；當旺，婦女掌權，置產旺丁；失運，家出愚鈍之子，易患眼疾、腸胃病及婦科疾患。《紫白訣》曰：「二黑飛乾，逢八白財旺，遇九紫火(吉曜為發丁)則瓜瓞(子孫)綿綿。」《飛星斷》言：「火見土則生愚鈍頑夫。」《玄空秘旨》曰：「紅粉場中空歡喜，陰神滿地。」
93	當元，聰慧得志，婦女掌權；失元，目疾足傷，是非頻生。生入，為木生火之象，當旺主位高權重，性明而達；失運則性急偏執，長男好訟，易招官非。眼疾、心疾與足疾尤需防。《玄空秘旨》云：「木見火而生聰明奇士，亦稱木火通明，聰明文采。」《秘本》亦載：「赤(七兌金)連碧(三震木)紫(九離火)，聰明亦刻薄之萌。」
94	當元，夫榮妻貴，子女聰慧；失元，情慾放縱，風流多情。生入，為木生火之象，當旺合四九河圖，主子息聰慧，財源廣進；失運則事業衰退，沉溺酒色，非正桃花干擾人生。《玄空秘旨》曰：「木火通明，生聰明奇士。」《飛星訣》載：「開口筆插離方，必落孫山之外。」
95	當元，地產得富，利於置產；失元，體弱多病，凶星臨門。生出，為火生土之象，當旺主置業有成；失運則生愚鈍之子，宅外山勢破損，易犯五黃煞，主毒症、胃出血、小腸癌、心疾、眼疾等。《玄空秘旨》言：「值廉貞則火災頓起。」《飛星賦》曰：「火暗(九紫火主聰明智慧，失令時火暗愚蠢)而神智難清(無智慧)。」

(表2-24J)雙星斷事(96~99)

96	當元，文采風流，名顯文章；失元，主肺疾血症。剋出，為火剋金之象，當旺則才華橫溢，長壽安康；失運恐頭疾纏身，逆子叛逆。《秘本》載：「六九為肺癆，衰則血症，盛則火災。」《飛星訣》云：「火(九紫火)燒天門(六乾金)而張牙相鬥，家生罵父之兒。」宜慎宅運以防傷親情。
97	當元，橫財易得，富貴自來；失元，破財散盡，桃花劫重。剋出，為火剋金之象，當旺主機靈聰慧，財運通達；失運則戀酒沉花，破財損身。《飛星斷》記：「赤、紫兮，致災有數。」《玄空秘旨》言：「午(九紫火)逢酉(七赤金)而江湖花酒。」《飛星賦》曰：「青樓染疾，只因七(七赤金)弼(九紫火為右弼星)同黃(五黃災病星)。」主皮膚病變。
98	當元，財旺喜慶盈門；失元，眼胃之疾。生出，為火生土之象，當旺主旺丁財、豐收，升職加薪，有不動產之富；失運則火炎土燥，家出愚子，易患眼疾、心疾及胃腸不適。《紫白訣》曰：「八(八白吉星)逢紫曜(九紫喜慶星)，婚喜重來(火生土)。」失運當慎飲食與家宅之勢。
99	當元，當元，丁財驟發，文運亨通；失元，戀酒貪花，眼疾纏身。比和之局，當旺則文章顯耀，財丁俱旺；失運則色難招禍，心眼皆損。《玄機賦》記：「離位巖巇(巒頭有煞)而損目。」主心疾眼病，多生血症。宜遠酒色，慎選宅向，以避桃花破局。

二、雙星斷事要領

憑星斷事，以下列三項靈活運用，吉凶斷事更具效應。

(一)檢討五行：如 14 同宮，如為上水下木，即上坎(水)下巽(風)，決定主星與客星之生剋變化來論述吉凶。

(二)判別陰陽：唐朝卜則巍《雪心賦》記載：「孤陰不生，獨陽不生。」及宋朝《素問》記載：「陰陽為命原之始，孤陰不生，獨陽不長，以至萬有生命之進，為陰陽相對調和。」說明純陰，易造成宅中之人，行事幽潛，性格偏邪；純陽，易造成宅中人事剛霸，性格跋扈。如 14 同宮，為 1 白陽，4 綠陰，合於陰陽調和者為吉。

(三)組合配卦：如 14 同宮，為上坎(水)下巽(風)，組合為水風井成卦，可方便記憶與卦義無涉。

三、紫白九星八方位斷略(流年吉凶)

九星因時不同亦吉亦凶，又與元運有密切關係，當運者旺，將來者生，已過者衰，久過者死。

(一)九星吉凶區分

一白生氣星(又稱桃花星)：當運主智慧、創新；失運主漂泊、不如法。

二黑病符星：當運主旺丁旺財；失運主疾病、愚貪。

三碧是非星：當運主興家、成名；失運主官非、口舌。

四綠文昌星：當運主名利雙收；失運主巧言令色。

五黃災病星：當運主忠良、正直；失運主官訟、災病。

六白武財星(又稱偏財星)：當運主武貴、創新；失運主剛愎、浮華。

七赤破耗星：當運主善解人意、橫財；失運主賊竊、是非。

八白財帛星(又稱當運財星)：當運主富貴利財源；失運損小口、破財。

九紫喜慶星：當運主名譽、感情；失運主流產、火災。

(二)九星影響

流年依九星所到方位對空間使用者會激發出不同之吉凶影響力。如居家門位影響家人運程、房(床)位影響使用者運程、灶位影響家人健康。因而流年方位之吉凶，可參採用作為空間格局及判斷運勢的依據。

(三)九星飛布八方位吉凶

紫白九星，依流年飛布八方位吉凶圖(圖2-51至2-59)，用作時運與五行之衰旺判斷、空間與方位之卦理分析、坐星與向星之吉凶檢討，可靈活多項組合運用，更為神奇。

第十二節　雙星加會斷事

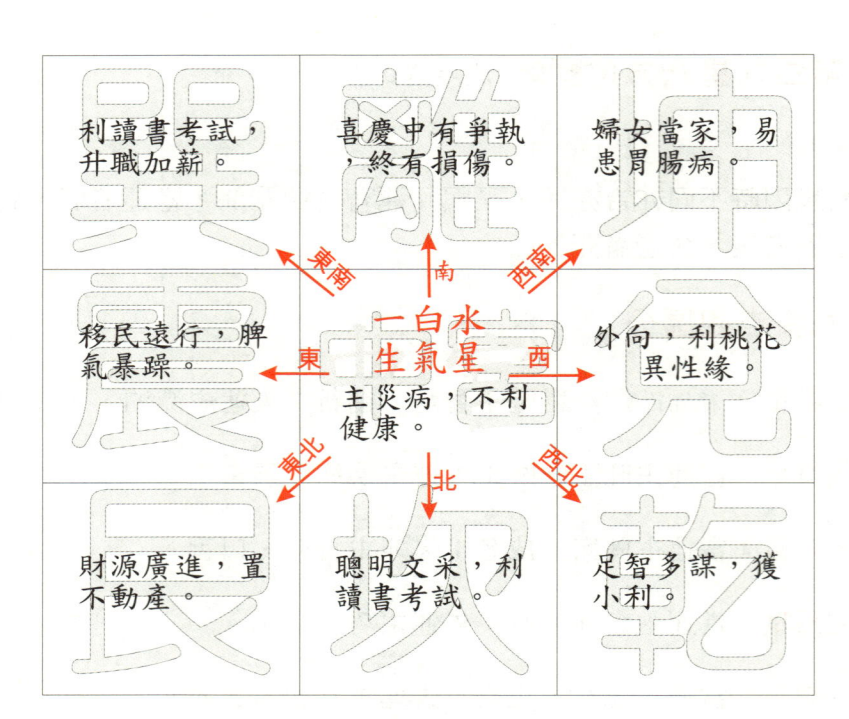

巽 利讀書考試，升職加薪。	離 喜慶中有爭執，終有損傷。	坤 婦女當家，易患胃腸病。
震 移民遠行，脾氣暴躁。	中宮 一白水生氣星 主災病，不利健康。	兌 外向，利桃花異性緣。
艮 財源廣進，置不動產。	坎 聰明文采，利讀書考試。	乾 足智多謀，獲小利。

（圖2-51）一白水星

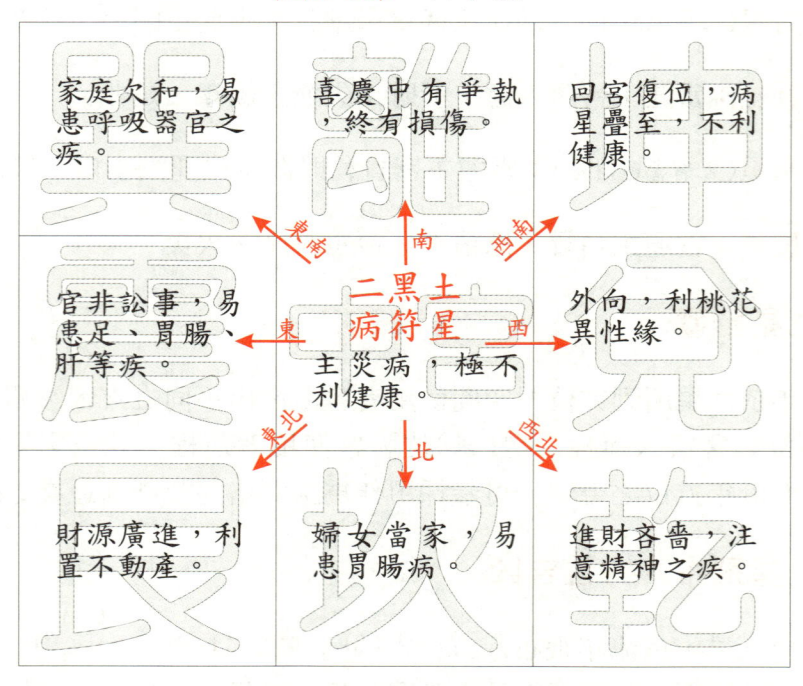

巽 家庭欠和，易患呼吸器官之疾。	離 喜慶中有爭執，終有損傷。	坤 回宮復位，病星疊至，不利健康。
震 官非訟事，易患足、胃腸、肝等疾。	中宮 二黑土病符星 主災病，極不利健康。	兌 外向，利桃花異性緣。
艮 財源廣進，利置不動產。	坎 婦女當家，易患胃腸病。	乾 進財吝嗇，注意精神之疾。

（圖2-52）二黑土星

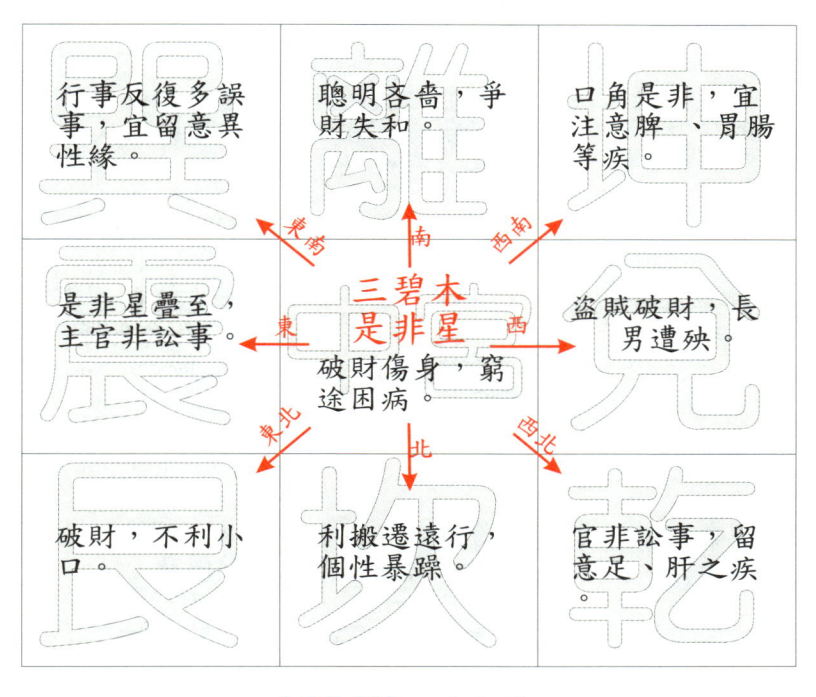

行事反復多誤事，宜留意異性緣。	聰明各嗇，爭財失和。	口角是非，宜注意脾、胃腸等疾。
是非星疊至，主官非訟事。	三碧木星 是非星 破財傷身，窮途困病。	盜賊破財，長男遭殃。
破財，不利小口。	利搬遷遠行，個性暴躁。	官非訟事，留意足、肝之疾。

(圖2-53) 三碧木星

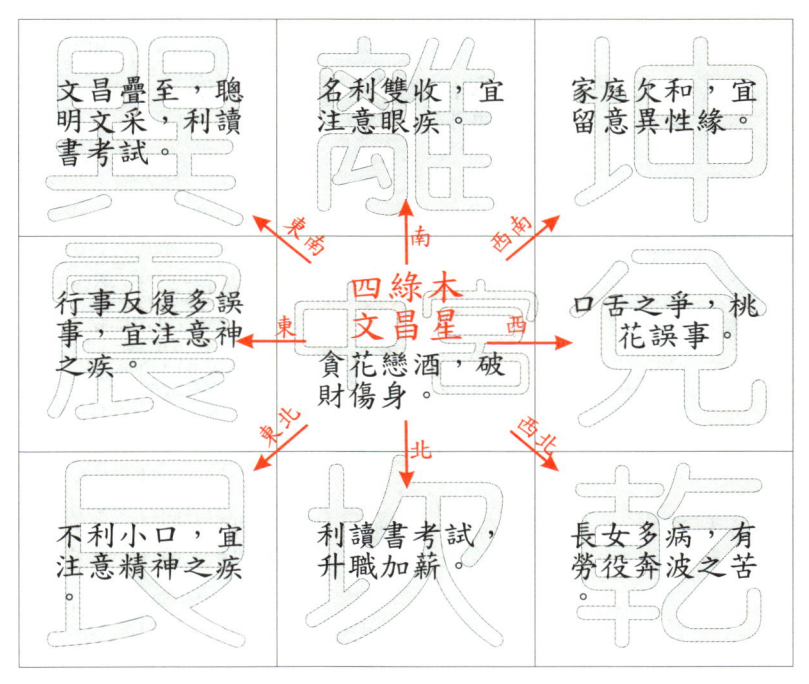

文昌疊至，聰明文采，利讀書考試。	名利雙收，宜注意眼疾。	家庭欠和，宜留意異性緣。
行事反復多誤事，宜注意神之疾。	四綠木星 文昌星 貪花戀酒，破財傷身。	口舌之爭，桃花誤事。
不利小口，宜注意精神之疾。	利讀書考試，升職加薪。	長女多病，有勞役奔波之苦。

(圖2-54) 四綠木星

第十二節 雙星加會斷事

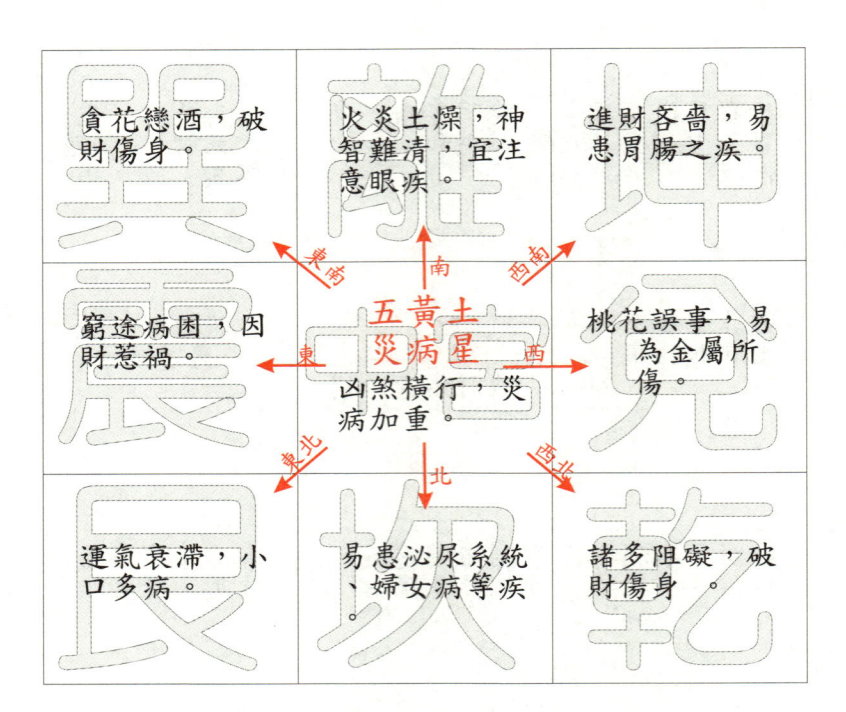

貪花戀酒，破財傷身。	火炎土燥，神智難清，宜注意眼疾。	進財吝嗇，易患胃腸之疾。
窮途病困，因財惹禍。	五黃土星災病 凶煞橫行，災病加重。	桃花誤事，易為金屬所傷。
運氣衰滯，小口多病。	易患泌尿系統、婦女病等疾	諸多阻礙，破財傷身。

(圖2-55) 五黃土星

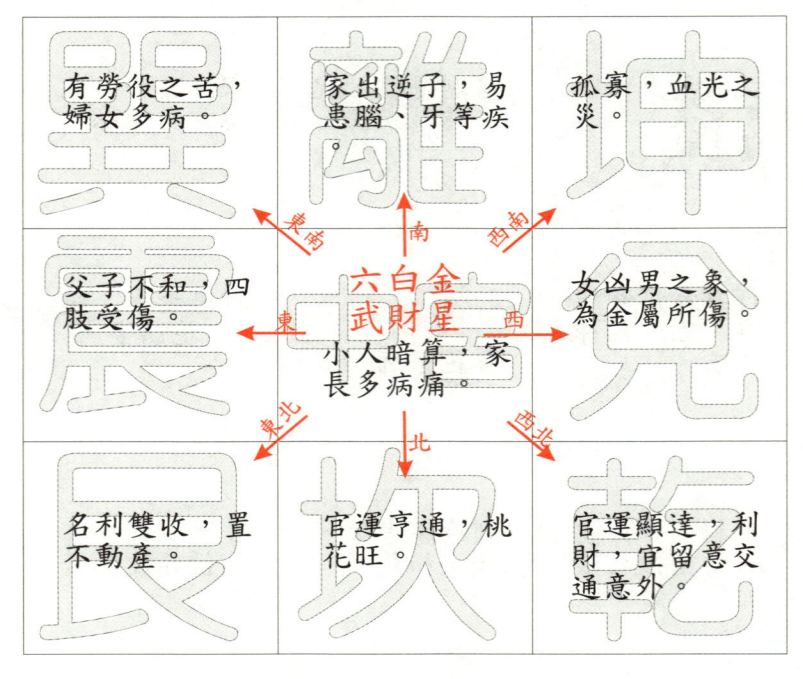

有勞役之苦，婦女多病。	家出逆子，易患腦、牙等疾	孤寡，血光之災。
父子不和，四肢受傷。	六白金星武財 小人暗算，家長多病痛。	女凶男之象，為金屬所傷。
名利雙收，置不動產。	官運亨通，桃花旺。	官運顯達，利財，宜留意交通意外。

(圖2-56) 六白金星

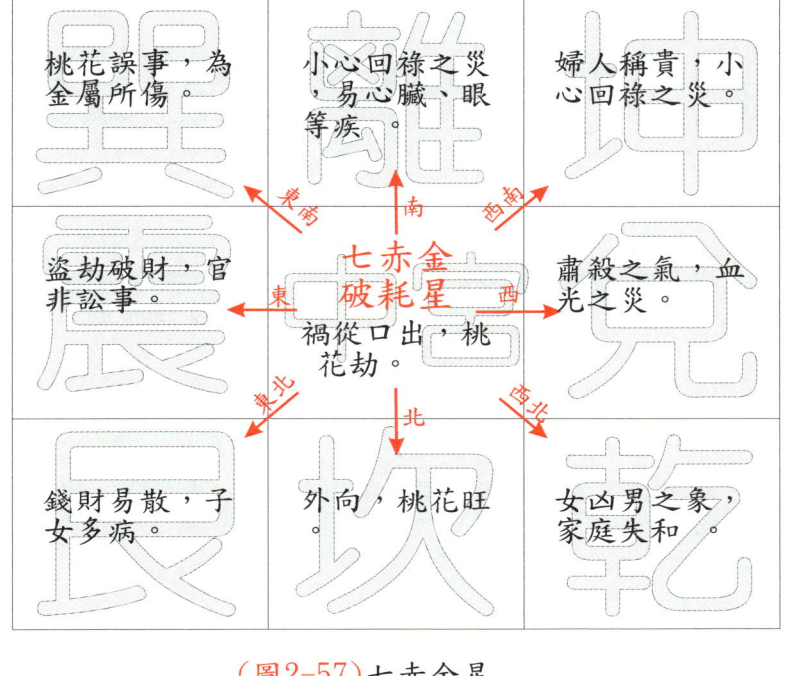

(圖2-57)七赤金星

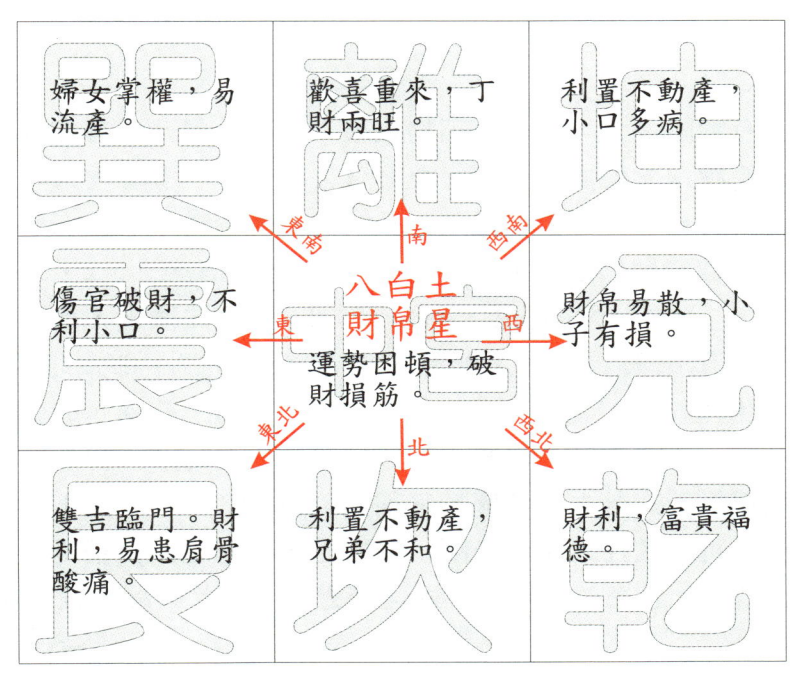

巽 桃花誤事，為金屬所傷。	離 小心回祿之災，易心臟、眼等疾。	坤 婦人稱貴，小心回祿之災。
震 盜劫破財，官非訟事。	中宮 七赤金 破耗星 禍從口出，桃花劫。	兌 肅殺之氣，血光之災。
艮 錢財易散，子女多病。	坎 外向，桃花旺。	乾 女凶男之象，家庭失和。

(圖2-58)八白土星

巽 婦女掌權，易流產。	離 歡喜重來，丁財兩旺。	坤 利置不動產，小口多病。
震 傷官破財，不利小口。	中宮 八白土 財帛星 運勢困頓，破財損筋。	兌 財帛易散，小子有損。
艮 雙吉臨門。財利，易患肩骨酸痛。	坎 利置不動產，兄弟不和。	乾 財利，富貴福德。

第十二節 雙星加會斷事

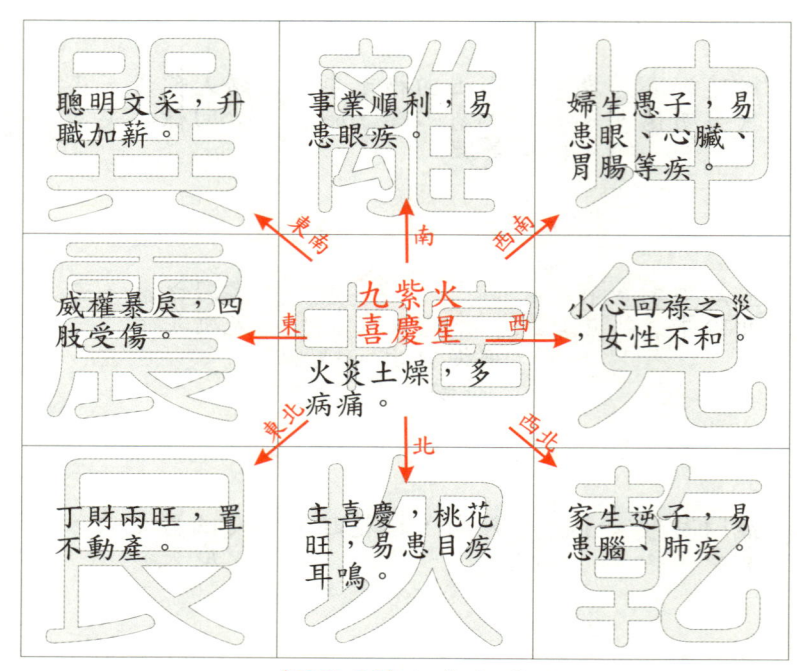

聰明文采，升職加薪。	事業順利，易患眼疾。	婦生愚子，易患眼、心臟、胃腸等疾。
威權暴戾，四肢受傷。	九紫火喜慶星 火炎土燥，多病痛。	小心回祿之災，女性不和。
丁財兩旺，置不動產。	主喜慶，桃花旺，易患目疾耳鳴。	家生逆子，易患腦、肺疾。

（圖2-59）九紫火星

（四）陰陽立卦

　　八卦有陰陽之分，代表著萬物之象；前項九星八卦套在九宮象數圖，屬術數的應用。根據《易經‧說卦傳》記載：「昔者聖人之作易也，幽贊於神明而生蓍，參天兩地而倚數，觀變於陰陽而立卦。」揭示運用參天兩地，觀變陰陽數而立卦。"參天兩地"是指 1、2、3、4、5 生數，其中 1、3、5 為三陽數，稱參天；2、4 為二陰數，稱兩地。由參天兩地之三陽數與二陰數之加減，決定陰陽位置，即為陰陽圖（圖2-60）；以陰陽圖星數，融入之 1 坎、2 坤、3 震、4 巽、6 乾、7 兌、8 艮、9 離，組成八卦九星數，觀變為陰陽立卦（圖2-61）；套在九宮圖中，觀變為後天八卦之方位圖，又稱元旦盤（圖2-62）。風水學理掌握時運與方位，可多樣性之組合評斷，參採流年、月之紫白飛星，輪值入中飛布九宮方位，各宮位會產生不同之影響力，藉此來論述方位吉凶。

不要為過去雜念
而自亂目前心念

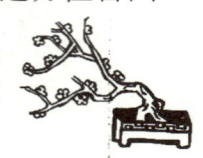

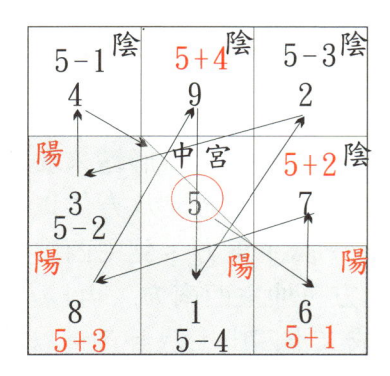

5-1 陰 4	5+4 陰 9	5-3 陰 2
陽 5-2 3	中宮 5	5+2 陰 7
陽 5+3 8	陽 5-4 1	陽 5+1 6

1. 陽+陽=陽 → 5+1=6陽
2. 陽-陽=陰 → 5-1=4陰
3. 陽-陰=陽 → 5-2=3陽
4. 陽+陰=陰 → 5+2=7陰
5. 陽+陽=陽 → 5+3=8陽
6. 陽-陽=陰 → 5-3=2陰
7. 陽-陰=陽 → 5-4=1陽
8. 陽+陰=陰 → 5+4=9陰

(圖2-60)陰陽圖

5-1 4 巽	5+4 9 離	5-3 2 坤
5-2 3 震	5	5+2 7 兌
5+3 8 艮	5-4 1 坎	5+1 6 乾

1. 乾宮：陽+陽=陽 → 5+1=6
2. 巽宮：陽-陽=陰 → 5-1=4
3. 震宮：陽-陰=陽 → 5-2=3
4. 兌宮：陽+陰=陰 → 5+2=7
5. 艮宮：陽+陽=陽 → 5+3=8
6. 坤宮：陽-陽=陰 → 5-3=2
7. 坎宮：陽-陰=陽 → 5-4=1
8. 離宮：陽+陰=陰 → 5+4=9

(圖2-61)陰陽立卦

東南方 4 巽	南方 9 離	西南方 2 坤
東方 3 震	中宮 5	西方 7 兌
東北方 8 艮	北方 1 坎	西北方 6 乾

1. 乾宮：陽+陽=陽 → 5+1=6(西北方)
2. 巽宮：陽-陽=陰 → 5-1=4(東南方)
3. 震宮：陽-陰=陽 → 5-2=3(東方)
4. 兌宮：陽+陰=陰 → 5+2=7(西方)
5. 艮宮：陽+陽=陽 → 5+3=8(東北方)
6. 坤宮：陽-陽=陰 → 5-3=2(西南方)
7. 坎宮：陽-陰=陽 → 5-4=1(北方)
8. 離宮：陽+陰=陰 → 5+4=9(南方)

(圖2-62)八卦九宮圖

第十三節、二十四山之方位特性

風水學之理氣，以先後天八卦互參應用及配合實際形巒來驗證陰陽宅之衰旺。通常以先天八卦論時間，後天八卦論方位。八方位以後天八卦為主卦，四正卦以離主南方、坎主北方、震主東方、兌主西方，四維卦以乾主西北方、巽主東南方、艮主東北方、坤主西南方，再以八干(戊己兩干在中間不列入)四維及十二支組合成二十四山。八卦各卦以三元山(山又稱龍)為地元山1(順序)、天元山2(順序)、人元山3(順序)作區分，坎卦為壬子癸，艮卦為丑艮寅，震卦為甲卯乙，巽卦為辰巽巳，離卦為丙午丁，坤卦為未坤申，兌卦為庚酉辛，乾卦為戌乾亥，所排出之八卦二十四山分陰陽及五行特性(表2-25)。

(表2-25)八卦二十四山分陰陽及五行特性

方位	卦名	卦象	陰陽順序	三元	二十四山	五行特性
北	坎		四正卦 陽1	地	壬（北西北）	江河水或百川之源
			陰2	天	子（正北方）	溝渠或地下水
			陰3	人	癸（北東北）	野溪或小雨之水
東北	艮		四維卦 陰1	地	丑（東北北）	濕土或稀泥
			陽2	天	艮（正東北）	高聳之山
			陽3	人	寅（東北東）	柔木或花木
東	震		四正卦 陽1	地	甲（東東北）	喬木或參天大木
			陰2	天	卯（正東方）	小樹或灌木、花草
			陰3	人	乙（東東南）	柔木或灌木、花卉
東南	巽		四維卦 陰1	地	辰（東南東）	濕土或泥濘土
			陽2	天	巽（正東南）	柔木或主文曲
			陽3	人	巳（東南南）	地下火或火山火
南	離		四正卦 陽1	地	丙（南東南）	爐冶之火
			陰2	天	午（正南方）	燈燭之火
			陰3	人	丁（南西南）	油燈之火
西南	坤		四維卦 陰1	地	未（西南南）	乾土或燥土
			陽2	天	坤（正西南）	缺乏生機之土
			陽3	人	申（西南西）	頑鈍耐磨之金
西	兌		四正卦 陽1	地	庚（西西南）	鋼金或金屬製品
			陰2	天	酉（正西方）	小金屬或金銀首飾
			陰3	人	辛（西西北）	柔金或柔中見剛
西北	乾		四維卦 陰1	地	戌（西北西）	虛土或燥土
			陽2	天	乾（正西北）	金玉剛物或堅冰
			陽3	人	亥（西北北）	江河之水奔流不回

一、雌雄交媾

　　二十四山依陰陽特性，採陽順陰逆之規則挨排，天干中之甲、丙、戊(在中宮不列)、庚、壬屬陽，乙、丁、己(在中宮不列)、辛、癸屬陰，須與十二地支中之子、丑、寅、卯、辰、巳、午、未、申、酉、戌、亥及四維卦中之乾、巽、艮、坤，形成陰陽順逆交會，才能構成雌雄交媾。天干與四維及地支相互間，亦可能發生不當交會(媾)現象，主處事紛爭難以成就。二十四山之三元山(山又稱龍)以地元山、天元山、人元山之挨排順逆不同(圖2-63、2-64、2-65)。通常以天元山力量最大，為父母；地元山與天元山陰陽互異，挨排順逆相反，故稱逆子，為女與婿；人元山與天元山陰陽相同，挨排順逆相同，故稱順子，為子與媳。依古代傳統家庭思維，父母與子媳同住亦同行，而女兒嫁出與女婿住婆家為不同行之意，故以家庭成員引伸為可兼不可兼之區分(圖2-66)，故地天人三元山中，人元山可兼天元山，地元山不可兼天元山，宜謹慎應用。

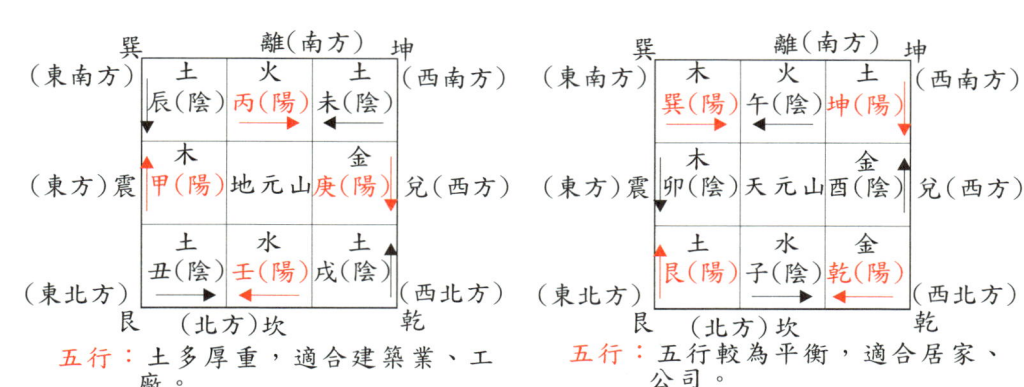

	巽 (東南方)	離(南方)		坤 (西南方)
	土 辰(陰)	火 丙(陽)	土 未(陰)	
(東方)震	木 甲(陽)	地元山	金 庚(陽)	兌(西方)
	土 丑(陰)	水 壬(陽)	土 戌(陰)	
	艮 (東北方)	(北方)坎		乾 (西北方)

五行：土多厚重，適合建築業、工廠。

(圖2-63)地元山雌雄交媾

	巽 (東南方)	離(南方)		坤 (西南方)
	木 巽(陽)	火 午(陰)	土 坤(陽)	
(東方)震	木 卯(陰)	天元山	金 酉(陰)	兌(西方)
	土 艮(陽)	水 子(陰)	金 乾(陽)	
	艮 (東北方)	(北方)坎		乾 (西北方)

五行：五行較為平衡，適合居家、公司。

(圖2-64)天元山雌雄交媾

以歡喜心付出
用感恩心投入
就不怕辛苦。

第十三節 二十四山之方位特性

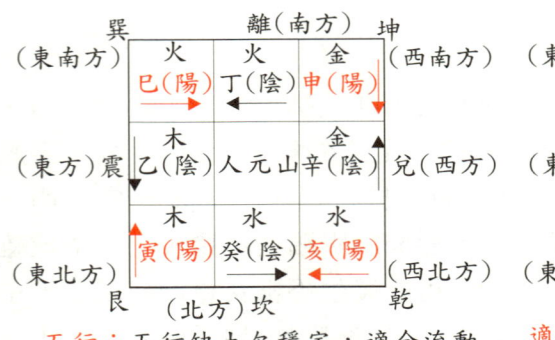

	巽	離(南方)	坤	
(東南方)	火 巳(陽)→	火 丁(陰)←	金 申(陽)↓	(西南方)
(東方)震	木 乙(陰)↓	人元山	金 辛(陰)↑	兌(西方)
(東北方)	木 寅(陽)↑	水 癸(陰)→	水 亥(陽)↑	(西北方)
	艮	(北方)坎	乾	

五行：五行缺土欠穩定，適合流動行業服務業、餐飲業。

(圖2-65)人元山雌雄交媾

	巽	離(南方)	坤	
(東南方)	地女辰 天母巽 人媳巳	地婿丙 天父午 人子丁	地女未 天母坤 人媳申	(西南方)
(東方)震	地婿甲 天父卯 人子乙		地婿庚 天父酉 人子辛	兌(西方)
(東北方)	地女丑 天母艮 人媳寅	地婿壬 天父子 人子癸	地女戌 天母乾 人媳亥	(西北方)
	艮	(北方)坎	乾	

適合：人元山(子媳)兼天元山(父母)，地元山(女婿)不可兼天元山(父母)。

(圖2-66)三元山可兼不可兼之區分

二、坐向方位特性

二十四山方位有其基本的五行特性，陰陽宅在環境觀測時，以線向觀測取坐山與向首方位，可大致上掌握地盤格局之吉凶衰旺，再配合風水學理規劃設計較易得富貴。茲將二十四山方位分析(圖2-67、2-68)。

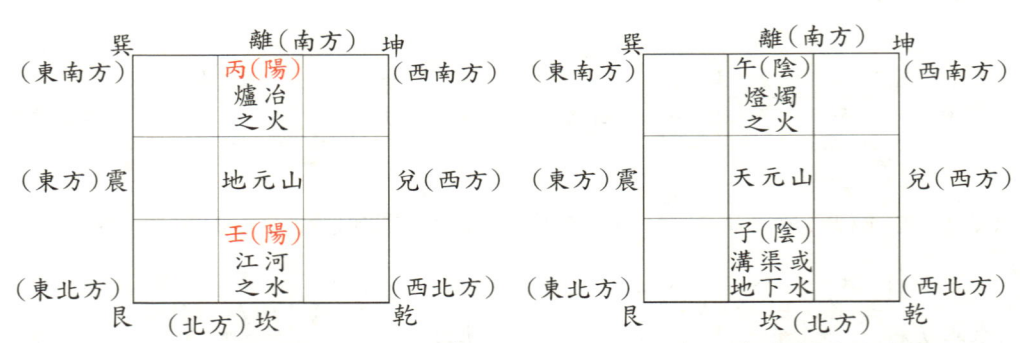

	巽	離(南方)	坤	
(東南方)		丙(陽) 爐冶之火		(西南方)
(東方)震		地元山		兌(西方)
(東北方)		壬(陽) 江河之水		(西北方)
	艮	(北方)坎	乾	

特性：坐壬向丙主陷入水深火熱之象。
坐丙向壬主事業瞬發速敗之象。

	巽	離(南方)	坤	
(東南方)		午(陰) 燈燭之火		(西南方)
(東方)震		天元山		兌(西方)
(東北方)		子(陰) 溝渠或地下水		(西北方)
	艮	坎(北方)	乾	

特性：坐子向午主事業利男性發展。
坐午向子主事業利女性發展。

	巽	離(南方)	坤	
(東南方)		丁(陰) 油燈之火		(西南方)
(東方)震		人元山		兌(西方)
(東北方)		癸(陰) 野溪小雨		(西北方)
	艮	(北方)坎	乾	

特性：癸山丁向主事業格局不大之象。
丁山癸向主事業小富小貴之象。

	巽	離(南方)	坤	
(東南方)		未(陰) 乾土燥土		(西南方)
(東方)震		地元山		兌(西方)
(東北方)		丑(陰) 濕土稀泥		(西北方)
	艮	(北方)坎	乾	

特性：丑山未向主有利先耕耘後收成。
未山丑向主有利先收成後耕耘。

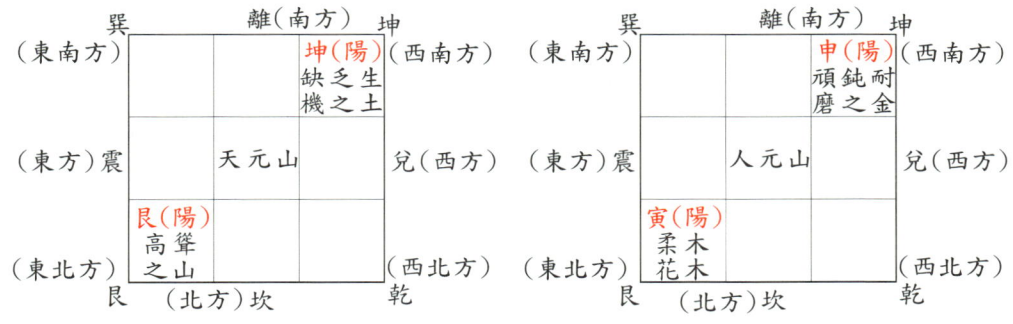

	離(南方)	
巽(東南方)		坤(西南方)
	坤(陽) 缺乏生機之土	
震(東方)	天元山	兌(西方)
艮(陽) 高聳之山		
(東北方) 艮	(北方)坎	乾(西北方)

特性：坤山艮向主停滯遲緩之象。
　　　艮山坤向主篤實阻滯之象。

	離(南方)	
巽(東南方)		坤(西南方)
	申(陽) 頑鈍耐磨之金	
震(東方)	人元山	兌(西方)
寅(陽) 柔木花木		
(東北方) 艮	(北方)坎	乾(西北方)

特性：寅山申向主一分耕耘一分收穫。
　　　申山寅向主處事奔波流動之象。

(圖2-67)二十四山坐山與向首方位分析(A)

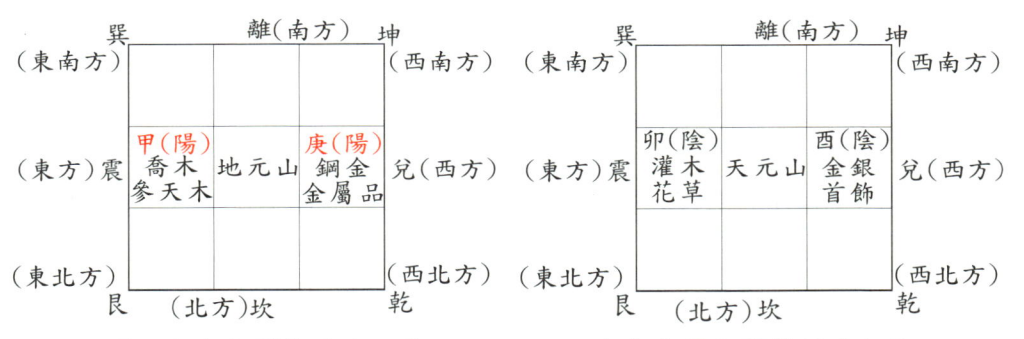

	離(南方)	
巽(東南方)		坤(西南方)
甲(陽) 喬木 參天木	地元山	庚(陽) 鋼金 金屬品
震(東方)		兌(西方)
(東北方) 艮	(北方)坎	乾(西北方)

特性：甲山庚向主剛健正直之象。
　　　庚山甲向主剛強不屈之象。

	離(南方)	
巽(東南方)		坤(西南方)
卯(陰) 灌木 花草	天元山	酉(陰) 金銀 首飾
震(東方)		兌(西方)
(東北方) 艮	(北方)坎	乾(西北方)

特性：坐卯向酉主事業旺盛之象。
　　　坐酉向卯主具責任利收成。

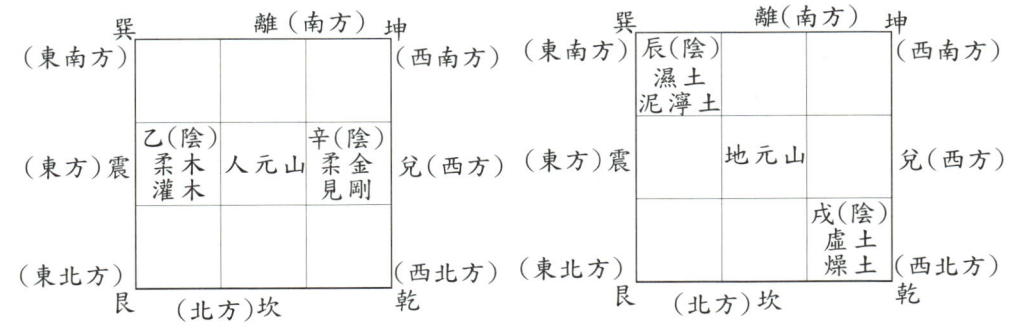

	離(南方)	
巽(東南方)		坤(西南方)
乙(陰) 柔木 灌木	人元山	辛(陰) 柔金 見剛
震(東方)		兌(西方)
(東北方) 艮	(北方)坎	乾(西北方)

特性：乙山辛向主平和發展較遲緩。
　　　辛山乙向主外柔內剛多辛勞。

	離(南方)	
巽(東南方)	辰(陰) 濕土 泥濘土	坤(西南方)
震(東方)	地元山	兌(西方)
	戌(陰) 虛土 燥土	
(東北方) 艮	(北方)坎	乾(西北方)

特性：戌山辰向主辛苦勞碌之象。
　　　辰山戌向主坎陷泥濘之象。

人心最需要是和氣
祥和是社會的福氣

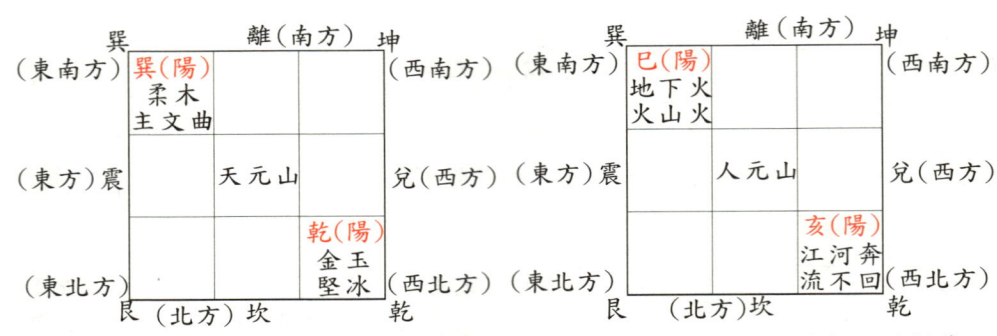

	離(南方)	
巽(東南方) **巽(陽)** 柔木 主文曲		坤(西南方)
(東方)震	天元山	兌(西方)
(東北方)艮	**乾(陽)** 金玉 堅冰	(西北方)乾
(北方)坎		

	離(南方)	
巽(東南方) **巳(陽)** 地下火 火山火		坤(西南方)
(東方)震	人元山	兌(西方)
(東北方)艮	**亥(陽)** 江河奔 流不回	(西北方)乾
(北方)坎		

特性：巽山乾向主柔和反復無定之象。
乾山巽向主果敢決斷有利發展。

特性：巳山亥向主缺乏耐力不利創業。
亥山巳向主辛苦勞頓不利發展。

(圖2-68)二十四山坐山與向首方位分析(B)

三、空位忌流神

(一)空位涵意

　　二十四山分三山(指地天人三山又稱龍)、分陰陽，各有其基本盤，即四正卦以離為丙午丁三山，分地元山為丙山屬陽、天元山為午山屬陰、人元山為丁山屬陰；四維卦則以坤為未坤申三山，分地元山為未山屬陰、天元山為坤山屬陽、人元山為申山屬陽，在二十四山各元山(指地天人三山)中僅有 8 個可用，其餘 16 個為不用的空位。立宅坐向以陽山陽向者，向首順數(陽從左邊團團轉)一山或二山為空位，相對的陰山陰向者，向首逆數(陰從右路轉相通)一山或二山為空位。如離卦以地元山壬山丙向屬陽為例，向首丙向順數午丁二山即是空位(圖2-69)；另以天元山之子山午向屬陰為例，向首午向逆數丙巳二山是空位(圖2-70)。**立宅坐向外局空位上未被水路沖破，當無影響**。若被支河、水口、巷道、水道等流神沖來會造成阻隔，使地元山之丙山與未山或天元山之午山與巽山不能陰陽交會，主退財傷丁屬不吉。**流神空位，實則亦是挨星空位，若推排逢失運其禍更甚，宜戒慎！**

心田不長無明草
覺苑長開般若花

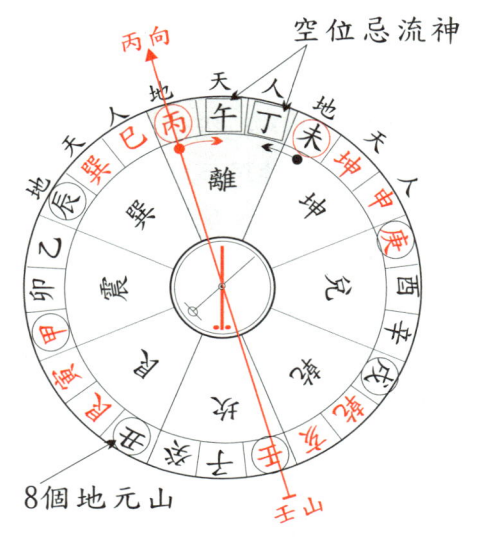

(圖2-69)壬山丙向以午丁二山空位

(圖2-70)子山午向以丙巳二山空位

(二)辨空位忌流神訣

　　清初蔣大鴻《地理古鏡·辨空位忌流神訣》記載:「水神衰旺有權衡,立向移挪要辨明,空位流神最易犯,一絲失察便無情,巨門翻向飛臨艮,寅位即稱空位名,壬巨翻臨來到丙,丁宮空位是門栿,若逢汊港支河擾,衝破陰陽多受驚,衝破陽宮男不育,陰宮衝破女無成,單宮衝

著人財減，雙位衝著便少丁，更慮為官多剝落，朝堂一到禍根生，功勳赫烈名鐘鼎，只怕中途走狗烹，莫謂亂流如織錦，一逢此劫福終輕。」說明衰旺全在水，立向要分明，犯空位留神多凶禍；空位如坤壬乙巨門從頭出，立坤山艮向，則坤山替星巨門翻在艮山為陽順行，至卯山為祿存，則寅甲二山為空位(圖2-71)，另以壬山丙向，則壬山替星巨門翻在丙山為陽順行，至未山為祿存，則午、丁二山為空位(圖2-72)，空位最忌流神(指支河、水口、巷道、水道等)所沖破，如沖破丁山為單陰位，主男丁不多或斷女不育或夭折，沖破寅山屬陽，則斷男無後代。若巨門在丑山，沖破癸子雙陰位為例，則丁少具富貴。因而空位最忌流神沖破，無論得元或失元應避免之。

九宮二十四山替星

地辰武曲	天巽武曲	人巳武曲	地丙破軍	天午右弼	人丁右弼	地未巨門	天坤巨門	人申貪狼
地甲貪狼	天卯巨門	人乙巨門	九宮二十四山替星			地庚右弼	天酉破軍	人辛破軍
地丑破軍	天艮破軍	人寅右弼	地壬巨門	天子貪狼	人癸貪狼	地戌武曲	天乾武曲	人亥武曲

(圖2-71)坤山艮向流神沖破寅甲二山為空位

九宮二十四山替星

地辰武曲	天巽武曲	人巳武曲	地丙破軍	天午右弼	人丁右弼	地未巨門	天坤巨門	人申貪狼
地甲貪狼	天卯巨門	人乙巨門	九宮二十四山替星			地庚右弼	天酉破軍	人辛破軍
地丑破軍	天艮右弼	人寅右弼	地壬巨門	天子貪狼	人癸貪狼	地戌武曲	天乾武曲	人亥武曲

壬山替星巨門翻
在丙山為陽順行

空位
忌流神
（午、丁二山沖破）

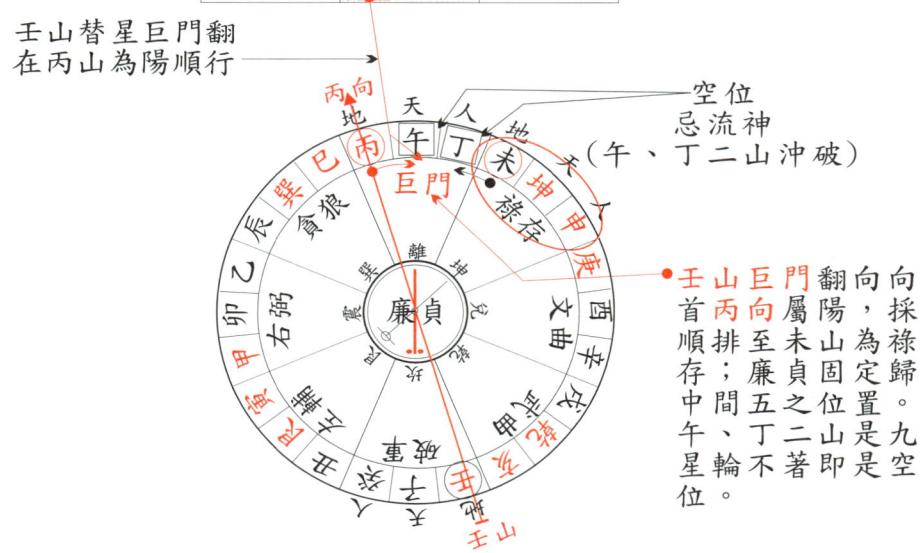

向首採祿存定位。九空向，為固定山即是是空位山即是二著陽順排；中間午、丁二山輪星位。

壬山丙向巨門翻至未貞廉中

（圖2-72）壬山丙向流神沖破午、丁二山空位

不為自己求幸福
但為眾生求安樂

第參章
重要法訣原理及應用
Zhongyao Fajue Yuanli Ji Yingyong

　　本章旨在從風水學理與實務應用的綜合觀點進行說明，內容共分為十節。透過文獻回顧與實踐經驗，系統性地探討風水的境界與層次、五行五常、八宅明鏡、大玄空風水學、二十八星宿消砂法、方位吉凶、四神相應、形理兼察、下元七、八、九運的二十四山星盤，以及水法應用的基本學理與重要法訣等主題，期能協助讀者深入風水研究之門徑，並作為進階探討的重要參考依據。

本章提要

第一節、風水的境界與層次

第二節、五行與五常

第三節、八宅明鏡風水學

第四節、大玄空風水學

第五節、二十八星宿消砂法

第六節、常用催吉輔助方位

第七節、理想陽宅模式

第八節、形理兼察

第九節、重要法訣

第十節、水法之應用

第一節、風水的境界與層次

　　學習風水是一段頗為艱辛的歷程，即便有明師指導，仍需歷經長時間的投入，透過持續不斷的實踐與反覆驗證，方能逐步累積經驗，進而在實際應用上達到得心應手的境界。以風水初學者與潛心研究數十載的專家相比，縱然運用相同的理論與技法，其應用深度與判斷力往往存在顯著差異。若欲成為真正的風水明師，不僅須博學多聞，更需潛心研讀古聖先賢所遺留下的珍貴典籍與法訣，在知識與見地的累積下，自然能夠形成獨到的觀點，並導出與眾不同的判斷結果。風水的研究與修習，概可分為三個層次的境界(圖3-1)，這亦是風水修為的體現所在。不同層次的風水修行者，面對相同的山水格局或陰陽宅個案，其判斷與應用效果往往會呈現出截然不同的層次與成果。

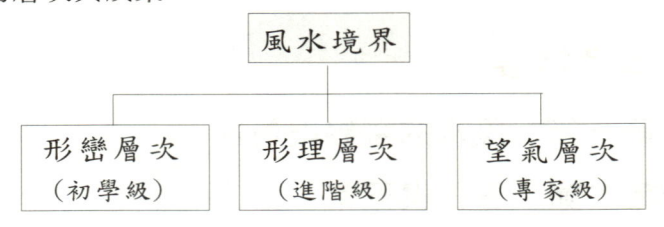

```
                風水境界
       ┌──────────┼──────────┐
    形巒層次      形理層次      望氣層次
   （初學級）    （進階級）    （專家級）
```

(圖3-1)三個層次風水境界

一、形巒層次

　　風水在生活中的應用，隨著大眾媒體的大力推廣，常以地形、景物、建築外觀的形象或煞氣作為入門認識的起點，進而衍生出一系列淺顯易懂的形巒術語。這種方式對一般民眾或風水初學者而言，較為容易接受，甚至使人誤以為無需深入研讀古今文獻中深奧的風水理論，也能評判風水吉凶。在這種理解下，往往以視覺上的直觀印象與心理感受為依據，透過直接的歸納與類比，將外觀形態吉祥者歸為「好風水」，凶險者則視為「壞風水」(圖3-2)。然而，僅僅藉由對形勢或煞象的表面觀察，實難以掌握風水與空間之間複雜而微妙的內在關聯，也無法以理性方式進行深入且有效的風水應用。因此，若欲進一步理解並精準運用風水之道，就必須邁向更高一層的研習，即「形理層次」，亦即將形巒與理氣相結合，方能全面掌握風水的真義與實用價值。

```
                    ┌─────────┐
                    │ 形巒層次 │─── 視覺、心理感受
                    └────┬────┘     直接歸納與類比
              ┌──────────┴──────────┐
         ┌────┴────┐            ┌────┴────┐
         │ 形態吉象 │            │ 形態凶象 │
         │ (好風水) │            │ (壞風水) │
         └─────────┘            └─────────┘
```

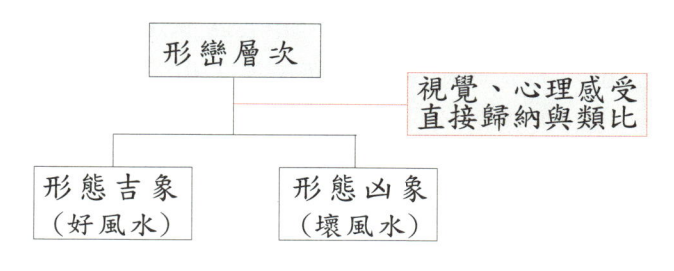

(圖3-2)形巒層次吉凶型態

二、形理層次

　　隨著時間推移，研究者逐步累積知識與實務經驗，對風水理論也逐漸達到更深層次的理解。此時便會意識到，僅依賴外在環境的形態因素，尚不足以全面評斷風水的吉凶禍福。因而，學者多會進一步轉向風水內在學理的深入探究，將繁複的理論與技法，透過實地操作、實踐驗證及數理邏輯分析，逐步轉化為可實際應用的經驗知識。在這一進階階段，除了對外在地形（巒頭）進行吉凶判斷外，更需結合理氣推演進行互相參照，方能真正體會「形理兼察」的重要性與應用價值(圖3-3)。實務上，其應用流程大致包括：觀察巒頭形勢、進行理氣排盤推算(如玄空飛星盤)、形理交叉驗證、以及風水判斷與調整建議等步驟。唯有如此，方能更為精確地掌握風水運作的核心機制，進而提升應用的準確性與實效性。然而，學無止境。若欲更進一步洞悉天地之間生氣的運行與變化規律，並能依據環境與心境靈活應對、巧妙運用，則須邁入更高層次的體悟，即所謂「望氣」的境界。

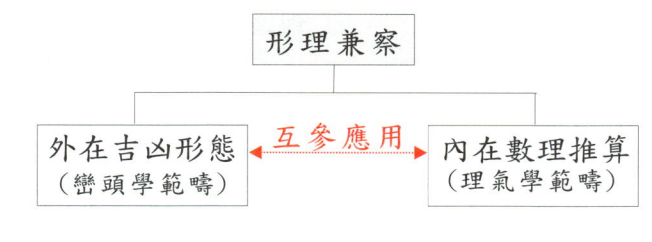

```
                    ┌─────────┐
                    │ 形理兼察 │
                    └────┬────┘
              ┌──────────┴──────────┐
         ┌────┴────┐              ┌────┴────┐
         │外在吉凶形態│◄── 互參應用 ──►│內在數理推算│
         │ (巒頭學範疇)│              │ (理氣學範疇)│
         └─────────┘              └─────────┘
```

(圖3-3)形理兼察

三、望氣層次

　　當研究者已具備豐富的實務經驗，能夠熟練處理各類風水問題時，

第一節 風水的境界與層次

便有機會進一步體悟「無法為有法、有法為無法」的哲理境界。此時，風水的修習已超越形式與規則的層面，進入以「望氣心法」觀察天地間生氣運行與變化的高階層次。在此境界中，講求的是靈活通達的應變智慧，不為外在形勢所拘泥，也不被內在法則所限制。隨著心境的轉化，自然流露出對天地氣場的敏銳感知與智慧判斷，從而直觀洞察吉凶禍福的微妙變化。這是一種由內而外的體悟，透過心神與氣場的交感，達成「以心領氣、以氣悟理」的實踐方式，「望氣」是一種融合感知、心法與實踐的高階風水修為，不僅能發現問題與解決問題，更能開啟新的契機，引領人生與環境走向和諧與永續(圖3-4)。這正是風水的本質與奧義之所在。能夠進階至「望氣層次」，自然會對風水產生全然不同的領悟，並在實踐中游刃有餘，終至天人合一的理想境界。大致上涵蓋以下四個層面：

(一)感知生氣流動：觀察環境中的氣場變化與節律。

(二)體悟天地運行：理解氣候、時間與地理條件對氣場所產生的影響。

(三)洞察人地互動：結合人心與空間之間的感應，調整應對策略。

(四)創造與引導契機：不僅解決當下問題，更能主動創造機會，促進良性循環與永續發展。

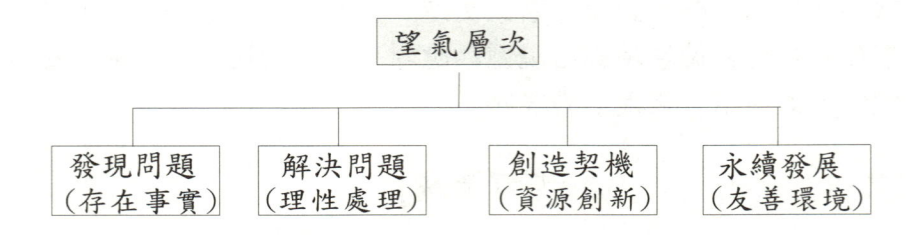

```
                    望氣層次
    ┌──────────┬──────────┬──────────┐
  發現問題    解決問題    創造契機    永續發展
 (存在事實)  (理性處理)  (資源創新)  (友善環境)
```

(圖3-4)風水核心價值

　　總而言之，風水的學習歷程從形巒入門、進至形理分析，再昇華至望氣體悟，既是知識的累積，也是一場智慧與心法的修行之路。分別代表風水修習從表象入門、深入理論，到最終體悟之路。唯有循序漸進、融會貫通，方能真正領會風水的核心精神，並將之應用於生活與天地之間，達至和諧共生之境。

第二節、五行與五常

　　五常根基於五行思想，為儒家道德體系中的重要核心。根據《梁書・卷上》記載：「小生慣誦經史，教導鄉里徒弟，無過是教他學習個孝弟忠信的道理，識得個三綱五常。」此處所指的三綱，包括君臣、父子、夫婦等倫常關係；而五常則為仁、義、禮、智、信五項德目，是儒家倫理道德中最基本的準則。在空間配置上，若能依據五行原理妥善佈局，並避免沖煞衝突，便有助於引導良好的氣場與吉兆；反之，若布局失當，則可能導致不利影響(表3-1)。因此，空間中的方位五行之氣(圖3-5)，可與風水命卦結合，進一步推演並判斷五常之吉凶（圖3-6）。

(表3-1)五常運用一覽表

五行	五常代表	簡　　　　釋	優　點	缺　點
金	義	金方位五行屬西方或西北方，主精幹義氣；金強無節制，便會失義，易衝動，金弱則易生不義之情事，變得任性，偏向思想方面之發展。	勇敢果斷、好學好施、有組織力、魄力十足。	衝動任性、尖酸嚴苛、易患精神之疾。
木	仁	木方位五行屬東方或東南方，主仁慈情重；金強則剋木，木弱則不仁，性情凶惡、冷酷、無仁慈之心，傾向政治方面之發展。	謹慎忠厚、仁慈孝順、善良理性。	愚忠愚孝、不易通融、多愁善感。
水	智	水方位五行屬北方，主智慧；水弱則行事常 未經熟慮處之，為無智慧，濫交；水泛人迷惘，顧慮多難以決行，傾向思想方面之發展。	聰明智慧、靈巧機敏、重情有才藝。	喜怒無常、缺乏耐性、不知進退。
火	禮	火方位五行屬南方，主恭維；火弱則無禮，易生急躁欠忍讓之人，火強則過度禮讓，易生虛情假意之人，偏向革新上進方面之發展。	宅心仁厚、熱情豪放、有改革創新之舉。	火爆急躁、守舊保守、缺乏內涵。
土	信	土方位五行屬中央與西南方及東北方，主忠厚信用；土弱便會失信(不信任)，任事不切實際，傾向領導管理方面之發展。	忠信可靠、理智穩重、耐力守紀。	遲鈍怠惰、勞苦眾人、好逸惡勞。

224

第二節 五行與五常

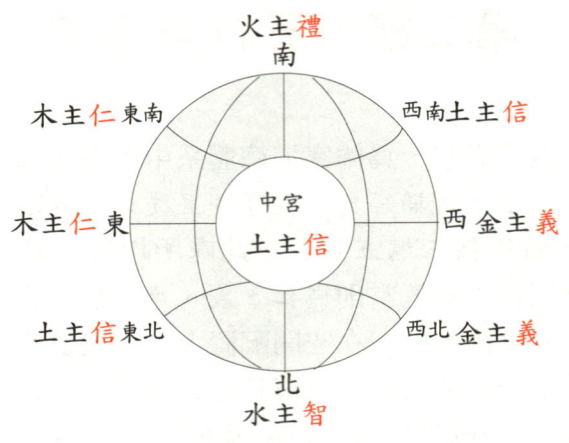

(圖3-5)方位五行之氣

- 火主禮 南
- 木主仁 東南
- 西南土主信
- 木主仁 東
- 中宮 土主信
- 西金主義
- 土主信 東北
- 西北金主義
- 北 水主智

五行對應五常，各自展現不同的性格特質與發展傾向：

木主仁：象徵生長與仁愛，性情溫和，適合朝政治領域發展，重視人際關係與社會秩序的建立。

火主禮：代表熱情與規範，具有變革精神，傾向於創新與改革的方向發展。

土主信：象徵穩重與誠信，具有包容與統整的特質，適合領導與管理方面的發展。

金主義：堅毅果斷，講求正義與原則，較適合投入思想、哲學與法理等抽象性領域。

水主智：流動靈活，具深沉智慧，善於觀察與分析，傾向於知識、學術與謀略方面的發展。

例：宅第東方開窗為納木氣強(圖3-6)，西方無窗為金氣弱，若土命之人(如二坤土、五黃土、八艮土)居此，以儒家五常來論，為木剋土(土主信)，土被剋，易產生不信任感。

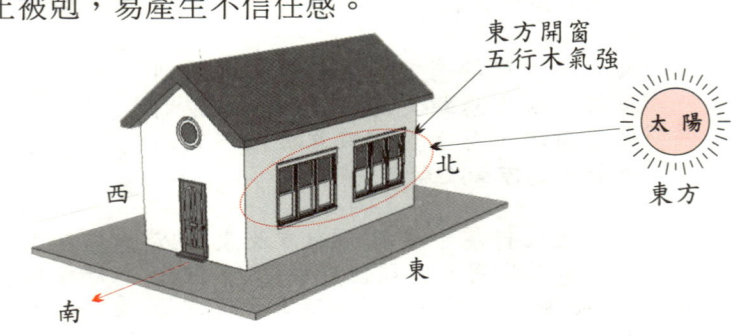

(圖3-6)五常之吉凶

第三節、八宅明鏡風水學

　　八宅，指乾宅(坐西北向東南)、兌宅(坐西向東)、坤宅(坐西南向東北)、離宅(坐南向北)、巽宅(坐東南向西北)、震宅(坐東向西)、艮宅(坐東北向西南)、坎宅(坐北向南)，即以 45^0 朝向歸類分成八種宅體。應用學理以使用者之風水命卦，去篩選四吉方布局，並化洩四凶方。

一、八宅學理分析

　　《八宅明鏡》，又名《八宅周書》，相傳為唐代楊筠松所著，後於明清時期由箬冠道人重編於《陰陽五要奇書》之中。本書運用《周易》後天八卦的理論，創立「游年法」，將居宅硬性劃分為東四宅(離、巽、震、坎)與西四宅(坤、兌、乾、艮)兩大系統，並以八顆方位星(即生氣、延年、天醫、伏位、絕命、五鬼、六煞、禍害)推斷宅運吉凶。然而，因其理論未能細緻掌握時空變化，對人生吉凶禍福的推演亦顯得籠統模糊，實務應用上難以精準。故清代蔣大鴻於《天元餘義》中批評道：「翻卦遊年，此乃占年小數，非定宅之正經。」意即八宅之法僅具參考價值，並非精密之宅運判斷依據。也因此，《八宅明鏡》之法至今於風水界應用漸少，僅作入門理論參考之用。

(一)以坐為本

　　以來氣方定局，氣又以山氣為最大，確立陽宅，以坐為本，如坐北向南，定義為坎宅，坐東向西，定義為震宅，其餘類推。

(二)五行相配

　　八卦五行根據相生學理，分成兩組體系，一組是東四宅組(水木火相生)為坎(水)、震(木)、巽(木)、離(火)；另一組是西四宅組(土金相生)為坤(土)、兌(金)、乾(金)、艮(土)。

(三)宅命相配

八宅法，講求命宅相配，即東四命宜居東四宅(離、巽、震、坎)，西四命宜居西四宅(坤、兌、乾、艮)。

(四)四吉四凶

星僅有八顆，其中生氣星、延年星、天醫星、伏位星為四吉星；絕命星、五鬼星、六煞星、禍害星為四凶星。陽宅以門、房、灶為三要素，宜安四吉方。吉凶判斷，因沒有時間限制，應驗較緩慢。

(五)變爻口訣

變爻口訣順序為"上、中、下、中、上、中、下、中"，圖上"·"代表變爻位置(圖3-7)。

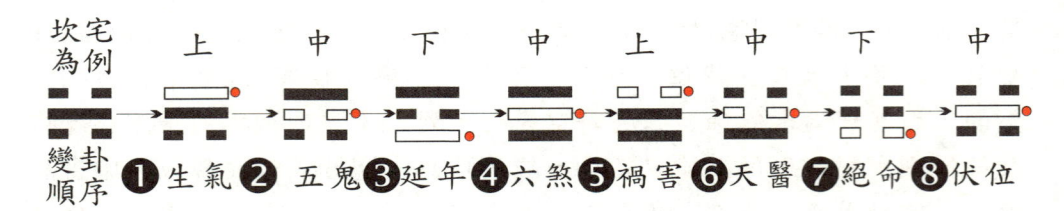

坎宅為例　上　中　下　中　上　中　下　中
變卦順序　❶生氣　❷五鬼　❸延年　❹六煞　❺禍害　❻天醫　❼絕命　❽伏位

(圖3-7)變爻口訣順序(坎宅為例)

(六)翻卦次序

翻卦九星，以一貪狼生氣星、五鬼廉貞星、六武曲延年星、四文曲六煞星、三祿存禍害星、二巨門天醫星、七破軍絕命星、八輔弼伏位星為次序。

例：以坎宅為例"·"代表變爻位置之意(圖3-8)。

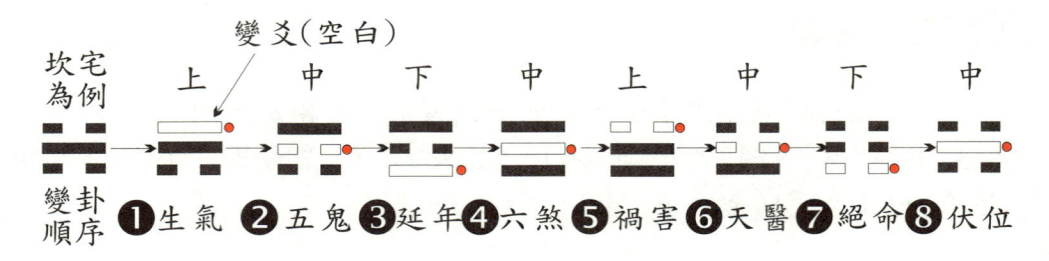

坎宅為例　變爻(空白)　上　中　下　中　上　中　下　中
變卦順序　❶生氣　❷五鬼　❸延年　❹六煞　❺禍害　❻天醫　❼絕命　❽伏位

(圖3-8)坎宅變卦順序

(七)大游年歌訣

大游年歌訣，又稱八方九星訣（易找出四吉位與四凶位），歌中之位為伏位，係指宅之坐。

乾位	六天五禍絕延生
坎位	五天生延絕禍六
艮位	六絕禍生延天五
震位	延生禍絕五天六

巽位	天五六禍生絕延
離位	六五絕延禍生天
坤位	天延絕生禍五六
兌位	生禍延絕六五天

二、八宅區分法

(一)星煞區分（表3-2）

(表3-2)星煞區分（四吉四凶）

九星次序	九星	五行屬性	遊年	吉　　凶	變爻位置
一	貪狼星	木	生氣	主旺財、升官、身體健康（大吉）	變三爻
二	巨門星	土	天醫	主健康、貴人相扶、疾病痊癒（次吉）	變初、二爻
三	祿存星	土	禍害	主不和、官非、財難聚，爭吵不休（次凶）	變初爻
四	文曲星	水	六煞	主口角紛爭、災禍連連、身體多病（次凶）	變初、三爻
五	廉貞星	火	五鬼	主是非、竊盜、不利健康（大凶）	變二、三爻
六	武曲星	金	延年	主和睦、桃花、延年益壽（大吉）	一、二、三爻全變
七	破軍星	金	絕命	主血光、破財、多病損壽（大凶）	變二爻
八	輔弼星	木	伏位	主平靜、安定、健康如常（小吉）	全不變爻

例：以坎宅(坐北朝南)為例(圖3-9)。

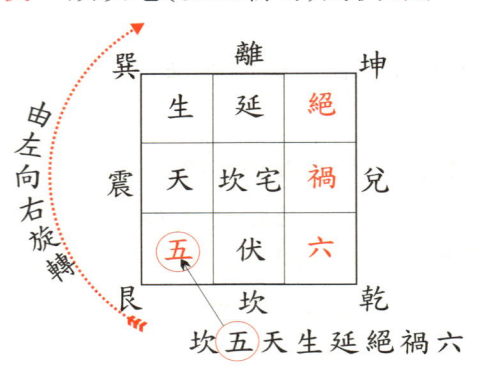

(圖3-9)坎宅之四吉四凶

坎宅(坐北朝南)
坎方：伏位　離方：延年
艮方：五鬼　坤方：絕命
震方：天醫　兌方：禍害
巽方：生氣　乾方：六煞

(二)陽宅區分

1.東四宅：以離、巽、震、坎方位為四吉方，坤、兌、乾、艮方位為四凶方。

2.西四宅：以坤、兌、乾、艮方位為四吉方，離、巽、震、坎方位為四凶方。

(三)命卦區分

1.東四命：離、巽、震、坎等命卦之人，適合住東四宅(圖3-10)，宅命相配，則財丁兩旺，宅命不配，則損丁破財。

2.西四命：坤、兌、乾、艮等命卦之人，適合住西四宅(圖3-11)，宅命相配，則財丁兩旺，宅命不配，則損丁破財。

(圖3-10)東四命(宅)　　(圖3-11)西四命(宅)

第四節　大玄空風水學

（四）八宅法變爻總表

八宅法變爻吉凶一覽表(表3-3)。

(表3-3)八宅法變爻吉凶一覽表（紅字為變爻位置）

區分	東四宅				西四宅			
坐宅伏位吉	離	震	巽	坎	坤	兌	乾	艮
貪狼生氣吉	正東(上)	正南	正北	東南	東北	西北	正西	西南
廉貞五鬼凶	正西(中)	西北	西南	東北	東南	正南	正東	正北
武曲延年吉	正北(下)	東南	正東	正南	西北	東北	西南	正西
文曲六煞凶	西南(中)	東北	正西	西北	正南	東南	正北	正東
祿存禍害凶	東北(上)	西南	西北	正西	正東	正北	東南	正南
巨門天醫吉	東南(中)	正北	正南	正東	正西	西南	東北	西北
破軍絕命凶	西北(下)	正西	東北	西南	正北	正東	正南	東南

(五)命卦配方位

一般空間或辦公室，可依風水命卦與五行生剋原理來推算定位。先計算所屬命卦(宮)，再運用八宅法或參考命卦配方位吉凶一覽表(表3-4)。擇取"生氣納財吉方"、"喜向吉方"，避開凶方來調整增益。

例： 以風水命卦九離火命為例，屬東四命喜向東四宅為震、坎、巽、離方；忌向西四宅為乾、兌、坤、艮方。

(表3-4)命卦配方位吉凶一覽表

風水命卦	方位	喜向吉方	忌向凶方	生氣納財吉方
一坎水	北方	巽、離、震、坎	乾、兌、坤、艮	坐西北向東南
二坤土	西南方	艮、乾、坤、兌	巽、坎、震、離	坐西南向東北
三震木	東方	離、巽、坎、震	乾、兌、艮、坤	坐正北向正南
四巽木	東南方	震、坎、離、巽	乾、艮、兌、坤	坐正南向正北
五黃土	中宮	男 坤、兌、乾、艮	巽、坎、震、離	坐西南向東北
五黃土	中宮	女 艮、乾、坤、兌	巽、坎、離、震	坐東北向西南
六乾金	西北方	乾、艮、坤、兌	震、離、坎、巽	坐正東向正西
七兌金	西方	乾、艮、坤、兌	震、離、坎、巽	坐東南向西北
八艮土	東北方	坤、兌、乾、艮	巽、坎、震、離	坐東北向西南
九離火	南方	震、坎、巽、離	乾、兌、坤、艮	坐正西向正東

第三節、大玄空風水學

玄空風水學有大玄空與小玄空之分，彼此並無關連，順逆挨星理論存在著本質上的不同。大玄空無論順飛或逆飛僅一盤，相當簡捷，一般用作消砂（指避開不利的山或峰）納水（指將好的水納進來）。小玄空（又稱沈氏玄空學）須起三盤（指運星、山星、向星三盤），又有下卦與替卦之分，判斷順逆飛，相當繁瑣，一般可用作判斷陰陽宅之吉凶禍福。

一、學理分析

（一）知元運分零正

大玄空分為上、下兩元八運。上元探一、二、三、四運（在五運前10年歸四運），飛星以1、2、3、4為正神屬陽，6、7、8、9則為零神屬陰。下元探六（在五運後10年歸六運）、七、八、九運，飛星以6、7、8、9為正神屬陽，飛星1、2、3、4則為零神屬陰，將五運前半為上元，後半為下元，其實仍屬三元九運。大玄空只用坐山（指24山）挨星入中，無運星、向星入中，而論八方零正（指正神與零神）吉凶。整理大玄空各元運正神與零神（含催零神）位一覽表(表3-5)。 根據唐朝楊筠松《天玉經》記載：「識得正神與零神，平步入青去，不識正神與零神，代代絕除根。」強調正神正位裝，撥水入零堂的法則，最忌山龍下水及水龍上山（指上山下水局），陰陽零正二神，是大玄空的核心！

(表3-5)大玄空元運正神與零神一覽表

區分	卦運	值年	正神位	零神位	催零神位
上元	一運	20	1白	9紫	6白
	二運	20	2黑	8白	7赤
	三運	20	3碧	7赤	8白
	四運	20	4綠	6白	9紫
	五運	20	前10年寄上元四運		
			後10年寄下元六運		
下元	六運	20	6白	4綠	6白
	七運	20	7赤	3碧	2黑
	八運	20	8白	2黑	3碧
	九運	20	9紫	1白	4綠

(二)顛顛倒明九星

唐代楊筠松《天玉經》記載：「翻天倒地對不同，秘密在玄空。」說明翻天倒地，指出上下元陰陽二星變化及挨星順逆原則，將九星(指1白貪狼、2黑巨門、3碧祿存、4綠文曲、5黃廉貞、6白武曲、7赤破軍、8白左輔、9紫右弼)分陰陽，即陽為正神，陰為零神，採陽順陰逆之規則。根據清代(1616~1714)蔣大鴻《青囊奧語》註解：「坤壬乙巨門從頭出，艮丙辛位位是破軍，巽辰亥儘是武曲位，甲癸申貪狼一路行。」指出了洛書下卦九星挨星訣。依九星順序挨星口訣排列為甲癸申貪狼一路行，坤壬乙巨門從頭出，子未卯三碧祿存到，戌乾巳四綠文曲照，辰巽亥六白武曲位，艮丙辛七赤是破軍，寅庚丁八白左輔應，午酉丑九紫右弼星。大玄空挨星陰陽宅用星不同，操作時觀測建築物，取二十四山坐向，用九星1白、2黑、3碧、4綠、5黃、6白、7赤、8白、9紫之星，隨元運分陰陽，入中宮或順或逆，依次挨去，故稱挨星。大玄空之法，陽宅用挨星真訣而起九宮順逆飛，並以坐山之星為本山星，入中立極排飛星盤須配合元運順逆飛(表3-6)，如坐山之星為癸山(北方偏東北)，屬一坎水，三山為壬子癸，再將九星一貪狼星對應一坎水之癸山，同為 1 數易記，即癸甲申(指原甲癸申位置重新調整)之癸字第 1 字屬 1 貪狼星，為陽宅入中立極飛星。陰宅挨星採本山星逆推四位而得父母星，如本山星為 1 白貪狼星，逆推四位(1→9→8→7)得父母星為 7 赤破軍星，入中立極排飛星盤配合元運順逆飛(表3-7)。

(表3-6)大玄空陽宅本山星配合元運順逆飛一覽表

星數顏色	九星	本山(坐)星	挨星順逆	挨星口訣
1白	貪狼	坐癸甲申山	上元順飛下元逆飛	甲癸申貪狼一路行
2黑	巨門	坐坤壬乙山	上元順飛下元逆飛	坤壬乙巨門從頭出
3碧	祿存	坐卯未子山	上元順飛下元逆飛	子未卯三碧祿存到
4綠	文曲	坐巳乾戌山	上元順飛下元逆飛	戌乾巳四綠文曲照
6白	武曲	坐亥巽辰山	上元逆飛下元順飛	辰巽亥六白武曲位
7赤	破軍	坐辛丙艮山	上元逆飛下元順飛	艮丙辛七赤是破軍
8白	左輔	坐寅庚丁山	上元逆飛下元順飛	寅庚丁八白左輔位
9紫	右弼	坐午酉丑山	上元逆飛下元順飛	午酉丑九紫右弼星

(表3-7)大玄空陰宅父母星配合元運順逆飛一覽表

星數顏色	九星	本山(坐)星	父母星(由本山星逆推四位)	父母星入中順逆
1白	貪狼	癸甲申	7赤(1→9→8→7)	7赤→上元逆飛下元順飛
2黑	巨門	坤壬乙	8白(2→1→9→8)	8白→上元逆飛下元順飛
3碧	祿存	卯未子	9紫(3→2→1→9)	9紫→上元逆飛下元順飛
4綠	文曲	巳乾戌	1白(4→3→2→1)	1白→上元順飛下元逆飛
5黃	五黃	位居中央無卦	2黑(5→4→3→2)	2黑→上元順飛下元逆飛
6白	武曲	亥巽辰	3碧(6→5→4→3)	3碧→上元順飛下元逆飛
7赤	破軍	辛丙艮	4綠(7→6→5→4)	4綠→上元順飛下元逆飛
8白	左輔	寅庚丁	5黃(8→7→6→5)	5黃→上元順飛下元逆飛
9紫	右弼	午酉丑	6白(9→8→7→6)	6白→上元逆飛下元順飛

(三)強調合局法則

大玄空以太極、河洛、先後天八卦為理論根基。三元九運每運各有正神與零神，兩者合十，隨元運變遷。以正神應高滿，用來收山、收風、收氣；零神應空虛，用來收水，根據元運正神與零神特徵(表3-8)，運用於陰陽宅效應顯著。正神者為當元之旺星，零神者為當元之死氣。大玄空運用強調合局法則(指正神正位裝，撥水入零堂)。反局就是零正顛倒(指上山下水)，以正神、零神所到方位，巒頭與理氣必須融合與地勢之虛實空滿相配合。否則犯零正顛倒，僅會排盤亦是枉然。

(表3-8)大玄空元運正神與零神特徵運用一覽表

區分	卦運	正神位特徵	零神位特徵
上元	一運	收北方(1坎)之來龍或山峰	收南方(9離)之水或低地
	二運	收西南(2坤)之來龍或山峰	收東北(8艮)之水或低地
	三運	收東方(3震)之來龍或山峰	收西方(7兌)之水或低地
	四運	收東南(4巽)之來龍或山峰	收西北(6乾)之水或低地
	五運	前十年歸四綠運，後十年歸六白運。	
下元	六運	收西北(6乾)之來龍或山峰	收東南(4巽)之水或低地
	七運	收西方(7兌)之來龍或山峰	收東方(3震)之水或低地
	八運	收東北(8艮)之來龍或山峰	收西南(2坤)之水或低地
	九運	收南方(9離)之來龍或山峰	收北方(1坎)之水或低地

二、應用實例

大玄空技法，在陽宅應用方面，於都市建築規劃與空間設計中，可作為輔助工具，應用於建築選址定向、植栽美化、水井設計及空間格局的優化調整。至於陰宅的運用，則尤須留意避免衝破令星、造成反局之象。可參考清代李作嫌《八卦反局斷訣》所述：「乾反頭痛坤腹疾，震反足拐巽股兮；坎後耳聾離目瞎，豁唇歪嘴兌宮虧；拐手六指何方應，只因艮宮不合規；巽主禿子翻白眼，長女持刀宜自追；震巽俱反家生盜，男女瘋癲藥難醫。」此訣詳細指出各宮反局所致之疾患與不祥徵象，為陰宅選址之重要參據。在實際操作上，透過大玄空理氣之應用，不僅可提升設計的合理性與和諧度，亦具備相當的便利性與實用價值。

	巽(東南方)	離(南方)	坤(西南方)	
	正神 8	零神 4	正神 6	
震(東方)	正神 7	正神 9	零神 2	兌(西方)
	零神 3 出水	五黃大煞 5 辦公桌	零神 1 大門	
	艮(東北方)	坎(北方)	乾(西北方)	

（地盤後天八卦九宮）

分析：
(1) 午酉丑三山本山星是 9 紫右弼星入中順飛。
(2) 逢 9 運屬下元運，則6、7、8、9屬正神，宜高不宜見水；而1、2、3、4則屬零神，不宜高，要見水。
(3) 艮宮零神出水合局利財；乾宮屬1白大門為零神，門外亦地勢低，合局利催財；辦公桌在坎宮五黃位，宜平坦與平靜，若逢五黃、二黑及子年太歲之年，易生病痛。

（圖3-12）辦公空間吉凶分析

2. 建築空間為 9 運癸山(北方偏東北)丁向(南方偏西南)（圖3-13），基地環境應用大玄空技法如何設計水景、安排結構物、綠美化植栽？

	巽(東南方)	離(南方)	坤(西南方)	
	零神 2	正神 6	零神 4	
震(東方)	零神 3	零神 1	正神 8	兌(西方)
	正神 7	五黃大煞 5	正神 9	
	艮(東北方)	坎(北方)	乾(西北方)	

（地盤後天八卦九宮）

分析：
(1) 癸甲申三山本山星是 1 白貪狼星入中逆飛。
(2) 逢 9 運屬下元運，則6、7、8、9屬正神，宜高不宜見水；而1、2、3、4則屬零神不宜高，要見水。
(3) 乾9、兌8、離6、艮7為正神，在敷地計畫，宜高則合局利人丁，可安排結構物、綠美化植栽(高大植物優先)；坤4、巽2、震3為零神，可塑造水景，則合局利財。

（圖3-13）敷地計畫分析

第五節、二十八星宿消砂法

宋朝賴文俊（1101~1126），以撥砂法是一種以砂（指周圍山峰砂頭位置）為主，而立向的理論。操作上使用羅盤的人盤中針格砂，砂法以坐山對應於格砂之二十八星宿五行來論吉凶，推算結果為生、旺、奴、洩、煞五種，又稱消砂。

一、學理分析

（一）二十八星宿

星宿是天文學術語，古人將黃道附近劃分為二十八組，稱二十八宿。因為二十八宿環列在日、月、五星的四方，很像日、月、五星棲宿的場所，所以稱作宿。根據隋朝蕭吉（525~606）《五行大義・卷四・第十六政》記載：「尚書考靈曜云，二十八宿，天元氣，萬物之精也。故東方角、亢、氐、房、心、尾、箕七宿，其形如龍，曰青龍。南方井、鬼、柳、星、張、翼、軫七宿，其形如鶉鳥，曰前朱雀。西方奎、婁、胃、昴、畢、觜、參七宿，其形如虎，曰右白虎。北方門、牛、女、虛、危、室、壁七宿，其形如龜蛇，曰後玄武。」指出天星歸類四方為二十八宮，按東、南、西、北四方各分為七宿，即為二十八宿。

（二）羅盤三針三盤

羅盤構造有地盤、人盤、天盤三個主要圈層，三盤之間對北極有一定之角度偏差，各自在風水上有其應用之價值。一是地盤正針（又稱內盤），為唐朝邱廷翰繪製的磁針北極，採地球南北兩極磁場，並將羅盤方位由十二山（指方位），增加到二十四山（指方位），操作上用來定坐向與格龍；二是人盤中針（又稱中盤），為宋朝賴文俊繪製的地理北極，採地球之真正北極方位，操作上用來撥砂（又稱消砂），須配合二十八星宿五行來論吉凶；三是天盤縫針（又稱外盤），唐朝楊筠松繪製運用北極星來確定北極方位，操作上用來納水（觀測來、去水）。羅盤盤面以天盤和人盤相對於地盤左右各錯開 $7.5°$，即以地盤為基準，順時針方向錯開 $7.5°$ 是天盤，逆時針方向錯開 $7.5°$ 是人盤，這就是羅盤地盤、人盤、天

盤的理論來源(圖3-14)，二十八星宿界位五行(表3-9)。

第五節 二十八星宿消砂法

→南方七宿（朱雀）
→西方七宿（白虎）
→東方七宿（青龍）
→北方七宿（玄武）
→開禧宿度
→周天角度
→後天八卦
→地盤正針(又稱內盤)
　－用來定坐向與格龍
→人盤中針(又稱中盤)
　－用來撥砂(又稱消砂)
→天盤縫針(又稱外盤)
　－用來納水(觀測來、去水)
→二十八星宿界位(配合中針撥砂)
　－用星宿五行來論吉凶

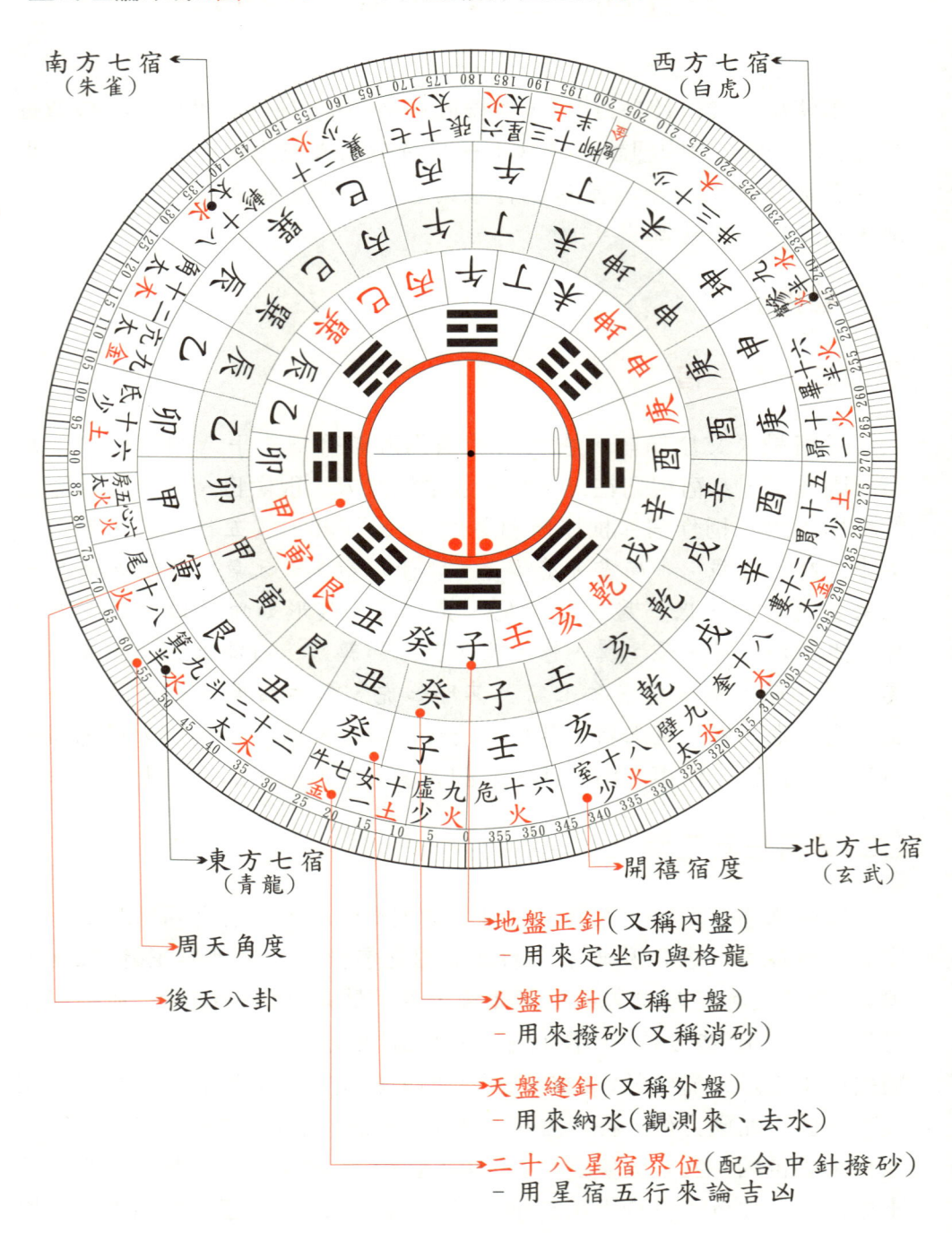

(圖3-14)羅盤之地盤、人盤、天盤、二十八星宿界位

(表3-9)羅盤二十八星宿與角度

四象	七政	二十八宿	開禧宿度	五行	圓周角度
北方玄武	火	壁水貐	九度太	水	$317^0 \sim 326.5^0$
	水	室火豬	十八度少	火	$326.5^0 \sim 344.5^0$
	月	危月燕	十度太	火	$344.5^0 \sim 360^0$
	日	虛日鼠	九度少	火	$0^0 \sim 9.5^0$
	土	女土蝠	十一度	土	$9.5^0 \sim 20^0$
	金	牛金牛	七度	金	$20^0 \sim 27^0$
	木	斗木獬	二十二度太	木	$27^0 \sim 49^0$
東方青龍	火	箕水豹	九度半	水	$49^0 \sim 58.5^0$
	水	尾火虎	十八度	火	$58.5^0 \sim 76.5^0$
	月	心月狐	火六度	火	$76.5^0 \sim 82^0$
	日	房日兔	五度太	火	$82^0 \sim 87.5^0$
	土	氐土貉	十六度少	土	$87.5^0 \sim 104.5^0$
	金	亢金龍	九度太	金	$104.5^0 \sim 114^0$
	木	角木蛟	十二度太	木	$114^0 \sim 126.5^0$
南方朱雀	火	軫水蚓	十八度太	水	$126.5^0 \sim 145^0$
	水	翼火蛇	二十度少	火	$145^0 \sim 165.5^0$
	月	張月鹿	十七度太	火	$165.5^0 \sim 182^0$
	日	星日馬	六度太	火	$182^0 \sim 189.5^0$
	土	柳土獐	十三度半	土	$189.5^0 \sim 202.5^0$
	金	鬼金羊	二度半	金	$202.5^0 \sim 205^0$
	木	井木犴	三十度少	木	$205^0 \sim 234.5^0$
西方白虎	火	參水猿	九度半	水	$234.5^0 \sim 243.5^0$
	水	觜火猴	長庚半度	火	$243.5^0 \sim 244.5^0$
	月	畢月烏	十六度	火	$244.5^0 \sim 260.5^0$
	日	昴日雞	十一度	火	$260.5^0 \sim 270.5^0$
	土	胃土雉	十五度少	土	$270.5^0 \sim 286.5^0$
	金	婁金狗	十二度太	金	$286.5^0 \sim 299^0$
	木	奎木狼	十八度	木	$299^0 \sim 317^0$

(三)消砂五訣

二十八星宿配二十四山，消砂口訣「子午卯酉為火、甲丙庚壬為火、乾坤艮巽為木、乙丁辛癸為土、辰戌丑未為金、寅申巳亥為水。」撥砂法以人盤中針對照二十八星宿所屬之五行為主，觀測建築物坐向，採用坐山(使用地盤正針)五行為"我"及使用人盤中針所格之二十四砂(指山峰)為"它"，並檢討兩者五行生剋關係，結果則以生砂、旺砂、奴砂為吉砂，及泄砂、殺砂為凶砂，來歸納定吉凶。茲將五行生剋釋意如下：

1.生砂

生我者主貴，如木山(指坐山方位屬性)見水砂(指山峰)，它生我者，為食神，稱生砂。利讀書考試，升職加薪，富貴雙全。

2.奴砂

我剋者主富，如木山(指坐山方位屬性)見土砂(指山峰)，我去剋它者，為財物，稱奴砂。利不動產，事業與人丁興旺。

3.旺砂

同我者主財丁，如木山(指坐山方位屬性)見木砂(指山峰)，我與它比和者，為五行相同，稱旺砂。先富後貴，家運興旺。

4.泄砂

我生者主消耗，如木山(指坐山方位屬性)見火砂(指山峰)，我去生它者，為泄我精神，稱泄砂。事業敗退，精神不濟。

5.煞砂

剋我者主衰敗，如木山(指坐山方位屬性)見金砂(指山峰)，它來剋我者，稱殺砂。破財傷身，釀疾堪傷，不利健康。

二、應用實例

(一)背景簡介

台灣苗栗市一間百年歷史之古廟-文昌祠，興建於1882年，格局為一座三開間兩進兩廊的合院式建築。嘗試以二十八星宿法操作，建築物以羅盤觀測地盤正針測量為戌山（西北偏西）302°辰向（東南偏東）122°（圖3-15）。

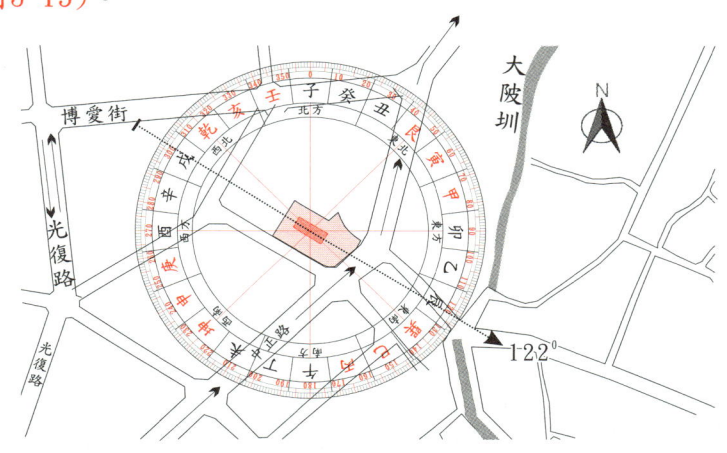

(圖3-15)基址方位角度122°(戌山辰向)

(二)撥砂成果

苗栗市文昌祠以戌山為坐山，對應二十八星宿中的 奎木狼十八度（方位角度302°），其五行屬木，作為"我"之代表。進一步運用羅盤人盤中針測量周邊山峰砂頭位置如貓貍山、墨硯山、托皿山、舉人坪、二坪頂等，視為"它"（圖3-16）。根據羅盤盤面所示方位及星宿所屬之五行，進行坐山與各砂頭之間五行的生剋關係分析，以研判吉凶。此一操作雖較為制式，然建議可輔以翻卦法以提升判斷的靈活性與準確度。觀測結果如下：貓貍山為煞砂、二坪頂為旺砂、墨硯山與托皿山為洩砂、舉人坪則為煞砂，整體評估為一吉四凶（表3-10）。其中，二坪頂為吉砂，來氣（來龍）其距離文昌祠較近，影響力亦更為顯著。

1.貓貍山：觀測為297°屬戌山（西北偏西），二十八星宿為婁金狗十二度太方位，五行屬金，結果為木山（指建築物坐向之坐山）見金砂（指山峰），屬它來剋我者，稱凶砂。為破財傷身。

第五節 二十八星宿消砂法

2.二坪頂：觀測為233°申山(西南偏西)，二十八星宿為井木犴三十度少方位，五行屬木，結果為木山(指建築物坐向之坐山)見木砂(指山峰)，屬我與它比和者，五行相同，稱旺砂。先富後貴，家運興旺。

3.墨硯山：觀測為81°卯山(東方)，二十八星宿為心月狐火六度方位，五行屬火，結果為木山(指建築物坐向之坐山)見火砂(指山峰)，屬我去生它者，稱泄砂。不利事業與人丁。

4.托皿山：觀測為86°卯山(東方)，二十八星宿為房月兔五度太方位，五行屬火，結果為木山(指建築物坐向之坐山)見火砂(指山峰)，屬我去生它者，稱泄砂。不利事業與人丁。

5.舉人坪：觀測為107.5°辰山(東南偏東)，二十八星宿為亢金龍九度太方位，五行屬金，結果為木山(指建築物坐向之坐山)見金砂(指山峰)，它來剋我者，稱煞砂。破財傷身，釀疾堪傷，不利健康。

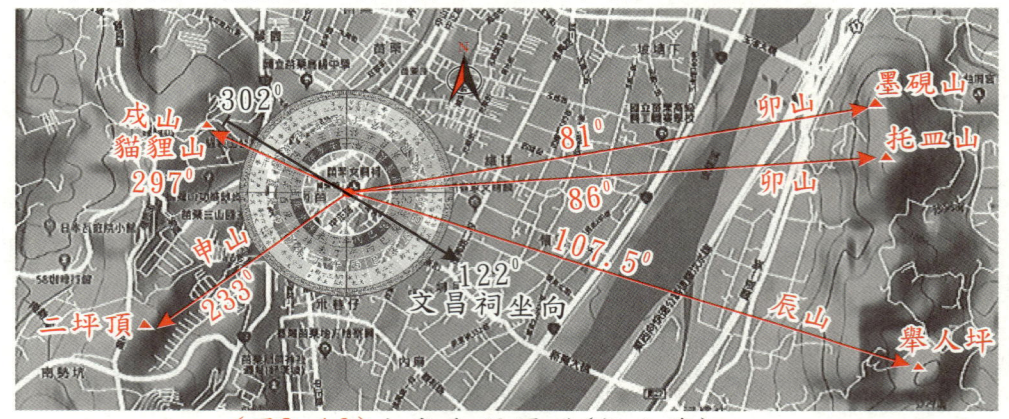

(圖3-16)古廟與周圍砂(指山峰)

(表3-10)撥砂結果(二吉三凶)一覽表

區分	代表	名稱	角度	方位	二十八星宿	五行	結果	吉凶	釋意
建築物山峰	我	文昌祠坐山	302°	戌山	奎木狼十八度	木			
1	它	貓貍山	297°	戌山	婁金狗十二度太	金	它來剋我者 木山見土砂	凶 煞砂	破財傷身
2	它	二坪頂	233°	申山	井木犴三十度少	木	五行相同 木山見木砂	吉 旺砂	先富後貴
3	它	墨硯山	81°	卯山	心月狐火六度	火	我去生它 木山生火砂	凶 泄砂	不利事業與人丁
4	它	托皿山	86°	卯山	房月兔五度太	火	我去生它 木山生火砂	凶 泄砂	不利事業與人丁
5	它	舉人坪	107.5°	辰山	亢金龍九度太	金	它來剋我者 木山見金砂	凶 煞砂	破財傷身

（三）石柱對聯內涵之呼應

　　文昌祠石柱對聯「奎婁占地脈鰲首峰高，宮府應天垣龍光漢遠」（圖3-17），揭示其選址與定向係依據星宿系統推演而成，尤以奎宿與婁宿為據，形成「一山兩宿」之風水格局。文昌祠坐山為地盤正針戌山（西北偏西），方位 302°，對應奎木狼十八度；其西北方之貓貍山則落於人盤中針戌山，方位297°，對應婁金狗十二度，二者皆涵蓋於祠堂之坐向範圍（圖3-18），印證對聯所言「奎婁」為實。建築雖歷經百年，已有多次修繕記錄，格局與門向或有微幅偏移，但整體布局仍以奎婁星宿為核心，貫穿「協五行而應星宿」之宇宙觀與風水理念。對聯文字不僅具藝術裝飾性，更深層反映其與自然星象的呼應與風水定位。作為中文書寫文化中的象徵性形式，對聯亦強化了文昌祠作為信仰與文化場域的象徵意義，體現出地方文風與天人合一思想的深刻融合。

（圖3-17）石柱對聯內涵

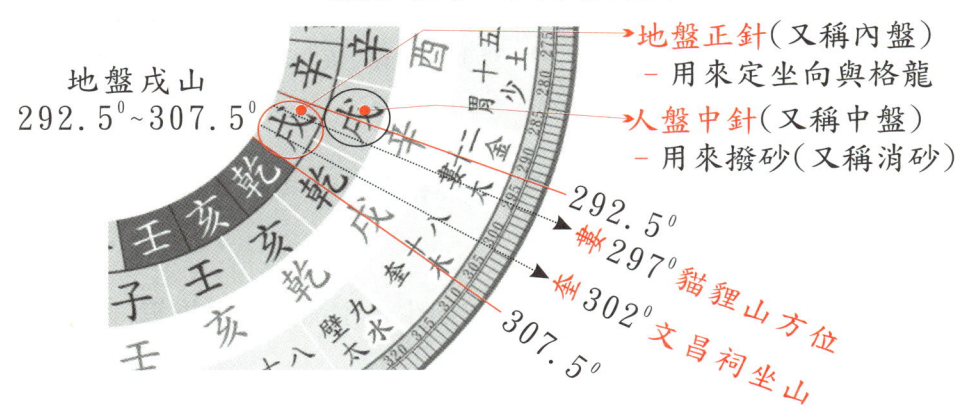

（圖3-18）以奎婁星曜為主軸用作整體建築規畫理念

第六節、常用催吉輔助方位

一、主命文昌位

　　文昌屬二十八星宿之一，專司讀書人之功名利祿。根據清朝王汝元《陽宅集成》記載：「文昌足學飽經才，南極祥光照玉台，乾坤久固天齊福，神仙來慶壽筵開。」說明布局文昌位，輔助催動文昌能發揮作用。一般文昌位，有分固定的甲、巽、丙、丁方文昌位、後天八卦巽方文昌位、飛星盤雙星組合文昌位、流年文昌位、年命文昌位等五種，表解(表3-11)。實踐心得，以布主命文昌位頗具效益，是一生一世不會改變的。可運用空間文昌位置放書桌或掛四支毛筆(符合文昌之巽卦象☴)，來生扶帶來助益。

(表3-11)各種文昌位表解

區分	說　　明
主命文昌位	一生一世不會改變
八卦文昌位	固定後天八卦巽方(東南方)
陽宅文昌位	隨元運改變(雙星14、41)
時間文昌位	隨年、月、日改變
方位文昌位	固定甲、巽、丙、丁方

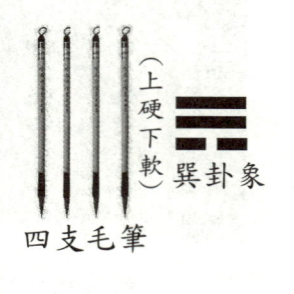

四支毛筆（上硬下軟）巽卦象

(一)歌訣法：明朝真陽子《六壬袖金口訣》記載：「甲乙巳(巳蛇)午(午馬)報君知，丙戊申宮丁己雞(酉)，庚豬(亥)辛鼠(子)壬逢虎(寅)，癸人見兔(卯)入雲梯。」

(二)便捷法：主命文昌位一覽表(列各人主命文昌方位與角度)(表3-12)及手掌法應用(圖3-19)。

(三)案例引述：以2011年及2019年出生，主命文昌位推算(圖3-20~3-21)。

「苗栗文昌祠」
學子文昌紀念筆

（表3-12）主命文昌位

天干	出生年尾數	文昌方位		
甲	4	巳	東南偏南	142.5°↔157.5°
乙	5	午	正南方	172.5°↔187.5°
丙	6	申	西南偏西	232.5°↔247.5°
丁	7	酉	正西方	262.5°↔277.5°
戊	8	申	西南偏西	232.5°↔247.5°
己	⑨	酉	正西方	262.5°↔277.5°
庚	0	亥	西北偏北	322.5°↔337.5°
辛	①	子	正北方	352.5°↔7.5°
壬	2	寅	東北偏東	52.5°↔67.5°
癸	3	卯	正東方	82.5°↔97.5°

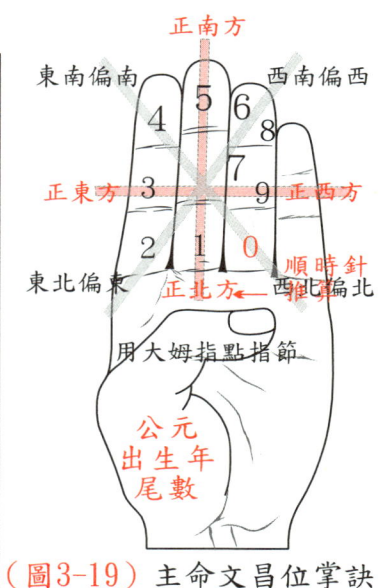

（圖3-19）主命文昌位掌訣

例一：2011年出生之年尾數為 1 主命文昌位為正北方。

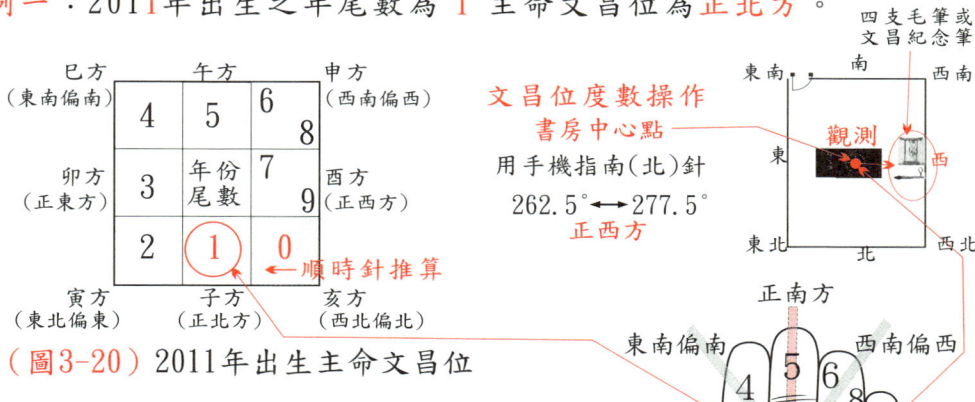

（圖3-20）2011年出生主命文昌位

例二：2019年出生之年尾數為 9 主命文昌位為正西方。

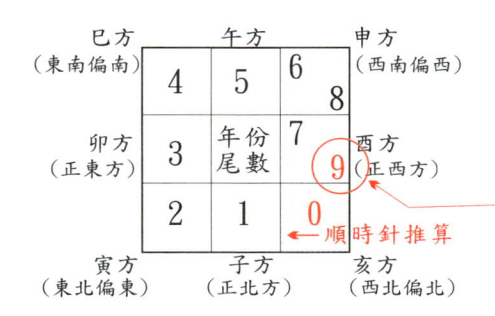

（圖3-21）2019年出生主命文昌位

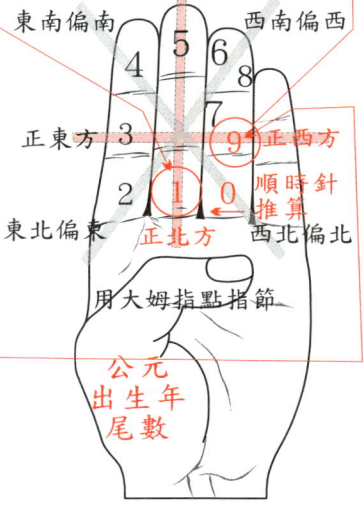

244

二、主命驛馬位

驛馬位主升職加薪、利遷移，可催旺財祿。根據《周易‧說卦傳》記載：「乾為馬，坤為牛，震為龍，巽為雞，坎為豕，離為雉，艮為狗，兌為羊。」說明了八卦類象中動物屬性，乾卦屬性為馬，主多動少靜，喜四處馳騁。因而在空間布局主命驛馬位(表3-13)，利於移民、升遷；可用來迎合環境變化，增強事業競爭力，並提高工作士氣。

(表3-13)主命驛馬位一覽表

驛馬方位	出生地支(十二生肖) 組合為地支三合	馬形飾物質料
寅(東北偏東) 52.5° ↔ 67.5°	申(猴)、子(鼠)、辰(龍)	瓷器、石材
申(西南偏西) 232.5° ↔ 247.5°	寅(虎)、午(馬)、戌(狗)	瓷器、石材
巳(東南偏南) 142.5° ↔ 157.5°	亥(豬)、卯(兔)、未(羊)	木質
亥(西北偏北) 322.5° ↔ 337.5°	巳(蛇)、酉(雞)、丑(牛)	銅質、金屬材質

(一)歌訣法：宋朝陳摶(希夷)(872年-989年)《紫微斗數全書》安天馬訣記載：「寅午戌年馬在申(指寅之對宮居申)，申子辰年馬在寅(指申之對宮居寅)，巳酉丑年馬在亥(指巳之對宮居亥)，亥卯未年馬在巳(指亥之對宮居巳)。」

(二)查表法：先查出生干支，再以地支對照主命驛馬位一覽表來布置。如1977年出生年份為丁巳歲，對照一覽表以地支三合巳(蛇)、酉(雞)、丑(牛)，取排頭地支(巳)取對宮(180°)驛馬位在(亥)，亥為西北偏北方(圖3-22)。

不經一番寒徹骨
焉得梅花撲鼻香

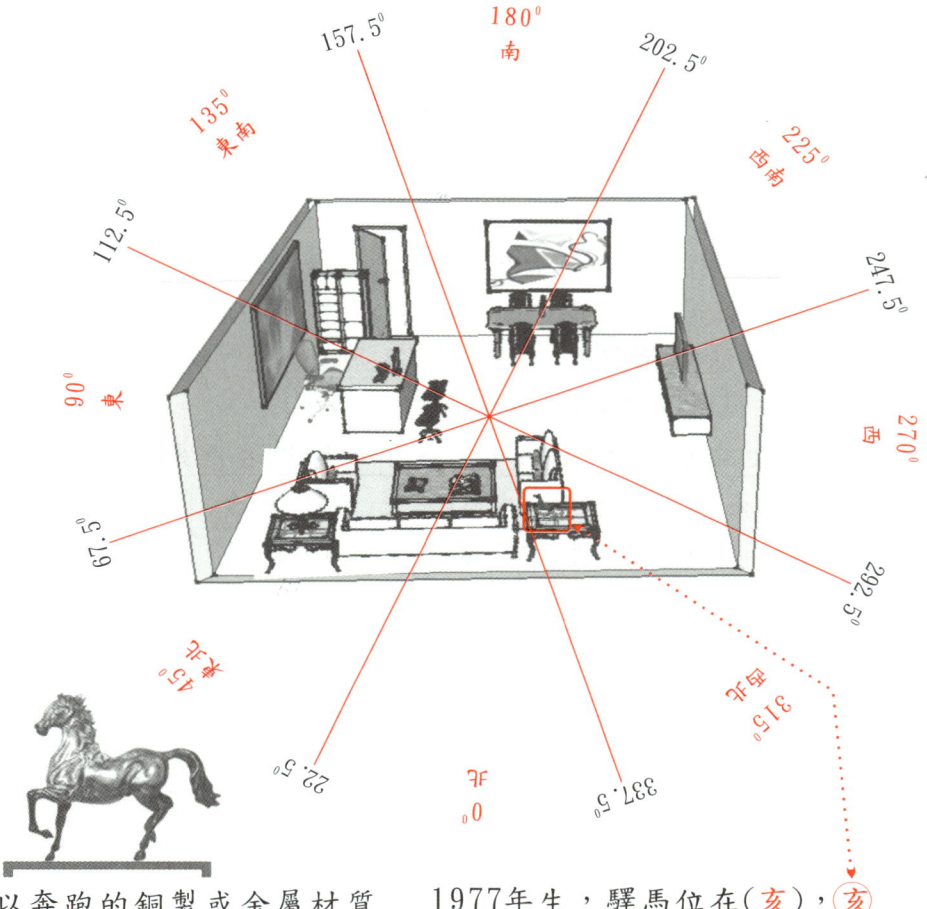

以奔跑的銅製或金屬材質的馬形飾物象徵加速之意

1977年生，驛馬位在(亥)，亥為西北偏北方，並將馬頭向大門。

(圖3-22)驛馬位操作案例

(三)便捷法：取三合局第一個字相沖之位，如三合水局為申、子、辰，第一個字為申字，申之相沖位為寅。因而申(猴)、子(鼠)、辰(龍)之驛馬位在寅(東北方偏東)，其餘類推。

有愛人就溫馨
有情就不孤獨

三、桃花位

桃花一詞，古文人賦予浪漫情懷，視桃花為男女情愛的心理表徵，現代人把人緣感情與桃花劃上等號。根據《易經》六十四卦中，關於感情的卦象有"澤山咸"與"雷風恒"兩卦，在八卦類象澤山咸卦代表少女、少男，是沒有心機，世間最自然的感情；雷風恒卦代表長男、長女，符合陰陽正配，婚後不棄不離，一顆恆心才會白頭到老；桃花在風水運用上分為"主命桃花位"與"陽宅桃花位"，前者影響個人，後者影響家庭成員；布置桃花方位(表3-14、3-15)，可配合花瓶(符合兌、離、巽卦象，主桃花運)插花來增強助益。

(表3-14)主命桃花位(建議年過三十未嫁娶者優先布局)

桃　花　位	出生地支(地支三合)	花瓶顏色
子(正北方)	352.5°↔7.5°	亥(豬)、卯(兔)、未(羊)	藍色、黑色
午(正南方)	172.5°↔187.5°	巳(蛇)、酉(雞)、丑(牛)	紫色、紅色
卯(正東方)	82.5°↔97.5°	寅(虎)、午(馬)、戌(狗)	青色、綠色
酉(正西方)	262.5°↔277.5°	申(猴)、子(鼠)、辰(龍)	白色、金色

(表3-15)陽宅桃花位(沐浴位)

桃　花　位	宅向(或門向)組合為地支三合
子(正北方)	亥、卯、未
午(正南方)	巳、酉、丑
卯(正東方)	寅、午、戌
酉(正西方)	申、子、辰

符合兌、離、巽卦象

瓶口 兌上缺
瓶肚 離中虛
瓶底 巽下斷

(一)歌訣法

唐朝張遂(一行禪師)《達摩一掌金》記載：「申子辰雞(酉)叫亂人倫，寅午戌玉兔(卯)東方出，亥卯未(子)鼠當頭忌，巳酉丑騎馬(午)南方走。」

(二)查表法

先查出生年"干支"，再以"地支"對照上表求桃花位(表3-14)；

陽宅先求宅(或門)向再對照上表(表3-15)求桃花位。

(三)布局禁忌

已婚之人，不宜在桃花位上置空花瓶或無水金魚缸，以避免婚外情事發生。

(四)花朵數量

花朵之數量為在東方置三朵、西方置七朵、北方置一朵、南方置九朵。如1989年(己巳)出生之人，以地支"巳"(屬蛇)查對照表(表3-14)桃花位在午方(正南方)，可在空間正南方置紫色或紅色花瓶(瓶內可盛清水及插九朵花朵)(圖3-23)，來增強異性緣。

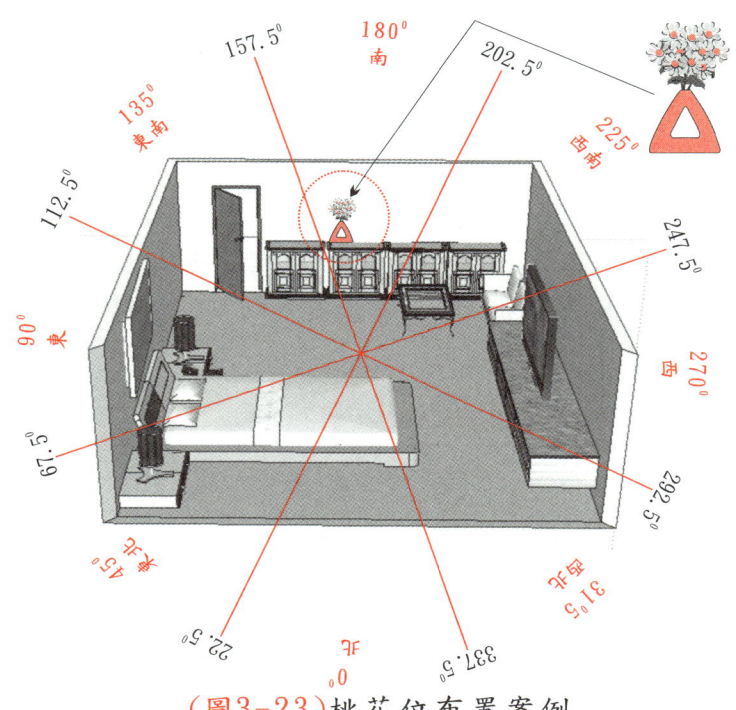

(圖3-23)桃花位布置案例

(五)便捷法

西、南、東、北四方位(逆時針方向)，依生肖 1子鼠、2丑牛、3寅虎、4卯兔、5辰龍、6巳蛇、7午馬、8未羊、9申猴、10酉雞、11戌狗、12亥豬逆時針推算，即可掌握桃花位。如生肖虎(寅)在東方(圖3-24)，餘此類推便捷運用。

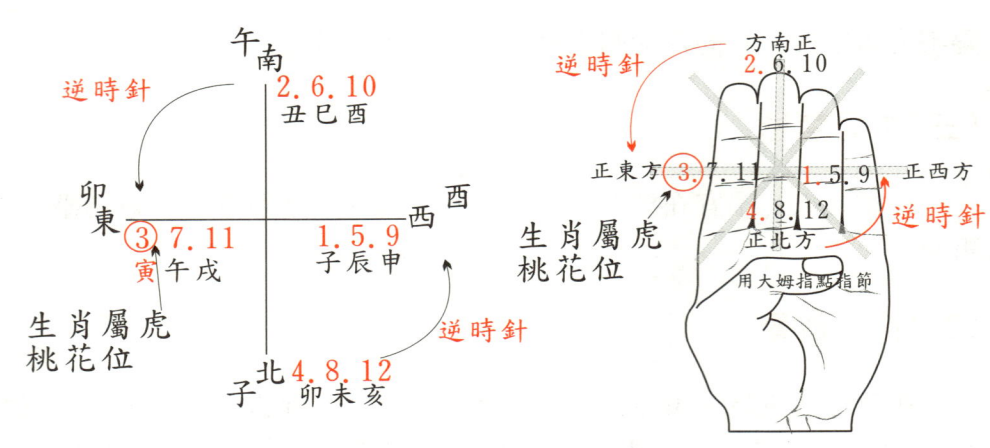

(圖3-24)桃花位便捷推算

（六）孤劫同辰

　　孤劫同辰，即孤辰(孤神)(表3-16)與劫煞(表3-17)同在一方位(表3-18)，又稱孤寡位。在風水運用上，僅有龍、羊、狗、牛四種生肖之人，其宅門向、房間向、床舖向方位，易犯孤劫同辰，分別為巳、申、亥、寅方位。以生肖龍(辰)之人為例。"寅"、卯、辰三會中，以"寅"之對宮為"巳"，即是孤辰。根據明朝萬民英(1521~1603)《三命通會・論神煞》記載：「寅午戌遇亥不睦，亥卯未遇申遭值，申子辰遇巳化灰，巳酉丑遇寅閉口，五行絕處是劫煞。」說明了亥、申、巳、寅方為三合之煞方，宜迴避之。

(表3-16)孤辰(又稱孤神)

孤辰方位		五行	地支三會局(生肖)
巳	142.5°↔157.5°	木	寅(虎)、卯(兔)、辰(龍)
申	232.5°↔247.5°	火	巳(蛇)、午(馬)、未(羊)
亥	322.5°↔337.5°	金	申(猴)、酉(雞)、戌(狗)
寅	52.5°↔67.5°	水	亥(豬)、子(鼠)、丑(牛)

孤辰：為孤獨、孤寡、六親無緣。

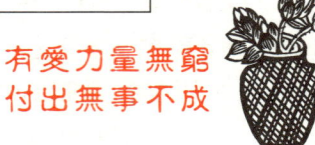

有愛力量無窮
付出無事不成

（表3-18）孤劫同辰（孤辰與劫煞同位）

出生地支	宅、房間、床向方位
辰年生（屬龍）	巳宅（坐東南偏南） 巳山 ⟶ 亥向
未年生（屬羊）	申宅（坐西南偏西） 申山 ⟶ 寅向
戌年生（屬狗）	亥宅（坐西北偏北） 亥山 ⟶ 巳向
丑年生（屬牛）	寅宅（坐東北偏東） 寅山 ⟶ 申向

孤劫同辰：阻礙姻緣，不利婚姻。

（表3-17）劫煞（三煞之一）

劫煞方位		五行	地支三合局（生肖）
巳	142.5°↔157.5°	水	申（猴）、子（鼠）、辰（龍）
申	232.5°↔247.5°	木	亥（豬）、卯（兔）、未（羊）
亥	322.5°↔337.5°	火	寅（虎）、午（馬）、戌（狗）
寅	52.5°↔67.5°	金	巳（蛇）、酉（雞）、丑（牛）

劫煞：為災不可當，多破財。

例：生肖龍（辰）之人，住巳宅（東南方偏南），其房間及床向犯孤劫同辰（圖3-25）；犯之宜搬家、換房、改床向。

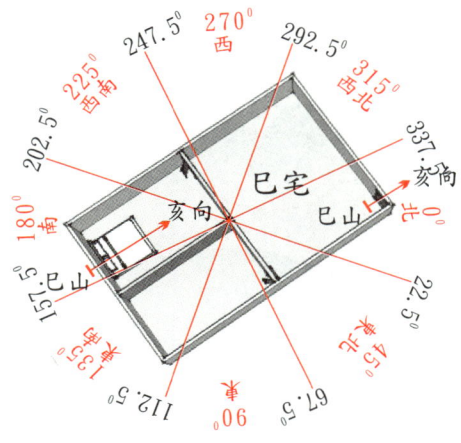

（圖3-25）犯孤劫同辰案例

第七節、理想陽宅模式

　　建築環境以「山環水繞、氣聚有情」為最高理想境界,為陽宅布局之極致模式(圖3-26)。然當代人口激增,土地寸土寸金,都市建築受限於建蔽率與容積率,逐漸向高空發展,形成都市叢林,難覓山水真境,該如何變通?晉朝郭璞《葬書・內篇二》記載:「高水一寸,便可言山;低土一寸,便可言水。」及明末清初蔣大鴻《天元歌・水龍》亦言:「無法高者為山,低者為水。」皆指出:高一寸為山,低一寸為水的理論依據。是故,於平原或都市中,可將高樓視為山,道路視作水流,借形會意,使空間順應四神相應之法,創造出契合自然與風水之平穩吉象(圖3-27)。

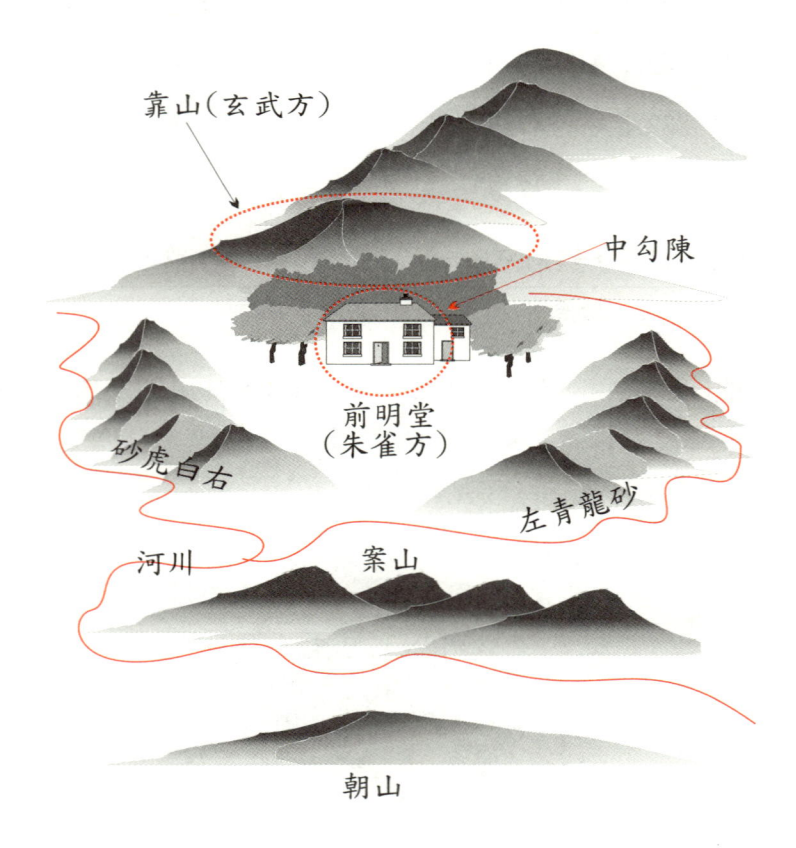

(圖3-26)四神相應(理想陽宅模式)

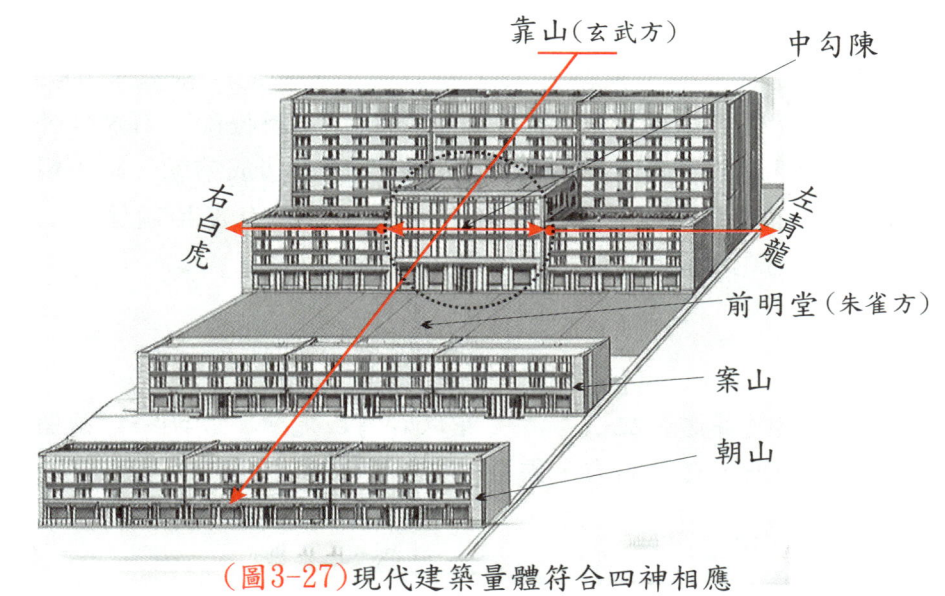

(圖3-27)現代建築量體符合四神相應

一、四神方位

　　古人常以四象代表方位，以坎宅（坐北朝南）為例，前後左右形成十字方位，左為青龍，右為白虎。根據西漢《禮記‧曲禮》所載：「行前朱雀而後玄武，左青龍而右白虎。」及清末談養吾《玄空本義‧論前後龍虎》亦指出：「古論前後左右，大都以朝南為例言之，乃前後左右之代名詞耳，實則無所謂龍虎雀武也。龍未必純吉，虎未必盡凶，總之不論前後左右，務必高低相稱，處處合情則為吉，無情則為凶。」說明了四神方位，**指環境之前朱雀、後玄武、左青龍、右白虎，為前後左右之代名詞，龍虎並無涉吉凶也**。可見四神所指，實為環境空間之方位象徵，即前朱雀、後玄武、左青龍、右白虎，為對應朝向的代稱，並非絕對吉凶之分。關鍵在於配置得宜、高低有序、環境合情，方為吉象；若失其和諧，即為凶兆。

(一)靠山（後玄武）

　　晉朝郭璞《葬書》記載：「穴後為玄武。」揭示穴為生氣最旺之處，適合安墳立宅。一般建築物空間，中心為勾陳，在其後方較高，象徵靠山有依靠之力量，有提攜之貴人。

(二)左青龍

晉朝郭璞《葬書》記載：「葬以左為青龍。」說明一般建築物空間，中心為勾陳，在其左方，象徵外來之助力與貴人相助。根據宋朝吳景鸞《牛頭山山陵議狀奏語》記載：「龍脈偏枯，山崗撩亂，白虎崢嶸，青龍低陷。」評議了牛頭山不適合作為陵寢之語；造成宋朝仁宗不悅，將吳下獄。因而民間傳說"不怕青龍高萬丈，只怕白虎抬頭望"成為民俗觀點流傳之順口溜，並作為風水應用教條。

（三）右白虎

晉朝郭璞《葬書》記載：「夫葬以右為白虎。」說明一般建築物空間，中心為勾陳，在其右方，象徵財力、小人。

（四）前朱雀（明堂）

晉朝郭璞《葬書》記載：「葬以前為朱雀。」說明一般建築物空間，中心為勾陳，在其前方空地，象徵事業之前景充滿希望。

（五）案山

明朝徐善繼・徐善述《地理人子須知・砂法》記載：「穴前之山近而小者曰案，遠而高者稱朝。」說明了明堂前之山或建築物，離一般建築物空間中心（中勾陳）較近，象徵名氣（聲）。

（六）朝山

案山前之山或建築物，離一般建築物中心（中勾陳）較遠，象徵朝貢之意，貴人相助。

二、陽宅論四神相應

清朝林牧《陽宅會心集》記載：「一層街衢為一層水，一層牆屋一層砂，門前街道，即是明堂，對面屋宇即是案山。」揭示建築物前要有山（或大廈）作案山，後有玄武作靠山（或較高之大廈），左右有龍虎砂手（或左右有等高大廈作護持）。前後左右合成十字線，象徵四平八穩之局。

三、四神與四方

　　明代李國木《地理大全》記載：「地理以前山為朱雀，後山為玄武，左山為青龍，右山為白虎，亦借四宿之名，以別四方之山。」說明前朱雀、後玄武、左青龍、右白虎，實為對應南、北、東、西四方位之代稱，並非具體山形之限定，更無傳說中之吉凶偏見。坊間常見如「龍邊不可設廁」、「白虎開口易傷人，宜開門於龍邊」等說法，實屬附會與誤解。又明朝徐善繼・徐善述《地理人子須知・曲禮》記載：「朱雀、玄武、青龍、白虎，四方宿名也。然則地理以前山為朱雀，後山為玄武，左山為青龍，右山為白虎，亦假借四方之宿，以別四方之山，非謂山之形皆欲如其物也。」強調四神僅為象徵性方位名稱，並非真有形象對應之山。故應以高低得宜、環境合情為吉，莫將「龍吉虎凶」等觀念視為絕對教條，而誤用於風水實務中（圖3-28）。

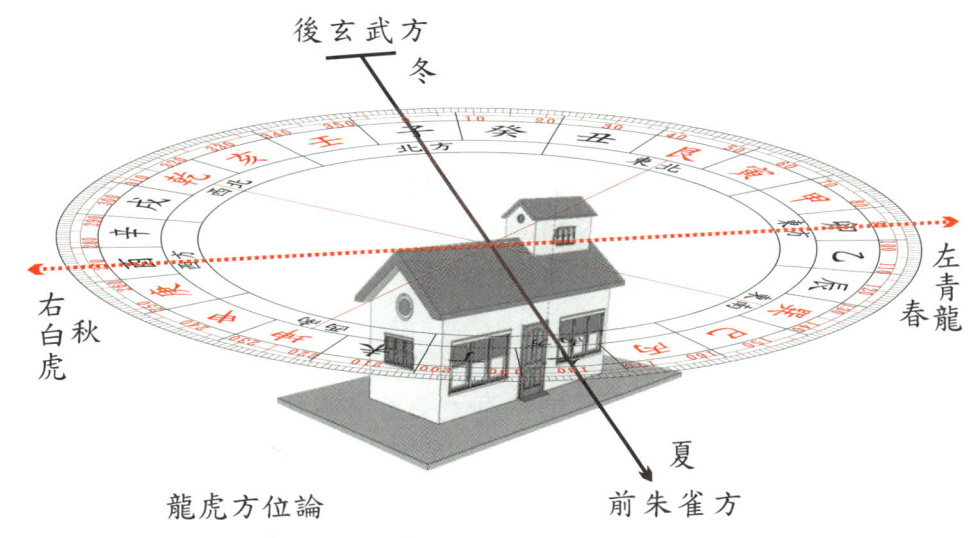

龍虎方位論　　　　　　　前朱雀方

　　坎宅（坐北向南），以太陽從東方左邊出來，所以左邊稱龍邊，即左青龍，右邊稱虎邊，即右白虎。方位若變，太陽方位相對變動，就不合左青龍右白虎。

　　（圖3-28）四象指坎宅（坐北朝南）四方位

心寬量就大
心寬路就寬

第八節、形理兼察

一、巒頭學基本宜忌

近年來，大眾媒體對風水的傳播過於著重巒頭學中對煞氣的論述與制化，易使民眾盲目模仿、誤解套用，甚至將風水現象中的因果關係過度絕對化，實令人憂心。許多論述未能掌握建築實際朝向與角度，更忽略「形」（巒頭）與「理」（理氣）並重的核心原則。巒頭學如同相術，透過觀察環境形勢斷定吉凶；理氣學則如命理，藉由方位與數理象徵推演吉凶禍福，兩者須互為參照，不可偏廢。明代王君榮纂輯《陽宅十書‧論宅外形》記載：「人之居處，宜以大地山河為主，其來脈氣勢最大，關係人禍最為切要」凸顯選址與環境形勢之重要性。故宜審慎考量建築與自然的和諧關係，順勢而為，避免破壞生態環境。

(一)動線形態的吉凶論述

建築物與道路的交通動線，形態的吉凶論述，一般分道路虛水論（指車流、人流同河流一樣）、路沖吉凶、巒理兼察（圖3-29至3~39）。

1. 道路虛水論

先天之氣無形無跡，可流通八方，地氣借水來引導及界水來反應。生氣如線在龍脈傳遞中（指山稜線之下方即是一線生氣之所在），穿田過水，遠渡重洋，脈絡相連而不間斷。在易理中常有陰、陽、虛、實之分，對於水來說也有虛水與真（實）水之分。陽宅重視人氣之聚集，首推道路，是帶來人氣主要條件，一般道路具有流通性，在視覺上或形勢上具備水之象徵意涵，但非真正流水，稱虛水（具真水70%效應）。虛水若符合形局、方位與流動的象徵，有時可視同「具真水之七成效應」來應用，可反應審視先天無形的氣，地氣亦由水來反應。應用上根據唐朝曾文辿《青囊序》記載：「富貴貧賤在水神，水是山家血脈精，山靜水動晝夜定，水主財祿山人丁。」說明山主人丁，水主財。因而建築物坐向，來去的水（或道路）因地氣環境不同，會有不同的吉凶徵驗。

2.路沖分吉凶

　　一般人都不贊成建築物犯路沖，根據清朝蔣大鴻《都天寶照經》記載：「一條直是一條槍」說明直路與建築物朝向相沖稱槍煞。根據唐朝卜則巍《雪心賦》記載：「反弓煞水，反弓無情房房敗，主子孫叛逆，流離失所，遠走他方，放蕩不羈，貪花戀酒不務正業。」及清朝蔣大鴻《天元五歌 ・陽宅篇》記載：「衝橋衝路莫輕猜，需與元運一路排，沖起旺宮無價寶，囚宮沖起化作灰。」均說明了交通動線形態對吉凶之影響。指出當運建築物逢路沖，則稱沖（指前方直路對建築物門向衝擊之影響）起樂宮（指當運吉方位之建築物）無價寶，逢當運之旺方是越沖越旺。路沖在視覺、心理、交通安全之考量，會有某種程度之影響，但並非把路沖，以偏概全當著槍煞路來處理。

3.巒理兼察

　　一般道路交通動線屬外六事巒頭之一，根據清朝姚廷鑾《陽宅集成》記載：「外六事者，是屋外之物，橋樑、殿、塔、亭台之屬，凡望見者皆是，雖曰六事，而實不止六也。」說明巒頭學上之觀點。尚須巒理兼察；若理氣上無建築物方位，就無法巒理兼察憑空論述。

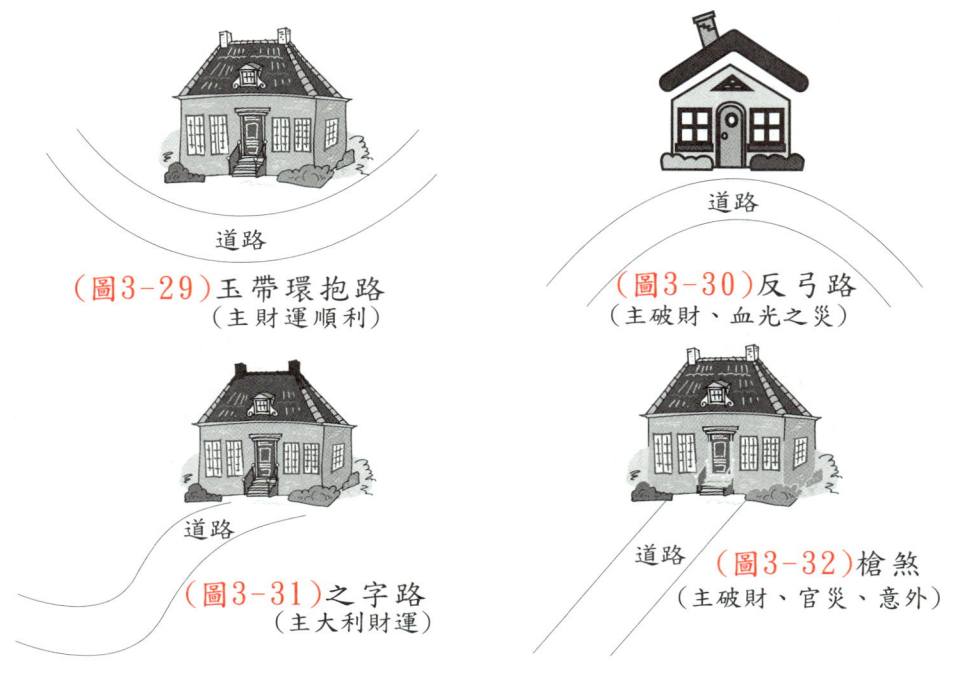

（圖3-29）玉帶環抱路
（主財運順利）

（圖3-30）反弓路
（主破財、血光之災）

（圖3-31）之字路
（主大利財運）

（圖3-32）槍煞
（主破財、官災、意外）

第八節　形理兼察

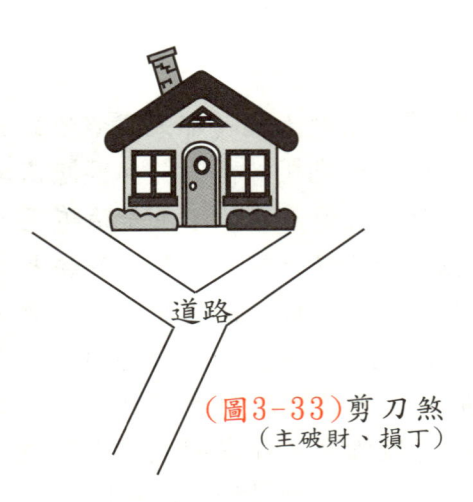

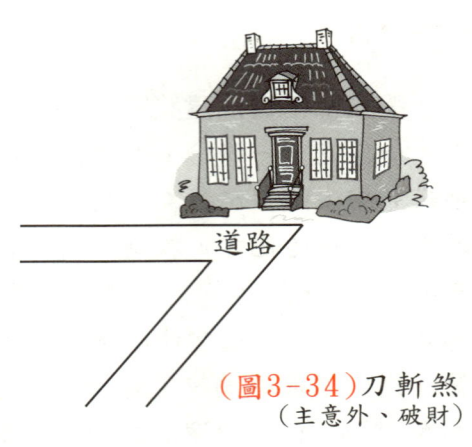

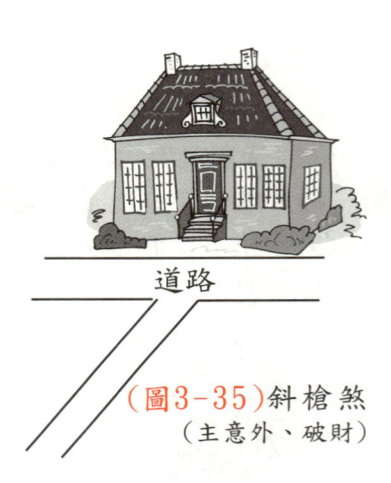

(圖3-33)剪刀煞
（主破財、損丁）

(圖3-34)刀斬煞
（主意外、破財）

(圖3-35)斜槍煞
（主意外、破財）

(圖3-36)穿心煞(又稱頂心柱)
（主破財、官災、意外）

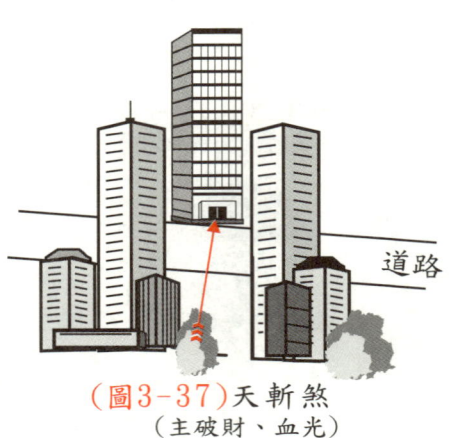

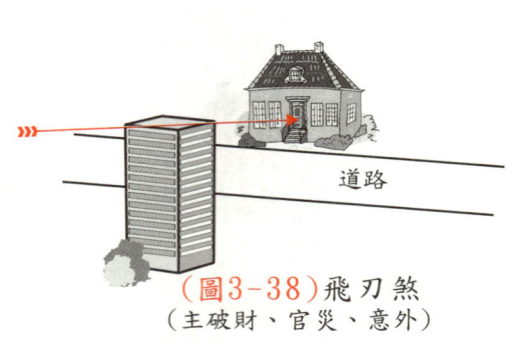

(圖3-37)天斬煞
（主破財、血光）

(圖3-38)飛刃煞
（主破財、官災、意外）

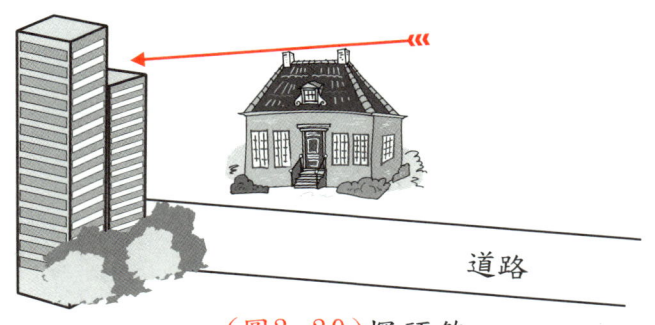

(圖3-39)探頭煞
（主犯盜竊）

（二）以水為擇址條件

　　風水學理以得水為上，基地選址除考量建築物理外，古代對環境的選擇，通常以臨水為擇址條件。根據清朝熊起磻《堪輿泄祕》記載：「水抱邊（凸岸）可尋地，水反邊（凹岸）不可下。」及清朝吳㠘《陽宅撮要》記載：「風水學中以河曲之內為吉地，河曲外則凶地。」說明水流形態之影響，古今皆然。水彎曲處，形成環抱(圖3-40)與反弓(圖3-41)之形態，當影響建築基地之安全(圖3-42)。

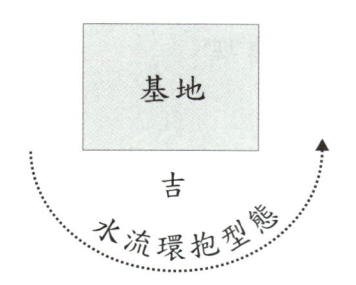

水流環抱，流水和緩，能使地氣停止凝聚在對岸。

(圖3-40)水流環抱示意圖

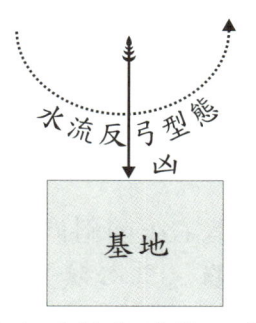

水流向若彎背對著陸地，雖水流和緩，氣卻停聚在對岸。

(圖3-41)水流反弓示意圖

能看透一切
能突破一切
能看淡臉色
能聽淡聲音

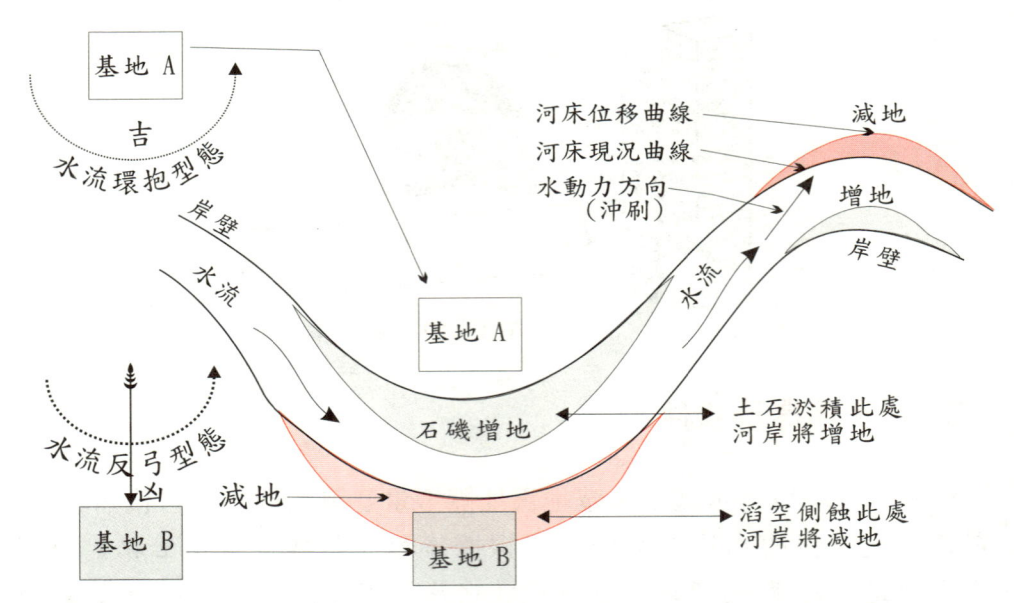

第八節　形理兼察

原理：水流在轉彎處，由於物理慣性與離心力之作用造成侵淤互現。在內灣處，水流速變緩，水位降低，造成水流搬運泥沙的能力下降，而逐漸石磯淤積而增地；相對在外灣處，水流速變急，水位提高，造成水流搬運泥沙的能力提高，而逐漸河岸或土地侵蝕而減地。

(圖3-42)河曲水流反弓型態原理

(三)鼓角與華表

鼓角係指宅第前斜向 45°暨華表為屋前斜向 22.5°(圖3-43)。根據唐朝卜則巍《雪心賦》記載：「華表捍門居水口，樓臺鼓角列羅城，若非立穴遷都，定主為官近帝。」說明有好的巒頭或建築物能增添權力、地位、尊嚴之氣勢。

宅第華表 　　　天安門華表

人心善則天下平
人心惡則災難起

(圖3-43)鼓角與華表（彷彿宅第之外有旗桿）

(四)其它巒頭上之宜忌

1.孤陰之地

　　順口溜:「廟前窮,廟後富,廟之兩旁出寡婦。」係因教堂、寺廟、祠堂,為孤陰之地,住在其四周,家人的精神會受影響,健康亦不佳。但廟後富,係因一般來氣從後而來,故建築物在後,可先吸納來氣,如在廟前,則無氣可得,成為貧窮之地(圖3-44、3-45)。

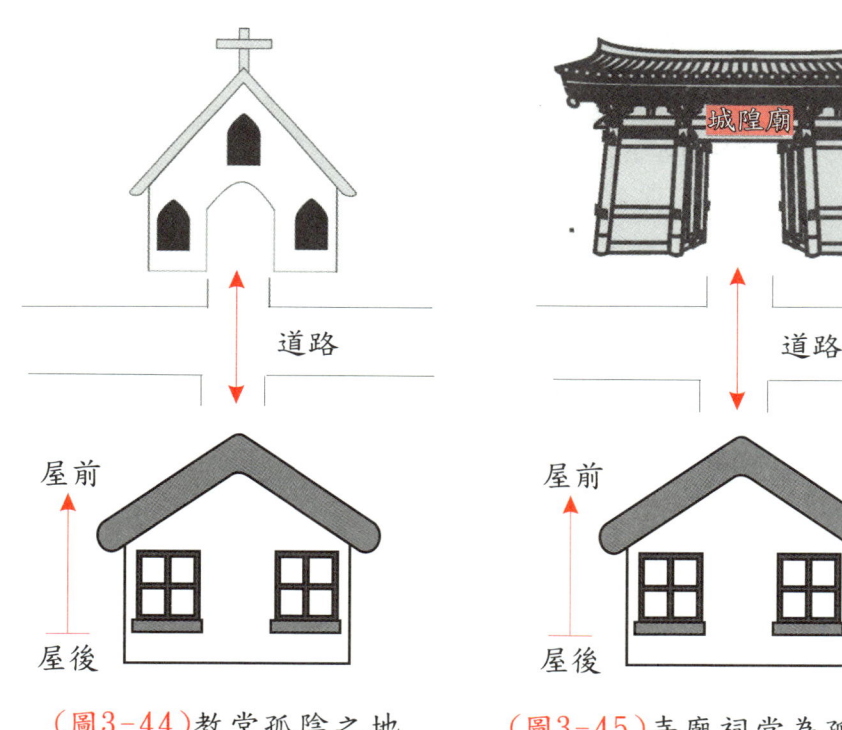

(圖3-44)教堂孤陰之地　　(圖3-45)寺廟祠堂為孤陰之地

原理:

　　從中國名山古剎之導覽,古代寺廟建築,大多數選址在名山落脈之處,依龍脈之走向而建,即一般來氣從後而來(圖3-46),故建築物若建在寺廟之後,若逢龍(山)脈吉氣,建築物可先吸納來氣,帶來助益;如建築物建在寺廟之前,若逢山脈吉氣,來氣已被寺廟先取得,建築物則無生氣可得,成為貧窮之地。

第八節 形理兼察

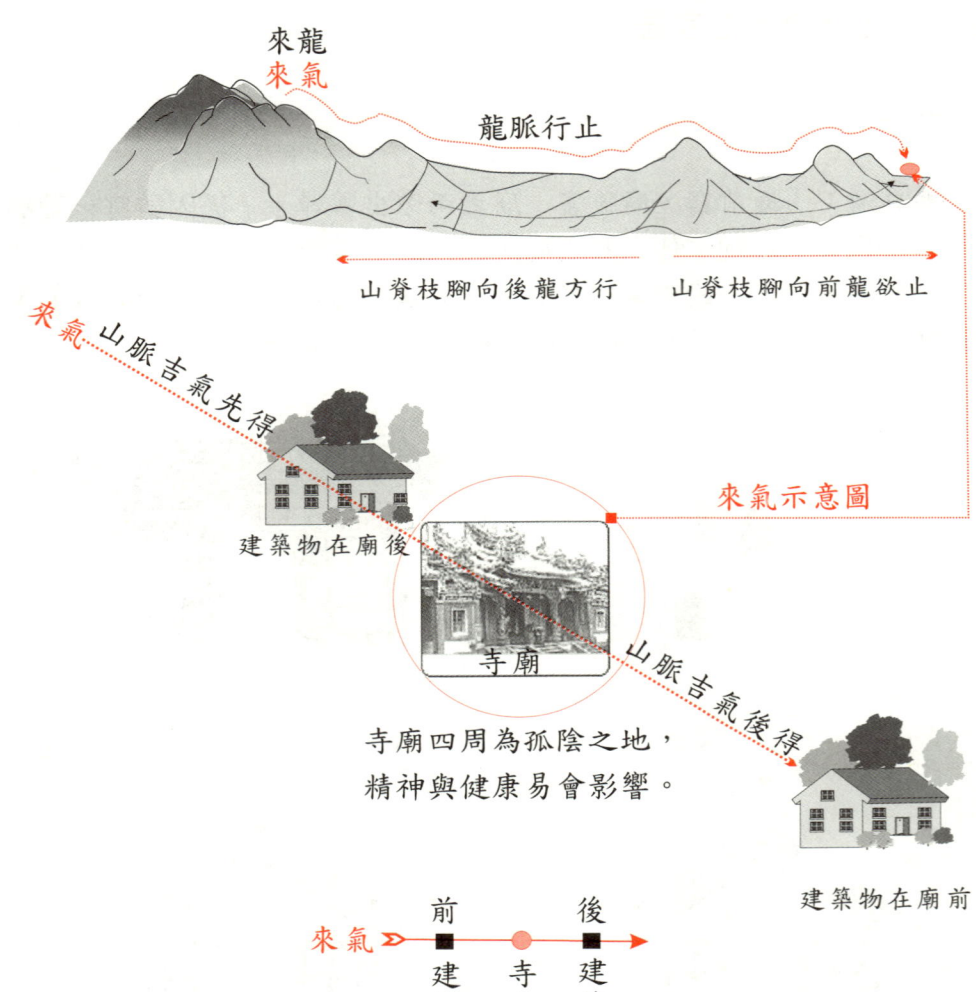

来龍
来氣
龍脈行止
山脊枝腳向後龍方行　山脊枝腳向前龍欲止
来氣　山脈吉氣先得
建築物在廟後
来氣示意圖
寺廟
山脈吉氣後得
寺廟四周為孤陰之地，精神與健康易會影響。
建築物在廟前

来氣　前　後
　　　建　寺　建
　　　築　廟　築
　　　物　　　物

（圖3-46）來氣前後示意圖

2.枯樹敗象

　　枯樹毀吉氣，《軍馬篇》記載：「門前枯樹倒，白鶴滿天飛。江山水淼淼，暗石在其中。」說明門口敗象之影響。門前有枯樹（圖3-47），為破敗之象，必須除去，否則影響財運。

對失意的人
莫談得意事
處得意日
莫忘失意時

(圖3-47)枯樹敗象

3.破屋敗象

　　清吳鼒《陽宅撮要・看煞法》記載：「漏廄破屋在前，名破耗煞，主貧病。」說明屋前有破屋(圖3-48)，當影響家人之精神與健康或無故生病，前途荊棘。

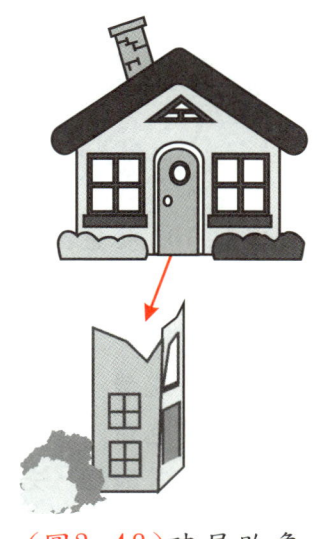

(圖3-48)破屋敗象

4.水聲吉

　　北宋麻衣道者《麻衣神相全編》記載：「水聲韻清響急，長細則貴，重濁則賤。」說明低鳴淺奏滌人心為吉水，叮叮咚咚似數錢(圖3-49)。

第八節 形理兼察

(圖3-49)水聲吉

5.水聲凶

　　唐朝卜應天《雪心賦》記載：「當聞水泣者，喪偶頻見。」說明嘩啦嘩啦似哭泣或萬馬奔騰似咆哮為煞水(圖3-50)。明朝王君榮纂輯《陽宅十書・論宅外形》記載：「凡宅前其水聲悲吟，主退財。」及晉朝郭普璞《葬書・外篇》記載：「若池湖淵潭，則以澄清瑩淨為可喜，江河溪澗，則以屈曲之玄為有情。倘廉劫箭割，湍激悲泣，則為凶矣。」均說明水聲影響情緒與財運。

(圖3-50)水聲凶

6.看水色

　　宋朝黃妙應《博山篇・論水》記載：「尋龍認氣，認氣嘗水。其色碧，其味甘，其氣香，主上貴。其色白，其味清，其味溫，主中貴。其色淡、其味辛、其氣烈，主下貴。若酸澀，若發饅，不足論。」說明水污濁氣腥臭，主破財，不利健康。

7.接水局

　　建築物門向須考量環鏡特質，決定在能否把旺氣接納進來；根據清朝蔣大鴻《陽宅指南》記載：「第五開門引路訣，正卦裝門無偏泄，入門之卦空元神，原神衰旺此中別。」指出開門須憑來路與門向來論衰旺

；在巒頭學上開門，採門開接水局，即開門引財入宅之意。

(1) **左高右低**：門前道路(虛水)左高右低者，為左水倒右局，可在右方開門來接水(圖3-51)。

(2) **右高左低**：門前道路(虛水)右高左低者，為右水倒左局，可在左方開門來接水(圖3-52)。

(3) **右門接水**：門前為左方來水時，可在右方開門來接水(圖3-53)。

(4) **左門接水**：門前為右方來水時，可在左方開門來接水(圖3-54)。

(5) **朱雀接水**：前方為公園或開揚(明堂)，宜開中門迎接前方的吉氣。

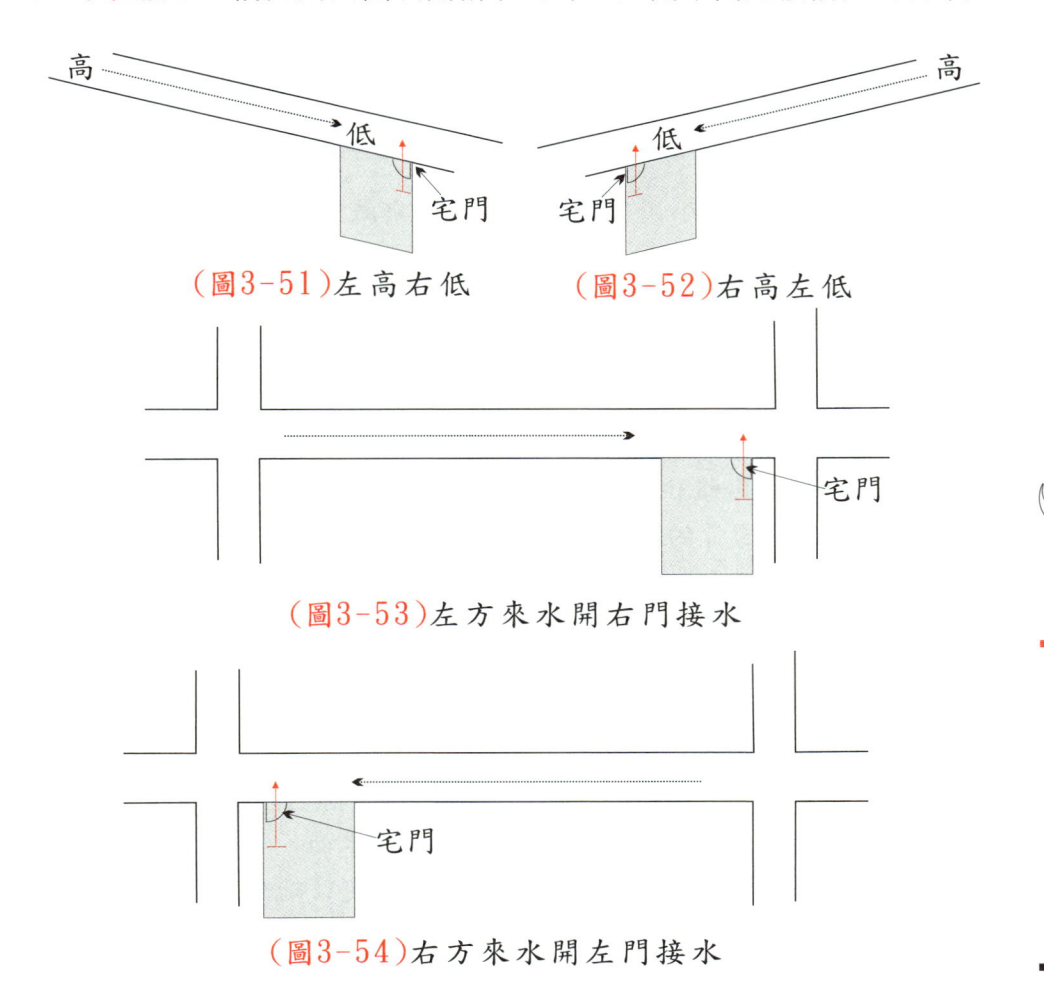

(圖3-51)左高右低　　(圖3-52)右高左低

(圖3-53)左方來水開右門接水

(圖3-54)右方來水開左門接水

(五)地理五訣

巒頭學派視覓龍、察砂、觀水、點穴、立向五項因子，合稱為地理五訣。將自然環境的山川形勢，歸納為龍、砂、水、穴四種要素，探討相互間的關係用以決定基址與立向；換句話說覓龍求真、察砂環抱、觀水環繞、點穴求吉的風水活動，作為建築選址定向的憑據。茲將五訣因子，化繁為簡歸納說明(表3-18)。

(表3-18) 龍、砂、水、穴、向地理五訣歸納說明表

地理五訣	涵　　意
覓龍	山脈(山龍)的走向與水路(水龍)行止，與龍的軀體一樣千變萬化，喻為龍脈。氣依附於龍，走向和龍脈一致，龍斷則氣斷。覓龍就是審視龍脈的形勢，是否具備真龍條件，並以雄偉、圓潤、秀美為吉龍。
察砂	基址四周群山環抱稱為砂，用以阻擋外部的變化，對基址內部造成影響；並以基址相對位置命名為前朱雀、後玄武、左青龍、右白虎。察砂就是觀察環繞基址的小山，是否具備護衛與藏風聚氣的作用。
觀水	水能使氣停聚，亦能提供孕育萬物之氣。河川由高處往低處流，水路環繞行止，宛如龍蛇之行，喻為水龍。山以運氣，水以聚氣。觀水就是觀察是否具備山交水會的條件，用以確定氣的聚集處。
點穴	選擇符合山環水抱的基址，喻為穴。取得藏風聚氣之地 就是連接興旺的源頭，用作為生者居處或死者墓穴。點穴就是觀察是否具備山環水抱的具體位置，用以擇定天地靈氣匯集之處。
立向	選擇適當的建築物朝向，為生者居處或死者墓穴擇定吉利坐向。立向屬於應用軟體，沒有覓龍、察砂、觀水、點穴硬體之配合，是無法發揮作用的。立向就是審視基址建築的具體位置，用以確立坐向。

(六)五星形要

風水古籍文獻中，關於山巒與河川的形體，源自陰陽五行(金、木、水、火、土)的概念，首先確立金圓、木長、水曲、火尖、土方，山巒五星形體及兼體形態(圖3-55)。根據清朝袁守定《地理啖蔗錄‧卷六‧水法》記載：「水城之形不一。古人以五星配之。最為精當。金城彎環

，水城屈曲，皆吉。土城平正，吉凶相半。火城尖射，木城直急。」解釋水城五星吉凶形態，水城是指水繞關氣(生氣)如城之意。因此，以識星方識龍之觀點，歸納水城五星形態(圖3-56)。茲將山脈形態意象及建築物立面意象歸納爲五星形體(表3-19)，用作建築設計參考。

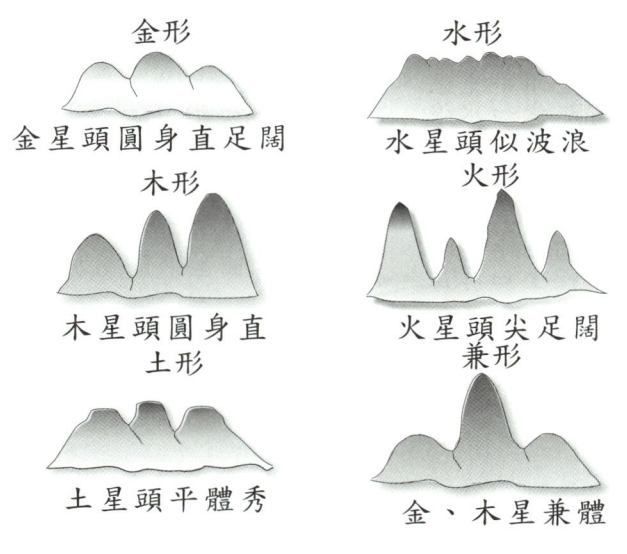

金形
金星頭圓身直足闊

水形
水星頭似波浪

木形
木星頭圓身直

火形
火星頭尖足闊

土形
土星頭平體秀

兼形
金、木星兼體

（圖3-55）山巒五星形體及兼體

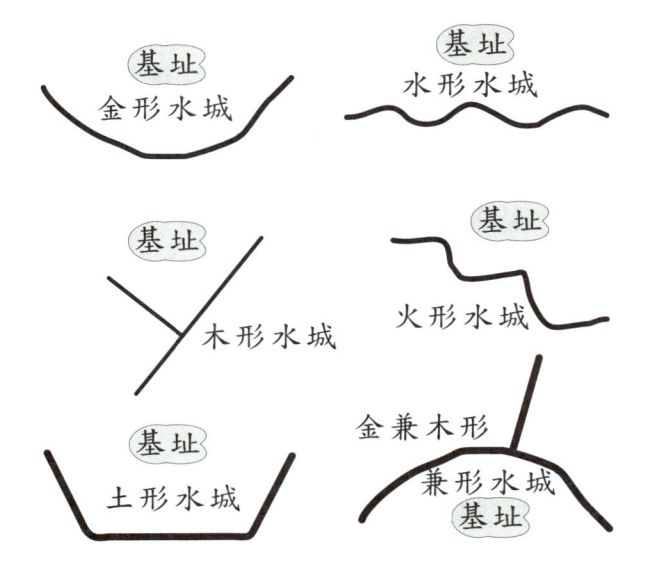

基址　金形水城
基址　水形水城
基址　木形水城
基址　火形水城
基址　土形水城
金兼木形　兼形水城　基址

（圖3-56）水城五星形體及兼體

266

(表3-19) 山脈形態意象及建築物立面意象歸納五星形體

五星	山脈形態意象	建築物立面意象
金星	山勢呈頭圓足闊、形體渾圓、弓起如覆鍋。	立面呈圓或半圓狀形體。
木星	山勢呈頭圓身直、形體聳直、行坐如直塔。	立面呈高聳或直立狀形體。
水星	山勢呈頭平生浪、形體蜿蜒、起伏如水浪。	立面呈波浪狀或長而高矮不一形體。
火星	山勢呈頭尖足闊、形體平正、延伸如火炬。	立面呈尖角或多角狀形體。
土星	山勢呈頭平體秀、形體高尖、行坐如屏風。	立面呈平穩或方正狀形體。
兼體	山脈由二種或多種形體所組成，如頂圓兼高聳山脈，屬金、木兼體。	立面由二種或多種形體所構成，如圓頂體方之建築物，屬金、土兼體。

(七)九星形態

　　九星各有其形態特徵，在風水術中含有優劣吉凶意涵；應用上以環境形態的巒頭九星，須詳參互證理氣九星，主要用來確認城門水口的關鍵點，並在巒頭局中，每座獨立山脈形態與建築量體意象，用作風水理氣證形巒之法與選址定向取捨的依據。因而參採唐朝楊筠松《撼龍經》所載辨九星形巒文獻，因時空背景認知差異，又因派別著作論述不一，無法貫通全旨，苦此浩繁，難以詳參互證；試圖以山坡地的地形特性，重構繪圖剖析，並參採台灣山巒形勢及建築量體作為新解圖例，就是將每座山脈，根據山坡地的斜坡(指向同一方向的傾斜地面)係由坡頂、坡緣、坡面、坡趾所構成。

1.**坡頂**：為邊坡(指地表因自然或人工作用而形成向同一方向的傾斜坡面)最高部位，一般分為尖頂、圓頂、平頂形態。

2.**坡緣**：為坡地的上限，地面與邊坡上方坡面的交線處；坡面指坡緣與坡趾之間的傾斜地段，是邊坡重要部位。

3.**坡面**：指坡緣與坡趾之間的傾斜地段，是邊坡重要部位。

4.坡址：爲坡地的下限，地面與邊坡下方坡面的交線處，位在邊坡之底部，又稱坡腳。

觀察山脈形勢由高向低之走向，在巒頭意境上，視山脊線爲龍，像龍一樣的變化無常。山脊線是沿著山脊走向(或山峰之間)連成一條長線，地表上形成了高低的地勢，表現出一凸向低處之曲線，又稱稜線或分水嶺；山脊支線又稱山脊枝腳，爲山巒兩側短小之山脊線，猶如龍脈如舟，枝腳如其划水之槳揖。茲將山坡地組成圖示(圖3-57)及傳統建築外觀立面，分爲屋頂、屋身、台基三大部位組成圖示(圖3-58)，做爲新解圖例，用來歸納貪狼、巨門、祿存、文曲、廉貞、武曲、破軍、左輔、右弼等九星，列表說明山巒形態與建築量體特徵及吉凶涵義(表3-20~3-28)，對巒頭風水之判斷與應用，實踐後發現更具有便捷性。

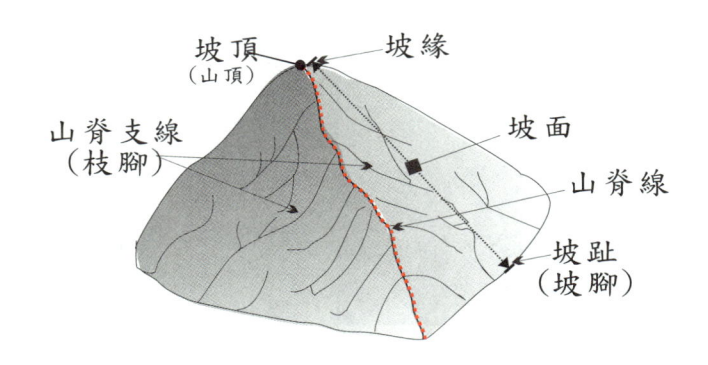

(圖3-57)山坡地組成

(圖3-58)傳統建築外觀立面組成

(表3-20) 貪狼山巒形態與建築量體特徵及吉凶涵義

貪狼星形態			
撼龍九星貪狼圖			貪狼正體(土方)
形狀五行	木直	九星次序	居一
吉凶涵義	主吉；富貴綿長、人丁興旺、名聲顯貴、生生不息。		
貪狼山巒特徵		坡頂	上尖下圓
^		坡緣	不明顯
^		坡面	平順狀
^		山脊線	不明顯
^		坡趾	平順狀
^		體態	貪狼正體(木直)頭圓身直似竹筍狀
^		圖例	新北市八里區觀音山
建築量體特徵		屋頂	上銳下圓
^		屋身	量體不斜
^		台基	有台階上下
^		外觀	圓亭狀
^		圖例	宜蘭縣天主教五峰旗聖母山莊

貪狼正體(土方)標註：
- 坡頂(上尖下圓)
- 坡緣(不明顯)
- 坡面(平順狀)
- 山脊線(不明顯)
- 坡趾(平順狀)

第八節　形理兼察

（表3-21）巨門山巒形態與建築量體特徵及吉凶涵義

巨門星形態			
撼龍九星巨門圖		巨門正體(土方)	
（圖：撼龍九星巨門圖）		（圖：巨門正體，標註：坡頂(山頂平坦)、坡緣(呈圓狀)、坡面(平順狀)、山脊線(不明顯)、坡趾(平順狀)）	
形狀五行	土方	九星次序	居二
吉凶涵義	主吉；忠信聰敏、財源廣進、胃腸疾病、陰德貴秀。		
巨門山巒特徵		坡頂	山頂平坦
^		坡緣	呈圓狀
^		坡面	平順狀
^		山脊線	不明顯
^		坡址	平順狀
^		體態	巨門正體(土方) 頂平身方似屏風
^		圖例	台北市內湖鯉魚山
建築量體特徵		屋頂	平頂
^		屋身	量體端莊方正之勢
^		台基	無柱列有台階上下
^		外觀	量體高大方正
^		圖例	高雄市政府建築物

(表3-22) 祿存山巒形態與建築量體特徵及吉凶涵義

第八節　形理兼察

祿存星形態	
撼龍九星祿存圖	祿存正體(土方)
(圖)	(圖：坡頂(頂圓平坦)、坡緣(呈圓狀)、坡面(不平順狀)、山脊線(明顯)、坡趾(不平順狀))
形狀五行	土方
九星次序	居三
吉凶涵義	主凶；官非訟事、殺伐兵武、衰敗禍患、盜竊足疾。

祿存山巒特徵		
(圖)	坡頂	頂圓平坦
^	坡緣	呈圓狀
^	坡面	不平順狀
^	山脊線	明顯
^	坡址	不平順狀
^	體態	祿存正體(土方)頂圓體方似圓鼓多山脊有小圓峰陪伴
^	圖例	苗栗縣三灣與南庄鄉獅頭山

建築量體特徵		
(圖)	屋頂	半橢圓形
^	屋身	列柱立面
^	台基	有台階上下
^	外觀	圓頂體方有列柱
^	圖例	台北市台灣博物館

271

(表3-23) 文曲山巒形態與建築量體特徵及吉凶涵義

文曲星形態	
撼龍九星文曲圖	文曲正體(水曲)
	坡頂(無突出山峰) 坡緣(連綿水波狀) 坡面(平順狀) 山脊線(不明顯) 坡趾(平順狀)
形狀五行	水曲 九星次序 居四
吉凶涵義	主凶；姻緣反覆、聰明英俊、升職加薪、婦女持家。

文曲山巒特徵		
	坡頂	無突出山峰
	坡緣	連綿水波狀
	坡面	平順狀
	山脊線	不明顯
	坡址	平順狀
	體態	文曲正體(水曲)數峰連綿身不平呈水波狀
	圖例	新北市新店區二龍山

建築量體特徵		
	屋頂	建物高低不一
	屋身	量體錯列
	台基	高低不一
	外觀	建物不整道路彎曲
	圖例	彰化縣鹿港鎮巷道

（表3-24）廉貞山巒形態與建築量體特徵及吉凶涵義

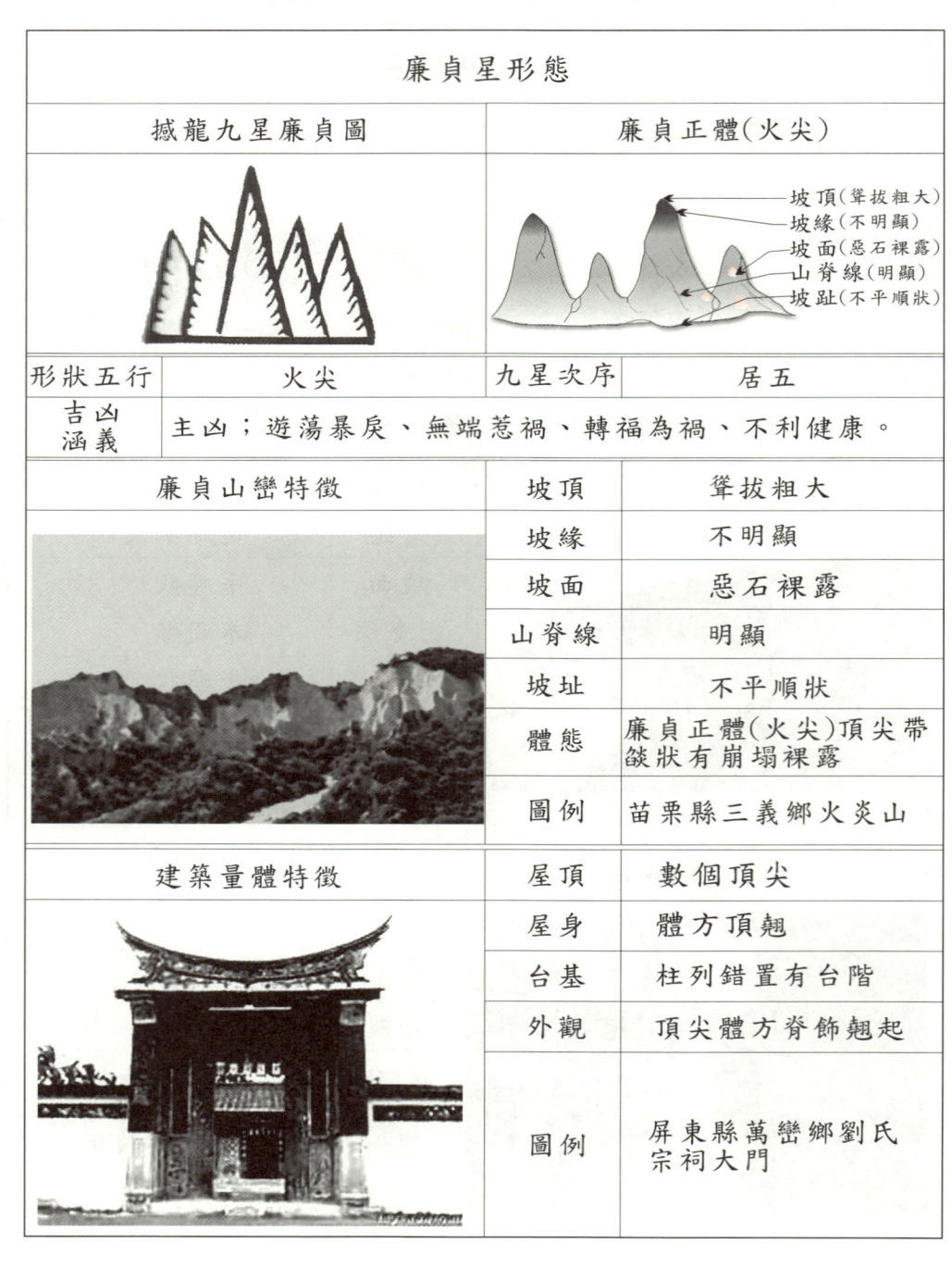

廉貞星形態	
撼龍九星廉貞圖	廉貞正體(火尖)
	坡頂(聳拔粗大) 坡緣(不明顯) 坡面(惡石裸露) 山脊線(明顯) 坡趾(不平順狀)
形狀五行	火尖	九星次序	居五
吉凶涵義	主凶；遊蕩暴戾、無端惹禍、轉福為禍、不利健康。			

廉貞山巒特徵		
	坡頂	聳拔粗大
	坡緣	不明顯
	坡面	惡石裸露
	山脊線	明顯
	坡址	不平順狀
	體態	廉貞正體(火尖)頂尖帶 燄狀有崩塌裸露
	圖例	苗栗縣三義鄉火炎山

建築量體特徵		
	屋頂	數個頂尖
	屋身	體方頂翹
	台基	柱列錯置有台階
	外觀	頂尖體方脊飾翹起
	圖例	屏東縣萬巒鄉劉氏 宗祠大門

第八節　形理兼察

273

(表3-25) 武曲山巒形態與建築量體特徵及吉凶涵義

武曲星形態			
撼龍九星武曲圖			武曲正體（金圓）
形狀五行	金圓	九星次序	居六
吉凶涵義	主吉；官運亨通、富貴榮華、夫妻和睦、秀雅多文。		
武曲山巒特徵		坡頂	圓狀高大
^^		坡緣	有其他圓峰相伴
^^		坡面	平順狀
^^		山脊線	不明顯
^^		坡址	平順狀
^^		體態	武曲正體（金圓）數個小圓峰相伴似羊群之背
^^		圖例	台北市陽明山國家公園西側面天山與向天山
建築量體特徵		屋頂	單一或數個頂圓
^^		屋身	量體端莊方正
^^		台基	無列柱有台階
^^		外觀	頂圓量體高大方正呈覆鐘釜狀
^^		圖例	台北市南海學園台灣科學教育館

第八節 形理兼察

(表3-26) 破軍山巒形態與建築量體特徵及吉凶涵義

破軍星形態	
撼龍九星破軍圖	破軍正體(金圓)
	坡頂(雄偉圓頂) 坡緣(形勢破損) 坡面(不平順狀) 山脊線(明顯) 坡趾(不平順狀)

形狀五行	金圓	九星次序	居七
吉凶涵義	主凶；人丁薄弱、官非訟事、剛毅多禍、易生頑疾。|		

破軍山巒特徵			
	坡頂	雄偉圓頂	
	坡緣	形勢破損	
	坡面	不平順狀	
	山脊線	明顯	
	坡趾	不平順狀	
	體態	破軍正體(金圓)山頂斜下有山脊線	
	圖例	台北市觀音山	

建築量體特徵			
	屋頂	建築物群高低不整	
	屋身	景象突兀殘破老舊	
	台基	基地與台基高低不一	
	外觀	建物新舊雜陳不協調	
	圖例	高雄市苓雅區三多路舊社區	

(表3-27) 左輔山巒形態與建築量體特徵及吉凶涵義

左輔星形態	
撼龍九星左輔圖	左輔正體（金圓）

形狀五行	金圓	九星次序	居八
吉凶涵義	主吉；福壽綿長，平安寧靜，事業興旺、財源廣進。		

左輔山巒特徵			
	坡頂	高大圓斜	
	坡緣	有其它圓峰相伴	
	坡面	草木茂盛	
	山脊線	不明顯	
	坡址	草木茂盛	
	體態	左輔正體（金圓）高大圓斜草木茂盛	
	圖例	台北市北投區紗帽山	

建築量體特徵			
	屋頂	精緻拱頂	
	屋身	前低後高	
	台基	少量柱列	
	外觀	頂圓體方前低後高	
	圖例	台北市監察院建築物	

(表3-28) 右弼山巒形態與建築量體特徵及吉凶涵義

右弼星形態	
撼龍九星右弼圖	右弼正體(水曲)
木直　土方　火尖　金圓　水曲 無正形有主峰	坡頂(呈水波紋般起伏) 坡緣(多個主峰跟隨) 坡面(不平順狀) 山脊線(明顯) 坡趾(不平順狀)
形狀五行	水曲	九星次序	居九
吉凶涵義	主吉；富貴榮華、驟發丁財、祥和寧靜、顯發超凡。		

右弼山巒特徵		
	坡頂	水波紋起伏
	坡緣	一個或多個主峰隨行
	坡面	不平順狀
	山脊線	明顯
	坡址	不平順狀
	體態	右弼無正體(水曲)有一個主峰(木直)呈水波狀延綿伸展
	圖例	苗栗縣獅潭鄉仙山

建築量體特徵		
	屋頂	拱頂造型
	屋身	量體無正形
	台基	有列柱
	外觀	天際線變化多(圓頂與小塔樓)量體曲形有列柱
	圖例	台中市霧峰區亞洲大學

(八)九星形體圖資應用

　　九星在不同流派或五行應用上，會有不同的解釋。巒頭九星是以山巒形態之優劣為主，理氣九星是以方位之吉凶為主；一般九星形狀五行，以正體而言，貪狼屬木，巨門屬土，祿存屬土，文曲屬水，廉貞屬火，武曲屬金，破軍屬金，左輔屬金，右弼屬水；若是變星(兼體)，如貪狼與文曲星體為木與水兼體(水生木)(生指助長之意)、廉貞與破軍星體為火與金兼體(火剋金)(剋指壓迫之意)、祿存與武曲星體為土金兼體(土生金)，亦有兼三體者，變星(兼體)多樣性組合，造成辨識山脈形勢是相當的龐雜。風水應用重在形理配合，山巒是由高處往低處觀測，以環境所視山巒形態或建築量體特徵，必須與理氣吉利方位配合為依歸。

1.巒頭九星之應用

　　九星形體在風水理論中一直扮演著顯著的角色，主導著建築環境優劣的取捨，除配合巒頭與理氣應用外，必須確認其形勢特徵，如觀測行龍至父母山時，突起一個貪狼星山體，五行形狀屬貪狼木(直)，一般定方位宜取坎方(北方屬水)、震方(東方屬木)、巽方(東南方屬木)等，屬水生木旺之局，可用作建築規劃定向之憑據。

2.理氣九星之應用

　　陽宅重人氣，人潮愈多其氣愈旺，道路系統是帶來人氣主要條件之一。因而在建築選址定向之應用，可用來確認來龍攸關環境命脈之城門水口(指三叉路口或十字交叉路口)的關鍵點，操作上先審視鄰近環境山巒形態或建築量體之巒頭九星特徵，可辨識排龍理氣九星城門水口之關鍵位置，即是用來確認來氣方位，即人氣聚集處。

用歡喜心付出
用感恩心投入
就不覺辛苦

二、理氣學基本格局

科學上發現，日出日落對地球之氣候與溫度有調節性，月之陰晴圓缺，確實驅動潮水之漲落，具規律性亦對人類造成某種程度之影響；證明宇宙間萬物均有氣場，風水是自然場，可影響人體場之健康、心理、性格、命運等。理氣以方位論五行，推定生剋道理，又須掌握元運乘氣坐向；其操作模式仍須配合環境巒頭論述，更具合理與規律性。

(一)四大格局

依據玄空挨星方法，根據當令(運)的山、向星所飛臨位置，可分爲四大格局(表3-29)，出自清朝沈竹礽著《沈氏玄空學》，可作爲選宅定向之參考。

1.旺山旺向(丁財兩旺)

其山、向必爲陰，逆飛九星，又稱到山到向，在飛星盤中，爲當旺(指當運)之山星飛到坐方，爲山裏龍神到坐，稱爲旺山星到山，當旺之向星飛到向首，爲水裏龍神到向，稱旺向星到向，各得其位，爲旺山旺向，主丁財兩旺之局。

2.雙星到向(旺財不旺丁)

在飛星盤中，爲當旺(指當運)之山星及向星均同時飛到向方之局，爲水裏龍神到向，主旺財，山裏龍神下水(不得其位)，主丁敗之局。

3.雙星到坐(旺丁不旺財)

在飛星盤中，爲當旺(指當運)之山星及向星均同時飛到坐方之局，爲山裏龍神到山，主旺丁，水裏龍神上山(不得其位)，主破財之局。

4.上山下水(丁財兩不旺)

其山、向必爲陽，順飛九星，在飛星盤中，爲當旺(指當運)之山星飛到向方，爲山裏龍神下水，當旺之向星飛到坐方，爲水裏龍神上山，

各不得其位，此格局最凶，主丁財兩敗之局。

(表3-29) 陽宅風水四大格局

區分	山星	向星	合　　　局	不　合　局
旺山旺向	為陰逆飛九星	為陰逆飛九星	前有水、路、空曠，後有山或較高之建築物。	前有山或較高之建築物，後有水、路、而無山。
雙星到向	為陽順飛九星	為陰逆飛九星	前有水、路、空曠，亦有山或較高之建築物。	前有山而無水、路，或有水，而無山或較高之建築物。
雙星到坐	為陰逆飛九星	為陽順飛九星	後有水、路、空曠，亦有山或較高之建築物。	前有水、路，後亦有水、路，而無山或較高之建築物。
上山下水	為陽順飛九星	為陽順飛九星	前有山或較高之建築物，後有水、路、空曠。	前有水、路，後亦有山或較高之建築物。

(二) 旺山旺向四十八局

　　三元九運 216 局中，符合旺山旺向共 48 局，如附表(表3-30)，可作為立向及改換天心的依據。根據唐朝楊筠松《天玉經‧內傳中》記載：「惟有挨星最為貴，洩漏天機祕。天機若然安在內，家活當富貴；天機若然安在外，家活漸退敗。」說明掌握當運之星，形理配合得宜，有旺丁財之應。

(表3-30) 旺山旺向四十八局一覽表

三元九運	旺山旺向四十八局
二運、八運 （12局）	乾山 ⟶ 巽向　　巳山 ⟶ 亥向　　丑山 ⟶ 未向 巽山 ⟶ 乾向　　亥山 ⟶ 巳向　　未山 ⟶ 丑向
三運、七運 （12局）	卯山 ⟶ 酉向　　乙山 ⟶ 辛向　　辰山 ⟶ 戌向 酉山 ⟶ 卯向　　辛山 ⟶ 乙向　　戌山 ⟶ 辰向
五運（12局）	子山 ⟶ 午向　　乙山 ⟶ 辛向　　辰山 ⟶ 戌向 午山 ⟶ 子向　　辛山 ⟶ 乙向　　戌山 ⟶ 辰向 卯山 ⟶ 酉向　　丁山 ⟶ 癸向　　丑山 ⟶ 未向 酉山 ⟶ 卯向　　癸山 ⟶ 丁向　　未山 ⟶ 丑向
四運、六運 （12局）	艮山 ⟶ 坤向　　寅山 ⟶ 申向　　甲山 ⟶ 庚向 坤山 ⟶ 艮向　　申山 ⟶ 寅向　　庚山 ⟶ 甲向

三、下元七、八、九運二十四山綜合星盤

第八節 形理兼察

玄空九星，衰旺皆由"運"，吉凶皆因"時"，當運者必旺且吉，逢退氣必敗且凶。明末清初(1616~1714)蔣大鴻《玄空字字金 第十一・三元氣運》記載：「三元氣運，分別衰旺，衰死莫修，生旺宜速，逢時知士，隨元安放，運若未到，空勞夢想。」說明元運轉變，會影響建築物之興衰，當旺者吉，失運者凶。得時而旺，凶星亦可成為吉星；失時而衰，吉星亦為凶星。玄空飛星中，以1坎水、6乾金、8艮土為吉星；4巽木、9離火為半吉半凶之星；2坤土、3震木為凶星，5黃土為災病凶星。

(一)七運二十四山坐向吉凶

1.七運紀要

1984~2003年(甲子至癸未年)為下元七運，以數字7為兌卦管局(圖3-59)，進入中宮之星數，稱當令之星。7為破軍星，主破敗(財)、刀劍、賊竊、淫亂、腐敗、肅殺劍鋒之象，當運得時而旺為財星，失運(指7運已過)者失權為凶。七運為陰卦生女比生男多。《紫白訣》記載：「七九合轍，常招回祿之災。」說明7數遇2合成先天27火局，遇9數合成後天火97數，主易遭回祿之災，宜小心火燭。七運以7兌金為當令之星主大吉(圖3-60)；8艮土為生氣(近旺星)次吉、9離火為生氣(遠旺星)小吉；1坎水、2坤土為死氣(離中宮7兌金最久遠之星)大凶；3震木、4巽木為煞星(離中宮7兌金較久遠之星)凶；5黃土為煞星小凶少用；6乾金為退氣屬中性無吉凶(剛退中宮運星無衰旺)，論其五行與7兌金之間的生剋關係定吉凶。

	(東南)巽	離(南方)	坤(西南)
	退氣 6運	死氣 2運	煞氣 4運
(東方)震	煞氣 5運	旺氣 7運	生氣 9運	兌(西方)
	死氣 1運	煞氣 3運	生氣 8運
	(東北)艮	(北方)坎	乾(西北)

(圖3-59)七運兌卦管局

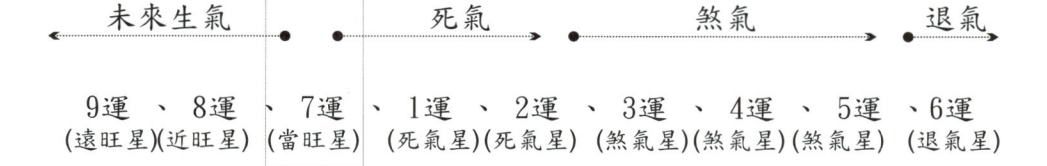

```
←─── 未來生氣 ───→ •   • ←──── 死氣 ────→ •   ←──── 煞氣 ────→   • ←─ 退氣 ─→
   9運 、 8運  、  7運  、 1運 、 2運 、 3運 、 4運 、 5運 、 6運
  (遠旺星)(近旺星) (當旺星) (死氣星)(死氣星)(煞氣星)(煞氣星)(煞氣星) (退氣星)
```

(圖3-60)七運衰旺順序

2.退運改換天心

　　一般舊建築物之改造，就玄空風水學而言，須先瞭解建築物竣工時間，並確認屬於三元九運中屬何運，以下元七運(1984~2003年)竣工，若再以八運(2004~2023年)時間衡量，七運就屬於退運之宅，須經過改換天心後方能迎八運之旺運。

3.掌握元運吉星

　　玄空飛星盤的之起卦方式，係以建築物竣工時間為主。如建築物在六運建造，則以六入中宮飛布八方。六運已過至七運運時，六運便成退氣；建築物逢八運建造，則以八艮土為入中宮飛布八方；若七運已過至八運時，七運便成退氣為破敗之象。因而建築物退運，可經過改動天心(如裝修地板、天花板、粉刷、更換或清洗門窗等)，景象煥然一新，可迎當運旺氣，若無變動，則仍採用建築物原本建造的元運起星盤憑星斷事。

4.七運旺局

　　七運旺山旺向有十局，計酉山卯向、辛山乙向、戌山辰向、卯山酉向、乙山辛向、辰山戌向及酉山卯向替卦(兼向)、辛山乙向替卦(兼向)、卯山酉向替卦(兼向)、乙山辛向替卦(兼向)。

5.星盤檢討

　　茲將在七運(1984~2003年)二十四山坐向吉凶(表3-31)七運盤暨加入2026年飛星，排成現況星盤(表3-32)，除供七運建築物吉凶之預測外；裨益對照八運(2004~2023年)、九運(2024~2043年)星盤，藉以衡量建築物是否改換天心之參考。

(表3-31) 七運(1984年至2003年)二十四山坐向吉凶一覽表

第八節 形理兼察

宅別	編號	二十四山方位 坐 → 向	格局	吉凶
坎宅 (坐北向南)	1	壬山 → 丙向	雙星到向	旺財不旺丁
	2	子山 → 午向	雙星到坐	旺丁不旺財
	3	癸山 → 丁向	雙星到坐	旺丁不旺財
艮宅 (坐東北向西南)	4	丑山 → 未向	雙星到向	旺財不旺丁
	5	艮山 → 坤向	雙星到坐	旺丁不旺財
	6	寅山 → 申向	雙星到坐	旺丁不旺財
震宅 (坐東向西)	7	甲山 → 庚向	上山下水	丁財兩不旺
	8	卯山 → 酉向	旺山旺向	丁財兩旺
	9	乙山 → 辛向	旺山旺向	丁財兩旺
巽宅 (坐東南向西北)	10	辰山 → 戌向	旺山旺向	丁財兩旺
	11	巽山 → 乾向	上山下水	丁財兩不旺
	12	巳山 → 亥向	上山下水	丁財兩不旺
離宅 (坐南向北)	13	丙山 → 壬向	雙星到坐	旺丁不旺財
	14	午山 → 子向	雙星到向	旺財不旺丁
	15	丁山 → 癸向	雙星到向	旺財不旺丁
坤宅 (坐西南向東北)	16	未山 → 丑向	雙星到坐	旺丁不旺財
	17	坤山 → 艮向	雙星到向	旺財不旺丁
	18	申山 → 寅向	雙星到向	旺財不旺丁
兌宅 (坐西向東)	19	庚山 → 甲向	上山下水	丁財兩不旺
	20	酉山 → 卯向	旺山旺向	丁財兩旺
	21	辛山 → 乙向	旺山旺向	丁財兩旺
乾宅 (坐西北向東南)	22	戌山 → 辰向	旺山旺向	丁財兩旺
	23	乾山 → 巽向	上山下水	丁財兩不旺
	24	亥山 → 巳向	上山下水	丁財兩不旺

(表3-32A)七運綜合星盤(紅色數字為2026年紫白飛星)

壬山丙向

巽 (東南)	丙向 離(南方)	坤 (西南)
2 3 6 9	7 7 2 5	9 5 4 7
震 (東方) 1 4 5 8	3 2 7 1	5 9 9 3 兌 (西方)
6 8 1 4	8 6 3 6	4 1 8 2
艮 (東北)	(北方) 坎 壬山	乾 (西北)

子山午向

巽 (東南)	(南方) 離 午向	坤 (西南)
4 1 6 9	8 6 2 5	6 8 4 7
震 (東方) 5 9 5 8	3 2 7 1	1 4 9 3 兌 (西方)
9 5 1 4	7 7 3 6	2 3 8 2
艮 (東北)	子山 坎 (北方)	乾 (西北)

癸山丁向

巽 (東南)	(南方)離 丁向	坤 (西南)
4 1 6 9	8 6 2 5	6 8 4 7
震 (東方) 5 9 5 8	3 2 7 1	1 4 9 3 兌 (西方)
9 5 1 4	7 7 3 6	2 3 8 2
艮 (東北)	癸山 坎 (北方)	乾 (西北)

丑山未向

離 (南方)	未向 坤(西南)	兌 (西方)
5 9 2 5	7 7 4 7	3 2 9 3
巽 (東南) 9 5 6 9	1 4 7 1	2 3 8 2 乾 (西北)
8 6 5 8	4 1 1 4	6 8 3 6
震 (東方)	艮 丑山	坎 (北方)

艮山坤向

離 (南方)	坤 坤向	兌 (西方)
6 8 2 5	4 1 4 7	8 6 9 3
巽 (東南) 2 3 6 9	1 4 7 1	9 5 8 2 乾 (西北)
3 2 5 8	7 7 1 4	5 9 3 6
震 (東方)	艮山 艮 (東北)	坎 (北方)

寅山申向

離 (南方)	(西南)坤 申向	兌 (西方)
6 8 2 5	4 1 4 7	8 6 9 3
巽 (東南) 2 3 6 9	1 4 7 1	9 5 8 2 乾 (西北)
3 2 5 8	7 7 1 4	5 9 3 6
震 (東方)	寅山 艮 (東北)	坎 (北方)

(表3-32B)七運綜合星盤(紅色數字為2026年紫白飛星)

甲山庚向

坤 (西南)		庚向 兌 (西方)		乾 (西北)
	2 6 4 7	7 2 9 3	6 1 8 2	
離 (南方)	9 4 2 5	5 9 7 1	1 5 3 6	坎 (北方)
	4 8 6 9	3 7 5 8	8 3 1 4	
巽 (東南)		(東方) 震 甲山		艮 (東北)

卯山酉向

坤 (西南)		(西方) 兌 酉向		乾 (西北)
	8 3 4 7	3 7 9 3	4 8 8 2	
離 (南方)	1 5 2 5	5 9 7 1	9 4 3 6	坎 (北方)
	6 1 6 9	7 2 5 8	2 6 1 4	
巽 (東南)		卯山 震(東方)		艮 (東北)

乙山辛向

坤 (西南)		(西方)兌 辛向		乾 (西北)
	8 3 4 7	3 7 9 3	4 8 8 2	
離 (南方)	1 5 2 5	5 9 7 1	9 4 3 6	坎 (北方)
	6 1 6 9	7 2 5 8	2 6 1 4	
巽 (東南)		乙山 震(東方)		艮 (東北)

辰山戌向

兌 (西方)		戌向 乾(西北)		坎 (北方)
	4 6 9 3	5 7 8 2	1 3 3 6	
坤 (西南)	9 2 4 7	6 8 7 1	3 5 1 4	艮 (東北)
	2 4 2 5	7 9 6 9	8 1 5 8	
離 (南方)		(東南)巽 辰山		震 (東方)

巽山乾向

兌 (西方)		(西北)乾 乾向		坎 (北方)
	8 1 9 3	7 9 8 2	2 4 3 6	
坤 (西南)	3 5 4 7	6 8 7 1	9 2 1 4	艮 (東北)
	1 3 2 5	5 7 6 9	4 6 5 8	
離 (南方)		巽山 巽(東南)		震 (東方)

巳山亥向

兌 (西方)		(西北)乾 亥向		坎 (北方)
	8 1 9 3	7 9 8 2	2 4 3 6	
坤 (西南)	3 5 4 7	6 8 7 1	9 2 1 4	艮 (東北)
	1 3 2 5	5 7 6 9	4 6 5 8	
離 (南方)		巳山 巽(東南)		震 (東方)

第八節　形理兼察

(表3-32C) 七運綜合星盤 (紅色數字為2026年紫白飛星)

丙山壬向

	乾(西北)	壬向 坎(北方)	艮(東北)	
	1 4 8 2	6 8 3 6	8 6 1 4	
兌(西方)	9 5 9 3	2 3 7 1	4 1 5 8	震(東方)
	5 9 4 7	7 7 2 5	3 2 6 9	
	坤(西南)	離 丙山 (南方)	巽(東南)	

午山子向

	乾(西北)	(北方) 坎 子向	艮(東北)	
	3 2 8 2	7 7 3 6	5 9 1 4	
兌(西方)	4 1 9 3	2 3 7 1	9 5 5 8	震(東方)
	8 6 4 7	6 8 2 5	1 4 6 9	
	坤(西南)	午山 離(南方)	巽(東南)	

丁山癸向

	乾(西北)	(北方) 坎 癸向	艮(東北)	
	3 2 8 2	7 7 3 6	5 9 1 4	
兌(西方)	4 1 9 3	2 3 7 1	9 5 5 8	震(東方)
	8 6 4 7	6 8 2 5	1 4 6 9	
	坤(西南)	丁山 離(南方)	巽(東南)	

未山丑向

	坎(北方)	丑向 艮(東北)	震(東方)	
	8 6 3 6	1 4 1 4	6 8 5 8	
乾(西北)	3 2 8 2	4 1 7 1	5 9 6 9	巽(東南)
	2 3 9 3	7 7 4 7	9 5 2 5	
	兌(西方)	坤 未山 (西南)	離(南方)	

坤山艮向

	坎(北方)	(東北) 艮 艮向	震(東方)	
	9 5 3 6	7 7 1 4	2 3 5 8	
乾(西北)	5 9 8 2	4 1 7 1	3 2 6 9	巽(東南)
	6 8 9 3	1 4 4 7	8 6 2 5	
	兌(西方)	坤山 坤(西南)	離(南方)	

申山寅向

	坎(北方)	(東北) 艮 寅向	震(東方)	
	9 5 3 6	7 7 1 4	2 3 5 8	
乾(西北)	5 9 8 2	4 1 7 1	3 2 6 9	巽(東南)
	6 8 9 3	1 4 4 7	8 6 2 5	
	兌(西方)	申山 坤(西南)	離(南方)	

(表3-32D)七運綜合星盤(紅色數字為2026年紫白飛星)

庚山甲向

	艮(東北)	甲向 震(東方)	巽(東南)	
	3 8 1 4	7 3 5 8	8 4 6 9	
坎(北方)	5 1 3 6	9 4 7 1	4 9 2 5	離(南方)
	1 6 8 2	2 7 9 3	6 2 4 7	
	乾(西北)	兌 庚山	坤(西南)	

酉山卯向

	艮(東北)	(東方) 震 卯向	巽(東南)	
	6 2 1 4	2 7 5 8	1 6 6 9	
坎(北方)	4 9 3 6	9 5 7 1	5 1 2 5	離(南方)
	8 4 8 2	7 3 9 3	3 8 4 7	
	乾(西北)	酉山 兌(西方)	坤(西南)	

辛山乙向

	艮(東北)	(東方) 震 乙向	巽(東南)	
	6 2 1 4	2 7 5 8	1 6 6 9	
坎(北方)	4 9 3 6	9 5 7 1	5 1 2 5	離(南方)
	8 4 8 2	7 3 9 3	3 8 4 7	
	乾(西北)	辛山 兌(西方)	坤(西南)	

戌山辰向

	震(東方)	辰向 巽(東南)	離(南方)	
	1 8 5 8	9 7 6 9	4 2 2 8	
艮(東北)	5 3 1 4	8 6 7 1	2 9 4 7	坤(西南)
	3 1 3 6	7 5 8 2	6 4 9 3	
	坎(北方)	(西北) 乾 戌山	兌(西方)	

乾山巽向

	震(東方)	(東南)巽 巽向	離(南方)	
	6 4 2 8	7 5 3 9	3 1 8 5	
艮(東北)	2 9 7 4	8 6 4 1	1 7 1 7	坤(西南)
	4 2 9 6	3 9 5 2	1 8 6 3	
	坎(北方)	乾山 乾(西北)	兌(西方)	

亥山巳向

	震(東方)	(東南)巽 巳向	離(南方)	
	6 4 5 8	7 5 6 9	3 1 2 5	
艮(東北)	2 9 1 4	8 6 7 1	6 5 4 7	坤(西南)
	4 2 3 6	9 7 8 2	1 8 9 3	
	坎(北方)	亥山 乾(西北)	兌(西方)	

第八節 形理兼察

(二)八運二十四山坐向吉凶

1.八運紀要

　　2004~2023年(甲申年至癸卯年)下元八運,為艮卦東北濕土。清代黃宗義撰《梅花易數‧象數易理篇之三》記載:「八為艮土,代表山,雲霧、阻隔、困難、止、少男、仙人、手指、骨、鼻、背、訟未解、阻滯、難產、辦事難成等。」說明艮卦,逢吉主安穩、平安、吉祥,逢凶則主困難阻隔。論元運,無論生、旺、退、煞,得運者吉,失運者凶。根據《紫白賦‧上篇》記載:「三元分運,判盛衰興廢之時。生旺宜興,運未來而仍替。」說明元運轉變,興盛衰敗互見。數字8為當運之星8艮土管局(圖3-61)。玄空學中,1坎水、6乾金、8艮土 為三白吉星。建築物營造或裝修逢當運者必旺且吉。八運以8艮土為當令之星主大吉(圖3-62);9離火為生氣(近旺星)次吉、1坎水為生氣(遠旺星)小吉;2坤土、3震木為死氣(離中宮8艮土最久遠之星)大凶;4巽木、5黃土為煞星(離中宮8艮土較久遠之星)凶;6乾金為煞星小凶少用;7兌金為退氣屬中性無吉凶(剛退中宮運星無衰旺),論其五行與8艮土之間的生剋關係定吉凶。。

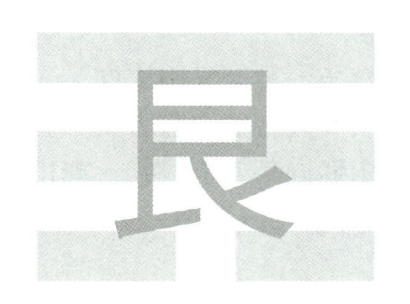

(圖3-61)八運艮卦管局

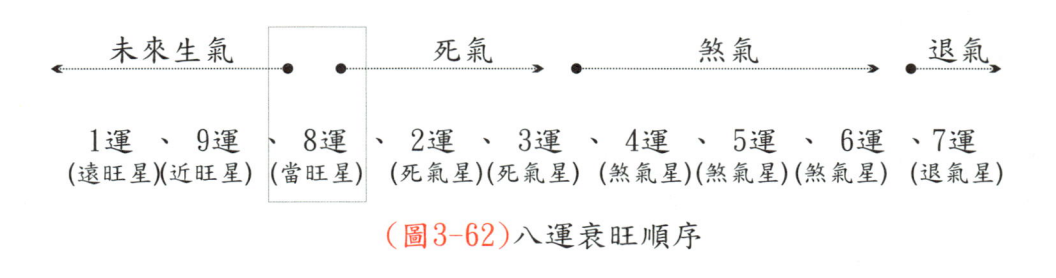

(圖3-62)八運衰旺順序

2.退運改換天心

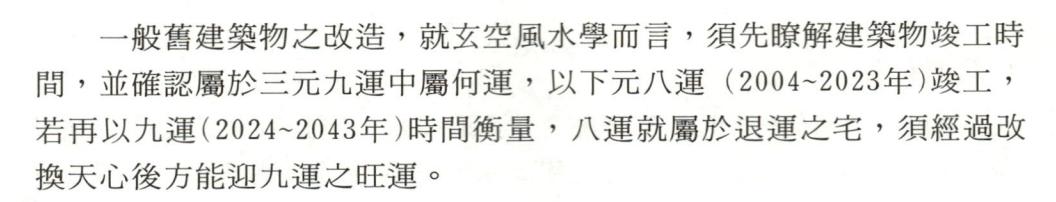

一般舊建築物之改造，就玄空風水學而言，須先瞭解建築物竣工時間，並確認屬於三元九運中屬何運，以下元八運（2004~2023年）竣工，若再以九運（2024~2043年）時間衡量，八運就屬於退運之宅，須經過改換天心後方能迎九運之旺運。

3.掌握元運吉星

八運期間（2004~2023年）主生男比生女多。合成先天河圖38木局居東方，即8白土含有木之特質。根據《紫白訣》記載：「四綠固號文昌，然八會四，而小口殞生；三八之逢更惡。」說明八白土指小口，遇三震木或四巽木為木剋土，對小口不利。玄空飛星盤的之起卦方式，係以建築物竣工時間為主。建築物逢八運建造，則以8艮土為入中宮飛布八方；七運便成退氣為破敗之象。因而建築物退運，可經過改動天心（如裝修地板、天花板、粉刷、更換或清洗門窗等），景象煥然一新，可迎當運旺氣，若無變動，則仍採用建築物原本建造的元運起星盤憑星斷事。

4.八運旺局

在三元九運中旺山旺向，以八運14局較多，計有丑山未向、未山丑向、乾山巽向、巽山乾向、亥山巳向、巳山亥向，兼向有方式，丑山未向替卦（兼向）、未山丑向替卦（兼向）、乾山巽向替卦（兼向）、巽山乾向替卦（兼向）、亥山巳向替卦（兼向）、巳山亥向替卦（兼向）、戌山辰向替卦（兼向）、辰山戌向替卦（兼向）等14局。

5.星盤檢討

茲將在八運（2004~2023年）二十四山坐向吉凶（表3-33）。八運以8白土為當旺之星，遇2黑土、5黃土凶星，同為土見土，有比和幫身不為凶之意。雙星25（均為土星）交加凶星，在一、三、四、六、七、九運中屬凶星，但在二、五、八運同為土星，屬增強幫身，不為凶星。茲將八運盤加入2026年飛星，排成現況星盤（表3-34），便捷提供建築物之規劃設計或空間佈局的參考。

(表3-33)八運(2004~2023年)二十四山坐向吉凶一覽表

宅別	編號	二十四山方位 坐　　向	格　局	吉　凶
坎宅 (坐北向南)	1	壬山 → 丙向	雙星到坐	旺丁不旺財
	2	子山 → 午向	雙星到向	旺財不旺丁
	3	癸山 → 丁向	雙星到向	旺財不旺丁
艮宅 (坐東北向西南)	4	丑山 → 未向	旺山旺向	丁財兩旺
	5	艮山 → 坤向	上山下水	丁財兩不旺
	6	寅山 → 申向	上山下水	丁財兩不旺
震宅 (坐東向西)	7	甲山 → 庚向	雙星到坐	旺丁不旺財
	8	卯山 → 酉向	雙星到向	旺財不旺丁
	9	乙山 → 辛向	雙星到向	旺財不旺丁
巽宅 (坐東南向西北)	10	辰山 → 戌向	上山下水	丁財兩不旺
	11	巽山 → 乾向	旺山旺向	丁財兩旺
	12	巳山 → 亥向	旺山旺向	丁財兩旺
離宅 (坐南向北)	13	丙山 → 壬向	雙星到向	旺財不旺丁
	14	午山 → 子向	雙星到坐	旺丁不旺財
	15	丁山 → 癸向	雙星到坐	旺丁不旺財
坤宅 (坐西南向東北)	16	未山 → 丑向	旺山旺向	丁財兩旺
	17	坤山 → 艮向	上山下水	丁財兩不旺
	18	申山 → 寅向	上山下水	丁財兩不旺
兌宅 (坐西向東)	19	庚山 → 甲向	雙星到向	旺財不旺丁
	20	酉山 → 卯向	雙星到坐	旺丁不旺財
	21	辛山 → 乙向	雙星到坐	旺丁不旺財
乾宅 (坐西北向東南)	22	戌山 → 辰向	上山下水	丁財兩不旺
	23	乾山 → 巽向	旺山旺向	丁財兩旺
	24	亥山 → 巳向	旺山旺向	丁財兩旺

第八節 形理兼察

(表3-34A) 八運綜合星盤(紅色數字為2026年紫白飛星)

壬山丙向

巽(東南)	丙向 離(南方)	坤(西南)
5 2 7 9	9 7 3 5	7 9 5 7
震(東方) 6 1 6 8	4 3 8 1	2 5 1 3 兌(西方)
1 6 2 4	8 8 4 6	3 4 9 2
艮(東北)	坎(北方) 壬山	乾(西北)

子山午向

巽(東南)	(南方)離 午向	坤(西南)
3 4 7 9	8 8 3 5	1 6 5 7
震(東方) 2 5 6 8	4 3 8 1	6 1 1 3 兌(西方)
7 9 2 4	9 7 4 6	5 2 9 2
艮(東北)	子山 坎(北方)	乾(西北)

癸山丁向

巽(東南)	(南方)離 丁向	坤(西南)
3 4 7 8	8 8 3 5	1 6 5 7
震(東方) 2 5 6 8	4 3 8 1	6 1 1 3 兌(西方)
7 9 2 4	9 7 4 6	5 2 9 2
艮(東北)	癸山 坎(北方)	乾(西北)

丑山未向

離(南方)	未向 坤(西南)	兌(西方)
7 1 3 5	5 8 5 7	9 3 1 3
巽(東南) 3 6 7 9	2 5 8 1	1 4 9 2 乾(西北)
4 7 6 8	8 2 2 4	6 9 4 6
震(東方)	(東北)艮 丑山	坎(北方)

艮山坤向

離(南方)	(西南)坤 坤向	兌(西方)
6 9 3 5	8 2 5 7	4 7 1 3
巽(東南) 1 4 7 9	2 5 8 1	3 6 9 2 乾(西北)
9 3 6 8	5 8 2 4	7 1 4 6
震(東方)	艮山 艮(東北)	坎(北方)

寅山申向

離(南方)	(西南)坤 申向	兌(西方)
6 9 3 5	8 2 5 7	4 7 1 3
巽(東南) 1 4 7 9	2 5 8 1	3 6 9 2 乾(西北)
9 3 6 8	5 8 2 4	7 1 4 6
震(東方)	寅山 艮(東北)	坎(北方)

(表3-34B)八運綜合星盤(紅色數字為2026年紫白飛星)

甲山庚向

坤(西南)	庚向 兌(西方)		乾(西北)
	9 7 / 5 7	4 3 / 1 3	5 2 / 9 2
離(南方)	2 5 / 3 5	6 1 / 8 1	1 6 / 4 6	坎(北方)
	7 9 / 7 9	8 8 / 6 8	3 4 / 2 4
巽(東南)	(東方)震 甲山		艮(東北)

卯山酉向

坤(西南)	(西方)兌 酉向		乾(西北)
	3 4 / 5 7	8 8 / 1 3	7 9 / 9 2
離(南方)	1 6 / 3 5	6 1 / 8 1	2 5 / 4 6	坎(北方)
	5 2 / 7 9	4 3 / 6 8	9 7 / 2 4
巽(東南)	卯山 震(東方)		艮(東北)

乙山辛向

坤(西南)	(西方)兌 辛向		乾(西北)
	3 4 / 5 7	8 8 / 1 3	7 9 / 9 2
離(南方)	1 6 / 3 5	6 1 / 8 1	2 5 / 4 6	坎(北方)
	5 2 / 7 9	4 3 / 6 8	9 7 / 2 4
巽(東南)	乙山 震(東方)		艮(東北)

辰山戌向

兌(西方)	戌向 乾(西北)		坎(北方)
	9 2 / 1 3	8 1 / 9 2	3 5 / 4 6
坤(西南)	4 6 / 5 7	7 9 / 8 1	1 3 / 2 4	艮(東北)
	2 4 / 3 5	6 8 / 7 9	5 7 / 6 8
離(南方)	(東南)巽 辰山		震(東方)

巽山乾向

兌(西方)	(西北)乾 乾向		坎(北方)
	5 7 / 1 3	6 8 / 9 2	2 4 / 4 6
坤(西南)	1 3 / 5 7	7 9 / 8 1	4 6 / 2 4	艮(東北)
	3 5 / 3 5	8 1 / 7 9	9 2 / 6 8
離(南方)	巽山 巽(東南)		震(東方)

巳山亥向

兌(西方)	(西北)乾 亥向		坎(北方)
	5 7 / 1 3	6 8 / 9 2	2 4 / 4 6
坤(西南)	1 3 / 5 7	7 9 / 8 1	4 6 / 2 4	艮(東北)
	3 5 / 3 5	8 1 / 7 9	9 2 / 6 8
離(南方)	巳山 巽(東南)		震(東方)

第八節 形理兼察

(表3-34C) 八運綜合星盤（紅色數字為2026年紫白飛星）

丙山壬向

乾(西北)	壬向 坎(北方)	艮(東北)
4 3 / 9 2	8 8 / 4 6	6 1 / 2 4
兌(西方) 5 2 / 1 3	3 4 / 8 1	1 6 / 6 8 震(東方)
9 7 / 5 7	7 9 / 3 5	2 5 / 7 9
坤(西南)	(南方)離 丙山	巽(東南)

午山子向

乾(西北)	(北方) 坎 子向	艮(東北)
2 5 / 9 2	7 9 / 4 6	9 7 / 2 4
兌(西方) 1 6 / 1 3	3 4 / 8 1	5 2 / 6 8 震(東方)
6 1 / 5 7	8 8 / 3 5	4 3 / 7 9
坤(西南)	午山 離(南方)	巽(東南)

丁山癸向

乾(西北)	(北方) 坎 癸向	艮(東北)
2 5 / 9 2	7 9 / 4 6	9 7 / 2 4
兌(西方) 1 6 / 1 3	3 4 / 8 1	5 2 / 6 8 震(東方)
6 1 / 5 7	8 8 / 3 5	4 3 / 7 9
坤(西南)	(南方)離 丁山	巽(東南)

未山丑向

坎(北方)	丑向 艮(東北)	震(東方)
9 6 / 4 6	2 8 / 2 4	7 4 / 6 8
乾(西北) 4 1 / 9 2	5 2 / 8 1	6 3 / 7 9 巽(東南)
3 9 / 1 3	8 5 / 5 7	1 7 / 3 5
兌(西方)	(西南)坤 未山	離(南方)

坤山艮向

坎(北方)	(東北) 艮 艮向	震(東方)
1 7 / 4 6	8 5 / 2 4	3 9 / 6 8
乾(西北) 6 3 / 9 2	5 2 / 8 1	4 1 / 7 9 巽(東南)
7 4 / 1 3	2 8 / 5 7	9 6 / 3 5
兌(西方)	坤山 坤(西南)	離(南方)

申山寅向

坎(北方)	(東北) 艮 寅向	震(東方)
1 7 / 4 6	8 5 / 2 4	3 9 / 6 8
乾(西北) 6 3 / 9 2	5 2 / 8 1	4 1 / 7 9 巽(東南)
7 4 / 1 3	2 8 / 5 7	9 6 / 3 5
兌(西方)	申山 坤(西南)	離(南方)

(表3-34D) 八運綜合星盤(紅色數字為2026年紫白飛星)

庚山甲向

	甲向 震(東方)	
艮(東北)	4 3　　8 8　　9 7 　2 4　　6 8　　7 9 6 1　　1 6　　5 2 　4 6　　8 1　　3 5 2 5　　3 4　　7 9 　9 2　　1 3　　5 7	巽(東南)
坎(北方)		離(南方)
乾(西北)	(西方) 兌　庚山　坤(西南)	

酉山卯向

	(東方) 震 卯向	
艮(東北)	7 9　　3 4　　2 5 　2 4　　6 8　　7 9 5 2　　1 6　　6 1 　4 6　　8 1　　3 5 9 7　　8 8　　4 3 　9 2　　1 3　　5 7	巽(東南)
坎(北方)		離(南方)
乾(西北)	酉山 兌(西方)　坤(西南)	

辛山乙向

	(東方) 震 乙向	
艮(東北)	7 9　　3 4　　2 5 　2 4　　6 8　　7 9 5 2　　1 6　　6 1 　4 6　　8 1　　3 5 9 7　　8 8　　4 3 　9 2　　1 3　　5 7	巽(東南)
坎(北方)		離(南方)
乾(西北)	辛山 兌(西方)　坤(西南)	

戌山辰向

	震 辰向 巽(東南)	
(東方)	7 5　　8 6　　4 2 　6 8　　7 9　　3 5 3 1　　9 7　　6 4 　2 4　　8 1　　5 7 5 3　　1 8　　2 9 　4 6　　9 2　　1 3	離(南方)
艮(東北)		坤(西南)
坎(北方)	(西北) 乾 戌山	兌(西方)

乾山巽向

	(東南) 巽 巽向	
震(東方)	2 9　　1 8　　5 3 　6 8　　7 9　　3 5 6 4　　9 7　　3 1 　2 4　　8 1　　5 7 4 2　　8 6　　7 5 　4 6　　9 2　　1 3	離(南方)
艮(東北)		坤(西南)
坎(北方)	乾山 乾(西北)	兌(西方)

亥山巳向

	(東南) 巽 巳向	
震(東方)	2 9　　1 8　　5 3 　6 8　　7 9　　3 5 6 4　　9 7　　3 1 　2 4　　8 1　　5 7 4 2　　8 6　　7 5 　4 6　　9 2　　1 3	離(南方)
艮(東北)		坤(西南)
坎(北方)	亥山 乾(西北)	兌(西方)

(三)九運二十四山坐向吉凶

1.九運紀要

　　2024~2043年(甲辰年至癸亥年)下元九運，以數字9為離卦管局(圖3-63)，離代表中女，在各行各業中的表現，為活躍熱情有禮，地位當倍受重視。行業以電信、電力、能源、石油、天然氣、影視、文化、網絡、美容等有利發展。誠然卦象離中虛，為中空易生虛偽、精神空虛之人，在健康方面，宜注意心臟、眼睛、囊腫、血液方面之疾病預防。離卦為外實內虛或外剛內柔之象。離為火，居南方，離九為正神位，以對宮方位坎一(北方)為零神位，一般見水利財，但實務上仍須配合形巒與朝向之配合，方能確立吉凶衰旺。九運以9離火為當令之星主大吉；1坎水為生氣(近旺星)次吉、2坤土為生氣(遠旺星)小吉；3震木、4巽木為死氣(離中宮9離火最久遠之星)大凶；5黃土、6乾金為煞星(離中宮9離火較久遠之星)凶；7兌金為煞星小凶少用；8艮土為退氣屬中性無吉凶(剛退中宮運星無衰旺)，九運衰旺順序(圖3-64)。

(東南)巽	離(南方)	坤(西南)
退氣 8運	死氣 4運	煞氣 6運
煞氣 7運	旺氣 9運	生氣 2運
死氣 3運	煞氣 5運	生氣 1運
(東北)艮	(北方)坎	乾(西北)

(東方)震　　　　　　　　　　(兌)西方

(圖3-63)九運離卦管局

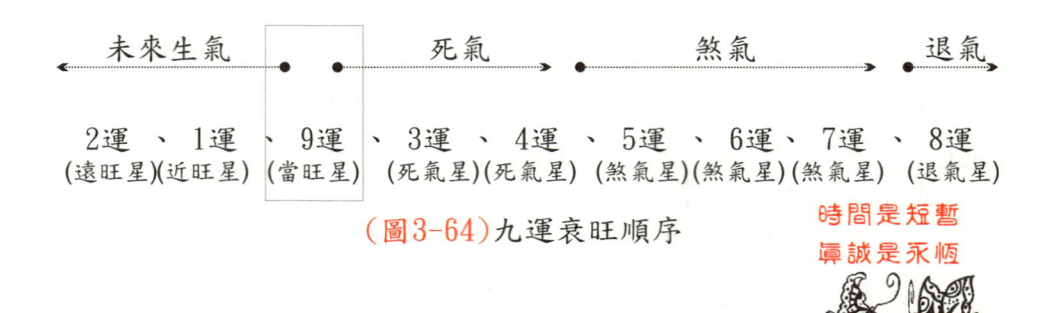

←未來生氣→　←―死氣―→　←――煞氣――→　←退氣→

2運、1運、│9運│、3運、4運、5運、6運、7運、8運
(遠旺星)(近旺星)(當旺星)(死氣星)(死氣星)(煞氣星)(煞氣星)(煞氣星)(退氣星)

(圖3-64)九運衰旺順序

時間是短暫
真誠是永恆

2.退運改換天心

　　一般舊建築物之改造，就玄空風水學而言，須先瞭解建築物竣工時間，並確認屬於三元九運中屬何運，以下元九運（2024~2043年）竣工，若再以上元一運（2044~2063年）時間衡量，九運就屬於退運之宅，須經過改換天心後方能迎一運之旺運。

3.掌握元運吉星

　　九為離卦，陰爻居中讓兩陽爻分離，有別離之意，離主中女，九運期間（指2024~2043年）主生女比生男多。宋朝吳景鸞《玄機賦》記載：「離位巉巖（巒頭有煞）而損目。」說明離（南方）方位有巒頭敗象易患眼疾。建築物逢九運建造，則以9離火為入中宮飛布八方；八運便成退氣。因而建築物退運，可經過改動天心（如裝修地板、天花板、粉刷、更換或清洗門窗等），景象煥然一新，可迎當運旺氣，若無變動，則仍採用建築物原本建造的元運起星盤憑星斷事。

4.九運旺局

　　九運，無旺山旺向之局，全以雙星到向或雙星到坐，建築物立向會儘量取用乾巽、巳亥四局為合十，用以彌補無旺山旺向之缺憾。

5.星盤檢討

　　茲將在九運（2024~2043年）二十四山坐向吉凶（表3-35）。九運以9紫火主事為當旺之星，遇7赤破軍星，7赤星為先天火數，9紫星為後天火數，《飛星斷》記載：「赤紫兮，致災有數。」說明二星組合成後天火局，易生回祿之災。茲將九運盤加入2026年飛星，排成現況星盤（表3-36），便捷提供建築物之規劃設計之參考。

學習風水
沒有捷徑
只要研究途徑正確
就不怕路遙遠

(表3-35)九運(2024~2043年)二十四山坐向吉凶一覽表

宅別	編號	二十四山方位 坐 向	格　局	吉　凶
坎宅（坐北向南）	1	壬山 ⟶ 丙向	雙星到向	旺財不旺丁
	2	子山 ⟶ 午向	雙星到坐	旺丁不旺財
	3	癸山 ⟶ 丁向	雙星到坐	旺丁不旺財
艮宅（坐東北向西南）	4	丑山 ⟶ 未向	雙星到向	旺財不旺丁
	5	艮山 ⟶ 坤向	雙星到坐	旺丁不旺財
	6	寅山 ⟶ 申向	雙星到坐	旺丁不旺財
震宅（坐東向西）	7	甲山 ⟶ 庚向	雙星到向	旺財不旺丁
	8	卯山 ⟶ 酉向	雙星到坐	旺丁不旺財
	9	乙山 ⟶ 辛向	雙星到坐	旺丁不旺財
巽宅（坐東南向西北）	10	辰山 ⟶ 戌向	雙星到坐	旺丁不旺財
	11	巽山 ⟶ 乾向	雙星到向	旺財不旺丁
	12	巳山 ⟶ 亥向	雙星到向	旺財不旺丁
離宅（坐南向北）	13	丙山 ⟶ 壬向	雙星到坐	旺丁不旺財
	14	午山 ⟶ 子向	雙星到向	旺財不旺丁
	15	丁山 ⟶ 癸向	雙星到向	旺財不旺丁
坤宅（坐西南向東北）	16	未山 ⟶ 丑向	雙星到坐	旺丁不旺財
	17	坤山 ⟶ 艮向	雙星到向	旺財不旺丁
	18	申山 ⟶ 寅向	雙星到向	旺財不旺丁
兌宅（坐西向東）	19	庚山 ⟶ 甲向	雙星到坐	旺丁不旺財
	20	酉山 ⟶ 卯向	雙星到向	旺財不旺丁
	21	辛山 ⟶ 乙向	雙星到向	旺財不旺丁
乾宅（坐西北向東南）	22	戌山 ⟶ 辰向	雙星到向	旺財不旺丁
	23	乾山 ⟶ 巽向	雙星到坐	旺丁不旺財
	24	亥山 ⟶ 巳向	雙星到坐	旺丁不旺財

第八節　形理兼察

(表3-36A)九運綜合星盤(紅色數字為2026年紫白飛星)

壬山丙向

巽(東南)	丙向離(南方)		坤(西南)
	4 5 8 9	9 9 4 5	2 7 6 7	
震(東方)	3 6 7 8	5 4 9 1	7 2 2 3	兌(西方)
	8 1 3 4	1 8 5 6	6 3 1 2	
艮(東北)	(北方)坎 壬山		乾(西北)

子山午向

巽(東南)	(南方)離午向		坤(西南)
	6 3 8 9	1 8 4 5	8 1 6 7	
震(東方)	7 2 7 8	5 4 9 1	3 6 2 3	兌(西方)
	2 7 3 4	9 9 5 6	4 5 1 2	
艮(東北)	子山坎(北方)		乾(西北)

癸山丁向

巽(東南)	(南方)離丁向		坤(西南)
	6 3 8 9	1 8 4 5	8 1 6 7	
震(東方)	7 2 7 8	5 4 9 1	3 6 2 3	兌(西方)
	2 7 3 4	9 9 5 6	4 5 1 2	
艮(東北)	癸山坎(北方)		乾(西北)

丑山未向

離(南方)	未向坤(西南)		兌(西方)
	7 2 4 5	9 9 6 7	5 4 2 3	
巽(東南)	2 7 8 9	3 6 9 1	4 5 1 2	乾(西北)
	1 8 7 8	8 3 3 4	6 1 5 6	
震(東方)	艮 丑山(東北)		坎(北方)

艮山坤向

離(南方)	(西南)坤 坤向		兌(西方)
	8 1 4 5	6 3 6 7	1 8 2 3	
巽(東南)	4 5 8 9	3 6 9 1	2 7 1 2	乾(西北)
	5 4 7 8	9 9 3 4	7 2 5 6	
震(東方)	艮山 艮(東北)		坎(北方)

寅山申向

離(南方)	(西南)坤 申向		兌(西方)
	8 1 4 5	6 3 6 7	1 8 2 3	
巽(東南)	4 5 8 9	3 6 9 1	2 7 1 2	乾(西北)
	5 4 7 8	9 9 3 4	7 2 5 6	
震(東方)	寅山 艮(東北)		坎(北方)

(表3-36B)九運綜合星盤(紅色數字為2025年紫白飛星)

第八節 形理兼察

甲山庚向

坤(西南)		庚向 兌(西方)		乾(西北)
	4 5 6 7	9 9 2 3	6 1 1 2	
離(南方)	2 7 4 5	7 2 9 1	3 6 5 6	坎(北方)
	6 3 8 9	5 4 7 8	1 8 3 4	
巽(東南)		震甲山(東方)		艮(東北)

卯山酉向

坤(西南)		(西方)兌酉向		乾(西北)
	1 8 6 7	5 4 2 3	6 3 1 2	
離(南方)	3 6 4 5	7 2 9 1	2 7 5 6	坎(北方)
	8 1 8 9	9 9 7 8	4 5 3 4	
巽(東南)		卯山 震(東方)		艮(東北)

乙山辛向

坤(西南)		(西方)兌辛向		乾(西北)
	1 8 6 7	5 4 2 3	6 3 1 2	
離(南方)	3 6 4 5	7 2 9 1	2 7 5 6	坎(北方)
	8 1 8 9	9 9 7 8	4 5 3 4	
巽(東南)		乙山 震(東方)		艮(東北)

辰山戌向

兌(西方)		戌向 乾(西北)		坎(北方)
	6 3 2 3	7 2 1 2	3 6 5 6	
坤(西南)	2 7 6 7	8 1 9 1	5 4 3 4	艮(東北)
	4 5 4 5	9 9 8 9	1 8 7 8	
離(南方)		(東南)巽 辰山		震(東方)

巽山乾向

兌(西方)		(西北)乾乾向		坎(北方)
	1 8 2 3	9 9 1 2	4 5 5 6	
坤(西南)	5 4 6 7	8 1 9 1	2 7 3 4	艮(東北)
	3 6 4 5	7 2 8 9	6 3 7 8	
離(南方)		巽山 巽(東南)		震(東方)

巳山亥向

兌(西方)		(西北)乾 亥向		坎(北方)
	1 8 2 3	9 9 1 2	4 5 5 6	
坤(西南)	5 4 6 7	8 1 9 1	2 7 3 4	艮(東北)
	3 6 4 5	7 2 8 9	6 3 7 8	
離(南方)		巳山 巽(東南)		震(東方)

(表3-36C)九運綜合星盤(紅色數字為2026年紫白飛星)

丙山壬向

乾(西北)	壬向 坎(北方)	艮(東北)
3 6 1 2	8 1 5 6	1 8 3 4
兌(西方) 2 7 2 3	4 5 9 1	6 3 7 8 震(東方)
7 2 6 7	9 9 4 5	5 4 8 9
坤(西南)	(南方)離 丙山	巽(東南)

午山子向

乾(西北)	(北方)坎 子向	艮(東北)
5 4 1 2	9 9 5 6	7 2 3 4
兌(西方) 6 3 2 3	4 5 9 1	2 7 7 8 震(東方)
1 8 6 7	8 1 4 5	3 6 8 9
坤(西南)	午山 離(南方)	巽(東南)

丁山癸向

乾(西北)	(北方)坎 癸向	艮(東北)
5 4 1 2	9 9 5 6	7 2 3 4
兌(西方) 6 3 2 3	4 5 9 1	2 7 7 8 震(東方)
1 8 6 7	8 1 4 5	3 6 8 9
坤(西南)	(南方)離 丁山	巽(東南)

未山丑向

坎(北方)	丑向 艮(東北)	震(東方)
1 8 5 6	3 6 3 4	8 1 7 8
乾(西北) 5 4 1 2	6 3 9 1	7 2 8 9 巽(東南)
4 5 2 3	9 9 6 7	2 7 4 5
(西南)坤	未山	離(南方)

坤山艮向

坎(北方)	(東北)艮 艮向	震(東方)
2 7 5 6	9 9 3 4	4 5 7 8
乾(西北) 7 2 1 2	6 3 9 1	5 4 8 9 巽(東南)
8 1 2 3	1 8 6 7	3 6 4 5
兌(西方)	坤山 坤(西南)	離(南方)

申山寅向

坎(北方)	(東北)艮 寅向	震(東方)
2 7 5 6	9 9 3 4	4 5 7 8
乾(西北) 7 2 1 2	6 3 9 1	5 4 8 9 巽(東南)
6 1 2 3	3 6 6 7	1 8 4 5
兌(西方)	申山 坤(西南)	離(南方)

(表3-36D)九運綜合星盤(紅色數字為2026年紫白飛星)

庚山甲向

	艮(東北)	震 甲向 (東方)	巽(東南)	
	8 1 3 4	4 5 7 8	3 6 8 9	
坎(北方)	6 3 5 6	2 7 9 1	7 2 4 5	離(南方)
	1 8 1 2	9 9 2 3	5 4 6 7	
	乾(西北)	兌 庚山 (西方)	坤(西南)	

酉山卯向

	艮(東北)	震 卯向 (東方)	巽(東南)	
	5 4 3 4	9 9 7 8	1 8 8 9	
坎(北方)	7 2 5 6	2 7 9 1	6 3 4 5	離(南方)
	3 6 1 2	4 5 2 3	8 1 6 7	
	乾(西北)	酉山 兌 (西方)	坤(西南)	

辛山乙向

	艮(東北)	震 乙向 (東方)	巽(東南)	
	5 4 3 4	9 9 7 8	1 8 8 9	
坎(北方)	7 2 5 6	2 7 9 1	6 3 4 5	離(南方)
	3 6 1 2	4 5 2 3	8 1 6 7	
	乾(西北)	辛山 兌 (西方)	坤(西南)	

戌山辰向

	震(東方)	辰向 巽(東南)		離(南方)
	8 1 7 8	9 9 8 9	5 4 4 5	
艮(東北)	4 5 3 4	1 8 9 1	7 2 6 7	坤(西南)
	6 3 5 6	2 7 1 2	3 6 2 3	
	坎(北方)	(西北)乾 戌山	兌(西方)	

乾山巽向

	震(東方)	巽 巽向 (東南)	離(南方)	
	3 6 7 8	2 7 8 9	6 3 4 5	
艮(東北)	7 2 3 4	1 8 9 1	4 5 6 7	坤(西南)
	5 4 5 6	9 9 1 2	8 1 2 3	
	坎(北方)	乾山 乾(西北)	兌(西方)	

亥山巳向

	震(東方)	巽 巳向 (東南)	離(南方)	
	3 6 7 8	2 7 8 9	6 3 4 5	
艮(東北)	7 2 3 4	1 8 9 1	4 5 6 7	坤(西南)
	5 4 5 6	9 9 1 2	8 1 2 3	
	坎(北方)	亥山 乾(西北)	兌(西方)	

第九節、重要法訣

一、反伏吟

反伏吟，又稱反吟伏吟，明末清初蔣大鴻《都天寶照經・下篇》記載：「本山來龍立本向，返吟伏吟禍難當。」說明犯反伏吟為極凶之格局，有卦氣相沖與錯位之災，較上山下水損丁破財為甚。其制化為遇山星犯伏吟，在其方需有情之山形；向星犯伏吟，則需該方有清徹之水，不阻塞為吉。反伏吟當運旺山旺向形巒配合者，不忌。失運時山星犯伏吟，若山形破斜、崎嶇、探頭等則凶，主不和，健康也差，人口損傷；向星犯伏吟，主事業有志難伸，破財。制化之法可採收山出煞來調整；若全局合十或符合父母三般卦者可化解。

（一）反吟

反吟，即背道而馳，唱反調之意。在飛星盤中，為對宮所犯，凡山星或向星與元旦盤（洛書九星宮位）之星相反者。即山、向星遇到五黃土星入中逆飛，飛入各宮位之星與元旦盤相反（相對立）。如九運子山午向，山星5黃土入中逆飛，4巽木飛入乾宮（元旦盤），全局山星反吟，亦合十（4+6=10），配合巒頭布局有補救之作用，其餘類推，全局山星反吟（圖3-65），雙星到山，坐後有山、水巒頭配合則吉。

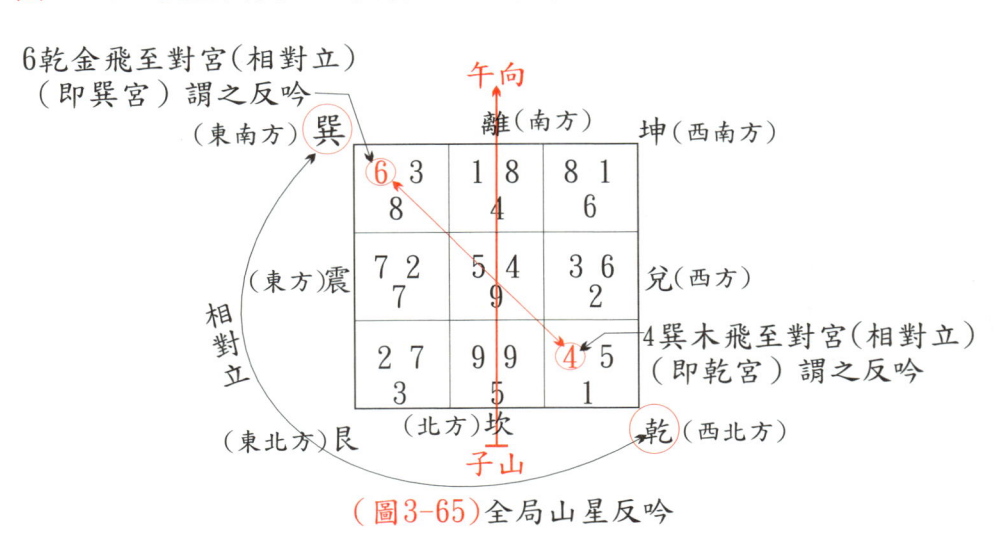

（圖3-65）全局山星反吟

(二)伏吟

伏吟，即重覆之意，即九星仍在本宮不動。在飛星盤中，為本宮所犯，凡山星或向星與元旦盤(洛書九星宮位)之星相同者。即山、向星遇到五黃土星入中順飛，飛入各宮位之星與元旦盤相同，因氣不動為凶。如九運丙山壬向，向星 5黃土入中順飛，6乾金飛入乾宮(元旦盤)，即 6 與乾相疊(重複現象)，為飛星與元旦盤數字相同，無變化與陰陽交流，不利財源為困局，稱向星伏吟(圖3-66)。

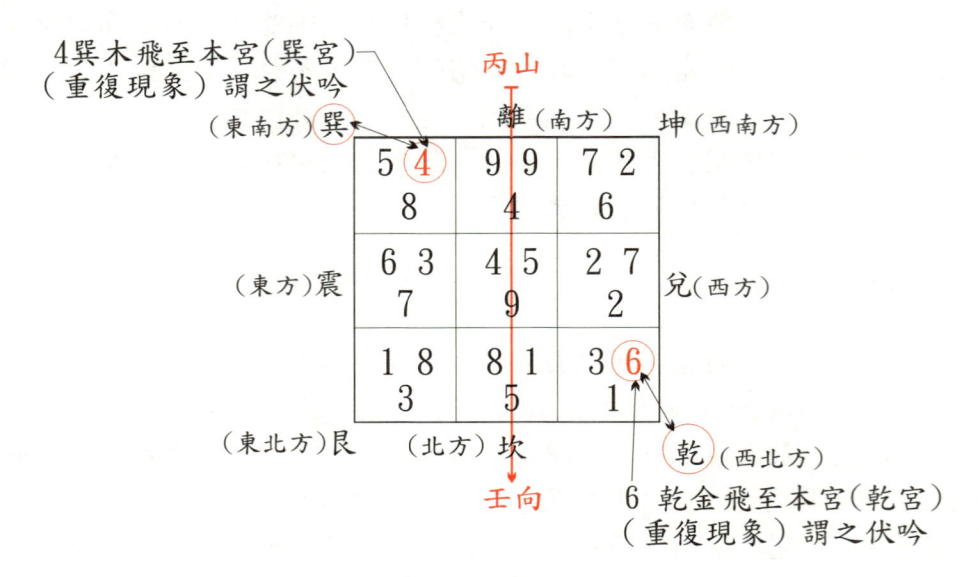

4巽木飛至本宮(巽宮)
(重復現象)謂之伏吟

丙山

(東南方)巽　　離(南方)　　坤(西南方)

5 4	9 9	7 2
8	4	6
6 3	4 5	2 7
7	9	2
1 8	8 1	3 6
3	5	1

(東方)震　　　　　　　　　兌(西方)

(東北方)艮　(北方)坎　　乾(西北方)

壬向

6 乾金飛至本宮(乾宮)
(重復現象)謂之伏吟

(圖3-66)向星伏吟

(三)反吟伏吟

反伏吟，分全局反吟、全局伏吟、獨宮反吟、獨宮伏吟。漸少反伏吟禍害之影響，宜掌握當運旺山向及山水巒頭配合則不忌，及星盤符合父母三般卦亦可制化為吉，與配合收山出煞布局可化解。反吟二、五、八運在坤、艮宮；三、七運在震、兌宮；四、六運在巽、乾宮；一、九運在坎、離宮；在二十四山中，計 12 個山向，28 局為犯伏吟或反吟之局(表3-37)。

用一個角度
看世界
世界是無限寬廣

(表3-37)二十四山反伏吟一覽表

廿四山方位 坐　　　向	三元九運	區　分	附　註
壬山 ⟶ 丙向	一運	向星犯伏吟	
	九運	山星犯伏吟	
艮山 ⟶ 坤向	二運	山星犯伏吟	五運之艮山坤向並無犯伏吟，但各宮之山星與對宮之向星合十，此為「反吟」。
	五運	山、向星犯反吟	
	八運	向星犯伏吟	
寅山 ⟶ 申向	二運	山星犯伏吟	
	五運	山、向星犯反吟	
	八運	向星犯伏吟	
甲山 ⟶ 庚向	三運	向星犯伏吟	五運之坤山艮向，各宮之山星與對宮之向星合十，此為犯「反吟」。
	七運	山星犯伏吟	
巽山 ⟶ 乾向	四運	向星犯伏吟	
	六運	山星犯伏吟	
巳山 ⟶ 亥向	四運	向星犯伏吟	五運之申山寅向，各宮之山星與對宮之向星合十，為犯「反吟」。
	六運	山星犯伏吟	
丙山 ⟶ 壬向	一運	山星犯伏吟	
	九運	向星犯伏吟	
坤山 ⟶ 艮向	二運	向星犯伏吟	
	五運	山、向星犯反吟	五運之寅山申向，各宮之山星與對宮之向星合十，而向星與山星合十，此為全盤犯「反吟」。
	八運	山星犯伏吟	
申山 ⟶ 寅向	二運	向星犯伏吟	
	五運	山、向星犯反吟	
	八運	山星犯伏吟	
庚山 ⟶ 甲向	三運	山星犯伏吟	
	七運	向星犯伏吟	
乾山 ⟶ 巽向	四運	山星犯伏吟	
	六運	向星犯伏吟	
亥山 ⟶ 巳向	四運	山星犯伏吟	
	六運	向星犯伏吟	

口開神氣散
舌動是非生

二、城門法

城門法為定向輔助旺氣之法，根據明末清初蔣大鴻《青囊序》記載：「天上星辰似織羅，水交三八要相過，水發城門須要會，卻如湖裡雁交鵝。」說明城門水口決定陰陽宅納氣之重要關鍵點。

(一)城門

城門以牆圍住來管制進出，僅靠城牆大門通行。以城門比喻來氣口之方；並以向首左右兩旁宮位，巒頭上如兩水交會之三叉水口、河川或道路轉彎處、潭湖泊中心、圓秀山峰或其截水(停蓄)處、十字路交叉口等，為陰陽宅何方進氣之關鍵點，亦為坐山立向的輔助之法，非任何立向以向的兩旁均有城門可取，分正城門與副城門。

1.正城門與副城門

正城門又稱正馬，為向首左右兩旁宮位之同元龍，須合合先天河圖數生成(指一六共宗、二七同道、三八為朋、四九為友)。副城門又稱借馬，為向首左右兩旁宮位取正城門後，另一邊為副城門，不須合先天河圖數，但須同元龍。

2.立向城門旺氣宮位

一理通
萬理徹

立旺山旺向有城門旺氣輔助則旺上加旺；若坐向不佳得兩旁宮位旺氣輔助，亦能興旺發達。立向旺氣城門二宮位(表3-38)。

(表3-38)立向旺氣城門二宮位一覽表

宅別	二十四山方位 坐→向	向兩旁城門 正城門	向兩旁城門 副城門	宅別	二十四山方位 坐→向	向兩旁城門 正城門	向兩旁城門 副城門
坎宅	壬山→丙向	辰	未	離宅	丙山→壬向	戌	丑
	子山→午向	巽	坤		午山→子向	乾	艮
	癸山→丁向	巳	申		丁山→癸向	亥	寅
艮宅	丑山→未向	庚	丙	坤宅	未山→丑向	甲	壬
	艮山→坤向	酉	午		坤山→艮向	卯	子
	寅山→申向	辛	丁		申山→寅向	乙	癸
震宅	甲山→庚向	未	戌	兌宅	庚山→甲向	丑	辰
	卯山→酉向	坤	乾		酉山→卯向	艮	巽
	乙山→辛向	申	亥		辛山→乙向	寅	巳
巽宅	辰山→戌向	壬	庚	乾宅	戌山→辰向	丙	甲
	巽山→乾向	子	酉		乾山→巽向	午	卯
	巳山→亥向	癸	辛		亥山→巳向	丁	乙

例一：以五運子山午向；以巽為正城門，即合先天河圖數四九為友，已知向首左右兩旁宮位巽為合正城門，則另一邊坤為副城門（圖3-67）。

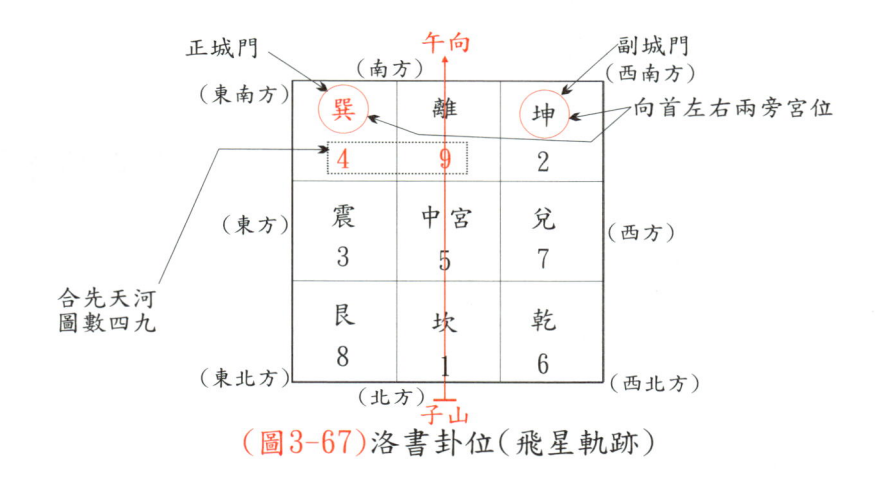

```
                    午向
       正城門      （南方）     副城門
      （東南方）                （西南方）
       ┌──────┬──────┬──────┐
       │ 巽   │ 離   │ 坤  ←│──向首左右兩旁宮位
       │  4   │  9   │  2   │
       ├──────┼──────┼──────┤
（東方）│ 震   │ 中宮 │ 兌   │（西方）
       │  3   │  5   │  7   │
 合先天├──────┼──────┼──────┤
 河圖數│ 艮   │ 坎   │ 乾   │
 四九  │  8   │  1   │  6   │
       └──────┴──────┴──────┘
      （東北方） （北方）  （西北方）
                  子山
```

（圖3-67）洛書卦位（飛星軌跡）

（二）城門訣

　　城門訣，又稱玄關竅，凡合城門，復將城門方位所得運星，再入中飛布，飛到該方而合當運（天心正運）者謂之。明末清初蔣大鴻《都天寶照經‧中篇》記載：「五星一訣非真術，城門一訣最為良（指吉昌），識得五星城門訣，立宅安墳定吉昌。」屬取旺向之法，亦代表水氣轉寰之處，城門並非正向，係在正向兩側，其力量比挨星生旺強，但元運一過則變為衰敗。可用在先天不吉之門（或房）卦向，取其左右兩吉卦向，來轉移為吉象，可用在陽宅改門路及辦公室（或桌）改方位或二角城門可布水局（動水）來增益，轉衰為旺，惟過（失）運後即敗（用在當運，如七運用之城門，八運則衰敗；八運用之城門九運則衰敗）宜妥處。

1. 失運改造

　　城門訣甚為重要，故凡陰陽宅失運者，可運用城門訣改門路或水口來趨吉避凶。

2. 當運增益

　　建築物之坐向逢當運，城門亦吉，則錦上添花有加分之作用。

　　例二：以九運壬山丙向為例（圖3-68），取左右兩卦之運星，依陽順

陰逆的飛星規則，即坤方 6 ，為逆飛至原坤宮為 9（圖3-69），及巽方之 8 為逆飛星至巽宮為 9（圖3-70），又符合先天河圖 49 金，可為正城門，另坤宮為副城門。因此，三元九運城門（表3-39）之操作，有當運天心正運九紫星旺星臨到，即符合城門訣。

繫緣修心
收攝雜念
必有所得

3.操作原則

(1)巒頭：四神(山)環抱，於城門方見水口(缺口)。
(2)方位：必在向首(宮位)兩旁方位。
(3)理氣：城門方之運星，入中宮後，能使當運之星，挨排至原位。
(4)時間：因時而異，逢當運則旺發，退運則衰敗。

(表3-39)三元九運城門分布一覽表（紅字可選用）

宅別	二十四山方位坐　　　向	一運	二運	三運	四運	五運	六運	七運	八運	九運
坎宅	壬山→丙向		未	辰	辰未	辰	辰未	未	辰未
	子山→午向	巽坤	巽	坤	巽坤		坤		巽	
	癸山→丁向	申巳	巳	申	巳申		申		巳	
艮宅	丑山→未向		庚丙		庚丙		庚	丙		庚丙
	艮山→坤向	酉午		酉午		酉午	午	酉	酉午	
	寅山→申向	辛丁		辛丁		辛丁	丁	辛	辛丁	
震宅	甲山→庚向	戌	未	戌	戌	未戌		未戌	未戌	未
	卯山→酉向	坤	乾	坤	坤		坤乾		乾	乾
	乙山→辛向	申	亥	申	申		申亥		亥	亥
巽宅	辰山→戌向	壬	庚	壬	庚		壬庚		壬	庚
	巽山→乾向	酉	子	酉	子	子酉		子酉	酉	子
	巳山→亥向	辛	癸	辛	癸	癸辛		癸辛	辛	癸
離宅	丙山→壬向	戌丑	丑	戌丑	戌	戌丑		戌	丑	
	午山→子向		乾		艮	乾艮	艮	乾	乾艮
	丁山→癸向		亥		寅	亥寅	寅	亥	亥寅
坤宅	未山→丑向	甲壬			壬	甲	甲壬		甲壬	
	坤山→艮向		卯子	卯	子	卯子		卯子		卯子
	申山→寅向		乙癸	乙	癸	乙癸		乙癸		乙癸
兌宅	庚山→甲向	丑	丑	丑辰		丑辰	辰	辰	丑	辰
	酉山→卯向	巽	巽	艮巽		艮	艮	巽	艮
	辛山→乙向	巳	巳	寅巳		寅	寅	巳	寅
乾宅	戌山→辰向	甲	丙	丙		丙甲	甲	丙	甲	丙
	乾山→巽向	午	卯	午卯		午卯	午	午卯	午	卯
	亥山→巳向	丁	乙	丁乙		丁乙	丁	丁乙	丁	乙

(東南方)巽　　離(南方)　　坤(西南方)

| 4 5 | 9 9 | 2 7 |
| ⑧ | 4 | ⑥ |
8	9	2
3 6	5 4	7 2
7	9	2
8 1	1 8	6 3
2	5	1

(東北方)艮　　坎(北方)　　乾(西北方)

丙向 ↑　壬山 ↓

坤宮⑥運星入中宮為乾卦（戌乾亥屬陰陽陽取戌山屬陰）四維卦地元山陰卦逆飛至坤宮合當運

（圖3-68）壬山丙向為例

(東南方)巽　　離(南方)　　坤(西南方)

	2	⑨
	6	4
3	1	5

(東北方)艮　　坎(北方)　　乾(西北方)

逆飛

（圖3-69）坤宮 6 乾金 入中逆飛至原位

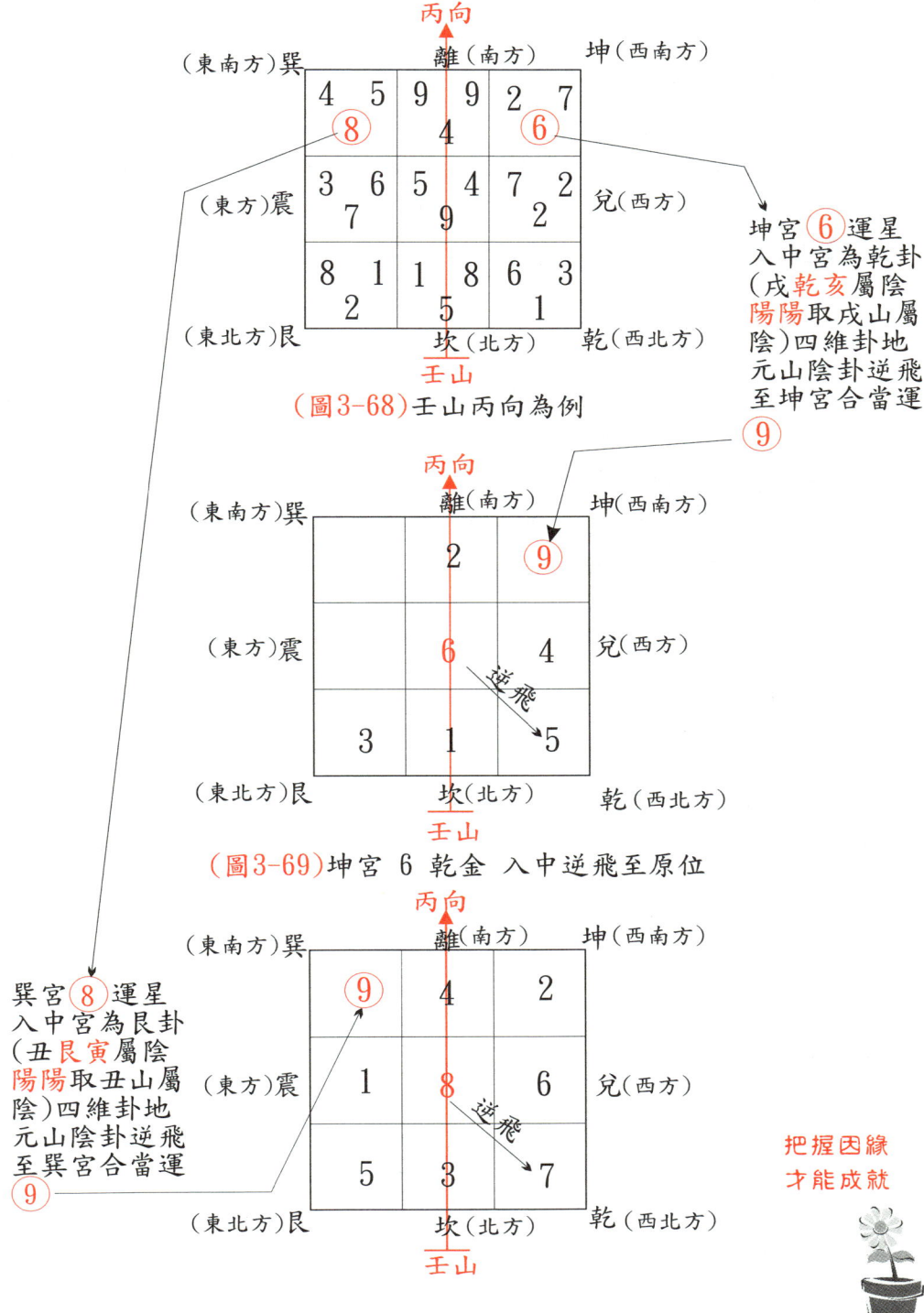

巽宮⑧運星入中宮為艮卦（丑艮寅屬陰陽陽取丑山屬陰）四維卦地元山陰卦逆飛至巽宮合當運 ⑨

(東南方)巽　　離(南方)　　坤(西南方)

⑨	4	2
1	8	6
5	3	7

(東北方)艮　　坎(北方)　　乾(西北方)

逆飛

（圖3-70）巽宮 8 艮土入中逆飛至原位

把握因緣才能成就

第參章　重要法訣原理及應用

308

三、三般卦

在山與向兩宮，相互生成（一六、二七、三八、四九為先天生成之數）、合十（坎一離九、坤二艮八、離三兌七、巽四乾六為後天對宮合十）之下，即為兩氣相通，所形成之連卦稱之三般卦。唐朝楊筠松《天玉經‧內傳上》記載：「更看父母下三吉，三般卦第一。」指出三般卦是非常重要的理論，表現形式分父母三般卦及連珠三般卦兩種。

（一）父母三般卦

唐朝楊筠松《天玉經‧內傳下》記載：「識得父母三般卦，便是真神路。」在八卦位中，每宮之山星、向星、運星，三個數字必須符合為下列三組之一"147、258、369"，其氣貫通三個元（上、中、下三元），如369數字，為上元3運之氣，接中元6運之氣，接下元9運之氣，形成三元不敗的吉象；主人緣佳，逢貴人相助，事業順利。

1.運用時機

上、中、下三元之氣能貫通，生生不息，逢犯上山下水，反吟伏吟不致為凶。

147 宮為坎、巽、兌三宮，又稱穿雲箭主急速效應。
258 宮為中宮、艮宮、坤宮、全為土星，和數十五，主吉帶來生機。
369 宮為震、離、乾三宮，主活潑青春。

2.父母三般卦十六局

三元九運中，以一、三、七、九運沒有合父母三般卦，計有艮宮與坤宮三個山向共有十六局(表3-40)。

(表3-40)父母三般卦十六局一覽表

元運\坐向	父母三般卦
二運	艮山坤向、寅山申向、坤山艮向、申山寅向
四運	丑山未向、未山丑向
五運	艮山坤向、寅山申向、坤山艮向、申山寅向
六運	丑山未向、未山丑向
八運	艮山坤向、寅山申向、坤山艮向、申山寅向

例二：以八運坤山艮向為例(圖3-71)。

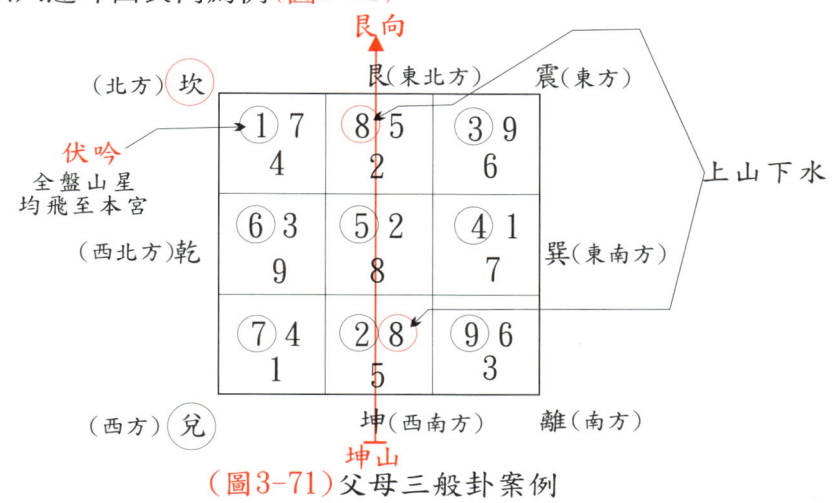

```
                艮向
    (北方) 坎    艮(東北方)   震(東方)
伏吟 ──→  ①7     ⑧ 5     ③9       ┐
全盤山星      4       2       6       │
均飛至本宮                                ├ 上山下水
            ⑥3      ⑤2      ④1      │
  (西北方)乾   9       8       7       │ 巽(東南方)
                                         ┘
            ⑦4      ②⑧     ⑨6
                1       5       3
    (西方)兌    坤(西南方)   離(南方)
                坤山
```

(圖3-71)父母三般卦案例

(二)連珠三般卦

在八卦位中，每宮之山星、向星、運星，三個數字必須相互合成為"123、234、345、456、567、678、789、891、912等九種"屬連續性，能通三運為氣，一運為旺，另兩運亦旺。

1.運用時機

連珠三般卦與父母三般卦功效相同，惟連珠三般卦理氣上以上山下水與坐空朝滿之局居多，仍須巒頭形勢配合才能有效應用。

2.連珠三般卦十六局

三元九運中，以一運、四運、六運、九運沒有合連珠三般卦，計有巽、乾二宮三個山向共有十六局(表3-41)。

(表3-41)連珠三般卦一覽表

元運＼坐向	連珠三般卦
二運	辰山戌向、戌山辰向
三運	巽山乾向、乾山巽向、巳山亥向、亥山巳向
五運	巽山乾向、乾山巽向、巳山亥向、亥山巳向
七運	巽山乾向、乾山巽向、巳山亥向、亥山巳向
八運	辰山戌向、戌山辰向

例三： 以八運辰山戌向為例(圖3-72)，屬上山下水為丁財兩敗之局，具連珠循環相生，亦為敗中取勝平和之局，逢凶化吉得人和，須配合環境巒頭(砂局)見水(水局)方可用。

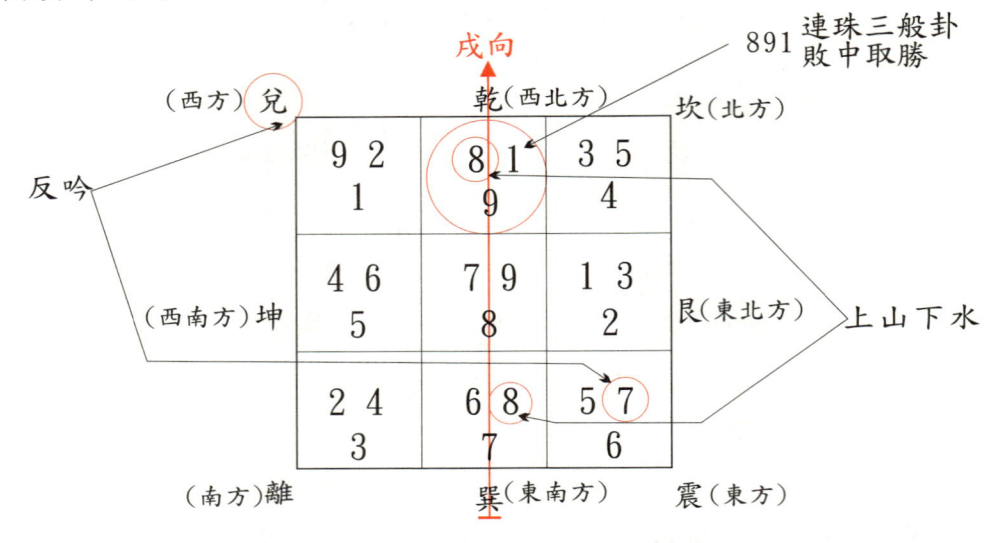

	乾(西北方)	
(西方)兌 9 2 1	8 1 9	坎(北方) 3 5 4
(西南方)坤 4 6 5	7 9 8	1 3 2　艮(東北方)
(南方)離 2 4 3	6 8 7 巽(東南方)	5 7 6　震(東方)

戌向　891 連珠三般卦 敗中取勝
反吟
上山下水

(圖3-72) 連珠循環相生

(三)配合巒頭形勢

　　三般卦須配合砂水法，即周邊巒頭形勢(或以砂水判斷高低)方可使用，向盤代表水管財，當運旺星飛到向首方位要低有水；山盤代表人丁管健康，當運旺星飛到坐方要有高大之形巒，才可發揮三般卦之吉效應。

没有走不到頂的山
只有找不到路之人

四、北斗七星打劫

北斗七星打劫法，是運用風水布局去劫奪未來元運的旺氣，應驗速發；在二十四山向中符合雙星到向之局，均可用打劫之法。根據唐朝楊筠松《天玉經・內傳下》記載：「識得父母三般卦，便是真神路，北斗七星去打劫，離宮要相合。」揭示打劫之法，能輔助通上、中、下三元之氣，布局得當為吉利持久。

（一）操作要領

北斗七星非指7顆星，係採逆數至第7位，離、乾、震三宮數字組合成147、258、369星數，如147由1星逆推至第7位為4星（逆推1、9、8、7、6、5、4），次由4星逆推至第7位為7星（逆推4、3、2、1、9、8、7），再由7星逆推至第7位為1星（逆推7、6、5、4、3、2、1）。操作時須山、向雙星到向，不能出現反吟、伏吟，以零正作為"收山出煞"的安排，打劫三方要設有門或窗通氣方能成功；根據清朝沈竹礽《沈氏玄空學》記載：「北斗七星打劫之法，有離宮真打劫（指離、乾、震三宮）與坎宮假打劫（指坎、巽、兌三宮）之分。」說明應用上有真假打劫之分。離宮真打劫局，除了六運之巽山乾向、巳山亥向，九運之壬山丙向三局均犯反伏吟不用外，可用者二十一局（表3-42），坎宮假打劫局，除了一運丙山壬向、四運乾山巽向、亥山巳向三局均犯反伏吟不用外，可用者二十一局（表3-43）。

（表3-42）七星離宮打劫二十一局

元運\坐向	真打劫局
一運	子山午向、癸山丁向、辰山戌向、庚山甲向 離震乾宮147、離震乾宮147、乾震離宮147、震乾離宮147
二運	壬山丙向、酉山卯向、辛山乙向 離震乾宮258、震乾離宮258、震乾離宮258
三運	子山午向、癸山丁向 369　　離震乾宮369
四運	壬山丙向、辰山戌向 乾離震宮147、乾離震宮258
六運	子山午向、癸山丁向、（巽山乾向、巳山亥向反伏吟不用） 乾離震宮369、乾離震宮369
七運	壬山丙向 震乾離宮147
八運	子山午向、癸山丁向、庚山甲向 震乾離宮258、震乾離宮258
九運	酉山卯向、辛山乙向、巽山乾向、巳山亥向 乾離震宮369、乾離震宮369、震離乾宮369、震離乾宮369

(表3-43)七星坎宮打劫二十一局

元運＼坐向	假打劫局
一運	卯山酉向、乙山辛向、乾山巽向、亥山巳向 兌坎巽宮147、兌坎巽宮147、巽坎兌宮147、巽坎兌宮147
二運	午山子向、丁山癸向、甲山庚向 坎巽兌宮258、坎巽兌宮258、兌坎巽宮258
三運	丙山壬向 坎巽兌宮369
四運	午山子向、丁山癸向 宮147、兌坎巽宮147
六運	戌山辰向、丙山壬向 369、兌坎巽宮369
七運	午山子向、丁山癸向 巽兌坎宮147、巽兌坎宮147
八運	丙山壬向、卯山酉向、乙山辛向 巽兌坎宮258、巽坎兌宮258、巽坎兌宮258
九運	午山子向、丁山癸向、戌山辰向、甲山庚向 巽兌坎宮369、巽兌坎宮369、兌坎巽宮369、坎巽兌宮369

1.離宮眞打劫

離宮眞打劫或稱陽打劫，七星打劫，必是雙星到向，係依離、震、乾三宮位的飛星，所合之父母三般卦(指147、258、369)，及坎、離、中宮之令星須合生成(以向星宮位須合生成方可劫未來吉氣)，符合河圖先天數「一六共宗，二七同道，三八為朋，四九為友，五十同途。」

例四：以九運巽山乾向為例，雙9紫星到向，向上有水，水後有山為吉。9運以9紫為正神，1白為零神，以零正作為收山出煞的安排，山飛星零神1白飛臨兌宮即西方(西方)，宜低為出煞，以開揚傾卸為宜。向飛星零神1白飛臨中宮，宜高為收山，探密關屏蔽；又中宮之運星9與離方運星4合成為"河圖四九為友"，中宮之向星1與離宮之向星6亦合成為"河圖一六共宗"，中宮之山星8與離宮之山星3合成為"河圖三八為朋"(圖3-73)。因而離宮打劫，震、離、乾三宮山向飛星合成369三般卦者，為眞打劫。

2.坎宮假打劫

坎宮假打劫或稱陰打劫，係依坎、巽、兌三宮位之飛星所合之父母三般卦(即147、258、369)，即離、坎、中宮之令星須合生成(以向星宮位須合生成，方可劫未來吉氣)，符合河圖先天數「一六共宗，二七同道，三八為朋，四九為友，五十同途。」；比眞打劫之力量較弱。

例五：以九運午山子向為例，雙9紫星到向，向上有水，水後有山為吉。9運以9紫為正神，1白為零神，以零正作為收山出煞的安排，山飛星零神1白飛臨坤方(西南方)，宜低為出煞，以開揚傾卸為宜。向飛星零神1白飛臨午方(南方)，宜高為收山，探密關屏蔽；又中宮之運星9與離方運星4合成為"河圖四九為友"(圖3-74)，因而坎宮打劫，即坎、巽、兌三宮山向飛星雖合成369三般卦者，為假打劫；布局得宜亦可應用。

巽山

(東南方)巽　　離(南方)　　坤(西南方)

| 7 2 | 3 6 | 5 4 | 山飛星零神1白飛臨
| 8 | 4 | 6 | 酉方，宜低為出煞，
| | | | 以開揚傾卸為宜。

離、震、乾三宮位飛星合成369三般卦

(東方)震

| 6 3 | 8 1 | 1 8 |
| 7 | 9 | 2 | 兌(西方)
| | | | 向飛星零神1白飛臨
| | | | 中宮，宜高為收山，
| 2 7 | 4 5 | 9 9 | 以密關屏蔽為宜。
| 3 | 5 | 1 |

(東北方)艮　　坎(北方)　　乾(西北方)

乾向

(圖3-73) 真打劫

午山

(東南方)巽　　離(南方)　　坤(西南方)

| 3 6 | 8 1 | 1 8 | 山飛星零神1白飛臨
| 8 | 4 | 6 | 坤方，宜低為出煞，
| | | | 以開揚傾卸為宜。

巽、兌、坎三宮位飛星合成369三般卦。

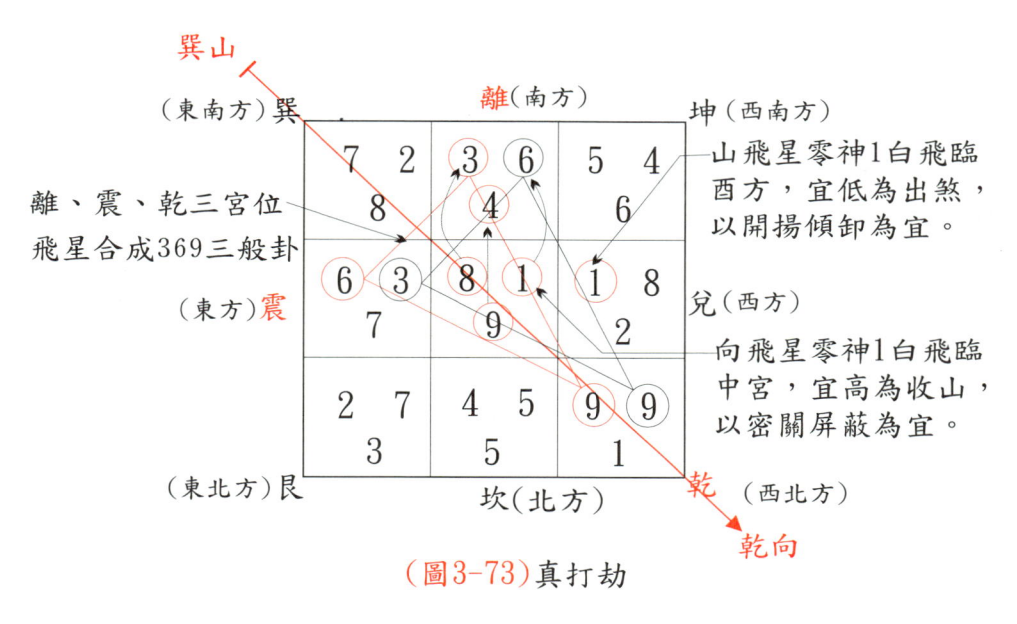

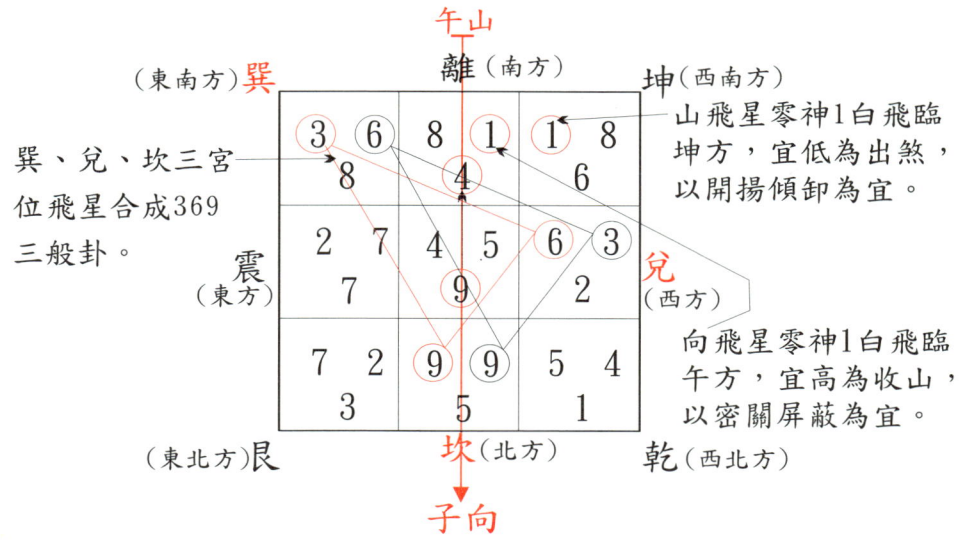

| 2 7 | 4 5 | 6 3 |
| 7 | 9 | 2 | 兌(西方)
震(東方) | | | | 向飛星零神1白飛臨
| | | | 午方，宜高為收山，
| 7 2 | 9 9 | 5 4 | 以密關屏蔽為宜。
| 3 | 5 | 1 |

(東北方)艮　　坎(北方)　　乾(西北方)

子向

(圖3-74) 假打劫

第參章 重要法訣原理及應用

314

五、陰陽合十

陰陽合十，為一陰一陽相加為十數。全局運星與山星、運星與向星、山星與向星之形式，合成一九、二八、三七、四六、五五合十之格局，除五五合十外，均符合陰陽交合，亦合乎天地生成夫婦之道，又稱夫婦合十。

(一)合十的原理

星盤陰陽合十，是根據戊己土位居中宮，即五黃土在中央為天心，各對宮對稱合十，形成後天八卦。全局合十與中央戊己相通，為數字與數字合十五，五黃(戊己)土扮演協調作用，主要是九宮互為通氣，生氣流暢用來補救山、向之旺氣不足。山星與運星合十，主旺丁利健康，向星與運星合十，主旺財。合十的作用是一種補救措施，應用上仍須配合形理兼察。在一運和九運中，雖無旺山旺向，若得全局合十，便可達到旺局作用，使九個宮之各卦通氣流暢。若逢上山下水，雙星到坐，即坐後無水者，雖合十，亦不能增益。在二十四山向216局，可用全局合十共有二十四局(表3-44)。

(表3-44)全局合十共有二十四局

元運 \ 合十	陰陽合十坐向
一運、九運	乾山巽向、亥山巳向、巽山乾向、巳山亥向
二運、八運	丑山未向、未山丑向
三運、七運	子山午向、癸山丁向、午山子向、丁山癸向
四運、六運	庚山甲向、甲山庚向

(二)當運合十

九運全局合十計有：乾山巽向、亥山巳向、巽山乾向、巳山亥向

1.山星合十

山星與運星合十利人丁，以九運乾山巽向為例(圖3-75)。

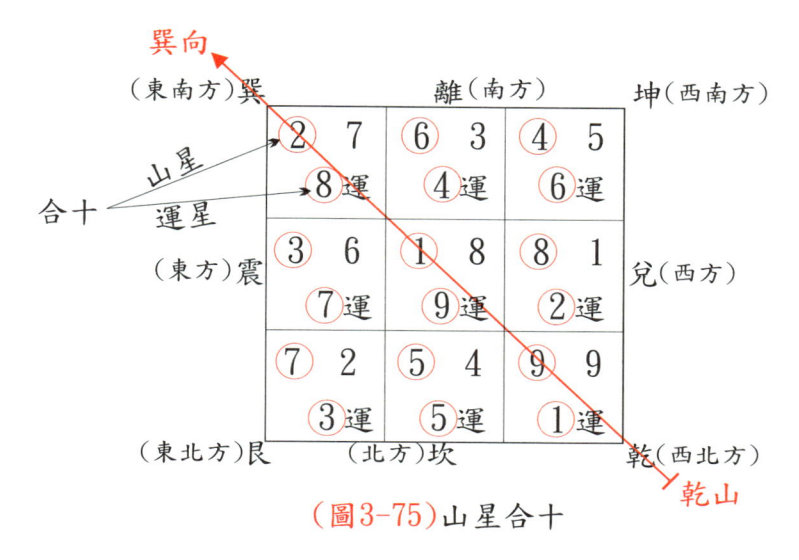

	(東南方)巽	離(南方)	坤(西南方)
	②⑦ ⑧運	⑥③ ④運	④⑤ ⑥運
(東方)震	③⑥ ⑦運	①⑧ ⑨運	⑧① ②運	兌(西方)
	⑦② ③運	⑤④ ⑤運	⑨⑨ ①運
	(東北方)艮	(北方)坎	乾(西北方)

巽向 ← 山星／運星 合十　乾山

(圖3-75)山星合十

2.向星合十

向星與運星合十利財源，以九運巽山乾向為例(圖2-76)。

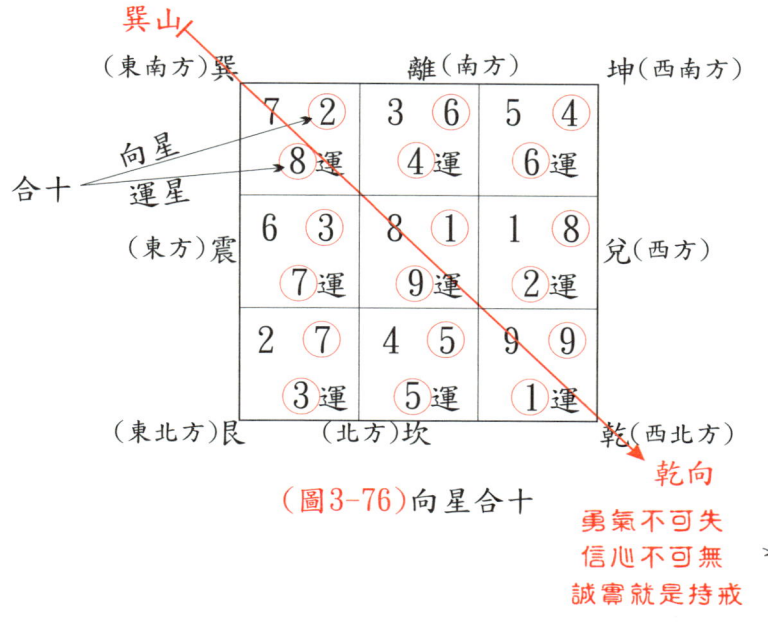

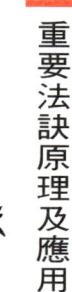

	(東南方)巽	離(南方)	坤(西南方)
	⑦② ⑧運	③⑥ ④運	⑤④ ⑥運
(東方)震	⑥③ ⑦運	⑧① ⑨運	①⑧ ②運	兌(西方)
	②⑦ ③運	④⑤ ⑤運	⑨⑨ ①運
	(東北方)艮	(北方)坎	乾(西北方)

巽山 ← 向星／運星 合十　乾向

(圖3-76)向星合十

勇氣不可失
信心不可無
誠實就是持戒

六、零水正水催水照水

旺方為正水，衰方為零水。根據唐朝楊筠松《天玉經‧內傳上》記載：「正神正位裝，撥水入零堂。」當運旺星為正神，並以旺方之對宮始為零堂(神)，須有水始能言吉。如九運時，離宮為正神方，以旺方對宮(坎宮)為零神方(圖3-77)。因此，正神方喜來氣，有利開門進出，不喜有水；零神則相反，見水吸附衰氣擋阻入宅。

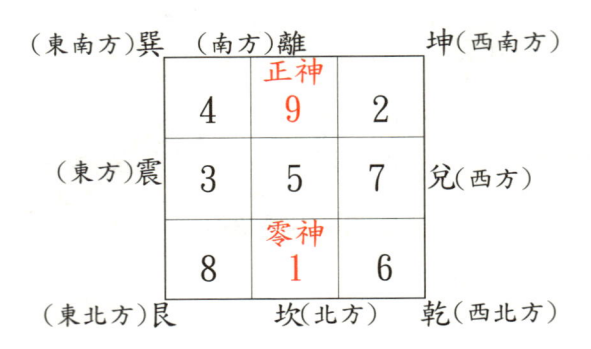

(東南方)巽	(南方)離	坤(西南方)
4	正神 9	2
(東方)震 3	5	7 兌(西方)
8	零神 1	6
(東北方)艮	坎(北方)	乾(西北方)

(圖3-77)正神與零神方相對位置

(一)零水

與當運旺星要合十，以九運當旺，則一運稱零水。唐朝楊筠松《天玉經‧內傳下》記載：「明得零神與正神，指日入青雲。」說明零正神的運用效果。在九運以坎方為零神方見水，水以衰為旺，見水主旺財，宜置動態之水(盆)，其效應著重於催富。

(二)正水

當運旺方有水稱正水；如九運離方有水主不吉。為當元(運)之山盤之生旺氣，不可見水，主破財傷丁。宜見山，靜態之高樓、家具；主旺丁。

(三)催水

與當運方合生成數，符合先天河圖16、27、38、49生成之數方位，有水稱催水或稱催官水；如九運之四巽方有水，符合"河圖四九為友"

(圖3-78)。亦與元運合成催水，如上元1、2、3、4運收下元6、7、8、9運之水爲催水，符合河圖16、27、38、49生成數方位，主大貴、官貴。

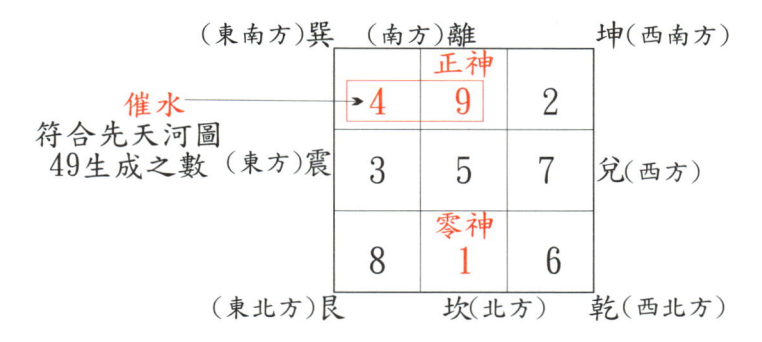

催水
符合先天河圖
49生成之數

(東南方)巽	(南方)離	坤(西南方)
4	正神 9	2
(東方)震 3	5	7 兌(西方)
8	零神 1	6
(東北方)艮	坎(北方)	乾(西北方)

(圖3-78)催水位置

(四)照水

當運正水與上元運合成爲五或與下元運合成爲十五之方位有水，稱照水；如九運(離宮)爲正水，與下元六運(乾宮)，合成十五(圖3-79)爲照水。因此，乾方爲照水，即西北方有水稱照水，可催財用。

(東南方)巽	(南方)離	坤(西南方)
4	正神 ⑨	2
(東方)震 3	5	7 兌(西方)
8	零神 1	⑥
(東北方)艮	坎(北方)	乾(西北方)

照水
當運正水與下元運
合成爲十五

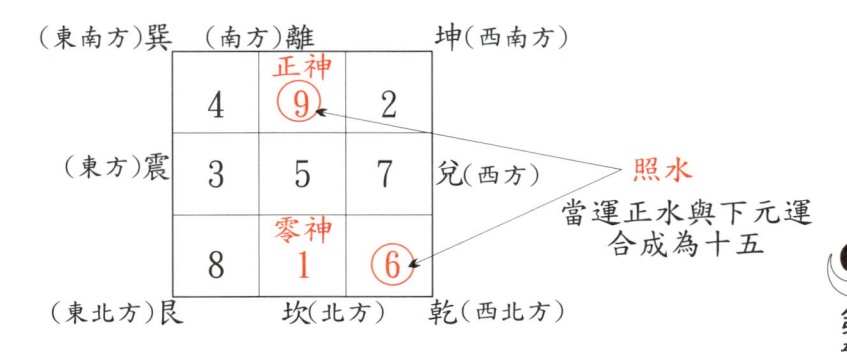

(圖3-79)照水位置

(五)有水方之吉凶分析

風水學常以不動方，稱正神方，有吉水動方，稱零神方。

1. 零神方：有水，主旺財。
2. 正神方：有水，主損丁。
3. 催水方：有水，主出官貴。
4. 照水方：有水，主利財(用水時須與零神水配合，以小於或等於爲吉，大於爲凶)。

信心不可無
勇氣不可失

(六) 衰方見水為旺

旺氣來自地上地下，在旺氣方之對方，就是衰氣方，衰方有水，始能稱旺。以九運為例，如九運旺氣在離方，其對宮是坎方，即北方有水可致富。一般水動為陽，在得元之正神方，成卦運旺上加旺，用水亦成不吉的煞水。因此，取衰方見水為旺。

(七) 零水、正水、催水、照水方位

各元運水之零、正、催、照之方位一覽表(表3-45)，元運五運時因戊己無定位，零神辨別甚難，而從寄宮著手，前十年寄二坤卦位為正神位，以八艮卦位為零神位。後十年寄九離卦位為正神位，以一坎卦位為零神位。

(表3-45) 各元運四水方位一覽表

	四水	零水	正水	催水	照水
元	一	9	1	6	4
	二	8	2	7	3
	三	7	3	8	2
	四	6	4	9	1
	五	2	8	(上十年)	
		9	1	(下十年)	
運	六	4	6	1	9
	七	3	7	2	8
	八	2	8	3	7
	九	1	9	4	6
	吉凶	吉	煞	吉	吉

※數字為後天八卦方位，如9為離卦南方。

忘功不忘過
忘怨不忘恩

(八)五黃星運用

　　五黃星位處中央地帶(心臟)，係地球之核心，當然威力強大能管轄八方位，其飛出中宮，用"5"所在的位置，代中宮(央)旺星的職責，因"5"無卦，可以替代中宮(央)，便可測知能量之移動方向，依順逆飛布可知零神位(吉水方)或正神位(煞水方)所在位置。

例六： 九運之 9 入中宮依飛星軌跡逆飛，求 5 黃星所在位置，即是正神位為不動方(煞水方)(圖3-80)在離宮(南方)可見山(或砂)不可見水；再以 9 入中宮依飛星軌跡順飛，求 5 黃星所在位置，即是零神位為動方(吉水方)(圖3-81)在坎宮(北方)不可見山(或砂)，可見水主旺財，即在坎宮(北方)布財位。

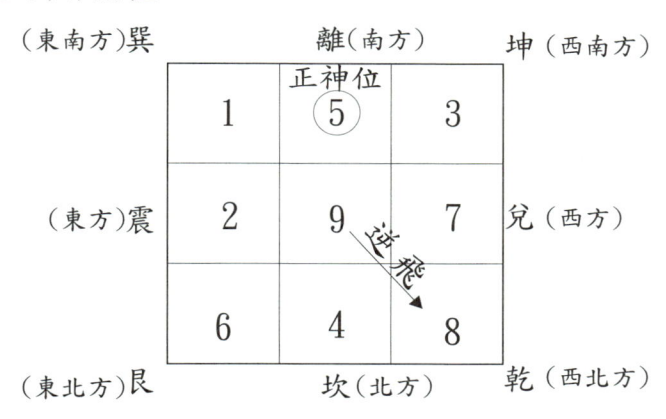

	離(南方)	
(東南方)巽	正神位	坤(西南方)
1	⑤	3
(東方)震 2	9 逆飛	7 兌(西方)
6	4	8
(東北方)艮	坎(北方)	乾(西北方)

(圖3-80)正神位(煞水方)

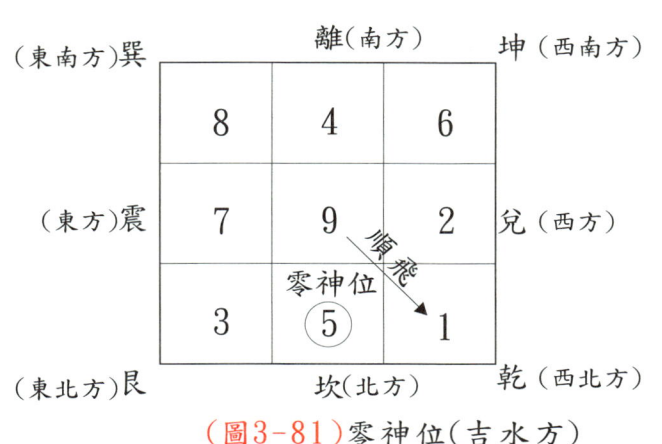

	離(南方)	
(東南方)巽		坤(西南方)
8	4	6
(東方)震 7	9 順飛	2 兌(西方)
3	零神位 ⑤	1
(東北方)艮	坎(北方)	乾(西北方)

(圖3-81)零神位(吉水方)

七、入囚

當元令星入中，因於中宮不能飛布八方，無法發揮作用使環境缺乏生機而衰敗。根據清朝沈竹礽《沈氏玄空學》記載：「令星入中謂之囚，陰陽二宅，逢囚即敗，然有囚得住囚不住之別。」說明囚指拘執之意，入囚就是地運行運到盡頭，即轉入衰敗階段，須調整或改天心迎旺運，避免損丁敗財。入囚可分地運入囚、囚星在山、囚星在向、山星入囚、向星入囚等。逢囚必敗，勝於上山下水(主丁財兩敗)之局。入囚分囚得住與囚不住，決定在令星本位上有無水(池塘、水局)放光。因此，在陽宅應用上中宮(間)可設天井、天窗、置動水(魚缸或噴水池)、行進動線、設置吊扇(風扇)，藉此觸動中宮(間)旺星有生氣，讓當運之氣入中，促使氣運不衰。

(一)囚星在向

囚星在向又稱地運入囚，地運長短以中宮運星與向星之關係來決定。建築物之選址定向，無論是旺山旺向、上山下水，其效應只在地運之年限內，超此年限，為向星入囚。如一運壬山丙向其向宮運星為五，到五運時，五進入中宮，原先所立之向，無向可向，失去意義謂之入囚(圖3-82)如向前有池塘等水則囚不住。

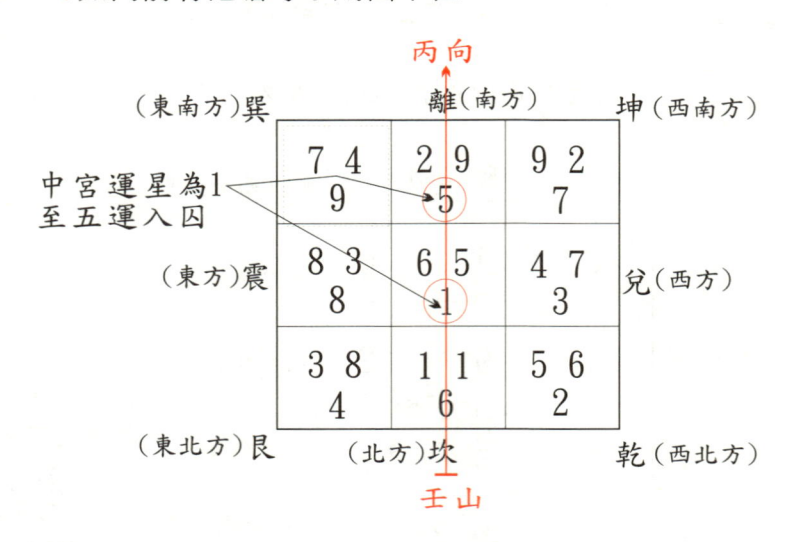

(圖3-82)囚星在向

(二)囚星在山

雙星一同會合向首，是以向盤飛到山後之星數為入囚。如九運壬山丙向，雙9會於向首，則向盤之飛星飛到山(坐)後坎宮之星數是8，故行至八運入囚(圖3-83)。

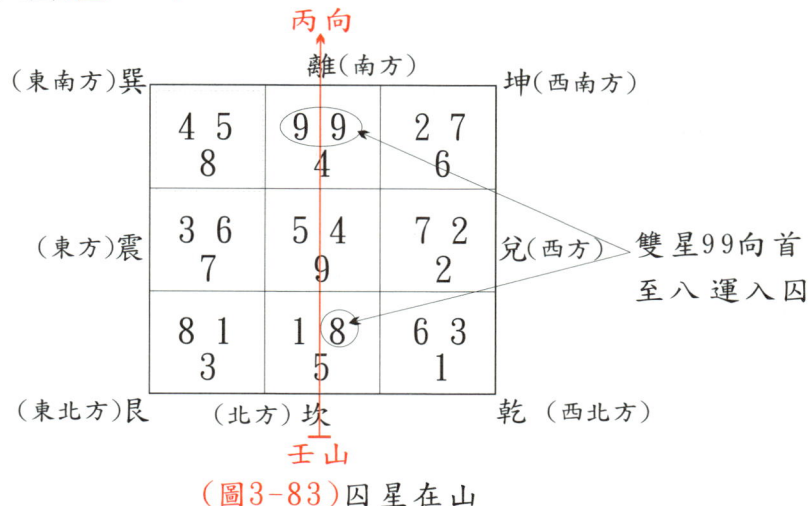

```
丙向 ↑
          離(南方)
(東南方)巽              坤(西南方)
   4 5      9 9      2 7
    8        4        6

             5 4
   3 6              7 2       雙星99向首
    7        9        2        至八運入囚
(東方)震                        兌(西方)

   8 1      1 8      6 3
    3        5        1

(東北方)艮   (北方)坎   乾(西北方)
            ↓
           壬山
```

(圖3-83)囚星在山

(三)山星入囚

建築物行運至山星入中之運時謂之。以九運巳山亥向兼巽乾丙壬為例(圖3-84)。為損丁，主人口不旺。

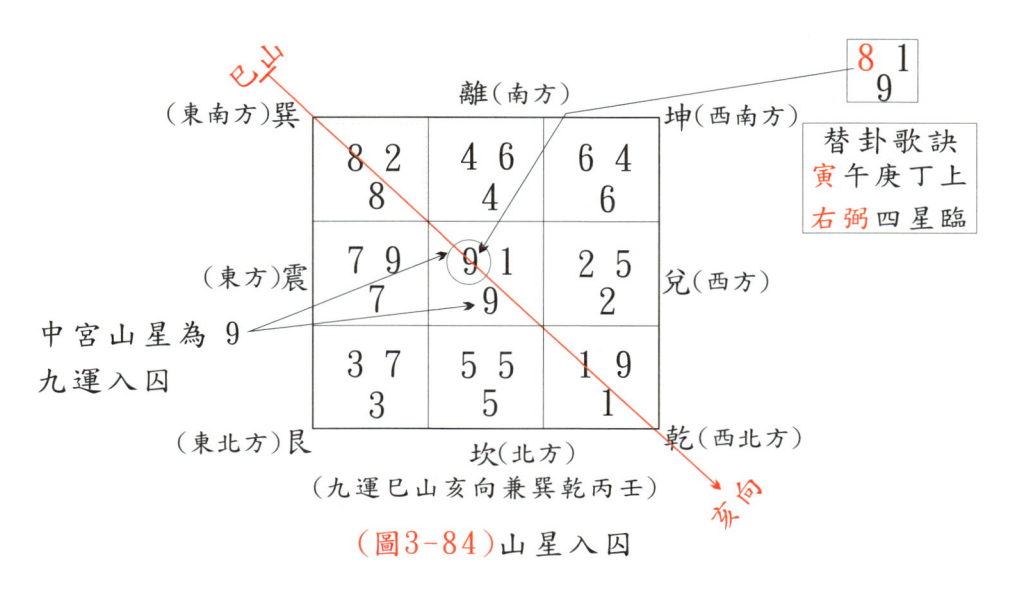

```
                              8 1
                               9
巳山
(東南方)巽     離(南方)    坤(西南方)
   8 2      4 6      6 4      替卦歌訣
    8        4        6       寅午庚丁上
                              右弼四星臨
   7 9      9 1      2 5
    7        9        2      兌(西方)
中宮山星為9
九運入囚     3 7      5 5      1 9
              3        5        1
(東北方)艮   坎(北方)   乾(西北方)
       (九運巳山亥向兼巽乾丙壬)
                                  亥向
```

(圖3-84)山星入囚

(四)向星入囚

向星入囚,爲破財,主不利財。

1. 向首飛星入囚

建築物行運至向首的星運時,爲向星入囚,以九運子山午向爲例,雙9會於坐宮,則向盤之飛星飛到向(前)離宮之星數是8,故行至八運入囚(圖3-85)。

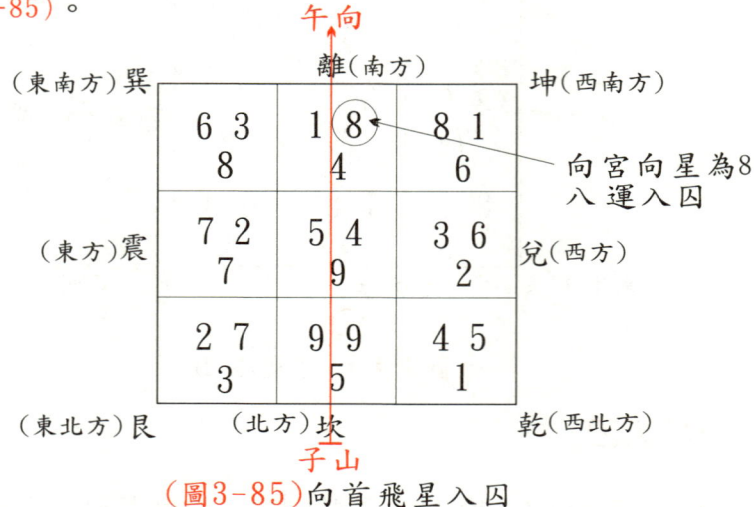

(東南方)巽	離(南方)	坤(西南方)
6 3 8	1 8 4	8 1 6
(東方)震 7 2 7	5 4 9	3 6 2　(西方)兌
2 7 3	9 9 5	4 5 1
(東北方)艮	(北方)坎	乾(西北方)

向宮向星為8
八運入囚

午向 / 子山

(圖3-85) 向首飛星入囚

2. 向星入中入囚

建築物行運至向盤飛星入中的星運時,爲向星入囚,以九運午山子向爲例(圖3-86)。

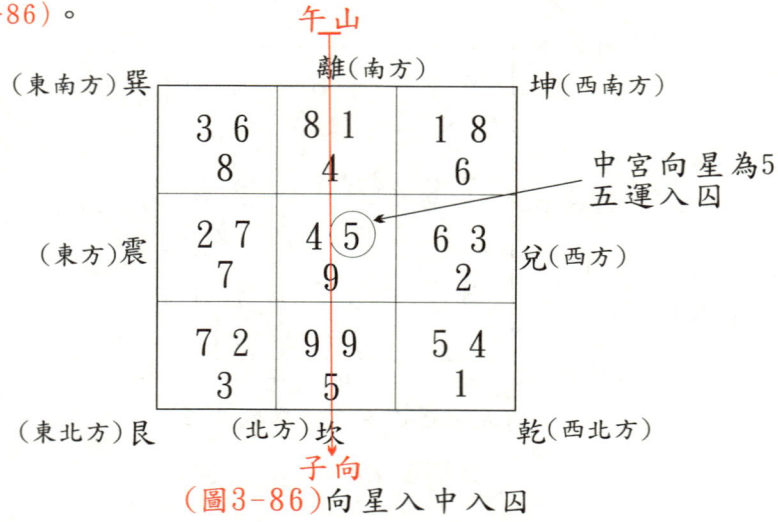

(東南方)巽	離(南方)	坤(西南方)
3 6 8	8 1 4	1 8 6
(東方)震 2 7 7	4 ⑤ 9	6 3 2　(西方)兌
7 2 3	9 9 5	5 4 1
(東北方)艮	(北方)坎	乾(西北方)

中宮向星為5
五運入囚

午山 / 子向

(圖3-86) 向星入中入囚

八、地運長短

　　陰、陽宅選址定向，無論是旺山旺向或上山下水，其衰旺之影響，只在地運年限內，行運年限已達盡頭，即向星入囚，主丁財衰敗。根據清朝沈竹礽《沈氏玄空學》記載：「地運之長短，即以向星入囚定之。」指出地運之長短，係以運星與入中之向星之關係來決定。所謂入囚，為向星依時運入中，行運轉入衰敗階段，失去其向之作用。因此，中宮主宰地運長短，由 20 年至 160 年不等，依地運長短與坐向吉凶，為規劃建築物建構的重要參考因素。

(一)地運計算

　　以九運丙山壬向為例(圖3-87)，以入中運星與向星的關係來決定，運星為 9 ，入中向星為 5 。九運至五運，以每運 20 年計算，合計 100 年，即稱地運 100 年。到五運時，中宮向星 5 ，為向星入中 5 運入囚，原先所立之向無意義，即無向可向矣。若環境美好，如所立向之方，有大河池水，門路開闊，曲屈有情，另建築空間可設天井、天窗、置動水(魚缸或噴水池)、行進動線、設置吊扇(風扇)，藉此觸動中宮(間)旺星有生氣，讓當運之氣入中，促使氣運不衰，便囚不住，可續為旺。因此，建築物選址定向，除注意外在巒頭外，在理氣上儘量選擇地運較長久之坐向為佳。

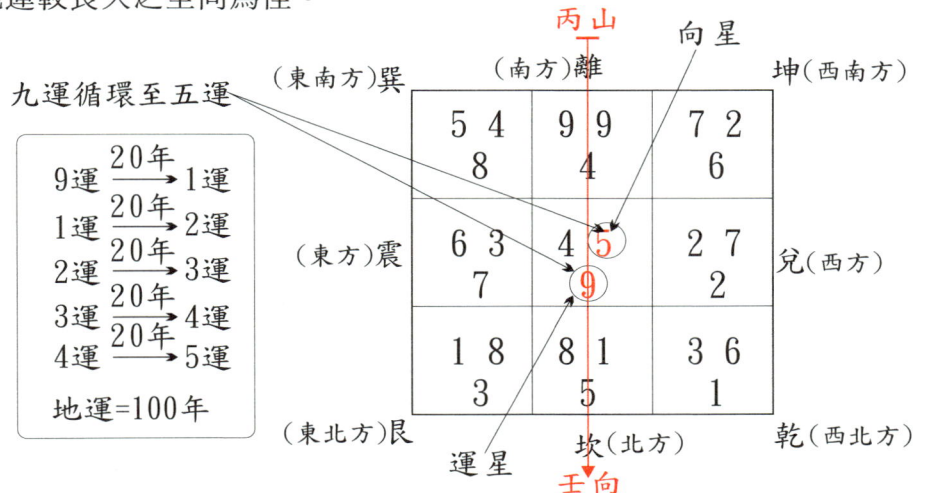

(圖3-87)九運丙山壬向地運計算

(二)五黃囚不住

在五運時，五黃為中央土屬至尊，以十二山子山午向、癸山丁向、午山丁向、丁山癸向、未山丑向、丑山未向、酉山卯向、卯山酉向、乙山辛向、辛山乙向、戌山辰向、辰山戌向屬當旺財星至，不以為囚；地運最長160年，最短20年，合計180年。在玄空學上稱小三元地運。若地脈綿長，氣勢磅礡，八方中有左右正副城門齊到，又全局合十，地運可達540年或1080年，如歷代京都，便是如此，玄空學上稱大三元地運。

(三)地運統計

二十四山向地運長短一覽表(表3-46)。

(表3-46)地運長短一覽表

宅別	編號	二十四山方位 坐 ⟶ 向	地運
坎宅 (坐北向南)	1	壬山 ⟶ 丙向	80年
	2	子山 ⟶ 午向	80年
	3	癸山 ⟶ 丁向	80年
艮宅 (坐東北向西南)	4	丑山 ⟶ 未向	120年
	5	艮山 ⟶ 坤向	120年
	6	寅山 ⟶ 申向	120年
震宅 (坐東向西)	7	甲山 ⟶ 庚向	40年
	8	卯山 ⟶ 酉向	40年
	9	乙山 ⟶ 辛向	40年
巽宅 (坐東南向西北)	10	辰山 ⟶ 戌向	20年
	11	巽山 ⟶ 乾向	20年
	12	巳山 ⟶ 亥向	20年
離宅 (坐南向北)	13	丙山 ⟶ 壬向	100年
	14	午山 ⟶ 子向	100年
	15	丁山 ⟶ 癸向	100年
坤宅 (坐西南向東北)	16	未山 ⟶ 丑向	60年
	17	坤山 ⟶ 艮向	60年
	18	申山 ⟶ 寅向	60年
兌宅 (坐西向東)	19	庚山 ⟶ 甲向	140年
	20	酉山 ⟶ 卯向	140年
	21	辛山 ⟶ 乙向	140年
乾宅 (坐西北向東南)	22	戌山 ⟶ 辰向	160年
	23	乾山 ⟶ 巽向	160年
	24	亥山 ⟶ 巳向	160年

九、九運重要法訣吉凶

九運(2024~2043年)二十四山向重要法訣吉凶應用列表(表3-47)，可參考運用。

(表3-47)九運(2024~2043年)二十四山向重要法訣吉凶表

宅別	二十四山方位坐向	格 局	吉 凶	地運時間長短	向兩旁二城門 正城門 / 副城門	合十	反吟伏吟	七星打劫	城門訣
坎宅	壬山→丙向	雙星到向	旺財不旺丁	80年	辰 / 未				辰未
	子山→午向	雙星到坐	旺丁不旺財	80年	巽 / 坤		山星滿盤伏吟		
	癸山→丁向	雙星到向	旺財不旺丁	80年	巳 / 申				
艮宅	丑山→未向	雙星到向	旺財不旺丁	120年	庚 / 丙				庚丙
	艮山→坤向	雙星到坐	旺丁不旺財	120年	酉 / 午				
	寅山→申向	雙星到坐	旺丁不旺財	120年	辛 / 丁				
震宅	甲山→庚向	雙星到向	旺財不旺丁	40年	未 / 戌			假打劫	未戌
	卯山→酉向	雙星到坐	旺丁不旺財	40年	坤 / 乾				乾
	乙山→辛向	雙星到坐	旺丁不旺財	40年	申 / 亥				亥
巽宅	辰山→戌向	雙星到向	旺財不旺丁	20年	壬 / 庚				庚
	巽山→乾向	雙星到向	旺財不旺丁	20年	子 / 酉	向星合十		真打劫	子
	巳山→亥向	雙星到向	旺財不旺丁	20年	癸 / 辛	向星合十		真打劫	癸
離宅	丙山→壬向	雙星到坐	旺丁不旺財	100年	戌 / 丑		向星滿盤伏吟		
	午山→子向	雙星到坐	旺丁不旺財	100年	乾 / 艮			假打劫	乾艮
	丁山→癸向	雙星到坐	旺丁不旺財	100年	亥 / 寅			假打劫	亥寅
坤宅	未山→丑向	雙星到坐	旺丁不旺財	60年	甲 / 壬				
	坤山→艮向	雙星到向	旺財不旺丁	60年	卯 / 子		山星滿盤伏吟		卯子
	申山→寅向	雙星到向	旺財不旺丁	60年	乙 / 癸		山星滿盤伏吟		乙癸
兌宅	庚山→甲向	雙星到坐	旺丁不旺財	140年	丑 / 辰				辰
	酉山→卯向	雙星到向	旺財不旺丁	140年	艮 / 艮			真打劫	艮
	辛山→乙向	雙星到向	旺財不旺丁	140年	寅 / 巽			真打劫	寅
乾宅	戌山→辰向	雙星到坐	旺丁不旺財	160年	丙 / 甲			假打劫	丙甲
	乾山→巽向	雙星到坐	旺丁不旺財	160年	午 / 卯	山星合十山合			卯
	亥山→巳向	雙星到坐	旺丁不旺財	160年	丁 / 乙	山星合十山合			乙

第十節、水法之應用

一、九星水法

有山無水休尋地,明朝一鏊居士《陽宅大全》記載:「山管人丁,水管財。」及明末清初蔣大鴻《水龍經》記載:「氣者,水之母,水者,氣之止。氣行則水隨,而水止則氣止。」水即是財,選址定向以得水為重點。九星水法又稱輔星水法,基本原理為納甲之法與淨陰淨陽法運用,是九星法的一種,為宋朝賴文俊(又名布衣、太素)《催官篇》中特有水法。

(一)納甲法

納為收受之意,為先天八卦方位,變為後天八卦方位之理。納甲之說為東漢末年虞翻首創,係以月亮在一月中之晦、朔、盈、虧變化,與先天八卦及十天干聯繫一起,又因十天干以甲為首,故稱納甲。

1.干支收納

以先天八卦記法。

(1)天地定位:乾為天,坤為地。
　　乾納甲。
　　坤納乙。

(2)山澤通氣:艮為山,兌為澤。
　　艮納丙。
　　兌納丁、巳、酉、丑(地支巳、酉、丑為三合金局)。

(3)雷風相薄:震為雷,巽為風。
　　震納庚、亥、卯、未(地支亥、卯、未為三合木局)。
　　巽納辛。

(4)水火不相射:離為火,坎為水。
　　離納壬、寅、午、戌(地支寅、午、戌為三合火局)。
　　坎納癸、申、子、辰(地支申、子、辰為三合水局)。

面對惡言惡語
亦是一種修行

2.納甲記法

以先天八卦之納甲記法(圖3-88)，掌訣(圖3-89)，納於二十四山(圖3-90)。

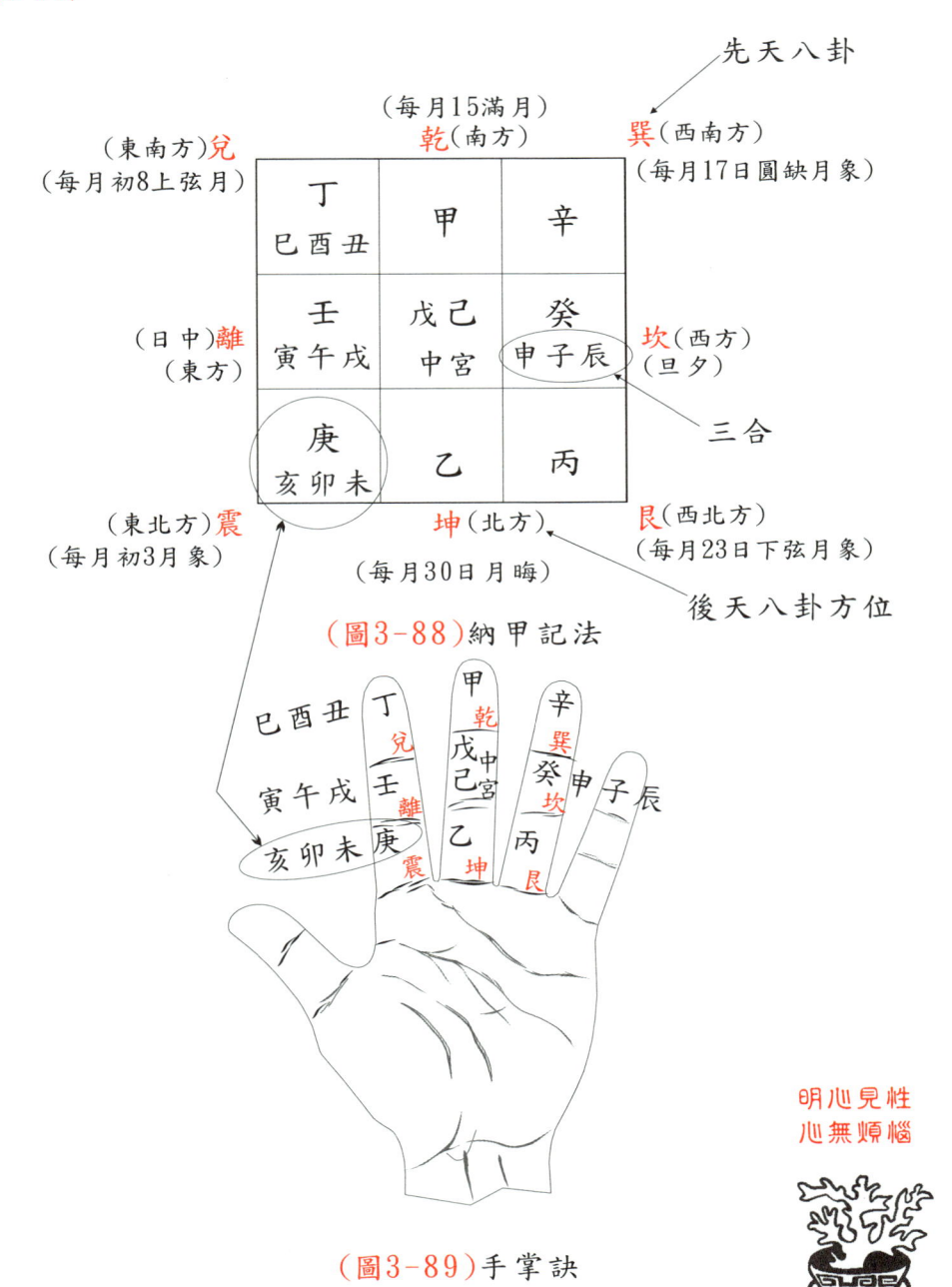

(每月15滿月)
乾(南方) ← 先天八卦

(東南方)兌　　　　　　　　巽(西南方)
(每月初8上弦月)　　　　　　(每月17日圓缺月象)

丁 巳酉丑	甲	辛
壬 寅午戌	戊己 中宮	癸 申子辰
庚 亥卯未	乙	丙

(日中)離　　　　　　　　　坎(西方)
(東方)　　　　　　　　　　(旦夕)

　　　　　　　　　　　　三合

(東北方)震　　坤(北方)　　艮(西北方)
(每月初3月象)　(每月30日月晦)　(每月23日下弦月象)

後天八卦方位

(圖3-88)納甲記法

(圖3-89)手掌訣

明心見性
心無煩惱

第十節 水法之應用

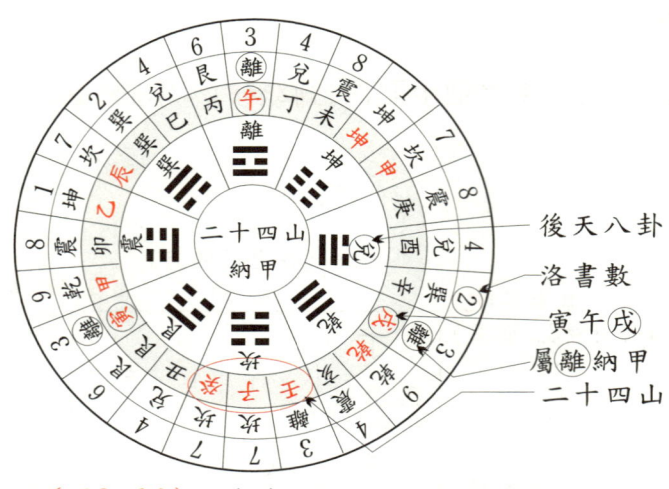

(圖3-90) 三合盤二十四山納甲

(二)淨陰淨陽法

出自宋朝道靜和尚著作《入地眼》天地萬物生生不息之基本原理，淨陰淨陽法之運用，主張向與水陰陽不混為吉，認為陰陽相混為凶。如陰來龍，立陰向，收陰水，陽來龍，立陽向，收陽水。

1. 淨陰

以先天八卦之四維卦之巽、兌、艮、震方，即2、4、6、8為淨陰之數(圖3-91)。

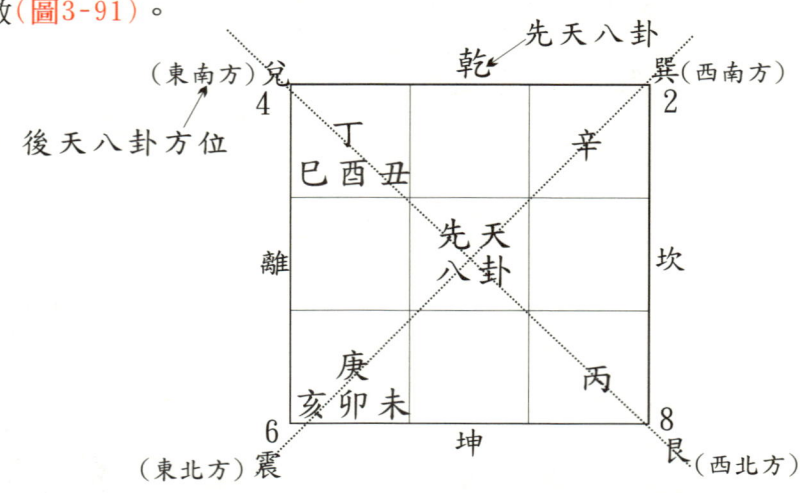

(圖3-91) 淨陰(四維方)

2.淨陽

以先天八卦之四正卦之乾、坤、離、坎方位，即9、1、3、7為淨陽之數(圖3-92)。

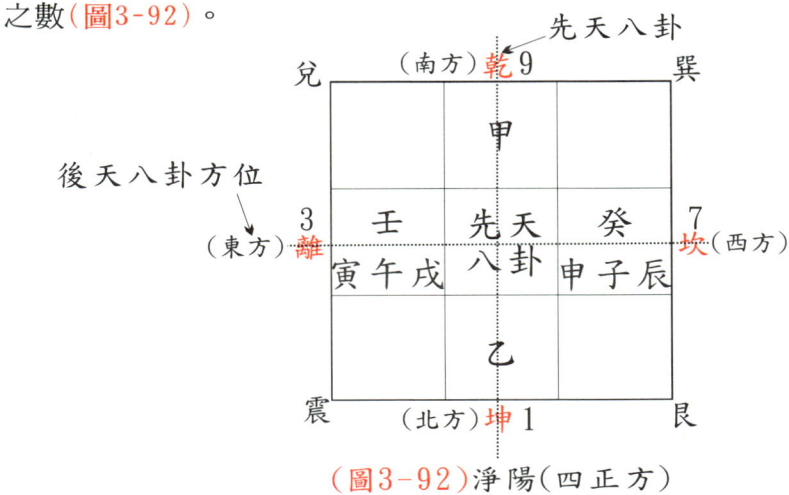

	(南方)乾9 先天八卦	
兌		巽
3 離 (東方)	壬 寅午戌	先天八卦	癸 申子辰	7 坎 (西方)
	乙	
震	(北方)坤1	艮

後天八卦方位

(圖3-92)淨陽(四正方)

3.淨陰淨陽

二十四方位分布圖(圖3-93)。

淨陽：坤、離、坎、乾方位
淨陰：巽、兌、艮、震方位

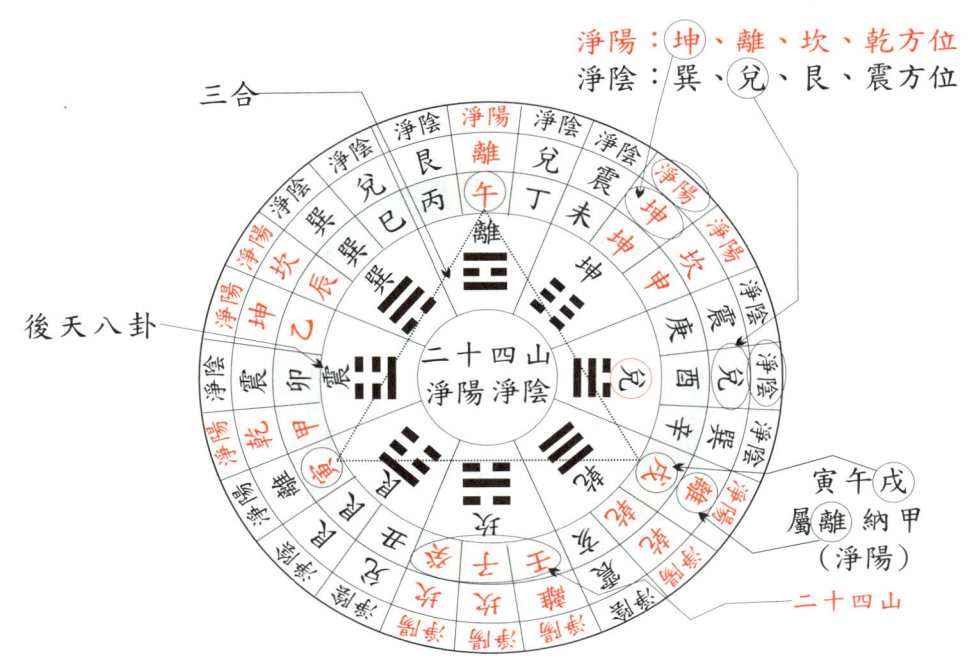

(圖3-93)淨陰淨陽三合盤二十四方位分布圖

(三)觀測來去水原則

觀測水流從何方流入,稱來水方位;或從何方流出,稱去水方位;進而藉以判斷陰陽宅吉凶禍福。明朝周景一《山洋指迷・卷四・因水驗氣》記載:「水來則氣來,水合則氣止,水抱則氣全,水會則氣蓄。」說明生氣遇水則界止,水彎環處則整合而氣聚。因此,水來要屈曲婉轉,橫流要環抱有情,水去要和緩迂曲。玄空之法,以承旺開門,逢衰死放水。

1.水龍觀測

河流曲曲婉轉,像活現的龍一般,喻為水龍;水龍為河川之水,以眼睛可視的範圍內,一般採最高之處,即來水點,最低之處為去水點(圖3-94)。從陰陽宅基地位置,將可視之水流分來水與去水,觀測方位(圖3-95)。

戰國時期《周禮・冬官考工記・七十三節》記載:「天下之地勢,兩山之間必有川焉。」

(圖3-94)來水點與去水點

(圖3-95)觀測來水與去水方位

2.覓排水溝渠

水由高往低處流,逢下雨,水一般由高山往河川匯流至海。在都市街道中,覓排水溝渠,觀測流水面高程,可知流水方向。

(四)源頭末端

觀測街道可視之處,以及末端消失不可視之處。若逢街道兩側有行道樹或其它公共設施障礙物,只能直線望去,從樹植之間或由障礙物無遮蔽(或缺口)處找到路之源頭或末端消失之處。即是水龍之開端如同街道可視之源頭處稱來水;水龍末端如同街道不可視消失之處稱去水。

(五)觀測位置

使用指南針或羅盤,站立於建築物之前方,有門柱、有圍牆者,站立於門所在之出口處正中央之中心縱線與取與門扉平行線為橫線,兩者交叉點為內外之氣相結合之處,即是觀測位置(圖3-96~3-99)。

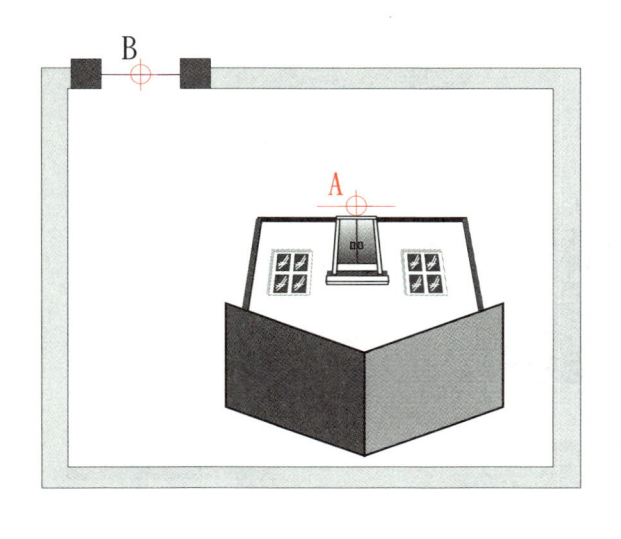

(圖3-96)B點觀測位置

第十節 水法之應用

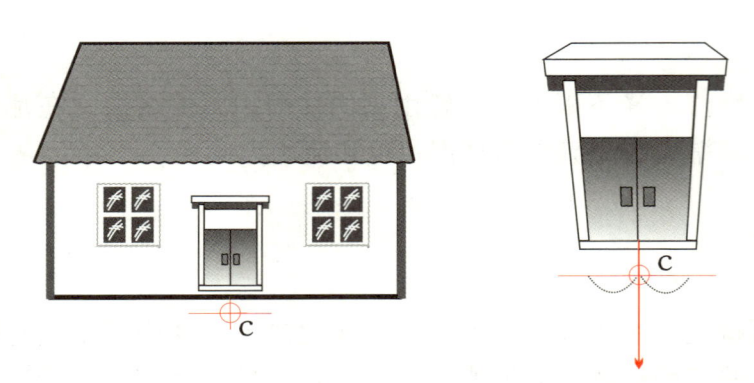

（圖3-97）C點無圍牆大門為觀測點

向

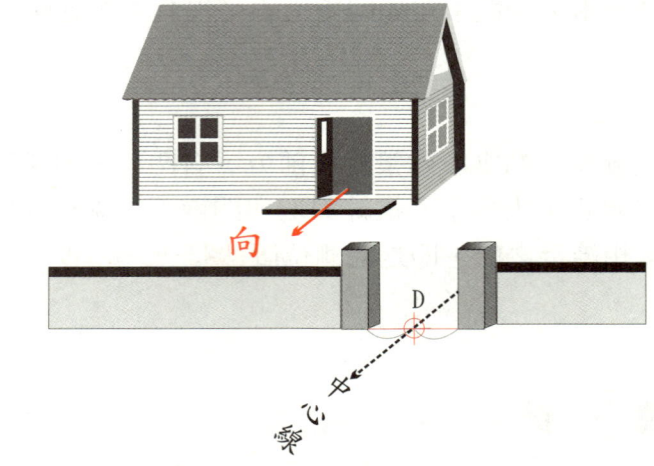

（圖3-98）D點有圍牆大門為觀測點

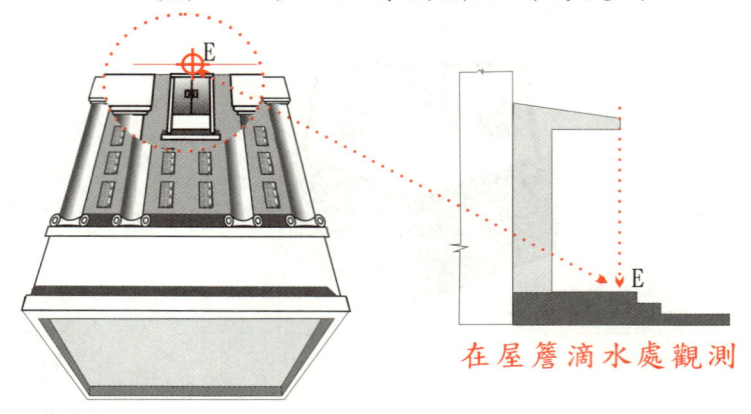

在屋簷滴水處觀測

（圖3-99）E點大型建築物觀測點

(六)測量方位

立於觀測位置,在使用指南針或羅盤(以地盤正針立向,天盤縫針納水),在可視之範圍內觀察水龍流向(或測高程),即來水與去水,測其方位,有遮蔽時測量(圖3-100),無遮蔽時測量(圖3-101),路面低處(或測高程)決定去水方位(圖3-102)。

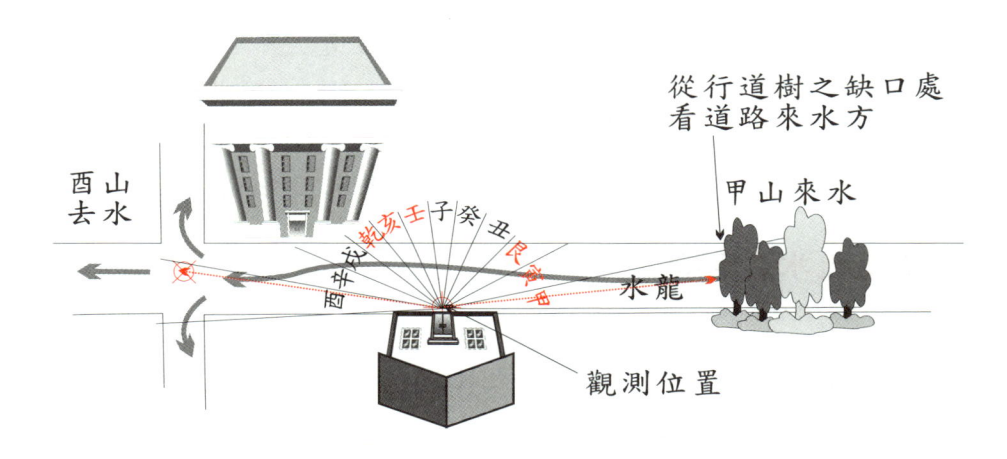

(圖3-100)有遮蔽時測量

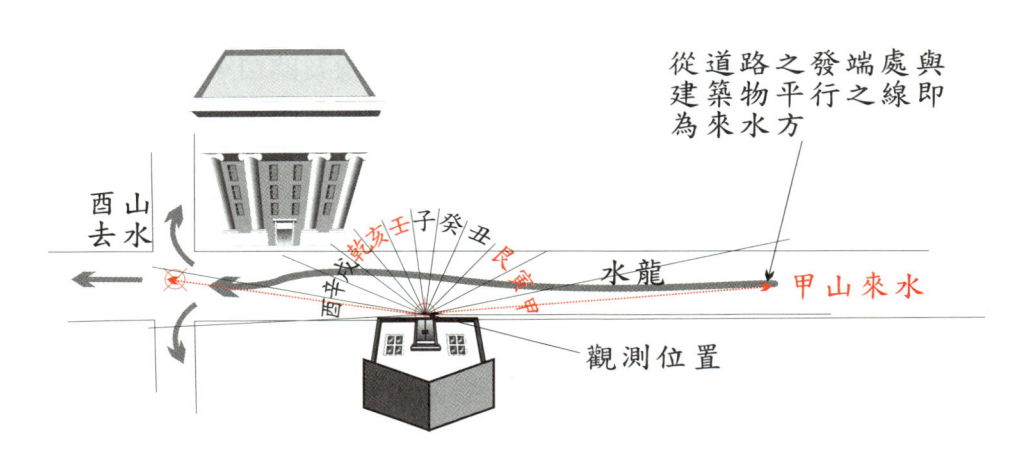

(圖3-101)無遮蔽時測量

第十節 水法之應用

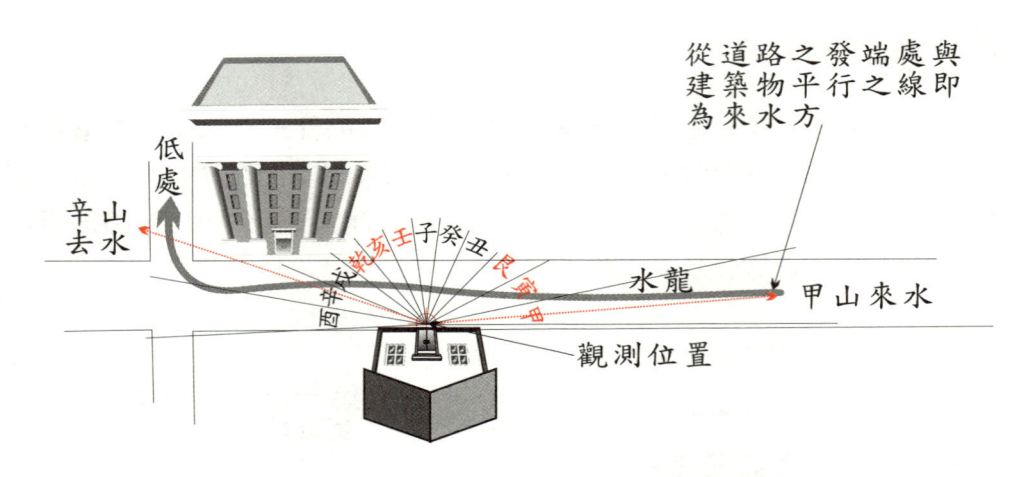

(圖3-102)判斷路面高低決定水流方位

(七)真假流水之定義

　　平洋(陽)之地（指無山的平原之地），以水為龍，根據明末清初蔣大鴻著《水龍經‧序》記載：「山水為乾坤二大神器，後世言地知山之龍，而不知水之龍，遂使平洋水局之地，附會山龍之妄說。」因此，河川之水稱之為真水，是從高處向低處流。以河川的走向，就能發現生氣，氣行水隨，水止氣止。

　　陽宅重納氣，城鄉中影響要件首推道路動線及路口，是決定人潮帶來人氣蓄聚之處。勘察時從宅外環境之鄰近路口或十字交叉口，稱城門水口，是判斷攸關陽宅興旺的關鍵點。因此，觀水之法，以一般道路形成之氣流，稱為虛水或假水(具真水效能70%)，是從動處流向靜處。故察水流的來去方向，即知地中之氣的走向；察水流之交會，可知氣的聚集，即水交則龍止，水飛走則氣散。

能為眾人服務
比被人服務有福

二、八曜煞

曜煞又稱黃泉八煞，是凶位，不宜有動象，如有來水或路沖，犯煞易損丁破財。因此，應用城門法引生氣入門，吉門旺位宜開同元龍方位，若向首兩旁開門，非同元龍方位開門，犯陰陽雜沓易生八煞黃泉災禍(表3-48)。根據清朝沈竹礽《沈氏玄空學》記載：「凡水法得法為城門，不得法即為黃泉。」指出城門法正確使用及避開黃泉曜煞之要訣。

(表3-48)城門與黃泉方位一覽表

宅別	二十四山方位 坐　　　向	八煞黃泉	向兩旁城門 正城門 副城門	宅別	二十四山方位 坐　　　向	八煞黃泉	向兩旁城門 正城門 副城門
坎宅	壬山→丙向	巽	辰　未	離宅	丙山→壬向	乾	戌　丑
	子山→午向		巽　坤		午山→子向		乾　艮
	癸山→丁向	坤	巳　申		丁山→癸向	艮	亥　寅
艮宅	丑山→未向		庚　丙	坤宅	未山→丑向		甲　壬
	艮山→坤向	庚丁	酉　午		坤山→艮向	甲癸	卯　子
	寅山→申向		辛　丁		申山→寅向		乙　癸
震宅	甲山→庚向	坤	未　戌	兌宅	庚山→甲向	艮	丑　辰
	卯山→酉向		坤　乾		酉山→卯向		艮　巽
	乙山→辛向	乾	申　亥		辛山→乙向	巽	寅　巳
巽宅	辰山→戌向		壬　庚	乾宅	戌山→辰向		丙　甲
	巽山→乾向	辛壬	子　酉		乾山→巽向	乙丙	午　卯
	巳山→亥向		癸　辛		亥山→巳向		丁　乙

(一)八卦納干法

八曜煞，由八卦納干之法，並以八卦本體五行，論述其間相生剋之關係，取六爻中之官鬼爻之地支為曜煞，分正曜(坐山八煞)、天曜(先天位八煞)、地曜(後天位八煞)。

1.地支五行

為亥、子屬水，寅、卯屬木，巳、午屬火，申、酉屬金，辰、戌、丑、未屬土。

2.六親生剋

生我者為父母，我生者為子孫，剋我者為官鬼，我剋者為妻財，同我者兄弟。

3.初爻納干支

八純卦之六爻運用八卦納干(表3-49)與渾天納支(表3-50)之法，手掌訣(圖3-103)，定六親。

(表3-49)八卦納干

區分	八純卦		代表	外(上)卦	內(下)卦
陽	乾	乾為天	父親	壬午	甲子
陽	震	震為雷	長男	庚午	庚子
陽	坎	坎為水	中男	戊申	戊寅
陽	艮	艮為山	少男	丙戌	丙辰
陰	巽	巽為風	長女	辛未	辛丑
陰	離	離為火	中女	乙酉	己卯
陰	兌	兌為澤	少女	丁亥	丁巳
陰	坤	坤為地	母親	癸丑	乙未

渾天裝卦口訣

乾金甲子外壬午
坎水戊寅外戊申
艮土丙辰外丙戌
震木庚子外庚午
巽木辛丑外辛未
離火己卯外己酉
兌金丁巳外丁亥
坤土乙未外癸丑

懷感恩心
就會有感動
有感動心
就會付諸行動

(表3-50)渾天納支

區分	八純卦		代表	外(上)卦(六沖)			內(下)卦		
				上爻	五爻	四爻	三爻	二爻	初爻
陽	乾	乾為天	父親	戌	申	午	辰	寅	子
陽	震	震為雷	長男	戌	申	午	辰	寅	子
陽	坎	坎為水	中男	子	戌	申	午	辰	寅
陽	艮	艮為山	少男	寅	子	戌	申	午	辰
陰	巽	巽為風	長女	卯	巳	未	酉	亥	丑
陰	離	離為火	中女	巳	未	酉	亥	丑	卯
陰	兌	兌為澤	少女	未	酉	亥	丑	卯	巳
陰	坤	坤為地	母親	酉	亥	丑	卯	巳	未

外(上)卦與內(下)卦為六沖關係

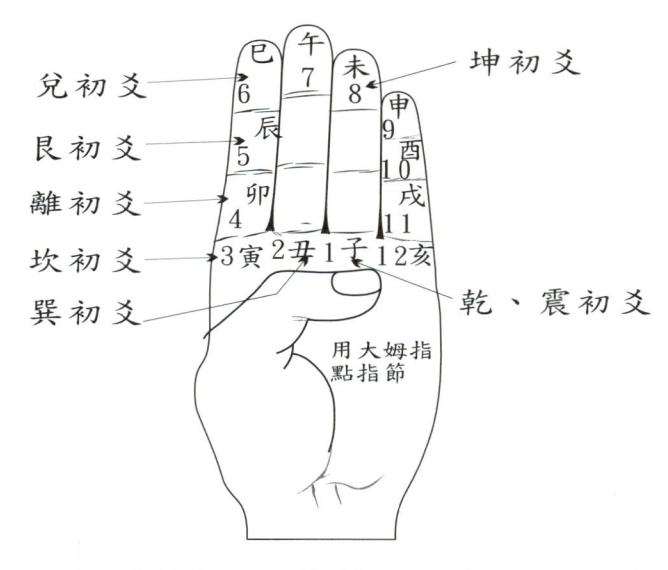

(圖3-103)八純卦渾天納支初爻位置

(二)納干口訣

四陽卦分別為乾、震、坎、艮，需隔位順數，四陰卦分別為巽、離、兌、坤，需隔位逆數即成。唐朝何溥《素書・渾天裝卦口訣》記載：「乾金甲子外壬午、坎水戊寅外戊申、艮土丙辰外丙戌、震木庚子外庚午、巽木辛丑外辛未、離火己卯外己酉、兌金丁巳外丁亥、坤土乙未外癸丑。」指乾納壬甲(上(外)壬下(內)甲)、坎納戊、艮納丙、震納庚、巽納辛、離納己、兌納丁、坤納乙未(上(外)乙下(內)未)。

(三)安世應法

世應是六爻預測之關鍵所在，先找出世爻後，相隔兩爻即是應爻；一般斷卦以世爻為自己本身，應爻為他人對方，世應相生相合，即是賓主相投；世應相沖相剋，即是兩情不悅。因而世應相生則吉，世應相剋則凶，世應比和謀事吉昌。

身先才能率人
律己才能服人

（四）世應操作原則

一卦分內卦、外卦，再分天、人、地三爻，即每卦之第三、六爻為天爻，第二、五爻為人爻，第初、四爻為地爻。八卦架構中，每一卦都有一個世爻，相隔兩爻為應爻，位置都是固定的。操作原則如下：

1. 天、人爻（三、六爻及二、五爻）相同者，世爻在初爻（圖3-104）。

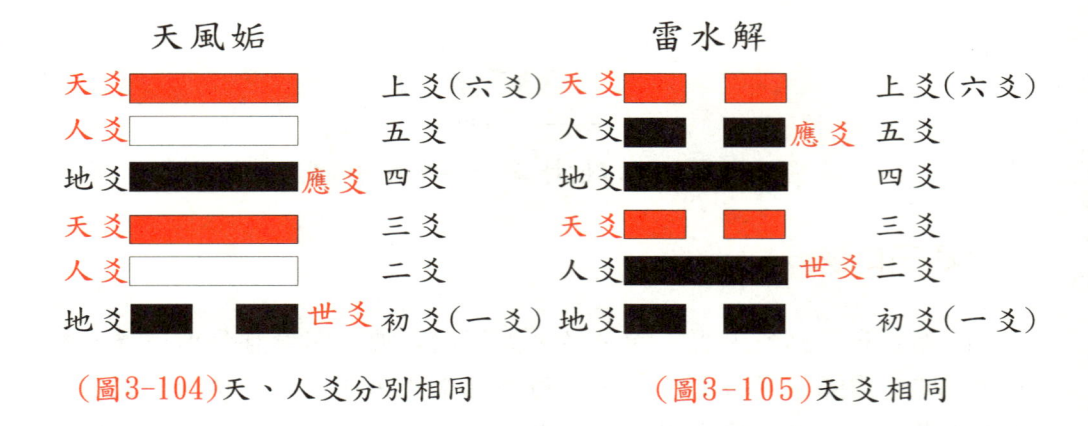

2. 同為天爻（三、六爻）者，世爻在二爻（圖3-105）。

天風姤

天爻	上爻（六爻）
人爻	五爻
地爻	應爻 四爻
天爻	三爻
人爻	二爻
地爻	世爻 初爻（一爻）

雷水解

天爻	上爻（六爻）
人爻	應爻 五爻
地爻	四爻
天爻	三爻
人爻	世爻 二爻
地爻	初爻（一爻）

（圖3-104）天、人爻分別相同　　（圖3-105）天爻相同

3. 天（三、六）、人（二、五）、地（一、四）爻皆異者，世爻在三爻（圖3-106）。

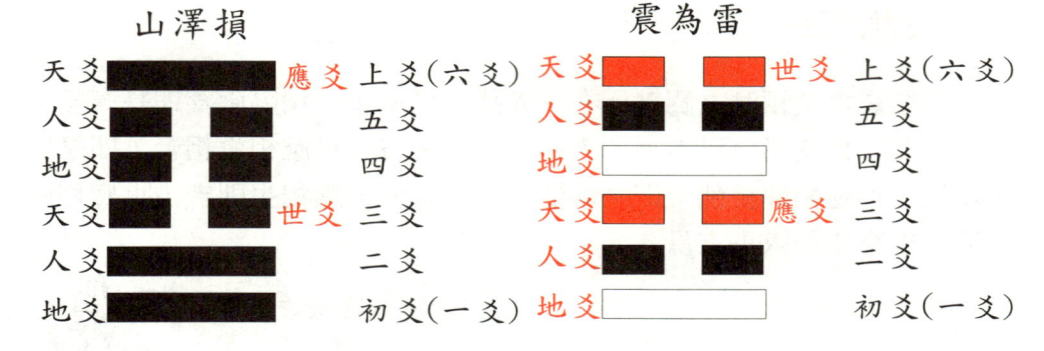

4. 天（三、六）、人（二、五）、地（一、四）爻皆同者，世爻在六爻（圖3-107）。

山澤損

天爻	應爻 上爻（六爻）
人爻	五爻
地爻	四爻
天爻	世爻 三爻
人爻	二爻
地爻	初爻（一爻）

震為雷

天爻	世爻 上爻（六爻）
人爻	五爻
地爻	四爻
天爻	應爻 三爻
人爻	二爻
地爻	初爻（一爻）

（圖3-106）地、天、人爻分別皆異　　（圖3-107）地、天、人爻分別相同

5.天(三、六)、地(一、四)爻相同者,世爻在三爻(圖3-108)。
6.同為人爻(二、五)者,世爻在四爻(圖3-109)。

澤雷隨

天爻 ▆▆ ▆▆ 應爻	上爻(六爻)
人爻 ▆▆▆▆▆▆	五爻
地爻 ▆▆▆▆▆▆	四爻
天爻 ▆▆ ▆▆ 世爻	三爻
人爻 ▆▆▆▆▆▆	二爻
地爻 ▆▆▆▆▆▆	初爻(一爻)

(圖3-108)地、天爻分別皆同

澤風大過

天爻 ▆▆ ▆▆	上爻(六爻)
人爻 ▆▆▆▆▆▆	五爻
地爻 ▆▆▆▆▆▆ 世爻	四爻
天爻 ▆▆▆▆▆▆	三爻
人爻 ▆▆▆▆▆▆	二爻
地爻 ▆▆ ▆▆ 應爻	初爻(一爻)

(圖3-109)人爻皆同

7.同為地爻(一、四)者,世爻在四爻(圖3-110)。
8.地(一、四)、人(二、五)爻相同者,世爻在五爻(圖3-111)。

風地觀

天爻 ▆▆▆▆▆▆	上爻(六爻)
人爻 ▆▆▆▆▆▆	五爻
地爻 ▆▆ ▆▆ 世爻	四爻
天爻 ▆▆▆▆▆▆	三爻
人爻 ▆▆▆▆▆▆	二爻
地爻 ▆▆ ▆▆ 應爻	初爻(一爻)

(圖3-110)地爻相同

水風井

天爻 ▆▆ ▆▆	上爻(六爻)
人爻 ▆▆▆▆▆▆ 世爻	五爻
地爻 ▆▆ ▆▆	四爻
天爻 ▆▆▆▆▆▆	三爻
人爻 ▆▆▆▆▆▆ 應爻	二爻
地爻 ▆▆ ▆▆	初爻(一爻)

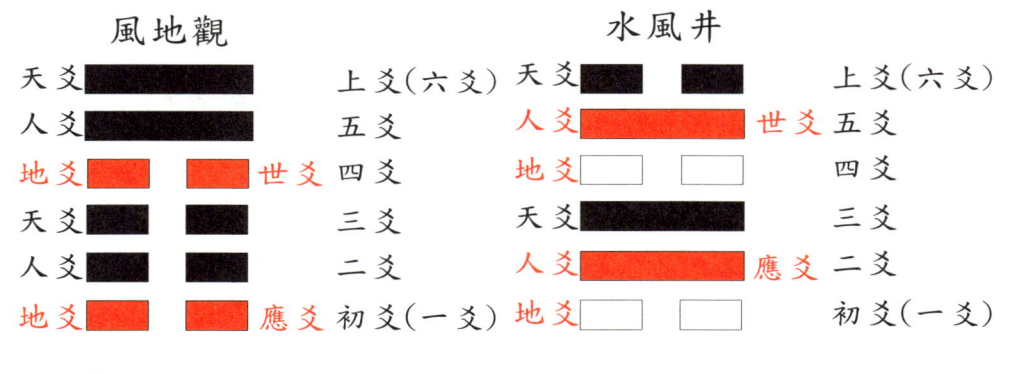

(圖3-111)地、人爻分別相同

人壽百年因積善
家興萬事緣于和

第參章 重要法訣原理及應用

340

(五)官鬼爻之運算

八曜煞取六爻中之官鬼爻之地支為曜煞(表3-51)。

1.《八曜煞訣》口訣

坎龍(辰)坤兔(卯)震山猴(申)
巽雞(酉)乾馬(午)兌蛇(巳)頭
艮虎(寅)離豬(亥)為煞曜
宅墓逢之一時休

世上只有想不通的人
沒有走不通的路

將十二生肖中之八生肖納入口訣中好記憶，以龍即辰，兔即卯，猴即申，雞即酉，馬即午，蛇即巳，虎即寅，豬即亥也。換言之坎龍忌辰、戌水來，坤龍忌卯水來，震龍忌申水來，巽龍忌酉水來，乾龍忌午水來，兌龍忌巳水來，艮龍忌寅水來，離龍忌亥水來，是八卦的惡曜水最忌之處，即八曜煞水或稱八煞黃泉。

2.宅第避開八煞

(1)坐北方(坎宅壬子癸三山)向南方—忌辰方(龍)(東南偏東)

(2)坐西南(坤宅未坤申三山)向東北—忌卯方(兔)(東方)

(3)坐東方(震宅甲卯乙三山)向西方—忌申方(猴)(西南偏西)

(4)坐東南(巽宅辰巽巳三山)向西北—忌酉方(雞)(西方)

(5)坐西北(乾宅戌乾亥三山)向東南—忌午方(馬)(南方)

(6)坐西方(兌宅庚酉辛三山)向東方—忌巳方(蛇)(東南偏南)

(7)坐東北(艮宅丑艮寅三山)向西南—忌寅方(虎)(東北偏東)

(8)坐南方(離宅丙午丁三山)向北方—忌亥方(豬)(西北偏北)

(表3-51A)陽卦官鬼爻(曜煞)推演

區分	陽			
八純卦	午(馬)火為官鬼爻　乾為天　乾	申(猴)金為官鬼爻　震為雷　震	辰(龍)土為官鬼爻　坎為水　坎	寅(虎)木為官鬼爻　艮為山　艮
代表	父親	長男	中男	少男
五行	金	木	水	土
演算規則	世爻 父母　壬戌 兄弟　壬申 官鬼　壬午 應爻 父母　甲辰 妻財　甲寅 子孫　甲子 提示 1.乾金甲子外壬午。 2.乾卦屬金為我，與甲子地支屬水，為金生水，我生者為子孫，餘類推。 3.天、人、地爻皆同者，世爻在上爻。	世爻 妻財　庚戌 官鬼　庚申 子孫　庚午 應爻 妻財　庚辰 兄弟　庚寅 父母　庚子 提示 1.震木庚子外庚午。 2.震卦屬木為我，與庚子地支屬水，為水生木，生我者為父母，餘類推。 3.天、人、地爻皆同者，世爻在上爻。	世爻 兄弟　戊子 官鬼　戊戌 父母　戊申 應爻 妻財　戊午 官鬼　戊辰 子孫　戊寅 提示 1.坎水戊寅外戊申。 2.坎卦屬水為我，與戊寅地支屬木，為水生木，我生者為子孫，餘類推。 3.天、人、地爻皆同者，世爻在上爻。	世爻 官鬼　丙寅 妻財　丙子 兄弟　丙戌 應爻 子孫　丙申 父母　丙午 兄弟　丙辰 提示 1.艮土丙辰外丙戌。 2.艮卦屬土為我，與丙辰地支屬土，為地土同與我者為兄弟，餘類推。 3.天、人、地爻皆同者，世爻在上爻。

第十節 水法之應用

(表3-51B) 陰卦官鬼爻(曜煞)推演

區分	陰			
八純卦	巽 酉(雞)金為官鬼爻 巽為風	離 亥(豬)水為官鬼爻 離為火	兌 巳(蛇)火為官鬼爻 兌為澤	坤 卯(兔)木為官鬼爻 坤為地
代表	長女	中女	少女	母親
五行	木	火	金	土
演算規則	世爻 兄弟 ▬▬ 辛卯 子孫 ▬ ▬ 辛巳 妻財 ▬ ▬ 辛未 應爻 官鬼 ▬▬ 辛酉 父母 ▬ ▬ 辛亥 妻財 ▬ ▬ 辛丑 提示 1.巽木辛丑外辛未。 2.巽卦屬木為我，與辛丑地支屬土，為木剋土，我剋者為妻財，餘類推。 3.天、人、地爻皆同者，世爻在上爻。	世爻 兄弟 ▬▬ 己巳 子孫 ▬ ▬ 己未 妻財 ▬▬ 己酉 應爻 官鬼 ▬▬ 己亥 子孫 ▬ ▬ 己丑 父母 ▬▬ 己卯 提示 1.離火己卯外己酉。 2.離卦屬火為我，與己卯地支屬木，為木生火，生我者為父母，餘類推。 3.天、人、地爻皆同者，世爻在上爻。	世爻 父母 ▬ ▬ 丁未 兄弟 ▬▬ 丁酉 子孫 ▬▬ 丁亥 應爻 父母 ▬ ▬ 丁丑 妻財 ▬▬ 丁卯 官鬼 ▬▬ 丁巳 提示 1.兌金丁巳外丁亥。 2.兌卦屬金為我，與丁巳地支屬火，為火剋金，剋我者為官鬼，餘類推。 3.天、人、地爻皆同者，世爻在上爻。	世爻 子孫 ▬ ▬ 癸酉 妻財 ▬ ▬ 癸亥 兄弟 ▬ ▬ 癸丑 應爻 官鬼 ▬ ▬ 乙卯 父母 ▬ ▬ 乙巳 兄弟 ▬ ▬ 乙未 提示 1.坤土乙未外癸丑。 2.坤卦屬土為我，與乙未地支屬土，為土同土比和，與我者為兄弟，餘類推。 3.天、人、地爻皆同者，世爻在上爻。

(七)天曜與地曜

1.天曜

天曜又稱先天位八煞，八卦每一卦均有一煞方即正曜位，共八曜煞；為各卦山之先天正曜位謂之天曜。

2.地曜

地曜又稱後天位八煞，八卦每一卦均有一煞方即正曜位，共八曜煞；為各卦山之後天正曜位謂之地曜。

例七： 以乾坐山為例(圖3-112)，八卦中之正曜、天曜、地曜(表3-52)。

巽雞(酉) 乾馬(午)
兌蛇(巳) 頭

乾卦山之後天位在艮
艮虎(寅)離豬(亥)
為煞曜

乾卦山之先天位在離
艮虎(寅)離豬(亥)
為煞曜

要用心
不要操心
與煩心

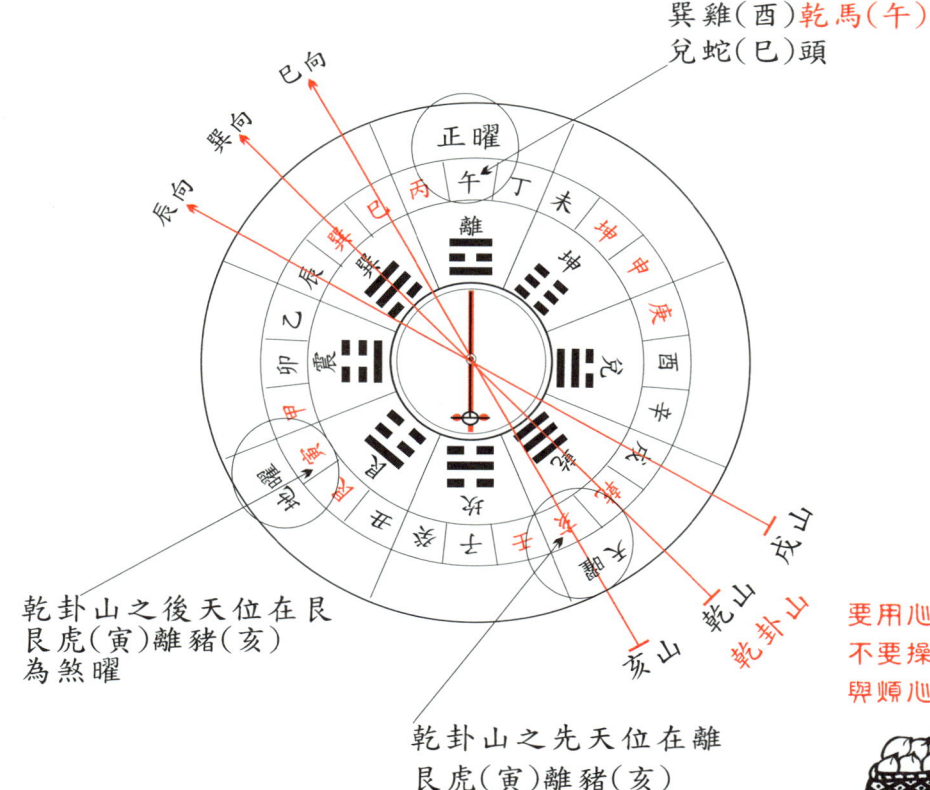

(圖3-112)乾坐山天曜、地曜、正曜

344

第十節 水法之應用

(表3-52)正曜、天曜、地曜

區分	八卦	納甲	正曜	天曜	地曜
陽	乾	甲	午	亥	寅
	震	庚、亥、卯、未	申	寅	亥
	坎	癸、申、子、辰	辰	巳	卯
	艮	丙	寅	午	申
陰	巽	辛	酉	卯	巳
	離	壬、寅、午、戌	亥	申	午
	兌	丁、巳、酉、丑	巳	酉	辰
	坤	乙	卯	辰	酉

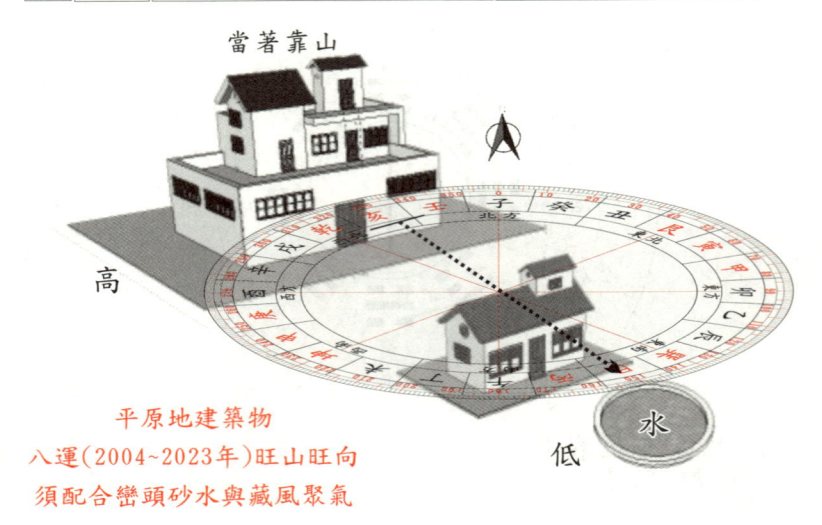

平原地建築物
八運(2004~2023年)旺山旺向
須配合巒頭砂水與藏風聚氣

任何事
都是一個決心
一個種子開始

三、輔星水法之運用

　　山屬陰主靜，水屬陽主動。《易經・繫辭傳》記載：「吉凶悔吝者，生乎動者也。」說明有動象會影響吉凶成敗。因而立向不合納水之法，易生災禍，不可不知。山地以藏風為先，平陽之地以得水為要。陰宅以來龍為主，陽宅無所謂龍，以向為主。向依水以輔星水法求之，為宋朝賴布衣《催官篇》獨有水法，即淨陰淨陽決定左右(順逆)行，得貪狼、巨門、武曲、輔星等水，合淨陰淨陽之來水為吉，去水為凶；得祿存、文曲、廉貞、破軍等水，不合淨陰淨陽之去水為吉，來水為凶。

(一)取向配卦

　　取向用納甲法來輔助計算，以子山午向為例，正向為水龍，向午，午納離，所以午向為離卦(圖3-113)。

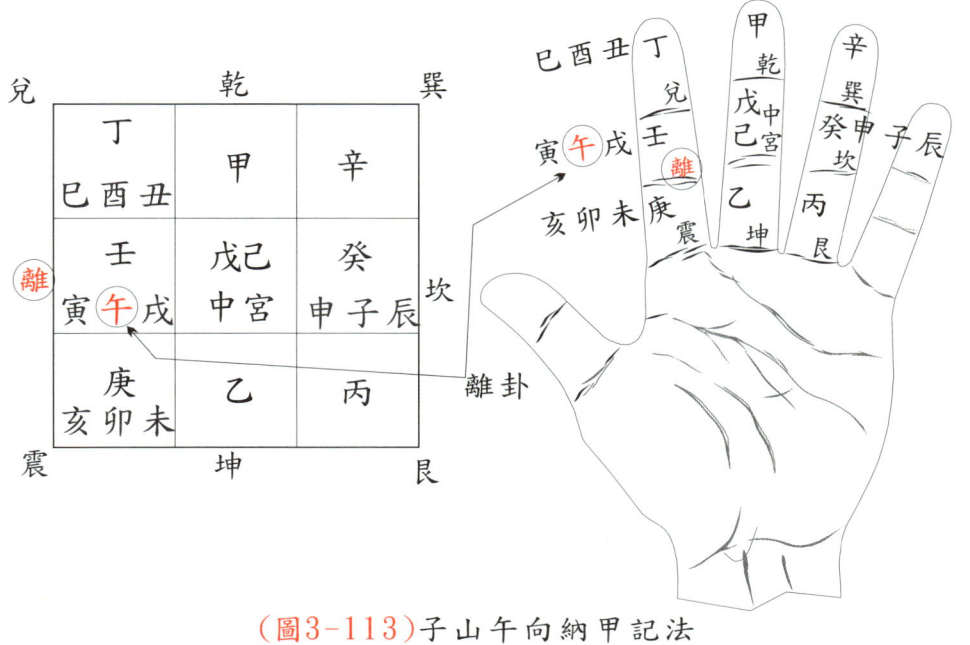

(圖3-113)子山午向納甲記法

(二)水龍翻卦

　　水龍翻卦，又稱輔星水法。用於判斷水龍吉凶，根據宋朝廖金精《

《地理泄天機・洞明卦例入式歌》記載：「惟有輔星最玄玄，用卦此為先。」說明了立向收水最玄妙。因而水龍翻卦，共翻八次，以輔星、武曲、破軍、廉貞、貪狼、巨門、祿存、文曲為順序，把九星依卦序配位，用來立向收水。

1.翻卦順序

口訣為「中、下、中、上、中、下、中、上」翻卦九星次序為6武曲、7破軍、5廉貞、1貪狼、2巨門、3祿存、4文曲、8輔星。

2.掌訣運用

水龍翻卦之法，是以所在位置開始，上起下落、下起上落、中起中落、邊起邊落的原則，翻卦要領依位序配九星。

例八：子山午向，取午向納甲為離卦，翻卦依位序配九星掌訣(圖3-114)，二十四山吉凶方位(圖3-115)。

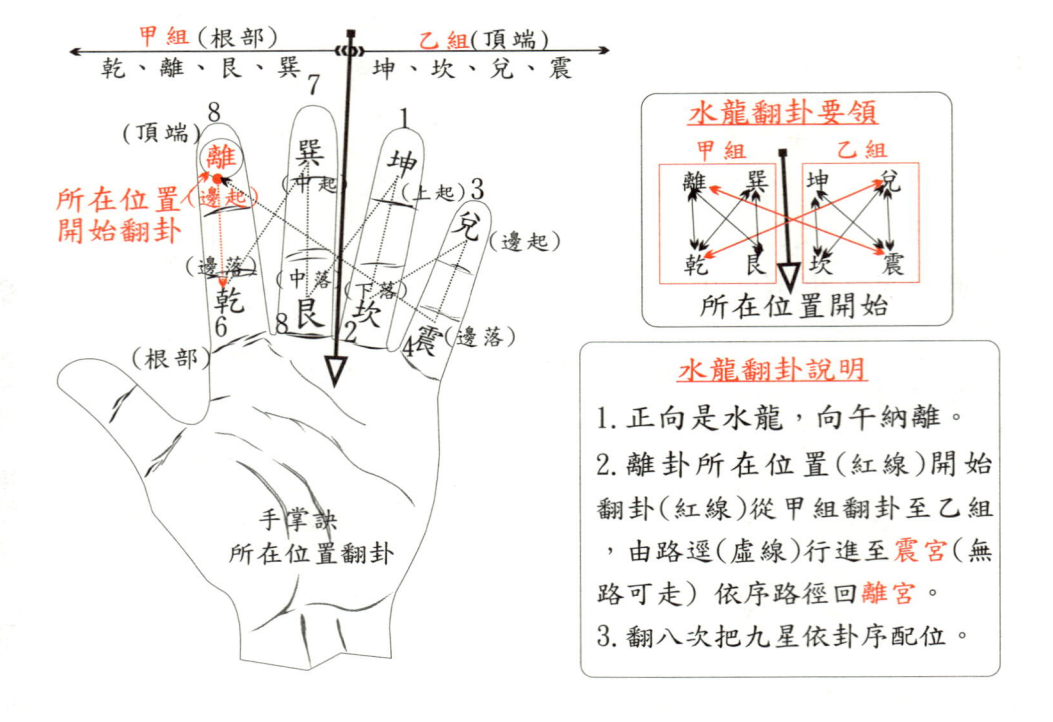

水龍翻卦說明

1. 正向是水龍，向午納離。
2. 離卦所在位置(紅線)開始翻卦(紅線)從甲組翻卦至乙組，由路逕(虛線)行進至震宮(無路可走)依序路徑回離宮。
3. 翻八次把九星依卦序配位。

(圖3-114)離卦水龍翻卦掌訣

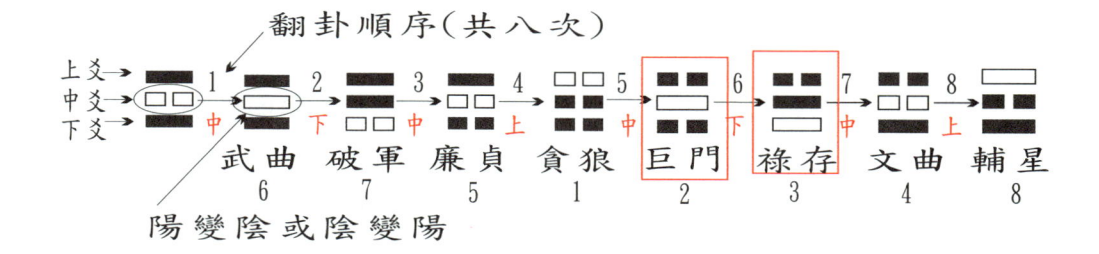

翻卦順序（共八次）

爻	1	2	3	4	5	6	7	8
上爻								
中爻	中	下	中	上	中	下	中	上
下爻								
	武曲	破軍	廉貞	貪狼	巨門	祿存	文曲	輔星
	6	7	5	1	2	3	4	8

陽變陰或陰變陽

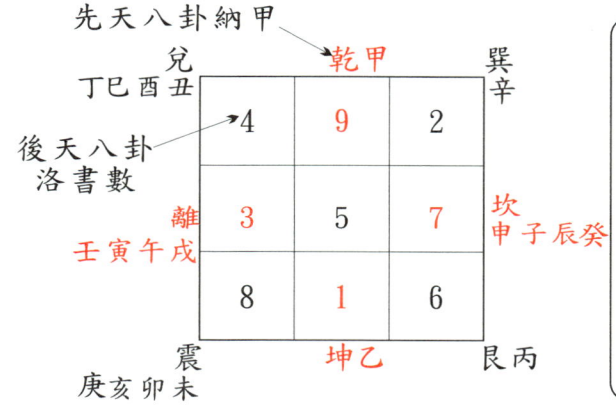

先天八卦納甲 / 後天八卦洛書數

兌 丁巳酉丑	乾甲	巽辛
4	9	2
離 壬寅午戌 3	5	7 坎 申子辰癸
8	1	6
震 庚亥卯未	坤乙	艮丙

淨陽：奇數（紅字）
淨陰：偶數（黑字）

淨陽淨陰立向原則

立陽向宜收陽水，立陰向宜收陰水，若非純屬淨陽或淨陰之局，則陰陽駁雜，來龍、來水、去水不佳，易生災禍。

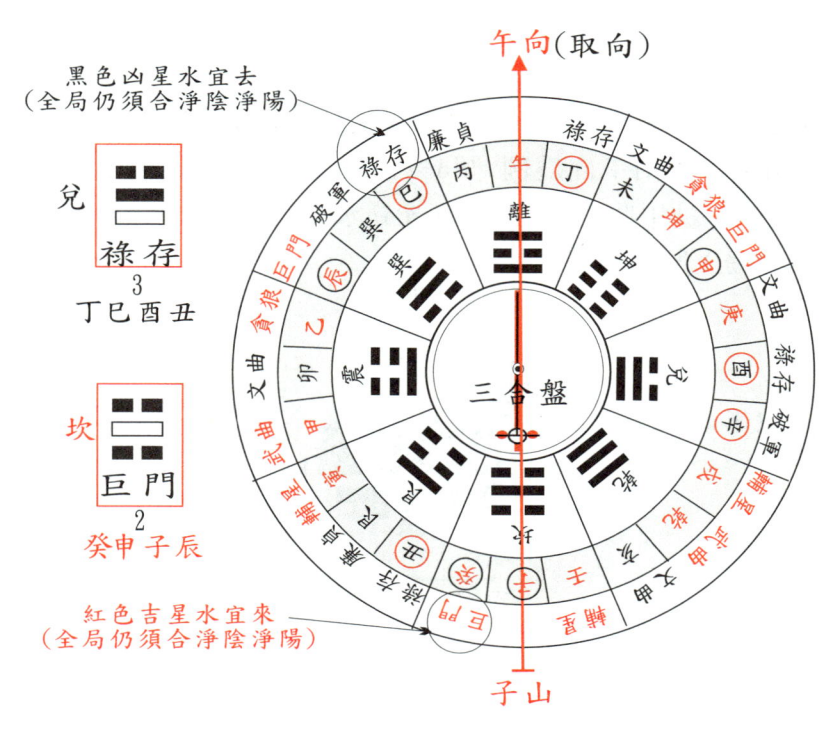

黑色凶星水宜去
（全局仍須合淨陰淨陽）

兌
祿存
3
丁巳酉丑

坎
巨門
2
癸申子辰

午向（取向）

子山

紅色吉星水宜來
（全局仍須合淨陰淨陽）

（圖3-115）子山午向三合盤翻卦吉凶方位

(三)水龍吉凶

輔星水法四吉星與四凶星(表3-53)，九星水合局與破局吉凶斷應(表3-54)。

(表3-53)輔星水法四吉星與四凶星

區分	向	納甲	8 輔星	6 武曲	7 破軍	5 廉貞	1 貪狼	2 巨門	3 祿存	4 文曲
淨陽	乾	甲	乾	離	艮	巽	坎	坤	震	兌
	坤	乙	坤	坎	兌	震	離	乾	巽	艮
	坎	癸、申、子、辰	坎	坤	震	兌	乾	離	艮	巽
	離	壬、寅、午、戌	離	乾	巽	艮	坤	坎	兌	震
淨陰	震	庚、亥、卯、未	震	兌	坎	坤	艮	巽	乾	離
	巽	辛	巽	艮	離	乾	兌	震	坤	坎
	艮	丙	艮	巽	乾	離	震	兌	坎	坤
	兌	丁、巳、酉、丑	兌	震	坤	坎	巽	艮	離	乾

查表核對

四吉星，為貪狼、巨門、武曲、輔星，四凶星為祿存、文曲、廉貞、破軍。如宅第子山午向為例(圖3-116)，以午向查表納甲為離卦向，置水方位以乾卦納甲收武曲吉水(可置動水)，去水方位以巽卦納辛出破軍水(排水系統)為吉。

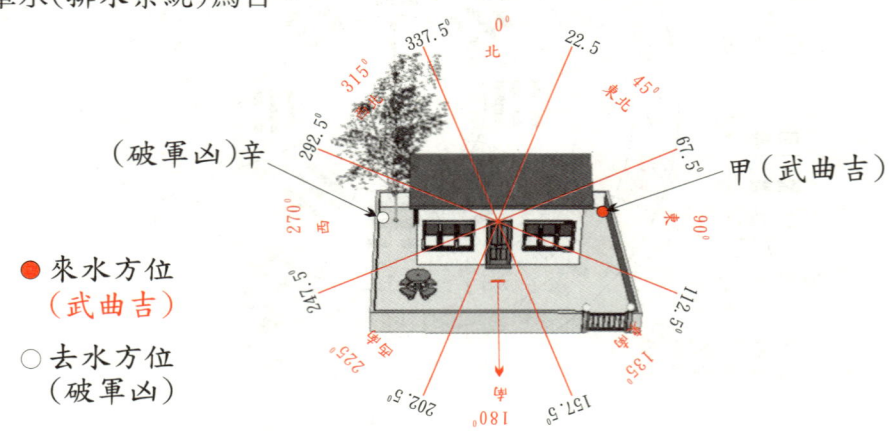

(圖3-116)子山午向來去水方位

(表3-54)九星水合局與破局吉凶斷應

區分		吉　凶　斷　應
貪狼	合局	來水：主聰明、富貴興旺、為人孝順、旺人丁(旺長房)。
	破局	去水：主貪花戀酒、人物零替、頑劣不孝、破財。
巨門	合局	來水：主財帛豐厚、人丁旺(旺二房)、聰明賢孝、出神童、忠厚長壽。
	破局	去水：主敗財損業、官非訟事、子孫頑劣。
祿存	合局	去水：主勤儉認真、財源廣進、為人吝嗇。
	破局	來水：主生活淫亂、行事狂妄、產厄夭亡、退敗產業、頑劣子孫。
文曲	合局	去水：主利男性桃花、藝術才華、聰明上進。
	破局	來水：主利女性桃花、家庭不和、難產夭折、眼疾、中風、退財。
廉貞	合局	去水：主財源廣進、家運順暢、處事具魄力。
	破局	來水：主車禍血光、頑劣無能、退財、盜賊。
武曲	合局	來水：主賢孝聰明、武貴科名、財丁兩旺、家業安定。
	破局	去水：主破財損業、頑劣愚笨、不喜讀書、血症。
破軍	合局	去水：主財運平順、家道吉昌、先見之明、權威成功、喜訟。
	破局	來水：主破敗損財、官司刑傷、貪花戀酒、事故損丁。
左輔	合局	來水：主官貴多助、家運吉昌、富貴壽長、出賢孝子孫。
	破局	去水：主意外血光、不和背叛、破財、出不孝子孫。
右弼	合局	來水：主孝悌明禮、喜讀書。
	破局	去水：主不和、破財。

信己無私
信人有愛

（四）案例分析

運用輔星水法推算。

例九： 建築物坐午向子，為立子向（坎向為淨陽順行），辛來水，去卯水，運用輔星水法來推算二水吉凶(圖3-117)。

提示：

1. **掌訣**：中起中落；或以坎向為淨陽順行。
2. **推算**：子向，以子納甲為坎卦向，辛來水納甲為巽卦，卯去水納甲為震卦，從坎卦向表格中往下尋，辛來水為巽卦屬文曲水（破局），屬凶來水；卯去水為震卦屬破軍水，去凶水為吉（合局）。

(圖3-117)子向辛來水去卯水翻卦

例十：建築物坐癸向丁，為立丁向(兌向屬淨陰逆行)，酉來水，去乾水，運用輔星水法來推算二水吉凶(圖3-118)。

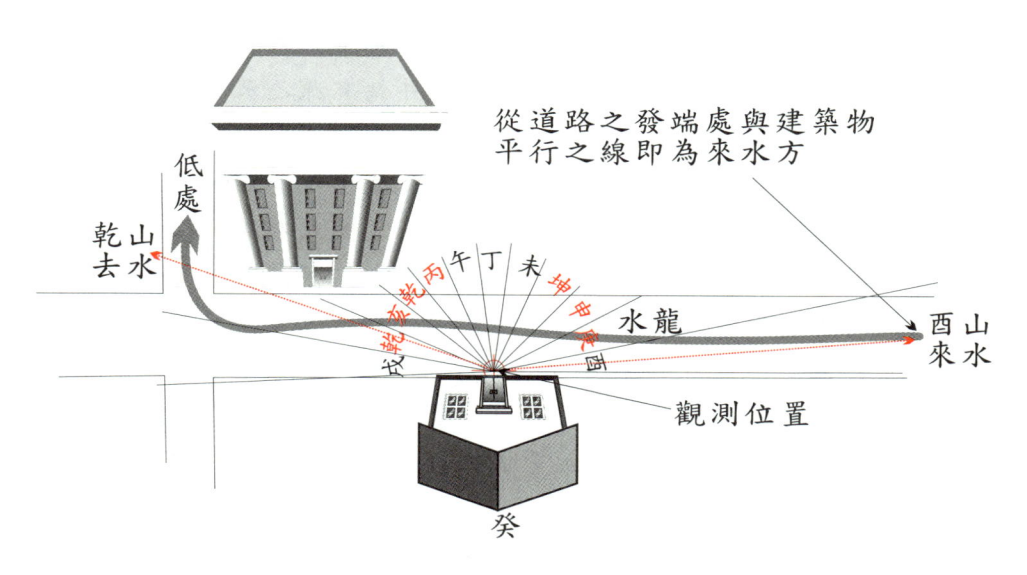

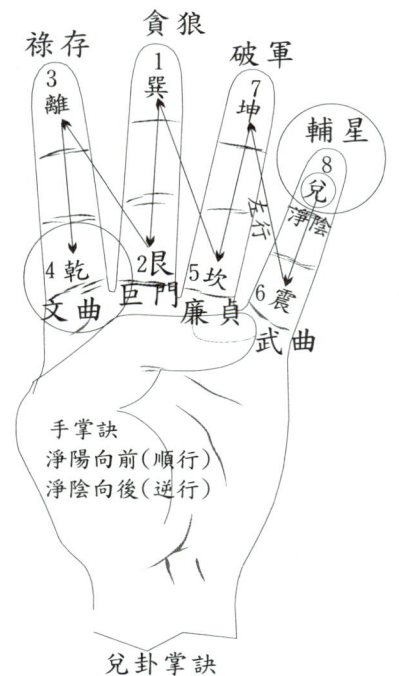

提示：

1. **掌訣**：邊起邊落。

2. **推算**：丁向，以丁納甲為兌卦向，酉來水納甲為兌卦，乾去水為乾卦，從坎卦向表格中往下尋，辛來水為兌卦屬輔星水(合局)，屬吉來水；乾去水為乾卦屬文曲水，去凶水為吉(合局)。

(圖3-118)丁向酉來水去乾水翻卦

四、開水井

極端氣候下易乾旱缺水，未雨綢繆開水井掌握水源。根據清朝沈竹礽《沈氏玄空學・陽宅三十則》記載：「井為有源之水，在水裏龍神之生旺方，作文筆論。若落在衰、死、剋煞之方主凶禍。」說明水井開在生旺方，成為基本原則。在理氣學上以掌握長生、帝旺、墓庫三合局，以申子辰水局、寅午戌火局、巳酉丑金局、亥卯未木局，採用長生、帝旺為開井方位，墓庫為退水方位。因而一口水井在方位上之吉凶，對使用者的吉凶禍福均有影響。根據晉朝郭璞《葬書・外篇》記載：「山來水回，貴壽而財。」又唐朝曾文迪《青囊序》記載：「富貴貧賤在水神，水主財祿，山主人丁。」及《周易繫辭傳》記載：「吉凶悔吝者，生乎動者也。」均說明了山管人丁水管財。基地上開一口水井，湧出之水，是源源不斷的帶來生氣，可生旺地氣，象徵財源滾滾。因而來水（水井）位置，對未來之發展興衰有舉足輕重之作用。

(一)選擇開水井的要領

1.旺方開井

生活健康
心靈富有
要有愛心

開水井之文獻與禁忌很多，如清朝朱燿旭《宅法舉隅・下冊內六事總論》記載：「穿井宜在宅之四隅，取生氣旺方，切忌在宅龍來脈上，及宅之前後、左右、腰間、當門之前、廳前堂前、灶後床後，又忌在關方煞方，與四墓方，亦宜在天干位上，勿在地支位上(指十二地支逢沖煞多，逢神煞沖年則應凶禍，故有水喜天干位，忌地支位之論述)。」及清朝張東甲《王公陽宅金針・總論》記載：「穿井，宜在本宅之生旺方，不可在來龍上開井。堂後不可開井。當門開井主淫濫，中庭開井主鬼魅，井在灶地主忤逆，井在簷下主目病，近後門主血光，井畔桃花主淫佚。」民俗禁忌，認為建築物西側若有井，俗話說：「白虎開口傷人，易生意外。」屬於大忌。因此，水井開生旺方，成為一致性之基本原則。

(二)掌握宅氣

在風水學上以四神相應(指前案後靠左青龍右白虎)理論，由後靠山(玄武)提供了強烈龍(山之走勢)氣，即乘氣，為宅氣來源。陽宅有以坐為本之理論，如宅第坐子向午，坐山即為子山，屬坎卦之一，一卦管三山(壬、子、癸)，因而子山稱坎宅也。現代都市叢林中，建築物講求機能、藝術、建構，可說是千變萬化，不一定有靠山，即旺氣不一定由坐山而來，須靠門、窗納氣，帶來宅之生氣。無論是乘氣或納氣，以掌握宅氣之來源，為理氣運用上之重點。

(三)五行生剋

以二十四山的三合五行生剋為主。

1.生旺水

井水五行生旺宮位五行。如坎宅(宮)，後天八卦五行屬水，納甲法以坎(圖3-119)納天干癸(水)、地支申(長生)、子(帝旺)、辰(墓庫)三合五行屬水。若申(西南偏西)、子(正北)方開一水井，申、子水氣生旺坎宅宮位，稱旺水，主財丁兩旺。

2.福貴水：宮位生旺井水，主貴壽。

3.病絕水：宮位剋絕井水，主傷官退財。

4.剋煞水：井水剋殺宮位，主破財意外。

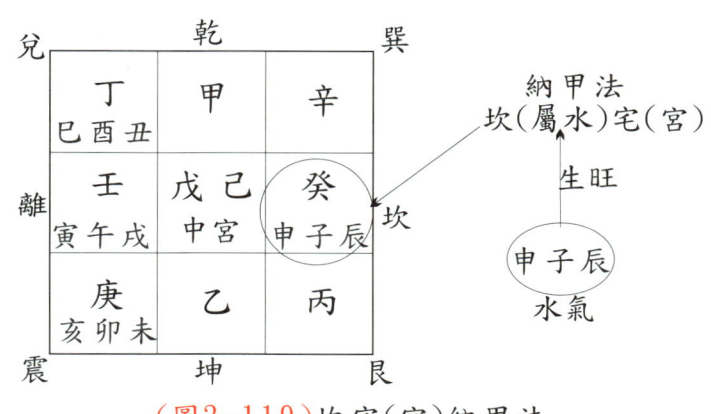

(圖3-119)坎宅(宮)納甲法

（四）雙山同宮

探天干與地支，掌握三合五行運用(圖3-120)。

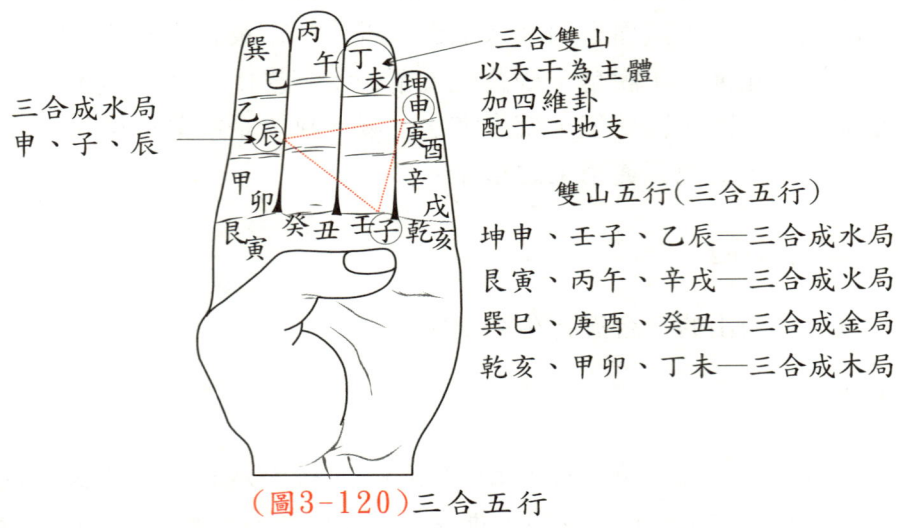

三合雙山
以天干為主體
加四維卦
配十二地支

三合成水局
申、子、辰

雙山五行（三合五行）
坤申、壬子、乙辰—三合成水局
艮寅、丙午、辛戌—三合成火局
巽巳、庚酉、癸丑—三合成金局
乾亥、甲卯、丁未—三合成木局

(圖3-120)三合五行

（五）十二長生

開井方位取用長生、帝旺為主，墓庫則為退水方位一覽表(表3-55)。便捷十二長生位置(圖3-121)手掌訣(圖3-122)與三合雙山手掌訣(圖3-123)，以辛金十二長生手掌訣運用為例(圖3-124)。

(表3-55)十二長生起地支一覽表

順逆	十二天干	長生	沐浴	冠帶	臨官	帝旺	衰	病	死	墓	絕	胎	養
陽干順行	甲(木)	亥	子	丑	寅	卯	辰	巳	午	未	申	酉	戌
	丙(火) 戊(土)	寅	卯	辰	巳	午	未	申	酉	戌	亥	子	丑
	庚(金)	巳	午	未	申	酉	戌	亥	子	丑	寅	卯	辰
	壬(水)	申	酉	戌	亥	子	丑	寅	卯	辰	巳	午	未
陰干逆行	乙(木)	午	巳	辰	卯	寅	丑	子	亥	戌	酉	申	未
	丁(火) 己(土)	酉	申	未	午	巳	辰	卯	寅	丑	子	亥	戌
	辛(金)	子	亥	戌	酉	申	未	午	巳	辰	卯	寅	丑
	癸(水)	卯	寅	丑	子	亥	戌	酉	申	未	午	巳	辰

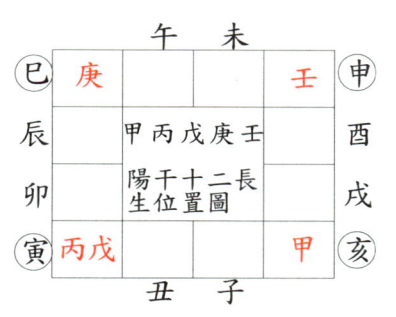

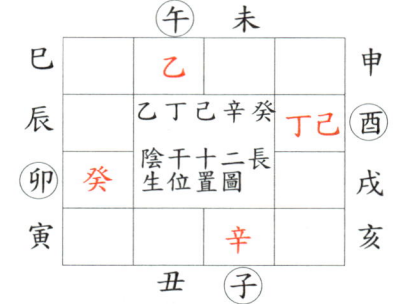

陽干十二長生為亥、寅、巳、申位　　陰干十二長生為午、酉、子、卯位

(圖3-121)陰、陽干十二長生位置

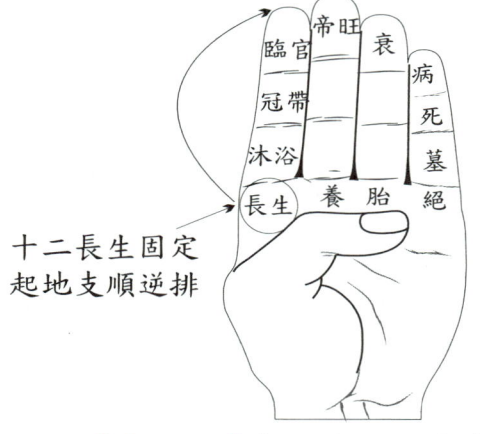

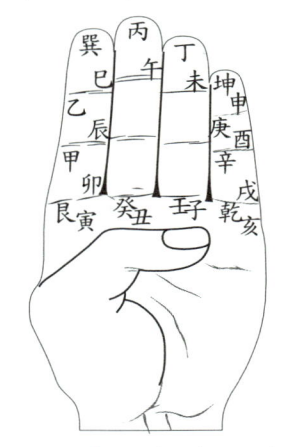

(圖3-122)十二長生宮手掌訣　(圖3-123)三合雙山手掌訣

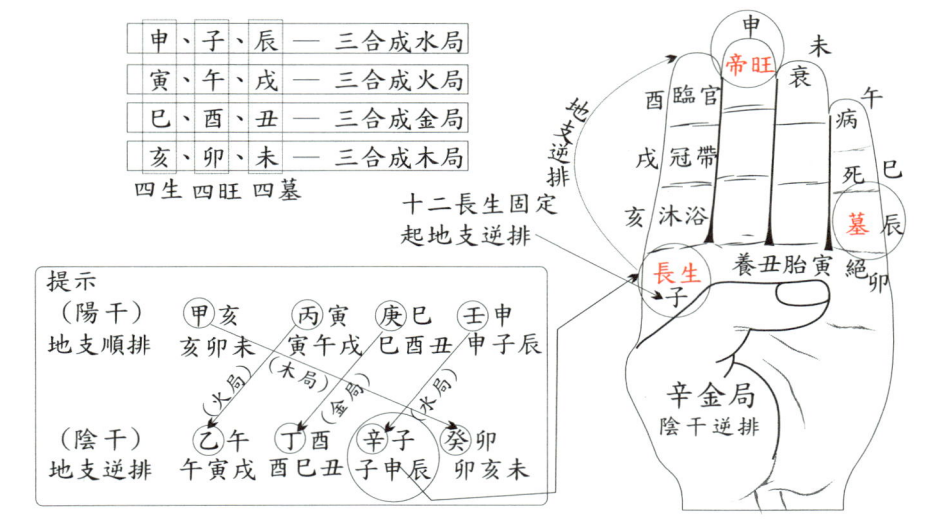

| 申、子、辰 — 三合成水局 |
| 寅、午、戌 — 三合成火局 |
| 巳、酉、丑 — 三合成金局 |
| 亥、卯、未 — 三合成木局 |

四生 四旺 四墓

提示
(陽干)
地支順排
甲亥　丙寅　庚巳　壬申
亥卯未　寅午戌　巳酉丑　申子辰
(火局)(木局)(金局)(水局)

(陰干)
地支逆排
乙午　丁酉　辛子　癸卯
午寅戌　酉巳丑　子申辰　卯亥未

(圖3-124)辛金十二長生宮手掌訣

(六)三合四大水口

四大水口法是以水隨龍行為主要理論，根據唐朝楊筠松《玉尺經‧造微賦》記載：「乙丙交而趨戌，辛壬會而聚辰，鬥牛納丁庚之氣，金羊收癸甲之靈。」指出以尋水口方位，做為立向之參考。因此，在基地上中心觀測水來去方位，以"乙丙交而趨戌"為例，出水口在辛戌、乾亥、壬子六方位，均為為寅午戌火局。若以辛方水口匯聚而流出，則辛山水口之對宮乙山為來龍，十二長生操作，乙山的長生為丙午雙山，取天干丙，就符合"乙丙交而趨戌"墓(庫)為戌，確定為寅午戌火局。操作如下：

1.龍法： 以陰干乙木，逆數十二長生，以乙木在午，從午位上逆推，長生在午、沐浴在巳、冠帶在辰…墓(庫)在戌。

2.水法： 以陽干丙火，順推十二長生，以丙火在寅，從寅位上順推，長生在寅、沐浴在卯、冠帶在辰…墓(庫)在戌。

因此，十二長生以陽干順推、陰干逆推，水口與山龍同為墓(庫)戌，符合"乙丙交而趨戌"，四大水口與十二長生一覽表(表3-56)。

(表3-56)四大水口與十二長生一覽表

三合四大水口			十二長生											
三合四局	四局	四龍(口訣)水口會聚庫流	長生	沐浴	冠帶	臨官	帝旺	衰	病	死	墓	絕	胎	養
立春火局	寅午戌	乙丙交而趨戌 辛戌、乾亥、壬子	寅	卯	辰	巳	午	未	申	酉	戌	亥	子	丑
立夏金局	巳酉丑	鬥牛納丁庚之氣 癸丑、艮寅、甲卯	巳	午	未	申	酉	戌	亥	子	丑	寅	卯	辰
立秋水局	申子辰	辛壬會而聚辰 乙辰、巽巳、丙午	申	酉	戌	亥	子	丑	寅	卯	辰	巳	午	未
立冬木局	亥卯未	金羊收癸甲之靈 丁未、坤申、庚酉	亥	子	丑	寅	卯	辰	巳	午	未	申	酉	戌

(七)巒頭與理氣並用

建築基地上開一口井，除專業技術與儀器探測外，在理氣上掌握三合之長生、帝旺方位(表3-57)開井，墓庫位退水。亦需具備巒頭上之技巧知識，如地勢高低差、地質成分、深度水量等參考因子，來掌握水源。

(表3-57)建築基地開井吉方位一覽表

宅別宮位	開井方位	退水方位	備考
坎宅	申、子	辰	1.退水位選址不適當時，可尋求其它四庫位(辰、戌、丑、未)退水。 2.開井不宜用丙午位，如艮、離宅，午方位改為丁方位，以避免水火衝擊，或遭太歲沖動見禍；易生個性猜疑、暴戾行為、皮膚之疾。
坤宅	申、子	辰	
震宅	亥、卯	未	
巽宅	巳、酉	丑	
乾宅	亥、卯	未	
兌宅	巳、酉	丑	
艮宅	寅、丁	戌	
離宅	寅、丁	戌	

例十一：基地上規劃建築物為子山午向，屬坎宅，三合雙山為壬子，可選申方或子方開一口井，為生旺水，(圖3-125)。

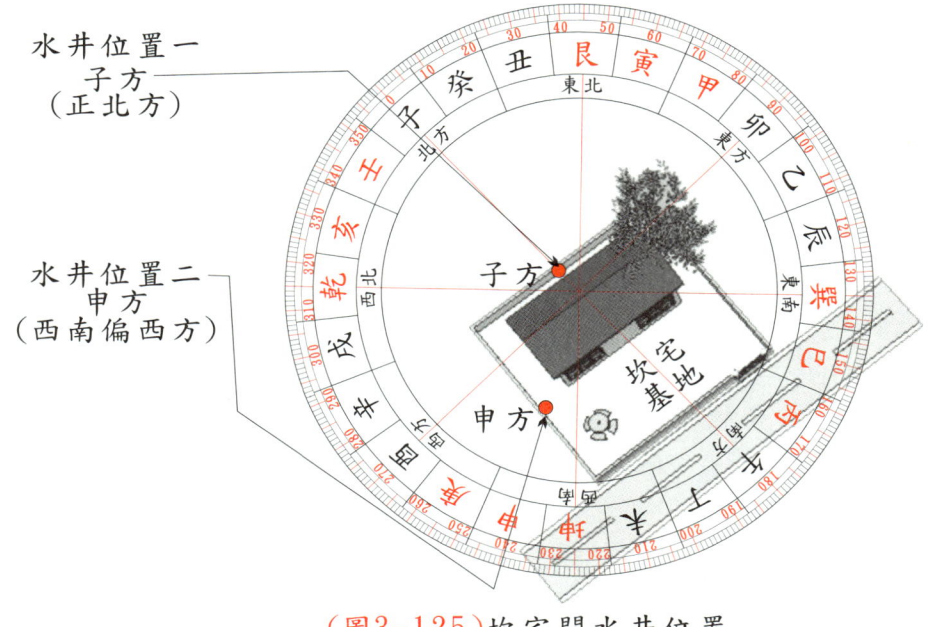

水井位置一
　子方
（正北方）

水井位置二
　申方
（西南偏西方）

(圖3-125)坎宅開水井位置

第肆章
建築環境之選址與定向
Jianzhu Hwanjinq de Xuanzhi Yu Dingxiang

　　建築基址的擇向，關鍵在於掌握「排龍吉星」，藉以選定能乘旺納氣之吉地，進而運用「挨星之法」確立旺向，達成納人氣、興基址之效，並依「收山出煞訣」訂定建築形制，以符應地理氣運之理。全文分為四節，透過文獻回顧與實務經驗，深入探討「認龍要領」、「排龍選址定向」、「挨星訣」與「收山出煞訣」四大核心議題，提供學術研究與實務應用之參考依據。

本章提要

第一節、認龍要領

第二節、排龍選址定向

第三節、挨星訣

第四節、收山出煞訣

第一節、認龍要領

一、建築與風水

風水是古老智慧實用的傳統文化之一，與西方建築文化差異，是分屬不同的思維方式與文化體系。隨著科技時代的來臨，建築風水邁向古今交融與中西人文科技薈萃之路，拓展出更寬廣之視野，伴隨著中華文化走向世界，是不可抗拒的趨勢。

(一)古代建築風水文化的發掘

傳統古建築，無論是陰、陽宅，無一不是風水理論的影響下來選址、定向、規劃、營建的；根據春秋時代老聃《老子》記載：「萬物負陰而抱陽。」說明理想傳統的古建築聚落選址模式，要選背山面水，負陰抱陽，藏風聚氣，就是好風水。

(二)現代建築風水文化的應用

現代建築，關注於人、建築、環境的互動關係，融入風水學理，多一項參考因子與營建各專業共融共存。從選地、設計、營建、竣工每一個環節與風水理念相呼應，賦予創新風雅的重組，力求與大自然環境合諧相應，以達優化建築環境之目的。根據《周禮‧冬官‧考工記》記載：「天有時，地有風，材有美，工有巧，合此四者，然後可以為良，材美工巧，然後不良，則不時，不得地氣也。」指出營建條件有關時間與空間(風水領域)及工法與材質(營建領域)彼此相互作用下的結果，必需符合業主需求。因此，風水技法古創今用，建立操作模式，成為未來重要的發展方向。

二、來龍去脈

自古以來，將山脈起伏，喻為龍脈走向，尋覓藏風聚氣之處，作為民居聚落，就是選址定向，擇定建築物興建環境。根據清朝章仲山《心

眼指要》記載：「點穴之難，難於認氣，認氣之難，難於認脈。」因而來龍去脈(圖4-1)，為勘察風水斷驗的重要參考依據。

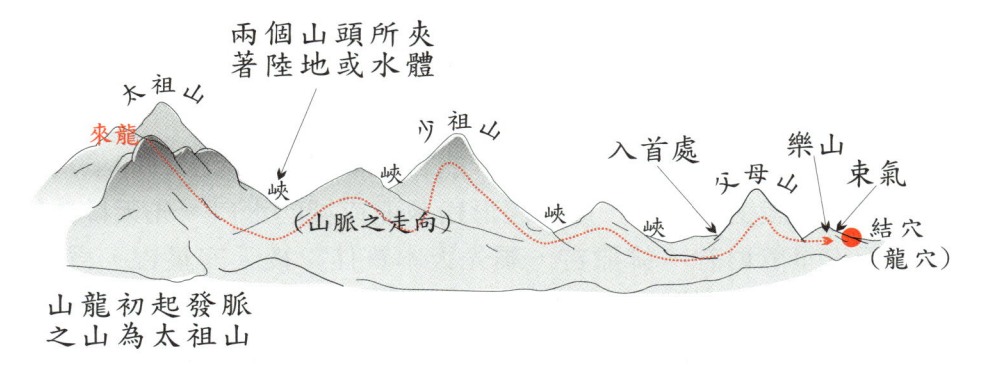

(圖4-1)來龍去脈

(一)平地尋水龍

平地尋龍，只須觀察水勢，以驗證龍脈之行止，凡兩水相夾，支水界隔回者，便是真龍。唐朝楊筠松《撼龍經‧第二節統論》記載：「平地兩旁尋水勢，兩水夾起是真龍。」又《平洋真決》記載：「平陽莫問龍，水繞是真蹤，水自左來，龍則從左，水自右來，龍則從右，兩水迎迓(指迎接)處，即是過峽束氣，兩水交合處，即是結作。」及清朝蔣平階《水龍經》記載：「龍落平陽如展席，一片茫茫難捉摸，平陽只以水為龍，水繞便是龍身泊，須看水來迴繞處之。」說明以水來定龍，並非沿山徒走，尋來龍去脈。指出在平陽地上，可以三叉水口或城門水口來認龍。城門者，以三叉的出水關口，河川之彎處，潭湖之中心，或左或右之池塘，圓秀或山峰截水處，環山獨缺之口。

(二)認龍要領

工商都會建築叢林，不易見山，亦不易見水，認龍之法，根據晉朝郭璞《葬書‧內篇二》記載：「高水一寸，便可言山。低土一寸，便可言水。」與唐朝楊筠松《撼龍經‧第二節統論》記載：「高水一寸即是山，低水一寸水回環。」均指出高一寸謂之山，低一寸謂之水；以此要領，高樓大廈象徵著山，道路系統象徵著水。

第二節、排龍選址定向

一、選址定向要領

建築擇址定向,就必須掌握排龍吉星,並得後天生(旺)氣為吉。運用排龍理氣證巒頭之法,即印證形巒來龍或城門水口。先天排龍管人丁,後天安星管財祿。排龍吉,屬先天本質佳;後天安星吉,為得時(元運)而用。因而建築基地規劃,以掌握排龍吉星及確認建築位置朝向為首要。操作模式,離不開勘察環境形巒,運用排龍訣規則,來審視山龍或水龍(平洋)用作擇定建築位置及用安星法以確定當運旺向。

二、排龍訣

為城門水口的擇取之法,以十二地支與八干四維陰順陽逆規則推算五吉七凶,並依據唐朝楊筠松《撼龍經》形巒來印證擇定吉址。其口訣如下(紅字為九星)。訣(指口訣或歌訣),是古先賢傳授玄妙知識,所使用之教學方法。

龍對山山起破軍	破軍順逆兩頭分
右廉破武貪狼位	疊疊挨加破左文
破巨祿存星十二	七凶五吉定乾坤
有緣洞徹三星訣	陸地神仙便是君

(一)三星訣

排龍立穴三星訣(廣東派)又稱排龍訣。以貪狼、巨門、祿存、文曲、廉貞、武曲、破軍、左輔、右弼九星之外,再加三個破軍,湊成十二星分成四組,每組三個星,便以順口溜"破右廉、破武貪、破左文、破巨祿"稱"三星訣"。五吉七凶,以貪狼、巨門、武曲、左輔、右弼等五星為吉,餘七星祿存、文曲、廉貞、及四個破軍星皆凶。

(二)排龍操作模式

建築環境選址定向,係運用排龍訣來觀測山脈或河川(含道路交叉

口）之來龍或水口方位，判斷基址的優劣，取排龍五吉而立坐向，則得先天基址環境之吉氣，再以三元玄空飛星法，推算後天篩選立向飛星盤是否得旺山旺向。如一塊玉石礦，先天質地不佳，雖經後天雕工美化，看上去是塊完美的玉石藝術品，但日久退其本色，終是難成大器。因此，建築環境可透過先天排龍及配合後天立向而獲吉，作為選址定向之首要。操作過程離不開勘察審視環境形巒，以排龍訣來確認城門或氣口之所在，用來擇定建築環境基址，並以三元玄空飛星法用來確立當運旺向。茲將選址定向操作步驟（圖4-2）。

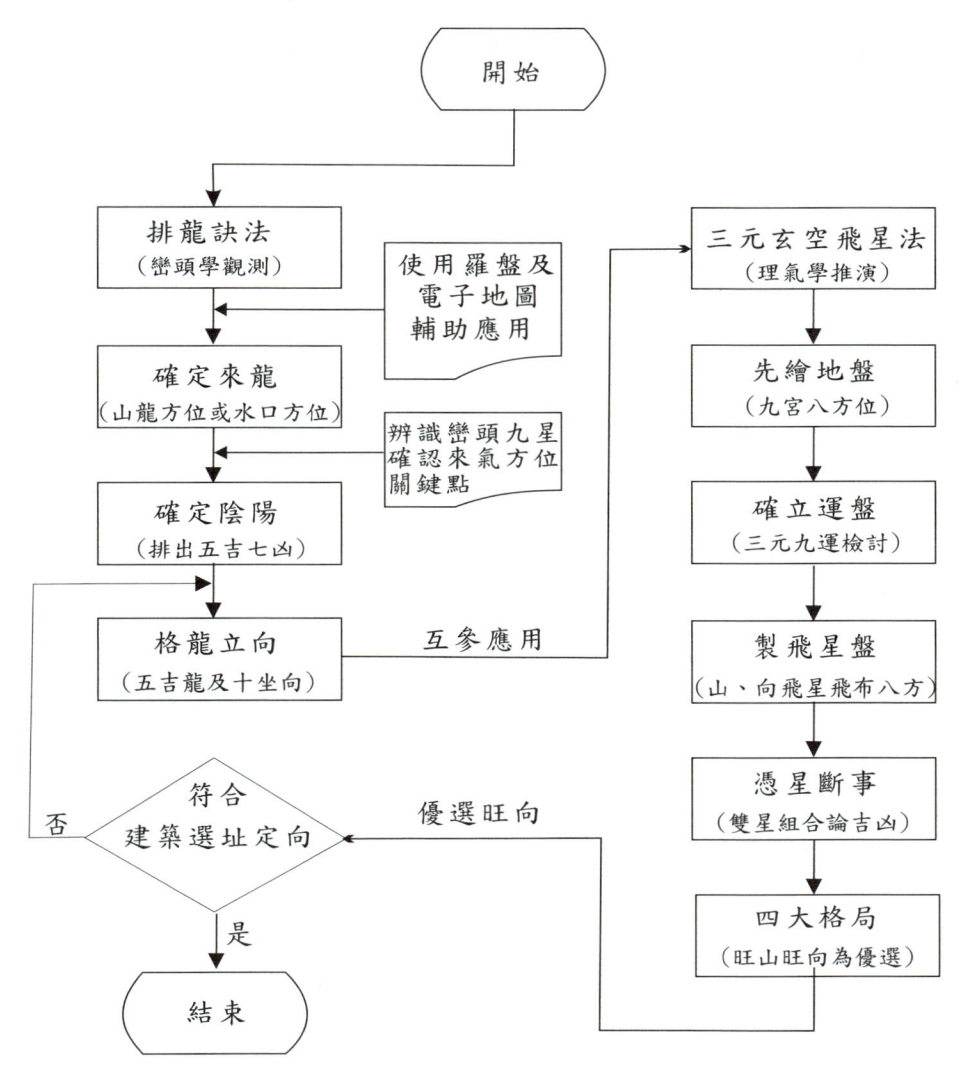

```
                        開始
                          │
      ┌───────────────────┴───────────────────┐
      ▼                                       ▼
  排龍訣法                               三元玄空飛星法
 （巒頭學觀測）       使用羅盤及         （理氣學推演）
      │              電子地圖                  │
      │              輔助應用                  ▼
      ▼                                    先繪地盤
   確定來龍                                （九宮八方位）
 （山龍方位或水口方位）  辨識巒頭九星              │
      │              確認來氣方位              ▼
      │              關鍵點                 確立運盤
      ▼                                  （三元九運檢討）
   確定陰陽                                    │
 （排出五吉七凶）                              ▼
      │                                    製飛星盤
      ▼                                 （山、向飛星飛布八方）
   格龍立向          互參應用                   │
 （五吉龍及十坐向）                            ▼
      │                                    憑星斷事
      │                                 （雙星組合論吉凶）
      ▼                                       │
   符合              優選旺向                  ▼
  建築選址定向  ◄─────────────────           四大格局
      │                                 （旺山旺向為優選）
   否│是
      ▼
    結束
```

（圖4-2）選址定向操作過程步驟

（三）排龍基本原則

1.確定來龍

（1）排入首龍法

　　建築選址定向操作，應先觀測環境形巒，用來確認來龍或城門水口（指三叉水口、十字路口、人潮聚集處）的方位，以形理兼察互參，決定建築物坐向。來龍就是來氣，氣因無形可見，以龍形容之。涉及山巒的行止與水路的親疏，由排龍訣來認龍定坐向。以建築環境勘察來龍入首處（指山勢之盡頭），龍脈行到結穴之際，突起高山，稱入首山，亦稱父母山。父母山之後一節，稱少祖山。觀測少祖山與父母山之間聯接處，稱龍的入首處。可運用羅盤在父母山與少祖山之間（指過峽處），度量來龍入首方位。操作上須注意山勢走向，常因龍外有龍，追尋困難，無從定斷，以一脈相連不被江河分隔為原則（圖4-3）；另有學派以建地環境所見最高山峰（圖4-4）認作為來龍入首處，是重要節點。根據清朝袁守定《地理談庶衆》記載：「未論千里來龍，先看到頭幾節，到頭幾節內，起伏活弄秀麗非常必有結作。」指出可不理會父母山（指最高山）之外山脈行勢如何，但須掌握父母山與少祖山之間重要入首之處（圖4-5）。

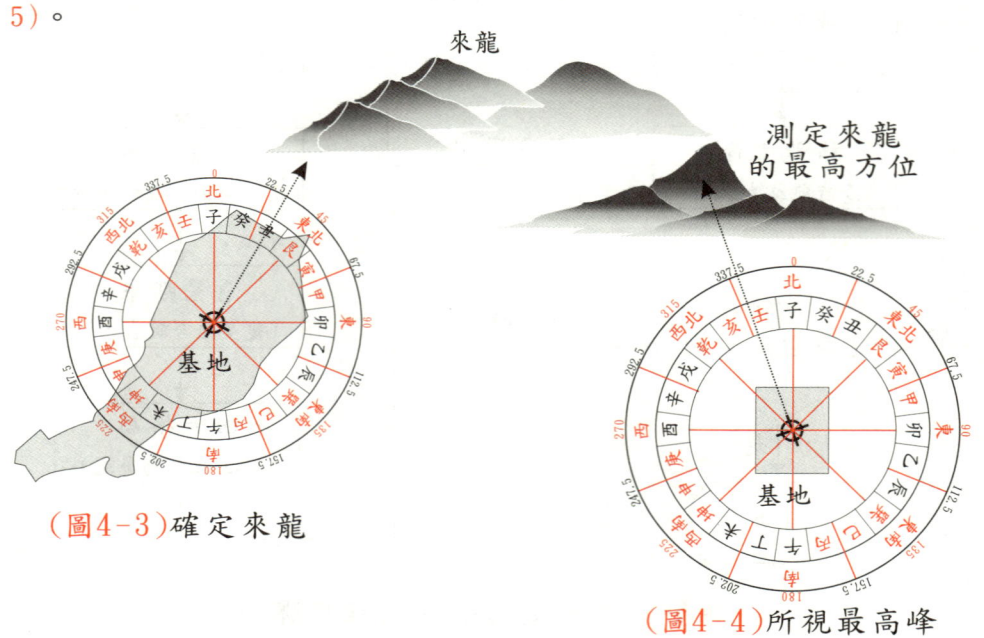

（圖4-3）確定來龍

（圖4-4）所視最高峰

(圖4-5)入首處

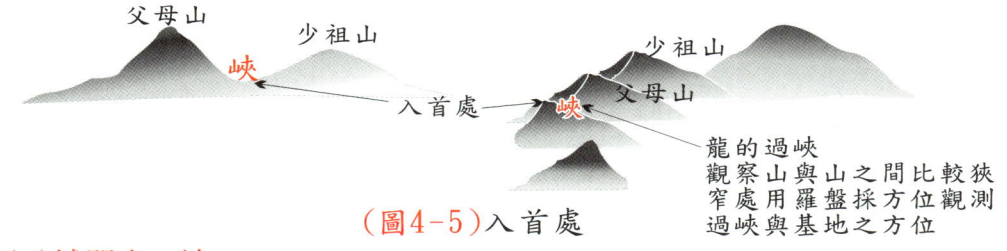

(2)城門水口法

　　在建築基地上或屋宅中心點觀測城門水口，為眾水去處之出口必有真結之地。水之去口就是氣之來口，而水口是指水之匯聚點，可止來龍之氣。城門猶如人的喉口，是氣之薈萃處，亦為氣之出入口；城門與水口同樣是一體的鎖住來龍之氣，一般稱為城門水口。根據清朝章仲山《地理辨正・談氏新解卷之三》記載：「城門二字最難拘礙，山有山之城門，水有水之城門。水之城門，有三叉者以三叉為城門，無三叉者以水之照穴有情處為城門，亦有以來處為城門，亦有以去口為城門，總以有權有力處為是；山之城門，以入首束氣處為城門，或以過峽起頂處為城門，亦有以某處來脈即以某處為城門；平原平陽以枝浜(指小河溝)界氣處為城門，或以低田界水處為城門。」說明了城門水口的重要性。建築環境勘察時，首要觀測城門水口會聚處之方位，應用其對宮(指180°)，即是來龍。風水學上是指人潮匯聚或出入旺盛之處、河川三叉水口或湖潭中心點、交通網絡十字路口、無水環境兩座山峰間的間隙處，都可以構成城門水口。目的就是確定來氣，用作選址定向的依據。以亥龍(東南偏南)走向為例，觀測城門水口(圖4-6)。

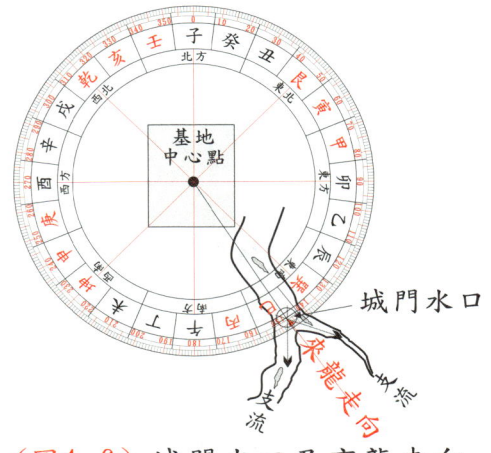

(圖4-6) 城門水口及亥龍走向

(3)平陽龍法

在一般都市多無山脈或有山脈遙遠無法觀察，觀水定龍，則可採用以水証龍來推斷。根據明末清初蔣大鴻《地理辨正疏‧都天寶照經上篇》記載：「正脈落平三五里，見水方能止；二水相交不用砂，只要石如麻。」指出山龍氣旺，脈落平陽之地，只要有兩水相交之三叉水口（或稱城門水口）便能止龍結穴，不須水口砂守水口，但要求有亂石密布，即使不露出水面，亦能結大地。又清朝蔣大鴻《水龍經》記載：「龍落平洋如展席，一片茫茫難捉摸；平陽只以水為龍，水纏便是龍身泊。」指出茫茫平原，千里無垠，沒有高山峰巒，就以水為龍。並以高一寸為山，低一寸為水來論穴場。山龍著重於來龍與落脈，而平陽龍則著重於水之蓄聚真氣。基地環境勘察度量來龍，就必須找出基地立極點（指建築基地或屋宅中心點）與三叉水口或十字路口相對之角度(圖4-7)來認龍。都會區尋找人潮(人氣)會聚之處，基地空間自然旺盛。一般來龍，是虛無縹緲的形容詞，為來氣之意，因無形可見，以龍形容之。以河川之三叉交會處或交通網路之十字路口，稱城門水口(圖4-8)，交會之左右各取一段，其夾角之中心分界線，即是來龍走向(圖4-9)。水看對面是來龍，即是指界水合處。又因都市內多無入首龍與三叉水口(圖4-10)。都市建築選址定向，以道路當作虛水(指道路兩旁似河岸，交通工具動線似水流)，並以道路網路交匯處，即城門水口來認龍。原理為山脈遙遠，無法觀察，以水證龍，其夾角中心分界線，即來龍走向。如為乾山來龍(西北方)巽山(東南方)城門水口(圖4-11)。

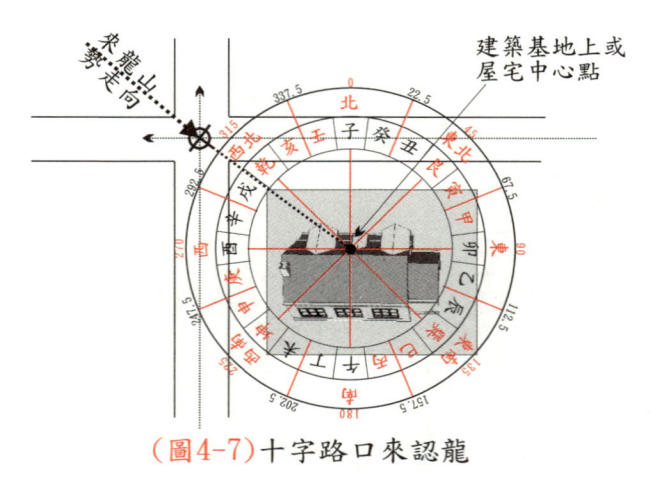

(圖4-7)十字路口來認龍

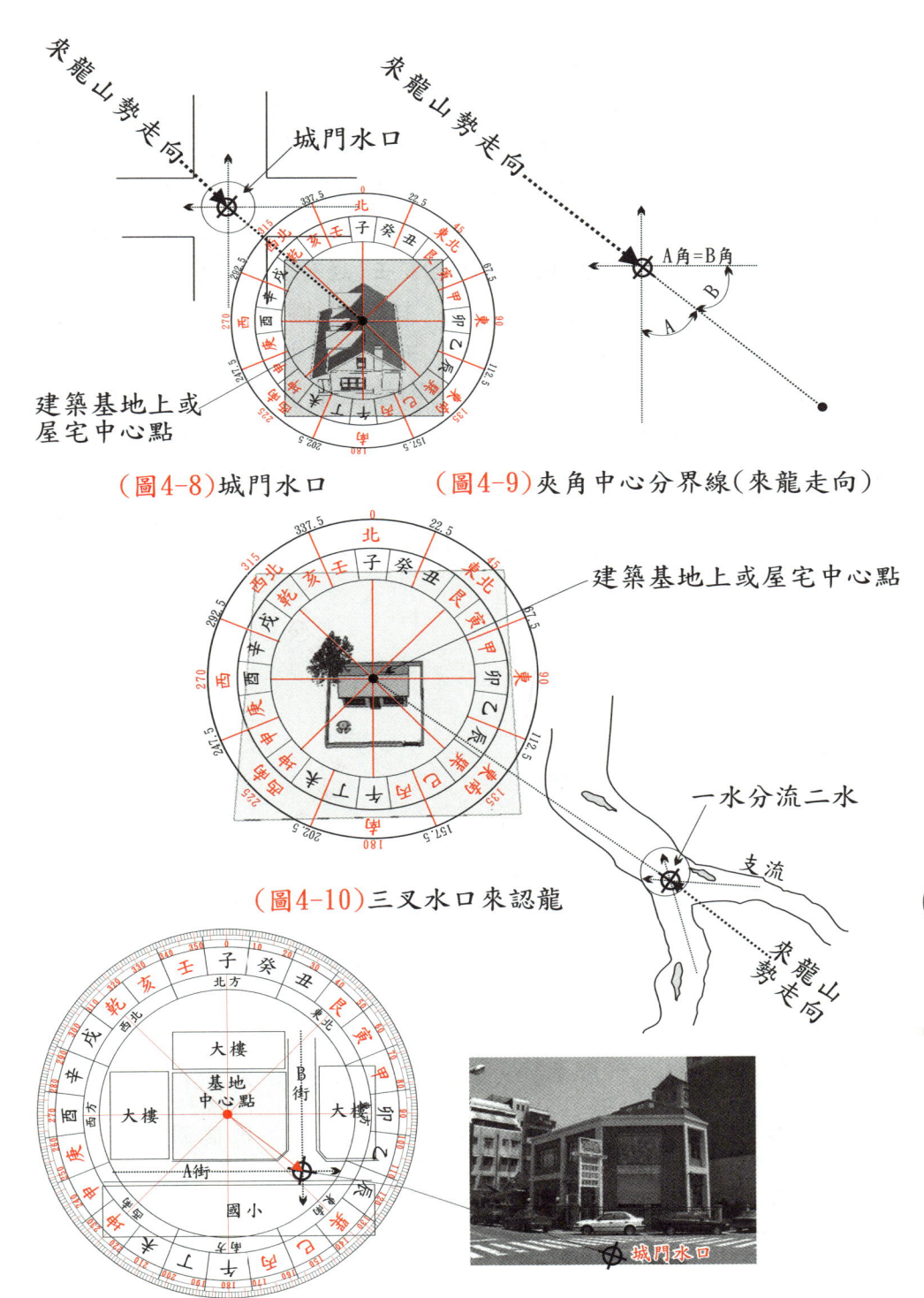

(圖4-8)城門水口　　　(圖4-9)夾角中心分界線(來龍走向)

(圖4-10)三叉水口來認龍

(圖4-11)乾山來龍巽山城門水口

2.確定陰陽

　　風水學以先天為體，後天為用，確定先天來龍之對宮（指180⁰）即水口起破軍龍，先天排龍中的陰陽是以十二地支方位屬陰順排，採順時針方向推算及八天干與四維卦方位屬陽，採逆時針方向推算。**在排龍訣學理中之陰陽，不同於八卦、干支、玄空大卦之陰陽**。根據唐朝楊筠松《青囊奧語》記載：「左為陽子癸至亥壬（逆行）、右為陰巳丙至午丁（順行）。」說明順逆行圖示(圖4-12)，排龍圖(圖4-13)及排龍雙山掌訣(圖4-14)。以十二地支均屬陰(指子、丑、寅、卯、辰、巳、午、未、申、酉、戌、亥)順時針方向走，巳丙轉至午丁(順行)；其餘八天干(指甲、乙、丙、丁、庚、辛、壬、癸)及四維卦(指乾、坤、艮、巽)均屬陽，逆時針方向走，子癸轉至亥壬(逆行)；順逆行之順序，仍須依三星訣之順序排列。在排龍圖上按排龍三星訣（破右廉、破武貪、破左文、破巨祿四組）順序挨排、取五吉龍為用，捨七凶龍不用。

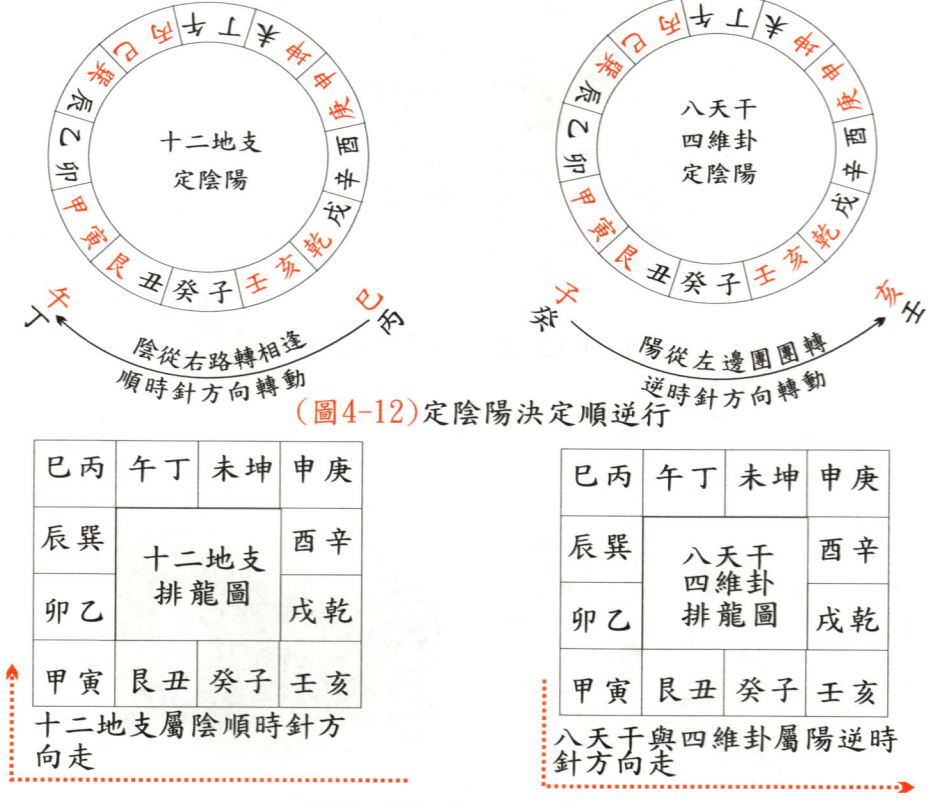

(圖4-12)定陰陽決定順逆行

(圖4-13)順逆行排龍方陣圖

十二地支屬陰，順時針方向走。

八天干及四維卦屬陽，逆時針方向走。

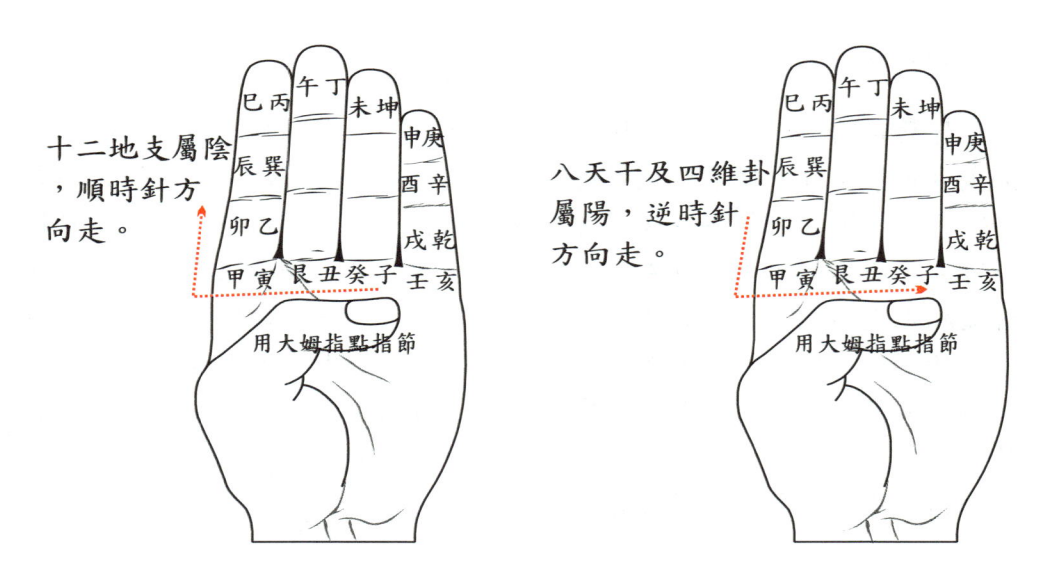

（圖4-14）排龍雙山掌訣

3. 三合吉位

　　立宅安墳必須依龍定向，龍要合吉向，向要合吉方之水，水合三吉位。

4. 四吉穴（位）

　　龍與坐山，凡屬骨肉一家（指三元大卦言），要合真陰陽、真夫婦、真交媾，即為共路兩神，必是四吉穴（位）。坐巨門必向武曲，坐左輔必向右弼。如天元卦之子、午、卯、酉四陰來龍，結同是天元卦之乾、坤、艮、巽四陽穴（位）者無須挨排，立宅安墳便知為四吉穴（位）。乾、坤、艮、巽四陽來龍，結穴是天元卦之子、午、卯、酉四陰穴（位）者亦同，其餘地元八山，人元八山均倣此。

5. 四破穴（位）

　　龍之出脈過峽，其龍若支兼干為真，若干兼支出則為鬼龍。如地元卦之丙龍（陽來龍）入首，結穴是地元卦之辰、戌、丑、未四陰穴（位）者吉，因屬同為地元卦，又陰陽和合。如子兼壬、子兼癸，屬支兼干吉。若壬兼亥或壬兼子，屬干兼支凶，易生出卦或陰陽差錯。

6.規劃設計參考因素

建築量體或基地在同一排,同一坐向,同一來勢的水口(路口),亦因所受地氣不同,排龍成果就會不同,未來的衰敗興旺之影響也會不同(圖4-15)。根據唐朝卜應天《雪心賦》記載:「勿謂動靜難明,觀其動靜可測,山本靜,勢求動處;水本動,妙在靜中;靜者池沼之停留,動者龍脈之退卸。」說明觀水動審地氣,為風水學的重要參考因素,以有形審無形,地氣為先天無形之氣,水(路)為有形地氣,地氣由水(路)來反應。通常基地以《排龍訣》操作後,所排出坐山屬九星中何星,須依據唐朝楊筠松《撼龍經》九星形巒來印證環境場景是否相符,若不合,則係格龍錯誤或非屬真龍之處。

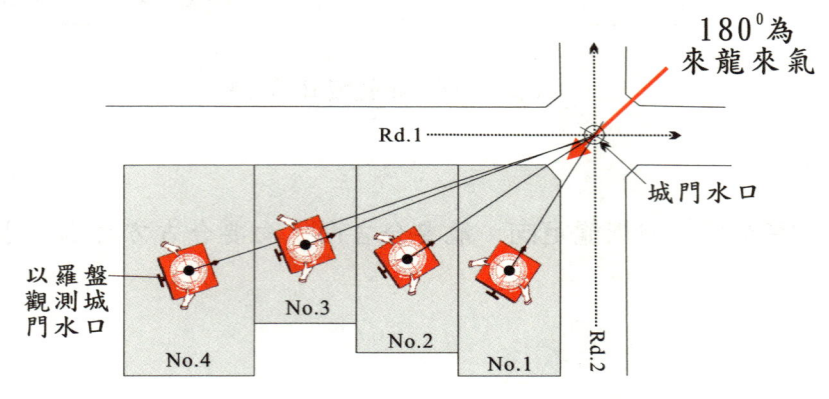

(圖4-15)排龍或城門水口分析

7.兼向

立向之兼左兼右,或兼前兼後,應與入首龍一致,否則犯剝官星,雖發丁財而不貴。如子兼癸(天兼人)之龍,入首名稱前兼龍神。立穴(位)時,應立天兼人(如立乾兼亥),若立天兼地(如立乾兼戌),則為後兼向,為美中不足。

8.真龍正結

立宅安墳,龍與水要相對向,才是真龍正結,否則是假龍矣。

9.陰陽相配

來龍與立宅安墳坐向之陰陽須相配。如來龍屬陰,則以屬陽之坐向

來尋配（依二十四山之陰陽配之）。

10. 同元一氣

同元一氣稱一卦純清，如來龍為天元山，立向也必須是天元山；如來龍為乾山，因乾山為天元山，立向可選擇同一元之子、午、卯、酉等同是天元山。

11. 排龍訣案例引述

例一：建築基地為坤方來龍（圖4-16）；依口訣：「龍對山山起破軍，破軍順逆兩頭分。」說明其龍（坤方）之對方，為"艮方"起破軍，艮為四維卦屬陽，應逆時針方向走（依三星訣：破右廉、破武貪、破左文、破巨祿）其排龍圖（圖4-17）。

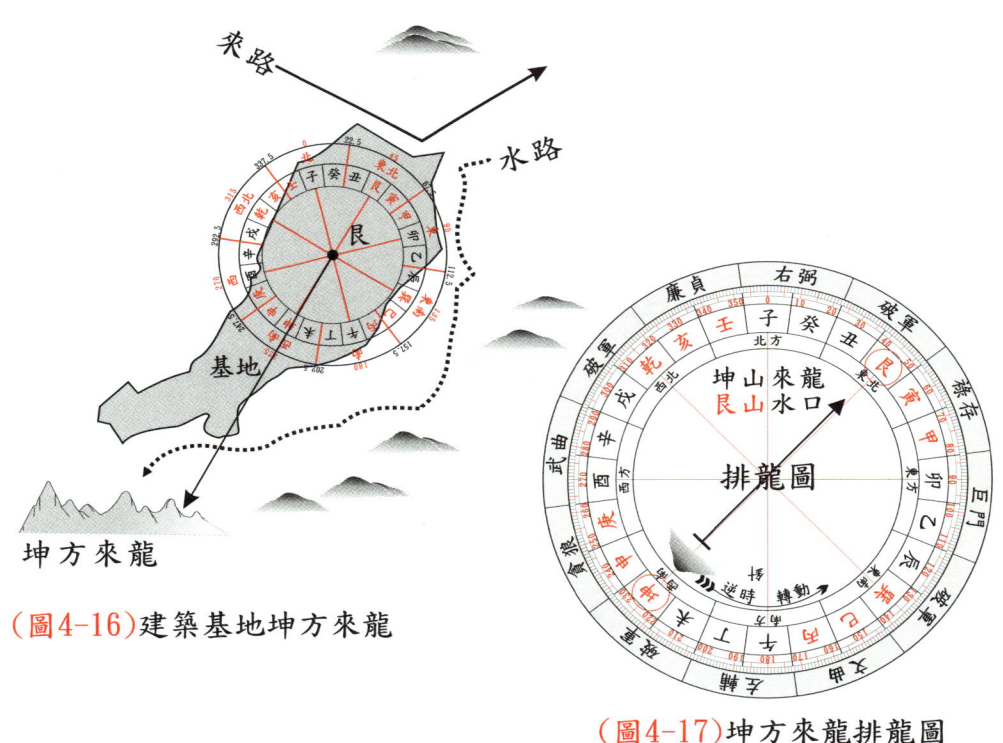

（圖4-16）建築基地坤方來龍

（圖4-17）坤方來龍排龍圖

例二：建築基地申方為三叉口（指道路十字路口），即城門水口（圖4-18）；依排龍訣：「龍對山山起破軍，破軍順逆兩頭分。」以三叉水口（申方）認來龍（寅方）；為"申方"起破軍，申為十二地支屬陰，順時針方向走，（依三星訣：破右廉、破武貪、破左文、破巨祿）其排龍圖（圖4-19）。

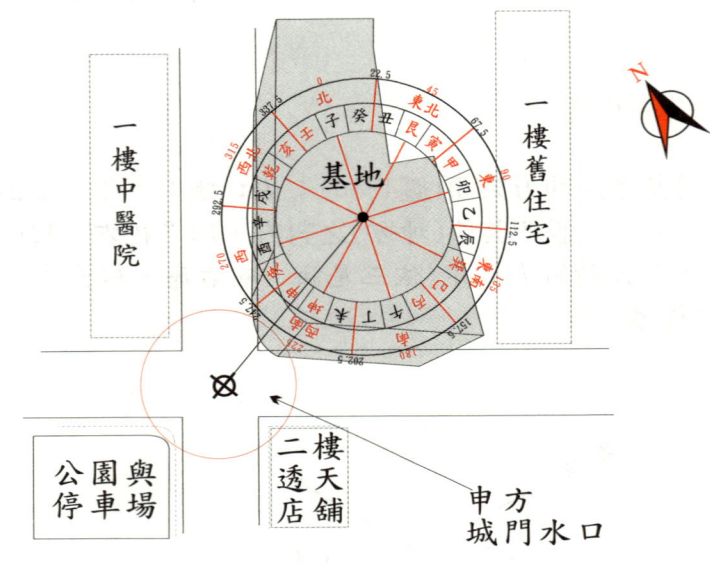

（圖4-18）申方城門水口

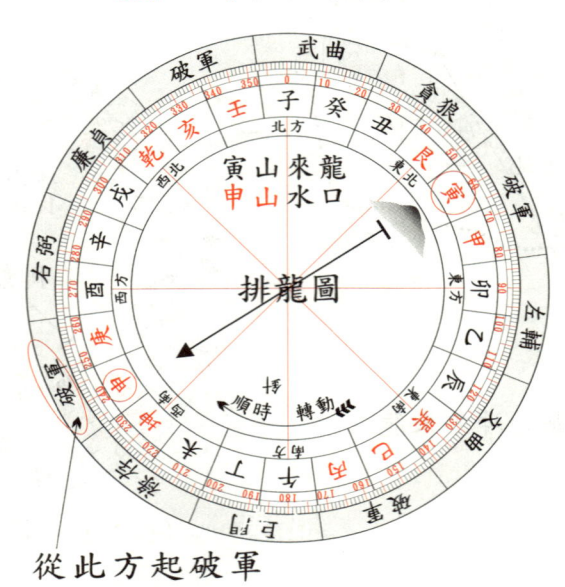

（圖4-19）申方城門水口排龍圖

第二節　排龍選址定向

373

12.辨識巒頭九星

以識星方識龍之觀點，巒頭九星各有其形態特徵，在風水術中含有優劣吉凶意涵；應用上以環境形態的巒頭九星，須詳參互證理氣九星，主要用來確認城門水口的關鍵點，並在巒頭局中，每座獨立山脈形態與建築量體意象，用作風水理氣證形巒之法與選址定向取捨的依據。操作上須依據唐朝楊筠松《撼龍經》九星形巒來印證環境場景是否相符，若不合，則係格龍錯誤或非屬真龍之處。

例三： 店舖面臨自強三路，坐向為庚山（西方偏西南）甲向（東方偏東北），鄰近道路系統，兩側左右各有一處十字路口，運用風水理論《排龍訣》之法，觀測兩側路口為丑山（東北方偏北）與辰山（東南方偏東）均屬地支方位，排龍操作宜採順時針方向推算，店舖環境左側路口丑山（指自強三路與176巷交叉口）之排龍成果為左輔吉（圖4-20）、右側路口辰山（指自強三平街交叉口）之排龍成果為武曲吉（圖4-21）。

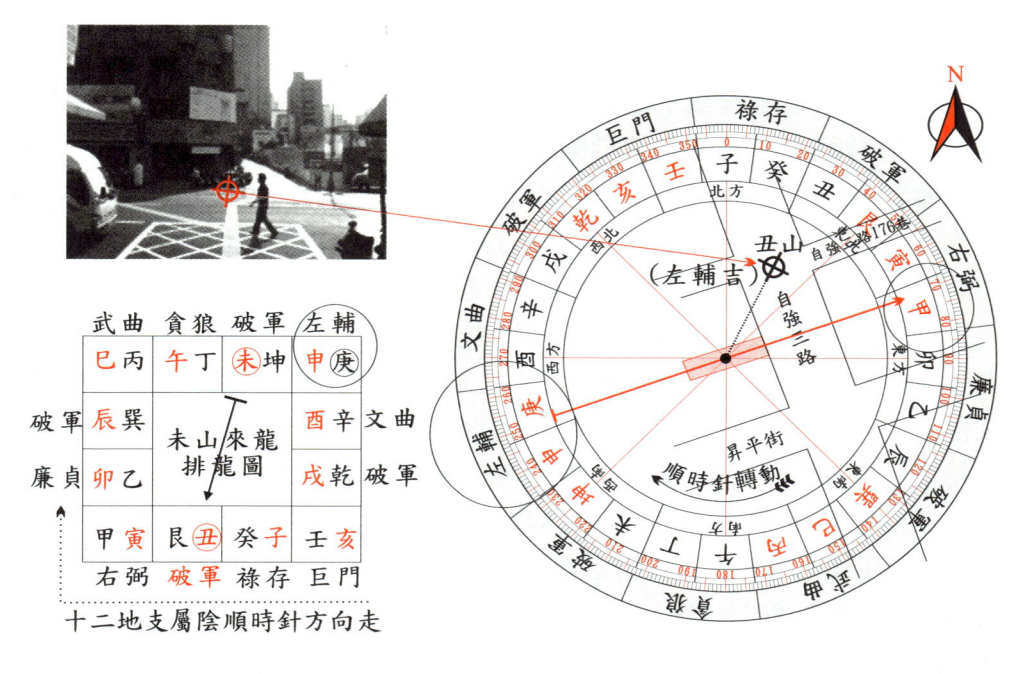

（圖4-20）丑山路口之排龍成果為左輔吉

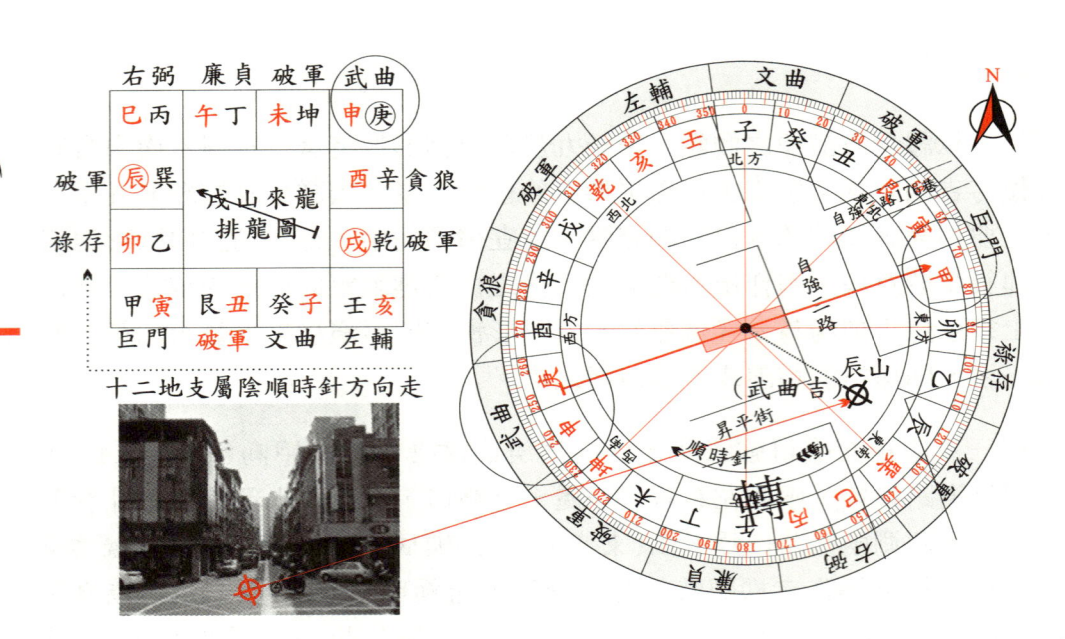

(圖4-21)辰山路口之排龍成果為武曲吉

(1)確認城門水口關鍵點

　　風水應用重在配合，店舖動線計有兩個城門水口，宜確認何者才是攸關商舖命脈之關鍵點？因而先審視鄰近商舖建築外觀形巒態勢，參考九星山巒形體與建築量體特徵圖示，用來辨識城門水口正確關鍵位置，即是確認來氣方位。環境勘察，前方(指東方、東北方)整列商家建築外觀齊一，建築物平頂方正，形狀五行屬土方，符合建築巒頭九星巨門形態特徵；左方(北方)(自強三路與176巷交叉口)鄰近建築物錯列高低不一，亦為巷道，形狀五行屬水曲，具有建築巒頭九星文曲形態特徵；右方(東南方)(自強三路與昇平街交叉口)，鄰近建築物高低不整，似水體跌落之勢，亦為巷道，形狀五行亦屬水曲，亦具有建築巒頭九星右弼形態特徵。經辨識建築量體特徵後，再以兩個城門水口，分別運用《排龍訣》之法，來確認何者理氣九星與巒頭九星相符合為其操作要點。店舖左側丑山(東北方偏北)城門水口(自強三路與176巷交叉口)，用排龍成果圖(參考圖4-20)比對，前方(指東方、東北方)為右弼水，左方(北方)路口為祿存土，右方(東南方)路口為破軍金，驗證結果即理氣九星不符合鄰近建物量體九星特徵；另以右側辰山(東南方偏東)城門水口(指自強三路與昇平街交叉口)，用排龍成果圖(參考圖4-22)比對，左

方(北方)路口為文曲水,前方(指東方、東北方)為巨門土,右方(東南方)路口右弼水,驗證結果符合鄰近建物量體九星特徵(圖4-22),參考九星文曲、巨門、右弼之建築量體特徵圖示(表4-1~4-3)確認正確為關鍵點,即是來氣方位。

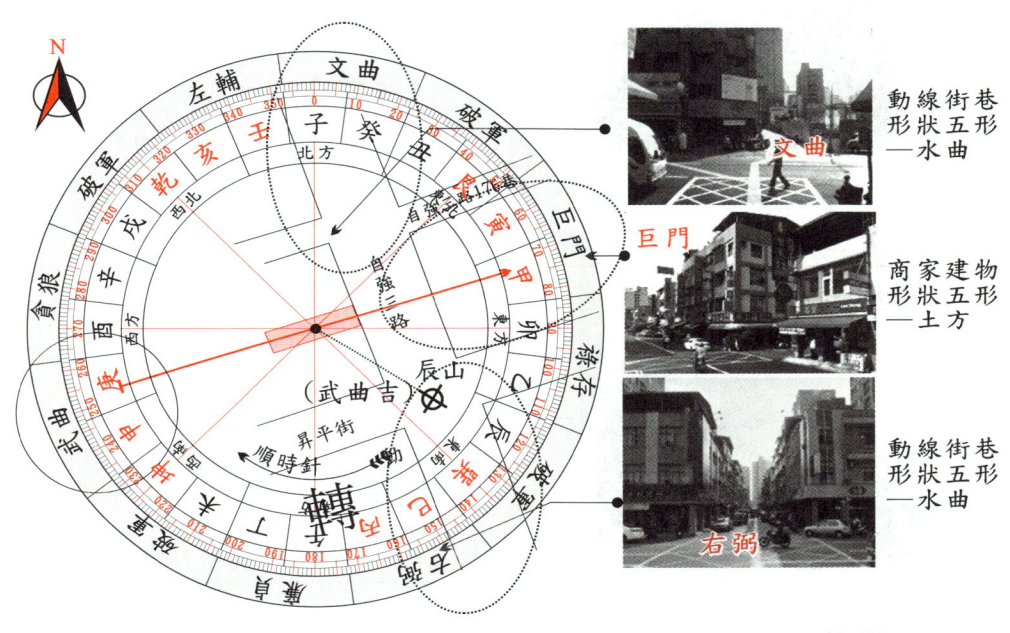

(圖4-22)辰山城門水口符合鄰近建物量體九星特徵

(表4-1)文曲星形態

形狀五行	水曲	九星次序	居四
建築量體特徵		屋頂	建物高低不一
		屋身	量體錯列
		台基	高低不一
		外觀	建物不整道路彎曲
		圖例	彰化縣鹿港鎮巷道

用愛待人
用慈對人
則不惹人怨
能結好姻緣

第肆章 建築環境之選址定向

376

(表4-2)巨門星形態

形狀五行	土方	九星次序	居二
建築量體特徵		屋頂	平頂
		屋身	量體端莊方正之勢
		台基	無柱列有台階上下
		外觀	量體高大方正
		圖例	高雄市政府建築物

(表4-3)右弼星形態

形狀五行	水曲	九星次序	居九
建築量體特徵		屋頂	拱頂造型
		屋身	量體無正形
		台基	有列柱
		外觀	天際線變化多(圓頂與小塔樓)量體曲形有列柱
		圖例	台中市霧峰區亞洲大學

(3)確認同元一氣及陰陽相配

　　店舖以辰方(東南方偏東)城門水口(指自強三路與昇平街交叉口)為關鍵點。店舖建築坐向經測量為庚山(西方偏西南)甲向(東方偏東北)，即來龍戌山(西北方偏西)之對宮為辰山(東南方偏東)城門水口，排龍成果為武曲吉。風水學關注先天理氣與後天方位間的關係。根據唐朝曾文辿(854~916)《青囊序》記載：「楊公養老看雌雄，天下諸書對不同。」說明陰(靜)山陽(動)水雌雄交媾關係。排龍有結束必須審視來龍與坐山及城門水口與向首的陰陽交媾關係是否有所助益。以城門水口辰山(東南方偏東)屬地元山為陰逆排，向首為甲(東方偏東北)屬地元山為陽順排，均採二十四山向陰逆陽順之規則(不同於排龍陰順陽逆之規則)，可以迅速交媾，又同為地元山，即符合陰陽相配及同元一氣。因而店舖可評斷為旺舖(圖4-23)。

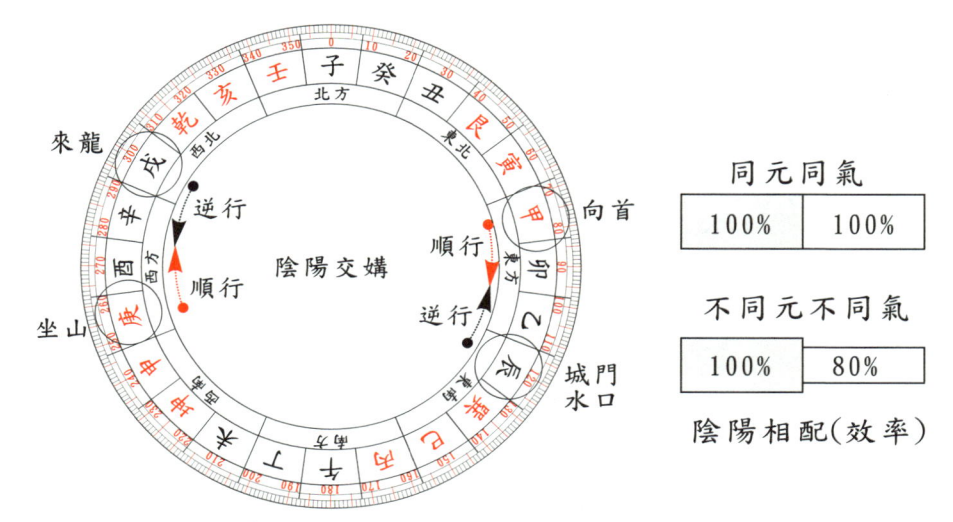

(圖4-23)來龍與坐山及城門水口與向首
符合同元一氣及陰陽相配效率

13.貪狼發福遲及陰陽平衡

　　排龍以十二地支為陰排龍順排，四維及八天干為陽排龍逆排。在五吉七凶中，以寅山為陰排龍順排，來龍取貪狼龍之坐向為例(圖4-24)。貪狼龍坐向計有屬陰之丑山未向及屬陽之艮山坤向，其中丑山未向與來龍雖合陰陽相配，因來龍為人元山與山向之地元山非同元山，無法同元一氣相配(一卦純清)；艮山坤向與來龍無法陰陽相配及一卦純清，屬不吉。又貪狼位因向祿存凶星(相對宮位)，則主發福較遲；根據唐朝楊筠松《都天寶照經·上篇》記載：「貪狼原是發來遲，坐向穴中人未知，立穴安墳過兩紀(一紀12年)，方生貴子好男兒。」說明排龍貪狼發福遲至12年。規劃設計時，宜考量建築與形巒之陰陽平衡如下：

(1)逢遠水，明堂設計要低，否則易氣散。
(2)逢近大水，建築物選址宜退後，否則易犯蕩胸。
(3)逢近靠小水，建築物選址宜點出，否則水不見。
(4)逢逆水朝，建築設計要有近案，否則易水直沖。
(5)逢順水要有交牙(指相交叉)，否則雌雄不交。
(7)逢逆水當朝，必須彎轉而來，否則如同射箭，屬不吉。
(8)逢橫水過堂，水形呈直線，為不佳，稱不得水。
(9)逢大水奔向前，宜匯聚，否則不佳。
(10)逢小水如網，不繞亦稱不得水。

第二節 排龍選址定向

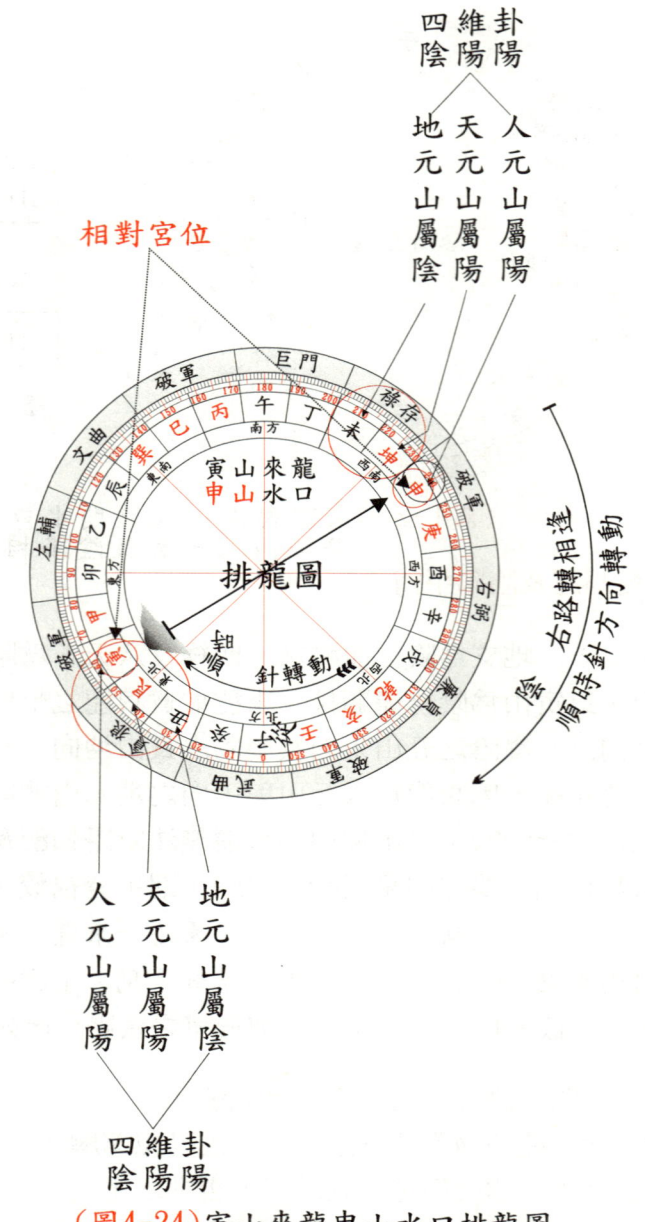

(圖4-24) 寅山來龍申山水口排龍圖

14.排龍五吉七凶一覽表

　　立宅安墳廿四山(順逆三星訣)排龍五吉七凶一覽表(表4-4、4-5)；排龍吉，為先天吉，為本質良好，後天吉，為得時而用。

(表4-4)排龍五吉七凶一覽表(一)

入首龍		壬	子	癸	丑	艮	寅	甲	卯	乙	辰	巽	巳
城門水口		丙	午	丁	未	坤	申	庚	酉	辛	戌	乾	亥
五吉七凶	凶星 破軍	坐→向 巳丙→亥壬	午丁→子癸	午丁→子癸	未坤→丑艮	未坤→丑艮	申庚→寅甲	申庚→寅甲	酉辛→卯乙	酉辛→卯乙	戌乾→辰巽	戌乾→辰巽	亥壬→巳丙
	吉星 右弼	坐→向 辰巽→戌乾	未坤→丑艮	巳丙→亥壬	申庚→寅甲	午丁→子癸	酉辛→卯乙	未坤→丑艮	戌乾→辰巽	申庚→寅甲	亥壬→巳丙	酉辛→卯乙	子癸→午丁
	凶星 廉貞	坐→向 卯乙→酉辛	申庚→寅甲	辰巽→戌乾	酉辛→卯乙	巳丙→亥壬	戌乾→辰巽	午丁→子癸	亥壬→巳丙	未坤→丑艮	子癸→午丁	申庚→寅甲	丑艮→未坤
	凶星 破軍	坐→向 寅甲→申庚	酉辛→卯乙	卯乙→酉辛	戌乾→辰巽	辰巽→戌乾	亥壬→巳丙	巳丙→亥壬	子癸→午丁	午丁→子癸	丑艮→未坤	未坤→丑艮	寅甲→申庚
	吉星 武曲	坐→向 丑艮→未坤	戌乾→辰巽	寅甲→申庚	亥壬→巳丙	卯乙→酉辛	子癸→午丁	辰巽→戌乾	丑艮→未坤	巳丙→亥壬	寅甲→申庚	午丁→子癸	卯乙→酉辛
	吉星 貪狼	坐→向 子癸→午丁	亥壬→巳丙	丑艮→未坤	子癸→午丁	寅甲→申庚	丑艮→未坤	卯乙→酉辛	申庚→寅甲	辰巽→戌乾	卯乙→酉辛	巳丙→亥壬	辰巽→戌乾
	凶星 破軍	坐→向 亥壬→巳丙	子癸→午丁	子癸→午丁	丑艮→未坤	丑艮→未坤	寅甲→申庚	寅甲→申庚	卯乙→酉辛	卯乙→酉辛	辰巽→戌乾	辰巽→戌乾	巳丙→亥壬
	吉星 左輔	坐→向 戌乾→辰巽	丑艮→未坤	亥壬→巳丙	寅甲→申庚	子癸→午丁	卯乙→酉辛	丑艮→未坤	辰巽→戌乾	寅甲→申庚	巳丙→亥壬	卯乙→酉辛	午丁→子癸
	凶星 文曲	坐→向 酉辛→卯乙	寅甲→申庚	戌乾→辰巽	卯乙→酉辛	亥壬→巳丙	辰巽→戌乾	子癸→午丁	巳丙→亥壬	丑艮→未坤	午丁→子癸	寅甲→申庚	未坤→丑艮
	凶星 破軍	坐→向 申庚→寅甲	卯乙→酉辛	酉辛→卯乙	辰巽→戌乾	戌乾→辰巽	巳丙→亥壬	亥壬→巳丙	午丁→子癸	子癸→午丁	未坤→丑艮	丑艮→未坤	寅甲→申庚
	吉星 巨門	坐→向 未坤→丑艮	辰巽→戌乾	申庚→寅甲	巳丙→亥壬	酉辛→卯乙	午丁→子癸	戌乾→辰巽	未坤→丑艮	亥壬→巳丙	申庚→寅甲	子癸→午丁	酉辛→卯乙
	凶星 祿存	坐→向 午丁→子癸	巳丙→亥壬	未坤→丑艮	午丁→子癸	申庚→寅甲	未坤→丑艮	酉辛→卯乙	申庚→寅甲	戌乾→辰巽	酉辛→卯乙	亥壬→巳丙	戌乾→辰巽

(表4-5) 排龍五吉七凶一覽表（二）

入首龍			丙	午	丁	未	坤	申	庚	酉	辛	戌	乾	亥
城門水口			壬	子	癸	丑	艮	寅	甲	卯	乙	辰	巽	巳
五吉七凶	凶	破軍星	坐亥壬→向巳丙	坐子癸→向午丁	坐子癸→向午丁	坐丑艮→向未坤	坐丑艮→向未坤	坐寅甲→向申庚	坐寅甲→向申庚	坐卯乙→向酉辛	坐卯乙→向酉辛	坐辰巽→向戌乾	坐辰巽→向戌乾	坐巳丙→向亥壬
	吉	右弼星	坐戌乾→向辰巽	坐丑艮→向未坤	坐亥壬→向巳丙	坐寅甲→向申庚	坐子癸→向午丁	坐卯乙→向酉辛	坐丑艮→向未坤	坐辰巽→向戌乾	坐寅甲→向申庚	坐巳丙→向亥壬	坐卯乙→向酉辛	坐午丁→向子癸
	凶	廉貞星	坐酉辛→向卯乙	坐寅甲→向申庚	坐戌乾→向辰巽	坐卯乙→向酉辛	坐亥壬→向巳丙	坐辰巽→向戌乾	坐子癸→向午丁	坐巳丙→向亥壬	坐丑艮→向未坤	坐午丁→向子癸	坐寅甲→向申庚	坐未坤→向丑艮
	凶	破軍星	坐申庚→向寅甲	坐卯乙→向酉辛	坐酉辛→向卯乙	坐辰巽→向戌乾	坐戌乾→向辰巽	坐巳丙→向亥壬	坐亥壬→向巳丙	坐午丁→向子癸	坐子癸→向午丁	坐未坤→向丑艮	坐丑艮→向未坤	坐申庚→向寅甲
	吉	武曲星	坐未坤→向丑艮	坐辰巽→向戌乾	坐申庚→向寅甲	坐巳丙→向亥壬	坐酉辛→向卯乙	坐午丁→向子癸	坐戌乾→向辰巽	坐未坤→向丑艮	坐亥壬→向巳丙	坐申庚→向寅甲	坐子癸→向午丁	坐酉辛→向卯乙
	吉	貪狼星	坐午丁→向子癸	坐巳丙→向亥壬	坐未坤→向丑艮	坐午丁→向子癸	坐申庚→向寅甲	坐未坤→向丑艮	坐酉辛→向卯乙	坐申庚→向寅甲	坐戌乾→向辰巽	坐酉辛→向卯乙	坐亥壬→向巳丙	坐戌乾→向辰巽
	凶	破軍星	坐巳丙→向亥壬	坐午丁→向子癸	坐午丁→向子癸	坐未坤→向丑艮	坐未坤→向丑艮	坐申庚→向寅甲	坐申庚→向寅甲	坐酉辛→向卯乙	坐酉辛→向卯乙	坐戌乾→向辰巽	坐戌乾→向辰巽	坐亥壬→向巳丙
	吉	左輔星	坐辰巽→向戌乾	坐未坤→向丑艮	坐巳丙→向亥壬	坐申庚→向寅甲	坐午丁→向子癸	坐酉辛→向卯乙	坐未坤→向丑艮	坐戌乾→向辰巽	坐申庚→向寅甲	坐亥壬→向巳丙	坐酉辛→向卯乙	坐子癸→向午丁
	凶	文曲星	坐卯乙→向酉辛	坐申庚→向寅甲	坐辰巽→向戌乾	坐酉辛→向卯乙	坐巳丙→向亥壬	坐戌乾→向辰巽	坐午丁→向子癸	坐亥壬→向巳丙	坐未坤→向丑艮	坐子癸→向午丁	坐申庚→向寅甲	坐丑艮→向未坤
	凶	破軍星	坐寅甲→向申庚	坐酉辛→向卯乙	坐卯乙→向酉辛	坐戌乾→向辰巽	坐辰巽→向戌乾	坐亥壬→向巳丙	坐巳丙→向亥壬	坐子癸→向午丁	坐午丁→向子癸	坐丑艮→向未坤	坐未坤→向丑艮	坐寅甲→向申庚
	吉	巨門星	坐丑艮→向未坤	坐戌乾→向辰巽	坐寅甲→向申庚	坐亥壬→向巳丙	坐卯乙→向酉辛	坐子癸→向午丁	坐辰巽→向戌乾	坐丑艮→向未坤	坐巳丙→向亥壬	坐寅甲→向申庚	坐午丁→向子癸	坐卯乙→向酉辛
	凶	祿存星	坐子癸→向午丁	坐亥壬→向巳丙	坐丑艮→向未坤	坐子癸→向午丁	坐寅甲→向申庚	坐丑艮→向未坤	坐卯乙→向酉辛	坐寅甲→向申庚	坐辰巽→向戌乾	坐卯乙→向酉辛	坐巳丙→向亥壬	坐辰巽→向戌乾

第二節 排龍選址定向

15. 大凶度數忌用

基地選址定向，確定來龍，忌用大凶度數(出卦、出線、陰陽差錯)屬先天凶龍，就算後天挨星法得旺山旺向，亦發災禍。

16. 九星論述

九星，出於北斗七星，以貪狼、巨門、祿存、文曲、廉貞、武曲、破軍七星加上左輔、右弼為九星。九星在天成象，在地成形。以天象觀之，以形體辨之。茲將星數、五行、吉凶、意象、特徵列表(表4-6)。有數個城門水口時，可透過用排龍訣之形巒或建築物特徵來確認位置。

(表4-6)九星論述一覽表

星名 星數 五行 吉凶	山型巒頭意象	建築量體意象	特徵涵義
貪狼 1 木 吉	山頂上尖下圓，坡面、坡趾平順不斜，沒有蝕溝山脊稜線，似出土竹筍。	屋頂上銳下圓，形如圓亭狀，屋身不斜，基座有台階，似天壇建築。	富貴綿長、人丁興旺、名聲顯貴、生生不息等象。
巨門 2 土 吉	山頂平坦，坡緣呈圓狀，坡面、坡趾平順，傾斜角度小，似屏風、書櫃。	屋頂巨型圓頂，屋身體方，基座有台階，似體育館巨蛋、議事大廳建築。	忠信聰敏、財源廣進、胃腸疾病、陰德貴秀等象。
祿存 3 土 凶	山頂平坦，坡緣圓狀，坡面、坡趾有蝕溝山脊稜線，似鼓、鼓身如瓜瓠線。	屋頂半橢圓形，屋身單排列柱圍廊，具排柱基座，似古典山頭、列柱建築。	官非訟事、殺伐兵武、衰敗禍患、盜竊足疾等象。
文曲 4 水 凶	數座山頂連綿水波起伏，無突出山峰，坡面平順，沒有蝕溝山脊稜線，似撒網狀。	四周建物錯列、量體高低不一，道路、巷道、溝渠曲折，似水流意象環境或建築。	姻緣反覆、聰明英俊、升職加薪、女持家等象。
廉貞 5 火 凶	山頂聳拔粗大，為眾星之祖山，坡面、坡趾不平順，惡石裸露，似無肩多邊角形。	屋頂尖形或三角形構造，屋身雄偉，如寶殿屋脊兩端翹起，似宗教意象建築。	遊蕩暴戾、無端惹禍、轉福為禍、不利健康等象。
武曲 6 金 吉	山頂圓狀高大，山頂落脈有其他圓峰相伴，坡面、坡趾平順，似羊群之背。	屋頂穹窿形，所佔比例較大，屋身高大、端莊、方正，似充滿威權意象建築。	官運亨通、富貴榮華、夫妻和睦、秀雅多文等象。
破軍 7 金 凶	山頂雄偉圓頂，坡面、坡趾不平順，有蝕溝山脊稜線，形勢破損，似破傘。	環境新舊雜陳之建築物群，形式多樣，景象突兀，高矮不一，似殘破修補之老屋。	人丁薄弱、官非訟事、剛毅多禍、易生頑疾等象。
左輔 8 金 吉	山頂高大圓斜，坡面、坡趾草木茂盛，溪流行止不顯，形勢似駝峰。	屋頂出現數個圓頂構成，屋身前高後低，出現大小圓頂形，似大小駝峰意象。	福壽綿長、平安寧靜、事業興旺、財源廣進等象。
右弼 9 水 吉	山頂呈水波紋般起伏，有多個主峰跟隨，坡面坡趾有蝕溝山脊稜線，形勢似展席。	建築量體無正形，隨其它星體形態而變化，量體高低不整，似水體跌落之勢。	富貴榮華、驟發丁財、祥和寧靜、顯發超凡等象。

17. 生成數及五行之取用

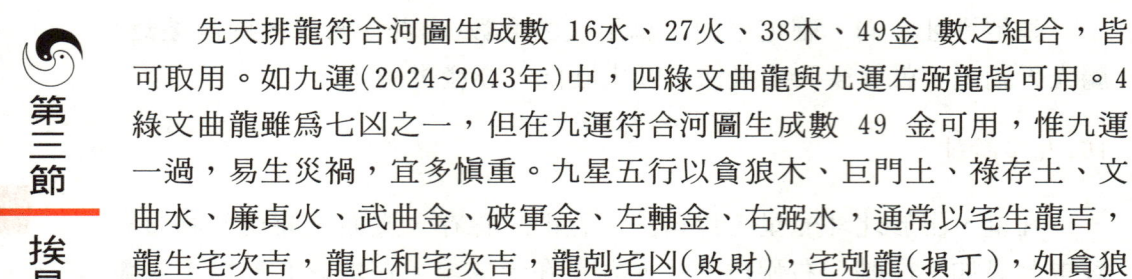

先天排龍符合河圖生成數 16水、27火、38木、49金 數之組合，皆可取用。如九運(2024~2043年)中，四綠文曲龍與九運右弼龍皆可用。4綠文曲龍雖為七凶之一，但在九運符合河圖生成數 49 金可用，惟九運一過，易生災禍，宜多慎重。九星五行以貪狼木、巨門土、祿存土、文曲水、廉貞火、武曲金、破軍金、左輔金、右弼水，通常以宅生龍吉，龍生宅次吉，龍比和宅次吉，龍剋宅凶(敗財)，宅剋龍(損丁)，如貪狼龍屬木，宜配合建築量體形狀五行之水形宅，成為宅生龍吉也。

18. 排龍起旺時段

排龍五吉星(貪狼、巨門、武曲、左輔、右弼)中，以武曲起旺最強(當年起旺)、巨門起旺次強(即次年起旺)、左輔與右弼起旺第三強(即第三年起旺)、貪狼起旺最弱(即第十二年起旺)。

第三節、挨星訣

替星又稱挨星，每一個山分成 15°，再分成 5 份，以每份 3°，旋轉至兩邊 3°分金，即兼三分，須用挨星法。天元山與人元山可互兼，不用挨星，地元山不宜與同卦天元山與鄰卦之人元山互兼。

一、擇址立向

建築環境擇址，涉及水法與道路網路的配合，並非可以任意選取方向，必先觀測來龍走向與三叉水口，來審定排龍吉凶(即取先天吉星)，俾便選取吉方來定向(即取後天旺向)。因此，以排龍來確認基地建築物的位置朝向。其組合為先天吉(排龍)，後天(取向)不吉，為不得時；先天不吉(排龍)，屬先天本質欠佳，後天不得時(為旺)亦不耐久。

二、案例引述

建築物朝向酉方，以坤方來龍艮山水口為例，得排龍巨門吉星(圖4-

25），同屬天元卦，亦符合真陰陽屬吉。再依**玄空挨星盤**（或稱飛星盤）來審定坐向，即吉凶宜忌，可提供建築設計參考；以八運卯山酉向之玄空挨星盤(或稱飛星盤)(圖4-26)，為雙星到向為旺財不旺丁之局，前面有山水可用。

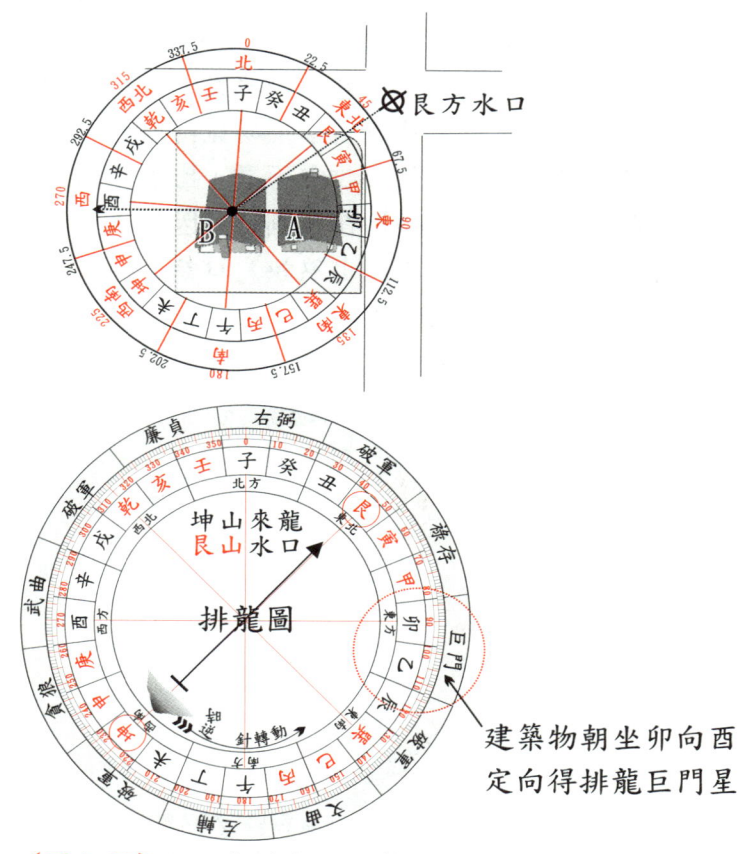

（圖4-25）艮山城門水口排龍成果

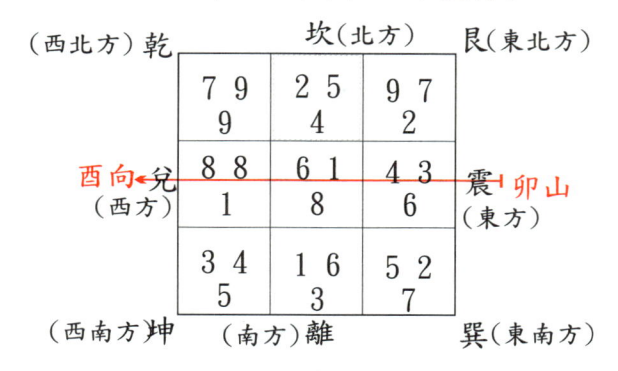

（西北方）乾	坎（北方）	艮（東北方）
7 9 9	2 5 4	9 7 2
酉向←兌 （西方）	8 8 1	6 1 8	4 3 6	震 卯山 （東方）
3 4 5	1 6 3	5 2 7
（西南方）坤	（南方）離	巽（東南方）

（圖4-26）八運卯山酉向挨星盤

第四節、收山出煞訣

建築物訂定形制,屬先天不論元運,以建築量體朝向(二十四山坐向),分收山與出煞(圖4-27)及與營建形式(虛實)有關。根據唐朝楊筠松《天玉經‧內傳下》記載:「翻天倒地更玄玄,大卦不易傳,更有收山出煞訣,亦兼為汝說。」感慨所學不易覓得傳人,將口訣流傳,記載其解法。一般陰陽宅,蒙受先天收山不盡,出煞不清之害,造成陰陽宅不發,仍多阻礙煩惱多,建築物在規劃時,因先天巒頭的限制,會影響收山出煞的布局,可參考《收山出煞訣》口訣(圖4-28),來設計建物之景觀形式,以掌握收旺出煞來增益。

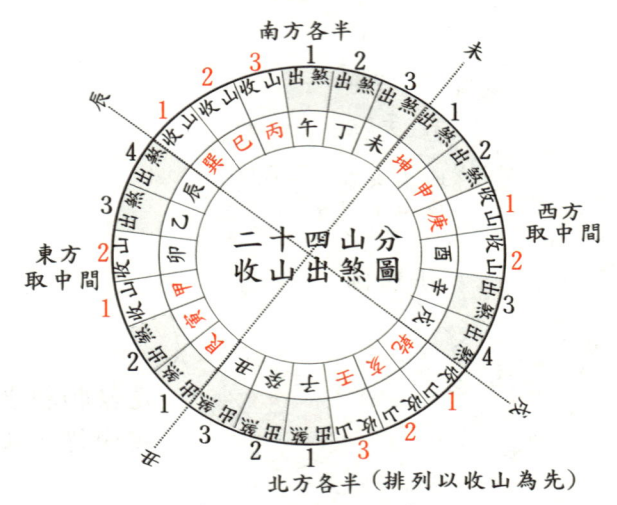

(圖4-27)收山出煞規律法則

```
四墓乙辛丁癸山
坤艮寅申子午間
出煞山頭一十四
總宜傾卸不宜欄
餘外十山為收斂
須將生氣密牢關
```

四墓是指辰、戌、丑、未四山。

(圖4-28)《收山出煞訣》口訣

一、收山出煞要領

建築物的營造，以零、正作為收山出煞的安排與應用，將上山的衰氣放入低處(地)，將下水的衰氣放在高處(地)。根據清朝沈竹礽《地理辨正續解》記載：「其實收山、出煞即零正二字，不知零、正，即不知收、煞。」如九運(2024年至2043年)以九紫為正神，一白為零神。山飛星之正神宜見高山收山，以密關屏蔽為宜；向飛星之正神宜見低出煞，以開揚傾卸為宜；山飛星之零神宜見低出煞，向飛星之零神宜見高山收山。

例：九運卯山(東方)酉向(西方)為例，巽、乾為天元龍，以 9 運 9 紫為正神，1 白為零神(圖4-29)。

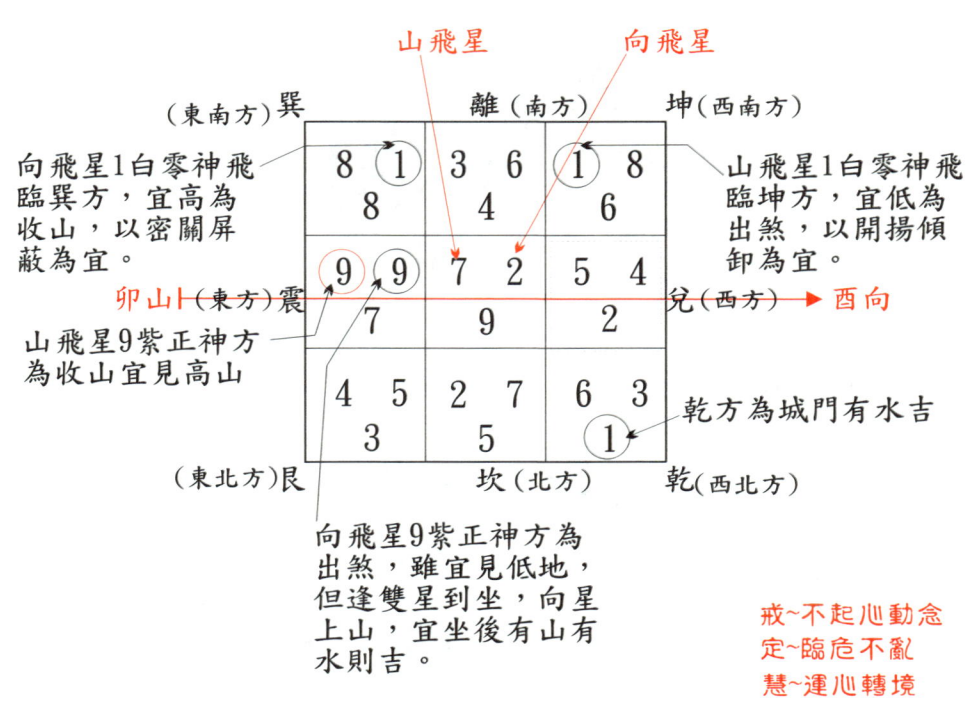

(圖4-29) 九運卯山酉向之零、正方位

戒~不起心動念
定~臨危不亂
慧~運心轉境

二、收山之特徵

　　學理上將山上之生旺氣飛星置於高處，向上之生旺氣飛星置於低處或有水之處，謂之收山。建築物運用零、正布局，對收山的安排，其特徵有收聚之意，以藏風聚氣為主，建築物的營建形式以前高後低，或宅前大門深入有遮蔽(如牆、盆景等，指門前隱蔽，不易被人察覺。)（圖4-30）。

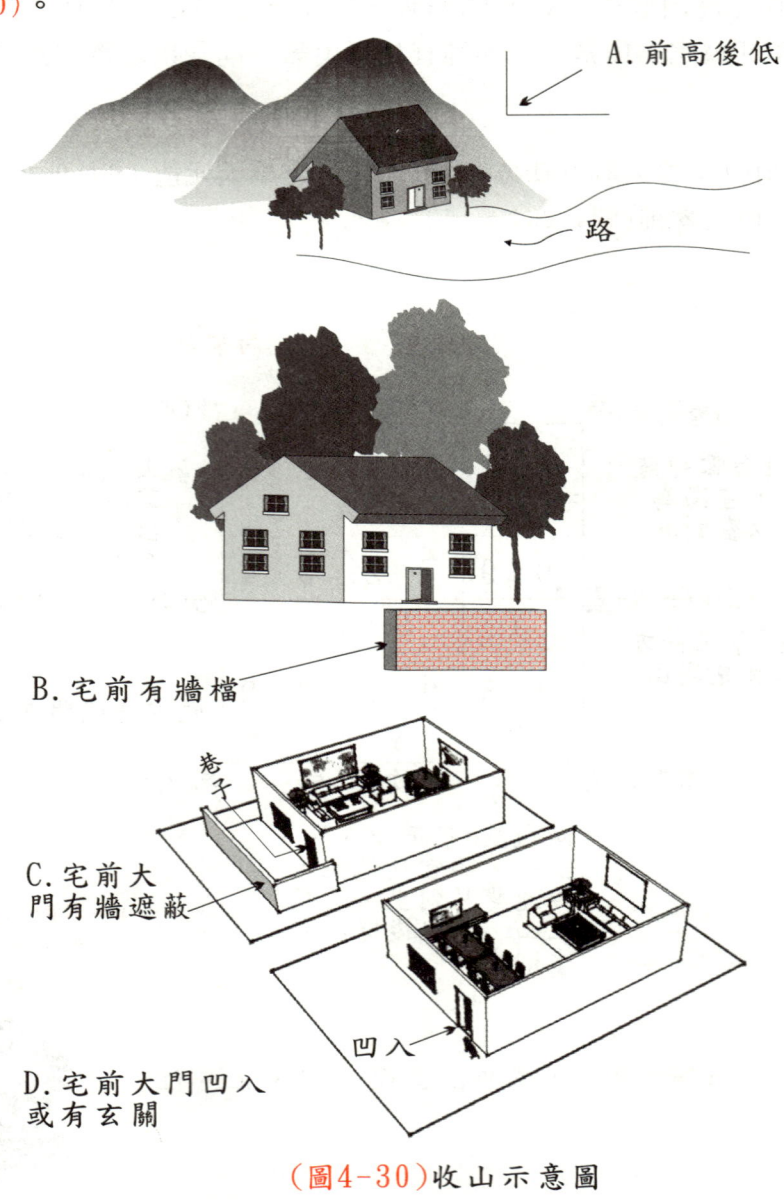

A.前高後低

路

B.宅前有牆擋

巷子

C.宅前大門有牆遮蔽

凹入

D.宅前大門凹入或有玄關

（圖4-30）收山示意圖

三、出煞之特徵

　　學理上將山上之衰死氣飛星置於低處或有水之處，向上之衰死氣飛星置於高處，謂之出煞。建築物運用零、正布局，對出煞的安排，其特徵為前朝開闊，納氣匆足，有發散之意；空間以開揚通氣為主，建築物的營建形式以前低後高，或宅前大門開揚或通氣（如窗戶多，指門之開揚，有歡迎之意。）（圖4-31）。

E. 前低後高

F. 宅前窗戶多

G. 宅前有梯數級係開揚

（圖4-31）出煞示意圖

第伍章
自救化煞原理與運用
Zijiu Huasha Yuanli Yu Yingyong

　　風水吉凶的斷應，若欲真正達到趨吉避凶之效，必須掌握自救化煞之法。生活中的實際應用，乃依「物以類聚、以形制形」之理，運用實物來調整虛象，以達風水平衡。全文共分七節，結合文獻回顧與實務經驗，深入探討自救化煞的基本原理、吉祥物品之運用、空間五行調和、缺角方位補救、改換天心以迎旺運、五鬼運財局的應用，以及納骨塔位的選擇等核心議題，並輔以具體操作步驟與實例，提供研究與實務應用之參考。

本章提要

第一節、自救化煞的原理

第二節、化煞吉祥物品的應用

第三節、空間五行調和之應用

第四節、空間缺角方位補救

第五節、改換天心迎旺運

第六節、五鬼運財局

第七節、納骨塔位之選擇

第一節、自救化煞的原理

　　現代建築物講求機能、藝術、建構，對外觀與空間，在施設竣工後，宅第之坐向均已固定。對風水之調整與改造上的需要，牽涉到建築結構安全，與環境景觀之協調性與一致性，要變動建築物外觀與朝向，可說是談何容易，對格局機能配置的變動，如門窗、廚房、廁所、房間，均已施設完成。可修改之幅度也是相當有限。因此，常造成當事人心中之疑慮與負擔。

一、掌握五行生剋

　　學習風水吉凶斷應，要能趨吉避凶，當須懂得運用自救化煞之法，就如同醫師診斷，雖瞭解病情不算醫病，要能運用醫術來治病，才算是診療行為。對不懂風水的人來說，擺置風水物品，含有一種神秘感，為達到自救化煞之道，全在運用五行生剋，採物以類聚，取之於形，以實物制虛之原理來趨吉避凶。

二、實物制化布局

　　在化煞處理上，惡露宜藏，忌強宜適中，露則易敗，強則易折。為避免食古不化，惡形造成觀感上的心理投射，自生恐懼，動輒拆牆、隔間、封窗、封門來阻擋、花費不貲購置不甚搭配突兀之物品。造成當事人諸多不便及經濟上的負擔外，亦感嘆破財消災。俗話說：「最貴重的藥，不一定是良藥，能治療該病的藥才是良藥。」有鑑於此，化煞要達到應驗，可參考《風水自救化煞運用一覽表》（表5-1）及《風水催吉化煞實物運用》蒐集流通普及性之物品參考，提供同好能舉一反三，掌握顏色五行、形狀五行、材質五行的理念靈活的自行布局，以達趨吉避凶之功效。

　　進行制化布局，最好在當年之冬至起至次年之立春前完成，所謂冬至一陽生，象徵流年氣運漸消退，未來氣運開始更替。

(表5-1)風水自救化煞運用一覽表

星組	卦意	化煞物品	化解原理
12	土剋水	六個銅飾品(銅錢或銅片)	用金洩土氣,又能使土生金、金生水之意。銅錢屬金性,六個是六乾金符合卦象。
15	土剋水	四支毛筆(或四支觀音竹)與銅葫蘆	用四綠巽木,來洩一坎水之氣。及用銅飾物(如銅葫蘆)屬金性,來洩五黃土災病之氣。
18	土剋水	掛銅飾品(銅鈴)	銅鈴屬金性,以金洩土氣,為土(八白土)生金之意,又能促進金生水來增益。
19	水剋火	四支毛筆或四支觀音竹	先天河圖四九數為穩定金局,為金生水氣,又為水生木之象。
23	木剋土(鬥牛煞)	掛銅飾品(銅鈴)置紅色飾品	銅鈴屬金性,為洩二黑土病符星(為土生金)。紅色飾物係火洩木氣(為木生火之象)。
25	土星疊至(災病星)	銅飾品(葫蘆、銅象)安忍水	銅飾品屬金性,以金洩土氣,象為重型哺乳動物,象徵著重形金屬飾品來洩重土,安忍水(開口容器置鹽、水、4個銀幣、9個銅幣)。
36	金剋木	黑色或藍色飾品(如地毯)	黑色、藍色屬水性,以水來洩金氣(為金生水之象)不再剋木。
38	木剋土	紅色飾品(小紅燈、水晶燈、地毯)	為火洩木氣來調和化解。
45	木剋土	銅飾品(葫蘆、銅象)	銅葫蘆或銅鈴均屬金性,以金洩五黃土之氣(為土生金之意),可加紫水晶(為木生火之意)調和化解。
67	雙金疊至(交劍煞)	置黑醋或肥皂水	金屬物質本性易溶於酸鹼溶液中,將黑醋(酸性)或肥皂水(鹼性),置入瓶中以化解金氣(以水洩陰陽兩金之氣)。
95	火生土(紫黃大煞)	銅飾品(葫蘆)	以金洩土氣(為土生金之意)。
97	火剋金	方形瓷器土多盆景	以土洩火氣(為火生土之意)。

第二節、化煞吉祥物品的應用

近年來，風水形煞之論述，達數百種之多，可說是抬頭所見處處是煞，盲從模擬嚇自己的人還真不少，而忽略了風水真正內在的核心價值，實在令人隱憂。應用上須留意下列之事項。

一、認清心理自慰

近年來，大眾媒體琳琅滿目的網路行銷，天天可見化煞與催旺的商品，可說是多、雜、亂來形容，並常藉宗教背景或民俗觀點，強調因果關係，並神化了其起死回生功效；造成普羅大眾見煞制煞，破財消災，寧可信其有，來滿足心理自慰。此舉，如同資訊網路有人設計"病毒"，有人設計"解毒"。如此，一來一往，確實帶來無限商機。然而，卻忽略物品的類象，說穿了就是五行學理（顏色五行、形狀五行、材質五行）的運用，實在令人惋惜。

二、運用宜普遍性

風水上的真知灼見與研究學理，應用在物品上，宜平實的敘述，藉此拋磚引玉，喚起更多同好共襄盛舉，解析化煞吉祥物品的理據，讓大眾運用上有深一層的認知，並掌握商場流通之普遍性，避免突兀與過度神化。

三、形塑建築環境

建築規劃階段，將風水學理自然融入在設計案中成為元素，是藝術最高的境界，形環境塑景觀協調一致性，讓人發覺不出曾經風水調整與布局，有益推廣正確的風水趨吉避凶之法。

四、化煞吉祥物品之解析

勤種福田消災難
淨化己心招吉祥

(一)銅鈴化五黃與鬥牛煞

1.卦理分析

　　銅鈴為金屬製品(圖5-1)，學理上可洩土煞(土生金)，以金洩土，消除五黃煞(土)，又銅鈴分素面(無宗教信仰者使用)及鑲有《心經》面(有宗教信仰者使用)兩種，均能化解鬥牛煞。

2.消除五黃煞(土)

　　二黑為病符星及五黃為災病星(又稱戊己大煞)。根據《紫白訣》記載：「正煞為五黃，拘臨方到間，人口常損。」又記載：「二五交加，罹死亡並生疾病。」《飛星賦》記載：「黑黃兮，釀疾堪傷。」說明五黃飛臨到宮，主運氣晦滯勞而無功，事倍功半功虧一簣。

3.化解 23 鬥牛煞

　　八卦類象二黑為病符星，代表動物為牛，五行屬土；三碧為蚩尤星，五行屬木，合成為雙星 23 鬥牛煞，主不和，口角是非特重；制化可掛銅鈴(屬金性)，為金剋木並洩土作用。另鑲有《心經》面之銅玲(有宗教信仰者使用)，《心經》為佛經三藏十二部經點中之精華，當它搖動時天龍八部，護法聖神當予以護持，令人心情平靜，避免激氣，發生口角是非、官非訟事。

內鑲《心經》當振鈴時喚醒眾生精進，警覺，強伏心魔。若有宗教信仰的忌諱，可採用無字的銅鈴。

金鳴母喚
惠土生慈

(圖5-1)銅鈴化五黃與鬥牛煞

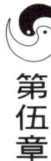

（二）銅葫蘆化病星與紫黃大煞

1. 卦理分析

　　銅葫蘆為金屬製品，二黑病符星和五黃災病星五行屬土，用金可以洩土氣；銅葫蘆形態上窄下闊，窄嘴闊身（圖5-2），上端具有兌卦象（☱兌上缺）、中端具有離卦（☲離中虛）、下端具有巽卦（☴巽下斷）三卦象，具化病理及收氣的功效。

2.化解 95 紫黃大煞

　　能吸收雙星 95 紫黃大煞，又為雙金圓形，可調和化解 2 黑病符土星，以金洩土，符合五行相生相剋之原理，即為土生金之意。

（圖5-2）銅葫蘆收氣以金洩土

忘功不忘過
忘怨不忘恩

（三）黑醋化交劍煞

1.卦理分析

　　一般金屬之本性，易溶於酸鹼溶液中。黑醋溶液（圖5-3），顏色屬黑色，五行屬水，醋亦是酸性。

2.化 67 交劍煞

　　在五行中酸、鹼性均屬水，能化解六七交劍煞《紫白訣》記載：「交劍煞與多劫掠。」說明不和為大凶，主女凶男象。可利用黑醋之酸性及黑色顏面五行屬水，來洩陰陽二金之氣；原理為以水洩金，即金生水之象。

　　黑醋可置（掛）在適當位置（以調和、化解 67 交劍煞），可置精緻瓶裝以不打翻，並能自然揮發為原則。

（圖5-3）黑醋化六七交劍煞

(四)古銅錢擋煞

1.卦理分析

　　從古至今中國各朝代，貨幣均以銅錢(圖5-4)為主，以清朝時代所鑄造之銅錢，共十個不同皇帝時代所鑄造，取清朝前五代盛世皇帝(順治、康熙、雍正、乾隆、嘉慶)所鑄造之銅錢，這些古錢均亦沾了千萬人的使用手氣，象徵具盛世的吉氣能量。

2.古銅錢擋煞

　　銅錢在五行中屬金性，具有一定之化煞作用，放在身邊可以避邪；並可用在反弓路、牆角沖射、橫樑壓頂、電梯沖大門之煞氣方，配合紅色系列地毯使用，可化門口 23 鬥牛煞 (化二黑土病符星，即土生金之意，化三碧木是非星即木生火之意)。

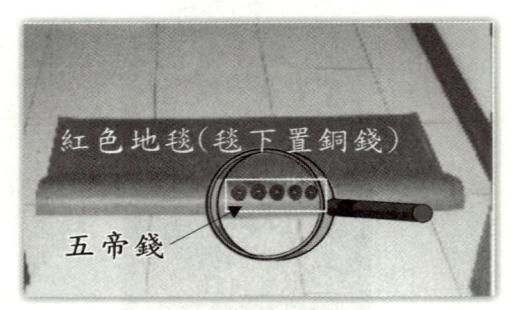

(圖5-4)五帝錢擋煞

3.古錢化樑

　　明朝午榮《魯班經匠家經》(簡稱魯班經)厭勝十九條記載：「雙錢正樑左右分，壽財福祿正豐盈，夫榮子貴妻封贈，代代兒孫掛綠衣。藏正樑兩頭，一頭一個，須要覆放。」(圖5-5)。

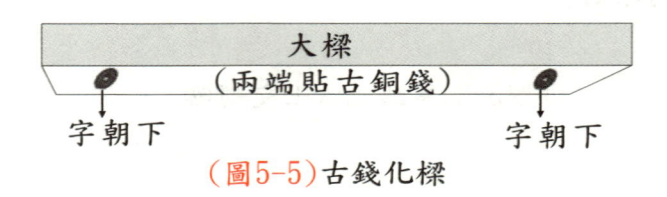

(圖5-5)古錢化樑

(五)小羅盤化官符

1.卦理分析

　　羅盤結合了五行、八卦、天干、地支、星曜、節氣等符號與文字，功能上具有測量方位與化煞之作用。羅盤結構對一般初學者來說，具複雜與神秘感，除用來作為測量工具外，尤對宅運惡劣，又犯官符或運氣晦滯之人，可備小羅盤兩個，一個用來隨身攜帶以保安康，另一小羅盤用來布局(無宗教信仰者可免)，以增強宅運，轉危為安。

2.操作步驟

(1)**使用範圍**：無宗教信仰者，將小羅盤可置進門玄關處(或明亮處)即可。另有宗教信仰者，可選擇在供奉諸佛、諸菩薩、眾神之佛(神)桌上之插香之香爐，用來布局小羅盤(圖5-6)，祖先牌位不能用。

(2)**確認屬性**：有宗教信仰者對供奉佛神之屬性(如天界、地界)來決定天地線(又稱子午線)，先天乾卦屬天、坤卦屬地，天地線俗稱子午線，為地球之南北兩極最強磁場，藉天地間之磁性效應來化煞(圖5-7)。

天界：諸佛、諸菩薩、眾神採用坐地向天(坐北向南)來布局(圖5-8)。

地界：土地公或土地龍神採用坐天向地(坐南向北)來布局(圖5-9)。

3.吉日良辰

　　擇吉日、吉時將小羅盤置入香爐內上覆加香灰，心誠心喜，當能增強諸佛、諸菩薩、眾神之慈悲眷顧，來趨吉避凶永保安康。

太陽光大　父母恩大
君子量大　小人氣大

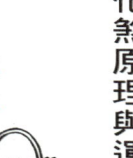

第二節 化煞吉祥物品的應用

佛像
羅盤
香爐

（圖5-6）香爐布局　　　　（圖5-7）香爐內布小羅盤

羅盤

小羅盤依天界、地界之區分置入香爐內

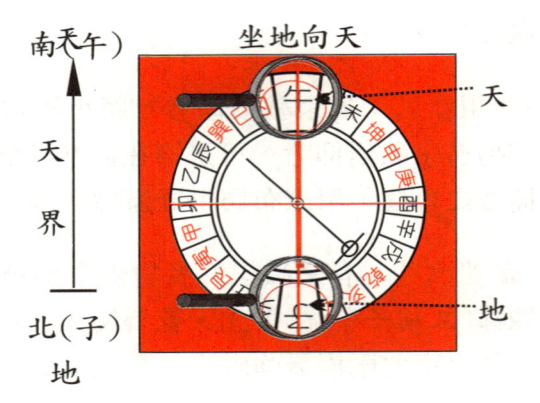

（圖5-8）天界使用（調羅盤方式）

坐地向天
南天（午）
天界
北（子）地
天
地

小羅盤置入香爐內上覆加香灰

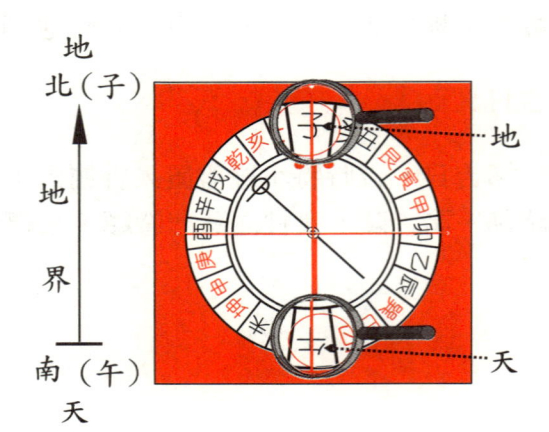

（圖5-9）地界使用（調羅盤方式）

地
北（子）
地界
南（午）天
地
天

(六)168 水玲瓏催財

1. 卦理分析

　　168 水玲瓏(圖5-10)係掌握五行相生，結合風水卦象之現代藝術品，外形美觀，適合室內裝飾與催財，比魚缸簡便，整個基座為銅質鑄造設計，採金性，在五行中，符合金生水之卦象(水主財)。1個燈罩6片葉子、水經過8處，符合易經卦數 168 三白吉，為一白水、六白金、八白土，五行循環土生金生水之卦象；"俗稱一路發"。1個滾動圓石球，亦符合五行中土生金之卦象，由一個噴嘴出水推動，數量又為 1 符合坎為水。藉由馬達使水力激起，水流之不斷循環是製造川流不息，象徵著吉凶成乎在動，利財源滾滾，而銅盆為盛水用，係聚水聚財也。

2. 財位增益

　　動水(其他動水器材型式，宜注意五行相生搭配之材質。)(圖5-11)催財置於財位上(須經測量，放置先天卦線，以衰為旺，反之為煞水。)強奪旺氣，可短時間帶來動象財氣。

（圖5-10）168水玲瓏

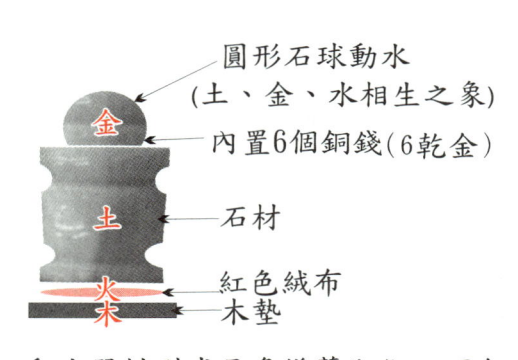

圓形石球動水
（土、金、水相生之象）
金
內置6個銅錢(6乾金)
土
石材
火
紅色絨布
木
木墊

動水器材型式具多樣藝術化，可自行搭配五行相生之材質為佳。

（圖5-11）其他動水器材

(七)文昌塔利功名就

1.卦理分析

　　自古以來，在傳統之宗教建築，如東方佛寺與道觀及西方教堂等建築物中，多會興建一些塔(樓)作為修練(經、法、道)之所，塔樓(或鐘樓)之形態，有助於直接激發潛能，亦能感應無限般若智慧，並能靜思存念，達天道、人道、意識合一之境界。

2.文獻回顧

　　清朝高見南《相宅經纂》記載：「凡都、省、府、州，文人不利，不發科甲者，可經甲(東方偏東北)、巽(東南方)、丙(南方偏東南)、丁(南方偏西南)，四字方位上，擇其吉，立一文筆尖峰(即在高山上建築一座塔，如杭州之六合塔、北京之玉泉山塔、各地書院之文昌閣樓)，只要高過別山，即發科甲。或山上立文筆，或平地建高塔，皆為文筆峰。」說明甲、巽、丙、丁四字方位，布文昌塔有助發科甲。因此，高大建築物如台北101大樓或文昌塔樓等，若座落在宅第或學校之甲、巽、丙、丁四字方位上，可設圖書館，可補充文峰之不足。

3.文昌塔卦象

　　文昌塔採九層(或七層數先天火)八個面，符合後天八卦數中，卦數"九"屬後天離卦，洛書五行中屬後天"火"。塔上端為尖狀形制，五行中亦屬火。塔之材質可採用木質或綠色之青斗石製作(青斗石屬最早期之火成岩，或稱玄武岩，為輝綠岩類，因深藏於地底，故其結晶細緻，抗風化能力極強，韌性極佳，蘊含天地之氣，一般寺廟之龍柱與石獅均採用此種石材，經雕刻後，保存愈久，其光澤愈美磁場穩定，有鎮宅之作用)塔呈綠色在五行中屬木，五行為木生火之象；《玄空秘旨》記載：「木見火而生聰明奇士」亦稱：「木火通明，聰明文采。」符合文昌卦象。因此，文昌塔可置於個人主命文昌位或四字方位(甲、巽、丙、丁)上，能凝聚智慧，並發揮潛能。

4.圖書館規劃方位

　　校園圖書館規劃(或設置)在空間之甲(東方偏東北)、巽(東南方)、丙(南方偏東南)、丁(南方偏西南)四字方位吉氣上(圖5-12)，能激發師生勤奮之心，發揮智慧利功成名就。

圖書館

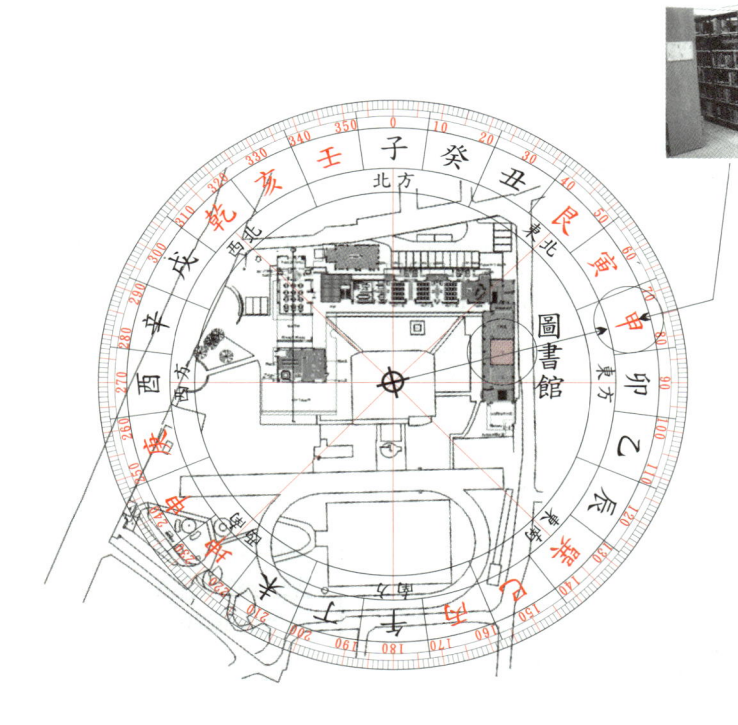

(圖5-12)校園圖書館規劃分位

再好之道理
如不去力行
等於是空話
再好之事
如不按正理而行
難以竟其功

文昌塔

(八)布四支毛筆利讀書考試

1.卦理分析

　　毛筆之筆桿屬柔竹木，外形長條又修長，筆毛柔軟亦屬陰柔，數量四枝(圖5-13)，符合八卦之巽卦象。

2.布文昌位

　　宋朝吳景鸞《玄空秘旨》記載：「木見火而生聰明奇士」亦稱：「木火通明，聰明文采。」布置在個人主命文昌位上，可提高智慧，利讀書考試，準發科名之顯。有宗教信仰者，可在筆桿上被護「文殊師利菩薩六字咒」至心頌 108 遍(文殊菩薩是佛教之四大菩薩，為大智菩薩，祂手執金劍，象徵威嚴、智慧最高至極。)能攝受雜念，調伏妄念與煩惱，並開發般若智慧，達到最殊勝之利益(圖5-14)。並以紅線(圍繞筆桿四圈)繫牢，紅色卦象屬火，能增強木生火，利文昌卦象。

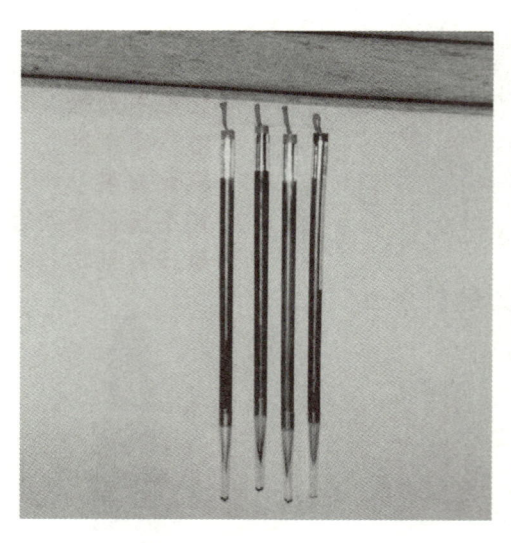

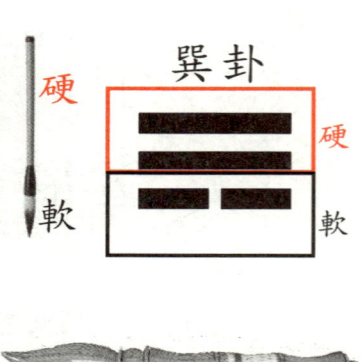

不合文昌巽卦象
需綁4圈紅線與飾帶
呈49木火通明聰明文采之象

(圖5-13)四枝毛筆符合八卦之巽卦象

拜文昌催動讀書考試

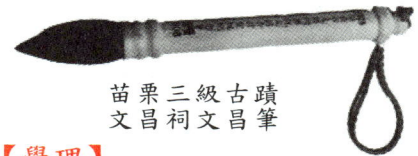

苗栗三級古蹟
文昌祠文昌筆

巽卦

硬
軟

【學理】

文昌筆以檜木作毛筆外形，長條硬直（象徵陽剛），筆尖黑色（象徵陰柔），符合《易經》八卦之四巽木文昌卦象。

有宗教信仰者，可影印剪下，並誠心頌念108遍後，簽名被護在筆桿上，更具效應。

文殊師利菩薩六字咒

唵 婆 髻 馱 那 莫
om vaˇ ke da na mah

弟子　　　　　　　恭錄

被護在筆桿上

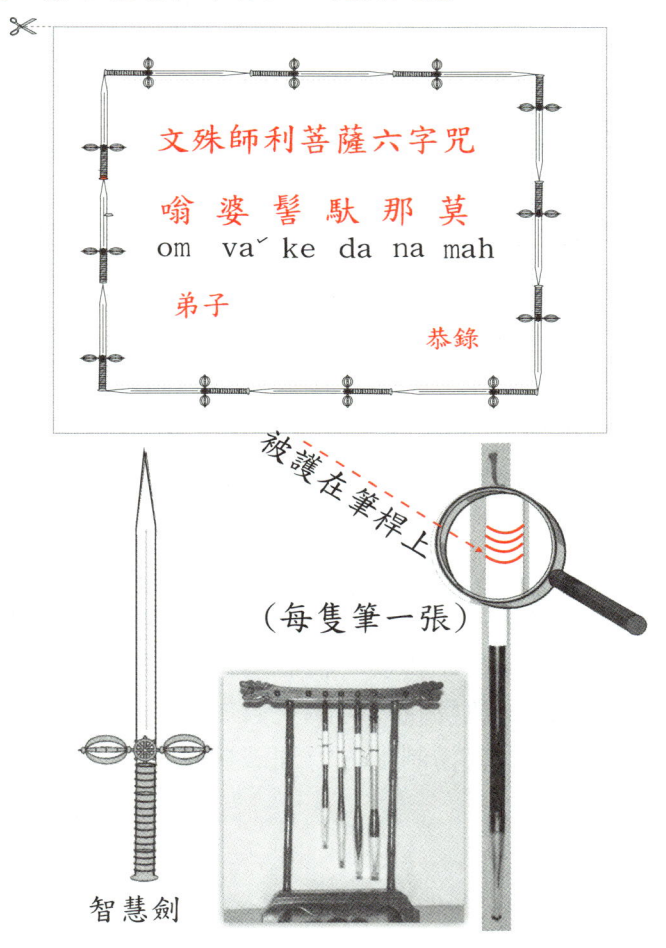

（每隻筆一張）

智慧劍

（圖5-14）文殊師利菩薩六字咒（有宗教信仰者使用）

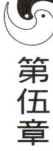

第伍章 自救化煞原理與運用

404

（九）木雞破桃花煞

很多人都憧憬愛情，渴望擁有一份真誠的愛，可是世上為情所困者，比比皆是，由愛生恨者，更不知有多少。一般桃花事件，並非名人之專屬品，大致上分兩類，一是本身所遇非人，當然為異性傷身、破財；另一是對方遇別人來糾纏不清，很難擺脫，可說是剪不斷，理還亂。因此，被情所困，當然影響健康與財運，必須當下揮慧劍斬情絲。《佛說四十二章經》第十二章記載：「人有二十難中"忍色忍欲難"，以為勸誡也。」以持"戒"斷"欲"，以"禪"離"情"，就是用情緒控制之法，將愛惡喜怒轉化作慈悲喜捨，達到自覺覺他，遠離情困之境。

1. 卦理分析

在三元玄空飛星學中，以九星為主，其中八卦中巽卦，為四綠木屬文曲星，又稱游魂之神，主才能卓越，感情豐富，為文才與桃花，破局為貪花戀酒、淫蕩。犯桃花必與四綠星有關，必須擺置與其相剋之物品方可破解。

2. 實物制虛

一般而言，不情願的姻緣與異性緣，是有時間性，不會善始善終的，可以在時間上適當地予以迴避，及空間上作適當的布局與調整，以避免因情感發生糾紛或災禍。因而空間布局，**採木雞實物制虛之法**，雞在八卦類象與十二肖中，排列在兌卦之庚、酉、辛三山中，以酉代表雞，又七兌金為破軍星，**屬肅殺之神**，含有破壞之意。因此，取用木雞，象徵先與四巽木桃花比和後，再破解桃花運（劫）之意。木雞以公雞破男性桃花、母雞破女性桃花，可調整置於出入之近門口處，雞嘴向著大門外（圖5-15），採以實物制虛之原理破桃花。

感恩心投入 就不怕辛苦
心開運就通
運通福就來

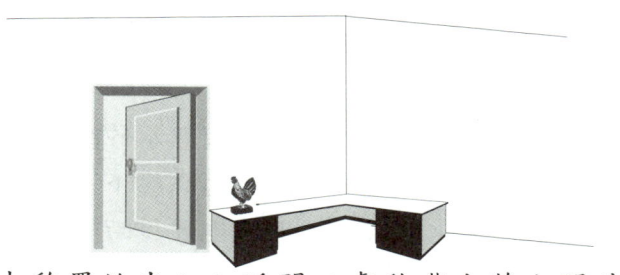

木雞置於出入之近門口處雞嘴向著大門外

木母雞
（破女性桃花）

木公雞
（破男性桃花）

（圖5-15）木雞破桃花

3.經咒加持

　　有宗教信仰者，可在木雞底座，置《楞嚴咒心》更具效應(圖5-16)。《楞嚴咒》是佛教經咒中最重要之一部咒，包含佛教教義，能開智慧。根據《楞嚴經》記載：「阿難尊者，為魔天伽女所迷惑，經釋迦牟尼佛請文殊師利菩薩，以《楞嚴咒》使其不被境界所轉亦不被天魔外道所侵。」

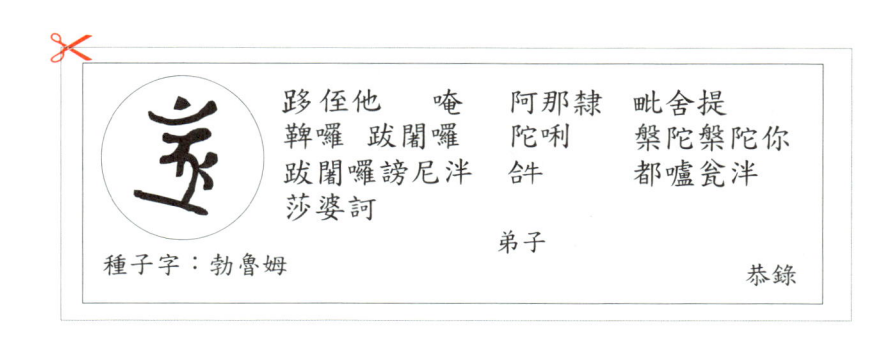

```
跢侄他    唵    阿那隸    毗舍提
鞞囉 跋闍囉    陀唎    槃陀槃陀你
跋闍囉謗尼泮    斛    都嚧瓮泮
莎婆訶
                       弟子

種子字：勃魯姆
                              恭錄
```

（圖5-16）有宗教信仰者可參考使用(《楞嚴咒心》)

(十)水晶助旺功能

地球在地質生成時代，地殼幾乎含有無水矽酸成分的化合物，屬似膠水黏稠狀的無色物質，經地殼中的高溫高壓下，促使無水矽酸分解反應成為另一化合物二氧化矽(sio_2)，並經地殼長時間的冷卻變化，形成岩石結晶礦石，即所謂的水晶(CRYSTAL)。其功能如下：

1.調氣化煞

宇宙萬物，皆有其獨特之氣場。近代科學家發現，水晶具貯存記憶、擴大、傳遞、轉換、聚焦之特性。幾千年來，人們探索發現水晶之性質具輻射強大之能量，其質體在五行分類上屬金性，可洩紫白飛星 25 凶星，具空間調氣化煞之效。

2.激發靈感

天然水晶是地球上最具能量之礦物質，深藏地底，吸收無限之天地靈氣(宇宙能量)，進化成長為晶瑩剔透、靈氣逼人之半寶石。從西方之祭師、巫師、吉普賽人等，操作水晶球，神秘莫測之靈異手法，更令人對水晶產生神秘奇特之想像力。水晶球之靈性的確可激發靈感，化煞催吉搶旺之效。

3.五行屬性

水晶在空間助旺之運用上，尚須兼顧水晶形體之五行屬性，五行學理(顏色五行、形狀五行、材質五行)的運用，圓形球體(圖5-17)是屬金之五行形體，與金性之水晶質體呈比和狀態；不規則條狀放射形體之水晶群(圖5-18)，係屬火性之五行形體，與金性之水晶質體呈火金相剋狀態，慎用為宜；長方形體之水晶洞(圖5-19)，係屬木性之五行形體與金性之水晶質體呈金木相剋狀態，慎用為宜。

4.形體考量

基於質體與形體之考量下，在運用上仍以天然透明(白色)無色之水

晶球體，較具輔助之效；須配合玄空宅星盤理氣飛星五行相生之卦理，（表5-2）並以剋洩之法的運用，方能發揮作用，非以水晶之量大（多）、貴賤、稀有來衡量。可採小量置於辦公桌、客廳等，以掌握災病土氣宜用金氣洩化之處布局，並選擇吉日良辰擺置定位，就不要移動，以免擾亂了良性之氣場與磁場。

圓形球體是屬金之五行形體，與金性之水晶質體呈比和狀態。

（圖5-17）圓形球體屬金形體

不規則條狀放射形體之水晶群，係屬火性之五行形體，與金性之水晶質體呈火金相剋狀態。

（圖5-18）不規則形體屬火形體

長方形體之水晶洞，係屬木性之五行形體與金性之水晶質體呈木金相剋狀態。

（圖5-19）長方形形體屬木形體

（表5-2）常用五行分類

五行定位	顏色五行	形狀五行	材質五行
金	金銀色 白色	圓形 半圓形	金屬態
木	碧色 綠色	長條形	木屬態
水	藍色 灰色 黑色	波浪形	含水或流質態
火	紫色 橙色 紅色	尖形	通電物品或燃燒態
土	土黃色 黃色 咖啡色	方形	土質態

相生：水生木、木生火、火生土、土生金、金生水

相剋：水剋火、火剋金、金剋木、木剋土、土剋水

408

（十一）九運旺氣能量球

自2024年立春起，就已進入三元九運（圖5-20）之下元九運（2024~2043年），九星會隨時間變化有衰旺之分。因此，在九運中以九紫火會變成最旺之星。茲將下元九運（2024~2043)九星旺衰吉凶如一覽表（表5-3）。

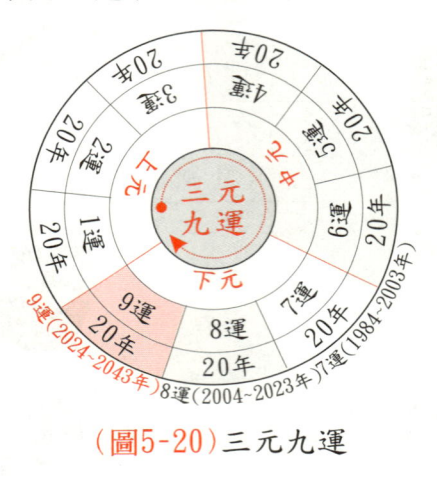

（圖5-20）三元九運

（表5-3）下元九運（2024~2043）九星旺衰吉凶一覽表

星數	卦名	顏色	五行	星名	代表	卦　　意	旺衰	吉凶	應用
1	坎	白	水	貪狼	桃花星 出外星	當運聰明科甲 失運酒淫之災	生氣（近旺）	次吉	次佳使用
2	坤	黑	土	巨門	病符星	當運田產多富 失運二黑病符	生氣（遠旺）	次吉	可使用
3	震	碧	木	祿存	官非星 破財星	當運氣勢顯赫 失運不仁官非	死氣	大凶	忌用
4	巽	綠	木	文曲	文昌星	當運喜逢登科 失運飄盪桃花	死氣	大凶	忌用
5	無卦	黃	土	廉貞	災病星	當運家業興旺 失運多災多難	煞氣	凶	忌用
6	乾	白	金	武曲	驛馬星 武財星	當運得時而旺 失運破財傷病	煞氣	凶	忌用
7	兌	赤	金	破軍	破耗星 肅殺星	當運得時而旺 失運劫賊破財	煞氣	凶	少用
8	艮	白	土	左輔	財帛星 財　星	當運丁財兩旺 失運衰敗財失	退衰氣	無吉凶	無影響
9	離	紫	火	右弼	喜慶星 桃花星	當運驟發丁財 失運貪花戀酒	旺氣	大吉	優先使用

1.卦理分析

　　九運(2024~2043年)，以九紫火為當運旺星，為避免布水局(指魚缸或景觀水局)而發生水剋火之嫌，而影響效益，宜慎重檢討重新布局。可參採九運旺氣能量球，球體精心設計，採用地心火山泥，並添加稀有能量礦物質，經高溫燒製而成，符合易學之顏色五行屬火(指紫色九運旺氣字體與紅褐色球體)、材質五行屬土(指火山泥添加稀有能量礦物質)、形狀五行屬金(指圓形球體)，形成五行相生為火生土、土生金、金生水(指魚缸或景觀水局)具循環之象。

2.催財增益

　　一般在九運(2024~2043年)布局催財，可採用九運旺氣能量球置在財位上(圖5-21)來增益；亦可配合既成魚缸或景觀水景，置五顆小粒九運旺氣能量球，放置魚缸或景觀水景池之五方(指中間及四個角落)用來促進五行相生循環，又球體會釋出能量起動九運旺氣，對友善空間具有輔助調節之作用。

五行火：紫色九運旺氣字體
　　　　紅褐色球體
五行土：火山泥添加稀有
　　　　能量礦物質
五行金：圓形球體
五行木：木質底座
五行水：淺藍色桌巾

(圖5-21)九運旺氣能量球

第三節、空間五行調和應用

　　風水是非常重視學理與邏輯分析的一門學問。雖然門派繁多，篩選優勢技法及靈活運用才是真正的重點。一般五行分成金、木、水、火、土五類，並非指具體的五種單一的事物，而是對宇宙間萬事萬物的五種不同屬性的抽象概括。五行調和應用，簡單說，以建築空間靠門、窗納氣，室內空氣流通，象徵五行之氣順暢，自然有效的提升生活品質，營造健康的環境。

一、卦理分析

　　陽宅重納氣，根據清初蔣大鴻《八宅天元賦》記載：「試問關門何地。乃知氣入之源。」指出大門為納氣最關鍵之處。風水勘察特別重視空間氣流與流水會形成氣(磁)場，影響使用者發生吉凶禍福的變化。

(一)建築規劃設計考量

　　風水應用以門為納氣，路為引氣。講求門或窗納氣外，尚須考量退水的氣場平衡。退水學理是利用室內空間合適的方位設退水位(指洩水孔)，讓水或氣流向室外排出，以商業空間為例，開壬方(北方偏西北)大門，收取水氣，行申子辰水局，選擇辰位(東南偏東)來退水(圖5-22)，讓空間五行氣得以平衡。

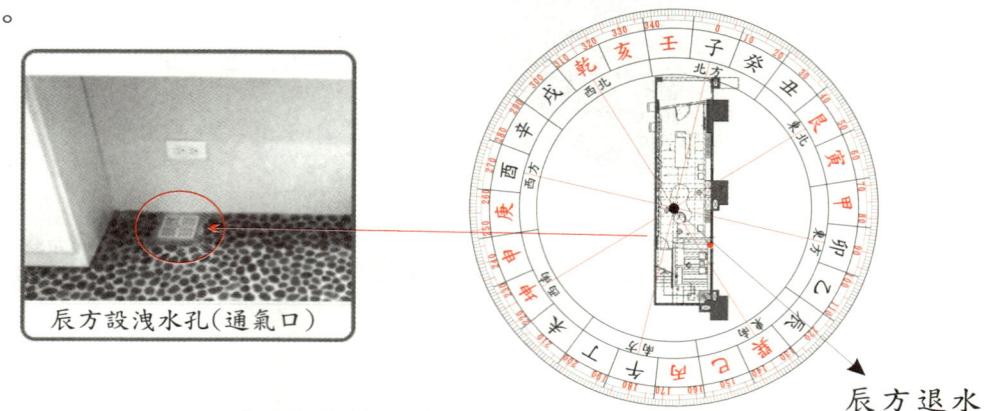

(圖5-22)商業空間辰方退水

（二）庫水倒流影響

　　空間不設退水位，無法退衰滯之氣，會造成氣場不平衡形成庫水倒流。若開錯退水位，反而將所納之旺氣退走，易造成得不償失。前例商業空間從事國際貿易，空間裝修採辰方退水，聘請多位歐美專業員工，大家工作和諧圓滿，業績順利成長；調節平衡退水，也是風水學理應用之核心之一。辰位水局，五常水主智，符合學理平衡退水，則智慧明、有愛心，工作順利。若失衡庫水倒流，則會變多疑、迷茫造成事倍功半之象。

（三）水口分辨定局

　　風水以四大水口法，來分辨定局(指金木水火)，並以水隨龍行為主要理論，根據唐朝楊筠松《玉尺經・造微賦》記載：「乙丙交而趨戌，辛壬會而聚辰，鬥牛納丁庚之氣，金羊收癸甲之靈。」指出以尋水口方位之法。茲整理三合五行手掌訣推算墓庫法(圖5-23)及四大水口一覽表(表5-4)，便捷參考定局應用。

坤申、壬子、乙辰—三合成水局
艮寅、丙午、辛戌—三合成火局
巽巳、庚酉、癸丑—三合成金局
乾亥、甲卯、丁未—三合成木局

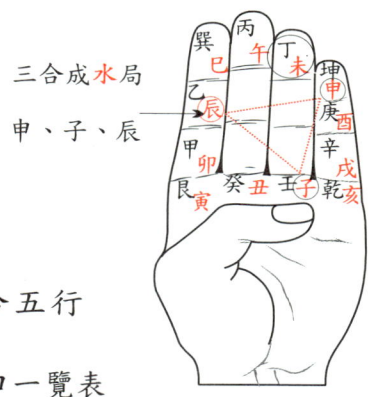

（圖5-23）三合五行

（表5-4）四大水口一覽表

三合四局	四大水口		十二長生										
	四局四龍(口訣)	水口會聚庫流	長生	沐浴	冠帶	臨官	帝旺	衰	病	死	墓	絕	胎	養
丙火乙木	寅午戌 火局	乙丙交而趨戌 辛戌、乾亥、壬子	寅	卯	辰	巳	午	未	申	酉	戌	亥	子	丑
丁火庚金	巳酉丑 金局	鬥牛納丁庚之氣 癸丑、艮寅、甲卯	巳	午	未	申	酉	戌	亥	子	丑	寅	卯	辰
辛金壬水	申子辰 水局	辛壬會而聚辰 乙辰、巽巳、丙午	申	酉	戌	亥	子	丑	寅	卯	辰	巳	午	未
甲木癸水	亥卯未 木局	金羊收癸甲之靈 丁未、坤申、庚酉	亥	子	丑	寅	卯	辰	巳	午	未	申	酉	戌

二、水口定局五常應用

運用四大水口分辨定局,根據清朝趙九峰《地理五訣・地理總論》記載:「三綱:一曰氣脈為富貴貧賤之綱;二曰明堂為砂水美惡之綱;三曰水口為生旺死絕之綱。」略以指出水口者為辰、戌、丑、未四墓庫,以四局(指金木水火)之生、旺、死、絕,由水口而定,水局為消退水於辰(東南方偏東),火局為消退水於戌(西北方偏西),金局為消退水於丑(東北方偏北),木局為消退水於未(西南方偏南)。五常是以五行為基礎,指仁、義、禮、智、信是儒家最基本的道德規範。空間配合五行調和布局,當帶來好的吉兆,否則將帶來五常不好的影響(表5-5)。

(表5-5)四大水口五常應用一覽表

四大水口	五常代表	簡　釋	優　點	缺　點
巳酉丑 金局	義	金方位五行屬西方或西北方,主精幹義氣;金強無節制,便會失義,易衝動,金弱則易生不義之情事,變得任性,偏向思想方面之發展。	勇敢果斷、好學好施、有組織力、魄力十足。	衝動任性、尖酸嚴苛、易患精神之疾。
亥卯未 木局	仁	木方位五行屬東方或東南方,主仁慈情重;金強則剋木,木弱則不仁,性情凶惡、冷酷、無仁慈之心,傾向政治方面之發展。	謹慎忠厚、仁慈孝順、善良理性。	愚忠愚孝、不易通融、多愁善感。
申子辰 水局	智	水方位五行屬北方,主智慧;水弱則行事常未經熟慮處之,為無智慧,濫交;水泛人迷惘,顧慮多難以決行,傾向思想方面之發展。	聰明智慧、靈巧機敏、重情有才藝。	喜怒無常、缺乏耐性、不知進退。
寅午戌 火局	禮	火方位五行屬南方,主恭維;火弱則無禮,易生急躁欠忍讓之人,火強則過度禮讓,易生虛情假意之人,偏向革新上進方面之發展。	宅心仁厚、熱情豪放、有改革創新之舉。	火爆急躁、守舊保守、缺乏內涵。

第四節、空間缺角方位補救

　　風水在建築上應用，透過系統化的推演來判斷吉凶。操作方法不易為大眾所理解。根據明朝王君榮《陽宅十書》說明建築格局、土地使用之配置、形式、構造、圖樣，有相當多的比例禁止不整齊的格局。古代歷朝流傳的禁忌，也逐漸與民俗忌諱融為一體，構成迷信當著教條，被通俗化的傳播開來，脫離風水系統化的推演。因而構成建築量體入眼好看，取四平八穩、周全無缺、整齊明亮，本身就有吉相象徵。宅第若凹陷就含有凶意，在八方凹陷中，又以四隅的凹陷（指其中的一隅，並非四處同時凹陷）尤為嚴重。

一、卦理分析

(一)六親定位

　　從風水的角度看建築量體或格局，有好條件的，就用風水之法去制化（指增益）達到理想。有凹陷或不利因素存在，則在八方上，找出影響六親成員的方位，去化解（或解煞）。從乾坤父母卦爻位置，可瞭解衍生六子卦(子女)（圖5-24）。

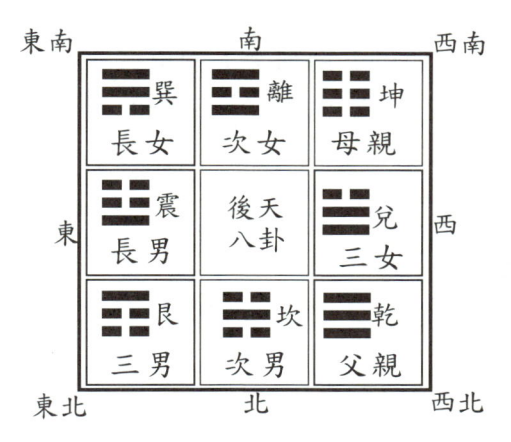

乾卦陰陽爻採物以稀為貴（陰動陽靜）

天底下動－風、巽、長女（陽變陰）
天空中動－火、離、中女（陽變陰）
天上面動－澤、兌、少女（陽變陰）

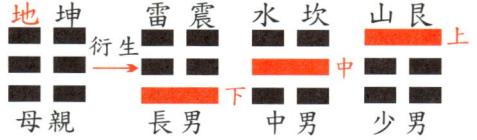

坤卦陰陽爻採物以稀為貴（陽動陰靜）

地下面動－雷、震、長男（陰變陽）
地中間動－水、坎、中男（陰變陽）
地上面動－山、艮、少男（陰變陽）

(圖5-24)乾坤父母卦爻衍生子女

(二)八卦類象應用

運用簡易玄空八卦類象圖(圖5-25)配合坐向,放置在陽宅之中心點(立極點),可推演先後天八卦方位之分布,便可進一步瞭解每一卦位所代表之意義。並可簡單預測空間八方位之吉凶宜忌。

(圖5-25)簡易玄空八卦類象

二、缺角補救

宅第出現缺角,當影響該方位吉凶。如以空間東方缺角套用玄空八卦類象圖,當知會影響後天長男及先天中女之健康與創業困難;或影響該宅第屬三震木命卦之人的健康與運途。缺角除可用工程手段處裡外,亦可在該方位布置十二生肖之屬性飾物,即以實物制虛;如東方五行為木,生肖屬兔,即東方缺角方位,可布置木兔制化增強。又空間更不宜缺坐山之先天卦位(如離宅之先天卦位在震方即東方)(圖5-26)。

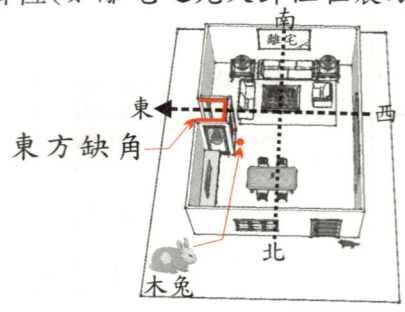

(圖5-26)空間出現東方缺角

第五節、改換天心迎旺運

　　玄空以三元九運為正宗，每一元運，會有不同的一衰一旺更迭。陰陽宅風水，乃在掌握乘運起用，在不同之元運布局，便有不同之吉凶禍福。根據尤惜陰《宅運新案‧改造命運說》記載（略以）：「二宅（指陰陽宅）原有命運，生旺二氣已行盡，均入困境。大易有窮則變變則通，令其改造，有力者使之翻造或僅將中央翻動或僅屋面揭開迎受天光若干時刻重新封蓋或遷出數月重新遷入，即能發生改造效力。」說明與時俱進，揭示退運陰陽宅改造之法。又根據唐朝卜應天《雪心賦‧第五章論龍脈》記載：「水聚天心，孰不知其富貴。為人無嗣，只因水破天心。」指出乘旺取用，為風水學重要技法。因此，每一坐向有其年限，超越年限屬地運入囚，須藉改天心來改變陰陽宅的元運，飛星把衰氣變旺氣。簡單說，就是整理衰宅環境呈現煥然一新，目的是轉換元運及重新趨吉避凶，使宅氣流轉變成為旺宅。

一、卦理分析

（一）周期循環

　　太陽系八大星球（2006/08/25國際天文學聯合會（IAU）表決通過將九大行星之冥王星排除）以水星、金星、火星、地球、木星、土星、天王星、海王星等更正為八大行星中之木土二星，每逢20年會合一次，這兩大行星之會合，對地球之影響巨大而深遠，因此，地球之天運，即以土木二星會合時起20年為一大運，此一大運中在二十四山向，有旺山旺向者，不僅旺丁而且旺財；有上山下水者，可能會有丁財兩敗，如果旺氣一過，便為退氣→衰氣→煞氣→死氣→生氣→旺氣，這是風水輪流轉之週期循環。

（二）當運計算

　　2024~2043年（甲辰~癸亥年）以九紫星為當運旺星，又稱天運九運或天心九運。因而凡在2024前八運（2004~2023年）就屬退氣，所建造之陰陽

宅，均屬退氣、煞氣、死氣。除非改建、修建、搬遷、調整等因素，始能改變天心正運(符合當令的元運)，使中宮的運星、山星、向星隨之而變，吉凶亦隨之轉變，如同重生，注入新的活力，帶來助益。若逢九運不作調整變動，氣結仍屬退運。

(三)天心效應

不知天心者妄動，動輒得咎；真知天心者，不動則已，動必發福。唐朝楊筠松《天玉經·內傳》下卷記載：「識得陰陽兩路行，富貴達京城，不識陰陽兩路行，萬丈火坑深。」因此，當知陽宅可適時換天心，轉禍為福也。地盤(5入中順飛九宮又稱元旦盤)的中心稱月窟，進入地盤中心之飛星稱天根。月窟與天根合稱為天心，以入中飛星(九星)所形成之飛星盤(又稱九宮)，其中心位置就是天心。

(四)退運改造

當運即發，退(失)運即敗者，欲挽救之，唯用改造一法，如前運所建之建築物，至本運改造之。根據清朝談養吾著《大玄空路透》記載：「地局之興旺與否，隨元運以變易。」指出某運只旺某局，因而掌握元運消長變化，藉改天心使宅氣得以流轉，為應時制宜之法，就是乘旺取用也。

(五)改造原則

宅第往往有不改山向，單改屋宇之中宮及屋頂者，其山向(坐向)雖似未動，其天心元運已為之變換。又有前運玄空不合，在本運合者，可改造及更換其山向(坐向)。陽宅更換其門向或擇吉上樑。採物以類聚，取之以形，以實物制虛之理，運用之妙，在能適時改換天心，使宅氣流轉，促進丁財兩旺，實輕而易舉。因而建築物在營造前，宜先評估選擇元運中屬當運旺向與較久的地運，來規劃施設。

二、操作之法

(一)方法一(採《宅運新案》改良之法不適合現代建築)

擇吉日良辰。並揭去長 107.9cm、寬 48.1cm 之屋瓦及天花板，為一種天光與大地的接觸意向，讓陽光射入三日換氣後，可消除穢氣與陰氣，恢復原狀即可(圖5-27)。

(二)方法二(採《宅運新案》改良之法不適合現代建築)

以新泥土(良土)裝入長 107.9cm、寬 48.1cm、高 41cm之無底之保麗龍或木箱內，置於空間中宮與地板接觸(圖5-28)，上罩紅布(紅色屬火)擇吉日良辰。九日後，搬離中宮即可。

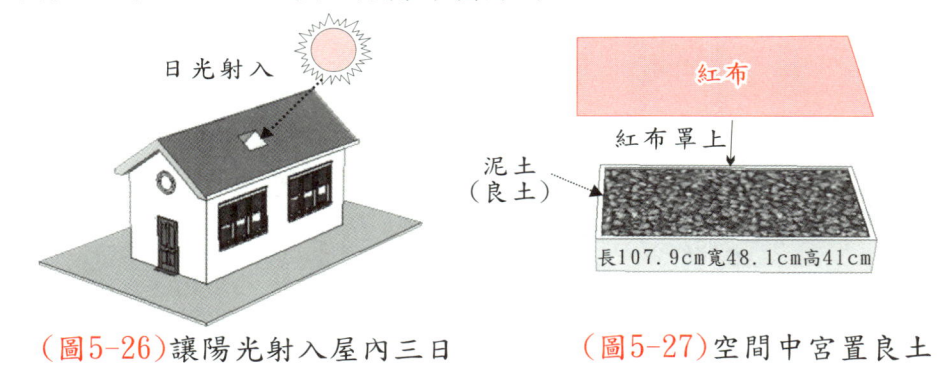

(圖5-26)讓陽光射入屋內三日　　(圖5-27)空間中宮置良土

(三)方法三(採《宅運新案》改良之法適合現代建築)

擇吉日良辰施作，整理退運宅，使環境呈現煥然一新，目的是與時俱進，轉換元運。茲將建築物配合事宜如下：

1.大門：將建築物的大門拆下，換新門或重新洗淨粉刷(圖5-29)。

(圖5-29)換新門或重新洗淨粉刷

2.油漆：室內空間重新粉刷(圖5-30)。
3.燈具：照明設施更新或洗淨(圖5-31)。

(圖5-29)粉刷　　　　　　(圖5-30)洗淨

4.地板：中宮地板更新或中宮天花板鑿至露出鋼筋後恢復原狀(圖5-32)。

(圖5-32)中宮地板更新

煩惱不住心
人忙心不忙

第六節、五鬼運財局

　　風水術五鬼運財局非法術，源於九星法之龍、向、水理論，是山水龍翻卦，或稱變爻招財法。根據《歸厚祿‧星符章》明朝冷謙注：「天地之內，氣化流行，一皆九星所主治。」說明九星在天成象，在地成形。觀天地之變化，知吉凶禍福。因而布五鬼運財局，必須心存善念，善觀緣起，止惡行善。九星，指貪狼、巨門、祿存、文曲、廉貞、武曲、破軍、左輔、右弼。所謂五鬼，非靈異世界奇談，是指九星中的廉貞星，又稱五黃災病星；廉貞星在中宮統領八方，亦是能量極強之旺氣。奈因太旺之氣，若承當不起便轉變成凶性帶來災禍。

一、卦理分析

（一）認識九星

　　布風水五鬼運財局，掌握"山龍廉貞有向、水龍巨門見水"的理念。九星，指貪狼生氣星、巨門天醫星、武曲延年星、輔弼伏位星、破軍絕命星、廉貞五鬼星、文曲六煞星、祿存禍害星。

（二）翻卦原理

　　布五鬼運財局，須掌握建築物朝向，以坐為山龍，向為水龍，將坐向方位轉為一卦，用翻卦之法，找出山龍廉貞星與水龍巨門星是何卦。

（三）具體操作及應用實例

　　建築物朝向，以坐為山龍、向為水龍，用納甲法各立一卦，並在手掌訣中運行或依序變爻翻卦，再用納甲原理找出方位，即山龍廉貞位用作開門或開窗（氣口）及水龍巨門位用來布水局。

水深則流緩
語遲則人貴

1.確定坐向

用羅盤測量建築物之坐向(圖5-33)。

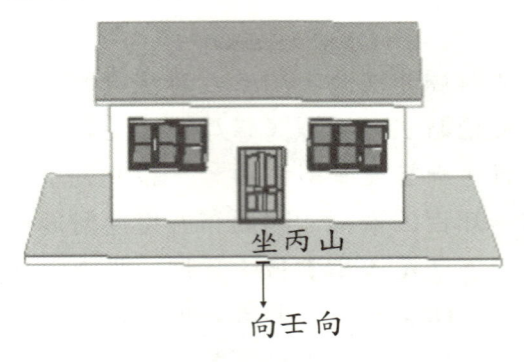

坐丙山
向壬向

(圖5-33)確定坐向

2.納甲配卦

納甲之說,為東漢末年虞翻首創,係以月亮在一月中之晦、朔、盈、虧變化,與先天八卦及十天干聯繫一起,又因十天干以甲為首,故稱納甲。建築物坐向,以先天八卦納甲法,運用地支三合五行局,納入天干位置,用來配卦。先天八卦納甲圖(圖5-34)。

(東南方)兌	乾(南方)	巽(西南方)
丁 巳酉丑	甲	辛
壬 寅午戌 (東方)離	戊己 中宮	癸 申子辰 坎(西方)
庚 亥卯未 (東北方)震	乙 坤(北方)	丙 艮(西北方)

記憶模組
乾納甲
坤納乙   三合
艮納丙
兌納丁、 巳、酉、丑
震納庚、 亥、卯、未
巽納辛
離納壬、 寅、午、戌
坎納癸、 申、子、辰

(圖5-34)先天八卦納甲圖

有緣人說話
句句真理
無緣人說話
句句是非

3.坐向納甲

坐丙(南方偏東南)向壬(北方偏西北),依先天八卦納甲法(圖5-35)來輔助推算。

(1)山龍:坐山是山龍,坐丙,丙納艮,所以丙山是艮卦。

(2)水龍:正向是水龍,向壬,壬納離,所以壬向是離卦。

(圖5-35)坐丙向壬依先天八卦納甲

4.山水龍翻卦法

坐山、正向得卦後，依次改變卦中"爻之陰陽"。

(1)山龍翻卦：用於判斷山龍(指來龍、坐山)之吉凶，又稱**地母翻卦**。如山(艮)龍翻卦(共翻八次把九星依卦序配位)與手掌訣(**圖5-36**)。

A.口訣："上、中、下、中、上、中、下、中"

B.翻卦次序：山龍翻卦之法，是採對宮互換是乾與兌、震與離、巽坎、坤與艮，依翻卦要領位序配九星 上1貪狼、中2巨門、下3祿存、中4文曲、上5廉貞、中6武曲、下7破軍、中8輔弼。

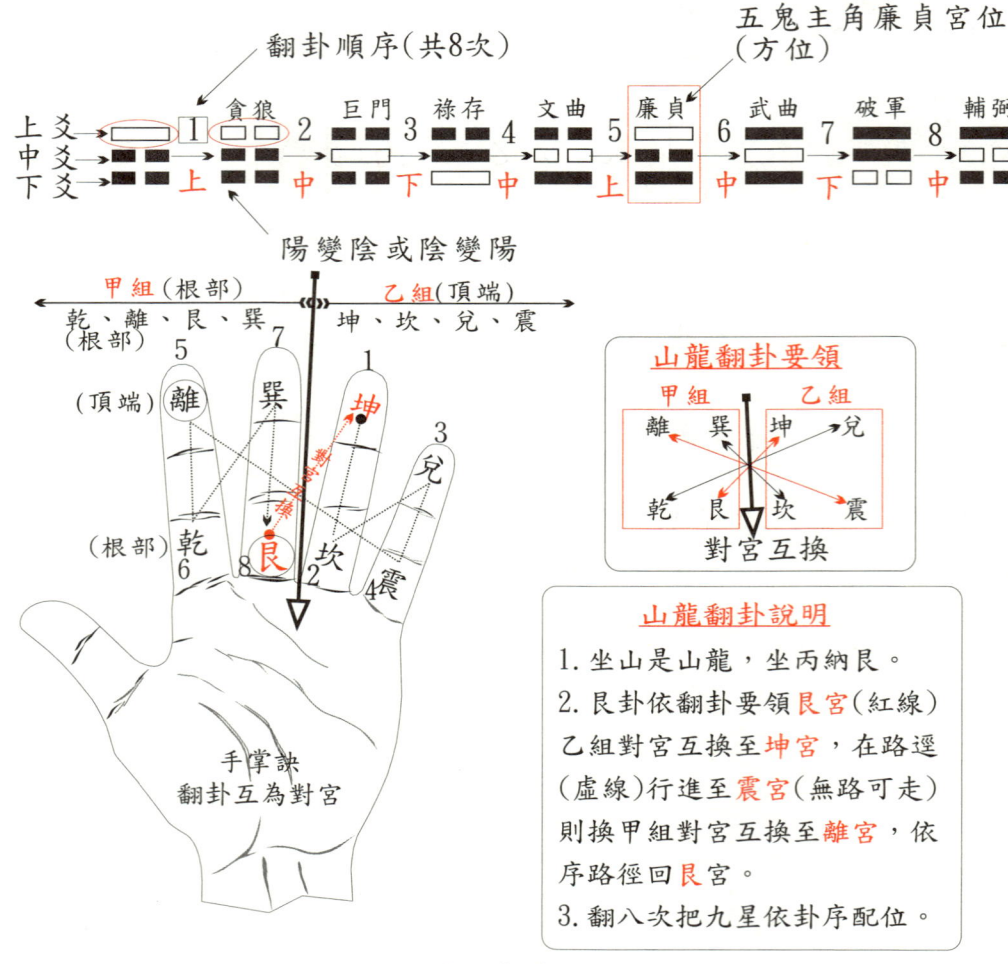

（圖5-36）山(艮)龍翻卦

(2)水龍翻卦：用於判斷水龍吉凶，又稱輔星水法，如水(離)龍翻卦(共翻八次把九星依卦序配位)與手掌訣(圖5-37)。

A.口訣："中、下、中、上、中、下、中、上"

B.翻卦次序：水龍翻卦之法，是以所在位置開始，上起下落、下起上落、中起中落、邊起邊落的原則，翻卦要領依位序配九星6武曲、7破軍、5廉貞、1貪狼、2巨門、3祿存、4文曲、8輔弼。

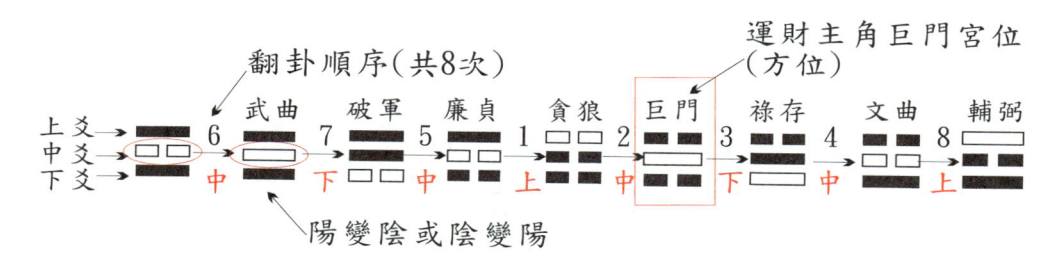

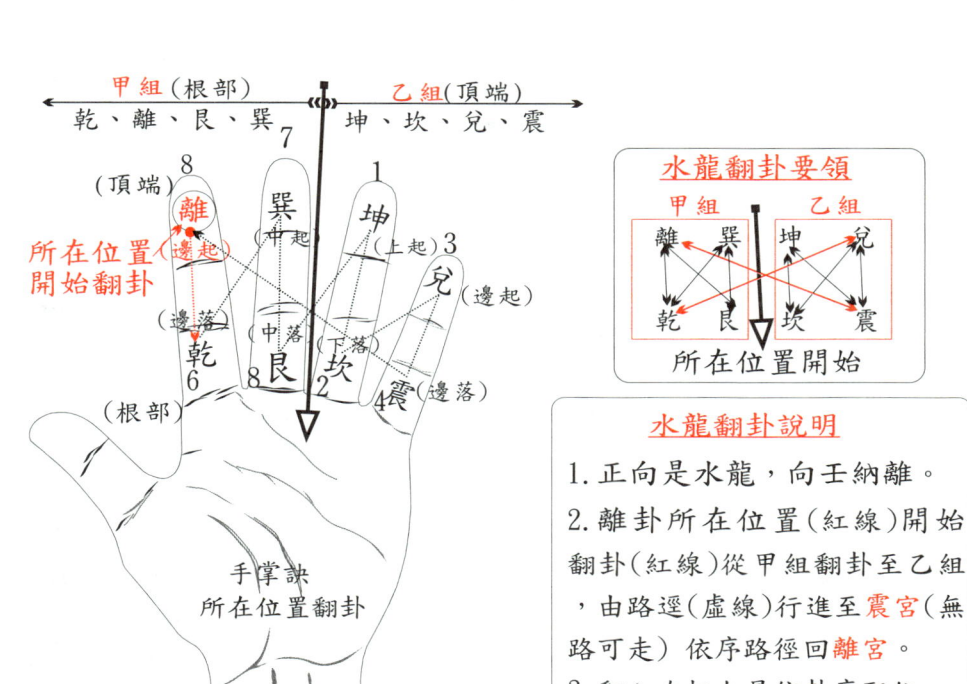

(圖5-37)水(離)龍翻卦

(3)山水翻卦成果

坐山得卦後以九星山法翻卦結果(表5-6)，正向得卦後以九星水法翻卦結果(表5-7)，依次改變卦中爻之陰陽，得四吉四凶。

(表5-6)九星山法(地母翻卦)

九星\坐山	貪狼吉 上 1	巨門吉 中 2	祿存凶 下 3	文曲凶 中 4	廉貞凶 上 5	武曲吉 中 6	破軍凶 下 7	輔弼吉 中 8
乾卦	兌	震	坤	坎	巽	艮	離	乾
艮卦	坤	坎	兌	震	離	乾	巽	艮
坎卦	巽	艮	離	乾	兌	震	坤	坎
震卦	離	乾	巽	艮	坤	坎	兌	震
離卦	震	兌	坎	坤	艮	巽	乾	離
巽卦	坎	坤	震	兌	乾	離	艮	巽
坤卦	艮	巽	乾	離	震	兌	坎	坤
兌龍	乾	離	艮	巽	坎	坤	震	兌

(表5-7)九星水法(輔星水法)

九星\正向	武曲吉 中 6	破軍凶 下 7	廉貞凶 中 5	生氣吉 上 1	巨門吉 中 2	祿存凶 下 3	文曲凶 中 4	輔弼吉 上 8
乾卦	離	艮	巽	坎	坤	震	兌	乾
艮卦	巽	乾	離	震	兌	坎	坤	艮
坎卦	坤	震	兌	乾	離	艮	巽	坎
震卦	兌	坎	坤	艮	巽	乾	離	震
離卦	乾	巽	艮	坤	坎	兌	震	離
巽卦	艮	離	乾	兌	震	坤	坎	巽
坤卦	坎	兌	震	離	乾	巽	艮	坤
兌卦	震	坤	坎	巽	艮	離	乾	兌

(4)納甲歸位

將九星翻卦之結果（廉貞、巨門宮位），依先天八卦納甲法（圖5-38）來輔助計算歸位。

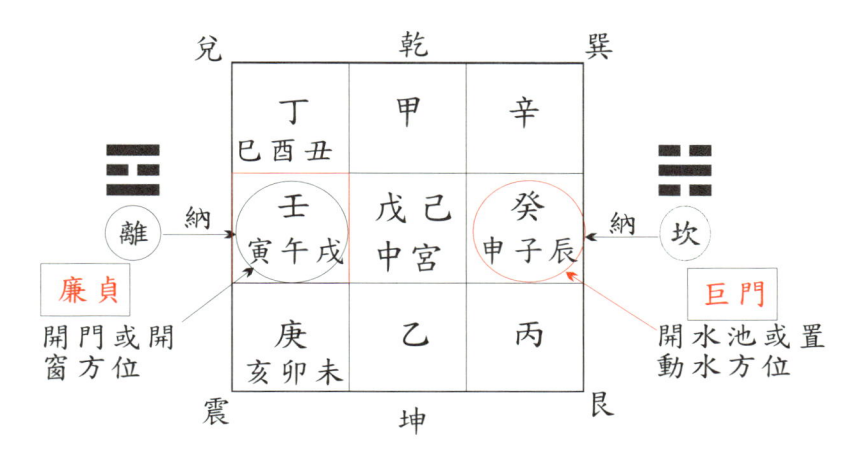

(圖5-38)山水龍翻卦納甲方位

(9)布局納氣

以大門或窗，立壬、寅、午、戌等向，及設水池或置動水取癸、申、子、辰等方位布局。符合"山龍廉貞五鬼位有向，水龍巨門天醫位有水。"之卦理（圖5-39），用作建築空間調整布局，以納生氣帶來興旺。

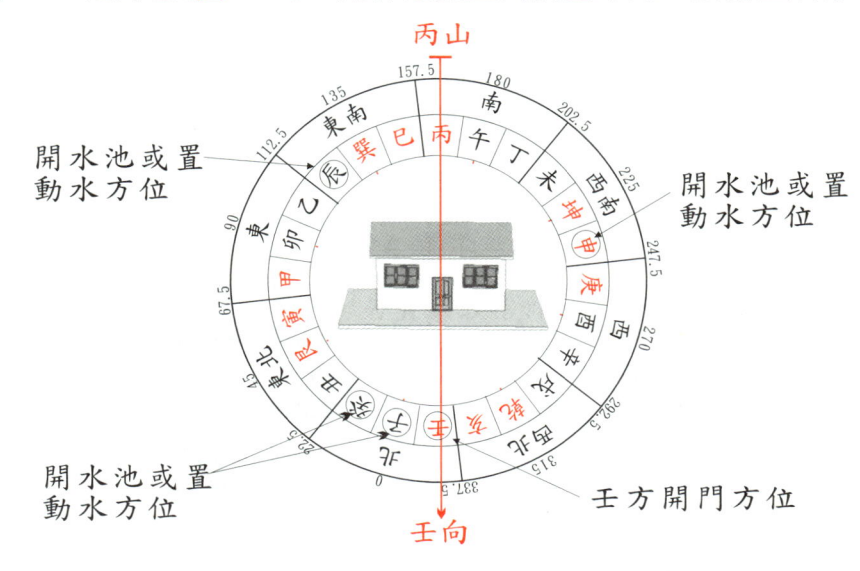

(圖5-39)山水龍翻卦納甲方位布局

(四)時間效應

1.具時效性

布五鬼運財風水局，具時效性，以不超過 12 年為佳。運行 11 年後，宜考量撤去布局，否則易生意外或退財。

2.吉日良辰

擇日必須避開三煞、五黃、太歲、歲破，坐向沖煞本命煞(如二坤土命之本命煞為艮宮，即對人命卦之沖煞)。以選擇三合月或三合日課(在十二地支中年、月、日合於申子辰、寅午戌、亥卯未、巳酉丑等三合貴局)，如申年中子月(農曆11月)，辰月(農曆3月)，四季月(十二月份)(表5-8)。

3.訂定十二月

西漢鄭玄首創，以乾坤兩成卦之十二爻，來代表(九為陽爻，六為陰爻)又稱爻辰(圖5-40)。

(表5-8)四季月(十二月份)

節(農曆)四季月	春	夏	秋	冬
孟	1 (寅)	4 (巳)	7 (申)	10 (亥)
仲	2 (卯)	5 (午)	8 (酉)	11 (子)
季	3 (辰)	6 (未)	9 (戌)	12 (丑)

乾卦
- 9月 —— 上九
- 7月 —— 九五
- 5月 —— 九四
- 3月 —— 九三
- 1月 —— 九二
- 11月 —— 初九

坤卦
- 4月 ▬▬ 上六
- 2月 ▬▬ 六五
- 12月 ▬▬ 六四
- 10月 ▬▬ 六三
- 8月 ▬▬ 六二
- 6月 ▬▬ 初六

(圖5-40)乾坤兩成卦之十二爻代表爻辰

第七節、納骨塔位之選擇

　　近年來工商的發展，帶來人口密度的成長，對土地的需求與日俱增，地價高居不下，可說是寸土寸金，已無足夠的土地可供傳統土葬使用；土地取得不易，想把先人安葬在一個好的龍穴砂水之處，已不大可能。由於世界先進國家均鼓勵以環保葬法，來節省土地資源，目前鼓勵火葬，已逐漸成為社會廣泛認可與接受。因此，陰宅風水的研究與論述，正逐漸式微。

　　現代的納骨塔，配合周邊環境的總體營造，塑造為大自然的生命之館，在自然、陽光、溫馨的環境下，可提供作為休憩的場所，又具備慎終追遠功能，依宗教信仰之不同來分區，使亡者的歸所受到尊重，亦讓前往追悼之子孫，引發思古念親之幽情。時勢所趨，納骨塔公園化，是未來的發展趨勢。

　　納骨塔建構，同一般大樓（廈）的營造，分多樓層設計，在單位樓層可規劃為縱橫多排層的長方形櫃位（小格層），俗稱"長生祿位"或稱塔位，亦編號碼區分位置，可供選擇擺放先人的骨灰龕。茲提供選擇塔位的參考通則如下：

一、掌握建築物朝向

　　空間的選擇，採一物一太極原則，先度量欲供奉骨灰的長方形櫃位朝向，擇取吉旺方位，作為安奉之處。以慈恩塔（圖5-41）為例，整座建築量體其坐向為午山子向，屬七運（1984~2003年）所建，其九宮星盤依方向採立體置入空間內立面（圖5-42）；由星盤判讀，坎宮（北方）為雙星到向 77 同宮，離宮（南方）為 68，屬八運（2004~2023年）吉位，巽宮（東南方）14 及兌宮（西方）41 為文昌位，北方 77 雙星，在七運（1983~2003年）為旺星，至八運（2004~2023年）變為退運；南方為 68，水（向）星為 8（八白土），屬八運（2004~2023年）旺星，可依需求選擇財旺位或文昌位。

第七節 納骨塔位之選擇

(圖5-41)納骨塔坐向

(圖5-42)納骨塔坐午向子星盤及三面牆方位應用

二、選擇塔位

(一)三面牆塔位之選擇

把九宮星盤，套入三面牆立面(圖5-43)，就能選擇吉星旺位。

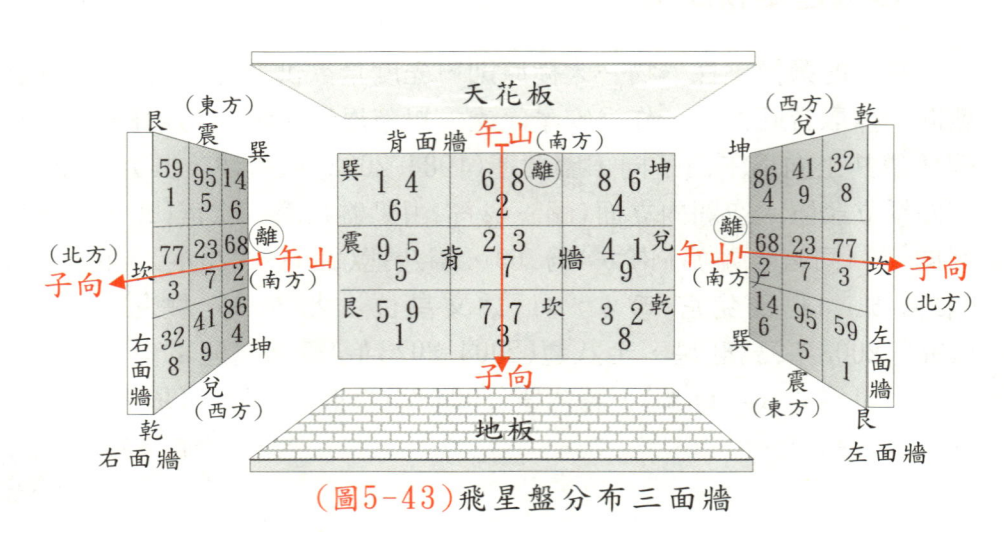

(圖5-43)飛星盤分布三面牆

（二）多排與多層塔位之選擇

多層塔位之擇取，採往生者仙命（生年）之干支納音五行，配合先天河圖天地兩數（指16水、27火、38木、49金）之生成，用來擇定塔位。以1912年仙命（生年壬子歲），納音五行屬木（指桑拓木），可供選擇屬木（比和）之3、8層（排），或屬水（生入）之1、6層（排）之樓層（圖5-46）及選擇排數（圖5-47），餘此類推。

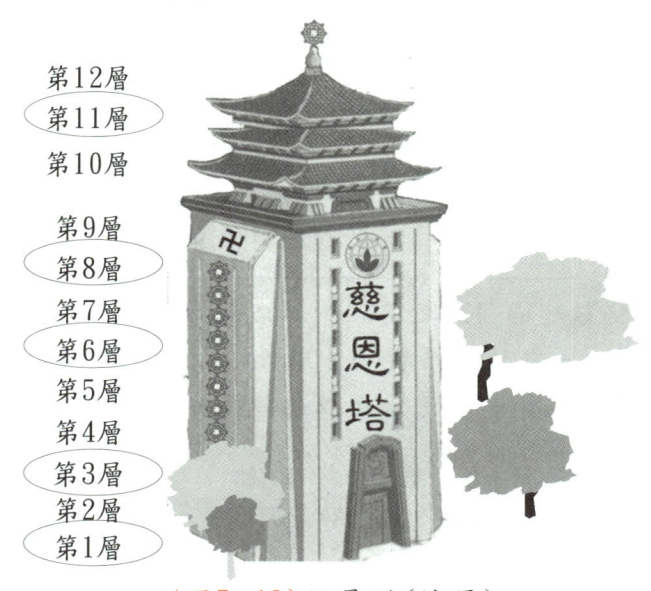

（圖5-46）納骨塔（樓層）

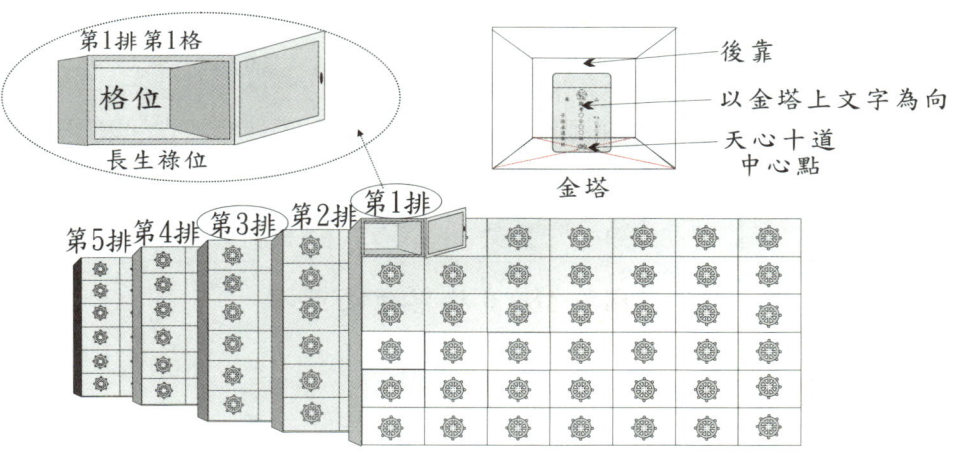

（圖5-47）塔位（排、格位）

（三）多格塔位之選擇

塔位，採往生者仙命（生年）之生肖格數來擇定（表5-9）。以男仙命1912年，壬子歲生肖鼠，面對排格由左邊開始選擇子鼠第一格（圖5-48），餘此累推。

（表5-9）生肖配格數

地支生肖	子鼠	丑牛	寅虎	卯兔	辰龍	巳蛇
格數	①	2	3	4	5	6
地支生肖	午馬	未羊	申猴	酉雞	戌狗	亥豬
格數	7	8	9	10	11	12

※ 格數超過12之處理，如格數30，則以30/12＝2餘6，取巳蛇格數6，或6+12＝18，即可選擇"18、30、42…"，以此類推參考選用。

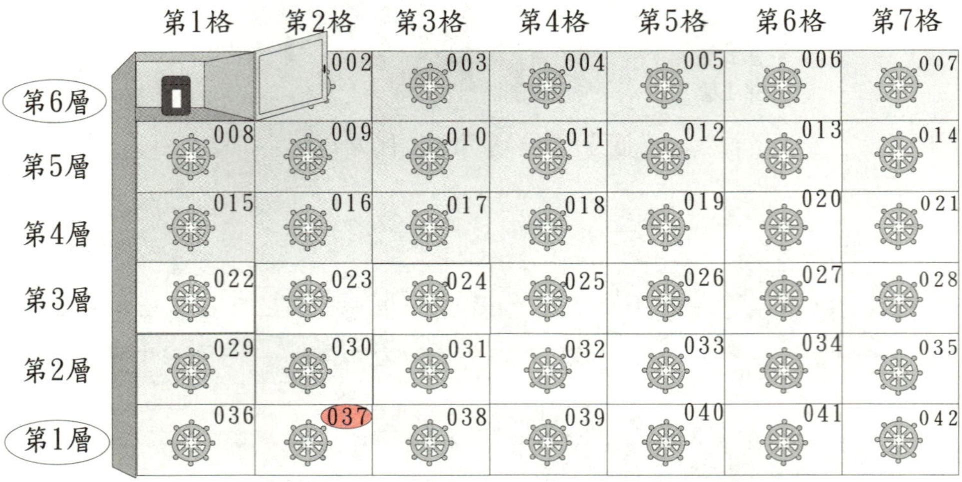

（圖5-48）多格塔位之選擇

三、具體案例引述

以男仙命（生年）1912年壬子歲生肖鼠為例。

(一)掌握命卦

風水命卦七兌金命，宜選西四宮為坤、兌、乾、艮方，若東四命宜選東四宮為離、巽、震、坎方，為顯性作用其能相互感應一致為吉象。

(二)選擇吉位

以星盤九宮圖，確認吉方位置，如午山子向，在八運(2004~2013年)可選擇的方位，有離(南方)(八運正財位)、巽(東南方)與兌(西方)(文昌位)等吉方位，為配合西四命，宜坐西四宮(位)之兌方位(圖5-49)為宜。

(三)選擇排層

塔位以壬子年納音五行屬木，可選擇屬木(比和)之3、8層(排)，或屬水(生入)之1、6層(排)，即可選擇1、3、6、8之樓層或排數。

(四)選擇格號

塔位以壬子年，生肖為子鼠(查表5-5)，面對排格由左邊(視現場實際編號)順序，開始選擇子鼠第一格，或第一層之37(1+12=13、13+12=25、25+12=37等)，根據第一層尚可選擇37號格，餘此類推。

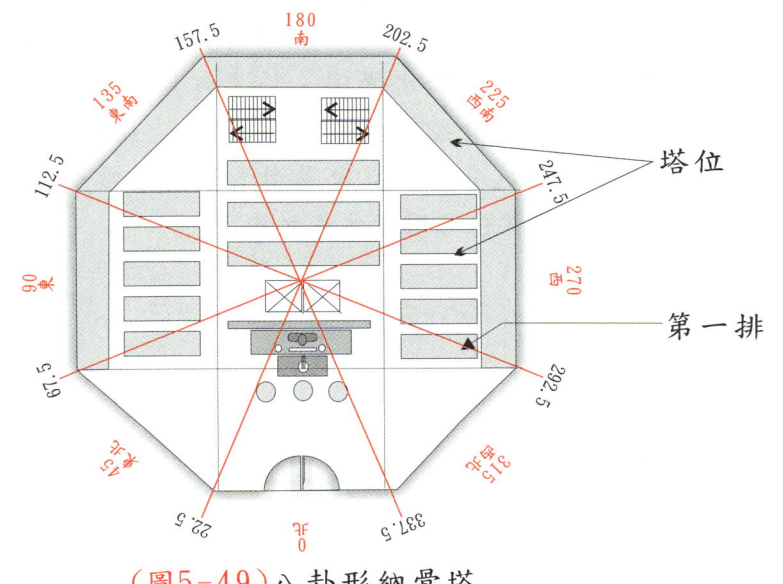

(圖5-49)八卦形納骨塔

第陸章
玄空易卦法
Xuankong Yiguafa

　　一般建築風水規劃中，若採用玄空飛星法定向，須依據二十四山下盤定位，以取旺向為本，掌握建築物之氣場流通與旺衰變化；若運用玄空易卦法納氣，則著重於卦運與星運的組合判斷，並考量合五、合十、合十五等卦理關係，以及先天河圖一六、二七、三八、四九等生成數之呼應，以綜合研判吉凶。本章共分六節，內容涵蓋文獻回顧與實務經驗分享，重點包括：玄空易卦風水學理、卦運與星運的應用時機、玄空易卦羅盤介紹、抽爻換象技法、《易經》六十四卦之吉凶宜忌分析，以及易卦實務操作要領，提供有志研究者與實務應用者參考之用。

本章提要

第一節、玄空易卦風水學

第二節、卦運與星運應用時機

第三節、玄空易卦羅盤介紹

第四節、抽爻換象

第五節、易經六十四卦吉凶宜忌

第六節、易卦法操作要領

第陸章　玄空易卦法

第一節、玄空易卦風水學

易卦風水學，不是用二十四山去確定建築位置，而是用六十四卦去定位，並以先天八卦原卦爲基礎，又稱玄空大卦法。應用時採用當運之線向，只計向線，不計坐線。以六十四卦卦意，掌握星運流轉，卦運吉祥，要相互組合，才可興旺，配合飛星之運用，可說是更具效應。

一、卦運

每一個卦由上卦與下卦重疊組合成六爻卦，卦運則以上卦在先天八卦配洛書數，就是該六爻卦的卦氣。如乾屬9運卦、兌屬4運卦、離屬3運卦、震屬8運卦、巽屬2運卦、坎屬7運卦、艮屬6運卦、坤屬1運卦。

(一)值年計算

二元八運，以卦理須合五、合十、合十五，兼合生成，主掌山川形勢與方位之興旺與衰敗；二元八運(依八卦推算稱地運)與三元九運(依九星運算稱天運)不同，依先天爲體，後天爲用，以地卦管局，爲地運先至，天運後到；天運代表時間之興替，而地運係代表方位之興盛，兩者用法不同，並不衝突。地運分上、下兩元，其值年之計算，以先天八卦之洛書數配合陰陽爻計年(陽爻爲九年，陰爲六年)(圖6-1)，每元90年，每個運的年限因卦而異(表6-1)，爲當運者吉旺，失運者衰敗。雖然元運有二元八運與三元九運兩派之別，共同之處由不同角度揭示其規律。

(二)卦運衰旺

玄空大卦二元卦運，有上、下元之分，上元運採一、二、三、四運爲同元卦運，下元運採六、七、八、九運爲同元卦運。在上元運合用之卦運(指一、二、三、四運)，至下元運一定衰敗，下元運合用之卦運(指六、七、八、九運)，至上元運亦一定衰敗。因此，以當運之方位爲旺位，卦運用來判吉祥，坐方取當運(卦運)，向方取失運(卦運)，失元卦線見水爲旺，用作布水局財位，應覓失元卦線。另面對急流，爲水旺，則向宜擇失元卦向，道路爲虛水，則向宜擇得元卦向。

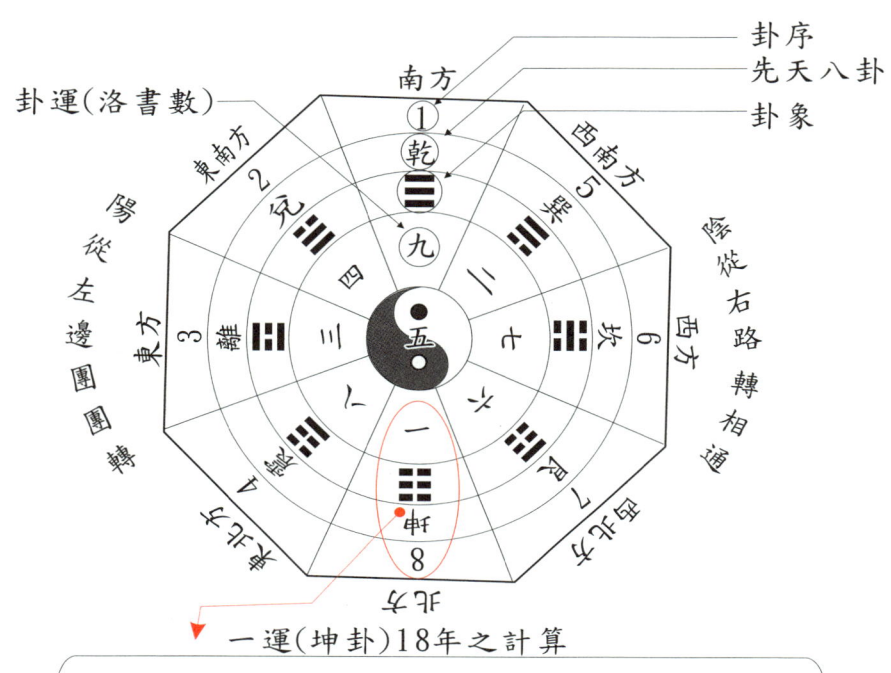

卦運(洛書數) ── 南方 ── 卦序／先天八卦／卦象

陽從左邊團團轉　　陰從右路轉相通

一運(坤卦)18年之計算

一運之一代表後天八卦之生成數在北方，為先天八卦之坤卦，坤之卦象為坤六斷▆▆，為三個陰爻，以6年計，坤卦為18年，其餘地運依此類推。6年/陰爻×3陰爻=18年

值年計算
▬▬ 陽爻為九年
▬ ▬ 陰爻為六年

(圖6-1)先天八卦之洛書數

(表6-1)易卦卦運(地運)一覽表

區分	卦 運	值	年　(每個運年限因卦而異)	
上元	一運(坤)	18年	甲子至辛巳	1864年1881年
	二運(巽)	24年	壬午至乙巳	1882年1905年
	三運(離)	24年	丙午至己巳	1906年1929年
	四運(兌)	24年	庚午至癸巳	1930年1953年
下元	六運(艮)	21年	甲午至甲寅	1954年1973年
	七運(坎)	21年	乙卯至乙亥	1975年1995年
	八運(震)	21年	丙子至丙申	1996年2016年
	九運(乾)	27年	丁酉至癸亥	2017年2043年

第陸章　玄空易卦法

(三)龍山水向基本學理

基本上以山、水要探失元卦運,向、龍要探得元卦運。因水動為陽,若加上得元卦運,旺氣加旺,易成煞水。山、水採失元卦運,即以衰為旺;向、龍不動為陰,須得元卦運來提高旺氣,以此規則用來平衡衰旺(圖6-2)。風水定位操作,先到室外觀測,用二十四山取得坐向位置,以八方規劃確定吉凶;再到室內使用六十四卦定位,站在門或窗氣口,取上下、左右之中心,作出等邊三角形,將羅盤天池中心點與向上三角形之尖部呈垂直,便可觀測角度,用來推算星運或卦運(圖6-3)。

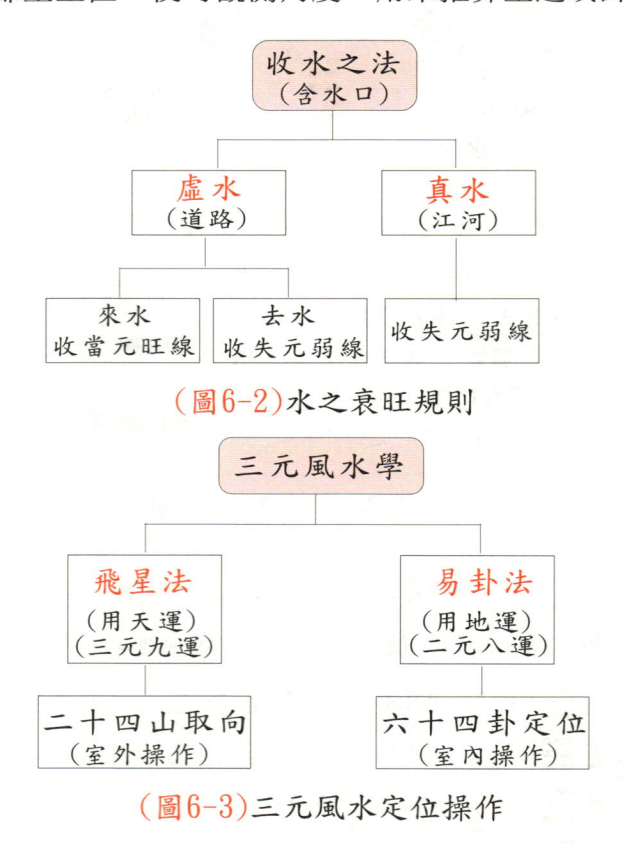

```
            收水之法
            (含水口)
           /        \
       虛水          真水
      (道路)        (江河)
      /    \            \
  來水    去水         收失元弱線
收當元旺線 收失元弱線
```

(圖6-2)水之衰旺規則

```
          三元風水學
          /        \
      飛星法        易卦法
     (用天運)      (用地運)
     (三元九運)    (二元八運)
        |            |
    二十四山取向   六十四卦定位
     (室外操作)    (室內操作)
```

(圖6-3)三元風水定位操作

(四)天運與地運

天地之氣,會隨時間變化在方位上有分吉凶,根據此時間變化規律,稱天運(或元運)。由於各地區山川形勢會不同,雖然相同的元運,會因不同的區域不同,會形成不同的地運。三元風水學易卦法以先天八

卦來計年,即以先天卦位的陽九數、陰六數為基礎,計算一至九運所掌管的年數。三元九運以中五運為虛管,應用上以二元為用。因此,元運計算之法來自天地之數,亦稱兩片卦運(稱地運)。至宋朝賴布衣將先天二元卦運,改為後天三元九運(稱天運)。因此,易卦卦運(地運)和後天三元九運(天運)不同,沒有中元(五運為虛管);天運使用九宮、八卦、二十四山之學理去配合運用。地運以地卦管局使用六十四卦之星運、卦運操演來應用。地運著重在上下兩元中的當元四個運數為共旺,只論六十四卦(納氣為主),不論二十四山(定向為主),即上元甲子 90 年,得元以坤一、巽二、離三、兌四,為同元卦運興旺;失元以艮六、坎七、震八、乾九為同元卦運衰敗。下元運 90 年,得元以艮六、坎七、震八、乾九為同元卦運興旺,失元以坤一、巽二、離三、兌四為同元卦運衰敗。

(五)六十四卦之卦運

六十四卦,均由上卦(外卦)、下卦(內卦)重疊而成卦,其卦運由先天河圖八卦,以乾、兌、離、震、巽、坎、艮、坤之順序,交叉相互配對,取上卦(外卦)之洛書數,乾九、兌四、離三、震八、巽二、坎七、艮六、坤一,即以先天八卦配合洛書數為卦運(圖6-4),整理六十四卦之卦運(表6-2)。

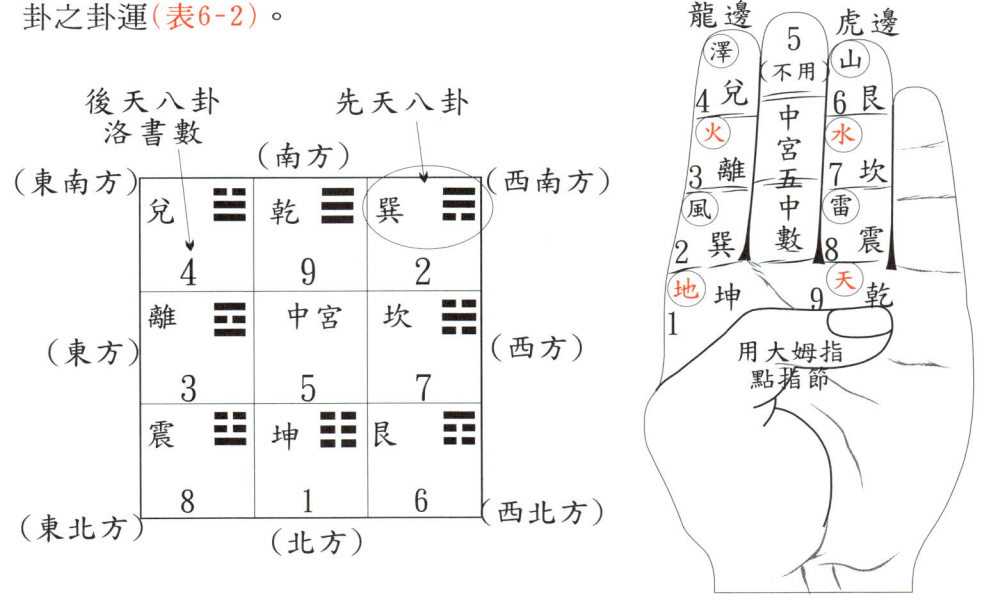

(圖6-4)先天八卦配洛書數與卦運手掌圖

(表6-2) 六十四卦之卦運

上卦→ 下卦↓	1乾 天	2兌 澤	3離 火	4震 雷	5巽 風	6坎 水	7艮 山	8坤 地
天	乾為天 9	澤天夬 4	火天大有 3	雷天大壯 8	風天小畜 2	水天需 7	山天大畜 6	地天泰 1
澤	天澤履 9	兌為澤 4	火澤睽 3	雷澤歸妹 8	風澤中孚 2	水澤節 7	山澤損 6	地澤臨 ①
火	天火同人 9	澤火革 4	離為火 3	雷火豐 8	風火家人 2	水火既濟 7	山火賁 6	地火明夷 1
雷	天雷無妄 9	澤雷隨 4	火雷噬嗑 3	震為雷 8	風雷益 2	水雷屯 7	山雷頤 6	地雷復 1
風	天風姤 9	澤風大過 4	火風鼎 3	雷風恆 8	巽為風 2	水風井 7	山風蠱 6	地風升 1
水	天水訟 9	澤水困 4	火水未濟 3	雷水解 8	風水渙 2	坎為水 7	山水蒙 6	地水師 1
山	天山遯 9	澤山咸 4	火山旅 3	雷山小過 8	風山漸 2	水山蹇 7	艮為山 6	地山謙 1
地	天地否 9	澤地萃 4	火地晉 3	雷地豫 8	風地觀 2	水地比 7	山地剝 6	坤為地 1

先天八卦卦序

後天八卦洛書數(卦運)

第一節 玄空易卦風水學

(六)卦運旺向

　　一般建築物朝向,可使用玄空二十四山定位之法,取旺向(門外取向),又稱室外取向法;亦可用六十四卦納氣之法,取旺卦線(門內取向),又稱室內納氣法。因而門向,運用風水命卦,即出生年配六十四卦(一元卦)之卦運及建築物的總門、前後門、窗、書桌、床頭等,配合當元的卦運看彼此之關係吉凶效應來施設,掌握組合卦運以相同、合五、合十、合十五、合生成(符合河圖16、27、38、49之局),為得元乘旺,帶來助益。卦運組合吉凶表(表6-3)。卦得元,生旺力量,因爻的助力更趨穩定,在取向時,不以24山向及64卦為範圍,須以爻為主,動爻後成卦,來決定吉凶。

(表6-3)卦運組合吉凶表

星名	卦運組合數	吉凶	卦意
祿存星	合一或九	凶	口角是非 官非口舌
破軍星	合二或八	凶	破財被劫 盜賊官非
廉貞星	合三或七	凶	門狠暴戾 官訟連連
文曲星	合四或六	凶	反覆紛爭 異性緣重
貪狼星	生成一六、二七、三八、四九	吉	旺丁顯貴 財源穩定
巨門星	合五合十五	吉	旺財武貴 財源廣進
武曲星	合十	吉	和諧武財 催官多貴
左輔星	相同	吉	忠義仁慈 平安順利

附註
可配合先天排龍吉星與後天星盤旺局及巒頭與理氣均佳,其應驗參考時間如下:
1. 武曲星當年起旺。
2. 巨門星次年起旺。
3. 左輔、右弼星第三年起旺。
4. 貪狼星第十二年起旺。

(七)具體應用案例

　　為配合宅命相配布局,發揮收氣之效應。以宅主男 1953 年生為例,查一元卦 ☱☰ 澤天夬,卦運四,宅第總門取巽向,納 ☰☱ 天澤履卦,卦運九,並取初、二爻中間交界線(周天130.5°),合成49生成之數,為貪狼吉星,主旺丁顯貴。

有緣是責任
無緣就是空

二、星運

　　星運又稱卦氣，與卦運（指對方位之吉凶判斷）不同，星運用來布局定興旺，可帶動時間運行將卦運流轉，星運不帶吉凶。星運布局龍、山、水、向，需合生成（符合河圖16、27、38、49之局）、合五、合十、合十五、相同，吉凶便可流轉，不具五行、方向、時間，不論吉凶，用作決定位置及立局用的。

三、星運手掌速算法

　　玄空大卦用在龍、山、水、向及開門納氣之布局，必須掌握卦運與星運，方能得心應手。藉神奇之掐指動作，亦可便捷計算出星運數。

（一）手掌裝卦

1.卦運速算：先天卦位在手掌所佔位置，如地天泰成卦，卦運為 1（圖6-5）。

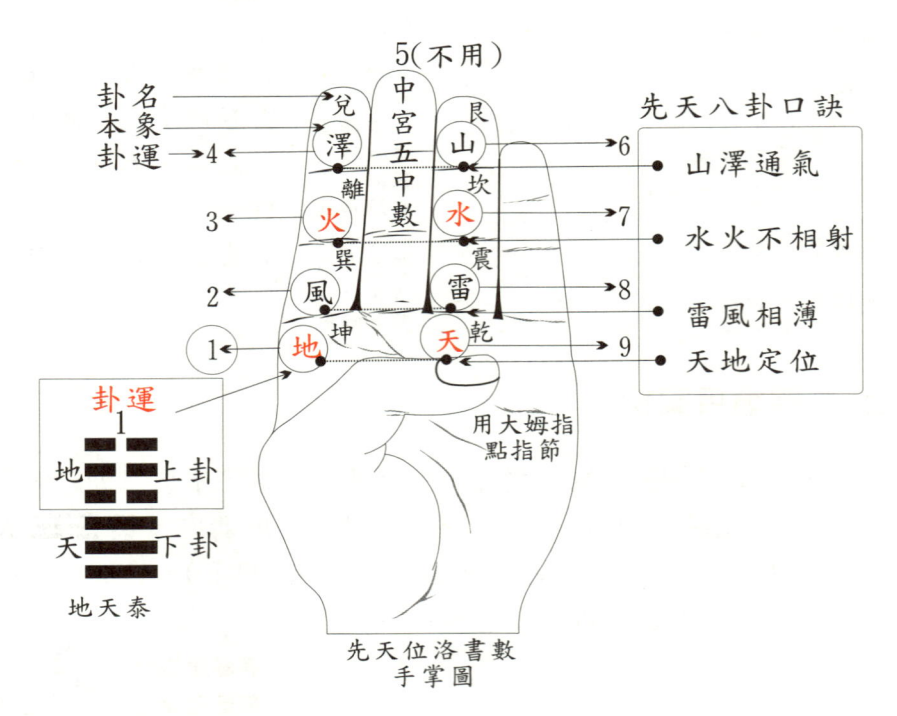

（圖6-5）地天泰成卦卦運為 1 推算

2.摘星口訣：先天卦位在手掌所佔位置，以天、地、水、火紅字為順行，雷、風、山、澤黑字逆行，幫助記憶，如摘星口訣與速算(圖6-6~14)，六十四卦之星運(表6-4)。

摘星口訣

地火風澤順逆飛
天水雷山上下游
過五無卦捨不用
龍虎相見必逢五

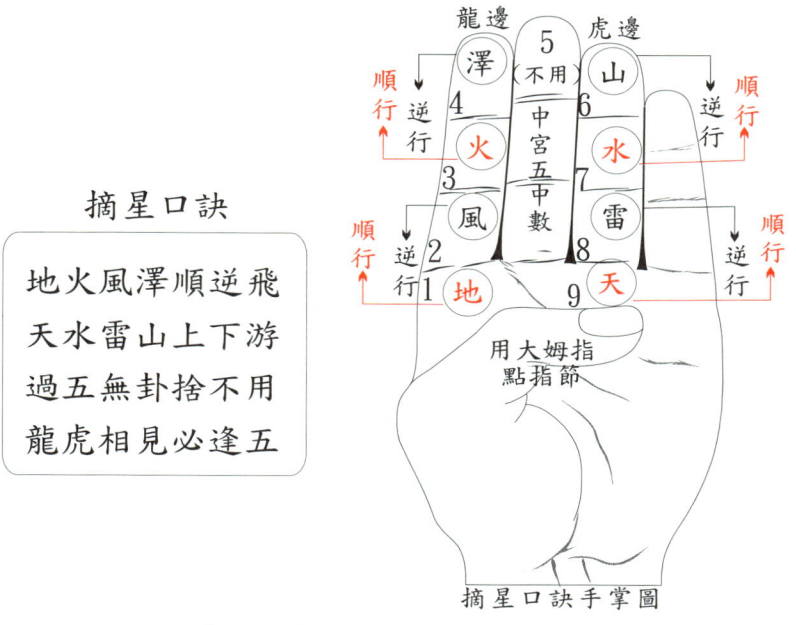

(圖6-6)摘星口訣與手掌圖

(二)星運口訣速算

1.左上順行推算(地火風澤順逆飛)(圖6-7)。

2.左下逆行推算(地火風澤順逆飛)(圖6-8)。

3.右上順行推算(天水雷山上下游)(圖6-9)。

4.右下逆行推算(天水雷山上下游)(圖6-10)。

5.左順上中行推算(過五無卦捨不用、龍虎相見必逢五)(圖6-11)。

6.左逆下中行推算(過五無卦捨不用、龍虎相見必逢五)(圖6-12)。

7.右順上中行推算(過五無卦捨不用、龍虎相見必逢五)(圖6-13)。

8.右逆下中行推算(過五無卦捨不用、龍虎相見必逢五)(圖6-14)。

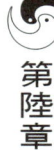

第一節 玄空易卦風水學

摘星手掌圖

左上順行推算
摘星口訣
㊉火風㊟順逆飛

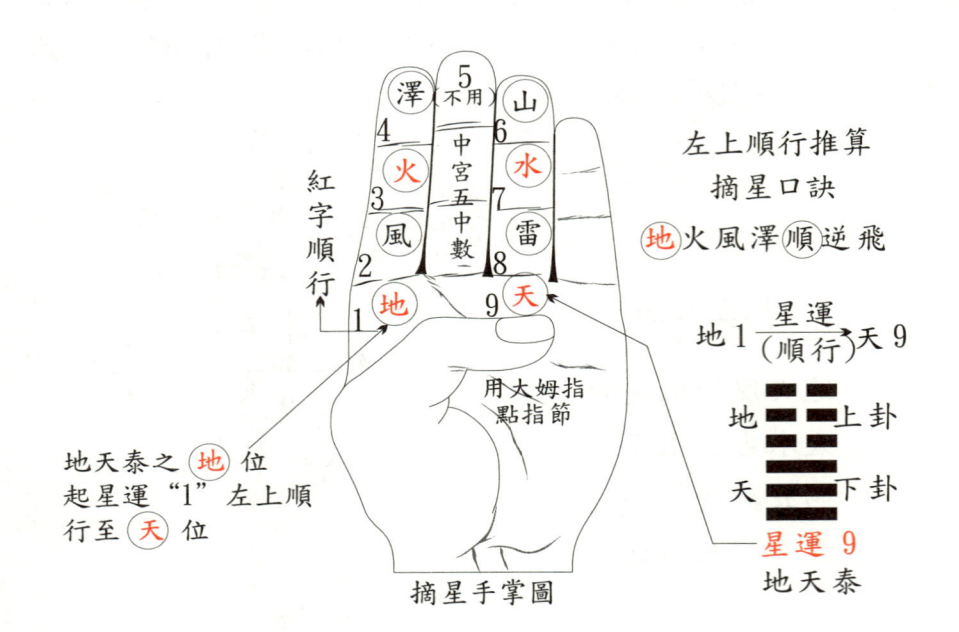

地 1 —星運(順行)→ 天 9

地 ▬▬ ▬▬ 上卦
天 ▬▬▬▬▬ 下卦

星運 9
地天泰

地天泰之㊉位
起星運"1"左上順
行至㊉位

紅字順行

（圖6-7）地天泰星運 9 推算

左下逆行推算
摘星口訣
地火風㊟順逆飛

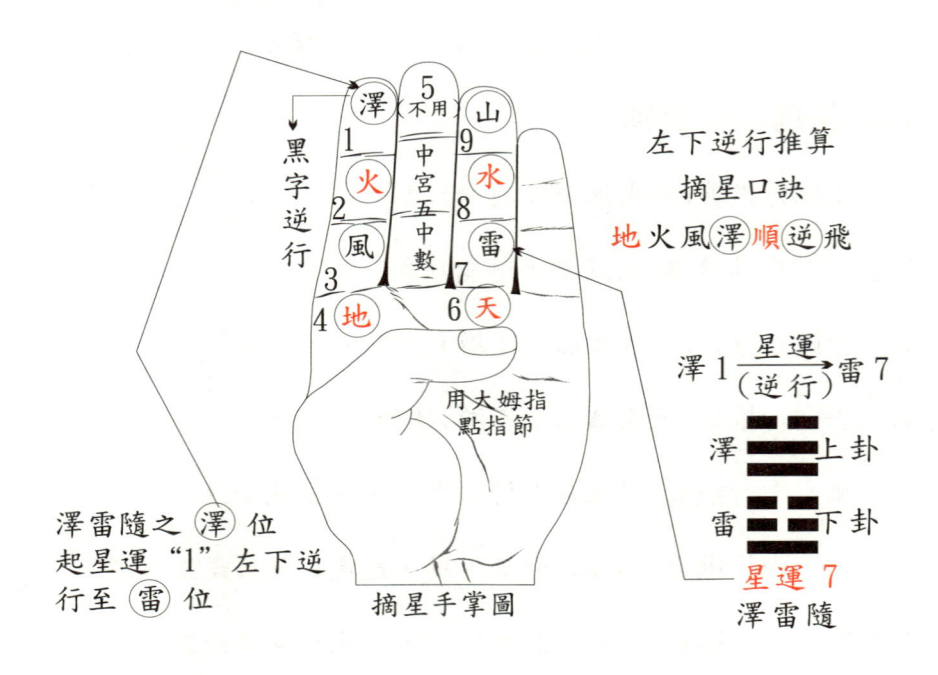

澤 1 —星運(逆行)→ 雷 7

澤 ▬▬▬▬▬ 上卦
雷 ▬▬ ▬▬ 下卦

星運 7
澤雷隨

澤雷隨之㊟位
起星運"1"左下逆
行至雷位

黑字逆行

（圖6-8）澤雷隨星運 7 推算

摘星手掌圖

天 1 $\xrightarrow{星運（順行）}$ 澤 6

天 ☰ 上卦
澤 ☱ 下卦

星運 6
天澤履

右上順行推算
摘星口訣
天 水 雷 山 上 下 游

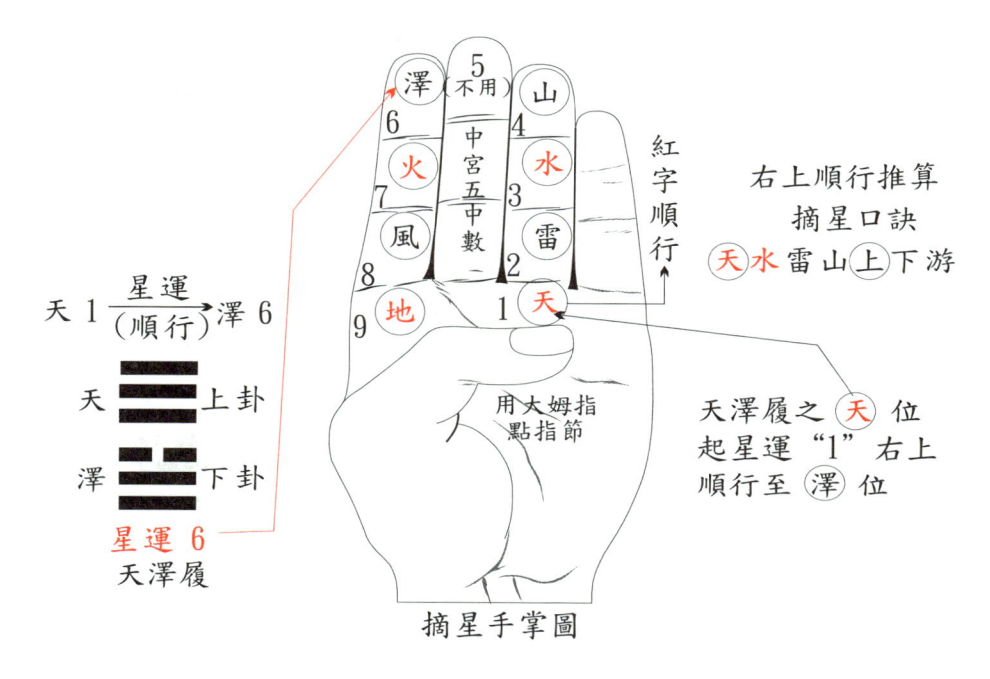

天澤履之 天 位
起星運 "1" 右上
順行至 澤 位

(圖6-9)天澤履星運 6 推算

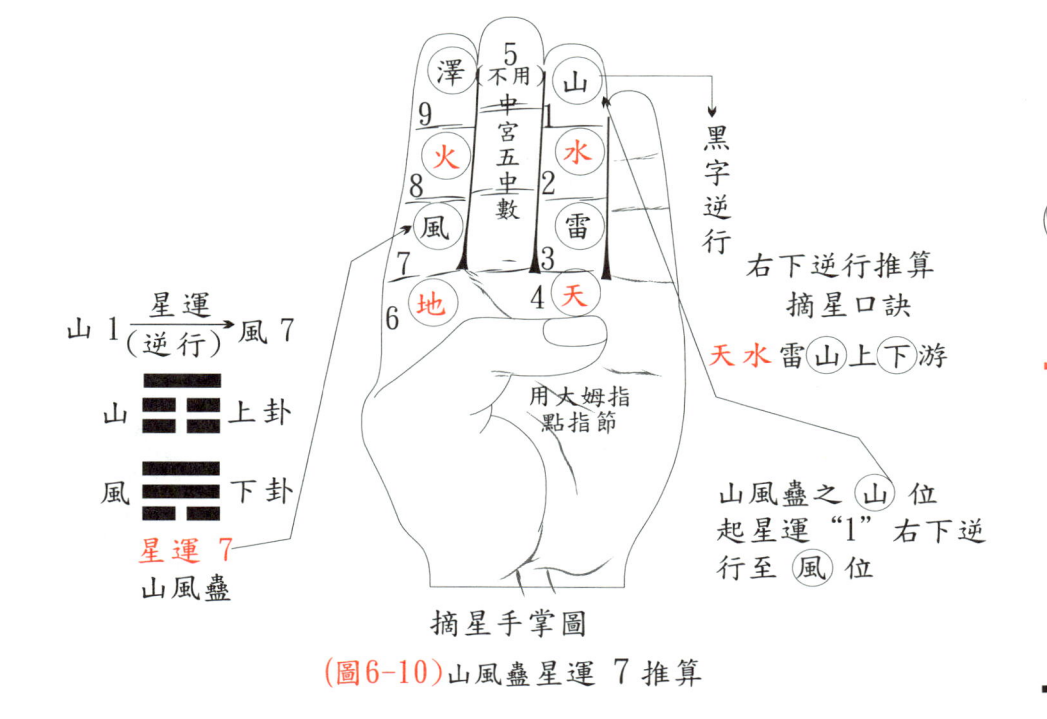

山 1 $\xrightarrow{星運（逆行）}$ 風 7

山 ☶ 上卦
風 ☴ 下卦

星運 7
山風蠱

黑字逆行

右下逆行推算
摘星口訣
天 水 雷 山 上 下 游

山風蠱之 山 位
起星運 "1" 右下
逆行至 風 位

(圖6-10)山風蠱星運 7 推算

第陸章 玄空易卦法

444

第一節 玄空易卦風水學

左順上中行推算
摘星口訣

地火風澤順逆飛
過五無卦捨不用
龍虎相見必逢五

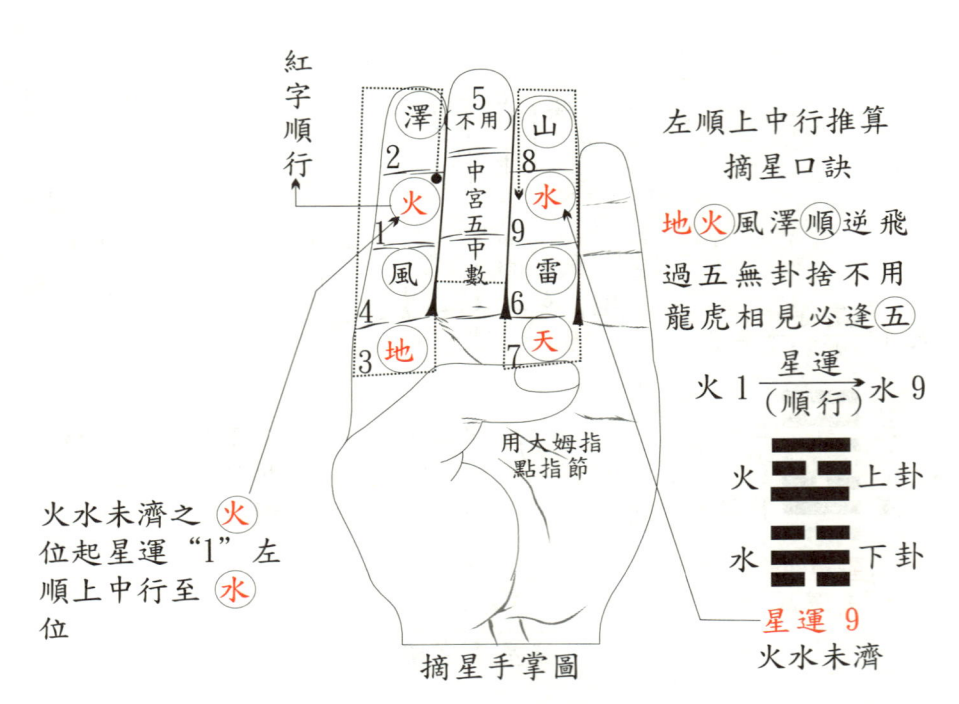

火1 —星運(順行)→ 水9

火 ☲ 上卦
水 ☵ 下卦

星運 9
火水未濟

紅字順行

| 澤 2 火 1 風 4 地 3 | 5 不用 中宮五中數 | 山 8 水 9 雷 6 天 7 |

用大姆指點指節

火水未濟之⑨火位起星運"1"左順上中行至⑨水位

摘星手掌圖

(圖6-11)火水未濟星運 9 推算

左逆下中行推算
摘星口訣

地火風澤順逆飛
過五無卦捨不用
龍虎相見必逢五

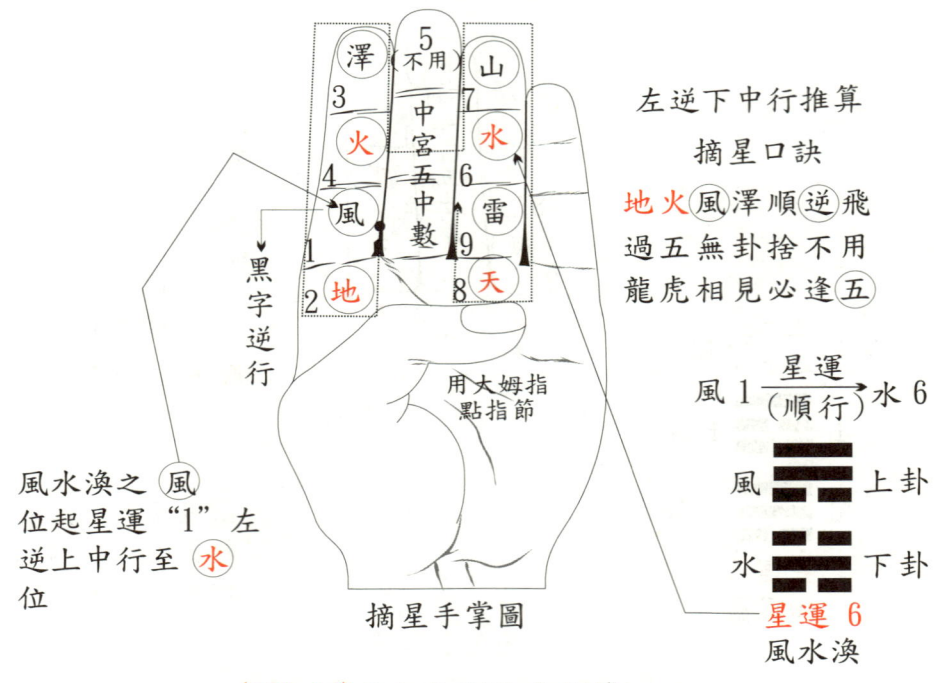

風1 —星運(順行)→ 水6

風 ☴ 上卦
水 ☵ 下卦

星運 6
風水渙

黑字逆行

| 澤 3 火 4 風 1 地 2 | 5 不用 中宮五中數 | 山 7 水 6 雷 9 天 8 |

用大姆指點指節

風水渙之⑨風位起星運"1"左逆上中行至⑨水位

摘星手掌圖

(圖6-12)風水渙星運 6 推算

445

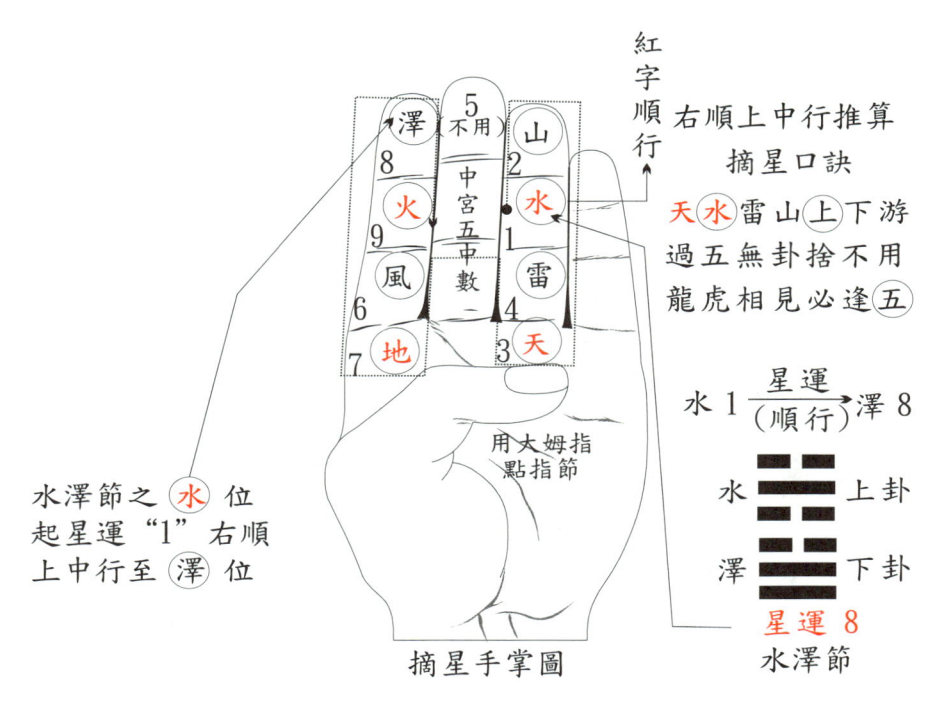

（圖6-13）水澤節星運 8 推算

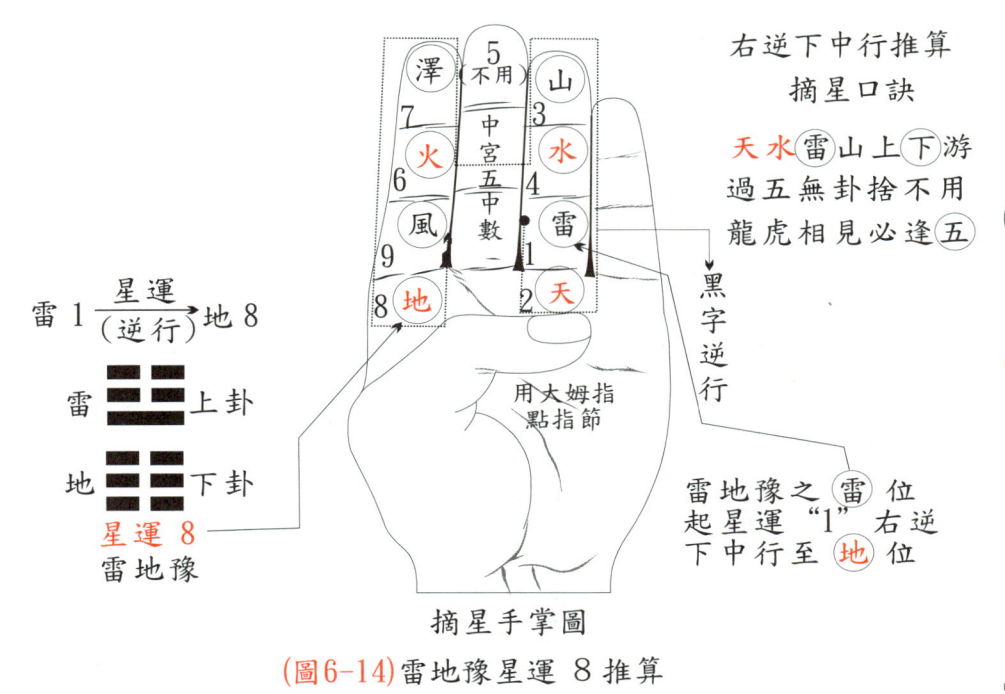

摘星口訣（右順上中行推算）：

天水雷山上下游
過五無卦捨不用
龍虎相見必逢五

水澤節之⑤水位起星運"1"右順上中行至⑤澤位

掌圖標註：
- 澤 8 火 9 風 6 地 7
- 5 不用（中宮五中數）
- 山 2 水 1 雷 4 天 3

紅字順行

水 1 →（順行）→ 澤 8

水 上卦
澤 下卦

星運 8　水澤節

用大姆指點指節

摘星手掌圖

（圖6-14）雷地豫星運 8 推算

摘星口訣（右逆下中行推算）：

天水雷山上下游
過五無卦捨不用
龍虎相見必逢五

雷地豫之⑤雷位起星運"1"右逆下中行至⑤地位

掌圖標註：
- 澤 7 火 6 風 9 地 8
- 5 不用（中宮五中數）
- 山 3 水 4 雷 1 天 2

黑字逆行

雷 1 →（逆行）→ 地 8

雷 上卦
地 下卦

星運 8　雷地豫

用大姆指點指節

摘星手掌圖

第陸章　玄空易卦法

446

(表6-4) 六十四卦之星運

卦別 / 星運 / 區分 \ 洛書	父卦 北卦 / 1 / 上下卦全相同完	江西卦 天元 / 2 / 初爻相同陰陽	江西卦 人元 / 3 / 中爻相同陰陽	江西卦 地元 / 4 / 上爻相同陰陽	江東卦 地元 / 6 / 上爻不相同陰陽	江東卦 人元 / 7 / 中爻不相同陰陽	江東卦 天元 / 8 / 初爻不相同陰陽	母卦 南卦 / 9 / 上下卦全不相同完
9	乾為天 1	天雷無妄 2	天水訟 3	天山遯 4	天澤履 6	天火同人 7	天風姤 8	天地否 9
4	兌為澤 1	澤火革 2	澤風大過 3	澤地萃 4	澤天夬 6	澤雷隨 7	澤水困 8	澤山咸 9
3	離為火 1	火澤睽 2	火地晉 3	火風鼎 4	火雷噬嗑 6	火天大有 7	火山旅 8	火水未濟 9
8	震為雷 1	雷天大壯 2	雷山小過 3	雷水解 4	雷火豐 6	雷澤歸妹 7	雷地豫 8	雷風恆 9
2	巽為風 1	風地觀 2	風澤中孚 3	風火家人 4	風水渙 6	風山漸 7	風天小畜 8	風雷益 9
7	坎為水 1	水山蹇 2	水天需 3	水雷屯 4	水風井 6	水地比 7	水澤節 8	水火既濟 9
6	艮為山 1	山水蒙 2	山雷頤 3	山天大畜 4	山地剝 6	山風蠱 7	山火賁 8	山澤損 9
1	坤為地 1	地風升 2	地火明夷 3	地澤臨 4	地山謙 6	地水師 7	地雷復 8	地天泰 9

四、東西父母三般卦

從星運(即成卦)之變爻,以南北父母、江東、江西之三組卦而來。

(一)父卦

北卦(星運為一),即成卦之上卦與下卦(或外卦與內卦)完全相同原卦者(圖6-15);為父,為天。

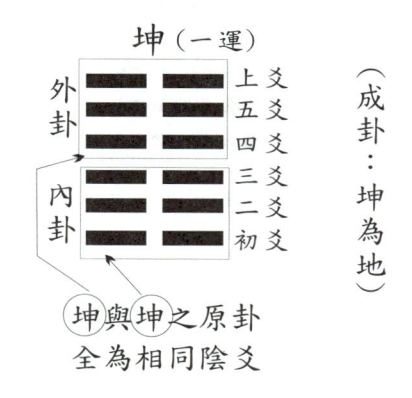

坤(一運)

外卦 上爻 五爻 四爻
內卦 三爻 二爻 初爻

(成卦:坤為地)

坤與坤之原卦全為相同陰爻

(圖7-15)一運卦(上卦與下卦卦爻完全相同者)

(二)母卦

南卦(星運為九),即成卦之上卦與下卦(或外卦與內卦)完全不相同原卦者(圖6-16);為地,為母,從一運父卦取下三爻陰陽互變而成。

泰(九運)

外卦 上爻 五爻 四爻
內卦 三爻 二爻 初爻

(成卦:地天泰)

坤與乾之原卦陰陽爻不同(互變)

(圖6-16)九運卦(上卦與下卦陰陽爻不同者)

(三)江東卦

星運為八，由父卦變初爻，即成卦之上卦與下卦（或外卦與內卦）之原卦初爻陰陽不同（即初爻陰陽互變，餘中、上爻相同不變者）而成，屬天元龍(圖6-17)；從一運父卦取第一爻陰陽互變而成。

困（八運）

外卦　上爻　（成卦：澤水困）
　　　五爻
　　　四爻
內卦　三爻
　　　二爻
　　　初爻

兌與坎之原卦初爻陰陽不同

(圖6-17)八運卦（上卦與下卦初爻陰陽不同者）

星運為七，由父卦變二爻，即成卦之上卦與下卦（或外卦與內卦）之原卦中爻陰陽不同（即中爻陰陽互變，餘初、上爻相同不變者）而成，屬人元龍(圖6-18)，從一運父卦取第二爻陰陽互變而成。

比（七運）

外卦　上爻　（成卦：水地比）
　　　五爻
　　　四爻
內卦　三爻
　　　二爻
　　　初爻

坎與坤之原卦中爻陰陽不同

(圖6-18)七運卦（上卦與下卦中爻陰陽不同者）

星運為六，由父卦變三爻，即成卦之上卦與下卦（或外卦與內卦）之原卦上爻陰陽不同（即上爻陰陽互變，餘初、中爻相同不變者。）而成，屬地元龍(圖6-19)；從一運父卦取第三爻陰陽互變而成。

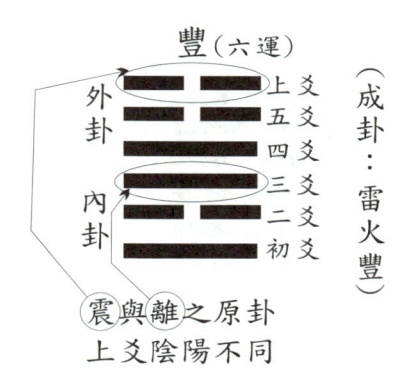

豐（六運）

外卦　上爻　五爻　四爻
內卦　三爻　二爻　初爻
（成卦：雷火豐）

震與離之原卦
上爻陰陽不同

(圖6-19)六運卦（上卦與下卦上爻陰陽不同者）

(四)江西卦

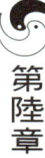

　　星運為二，由母卦變初爻，即成卦之上卦與下卦（或外卦與內卦）之原卦初爻陰陽相同（即初爻之陰陽相同，餘中、上爻陰陽互變者）而成，屬天元龍(圖6-20)；從九運母卦取第一爻陰陽互變而成。

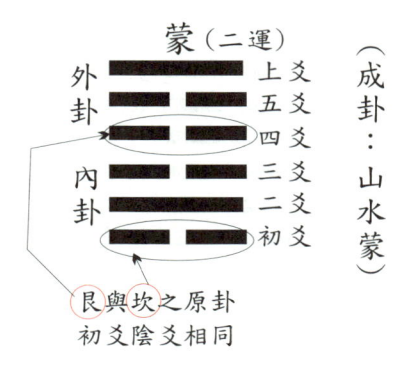

蒙（二運）

外卦　上爻　五爻　四爻
內卦　三爻　二爻　初爻
（成卦：山水蒙）

艮與坎之原卦
初爻陰爻相同

(圖6-20)二運卦（上卦與下卦初爻陰陽相同者）

星運為三，由母卦變二爻，即成卦之上卦與下卦（或外卦與內卦）之原卦中爻陰陽相同（即中爻之陰陽相同，餘初、上爻陰陽互變者）而成，屬人元龍(圖6-21)；從九運母卦取第二爻陰陽互變而成。

需（三運）

外卦
上爻
五爻
四爻

內卦
三爻
二爻
初爻

（成卦：水天需）

坎與乾之原卦
中爻陽爻相同

(圖6-21)三運卦(上卦與下卦中爻陰陽相同者)

星運為四，由母卦變三爻，即成卦之上卦與下卦（或外卦與內卦）之原卦上爻陰陽相同（即上爻之陰陽相同，餘初、中爻陰陽互變者）而成，屬地元龍(圖6-22)；從九運母卦取第三爻陰陽互變而成。

解（四運）

外卦
上爻
五爻
四爻

內卦
三爻
二爻
初爻

（成卦：雷水解）

震與坎之原卦
上爻陰爻相同

(圖6-22)三運卦(上卦與下卦上爻陰陽相同者)

五、換爻定陰陽之規則（星運速算）

（一）陽爻：之代表數爲九，屬單（奇）數，其抽象符號爲（ ▬▬ 稱陽爻）。

（二）陰爻：之代表數爲六，屬雙（偶）數，其抽象符號爲（▬ ▬ 稱陰爻）。

（三）單數：陰配陽（圖6-23）或陽配陰（圖6-24），爲陽（相加代表數等於單數）。

（四）雙數：陰配陰（圖6-25）或陽配陽（圖6-26），爲陰（相加代表數等於雙數）。

以雷水解星運爲四爲例（圖6-27）。

▬ ▬ ＋ ▬▬ ＝ ▬▬
6 ＋ 9 ＝15

（圖6-23）相加數等於單（奇）數爲陽

▬▬ ＋ ▬ ▬ ＝ ▬▬
9 ＋ 6 ＝15

（圖6-24）相加數等於單（奇）數爲陽

▬ ▬ ＋ ▬ ▬ ＝ ▬ ▬
6 ＋ 6 ＝12

（圖6-25）相加數等於雙（偶）數爲陰

▬▬ ＋ ▬▬ ＝ ▬ ▬
9 ＋ 9 ＝18

（圖6-26）相加數等於雙（偶）數爲陰

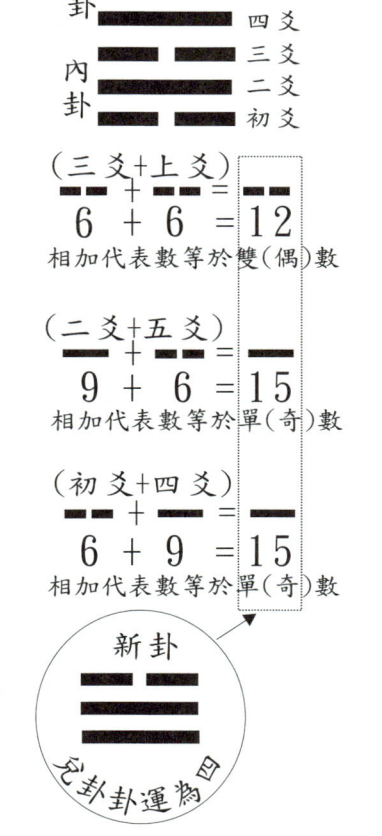

解（四運）
外卦　上爻 五爻 四爻
內卦　三爻 二爻 初爻

（三爻＋上爻）
▬ ▬ ＋ ▬ ▬ ＝ ▬ ▬
6 ＋ 6 ＝12
相加代表數等於雙（偶）數

（二爻＋五爻）
▬▬ ＋ ▬ ▬ ＝ ▬▬
9 ＋ 6 ＝15
相加代表數等於單（奇）數

（初爻＋四爻）
▬ ▬ ＋ ▬▬ ＝ ▬▬
6 ＋ 9 ＝15
相加代表數等於單（奇）數

新卦　忌卦卦運爲四

（圖6-27）雷水解星運四

第二節、卦運與星運應用時機

　　卦運，用來判別山川形勢與方位之吉凶。星運，則用在布局催旺。因而陽宅之運用，必須掌握各納氣口（指前、後門、窗口），並分組相對合吉來納氣；陰宅著重在龍、山、水、向四個點為卦線。陰陽宅定向，確認星運相同，卦運合五、合十、合十五、合生成為吉。卦運與星運應掌握當運者吉，失運為衰之基本規則。

一、布水局之要領

　　布局財位，以失元卦位見水為旺，因水動可使納氣轉弱為強，得元卦位見水為煞。目前九運下元運（指六、七、八、九運）布局，以收失元卦運（指一、二、三、四運），則大利財源。來去水需合下列規則，否則入煞不清。

（一）真水：江、河、大水溝之來去水口，收失元為旺。

（二）假水：馬路、人潮、車潮、天橋等，來水得元，去水失元為旺。

二、星運組合學理

　　星運之組合，必須掌握坐山與立向及來龍與城門水口，要合五、合十、合十五、合生成為吉。

（一）合十：星運組合，為合十（指19、28、37、46）為吉，主和諧武財。

（二）生成：星運組合，符合先天河圖數（指16水、27火、38木、49金）主發丁顯貴，為吉利之搭配。

（三）一氣純清：即卦位與卦氣為相同卦線度為吉，在陽宅取納氣口（前門、後門、窗口、陽台或露台），分兩組卦來納氣，取卦以星運相同，卦運合十為吉。

三、挨星納氣規則

覆卦之應用規則,是根據唐朝楊筠松《青囊奧語》記載:「翻天倒地,對不同,秘密在玄空。」指出操作規則,茲將"翻天倒地"及"對不同"說明如下:

(一)翻天倒地

翻天倒地,即是覆卦,就是把成卦中之內卦變成外卦(圖6-28)。

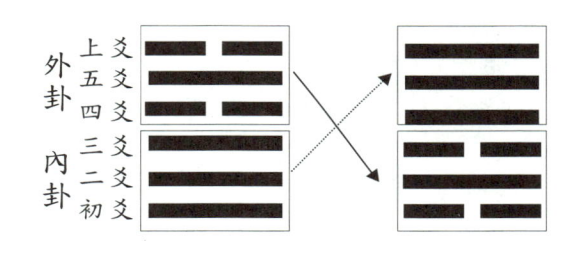

(圖6-28)覆卦

(二)對不同

對不同,即是錯卦,就是把六畫成卦,由初爻至上爻全部變更(陽變陰,陰變陽)(圖6-29)。

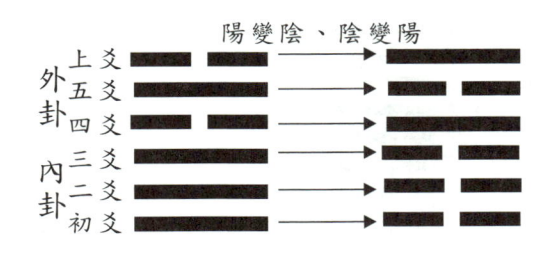

(圖6-29)錯卦

（三）具體應用實例

下元運，以星運六、七、八、九為當運。以空間門向為午山子向，八運地雷復卦為例(圖6-30)。四個主要納氣口，星運相同與合十，卦運合十，生氣可藉抽風機抽入，死氣要抽出。

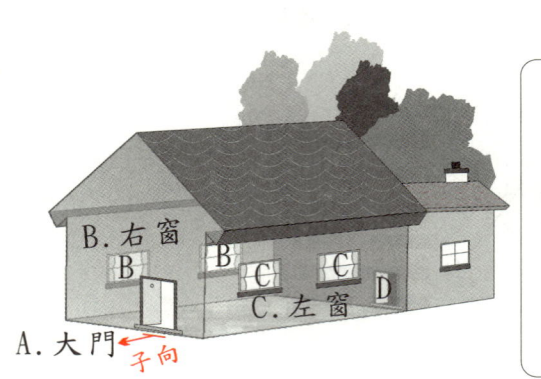

納氣度量
A.大門（星運八、卦運一地雷復）（主納氣口）
B.右窗（星運二、卦運二風地觀）
C.左窗（星運二、卦運八雷天大壯）
D.後門（星運八、卦運九天風姤）

A.大門主內納氣口
覆卦
A.地雷復（星運八、卦運一）

錯卦(外卦)
雷地豫（星運八、卦運八）

B.右窗
錯卦
B.風地觀（星運二、卦運二）

C.左窗
錯卦
C.雷天大壯（星運二、卦運八）

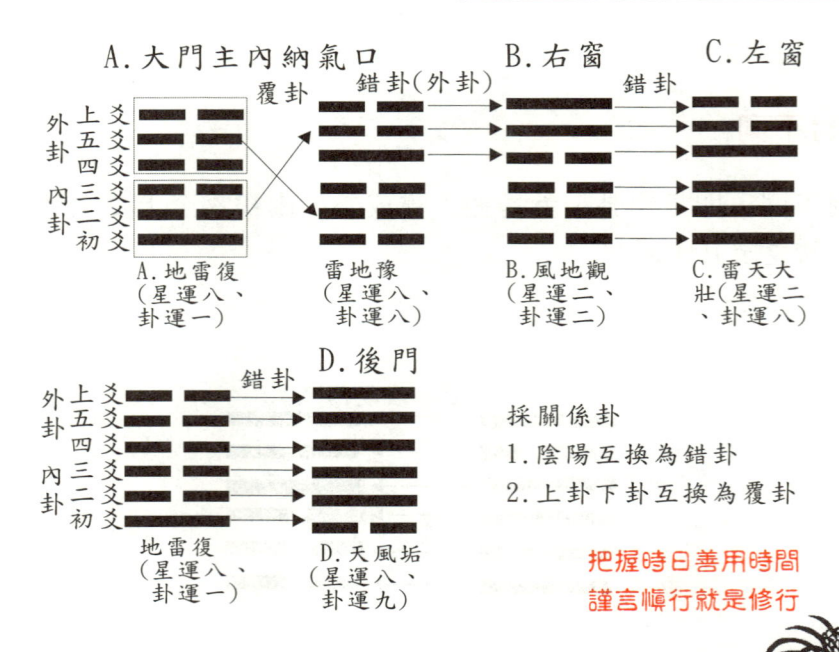

D.後門
錯卦
地雷復（星運八、卦運一）
D.天風姤（星運八、卦運九）

採關係卦
1.陰陽互換為錯卦
2.上卦下卦互換為覆卦

把握時日善用時間
謹言慎行就是修行

(圖6-30)門子向八運地雷復

第三節、玄空易卦羅盤介紹

　　易卦羅盤內容，以清朝蔣大鴻取邵康節六十四卦"圓周、卦象、卦名、卦運、星運、抽爻換象"形成文字符號版面圖式(圖6-31)。

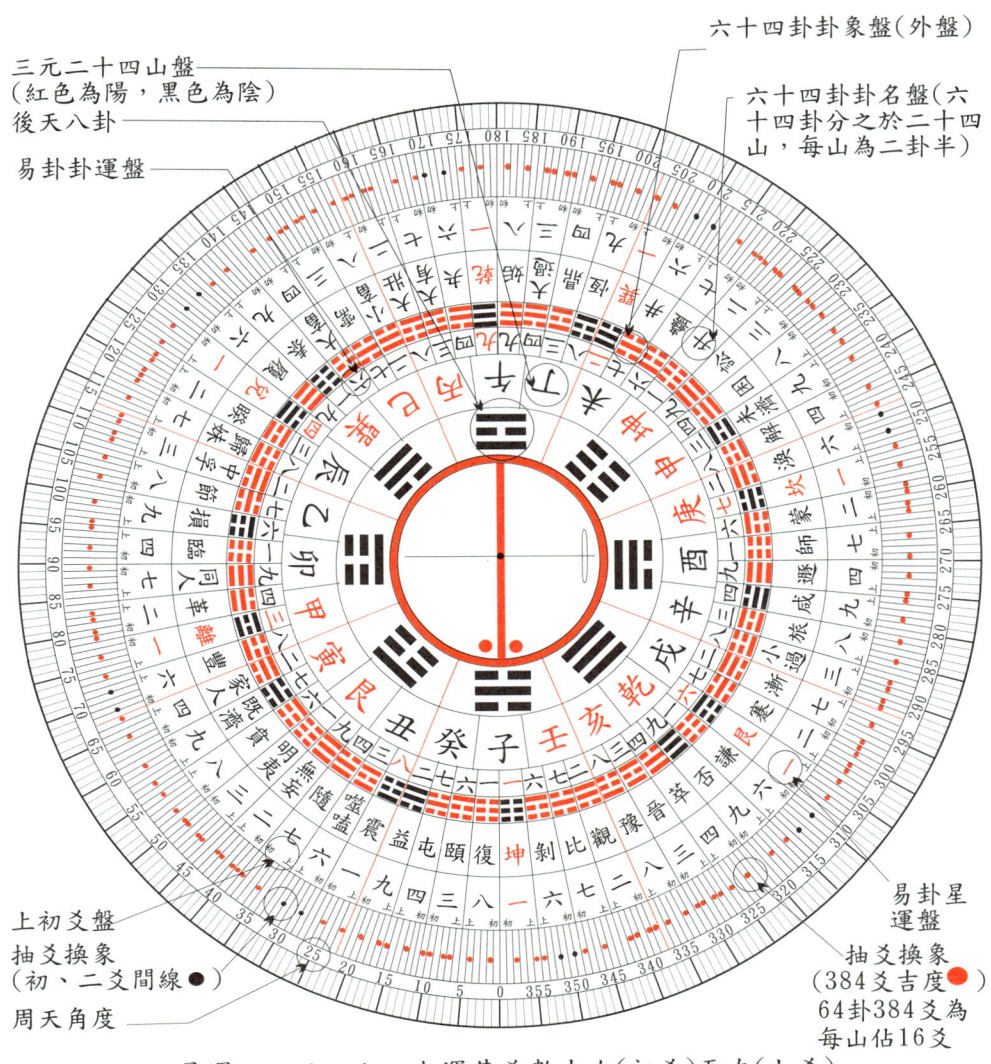

標註說明：
- 三元二十四山盤（紅色為陽，黑色為陰）
- 後天八卦
- 易卦卦運盤
- 六十四卦卦象盤(外盤)
- 六十四卦卦名盤(六十四卦分之於二十四山，每山為二卦半)
- 易卦星運盤
- 抽爻換象(384爻吉度)64卦384爻為每山佔16爻
- 上初爻盤
- 抽爻換象（初、二爻間線●）
- 周天角度

星運一、三、七、九運其爻數由右(初爻)至左(上爻)
星運二、四、六、八運其爻數由左(初爻)至右(上爻)

說明：
　　單數星運與雙數星運之爻度走向，均係在羅盤向方(不是在坐方)計度顯示吉凶。如係坐方計度，則其爻度單數由左至右，雙數由右至左，計度顯示吉凶。每卦6爻(初爻至上爻)，每爻度數為$360^0/384$爻$=0.9375^0/$爻。

(圖6-31)玄空易卦羅盤基本構造

第陸章　玄空易卦法

456

第四節、抽爻換象

抽爻，在羅盤定向時，以不同之爻度去選向。換象，為羅盤定向時，選的爻位會有陰陽變象。抽爻換象，指選定爻度有陰陽變象謂之。

一、爻合者

爻合，即以易卦變爻後，外卦三爻配內卦三爻，合得先天河圖16水、27火、38木、49金，或合五、合十、合十五之數者，為吉度。紅點的爻，即是吉度。在立極取向時可配合運用。以成卦"水天需"抽爻換象吉度(圖6-32)。

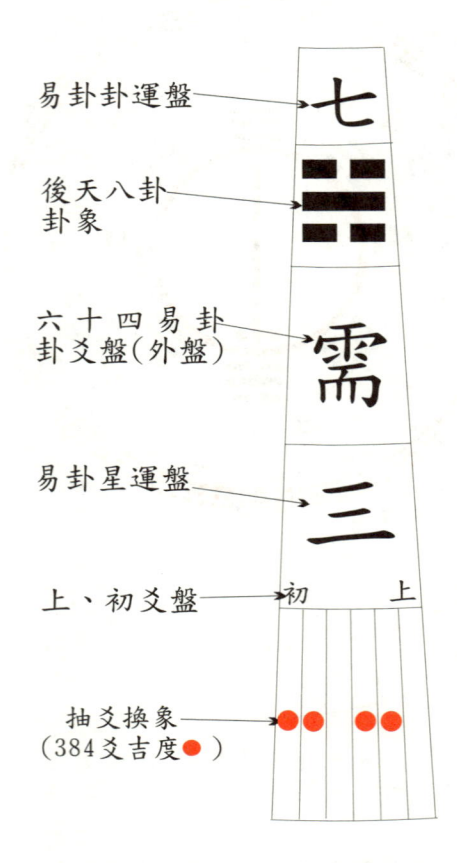

(圖6-32)水天需卦抽爻換象吉度

具體實例：水天需卦，抽爻換象取吉度解析，內、外卦卦象(圖6-33)。

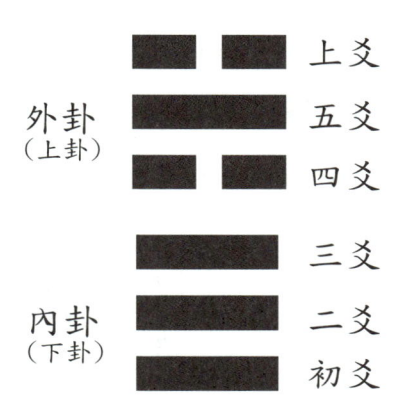

(圖6-33)水天需卦內、外卦卦象

(一)變初爻：為"水風井"，河圖卦序外卦七坎水、內卦二巽木，數合 27 生成之數，為土生金之象，合陰陽相配，屬吉(圖6-34)。

(二)變二爻：為"水火既濟"，河圖卦序外卦七坎水、內卦三離火，7+3 = 10，數合十，合夫婦相配，屬吉(圖6-35)。

卦別	水風井 外卦	水風井 內卦	合成之數
洛書位序	1	4	
河圖卦序	7	2	
合用情形	合成27同道可用		

(圖6-34)變初爻為水風井

卦別	水火既濟 外卦	水火既濟 內卦	合成之數
洛書位序	1	9	
河圖卦序	7	3	10
合用情形	合成10可用		

(圖6-35)變二爻為水火既濟

(三)變三爻：為"水澤節"，河圖卦序外卦七坎水、內卦四兌金，7+4 =11，數不合生成屬不吉(圖6-36)。

(四)變四爻：為"澤天夬"，河圖卦序外卦四兌金、內卦九乾金，數合49生成之數，為金比和之象屬吉(圖6-37)。

卦別	水澤節 外卦	內卦	合成之數
洛書位序	1	7	
河圖卦序	7	4	
合用情形	不合10不可用		

(圖6-36)變三爻為水澤節

卦別	澤天夬 外卦	內卦	合成之數
洛書位序	7	6	
河圖卦序	4	9	
合用情形	合成49為友可用		

(圖6-37)變四爻為澤天夬

(五)變五爻：為"地天泰"，河圖卦序外卦一坤土、內卦九乾金，1+9=10，數合十，為土生金之象，合天地定位，夫婦正配，屬吉(圖6-38)。

(六)變六爻：為"風天小畜"，河圖卦序外卦二巽木、內卦九乾金，2+9=11，數不合生成，為金剋木之象，屬不吉(圖6-39)。

卦別	地天泰 外卦	內卦	合成之數
洛書位序	2	6	
河圖卦序	1	9	10
合用情形	合成10可用		

(圖6-38)變五爻為地天泰

卦別	風天小畜 外卦	內卦	合成之數
洛書位序	4	6	
河圖卦序	2	9	
合用情形	不合10不可用		

(圖6-39)變上爻為風天小畜

二、爻不合者（兩爻交界之中間線）

爻不合者，即以易卦變爻後，外卦三爻配內卦三爻，均無一合得先天河圖16水、27火、38木、49金或合五、合十、合十五之數者。則採兩爻交界之中間線，計有"履、豐、井、剝、夬、噬嗑、渙、謙"等八個卦之抽爻換象。以成卦"天澤履"抽爻換象中間線吉度(圖6-40)。

易卦卦運盤 → 九

後天八卦卦象 → ☰☱

六十四易卦卦爻盤(外盤) → 履

易卦星運盤 → 六

上、初爻盤 → 上　初

抽爻換象中間線（384爻吉度●）→ ●中間線　●中間線

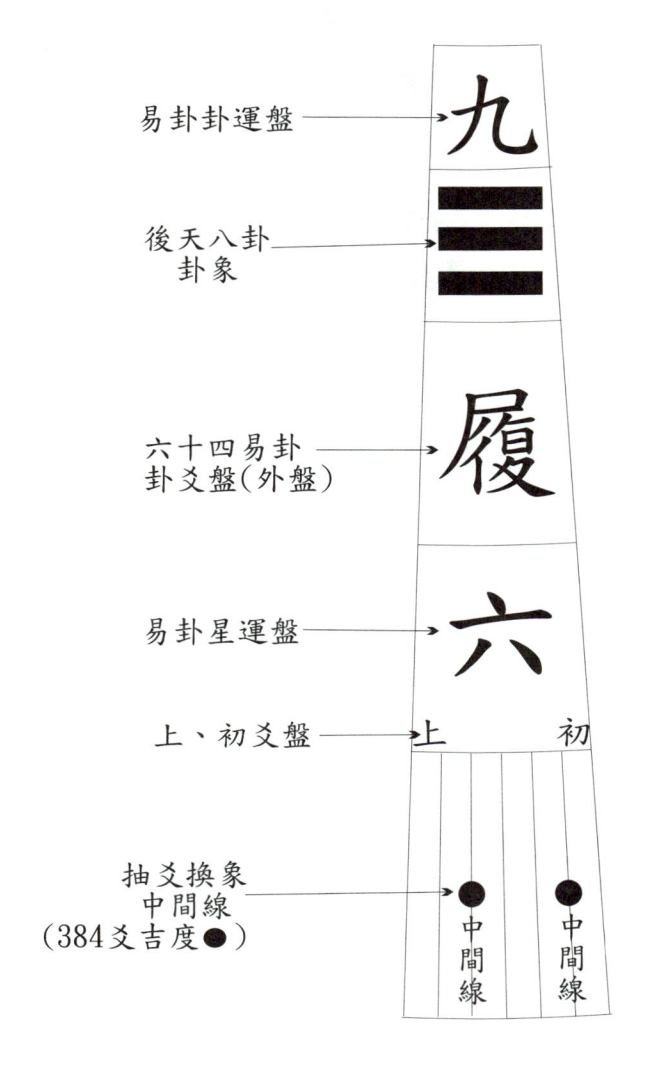

(圖6-40)天澤履卦抽爻換象中間線吉度

具體實例："天澤履"卦 抽爻換象取中間線吉度解析，內、外卦卦象（圖6-41）。

第四節 抽爻換象

```
         ━━━━━━  上爻
外卦    ━━━━━━  五爻
(上卦)  ━━━━━━  四爻
         ━━  ━━  三爻
內卦    ━━━━━━  二爻
(下卦)  ━━━━━━  初爻
```

（圖6-39）天澤履內外卦卦象

（一）變初爻：為"天水訟"為金生水之象，惟水冷金寒不吉（圖6-42）。

（二）變二爻：為"天雷無妄"，河圖卦序外卦九乾金、內卦八震木，9+8=17，數不合生成，金剋木之象，屬不吉（圖6-43）。

卦別	天水訟 外卦 ☰	天水訟 內卦 ☵	合成之數
洛書位序	6	1	
河圖卦序	9	7	16
合用情形	不合10不可用		

卦別	天雷無妄 外卦 ☰	天雷無妄 內卦 ☳	合成之數
洛書位序	6	9	
河圖卦序	9	8	17
合用情形	不合10不可用		

（圖6-42）變初爻為天水訟　　　（圖6-43）變二爻為天雷無妄

(三)變三爻：成"乾為天"，河圖卦序內、外卦為九乾金比和，9+9 = 18，數不合生成，屬純陽之象，無變化生息，犯伏吟不吉(圖6-44)。

(四)變四爻：為"風澤中孚"，河圖卦序外卦二巽木、內卦四兌金 2+4 =6，數不合生成，為金剋木之象，屬不吉(圖6-45)。

卦別	乾為天 外卦	內卦	合成之數
洛書位序	6	6	
河圖卦序	9	9	18
合用情形	不合10不可用		

(圖8-44)變三爻為乾為天

卦別	風澤中孚 外卦	內卦	合成之數
洛書位序	4	7	
河圖卦序	2	4	6
合用情形	不合10不可用		

(圖8-45)變四爻為風澤中孚

(五)變五爻：為"火澤睽"，河圖卦序外卦三離火、內卦四兌金，3+4 =7，數不合生成，為火剋金之象，屬不吉(圖6-46)。

(六)變六爻：為"兌為澤"，河圖卦序內、外卦四兌金比和，4+4=8，數不合生成，屬純陰之象，無變化生息，屬不吉(圖6-47)。

卦別	火澤睽 外卦	內卦	合成之數
洛書位序	9	7	
河圖卦序	3	4	7
合用情形	不合10不可用		

(圖6-46)變五爻為火澤睽

卦別	兌為澤 外卦	內卦	合成之數
洛書位序	7	7	
河圖卦序	4	4	8
合用情形	不合10不可用		

(圖6-47)變六爻為兌為澤

三、中間線法

(一)初、二爻交界線

由初爻至上爻，無一爻合用，宜採中間線法，即採兩爻間交界之間線，取本卦"天澤履"之內卦(下卦)兌卦同時"變初、二爻"，則變動為天地否，河圖卦序外卦九乾金、內卦一坤土，9+1=10，為合十，為土生金之象。合天地定位，夫婦正配，屬吉。因此，可取"初、二爻中間"之交界線(圖6-48)。

(二)四、五爻交界線

取本卦"天澤履"之外卦(上卦)乾卦同時"變四、五爻"，則變動為山澤損，河圖卦序外卦六艮土，內卦四兌金，6+4=10，數合十，為土生金之象，合山澤通氣，夫婦正配。因此，可取"四、五爻中間"之交界線(圖6-49)。

卦別	天地否 外卦	內卦	合成之數
洛書位序	6	2	
河圖卦序	9	1	10
合用情形	合成10可用		

(圖6-48)天澤履變初、二爻為天地否

卦別	山澤損 外卦	內卦	合成之數
洛書位序	8	7	
河圖卦序	6	4	10
合用情形	合成10可用		

(圖6-49)天澤履變四、五爻為山澤損

四、易卦法運用技巧

(一)卦運、星運選當旺避衰為原則。
(二)掌握山水零正關係之應用。
(三)卦運、星運流轉布局搶旺為原則。
(四)須合五、合十、合十五、合生成、一卦存清。
(五)符合抽爻換象之布局。

今日已過不必留戀
活握當下向前邁進

第五節、易經六十四卦吉凶宜忌

一、六十四卦卦意

　　《易經》六十四卦一覽表(表6-5)與卦意簡釋(表6-6)及吉凶宜忌卦理(表6-7)。

(表6-5) 易經六十四卦一覽表

上卦／下卦	1 乾 天	2 兌 澤	3 離 火	4 震 雷	5 巽 風	6 坎 水	7 艮 山	8 坤 地
1 天	乾為天 1 1	澤天夬 2 1	火天大有 3 1	雷天大壯 4 1	風天小畜 5 1	水天需 6 1	山天大畜 7 1	地天泰 8 1
2 澤	天澤履 1 2	兌為澤 2 2	火澤睽 3 2	雷澤歸妹 4 2	風澤中孚 5 2	水澤節 6 2	山澤損 7 2	地澤臨 8 2
3 火	天火同人 1 3	澤火革 2 3	離為火 3 3	雷火豐 4 3	風火家人 5 3	水火既濟 6 3	山火賁 7 3	地火明夷 8 3
4 雷	天雷無妄 1 4	澤雷隨 2 4	火雷噬嗑 3 4	震為雷 4 4	風雷益 5 4	水雷屯 6 4	山雷頤 7 4	地雷復 8 4
5 風	天風姤 1 5	澤風大過 2 5	火風鼎 3 5	雷風恆 4 5	巽為風 5 5	水風井 6 5	山風蠱 7 5	地風升 8 5
6 水	天水訟 1 6	澤水困 2 6	火水未濟 3 6	雷水解 4 6	風水渙 5 6	坎為水 6 6	山水蒙 7 6	地水師 8 6
7 山	天山遯 1 7	澤山咸 2 7	火山旅 3 7	雷山小過 4 7	風山漸 5 7	水山蹇 6 7	艮為山 7 7	地山謙 8 7
8 地	天地否 1 8	澤地萃 2 8	火地晉 3 8	雷地豫 4 8	風地觀 5 8	水地比 6 8	山地剝 7 8	坤為地 8 8

464

(表6-6A) 易經六十四卦簡釋(一)

河圖卦序	卦　名	簡　　　釋
11	乾為天	天、剛健(強)、旺盛、自強不息
12	天澤履	力行、實踐、小心翼翼、言而誠信
13	天火同人	同心努力、親近、上進、團結一致
14	天雷無妄	無咎、順乎自然、真實、不可妄動
15	天風姤	遭(相)遇、桃花、弄權、小人陷害
16	天水訟	官訟、爭執、不(安)如意、
17	天山遯	謹言慎行、退隱(縮)、明哲保身
18	天地否	閉塞、阻礙、勿躁進、否極泰來
21	澤天夬	果決、去除、決而明瞭
22	兌為澤	高高在上、喜悅、外遇、性情平靜
23	澤火革	變革、防糾紛、與時俱進
24	澤雷隨	跟隨、隨意、順應時勢
25	澤風大過	大過錯、理想高、物極必反
26	澤水困	坎陷、困住、窮竟求變
27	澤山咸	相互感應、用情感人
28	澤地萃	聚集、豐盛、匯萃力量

第五節　易經六十四卦吉凶宜忌

(表6-6B)易經六十四卦簡釋(二)

河圖卦序	卦　名	簡　　　　釋
31	火天大有	富裕、豐盛富有、前程似錦
32	火澤睽	意見相背、水火不容、求同存異
33	離為火	光明、麗、附著、如實正觀
34	火雷噬嗑	咬、果斷、剛柔相濟
35	火風鼎	鼎立、穩當、建功立事
36	火水未濟	分道揚鑣、不能互助、待時而動
37	火山旅	過往、暫時、勢非長久
38	火地晉	機會、希望、適合進取
41	雷天大壯	果決、去除、衝動、氣勢如虹
42	雷澤歸妹	不尋常、非正規、賠本、有始有終
43	雷火豐	豐盛富足、掌握時機
44	震為雷	震動、壓力、抗力、處變不驚
45	雷風恆	永恆不變、百折不撓
46	雷水解	解除難局
47	雷山小過	陷小人、小過失、低調行事
48	雷地豫	準備、傲慢、小心行事

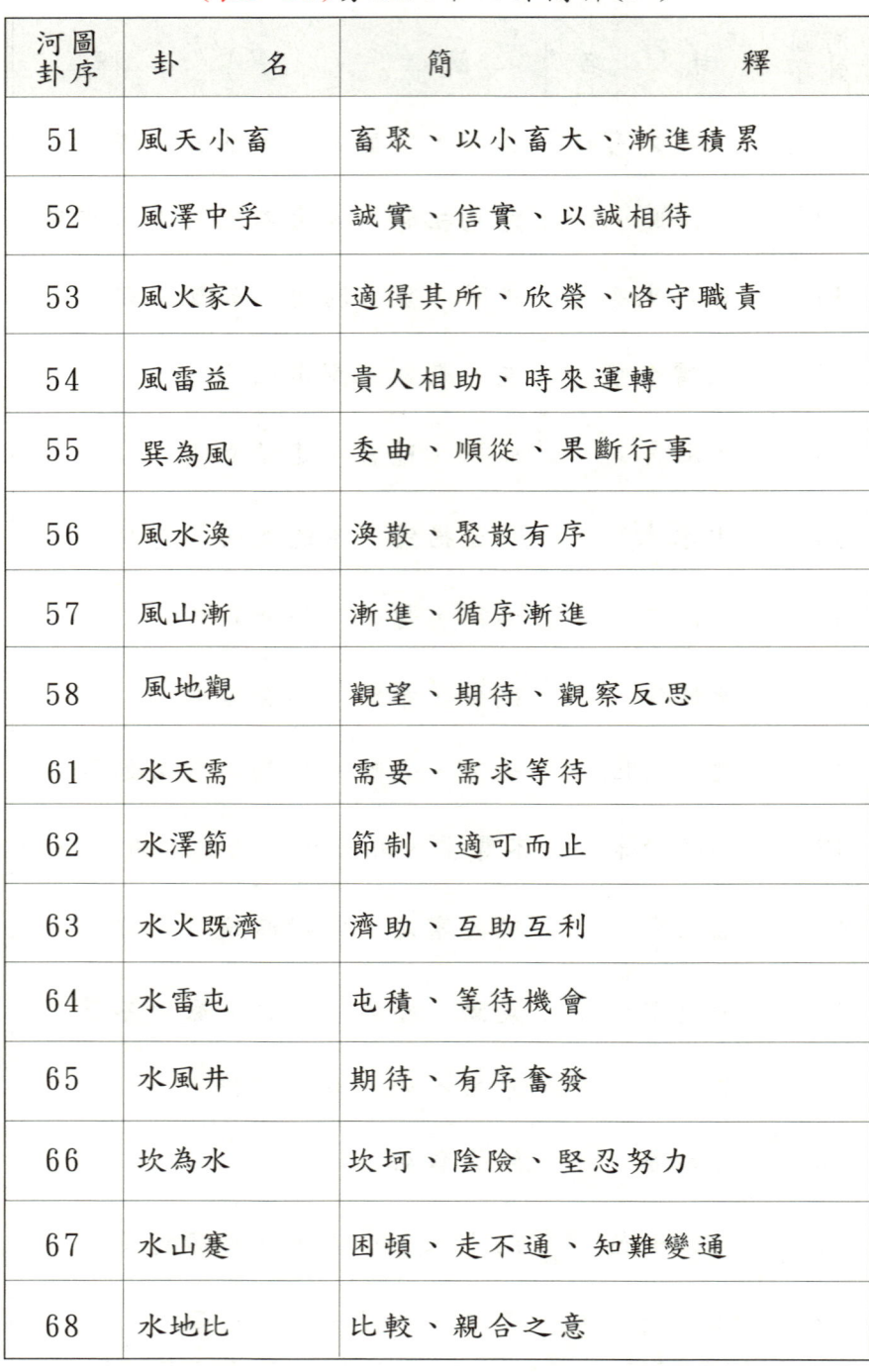

（表6-6C）易經六十四卦簡釋(三)

河圖卦序	卦　名	簡　　　　釋
51	風天小畜	畜聚、以小畜大、漸進積累
52	風澤中孚	誠實、信實、以誠相待
53	風火家人	適得其所、欣榮、恪守職責
54	風雷益	貴人相助、時來運轉
55	巽為風	委曲、順從、果斷行事
56	風水渙	渙散、聚散有序
57	風山漸	漸進、循序漸進
58	風地觀	觀望、期待、觀察反思
61	水天需	需要、需求等待
62	水澤節	節制、適可而止
63	水火既濟	濟助、互助互利
64	水雷屯	屯積、等待機會
65	水風井	期待、有序奮發
66	坎為水	坎坷、陰險、堅忍努力
67	水山蹇	困頓、走不通、知難變通
68	水地比	比較、親合之意

(表6-6D)易經六十四卦簡釋(四)

河圖卦序	卦　　名	簡　　　　　釋
71	山天大畜	豐收、蓄滿、積蓄儲存
72	山澤損	先損後得、損而有利
73	山火賁	理想高、欠實際、修飾提升
74	山雷頤	頤養、頤情養性
75	山風蠱	敗壞、改前非、革新創造
76	山水蒙	難明、昏沉、順應時序
77	艮為山	停止、阻止、當停則停
78	山地剝	防桃花、謹慎保守、剝落衰敗
81	地天泰	太平、天地交泰、通達安定
82	地澤臨	居高臨下、監督、和平相處
83	地火明夷	陷困、黑暗、韜光養晦
84	地雷復	生機、復甦、週而復始
85	地風升	上進、循序漸進、提升擴展
86	地水師	戰事、爭執、強烈抗爭
87	地山謙	謙虛、謹慎、謙和穩重
88	坤為地	柔順、承載順從

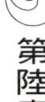

(表6-7 A)易經六十四卦(11~15)吉凶宜忌卦理

河圖卦序	卦名（世說新語）	卦象	洛書位序	吉 凶 宜 忌
11	乾為天（困龍得水）		六六	上下兩卦均為乾金，屬二金比和，為純陽無陰之天象，又孤陽不生，二公同堂，壽命不長，長房子孫欠和，無法陰陽合和，失運時，易剋子傷妻、官非小人。主任事剛健而不知疲憊，受人尊敬與歡迎，惟對下屬要求稍嚴屬，能慷慨主動助人，財運資產豐富，名利雙收，立身處事如意之吉象。
12	天澤履（鳳鳴歧山）		六七	上卦乾金，下卦兌金，二金比和，為陰陽合和之象，乾為老父，兌為少女，屬老少配，婦女美麗，子孫聰明，惟老少配，利桃花，有納妾重婚之象。任事積極冒險，成功失敗常在一夕之間變化，不安於平淡生活，有強烈之競爭力，易遭嫉妒與反感，不屑接受他人意見。財運不錯，靠個人奮鬥成功，能委以重任之吉象。
13	天火同人（仙人指路）		六九	上卦乾金，下卦離火，屬火剋金之象，女欺男（懼內），主肺癆吐血，易生官非訴訟之凶象。為先後天同位，主人緣佳，喜結交異性朋友，適應團體生活，精力與才華出眾，能結交志同道合之人，為理想而奮鬥，得人和，事業發展順利，惟對獨居生活易感孤獨與沮喪，具領導能力，有貴人相助之吉象。
14	天雷無妄（鳥被籠牢）		六三	上卦乾金，下卦震木，屬金剋木之象，長子剋父不和，肝疾血光，易遭邪魔入宅。主對心靈與知識之追求有強烈慾望，適合研究發展工作，易與上司起衝突，對下屬有縱容傾向，言語與思想相當激進，不慮後果，朋友助力較少，當容忍，知所進退，易遭小人陷害，多災多難，常招無妄之災之凶象。
15	天風姤（他鄉遇友）		六四	上卦乾金，下卦巽木，屬金剋木之象，為長女有難，易生精神方面之疾、足疾、流產等。主喜附庸風雅，表現歡樂與悲傷，有情濫色難之象。對現實生活不易滿足，過於理想化，虎頭蛇尾。常有偶然特殊機緣，和自己的努力路線無關而成功，易得貴人相助，可說是帶有傳奇性之色彩，在機緣下而成功之吉象。

第五節 易經六十四卦吉凶宜忌

(表6-7 B)易經六十四卦(16~22)吉凶宜忌卦理

河圖卦序	卦名（世說新語）	卦象	洛書位序	吉　凶　宜　忌
16	天水訟（兩人爭路）	䷅	六一	上卦乾金，下卦坎水，屬金生水，為純陽無陰之天象，不利中男，淫亂，易生胃腸之疾，與破財，在感情衝動下易生訟事。主有強烈之競爭心理，頭腦靈敏，口才犀利，易出言不遜而得罪他人，潛伏訴訟之意，任事易衝動，無謙讓心態，全憑意氣用事，終招災禍之凶象。
17	天山遯（濃雲蔽日）	䷠	六八	上卦乾金，下卦為艮土，屬土生金，為純陽無陰之象，為陽盛陰衰，婦女壽命不長，惟資產豐富，利功名。主內在與外表不一，會追求自我充實，為暗地裏充實自己的才能，不善交際，貴人多助，第六感較為強烈，能預測變化不易失敗，遇事能三思，宜守不宜急進，所謂的識時務為俊傑，可說是一生奔波窮困之凶象。
18	天地否（虎落陷坑）	䷋	六二	上卦乾金，下卦為坤土，屬土生金，為陰陽合和之天象，亦為老父與老母正配，家庭和睦，資產豐富，人丁興旺。又卦象為陽上陰下，二氣不交，失運為阻礙無成，主自尊心強，易樹敵，反應快，能力強，有驕傲之本質，親和力差，與人相處常有衝突，貴人少，內心空虛，凡事諸多不宜，任事徒勞無功之凶象。
21	澤天夬（遊蜂脫網）	䷪	七六	上卦兌金，下卦乾金，二金比和，為丁財兩旺，富貴雙全，卦象為五陽一陰，上爻為陰，主小人暗害與誹謗。主超越實際，不易得到別人的了解，常有孤獨之感覺，有特殊才能，然成功必須有一段黑暗之陣痛期，專心方能成功。卦象為澤居天上，終必潰下，為處事不明是非，常有口角爭執，常遭小人禍害之凶象。
22	兌為澤（趁水和泥）	䷹	七七	上卦下卦均為兌金，屬二金比和，為純陰之天象。孤陰不生，主女性當家，乏嗣(子孫)，但常有喜悅之事。主追求完美，任事細心，口才佳，反應快，易得朋友之助，異性緣佳，一生中常因幫朋友而遭到牽連宜三思，主多喜悅，工作如意，深得人緣，具榮華富貴之吉象。

470

(表6-7 C) 易經六十四卦(23~27)吉凶宜忌卦理

河圖卦序	卦名（世說新語）	卦象	洛書位序	吉 凶 宜 忌
23	澤火革（旱苗得雨）		七九	上卦為兌金，下卦離火，屬火剋金，澤亦為水，居於火上，難以相聚，須變革。亦為陰柔卦，有柔媚之象，主破財，易傷幼婦，難產，易生心臟與眼疾。主有改革，求創新，求變化。不耐平淡生活之個性，性亦急而主動，口才佳，言辭易刺傷別人，須留意，有主動積極之精神，能成名立業之吉象。
24	澤雷隨（推車靠崖）		七三	上卦為兌金，下卦為震木，屬金剋木，為長子有難，為丁財兩敗，亦有自我了斷之傾向，寡母支撐家計之兆。易生足、肝、咽喉等疾。另主外強中乾，欠充實。易得長輩及貴人之助而成功，個性保守係輔佐人才，但固執己見，處事亦能隨機應變，在貴人之助下更上一層樓之吉象。
25	澤風大過（夜夢金銀）		七四	上卦為兌金，下卦為巽木，屬金剋木，為純陰之象，亦孤陰不生乏嗣，主淫亂，易生精神方面與呼吸器官之疾。主肩負重任，力不從心，倍極辛苦。心直口快，乏耐性，交遊廣闊，頗得人緣，異性緣亦佳，須慎重處理，易糾纏不清而有麻煩，宜務實守本分，一生奔波勞苦，負有重責之凶象。
26	澤水困（撮桿抽梯）		七一	上卦為兌金，下卦為坎水，屬金生水，主傷少女；卦象水在澤下，水乾則澤枯，謂之困，事業多勞難成，金水多情男女，易患脫胎遺精之症。主有志難伸，渴望過著多彩多姿有變化的生活，常有怨天尤人不滿之情緒，引反感，助力少，宜注意交通事故，創業維艱，易遭小人陷害，財運不佳之凶象。
27	澤山咸（萌芽出土）		七八	上卦為兌金，下卦為艮土，屬土生金，為陰陽合和之天象，亦為桃花卦線，主夫婦和順，丁財兩旺。主感情豐富，口才佳，富幽默，易得貴人相助，感性處事，異性緣佳，防受感情困擾，但夫妻情深，生活美滿，深得人緣，能享榮華富貴之吉象。

(表6-7 D)易經六十四卦(28~34)吉凶宜忌卦理

河圖卦序	卦名（世說新語）	卦象	洛書位序	吉　凶　宜　忌
28	澤地萃（鯉魚化龍）	䷬	七二	上卦為兌金，下卦為坤土，屬土生金，為兩陰之天象。萃表精英聚集，貴人多相助；為孤陰不生，乏嗣，為女人當家，資產日豐。主富同情心與幽默感，樂於助人，耐性差，經常變換工作，易陷入感情之糾紛中，但能匯集人才，成名立業，為榮華富貴之吉象。
31	火天大有（砍樹摸雀）	䷍	九六	上卦為離火，下卦為乾金，屬火剋金之象；為火在上，居高臨下，具領導能力；不利老翁，咳嗽吐血，主破財官非訟詞。主有堅強的毅力，克服萬難，心胸寬廣，能見容一切，縱橫於四海，具強大之說服能力，為人處事沈穩，是非分明，能成名立業，為盛大富貴之吉象。
32	火澤睽（販豬賣羊）	䷥	九七	上卦為離火，下卦為兌金亦為澤，為水火不容，氣亦不通；屬火剋金，為純陰之象；不利少女，男命壽短，主破財乏嗣，流產、便血、精神方面等疾與婦女當家。主感情理想化，不切實際，易遭背叛反目，與人合夥創業，易遭小人陷害，家庭易欠和睦之凶象，亦為桃花之卦線之凶象。
33	離為火（天官賜福）	䷝	九九	上下兩卦均為離火，二火比和，以火濟火，烈焰燎空，為純陰之象，又孤陰不生，無法陰陽合和，女人當家，乏嗣，不利男性，主心臟、眼疾、血光，亦生官非訟詞。光明之象，極盡發揮之能事與強烈企圖心，易遭人嫉，感情上較執著，自力更生，自尊心強，主事業能逢凶化吉，有貴人相助，吉祥如意，生財之吉象。
34	火雷噬嗑（饑人遇食）	䷔	九三	上卦為離火，下卦為震木，屬火木相生，為陰陽正配之天象。為木火通明，聰明文采，富貴吉祥，小心口角是非。主有堅忍不拔之精神，能做事，助力少，自我要求高，感情方面較激烈而多波折，能成名立業，得人和，有富貴之吉象，失運時小人多作梗。

第陸章　玄空易卦法

472

(表6-7 E)易經六十四卦(35~41)吉凶宜忌卦理

河圖卦序	卦名（世說新語）	卦象	洛書位序	吉　凶　宜　忌
35	火風鼎（漁人得利）	䷱	九四	上卦為離火，下卦為巽木，屬火木相生，為純陰之天象，孤陰不生乏嗣，女性當家，資產豐厚，注意精神方面與眼、頭等疾。主一生多貴人相助，廣結善緣，樂於助人。組織能力強，任事保守，感情方面多波折，喜動少靜，名利雙收，任事智勇雙全，氣運如意之吉象。
36	火水未濟（太歲月建）	䷿	九一	上卦為離火，下卦為坎水，屬火在水上，水火不交，不能共事；為陰陽正配之天象。資產豐厚，利名聲，兒孫滿堂，易生心臟、眼等疾。主時運未到，力不從心，情緒欠穩定，耐性差，理想高，易退縮屈服，任事無法始終，意志薄弱，難以達成目標之凶象。
37	火山旅（宿鳥焚巢）	䷷	九八	上卦為離火，下卦為艮土，屬火生土，火動而山止，為不耐久之意，為陰陽合和天象，火炎土燥，不利小口，女性當家，患眼疾，氣血不順等疾，主性喜多變化有冒險精神，耽於榮華，對困苦亦能處之泰然，亦主孤單窮困，自取侮辱之凶象。
38	火地晉（鋤地得金）	䷢	九二	上卦為離火，下卦為坤土，屬火土相生，為純陰無陽之天象。孤陰不生乏嗣，男性壽短，主心臟、眼等疾。主重名利，不擇手段，徒有其表，內在空虛，樂於助人，但時來運轉，有富貴吉祥，運程如意之吉象，亦主光明正大，利名聲財源。
41	雷天大壯（工師得木）	䷡	三六	上卦為震木，下卦為乾金，屬金剋木，不利長男，為純陽無陰之象，又孤陽不長，主筋骨疼痛、喉頭阻塞，逢官災惡運連連。個性急，辯才無礙，用錢如流水，雖有困苦之日，但財運尚佳，謀事不遂，宜守不宜進，須防小人，婚姻不美滿之凶象。

（表6-7 F）易經六十四卦(42~46)吉凶宜忌卦理

河圖卦序	卦名（世說新語）	卦象	洛書位序	吉　凶　宜　忌
42	雷澤歸妹（緣木求魚）		三七	上卦為震木，下卦為兌金，屬金剋木。不利長男，乏嗣，主呼吸器官、腰、足等疾，丁財不利。主性謙虛，耐性差，辨才無礙，善於交友，富同情心，任事足智多謀，期望難遂，家庭失和，會因慾望多而痛苦之凶象。
43	雷火豐（古鏡重明）		三九	上卦為震木，下卦為離火，屬木火相生，為木火通明準發科名之顯。資產豐厚，富貴吉祥。主性急燥，任事懶散，易遭人反感，但運氣佳，能立功名，令人羨慕之吉象，失運時主火晦不明，易遭小人陷害。
44	震為雷（金鐘夜撞）		三三	上下卦均為震木比和，雷鳴而動，衝勁十足，威震四方，眾人支持；長男用事，名利雙收，為純陽乏嗣。出愚頑之子。主任事乏耐性，心直口快，易與他人起紛爭，助力少，一生自力更生，財帛有功之吉象。
45	雷風恒（魚來撞網）		三四	上卦為震木，下卦為巽木，為雙木成林，名利雙收。資產豐厚，子貴孫賢，利科舉。主任事積極，具耐性，反應快，自力更生，甚得人緣，家庭和樂，主事有成，名利雙收之吉象，失運時相互拖累，破財事難成。
46	雷水解（五關脫離）		三一	上卦為震木，下卦為坎水，雷鳴雨降，鬱悶之氣全消，表貴人多助；屬水木相生，家庭和樂，資產豐厚，但純陽不長，乏嗣。主思想多變化，耐性差，善交友，常面臨在事務有解決，能解除徬徨困境，能得貴人助，事事尚能成功，無往不利之吉象。

第陸章　玄空易卦法

474

(表6-7 G) 易經六十四卦(47~53)吉凶宜忌卦理

河圖卦序	卦名（世說新語）	卦象	洛書位序	吉 凶 宜 忌
47	雷山小過（急過獨橋）	䷽	三八	上卦為震木，下卦為艮土，屬木剋土，不利小口，兄弟失和，生疥疾、呼吸器官方面之疾。主反應快，生活嚴謹，樂於助人，辭鋒銳利具毅力。宜謹守分寸，量力而為。
48	雷地豫（兩人分金）	䷏	三二	上卦為震木，下卦為坤土，屬木剋土，不利母親，亦主母子不和，破財。難產及易生胃腸等疾。但主心地善良，和樂，逢凶化吉，得貴人相助而事成。
51	風天小畜（船得順風）	䷈	四六	上卦為巽木，下卦為乾金，屬金剋木，不利長女，丁財兩敗，癱瘓、筋骨酸痛、眼疾，易遭惹官非訴訟。主進取心強，不善交際，注重心靈修養，多貴人助力，為遠走他鄉，居無定所之個性，宜安份守己避免潦倒失敗之凶象。
52	風澤中孚（行走薄冰）	䷼	四七	上卦為巽木，下卦為兌金，屬金剋木，為純陰之象，孤陰不生，乏嗣，男性壽短，主筋骨酸痛，精神方面之疾。主口才靈敏，好動少靜，心地善良，富同情心，廣結善緣，唯意志薄弱，缺乏膽識，懦弱無能，難成大業之凶象。
53	風火家人（鏡裏觀花）	䷤	四九	上卦為巽木，下卦為離火，屬木火相生，為木火通明，聰明文采，木上火下，根芽壞盡，二女同當，有利於女性，資產豐厚。主反應靈敏，有謙讓保守之美德，喜愛小孩與寵物，資產與運氣佳，家人和樂，才德兼修，能成名立業之吉象，失運時，木為火焚，根苗燒盡，破財傷丁。

第五節　易經六十四卦吉凶宜忌

（表6-7 H）易經六十四卦(54~58)吉凶宜忌卦理

河圖卦序	卦名（世說新語）	卦象	洛書位序	吉 凶 宜 忌
54	風雷益（枯木開花）		四三	上卦為巽木，下卦為震木，屬兩木比和，雙木成林，丁財兩旺。主好動少靜，口才佳，反應靈敏，熱心公益，多貴人助力。能得天時地利人和，成名立業，一生中有益無損能成大事之吉象。
55	巽為風（孤舟得水）		四四	上下卦均為巽木，兩木比和，以柔制剛，聰明善變，得貴人相助成，為純陰之象，孤陰不生乏嗣，男性壽短，主精神方面及呼吸器官之疾。主上進心強，喜旅遊，廣結善緣，財運亨通，異性緣稍多，易遭困擾。得吉人相助，智巧人和，能成名立業之吉象。
56	風水渙（隔河望金）		四一	上卦為巽木，下卦為坎水，風行水上，主散漫不聚；屬水生木，丁財兩旺，家道和樂。主性喜變化，乏耐性，樂於助人，對財物運用知所節制，常有煩惱，異性緣稍多，常有困擾。喜投機，不積財，窮困一生之凶象。
57	風山漸（俊鳥出籠）		四八	上卦為巽木，下卦為艮土，屬木剋土，不利小口，女性當家，丁財兩敗，主胃腸疾，氣血症，易遭官非訴訟。主重視生活情趣，口才佳，廣結善緣，樂於助人，易得貴人相助。任事嚴謹，修福積德，能成名立業之吉象。
58	風地觀（旱蓬逢河）		四二	上卦為巽木，下卦為坤土，屬木剋土，主傷母親，丁財兩敗，主瘋疾，腹痛失血，官非訴訟之凶象。主富感情，待人謙恭，為人誠實，得貴人相助，晚年較能安穩。

(表6-7 Ⅰ)易經六十四卦(61~65)吉凶宜忌卦理

河圖卦序	卦名（世說新語）	卦象	洛書位序	吉　凶　宜　忌
61	水天需（明珠出土）	䷄	一六	上卦為坎水，下卦為金，屬金生水，金水多情，主縱慾精竭，為純陽之象，孤陽不長，不利婦女，壽短、乏嗣。主個性保守，為人謙和有禮，多貴人相助，重視心靈修養，不願面對現實，多情多煩惱。亦主時運亨通，能堅忍自重，氣運逐漸轉佳，終能利功名成大業之吉象。
62	水澤節（斬將封神）	䷻	一七	上卦為坎水，下卦為兌金，屬金生水，主傷幼女，亦為金水多情，縱慾精竭，吐血等症。主理想高，富耐性，嚴以律己，寬以待人，風評佳，亦主家庭和樂，父子有序，具慈悲心，從事宗教、哲學、藝術較能成功之吉象。
63	水火既濟（金榜題名）	䷾	一九	上卦為坎水，下卦為離火，為陰陽正配，丁財兩旺，主心臟及眼疾，不利中女。主外實內虛，重物質享受，處事圓通，成名立業，資產豐厚，唯感情與理想常在衝突中之象。
64	水雷屯（亂絲無頭）	䷂	一三	上卦為坎水，下卦為震木，屬水生木，主旺財，不旺丁，為純陽之象，為孤陽不長，不利婦女。主理想高，易招煩惱，意志薄弱，判斷力差，多困苦，事業發展多災難，一事無成之凶象。
65	水風井（枯井生泉）	䷯	一四	上卦為坎水，下卦為巽木，屬水木相生，丁財兩旺，子孫孝賢。主口才佳，反應靈敏，貴人助力多，資產豐厚，對公眾事務具才能與興趣，能建立良好之事業之吉象。

第五節　易經六十四卦吉凶宜忌

(表6-7 J)易經六十四卦(66~72)吉凶宜忌卦理

河圖卦序	卦名（世說新語）	卦象	洛書位序	吉　凶　宜　忌
66	坎為水（水底撈月）	䷜	一一	上下卦均為坎水，比和，資產財運佳，為純陽之象，孤陽不長，不利婦女，壽短，主耳、腎等疾。主性投機，敢於冒險，任事雷大雨小，災禍不斷，受小人陷害，且多牢獄之災之凶象。
67	水山蹇（雨雪帶塗）	䷦	一八	上卦為坎水，下卦為艮土，屬土剋水，不利中男。主流產溺水，兄弟夫妻離異。主理想高，生活多變化，個性保守，氣運不佳，常艱難困苦，孤獨失敗之凶象。
68	水地比（船得順風）	䷇	一二	上卦為坎水，下卦為坤土，屬土剋水，不利中男，主耳腎泌尿系統等疾。主性善良，樂於助人，廣結善緣，利名聲，亦主富貴榮華，家庭和樂，成名立業之吉象。
71	山天大畜（陣勢得開）	䷙	八六	上卦為艮土，下卦為乾金，屬土生金，為純陽之象，不利女性，乏嗣，旺財不旺丁。主豐收之意，待人謙虛，反應靈敏，財運豐足，貴人多助，時來運轉配合天時地利人和，能功成名就之吉象。
72	山澤損（推車弔耳）	䷨	八七	上卦為艮土，下卦為兌金，屬土生金，陰陽正配，丁財兩旺。主損己利人，心地善良，廣結善緣，處事細心，受人敬重，一生為人排解困難，但無好報，前途茫茫波折重重之凶象。

(表6-7 K)易經六十四卦(73~77)吉凶宜忌卦理

河圖卦序	卦名（世說新語）	卦象	洛書位序	吉　凶　宜　忌
73	山火賁（喜氣盈門）	☶☲	八九	上卦為艮土，下卦為離火，屬火生土，火炎土燥，女性剛暴，男性怯弱，夫妻不和，主呼吸器官及心臟、眼等疾，常遭橫禍，稍具資產。主外表華麗，內在空虛，多情多風波，父子有恩，兄弟有情，事事尚稱如意之吉象。
74	山雷頤（渭水訪賢）	☶☳	八三	上卦為艮土，下卦為震木，屬木剋土，不利小口，流產，為純陽之象，乏嗣，丁財兩不旺。主求知慾強，待人謙和有禮，熱心助人，能謹慎節制，公正無私，智取妙用，利名聲與升職加薪，卦象為上靜下動，眾人進食，表物產豐富之吉象。
75	山風蠱（推磨岔道）	☶☴	八四	上卦為艮土，下卦為巽木，屬木剋土，不利小口，刑夫剋子，主風疾、脾胃疾，乏嗣。主具耐性，運勢停滯萎靡，多苦痛，無奮進之心，處事懦弱，助力少，一生憂慮不斷之凶象。
76	山水蒙（小鬼偷錢）	☶☵	八一	上卦為艮土，下卦為坎水，屬土剋水，兩男相鬥，中男受傷，為純陽之象，不利婦女短壽，出逆子，易惹官非訟詞。主任事週密，交友廣泛，易招連累而失敗，求知慾強，無分辨是非能力，智慧未啟，矇矓未清，猶豫不決，生活較不安穩之凶象。
77	艮為山（矮人勾棗）	☶☶	八八	上下卦均為艮土，比和，為純陽之象，女性壽短，主鼻及胃腸之疾。主口才佳，計劃週密性保守，具耐性，貴人多助力，財運豐足，異性緣佳，任事阻礙多，波浪重疊不絕之凶象。

第五節　易經六十四卦吉凶宜忌

479

(表6-7 L) 易經六十四卦(78~84)吉凶宜忌卦理

河圖卦序	卦名（世說新語）	卦象	洛書位序	吉　凶　宜　忌
78	山地剝（鷹雀同林）		八二	上卦為艮土，下卦為坤土，比和，為母子歡悅之象，家庭和樂，事業興盛，主胃腸疾。主反應靈敏，個性保守，易遭小人所害，一生潦倒窮困，與人合作不成，應謹言慎行，免受小人陷害之凶象。
81	地天泰（喜報三元）		二六	上卦為坤土，下卦為乾金，屬土生金，為陰陽正配，丁財兩旺，利升職加薪，家庭和樂。主具圓融性，反應靈敏，心胸廣闊，一生貴人多，財運豐厚，大吉大利，能成名立業之吉象。
82	地澤臨（興政施仁）		二七	上卦為坤土，下卦為兌金，屬土金相生，為純陰之象，女性當家，剋子傷女，為旺財不旺丁。主個性謙恭，心胸廣闊，貴人多助，財運豐厚，時運亨通，有智巧能成大業之吉象。
83	地火明夷（過河拆橋）		二九	上卦為坤土，下卦為離火，屬火生土，為日藏地下，即夕陽西下之意，亦為純陰之象，乏嗣，主心臟及眼疾與精神方面之疾。主理想高，喜交友，一生昏暗，易遭小人侵害，事業難成之凶象。
84	地雷復（夫妻反目）		二三	上卦為坤土，下卦為震木，屬木剋土，主傷老母，破財，主胃腸之疾。主思維細緻，任事謹慎，精於企劃，一流之輔佐人才，性急宜保守不宜急進，一生柔弱無能，易對平淡生活產生厭倦，易萎靡不振之凶象。

第陸章　玄空易卦法

480

(表6-7 M)易經六十四卦(85~88)吉凶宜忌卦理

河圖卦序	卦名（世說新語）	卦象	洛書位序	吉　凶　宜　忌
85	地風升（指日高昇）	䷭	二四	上卦為坤土，下卦為巽木，為木生於地下，漸次長高，是為升，屬木剋土，不利母親，為純陰之象，男性壽短，婆媳不和，孤陰不生乏嗣，易破財更見官災，主胃腸之疾。亦主待人謙和，善交際，財運豐厚，時來運轉富貴雙全之吉象。
86	地水師（馬到成功）	䷆	二一	上卦為坤土，下卦為坎水，屬土剋水，不利中男，主耳、腎等疾，流產，人丁凋零，易遭惹官非訟詞。主性堅忍，對上稍有意見，對下寬大體諒，為自力更生而成功，財運豐厚，對朋友十分慷慨，利功名，諸事皆美之吉象。
87	地山謙（兩人分金）	䷎	二八	上卦為坤土，下卦為艮土，陰陽土疊至，土氣旺，資產豐厚，但不耐久，主心臟及腹痛。主待人謙虛有禮，貴人助力多，求知慾旺，諸事皆宜，善解人意，具修養與仁德，易成名立業之吉象。
88	坤為地（惡虎得食）	䷁	二二	上下卦均為坤土，比和，為純陰之象，孤陰不生乏嗣，男性短壽，資產豐足。主待人誠懇，樂於助人，任事保守，不善管理，不宜妄動急進，事業按步進展，終有所成。

二、成卦與元運吉凶判斷

（一）吉：成卦吉，元運衰，為凶中藏吉；成卦吉，元運旺，為大吉。

（二）凶：元運旺，為吉中帶凶；成卦凶，元運衰，為大凶。

第六節、易卦法操作要領

　　一般建築物朝向，可使用玄空二十四山定位之法，取旺向（門外取向）；亦可用六十四卦納氣之法，採每個入氣口測量（門內取向），取旺卦線度數落在六十四卦中之一卦，作為理氣上布局之依據。

一、龍水吉凶

　　龍與向合，水若不合，其凶應在水；水與向，最宜合十，龍若不合，其凶應在龍。龍與山，以合生成或合五、合十、合十五，及互為覆卦更佳。龍與向，採得元旺運為吉。水局水採失元失運為吉。

（一）龍

　　龍，指山脈之意，係形容山脈之間有延申、接連、起伏、摺疊等情，其吉凶情形各有不同。

（二）山

　　山在線向學上（十字線上），為向之對宮位置，一般指屋（穴）後（背靠）之高山（或較高之建物）為之依靠。

（三）水

　　水有形，風水上以來去水分進出、遠近、動靜、深淺、急緩、大小，其吉凶情形也各有不同。

（四）向

　　向在線向學上（十字線上），為山之對宮位置，一般指建築物或空間的朝向。

愚者求師之過
智者求師之長

（五）具體實例

　　龍、山、向、水，以八運辛山乙向，卦運均合十為例（圖6-50）。

龍與山互為錯卦，卦運合十。向與水互為錯卦，卦運合十。若為旺向旺水必富。

第六節 易卦法操作要領

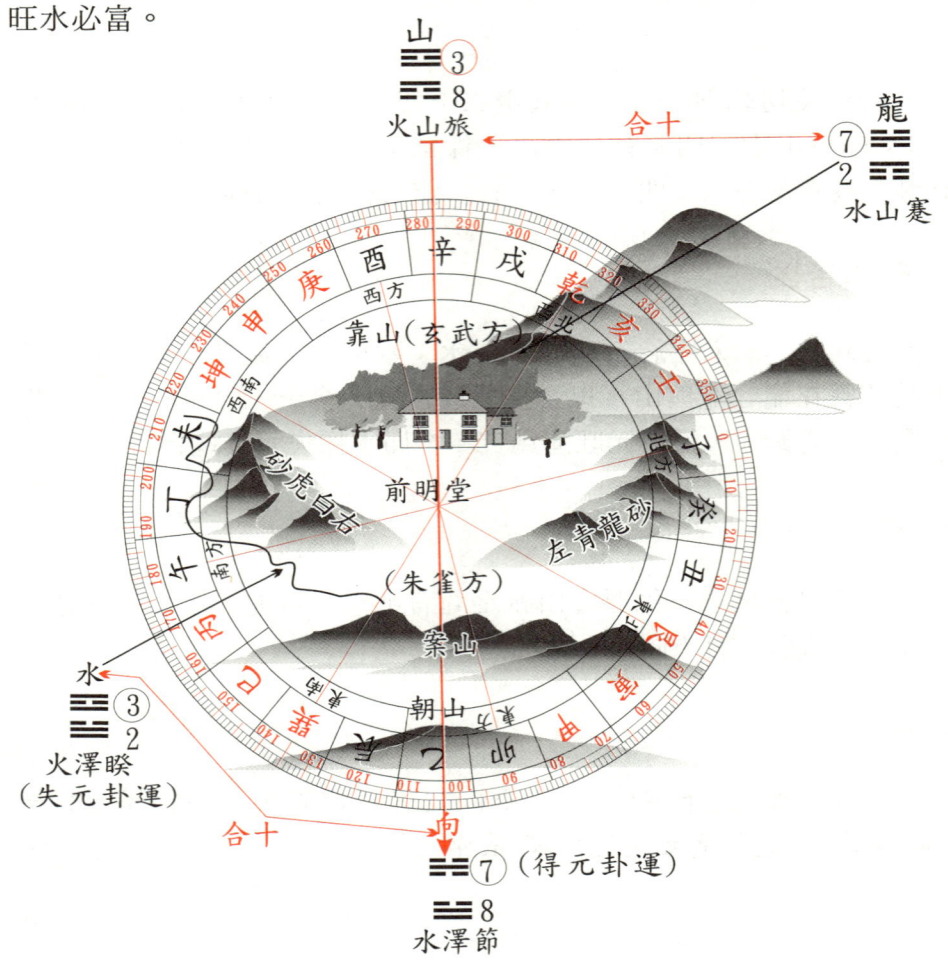

（圖6-50）龍山向水八運辛山乙向卦運合十

1. **龍與山**：以互為錯卦，卦運合十（圖6-51）。

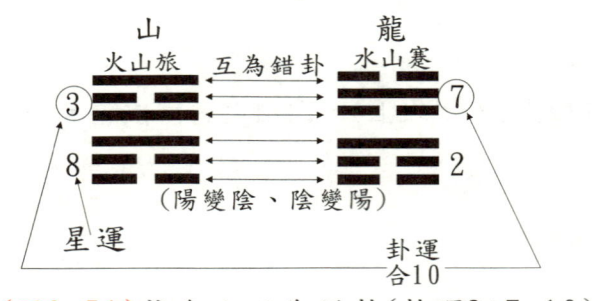

（圖6-51）龍與山互為錯卦（卦運3+7=10）

2.向與水：以互爲錯卦，卦運合十（圖6-50）。

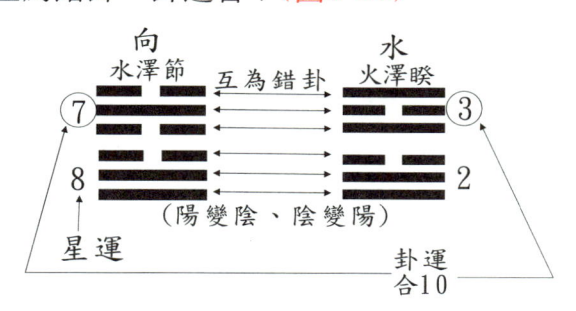

```
     向                          水
   水澤節      互爲錯卦        火澤睽
⑦ ▬▬ ▬▬   ←———→   ▬▬▬▬▬ ③
   ▬▬▬▬▬              ▬▬ ▬▬
   ▬▬▬▬▬              ▬▬▬▬▬
 8 ▬▬▬▬▬              ▬▬ ▬▬  2
   ▬▬ ▬▬   （陽變陰、陰變陽）  ▬▬▬▬▬
   ▬▬▬▬▬              ▬▬▬▬▬
   星運                       卦運
                              合10
```

（圖6-52）向與水互爲錯卦（卦運3+7=10）

二、先天爲體後天爲用

先後天八卦轉換便捷法，一乾卦爲乾、離、艮；二兌卦爲兌、巽、坎；三離卦爲離、乾、乾；四震卦爲震、艮、離；五巽卦爲巽、坤、兌；六坎卦爲坎、兌、坤；七艮卦爲艮、乾、震；八坤卦爲坤、坎、巽。"一乾卦爲乾、離、艮"即先天卦序"一"，先天乾爲後天離，後天乾爲先天艮。其餘類推運用。

三、星運分布

在二十四山之地、天、人三元之分布，爲星運一、九爲父母卦（合十），星運四、六爲地元卦（合十），星運三、七爲人元卦（合十），星運二、八爲天元卦（合十）。

四、定向純清

地元山來龍，要以地元山定向，天、人元山來龍要以天、人元山定向。天元山可兼地元山與人元山；地元山格龍可兼人元山定向；人元山格龍不可以地、人元山定向。

學習風水持之以恆
風水助人天地良心

第柒章
2026年
九運二十四山吉凶便覽
Bayun Ershisishan Jixiongbianlan

　　風水技術雖流派繁多、理論精微，然而其應用核心無非在於趨吉避凶。唯有建立在紮實的理論基礎上，結合實務經驗與文獻回顧，方能正確掌握風水原則。本章將介紹入門實作的基本步驟，並說明空間太極與陰陽概念，以及九運二十四山八方位的吉凶判斷方式，進一步解析「憑星論斷」的運作邏輯。透過九運與二十四山方位，融合流年、流月等多元飛星組合，靈活運用以進行預測與判斷，提供具體可行的趨吉避凶方法，作為建築規劃、空間設計與風水調整的實務參考依據。

本章提要

第一節、入門實作步驟

第二節、空間太極概念

第三節、坎宮壬子癸三山

第四節、艮宮丑艮寅三山

第五節、震宮甲卯乙三山

第六節、巽宮辰巽巳三山

第七節、離宮丙午丁三山

第八節、坤宮未坤申三山

第九節、兌宮庚酉辛三山

第十節、乾宮戌乾亥三山

第一節、入門實作步驟

玄空挨星法，又稱玄空飛星法。自2024年起，已進入至下元九運（2024~2043年）採風水輪流轉，九星會隨時間的變化，每一個星均有原本吉凶特徵，但處在生旺位為吉星，處在衰死位為凶星，九運以9離火為當旺，9入中宮依洛書軌跡順飛，其入中後吉凶特徵表解(表7-1)。因而天地間之事物，可藉由洛書九氣與玄空挨星，在吉凶判斷上的法則與規律變化，用作評判斷吉凶禍福之憑據。茲將元運(指三元九運稱天運)、建築空間定向(指線向學操作)、環境方位(指方位學操作)及評斷技巧，操作方法歸納為八項步驟提供參考，簡稱為天龍八步。

(表7-1)下元九運（2024~2043年）九離火星入中吉凶特徵表解

洛書軌跡	九星代表	旺衰卦氣	離中宮遠近之星	吉凶	應用
九離火	喜慶位	旺氣	最旺之星	大吉	優先使用
一坎水	生氣位	生氣	近旺氣之星	次吉	次佳使用
二坤土	病符位	生氣	遠旺氣之星	小吉	可使用
三震木	是非位	死氣	離中宮最遠之星	大凶	忌用
四巽木	文昌位	死氣	離中宮最遠之星	大凶	忌用
五黃土	災病位	煞氣	離中宮較遠之星	凶	忌用
六乾金	武財位	煞氣	離中宮較遠之星	凶	忌用
七兌金	破耗位	煞氣	離中宮較遠之星	小凶	少用
八艮土	正財位	退(衰)氣	剛離中宮之星	無吉凶	無影響

(一)第一步：掌握坐向，先在建築空間主要納氣處(門或窗)來定向，如公寓大廈以窗多或陽台納氣多之一方為向，可用羅盤或指南針(可查本書二十四山方位角度表來換算方位)觀測朝向與角度，再輔以三元六十四卦納氣角度做吉凶，並紀錄在平面圖紙上。

(二)第二步：運用建築或環境平面圖(衛星地圖)、分布八方位，並區分為大太極九宮格或小太極九宮格，把相關之機能設施，如格局、桌椅、床、神桌、電器等物件，標明八方位或能用 3D 繪圖更佳。

(三)第三步：瞭解所觀測之建築物為何年竣工(可查閱建築物所有權狀竣工時間)，若為 2024~2043 年所建，屬天運九運，圖紙上繪九宮

圖(稱宅星盤或挨星盤)，在中宮(中間)，以"9"(為配合國際化與電腦運作之便捷，入中運星九，以"9"取代小"九")入中，並以飛星軌跡或稱洛書軌跡，一律探順飛。

(四)**第四步**：推算使用者(如家庭或公司成員)風水命卦，配合建築空間或環境八方位平面圖，用作評析使用者在方位五行上，可檢討相互間之生剋關係，用作趨吉避凶之參考。

(五)**第五步**：風水應用，可將飛星盤納入時間紫白飛星，組合成雙星，參考雙星斷事(11~99)內容，用作憑星斷事依據。在生活應用方面，同樣可增加納入年、月、日、時、刻飛星，組合成雙星斷事，使生活更具豐富與多彩。

(六)**第六步**：參考本書用來找理由、找答案、找方法，解讀流年相關坐向之星盤、卦理、分析、批註(指九宮方位吉凶分析)，可熟練判斷因子與技巧，用在個案評析建築空間之宜忌時，當能舉一反三來應用。

(七)**第七步**：建築環境內外，檢視巒頭與理氣學上的互參應用，對制煞化煞的態樣宜審慎評估。可參考本書流年相關坐向之批註(指九宮方位吉凶分析)，採普遍性及符合五行平衡學理之自救化煞物品來趨吉避凶。

(八)**第八步**：繪製建築空間或環境方位 3D 或平面圖，可區分為九宮八方位來評析，依學理趨吉避凶來布局。實踐心得可用作日後案例研究。參考本書流年卦理批註分析及實例，應用上當更具心得與靈驗。

天龍八步

有志向前　不猛不弘
要有過程　堅定不移
要有目標　心存善念
不急不徐　終能成就

第二節、空間太極概念

一、一物為一太極

建築空間整個範圍（指所有機能空間），中宮以每 45° 區分為八方位（指八宮放射線），即虛擬畫分成九格，稱大太極（圖7-1）。空間機能小格局（如書房、臥室），中宮仍以每 45° 區分為八方位（指八宮放射線），亦畫成分九格，成為小太極（圖7-2）。風水空間規劃布局，即採一物一太極概念，並掌握"空邊引氣實處收"為其要領。

（圖7-2）大環境（宅內空間虛擬畫成九格）

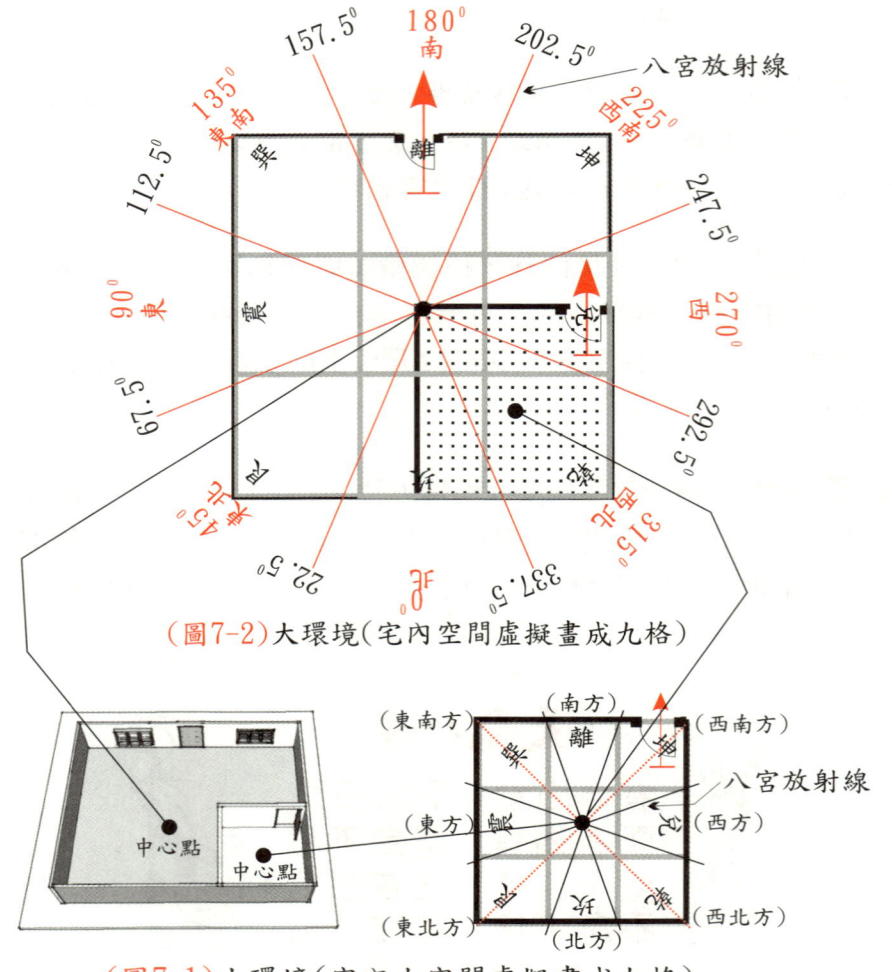

（圖7-1）小環境（宅內小空間虛擬畫成九格）

二、空間配飛星

　　空間九宮八方位，納入飛星(指運星、坐星、向星、年飛星)組合成雙星(指以二位數字組合)，以便雙星(憑星)斷事論吉凶。以艮宅2026年九運丑山未向為例(圖7-3)。

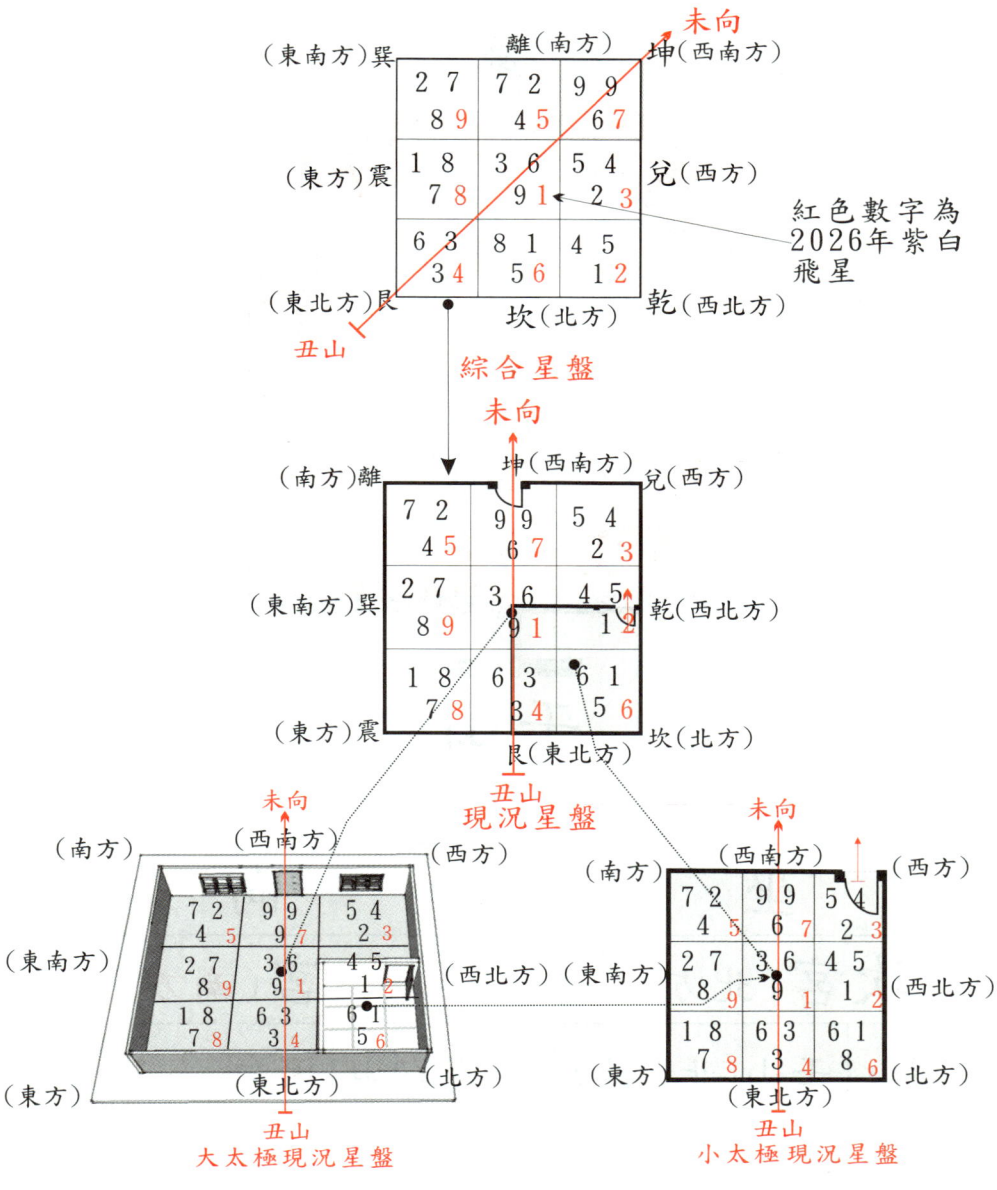

(圖7-3)艮宅九運丑山未向空間飛星盤

第三節、坎宮壬子癸三山

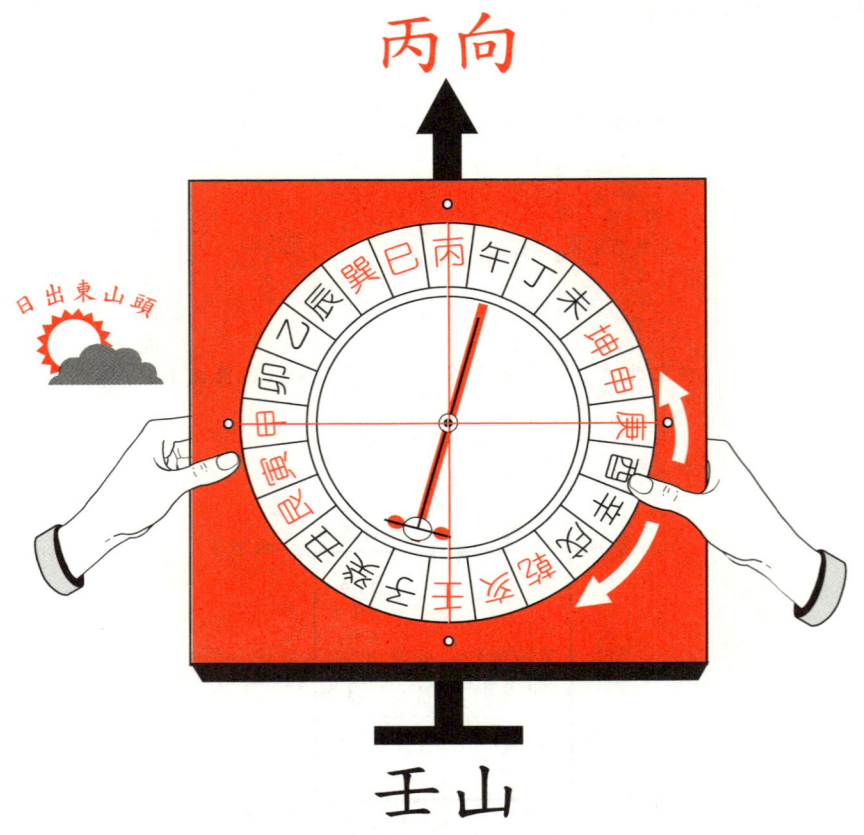

一、壬山丙向

丙向

壬山
（羅盤坐向方位）

坐	
坎宮（北方）	
24山	壬山（北西北）
角度	337.5⁰〜352.5⁰

向	
離宮（南方）	
24山	丙向（南東南）
角度	157.5⁰〜172.5⁰

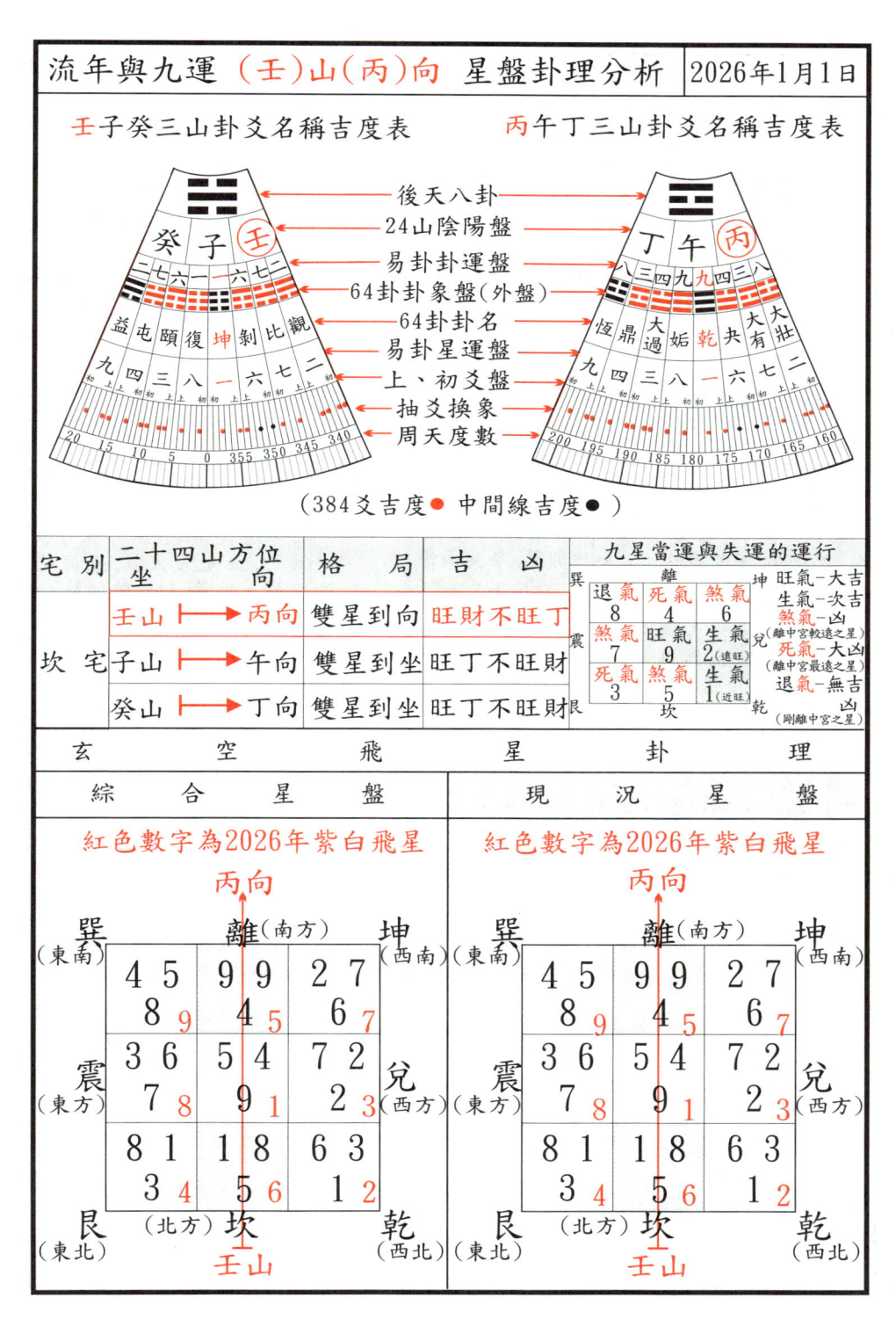

流年與九運（壬）山（丙）向 星盤卦理分析　2026年1月1日

壬子癸三山卦爻名稱吉度表　　丙午丁三山卦爻名稱吉度表

後天八卦
24山陰陽盤
易卦卦運盤
64卦卦象盤（外盤）
64卦卦名
易卦星運盤
上、初爻盤
抽爻換象
周天度數

（384爻吉度● 中間線吉度●）

宅別	二十四山方位坐 → 向	格局	吉凶
坎宅	壬山 → 丙向	雙星到向	旺財不旺丁
	子山 → 午向	雙星到坐	旺丁不旺財
	癸山 → 丁向	雙星到坐	旺丁不旺財

九星當運與失運的運行

巽	離	坤
退氣 8	死氣 4	煞氣 6
煞氣 7	旺氣 9	生氣 2（遠旺）
死氣 3	煞氣 5	生氣 1（近旺）
震	坎	兌/乾

旺氣-大吉
生氣-次吉
煞氣-凶
煞氣-大凶（離中宮較遠之星）
死氣-大凶（離中宮最遠之星）
退氣-無吉
凶（剛離中宮之星）

玄空飛星卦理

綜合星盤

紅色數字為2026年紫白飛星
丙向

巽(東南)	離(南方)	坤(西南)
4 5 8 9	9 9 4 5	2 7 6 7
3 6 7 8	5 4 9 1	7 2 2 3
8 1 3 4	1 8 5 6	6 3 1 2
艮(東北)	坎(北方) 壬山	乾(西北)

現況星盤

紅色數字為2026年紫白飛星
丙向

巽(東南)	離(南方)	坤(西南)
4 5 8 9	9 9 4 5	2 7 6 7
3 6 7 8	5 4 9 1	7 2 2 3
8 1 3 4	1 8 5 6	6 3 1 2
艮(東北)	坎(北方) 壬山	乾(西北)

第柒章 九運二十四山吉凶便覽

492

流年與九運（壬）山（丙）向 星盤卦理釋義

巽（東南） $\begin{matrix}4&5\\&8\end{matrix}$	離（南） 午方太歲 $\begin{matrix}9&9\\&4&5\end{matrix}$	坤（西南） $\begin{matrix}2&7\\&6&7\end{matrix}$
1.本宮逢退氣,當其衰,合成45,主中風、風濕、乳癌。 2.逢流年九紫火喜慶星至,利桃花,應酬多,宜多節制;與山星合成49,利文昌科名;與水星59,生旺五黃災病星,不利健康;在此開門尚吉,置咖啡色地毯,底置銅片或五帝錢調和化解。 3.農曆3、6、12月注意健康（流產、風疾、心臟、眼睛）;可掛（擺）金屬製圓形飾物增益,以白色布置為主,可布銅葫蘆調和化解。	1.本宮逢死氣,當其衰,合成99,為後天火局,雙旺星在前,可布七星打劫局增益,宜開正門,留意火災,主多生女。 2.逢流年午方太歲,不利健康;又逢流年五黃災病星至,宜靜不宜動;與山水星合成95,體弱多病,神智難清;在此開門不吉,置咖啡色地毯,底置五帝錢調和化解。 3.農曆2、4、8、11月注意健康（心臟、眼、風疾）;6月小心火燭;以白色為主,置銅葫蘆（或能量球）調和化解。	1.本宮逢煞氣,當其衰,合成27,為先天火局,致災有數,陰氣集合,旺女丁。 2.逢流年七赤破軍星至,為退氣易破敗;與山星合成27,母女不合,因桃花破財;與水星合成77,留意色難遭官,在此開門尚吉,置藍色或黑色地毯調和化解。 3.農曆1、4、10月注意健康（瘀痛、呼吸器官、口腔）;6月小心火燭;忌紅色,以米黃色布置為主,及7杯水調和化解。

震（東） $\begin{matrix}3&6\\&7&8\end{matrix}$	中宮 $\begin{matrix}5&4\\&9&1\end{matrix}$	兌（西） $\begin{matrix}7&2\\&2&3\end{matrix}$
1.本宮逢煞氣,當其衰為小凶,合成36,可與離乾二宮合成七星打劫局,主丁財兩旺,金木相剋,多爭執易傷手足。 2.逢流年八白正財星至,剛失運,不旺不衰為退氣（衰氣）;與山星合成38,小兒多災,兄弟爭產不和;與水星合成68,吉利財源。 3.農曆2、11月注意健康（頭、頸、瘀痛、鼻及足疾）;可小量紅色,以白色布置為主,水星與運星組合67交劍煞置黑醋調和化解。	1.本宮逢旺氣,合成54,具文才智慧,事業順暢,宜留意貪花戀酒,家業落敗。 2.逢流年一白水貪狼星至,主思路廣,有進取心;與山合成51,中子遭殃,腎病纏身;與水星合成41,利科名讀書考試。 3.農曆4、7、9月注意健康（腎、膀胱、婦女病、耳疾）;空間宜亮,可小量紅色,白色布置為主,置銅葫蘆及水晶球（燈飾）來調和化解。	1.本宮逢生氣（遠旺氣）,合成72,為先天火數,家庭興旺婦人稱貴,利升職加薪。 2.逢流年三碧木蚩尤星至,是非多,官訟破財;與山星合成73,防竊盜及官災;與水星合成23,口角是非重。 3.農曆6、9月注意健康（口腔、呼吸器官、胃腸）;2、11月小心火燭;可小量紅色,以白色布置為主,可掛銅鈴及置7杯水來調和化解。

艮（東北） $\begin{matrix}8&1\\&3&4\end{matrix}$	坎（北） 子方歲破 $\begin{matrix}1&8\\&5&6\end{matrix}$	乾（西北） $\begin{matrix}6&3\\&1&2\end{matrix}$
1.本宮逢死氣,當其衰,合成81,兄弟不和,不利合作事業,易患血、耳症。 2.逢流年四綠木文昌星至,利考試、桃花;與山星合成84,留意精神之疾,不利小口;與水星合成14,利升職加薪,讀書考試。 3.農曆1、4、10月注意健康（流產、腎、耳、鼻）;可小量紅色,以白色布置為主,可置文昌筆(塔)來增益。	1.本宮逢煞氣,當其衰,合成18,雖吉利財源及置不動產,但婦女不育,小子難養。 2.逢流年六白武曲星至,驛馬星動,任事果決;又逢流年子方歲破,宜靜不宜動;與山星合成16,宜留意金屬所傷;與水星86,吉利財源,置不動產。 3.農曆3、9、12月注意健康（肩骨、耳、頭疾、呼吸器官、瘀痛）;宜以白色布置為主,可置銅葫蘆調和化解。	1.本宮逢生氣（近旺氣）,合成63,財官運佳,父子不合。 2.逢流年二黑病符星至;與山星合成62,利財源廣進;與水星合成32,鬥牛煞,易惹官非訟事。 3.農曆5、8月注意健康（肝膽、風疾、瘀痛、頭疾）;3、12月防竊盜;可小量紅色,宜以白色布置為主,可置金屬銅鈴來調和化解。

第三節　坎宮壬子癸三山

二、子山午向

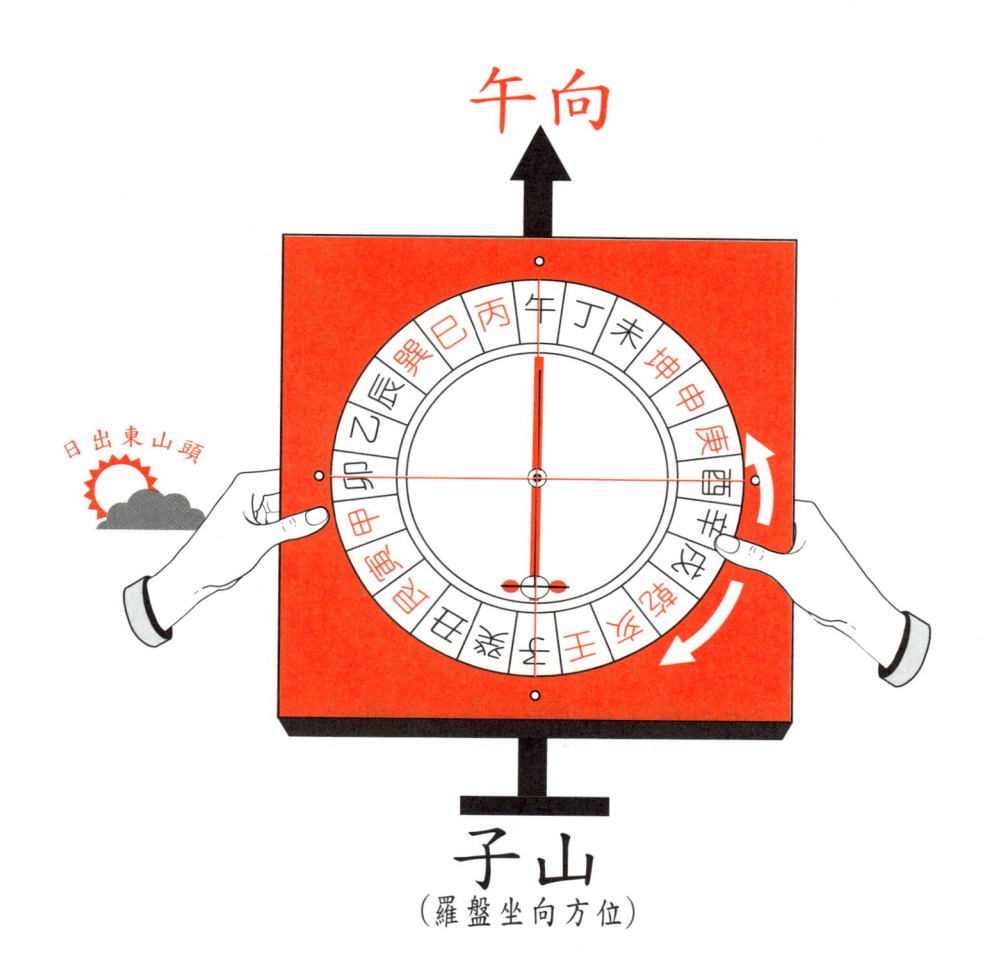

午向 ↑

子山
（羅盤坐向方位）

坐	
坎宮（北方）	
24山	子山（正北）
角度	352.5⁰ ～ 7.5⁰

向	
離宮（南方）	
24山	午向（正南）
角度	172.5⁰ ～ 187.5⁰

第三節 坎宮壬子癸三山

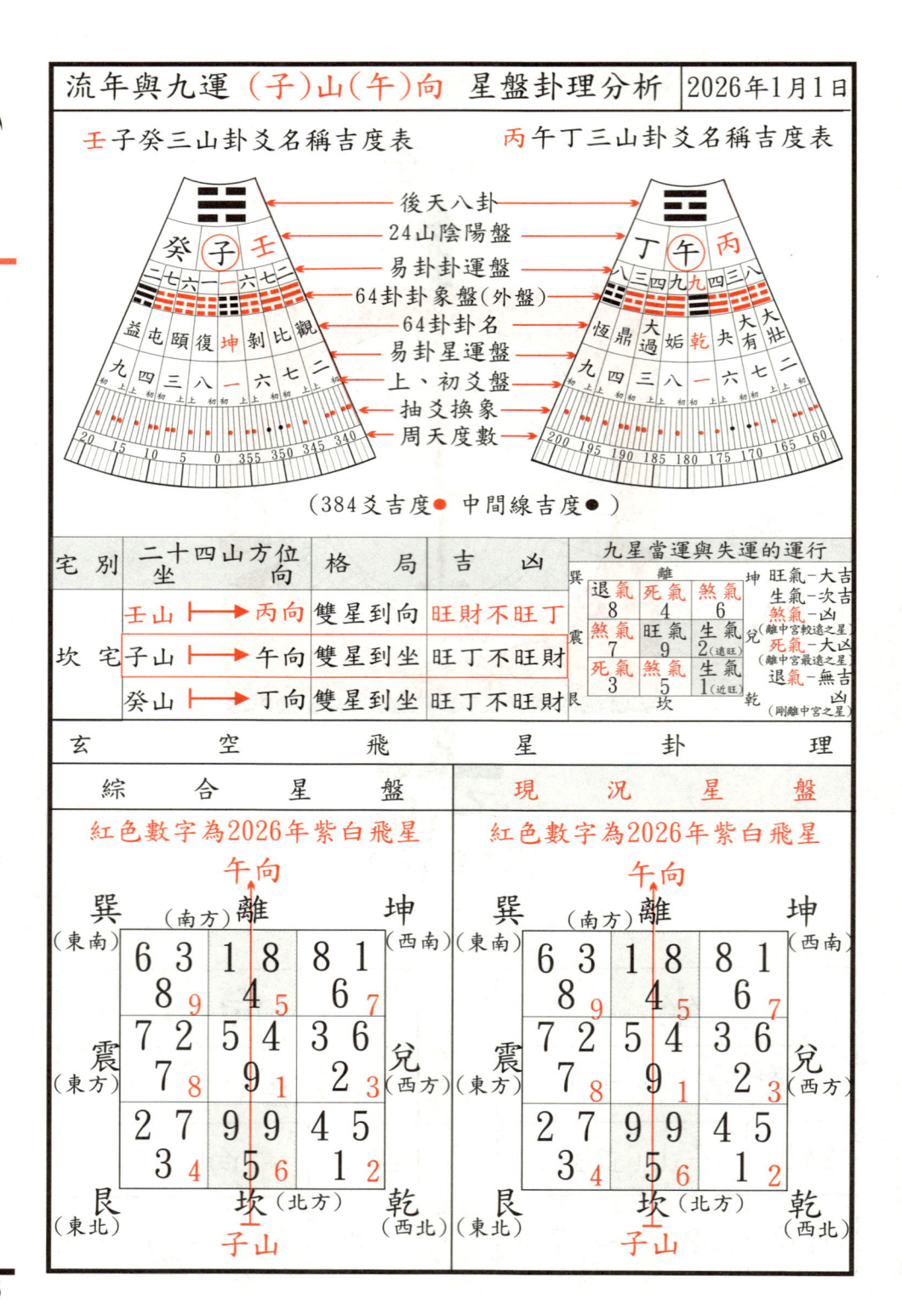

流年與九運（子）山（午）向 星盤卦理分析　2026年1月1日

壬子癸三山卦爻名稱吉度表　　　**丙午丁三山卦爻名稱吉度表**

- 後天八卦
- 24山陰陽盤
- 易卦卦運盤
- 64卦卦象盤（外盤）
- 64卦卦名
- 易卦星運盤
- 上、初爻盤
- 抽爻換象
- 周天度數

（384爻吉度● 中間線吉度●）

宅別	二十四山方位 坐 → 向	格局	吉凶
坎 宅	壬山 → 丙向	雙星到向	旺財不旺丁
	子山 → 午向	雙星到坐	旺丁不旺財
	癸山 → 丁向	雙星到坐	旺丁不旺財

九星當運與失運的運行

巽	離	坤
退氣 8	死氣 4	煞氣 6
煞氣 7	旺氣 9	生氣 2（遠旺）
死氣 3	煞氣 5	生氣 1（近旺）
震	坎	兌／乾

旺氣-大吉
生氣-次吉
煞氣-凶
死氣-大凶
（離中宮最遠之星）
退氣-無吉
凶
（剛離中宮之星）

玄空飛星卦理

綜合星盤
紅色數字為2026年紫白飛星

午向↑

巽（東南）	離（南方）	坤（西南）
6 3 / 8 9	1 8 / 4 5	8 1 / 6 7
7 2 / 7 8	5 4 / 9 1	3 6 / 2 3
2 7 / 3 4	9 9 / 5 6	4 5 / 1 2
艮（東北）	坎（北方）	乾（西北）

子山

現況星盤
紅色數字為2026年紫白飛星

午向↑

巽（東南）	離（南方）	坤（西南）
6 3 / 8 9	1 8 / 4 5	8 1 / 6 7
7 2 / 7 8	5 4 / 9 1	3 6 / 2 3
2 7 / 3 4	9 9 / 5 6	4 5 / 1 2
艮（東北）	坎（北方）	乾（西北）

子山

流年與九運 (子)山(午)向 星盤卦理釋義

巽(東南) (6 3 / 8 9)	離(南) 午方太歲 (1 8 / 4 5)	坤(西南) (8 1 / 6 7)
1.本宮逢退氣,當其衰,合成63,父子不和,頭痛傷足。 2.逢流年九紫火喜慶星至,利桃花,應酬多,宜多節制;與山星合成69,易出罵父逆子,宜多忍讓;與水星合成39,口角是非多;在此開門尚吉,可置紅色地毯調合化解。 3.農曆3、6、12月注意健康(心臟、眼疾、頭痛、四肢);10月防賊竊;宜白色為主,可掛紅色飾物及銅鈴來調和化解。	1.本宮逢死氣,當其衰,合成18,旺陰丁星,主旺女丁為主,易留意早夭不育之症。 2.逢流年五黃災病星至,不利健康;又逢流年午方太歲,宜靜不宜動;與山星合成15,利財貴,陰處生瘡;與水星合成85,利財運,不利小口,在此開門不吉,置咖啡色地毯,五帝錢調和化解。 3.農曆2、4、8、11月注意健康(心臟、眼、風疾);6月小心火燭;以白色為主,置銅葫蘆調和化解。	1.本宮逢煞氣,當其衰,合成81,逢近旺星1白水,以4綠木調和,避免影響9運旺氣,符合城門;開門有利旺財丁。 2.逢流年七赤破軍星至,為退氣易破敗;與山星合成87,夫妻失和,財產易散;與水星合成17,水冷金寒,是非破財傷身;在此開門尚吉,可置藍色地毯調合化解。 3.農曆1、4、10月注意健康(頭、鼻、口腔、呼吸器官);忌紅色,宜米黃色為主,可置7杯水來調和化解。
震(東) (7 2 / 7 8)	中宮 (5 4 / 9 1)	兌(西) (3 6 / 2 3)
1.本宮逢煞氣,當其衰為小凶,合成72,先天火,留意回祿之災,陰神滿地,婦女不和,留意食物不潔。 2.逢流年八白正財星至,剛失運,不旺不衰為退氣(衰氣);與山星合成78,夫妻失和,財產易散;與水星合成28,多不動產,小口多病。 3.農曆2、11月注意健康(呼吸器官、肺、口腔、四肢);5、6、9月小心火燭,以淡黃色為主,可置銅葫蘆及7杯水調和化解。	1.本宮逢旺氣,合成54,具文才智慧,事業順暢,宜留意貪花戀酒,家業落敗。 2.逢流年一白水貪狼星至,主思路廣,有進取心;與山星合成51,次子遭殃,腎病纏身;與水星合成41,利科名讀書考試。 3.農曆4、7、9月注意健康(腎、膀胱、婦女病、耳疾);空間宜亮,可小量紅色,白色布置為主,置銅葫蘆及水晶球(燈飾)來調和化解。	1.本宮逢生氣(遠旺氣),合成36,善於官場奔走,有利可圖,惟金木交戰多是非。 2.逢流年三碧木蚩尤星至,是非多,官訟破財;與山星合成33,盛氣凌人,官非訟事;與水星合成63,父子不合,合夥敗散。 3.農曆6、9月注意健康(頭、肝膽、足疾、肺臟);宜可小量紅色,以白色為主,可掛銅鈴來調和化解。
艮(東北) (2 7 / 3 4)	坎(北) 子方歲破 (9 9 / 5 6)	乾(西北) (4 5 / 1 2)
1.本宮逢死氣,當其衰,合成27,先天火,留意火災、血光之災,口舌是非多。 2.逢流年四綠木文昌星至,利考試、桃花;與山星合成24,為婆媳不和,不利老母健康,留意事業衰退;與水星合成74,陰神滿地,諸多口舌,留意桃花劫。 3.農曆1、4、10月注意健康(口腔、呼吸器官、風疾);以白色布置為主,可小量紅色,置文昌筆(塔)來增益。	1.本宮逢煞氣,當其衰,合成99,為後天火局,宜留意火災及多生女,易破財。 2.逢流年六白武曲星至,驛馬星動,任事果決;又逢流年子方歲破,宜靜不宜動;與山水星合成96,易出罵父逆子,宜多忍讓。 3.農曆3、9、12月注意健康(心臟、眼疾、頭痛);7月小心火燭;忌紅色,宜米黃色為主,可置陶瓷飾物(或能量球)及7杯水調和化解。	1.本宮逢生氣(近旺氣),合成45,木剋土,婦女多病。 2.逢流年二黑病符星至;與山星合成42,為婆媳不和,不利老母健康,留意事業衰退;與水星合成52,多災病,留意老人健康,5黃可用安忍水調和化解後用作書使用。 3.農曆5、8月注意健康(頭、胃腸、風疾、四肢);可小量紅色,白色布置為主,可置銅葫蘆調和化解。

第柒章 九運二十四山吉凶便覽

496

三、癸山丁向

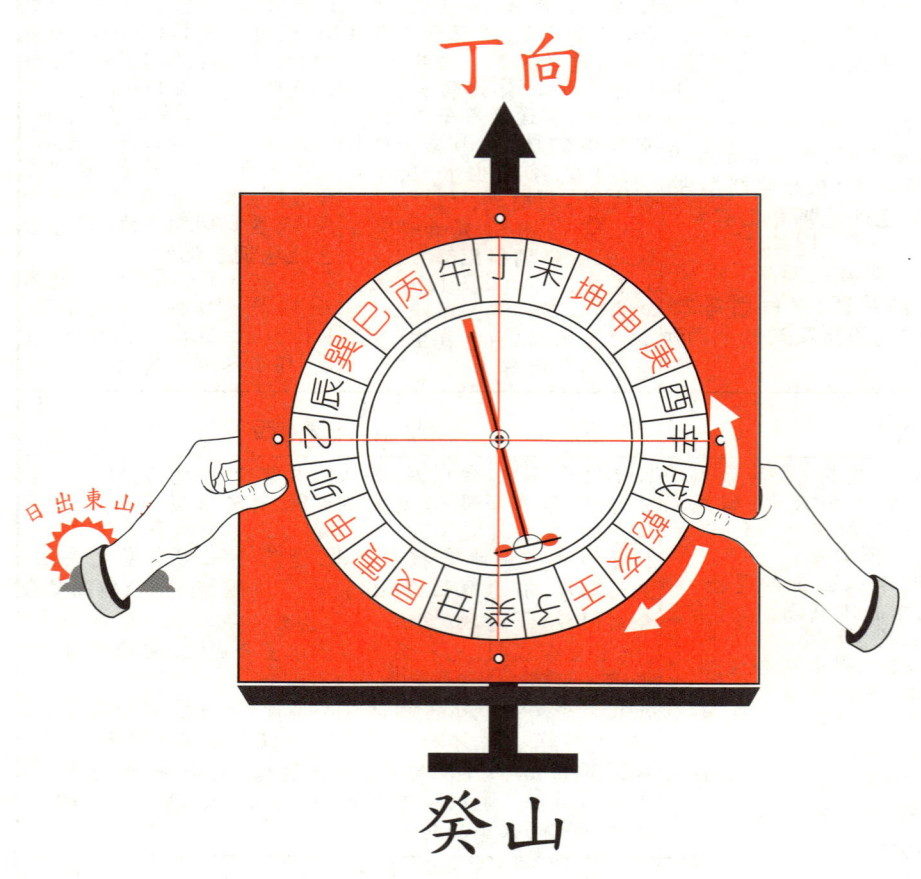

第三節 坎宮壬子癸三山

丁向

癸山
（羅盤坐向方位）

坐		
坎宮（北方）		
24山	癸山（北東北）	
角度	7.5⁰ ～ 22.5⁰	

向		
離宮（南方）		
24山	丁向（南西南）	
角度	187.5⁰ ～ 202.5⁰	

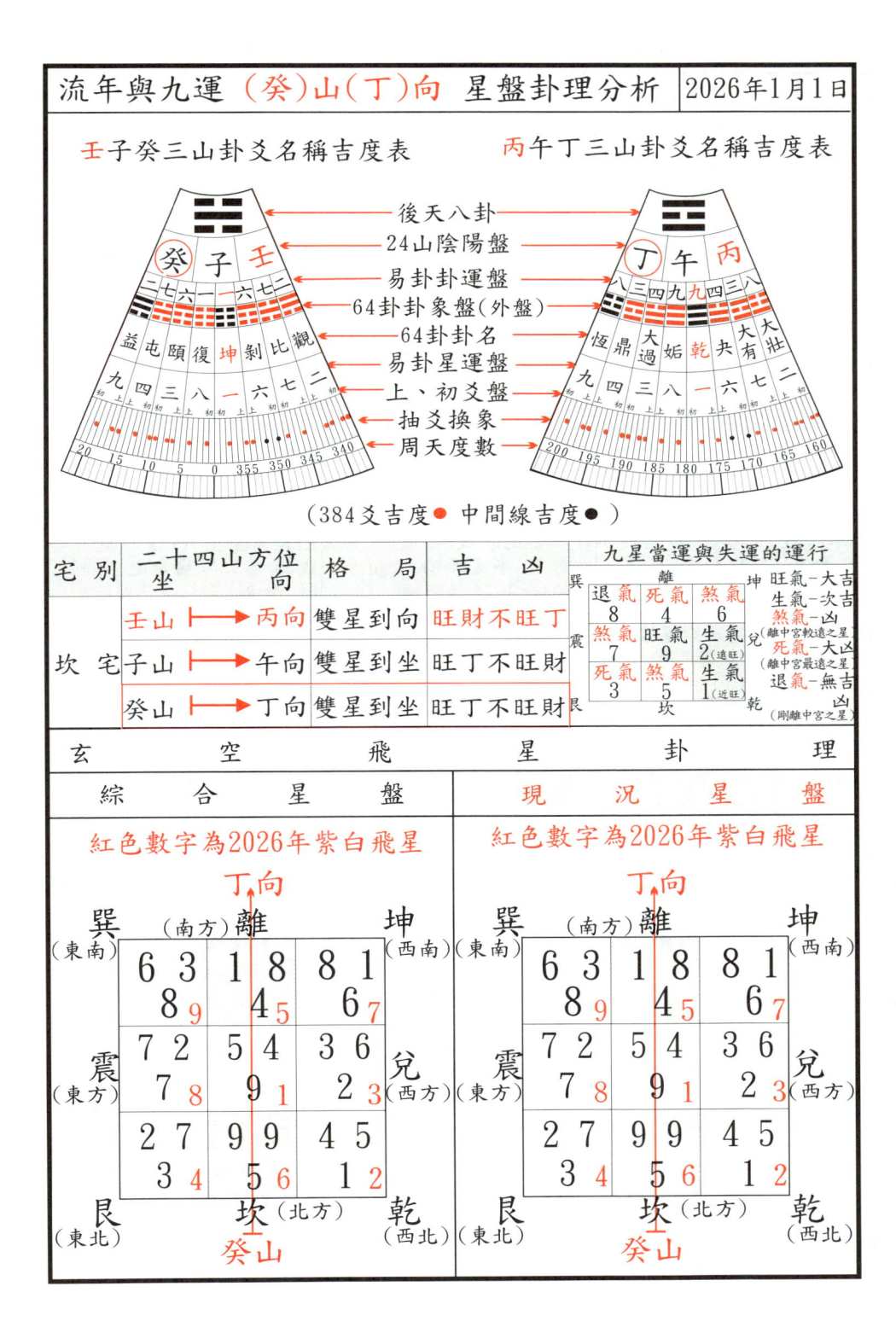

流年與九運（癸）山（丁）向 星盤卦理分析　2026年1月1日

壬子癸三山卦爻名稱吉度表　　丙午丁三山卦爻名稱吉度表

（384爻吉度● 中間線吉度●）

宅別	二十四山方位 坐　向	格局	吉凶
坎宅	壬山 → 丙向	雙星到向	旺財不旺丁
	子山 → 午向	雙星到坐	旺丁不旺財
	癸山 → 丁向	雙星到坐	旺丁不旺財

九星當運與失運的運行

巽 退氣 8	離 死氣 4	坤 煞氣 6	旺氣－大吉
震 煞氣 7	旺氣 9	兌 生氣 2（近旺）	生氣－次吉 煞氣－凶 死氣－大凶
艮 死氣 3	坎 煞氣 5	乾 生氣 1（剛離中宮之星）	退氣－無吉凶 （剛離中宮之星）

玄 空 飛 星 卦 理

綜合星盤
紅色數字為2026年紫白飛星

丁向

巽（東南）	離（南方）	坤（西南）
6 3 8 9	1 8 4 5	8 1 6 7
震（東方） 7 2 7 8	5 4 9 1	兌（西方） 3 6 2 3
艮（東北） 2 7 3 4	坎（北方） 9 9 5 6	乾（西北） 4 5 1 2

癸山

現況星盤
紅色數字為2026年紫白飛星

丁向

巽（東南）	離（南方）	坤（西南）
6 3 8 9	1 8 4 5	8 1 6 7
震（東方） 7 2 7 8	5 4 9 1	兌（西方） 3 6 2 3
艮（東北） 2 7 3 4	坎（北方） 9 9 5 6	乾（西北） 4 5 1 2

癸山

流年與九運（癸）山（丁）向 星盤卦理釋義

巽（東南） (6 3 / 8 9)	離（南） 午方太歲 (1 8 / 4 5)	坤（西南） (8 1 / 6 7)
1.本宮逢退氣,當其衰,合成63,父子不和,頭痛傷足。 2.逢流年九紫火喜慶星至,利桃花,應酬多,宜多節制;與山星合成69,易出罵父逆子,宜多忍讓;與水星合成39,口角是非多;在此開門尚吉,可置紅色地毯調合化解。 3.農曆3、6、12月注意健康（心臟、眼疾、頭痛、四肢）;10月防賊竊;宜白色為主,可掛紅色飾物及銅鈴來調和化解。	1.本宮逢死氣,當其衰,合成18,旺陰丁星,主旺女丁為主,易留意早夭不育之症。 2.逢流年五黃災病星至,不利健康;又逢流年午方太歲,宜靜不宜動;與山星合成15,利財貴,陰處生瘡;與水星合成85,利財運,不利小口,在此開門不吉,置咖啡色地毯,五帝錢調和化解。 3.農曆2、4、8、11月注意健康（心臟、眼、風疾）;6月小心火燭;以白色為主,置銅葫蘆調和化解。	1.本宮逢煞氣,當其衰,合成81,逢近旺星1白水,以4綠木調和,避免影響9運旺氣,符合城門;開門有利旺財丁。 2.逢流年七赤破軍星至,為退氣易破敗;與山星合成87,夫妻失和,財產易散;與水星合成17,水冷金寒,是非破財傷身;在此開門尚吉,可置藍色地毯調合化解。 3.農曆1、4、10月注意健康（頭、鼻、口腔、呼吸器官）;忌紅色,宜米黃色為主,可置7杯水來調和化解。
震（東） (7 2 / 7 8)	中宮 (5 4 / 9 1)	兌（西） (3 6 / 2 3)
1.本宮逢煞氣,當其衰為小凶,合成72,先天火,留意回祿之災,陰神滿地,婦女不和,留意食物不潔。 2.逢流年八白正財星至,剛失運,不旺不衰為退氣（衰氣）;與山星合成78,夫妻失和,財產易散;與水星合成28,多不動產,小口多病。 3.農曆2、11月注意健康（呼吸器官、肺、口腔、四肢）;5、6、9月小心火燭,以淡黃色為主,可置銅葫蘆及7杯水調和化解。	1.本宮逢旺氣,合成54,具文才智慧,事業順暢,宜留意貪花戀酒,家業落敗。 2.逢流年一白水貪狼星至,主思路廣,有進取心;與山星合成51,次子遭殃,腎病纏身;與水星合成41,利科名讀書考試。 3.農曆4、7、9月注意健康（腎、膀胱、婦女病、耳疾）;空間宜亮,可小量紅色,白色布置為主,置銅葫蘆及水晶球（燈飾）來調和化解。	1.本宮逢生氣（遠旺氣）,合成36,善於官場奔走,有利可圖,惟金木交戰多是非。 2.逢流年三碧木螢尤星至,是非多,官訟破財;與山星合成33,盛氣凌人,官非訟事;與水星合成63,父子不合,合夥敗散。 3.農曆6、9月注意健康（頭、肝膽、足疾、肺臟）;宜可小量紅色,以白色為主,可掛銅鈴來調和化解。
艮（東北） (2 7 / 3 4)	坎（北） 子方歲破 (9 9 / 5 6)	乾（西北） (4 5 / 1 2)
1.本宮逢死氣,當其衰,合成27,先天火,留意火災、血光之災,口舌是非多。 2.逢流年四綠木文昌星至,利考試、桃花;與山星合成24,為婆媳不和,不利老母健康,留意事業衰退;與水星合成74,陰神滿地,諸多口舌,留意桃花劫。 3.農曆1、4、10月注意健康（口腔、呼吸器官、風疾）;以白色布置為主,可小量紅色,置4支毛筆來增益。	1.本宮逢煞氣,當其衰,合成99,為後天火局,宜留意火災及多生女,易破財。 2.逢流年六白武曲星至,驛馬星動,任事果決;又逢流年子方歲破,宜靜不宜動;與山星合成96,易出罵父逆子,宜多忍讓。 3.農曆3、9、12月注意健康（心臟、眼疾、頭疾）;7月小心火燭;忌紅色,宜米黃色為主,可置陶瓷飾物（或能量球）及7杯水調和化解。	1.本宮逢生氣（近旺氣）,合成45,木剋土,婦女多病。 2.逢流年二黑病符星至;與山星合成42,為婆媳不和,不利老母健康,留意事業衰退;與水星合成52,多災病,留意老人健康,5黃可用安忍水調和化解後用作書使用。 3.農曆5、8月注意健康（頭、胃腸、風疾、四肢）;可小量紅色,白色布置為主,可置銅葫蘆來調和化解。

第三節 坎宮壬子癸三山

第四節、艮宮丑艮寅三山

一、丑山未向

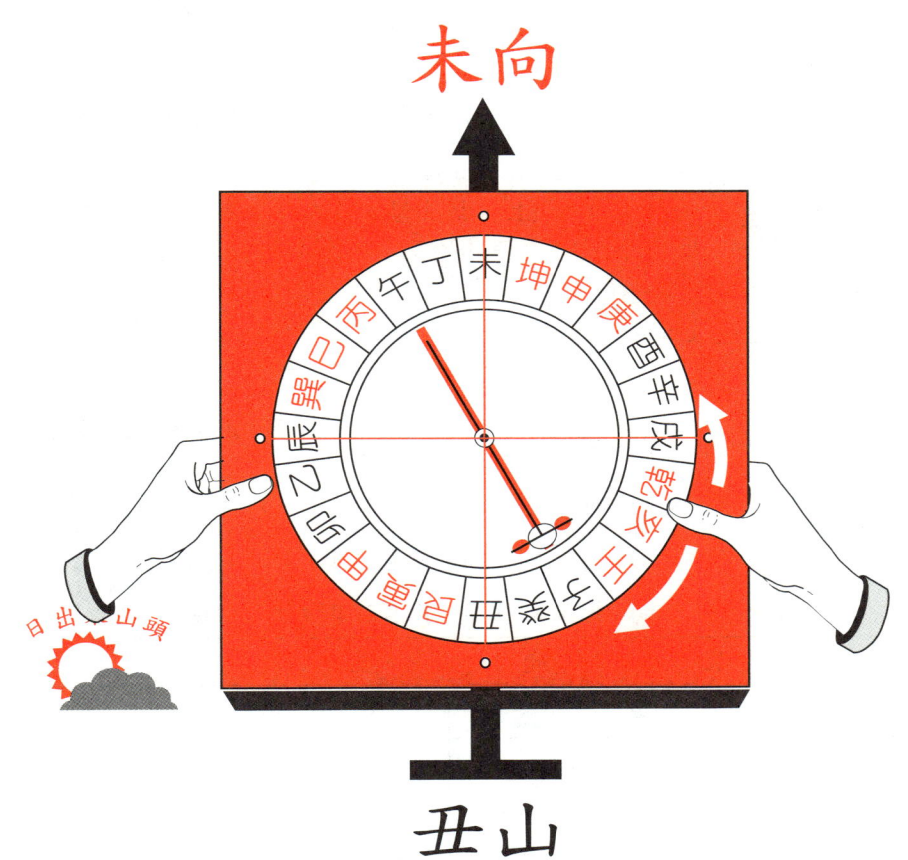

未向

丑山
（羅盤坐向方位）

坐	
艮宮（東北方）	
24山	丑山（東北北）
角度	22.5° ～ 37.5°

向	
坤宮（西南方）	
24山	未向（西南南）
角度	202.5° ～ 217.5°

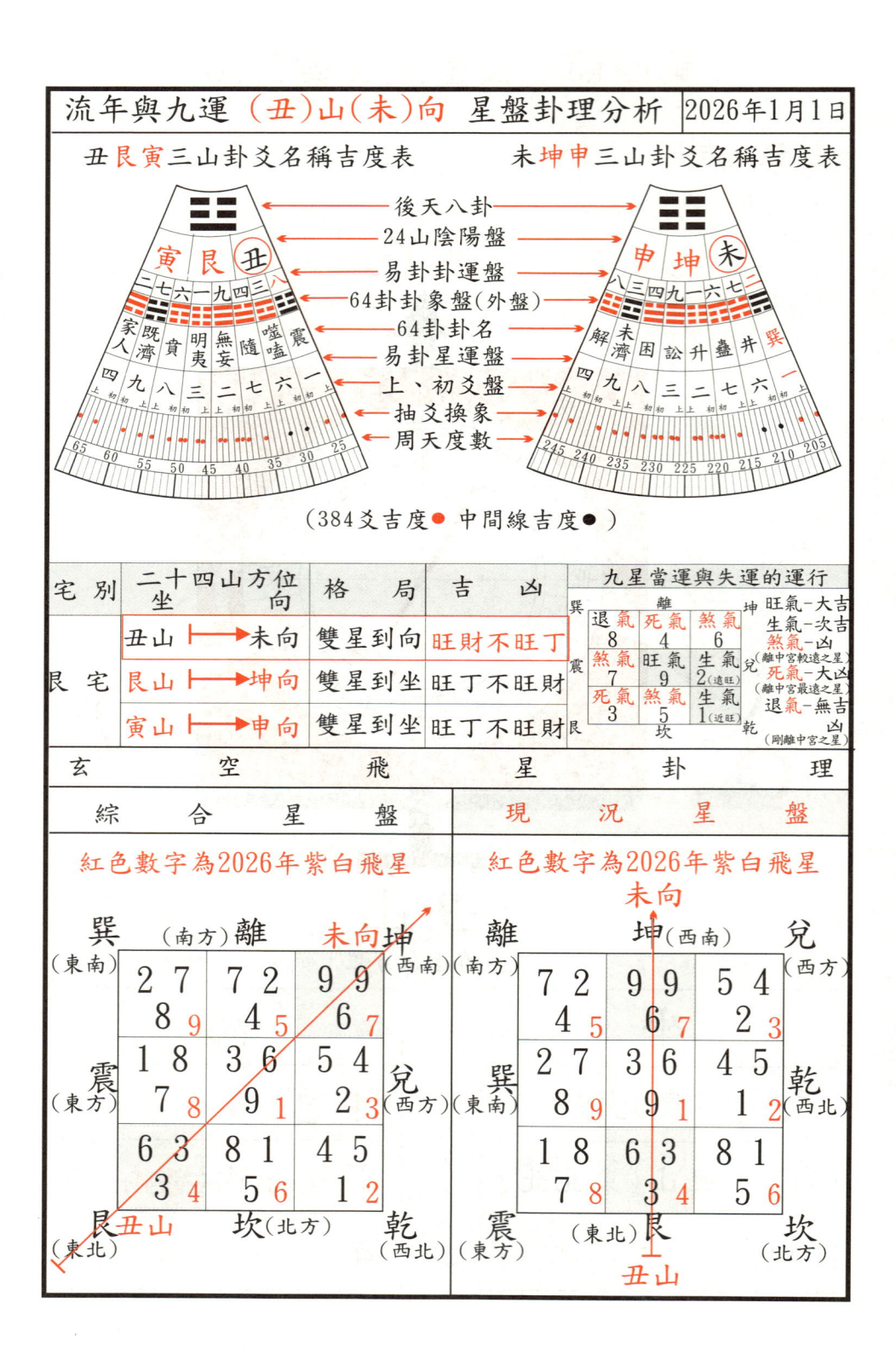

流年與九運 (丑)山(未)向 星盤卦理分析　2026年1月1日

丑艮寅三山卦爻名稱吉度表　　未坤申三山卦爻名稱吉度表

圖示標註：
- 後天八卦
- 24山陰陽盤
- 易卦卦運盤
- 64卦卦象盤（外盤）
- 64卦卦名
- 易卦星運盤
- 上、初爻盤
- 抽爻換象
- 周天度數

丑艮寅側：寅 艮 丑；二七 六一 九四 三八；家人 既濟 賁 明夷 無妄 隨 噬嗑 震；四 九 八 三 七 六 一
度數：65 60 55 50 45 40 35 30 25

未坤申側：申 坤 未；八三 四九 一六 七二；解 未濟 困 訟 升 蠱 井 巽；四 九 八 三 二 七 六 一
度數：245 240 235 230 225 220 215 210 205

(384爻吉度● 中間線吉度●)

宅別	二十四山方位 坐　　　　向	格　局	吉　凶
艮宅	丑山 → 未向	雙星到向	旺財不旺丁
	艮山 → 坤向	雙星到坐	旺丁不旺財
	寅山 → 申向	雙星到坐	旺丁不旺財

九星當運與失運的運行：

巽	離	坤
退氣 8	死氣 4	煞氣 6
煞氣 7	旺氣 3	生氣 2(遠旺)
死氣	煞氣 5	生氣 1(近旺)
震		兌
坎		乾
艮		

- 旺氣—大吉
- 生氣—次吉
- 煞氣—凶
- 死氣—大凶（離中宮較遠之星）
- 死氣—大凶（離中宮最遠之星）
- 退氣—無吉
- 凶（剛離中宮之星）

玄　空　飛　星　卦　理

綜合星盤
紅色數字為2026年紫白飛星

巽(東南)	(南方)離	未向 坤(西南)
2 7　8 9	7 2　4 5	9 9　6 7
1 8　7 8	3 6　9 1	5 4　2 3
6 3　3 4	8 1　5 6	4 5　1 2
艮 丑山(東北)	坎(北方)	乾(西北)

震(東方)／兌(西方)

現況星盤
紅色數字為2026年紫白飛星

離(南方)	未向 坤(西南)	兌(西方)
7 2　4 5	9 9　6 7	5 4　2 3
2 7　8 9	3 6　9 1	4 5　1 2
1 8　7 8	6 3　3 4	8 1　5 6
震(東方)	艮 丑山(東北)	坎(北方)

巽(東南)／乾(西北)

第四節　艮宮丑艮寅三山

501

流年與九運 (丑)山(未)向 星盤卦理釋義

離(南) 午方太歲 (7 2 / 4 5)	坤(西南) (9 9 / 6 7)	兌(西) (5 4 / 2 3)
1.本宮逢死氣,當其衰,合成72先天火,回祿之災,陰神滿地,婦女不和,食物不潔。 2.逢流年五黃災病星至,不利健康;又逢流年午方太歲,宜靜不宜動;與山星合成75,口舌是非,易惹桃花劫;與水星合成25,多災病;在此開門不吉,可置咖啡色地毯下置五帝錢來調和化解。 3.農曆2、4、8、11月注意健康(胃腸、頭、口腔、呼吸器官);2、4、6、11月小心火燭;宜以白色佈置為主及置7杯水調和化解。	1.本宮逢煞氣,當其衰,合成99,為後天火局,雙旺星在前,宜開正門,宜留意火災及多生女,易破財。 2.逢流年七赤破軍星至,為退氣易破敗;與山水星合成97,女性聰明伶俐,易合成先後天火局,留意回祿之災;在此開門尚吉,可置藍色地毯來調和化解。 3.農曆1、4、10月注意健康(呼吸器官、心臟、眼疾);忌紅色,以米黃色布置為主,及7杯水調和化解。	1.本宮逢生氣(遠旺氣),合成54,具文才智慧,事業順暢,留意貪花戀酒,家業落敗。 2.逢流年三碧木蚩尤星至,是非多,官訟破財;與山星合成53,長子多判逆,家業不寧;與水星合成43,時運反覆,好壞無常,難聚財;在此開門不吉,可置紅色地毯下置五帝錢來調和化解。 3.農曆6、9月注意健康(肝膽、風疾);可小量紅色,以白色主布置,置銅葫蘆調和化解。
巽(東南) (2 7 / 8 9)	中宮 (3 6 / 9 1)	乾(西北) (4 5 / 1 2)
1.本宮逢退氣,當其衰,合成27,合成先天火,留意火災、血光之災,口舌是非多。 2.逢流年九紫火喜慶星至,利桃花,應酬多,宜多節制;與山星合成29,易生回祿之災;與水星合成79,水冷金寒,是非破財,留意金屬所傷。 3.農曆3、6、12月注意健康(金屬傷、胃腸、口腔、呼吸器官);1、6、8、10月小心火燭;宜白色為主,置7杯水來調和化解。	1.本宮逢旺氣,合成36,善於官場奔走,有利可圖,惟金木交戰多是非。 2.逢流年一白水貪狼星至,主思路廣,有進取心;與山星合成31,有利長子事業發展,留意口角是非及防竊盜;與水星合成61,水冷金寒,易生病痛。 3.農曆4、7月注意健康(頭、肝膽、四肢、胃腸);宜白色為主,可掛紅色飾物及水晶球(燈飾)來調和化解。	1.本宮逢生氣(近旺氣),合成45,木剋土,婦女多病。 2.逢流年二黑病符星至;與山星合成42,為婆媳不和,不利老母健康,留意事業衰退;與水星合成52,多災病,留意老人健康。 3.農曆5、8月注意健康(肝脾、風疾、瘦痛、頭疾);可小量紅色,宜以淡黃色布置為主,置金屬飾物(或銅葫蘆)來調和化解。
震(東方) (1 8 / 7 8)	艮(東北) (6 3 / 3 4)	坎(北) 子方歲破 (8 1 / 5 6)
1.本宮逢煞氣,當其衰為小凶,合成18,雖吉利財源,婦女不育,小子難養。 2.逢流年八白正財星至,剛失運,不旺不衰為退氣(衰氣);與山星合成18,雖吉利財源,小子難養;與水星合成88,土重不利中男,業衰阻礙多。 3.農曆2、11月注意健康(頭、鼻、足、腎);可小量紅色,宜米黃色為主,可置土多盆景來增益。	1.本宮逢死氣,當其衰,合成63,父子不和,頭痛傷足。 2.逢流年四綠木文昌星至,利考試、桃花;與山星合64,合十,宜加強親情關係;與水星合成34,反覆無常易誤事。 3.農曆1、4、10月注意健康(頭、肝膽、風疾、精神方面);宜小量紅色,以白色為主,可置文昌筆(塔)來增益。	1.本宮逢煞氣,當其衰,合成81,旺陰丁星,主旺女丁,易留意早夭不育之症。 2.逢流年六白武曲星至,驛馬星動,任事果決;又逢流年子方歲破,宜靜不宜動;與山星合成86,吉利財源,置不動產;與水星合成16,水冷金寒事業煩惱頭痛。 3.農曆3、9、12月注意健康(頭、耳、鼻、金屬所傷);宜以淺藍色布置為主,可置紫水晶飾物(或能量球)增益。

二、艮山坤向

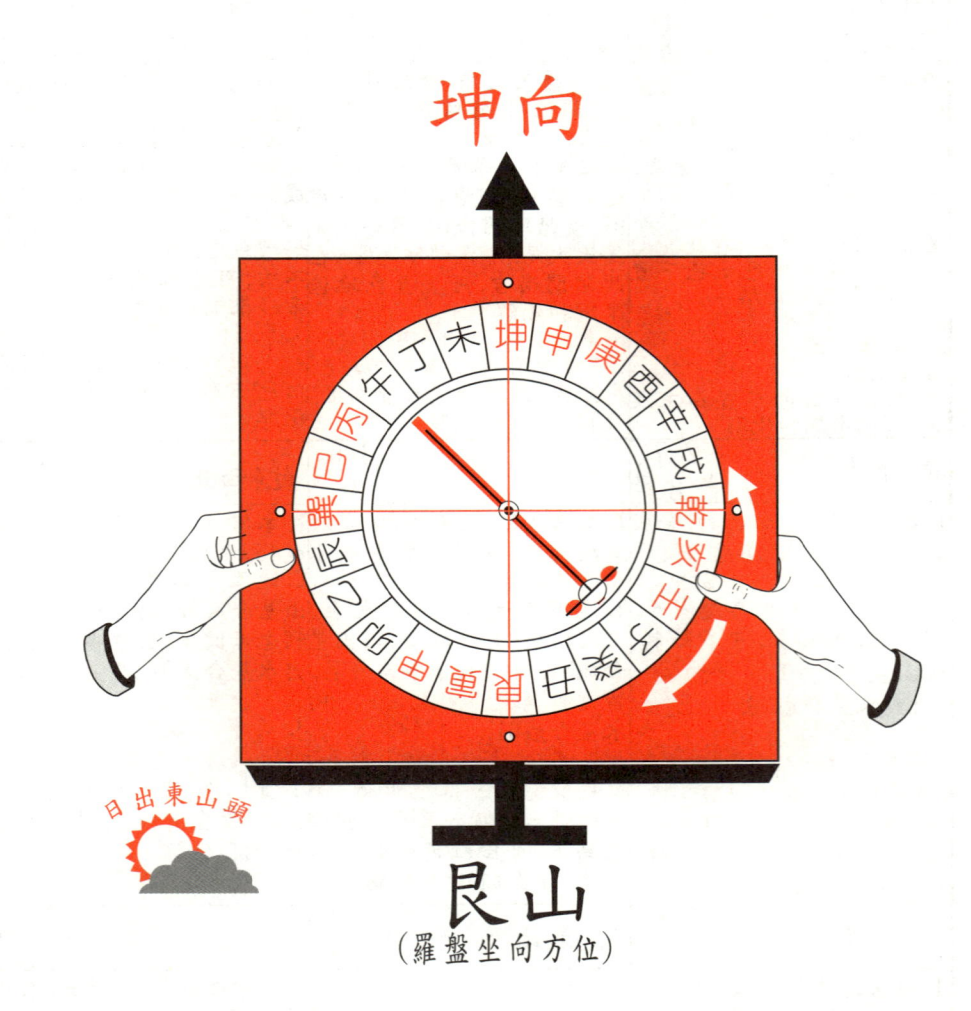

第四節　艮宮丑艮寅三山

坐	
艮宮（東北方）	
24山	艮山（正東北）
角度	37.5° ～ 52.5°

向	
坤宮（西南方）	
24山	坤向（正西南）
角度	217.5° ～ 232.5°

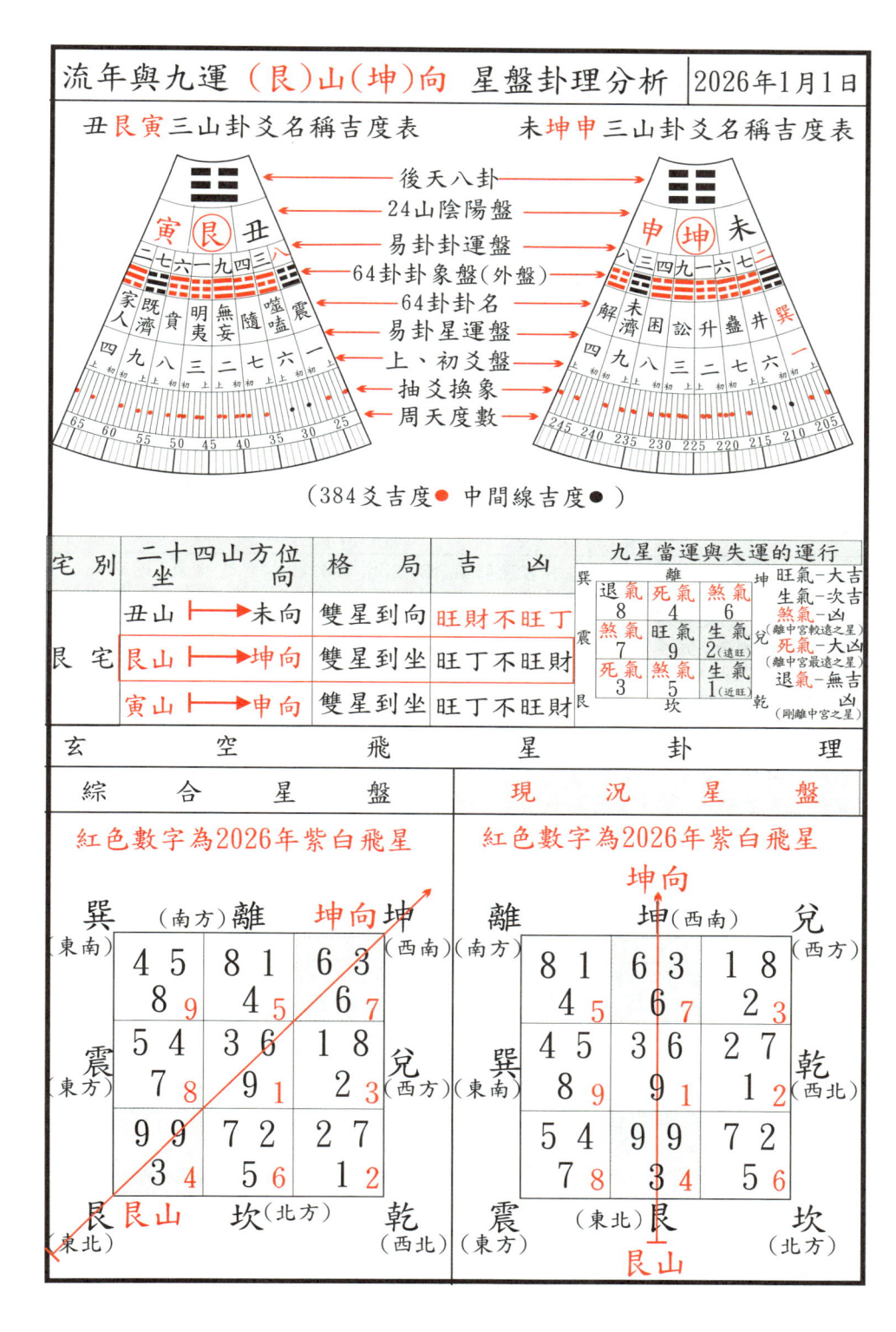

流年與九運（艮）山（坤）向 星盤卦理分析　2026年1月1日

丑艮寅三山卦爻名稱吉度表　　未坤申三山卦爻名稱吉度表

- 後天八卦
- 24山陰陽盤
- 易卦卦運盤
- 64卦卦象盤（外盤）
- 64卦卦名
- 易卦星運盤
- 上、初爻盤
- 抽爻換象
- 周天度數

（384爻吉度● 中間線吉度●）

宅別	二十四山方位 坐　　向	格　局	吉　凶
艮宅	丑山 → 未向	雙星到向	旺財不旺丁
艮宅	艮山 → 坤向	雙星到坐	旺丁不旺財
艮宅	寅山 → 申向	雙星到坐	旺丁不旺財

九星當運與失運的運行

巽 退氣 8	離 死氣 4	坤 煞氣 6	旺氣-大吉
震 煞氣 7	旺氣 9	兌 生氣 2(遠旺)	生氣-次吉 煞氣-凶(離中宮較遠之星) 死氣-大凶(離中宮最近之星)
艮 死氣 3	坎 煞氣 5	乾 生氣 1(近旺)	退氣-無吉凶(剛離中宮之星)

玄空飛星卦理

綜合星盤（紅色數字為2026年紫白飛星）

巽(東南)	離(南方)	坤向 坤(西南)
4 5 / 8 9	8 1 / 4 5	6 3 / 6 7
震(東方) 5 4 / 7 8	3 6 / 9 1	1 8 / 2 3 兌(西方)
艮 艮山(東北) 9 9 / 3 4	坎(北方) 7 2 / 5 6	乾(西北) 2 7 / 1 2

現況星盤（紅色數字為2026年紫白飛星）

離(南方)	坤向 坤(西南)	兌(西方)
8 1 / 4 5	6 3 / 6 7	1 8 / 2 3
巽(東南) 4 5 / 8 9	3 6 / 9 1	2 7 / 1 2 乾(西北)
震(東方) 5 4 / 7 8	艮山 艮(東北) 9 9 / 3 4	坎(北方) 7 2 / 5 6

第柒章　九運二十四山吉凶便覽

504

流年與九運 (艮)山(坤)向 星盤卦理釋義

離(南) 午方太歲 (8 1 / 4 5)	坤(西南) (6 3 / 6 7)	兌(西) (1 8 / 2 3)
1.本宮逢死氣,當其衰,合成81,逢近旺星1白水,宜4綠木調和,避免影響9運旺氣;午方城門可用,利財源。 2.逢流年五黃災病星至,不利健康;又逢流年午方太歲,宜靜不宜動;與山星合成85,不利小口;與水星合成15,不利次子健康,留意腎腰衰竭;在此開門不吉,置咖啡色地毯底置銅片或五帝錢化解。 3.農曆2、4、8、11月注意健康(頭、耳、鼻、腎);宜以白色布置為主,置銅葫蘆來調和化解。	1.本宮逢煞氣,當其衰,合成63,父子不和,頭痛傷足。 2.逢流年七赤破軍星至,為退氣易破敗;與山星合成67,交劍煞,為女凶男之象,破財;與水星合成37,三七疊至,被劫盜更見官災;在此開門尚吉,可置紅色地毯調和化解。 3.農曆1、4、10月注意(足頭、口腔、鼻、肝臟);可小量紅色,宜以淡黃色布置為主,可置黑醋調和化解。	1.本宮逢生氣(遠旺氣),合成18,旺陰丁星,主旺女丁,易留意早夭不育症。 2.逢流年三碧木蚩尤星至,是非多,官訟破財;與山星合成13,有利長子事業,留意口角是非;與水星合成83,利合作事業,不利小口健康;在此開門尚吉,可置紅色地毯調和化解。 3.農曆6、9月注意健康(鼻、腎、四肢、呼吸器官);忌綠色,可小量紅色,以白色為主,掛銅鈴來調和化解。

巽(東南) (4 5 / 8 9)	中宮 (3 6 / 9 1)	乾(西北) (2 7 / 1 2)
1.本宮逢退氣,當其衰,合成45,木剋土,婦女多病。 2.逢流年九紫火喜慶星至,利桃花,應酬多,宜多節制;與山星合成49,木見火生聰明奇士;與水星合成59,紫黃毒藥立見災禍,易患眼疾。 3.農曆3、6、12月注意健康(眼疾、胃腸、心臟、風疾);宜以色布置為主,可置金屬飾物(或銅葫蘆)調和化解。	1.本宮逢旺氣,合成36,善於官場奔走,有利可圖;惟金木交戰多是非。 2.逢流年一白水貪狼星至,主思路廣,有進取心;與山星合成31,有利長子事業發展,留意口角是非及防竊盜;與水星合成61,水冷金寒,易生病痛。 3.農曆4、7月注意健康(頭、肝膽、四肢、胃腸);宜白色為主,可掛紅色飾物及水晶球(燈飾)來調和化解。	1.本宮逢生氣(近旺氣),合成27,先天火,留意火災、血光之災,口舌是非多。 2.逢流年二黑病符星至;與山星合成22,老母多病,留意小人暗算;與水星合成72,合成先天火,留意火災、血光之災。 3.農曆5、8月注意健康(四肢、胃腸、口腔、鼻);1、3、8、10月小心火燭;宜淡黃色布置為主,可置7杯水來調和化解。

震(東方) (5 4 / 7 8)	艮(東北) (9 9 / 3 4)	坎(北) 子方歲破 (7 2 / 5 6)
1.本宮逢煞氣,當其衰為小凶,合成54,具文才智慧,事業順暢,留意貪花戀酒,家業落敗。 2.逢流年八白正財星至,剛失運,不旺不衰為退氣(衰氣);山星合成58,利財源,不利小口,易患眼疾;與水星合成48,四會八易損小口,留意精神之疾。 3.農曆2、11月注意健康(肝腸、四肢、風疾);以白色布置為主,可置銅葫蘆來調和化解。	1.本宮逢死氣,當其衰,合成99,為後天火局,雙旺星在後,可布小量水局,宜留意火災及多生女,易破財。 2.逢流年四綠木文昌星至,利考試、桃花;與山水星合成94,木見火生聰明奇士,利讀書考試。 3.農曆1、4、10月注意健康(頭、心臟、風疾);可小量紅色,以米白色布置為主,置紫水晶飾物(或能量球)旺財及文昌筆(塔)來增益。	1.本宮逢煞氣,當其衰,合成72,先天火,留意回祿之災,陰神滿地,婦女不和,留意食物不潔。 2.逢流年六白武曲星至,任事果決;又逢流年子方歲破,宜靜不宜動;與山星合成76,為交劍煞,女凶男多衝突破財;與水星合成26,夫妻失和,宜多忍讓。 3.農曆3、9、12月注意健康(頭、肺、鼻、風疾);3、5、7、12月小心火燭;宜淡黃色布置為主,可置7杯水來調和化解。

第四節 艮宮丑艮寅三山

三、寅山申向

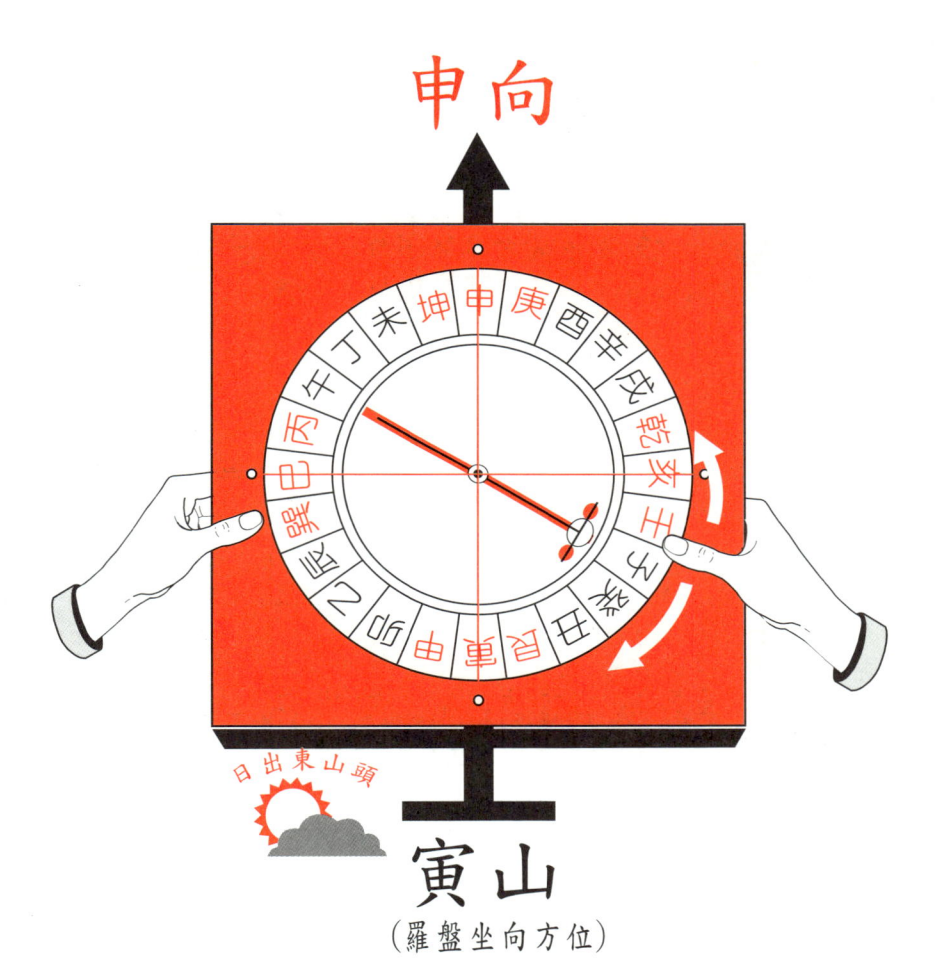

坐		向	
艮宮（東北方）		坤宮（西南方）	
24山	寅山（東北東）	24山	申向（西南西）
角度	52.5°～67.5°	角度	232.5°～247.5°

第四節 艮宮丑艮寅三山

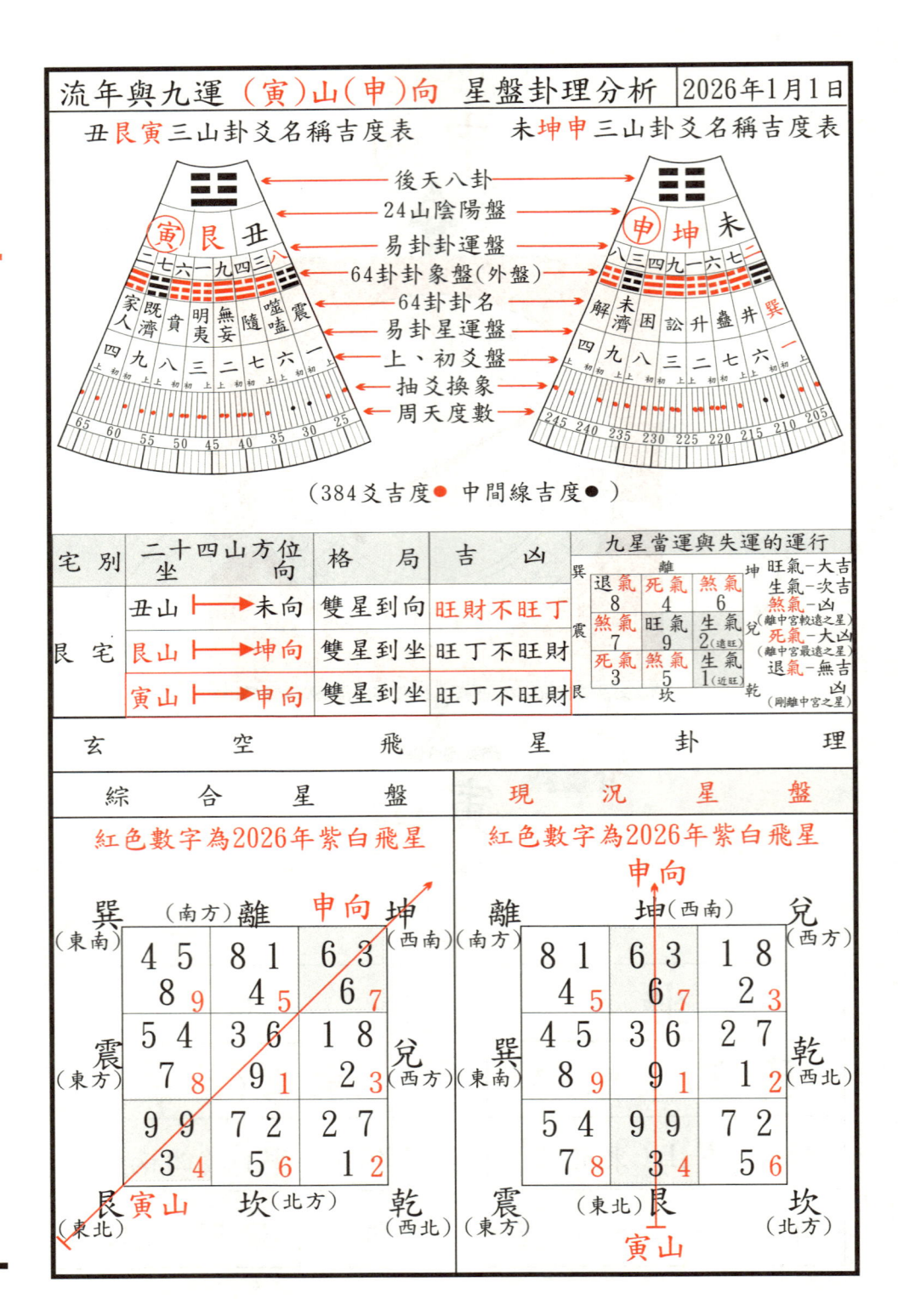

流年與九運 (寅)山(申)向 星盤卦理分析　2026年1月1日

丑艮寅三山卦爻名稱吉度表　　未坤申三山卦爻名稱吉度表

(384爻吉度● 中間線吉度●)

宅別	二十四山方位 坐　　向	格　局	吉　凶
艮宅	丑山 → 未向	雙星到向	旺財不旺丁
	艮山 → 坤向	雙星到坐	旺丁不旺財
	寅山 → 申向	雙星到坐	旺丁不旺財

九星當運與失運的運行

巽	離	坤
退氣 8	死氣 4	煞氣 6
煞氣 7	旺氣 9	生氣 2 (遠旺)
死氣 3	煞氣 5	生氣 1 (近旺)
震	坎	兌 / 乾 / 艮

旺氣-大吉　生氣-次吉　煞氣-凶　死氣-大凶　退氣-無吉凶

(離中宮較遠之星)
(離中宮最遠之星)
(剛離中宮之星)

玄空飛星卦理

綜合星盤

紅色數字為2026年紫白飛星

巽(東南)	離(南方)	坤(西南) 申向
4 5　8 9	8 1　4 5	6 3　6 7
震(東方)		兌(西方)
5 4　7	3 6　9 1	1 8　2 3
艮(東北) 寅山	坎(北方)	乾(西北)
9 9　3 4	7 2　5 6	2 7　1 2

現況星盤

紅色數字為2026年紫白飛星　申向

離(南方)	坤(西南)	兌(西方)
8 1　4 5	6 3　6 7	1 8　2 3
巽(東南)		乾(西北)
4 5　8	3 6　9 1	2 7　1 2
震(東方)	艮(東北) 寅山	坎(北方)
5 4　7 8	9 9　3 4	7 2　5 6

507

流年與九運(寅)山(申)向星盤卦理釋義

離(南) 午方太歲 $\binom{8\ 1}{4\ 5}$	坤(西南) $\binom{6\ 3}{6\ 7}$	兌(西) $\binom{1\ 8}{2\ 3}$
1.本宮逢死氣,當其衰,合成81,逢近旺星1白水,宜置4綠木調和,避免影響9運旺氣;午方城門可用,利財源。 2.逢流年五黃災病星至,不利健康,又逢流年午方太歲,宜靜不宜動;與山星合成85,不利小口,與水星合成15,不利次子健康,留意腎腰衰竭;在此開門不吉,置咖啡色地毯布置銅片或五帝錢化解。 3.農曆2、4、8、11月注意健康(頭、耳、鼻、腎);宜以白色布置為主,置同葫蘆來調和化解。	1.本宮逢煞氣,當其衰,合成63,父子不和,頭痛傷足。 2.逢流年七赤破軍星至,為退氣易破敗;與山星合成67,交劍煞,為女凶男之象,破財;與水星合成37,三七疊至,被劫盜更見官災;在此開門尚吉,可置紅色地毯調和化解。 3.農曆1、4、10月注意(足、頭、口腔、鼻、肝臟);可小量紅色,宜以淡黃色布置為主,可置黑醋調和化解。	1.本宮逢生氣(遠旺氣),合成18,旺陰丁星,主旺女丁,易留意早夭不育症。 2.逢流年三碧木蟊尤星至,是非多,官訟破財;與山星合成13,有利長子事業,留意口角是非;與水星合成83,利合作事業,不利小口健康;在此開門尚吉,可置紅色地毯調和化解。 3.農曆6、9月注意健康(鼻、腎、四肢、呼吸器官);忌綠色,可小量紅色,以白色為主,掛銅鈴來調和化解。
巽(東南) $\binom{4\ 5}{8\ 9}$	中宮 $\binom{3\ 6}{9\ 1}$	乾(西北) $\binom{2\ 7}{1\ 2}$
1.本宮逢退氣,當其衰,合成45,木剋土,婦女多病。 2.逢流年九紫火喜慶星至,利桃花,應酬多,宜多節制;與山星合成49,木見火生聰明奇士;與水星合成59,紫黃毒藥立見災禍,易患眼疾。 3.農曆3、6、12月注意健康(眼疾、胃腸、心臟、風疾);宜以色布置為主,可置金屬飾物(或銅葫蘆)調和化解。	1.本宮逢旺氣,合成36,善於官場奔走,有利可圖,惟金木交戰多是非。 2.逢流年一白水貪狼星至,主思路廣,有進取心;與山星合成31,有利長子事業發展,留意口角是非及防竊盜;與水星合成61,水冷金寒,易生病痛。 3.農曆4、7月注意健康(頭、肝膽、四肢、胃腸);宜白色為主,可掛紅色飾物及水晶球(燈飾)來調和化解。	1.本宮逢生氣(近旺氣),合成27,先天火,留意火災、血光之災,口舌是非多。 2.逢流年二黑病符星至;與山星合成22,老母多病,留意小人暗算;與水星合成72,合成先天火,留意火災、血光之災。 3.農曆5、8月注意健康(四肢、胃腸、口腔、鼻);1、3、8、10月小心火燭;宜淡黃色布置為主;可置7杯水來調和化解。
震(東方) $\binom{5\ 4}{7\ 8}$	艮(東北) $\binom{9\ 9}{3\ 4}$	坎(北) 子方歲破 $\binom{7\ 2}{5\ 6}$
1.本宮逢煞氣,當其衰為小凶,合成54,具文才智慧,事業順暢,留意貪花戀酒,家業落敗。 2.逢流年八白正財星至,剛失運,不旺不衰為退氣(衰氣);山星合成58,利財源,不利小口,易患眼疾;與水星合成48,四會八易損小口,留意精神之疾。 3.農曆2、11月注意健康(肝腸、四肢、風疾);以白色布置為主,可置銅葫蘆來調和化解。	1.本宮逢死氣,當其衰,合成99,為後天火局,雙旺星在後,可布小量水局,宜留意火災及多生女,易破財。 2.逢流年四綠木文昌星至,利考試、桃花;與山水星合成94,木見火生聰明奇士,利讀書考試。 3.農曆1、4、10月注意健康(頭、心臟、風疾);可小量紅色,以米白色布置為主,可置紫水晶飾物(或能量球)旺財及文昌筆(塔)來增益。	1.本宮逢煞氣,當其衰,合成72,先天火,留意回祿之災,陰神滿地,婦女不和,留意食物不潔。 2.逢流年六白武曲星至,任事果決;又逢流年子方歲破,宜靜不宜動;與山星合成76,為交劍煞,女凶男多衝突破財;與水星合成26,夫妻失和,宜多忍讓。 3.農曆3、9、12月注意健康(頭、肺、鼻、風疾);3、5、7、12月小心火燭;宜淡黃色布置為主,可置7杯水調和化解。

第五節、震宮甲卯乙三山

一、甲山庚向

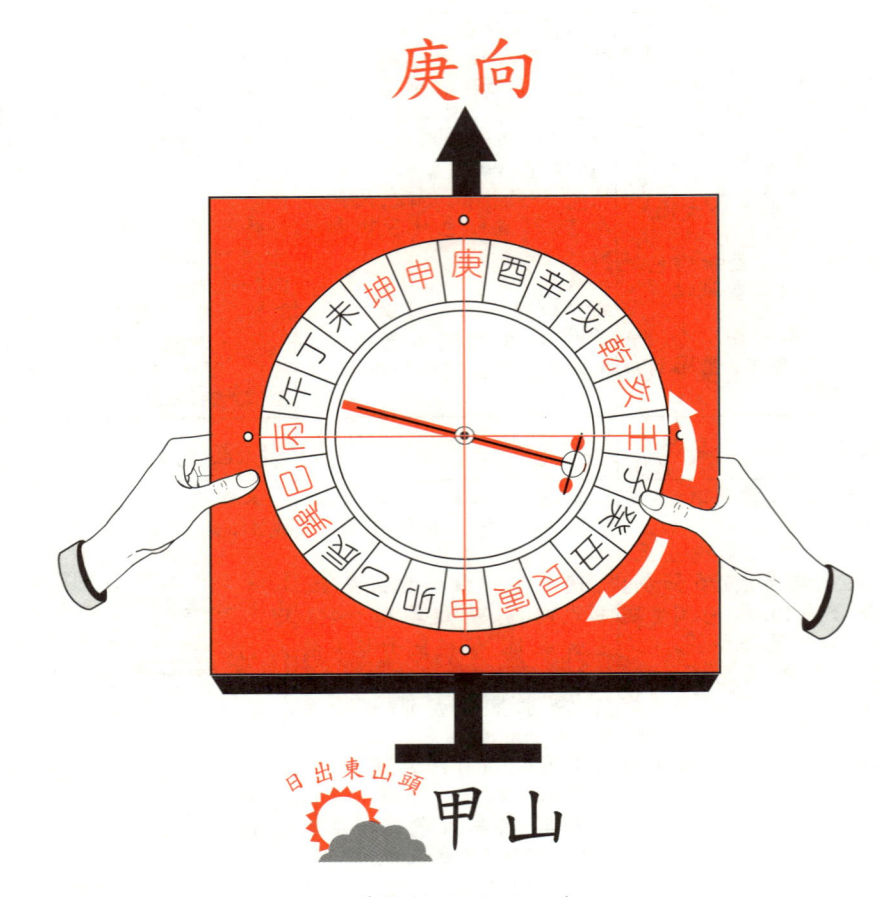

（羅盤坐向方位）

坐	
震宮（東方）	
24山	甲山（東東北）
角度	67.5° ～ 82.5°

向	
兌宮（西方）	
24山	庚向（西西南）
角度	247.5° ～ 262.5°

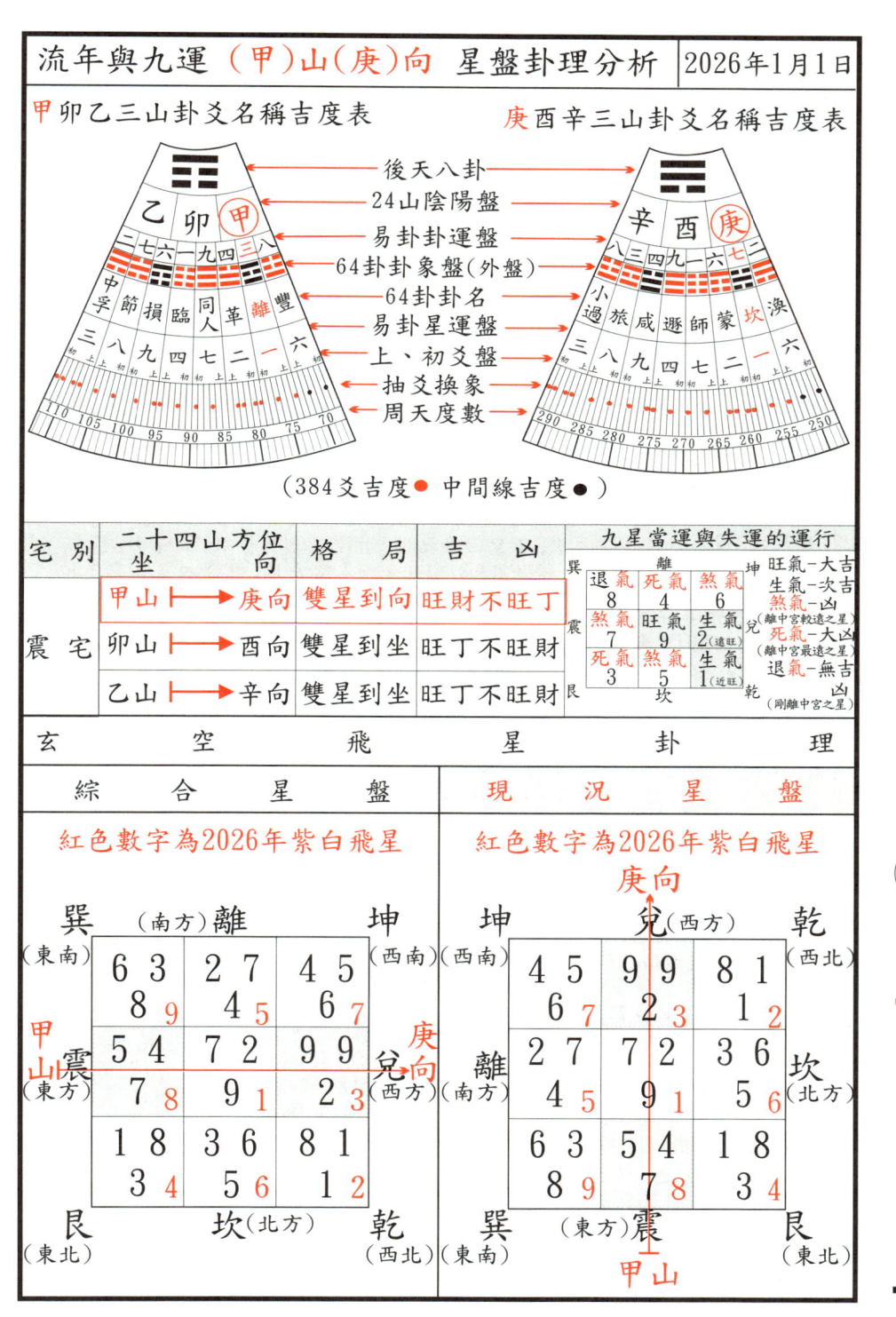

流年與九運（甲）山（庚）向 星盤卦理分析　2026年1月1日

甲卯乙三山卦爻名稱吉度表　　　**庚酉辛三山卦爻名稱吉度表**

（384爻吉度● 中間線吉度●）

宅別	二十四山方位 坐　向	格　局	吉　凶	九星當運與失運的運行
震宅	甲山 → 庚向	雙星到向	旺財不旺丁	巽 離 坤 退氣 死氣 煞氣 8 4 6 震 兌 煞氣 旺氣 生氣 7 9 2（遠旺） 艮 坎 乾 死氣 煞氣 生氣 3 5 1（近旺） 旺氣-大吉 生氣-次吉 煞氣-凶 （離中宮較遠之星） 死氣-大凶 （離中宮最遠之星） 退氣-無吉凶 （剛離中宮之星）
	卯山 → 酉向	雙星到坐	旺丁不旺財	
	乙山 → 辛向	雙星到坐	旺丁不旺財	

玄　空　飛　星　卦　理

綜　合　星　盤
紅色數字為2026年紫白飛星

	巽（東南）	離（南方）	坤（西南）
	6 3 8　9	2 7 4　5	4 5 6　7
甲山 震（東方）	5 4 7　8	7 2 9　1	9 9 2　3	兌（西方） 庚向
	1 8 3　4	3 6 5　6	8 1 1　2
	艮（東北）	坎（北方）	乾（西北）

現　況　星　盤
紅色數字為2026年紫白飛星

庚向

	坤（西南）	兌（西方）	乾（西北）
	4 5 6　7	9 9 2　3	8 1 1　2
離（南方）	2 7 4　5	7 2 9　1	3 6 5　6	坎（北方）
	6 3 8　9	5 4 7　8	1 8 3　4
	巽（東南）	震（東方）	艮（東北）

甲山

流年與九運(甲)山(庚)向星盤卦理釋義

坤(西南) (4 5 / 6 7)	兌(西) (9 9 / 2 3)	乾(西北) (8 1 / 1 2)
1. 本宮逢煞氣,當其衰,合成 45,木剋土,婦女多病。 2. 逢流年七赤破軍星至,為退氣易破敗;與山星合成47,陰神滿地,諸多口舌,留意桃花劫;與水星合成57,具有不動產,是非不斷;在此開門尚吉,可置藍色地毯調和化解。 3. 農曆1、4、10月注意健康(風疾、心臟、口腔);以白色布置為主,可置黑醋調和化解。	1. 本宮逢生氣(近旺氣),合成99,兌、坎、巽合七星陰打劫,三方宜通氣可旺財。 2. 逢流年三碧木蟊尤星至,是非多,官訟破財;與山水星合成93,口角是非,易破財;在此開門尚吉,可置紅色地毯來調和化解。 3. 農曆6、9月注意健康(眼、心臟、四肢、肝脾),可小量紅色,宜以米白色為主,可置紫水晶飾物(或能量球)來增益。	1. 本宮逢生氣(近旺氣),合成81,逢近旺星1白水,宜置4綠木調和,避免影響9運旺氣。 2. 逢流年二黑病符星至;與山星合成82,多不動產,小口多病痛;與水星合成12,女性當家,夫妻失和,易生胃腸病;在此開門尚吉,置紅色地毯來調和化解。 3. 農曆5、8月注意健康(鼻、胃腸、酸痛、四肢);以白色為主,置銅葫蘆來調和化解。

離(南) 午方太歲 (2 7 / 4 5)	中宮 (7 2 / 9 1)	坎(北) 子方歲破 (3 6 / 5 6)
1. 本宮逢死氣,當其衰,合成27,先天火,留意火災、血光之災,口舌是非多。 2. 逢流年五黃災病星至,不利健康,又逢流年午方太歲,宜靜不宜動;與山星合成25,易置產,老婦多病痛;與水星合成75,具有不動產,口舌是非,易惹桃花。 3. 農曆2、4、8、11月注意健康(口腔、呼吸器官、胃腸);2、4、6、11月小心火燭,忌綠色,以白色布置為主,置銅葫蘆來調和化解。	1. 本宮逢旺氣,合成72,先天火,留意回祿之災,陰神滿地,婦女不和,留意食物不潔。 2. 逢流年一白水貪狼星至,主思路廣,有進取心;與山星合成71,水冷金寒,是非破財;與水星合成21,不利次男健康。 3. 農曆4、7月注意健康(金屬傷、泌尿、胃腸);2、7、9、11月小心火燭,宜淡黃色布置為主;可置7杯水來調和化解。	1. 本宮逢煞氣,當其衰,合成36善於官場奔走,有利可圖,惟金木交戰多是非。 2. 逢流年六白武曲星至,任事果決,又逢流年子方歲破,宜靜不宜動;山星合成36,父子不和,頭痛傷足;與水星合成66,驛馬星動,任事果決。 3. 農曆3、9、12月注意健康(頭、四肢、肝脾、呼吸器官);7月注意賊竊,可小量紅色,宜以白色布置為主,掛銅鈴調和化解。

巽(東南) (6 3 / 8 9)	震(東方) (5 4 / 7 8)	艮(東北) (1 8 / 3 4)
1. 本宮逢退氣,當其衰,合成63,父子不和,頭痛傷足。 2. 逢流年九紫火喜慶星至,利桃花,應酬多,宜多節制;與山星合成69,火燒天門,家出罵父之子;與水星合成39,口角是非,破財。 3. 農曆3、6、12月注意健康(眼、心臟、四肢、肝脾);忌綠色;可小量紅色,以米白色布置為主,可置土多盆景來增益。	1. 本宮逢煞氣,當其衰為小凶,合成54,具文才智慧,事業順暢,宜留意貪花戀酒,家業落敗。 2. 逢流年八白正財星至,剛失運,不旺不衰為退氣(衰氣);與山星合成58,利財源,不利小口;與水星合成48,四會八易損小口,留意精神之疾。 3. 農曆2、11月注意健康(腎、鼻、胃腸、風疾);忌綠色,宜以白色布置為主,可置銅葫蘆來調和化解。	1. 本宮逢死氣,當其衰,合成18,旺陰丁星,主旺女丁為主,宜留意早夭不育症。 2. 逢流年四綠木文昌星至,利考試、桃花;與山星合成14,利讀書考試,留意貪花戀酒;與水星合成84,留意精神之疾。 3. 農曆1、4、10月注意健康(頭、鼻、精神、腎、膀胱);忌綠色,可小量紅色,宜以白色為主,可置文昌筆(塔)來增益。

第五節　震宮甲卯乙三山

二、卯山酉向

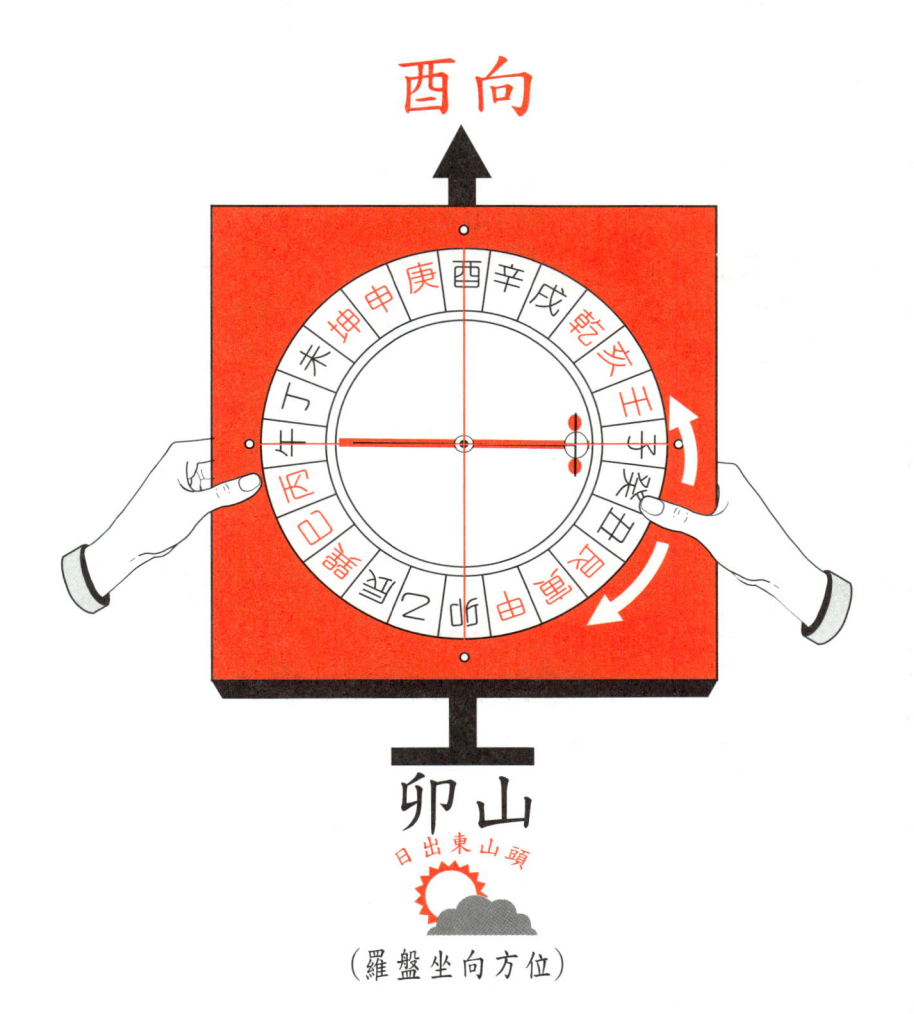

酉向

(羅盤坐向方位)

卯山
日出東山頭

坐	
震宮（東方）	
24山	卯山（正東）
角度	82.5° ～ 97.5°

向	
兌宮（西方）	
24山	酉向（正西）
角度	262.5° ～ 277.5°

第五節 震宮甲卯乙三山

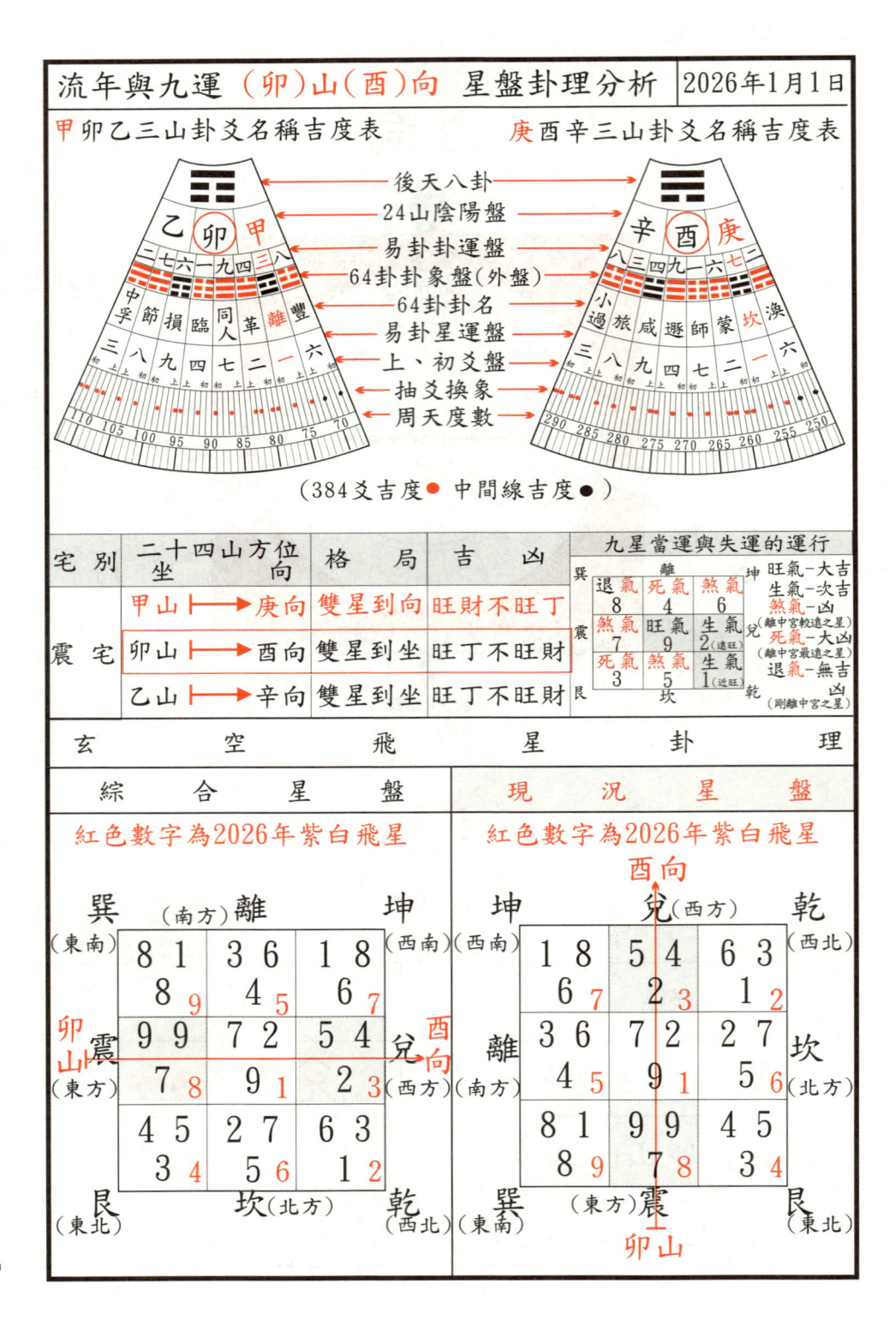

流年與九運 (卯)山(酉)向 星盤卦理分析　2026年1月1日

甲卯乙三山卦爻名稱吉度表　　　庚酉辛三山卦爻名稱吉度表

- 後天八卦
- 24山陰陽盤
- 易卦卦運盤
- 64卦卦象盤(外盤)
- 64卦卦名
- 易卦星運盤
- 上、初爻盤
- 抽爻換象
- 周天度數

(384爻吉度● 中間線吉度●)

宅別	二十四山方位 坐　　　　向	格局	吉凶
震宅	甲山 → 庚向	雙星到向	旺財不旺丁
	卯山 → 酉向	雙星到坐	旺丁不旺財
	乙山 → 辛向	雙星到坐	旺丁不旺財

九星當運與失運的運行

巽	離	坤
退氣 8	死氣 4	煞氣 6
煞氣 7	旺氣 9(遠旺)	生氣 2(近旺)
死氣 3	煞氣 5	生氣 1
艮	坎	乾

- 旺氣－大吉
- 生氣－次吉
- 煞氣－凶
- (離中宮較遠之星) 死氣－大凶
- (離中宮最遠之星)
- 退氣－無吉凶
- (剛離中宮之星)

玄　空　飛　星　卦　理

綜合星盤

紅色數字為2026年紫白飛星

巽(東南)	(南方)離	坤(西南)
8 1　8　9	3 6　4　5	1 8　6　7
9 9　7　8 (卯山震 東方)	7 2　9　1	5 4　2　3 (兌 酉向 西方)
4 5　3　4	2 7　5　6	6 3　1　2
艮(東北)	坎(北方)	乾(西北)

現況星盤

紅色數字為2026年紫白飛星

酉向 ↑

坤(西南)	兌(西方)	乾(西北)
1 8　6　7	5 4　2　3	6 3　1　2
3 6　4　5 (離 南方)	7 2　9　1	2 7　5　6 (坎 北方)
8 1　8　9	9 9　7　8	4 5　3　4
巽(東南)	(東方)震	艮(東北)

↓ 卯山

流年與九運(卯)山(酉)向星盤卦理釋義

坤(西南) $\begin{pmatrix}1&8\\6&7\end{pmatrix}$	兌(西) $\begin{pmatrix}5&4\\2&3\end{pmatrix}$	乾(西北) $\begin{pmatrix}6&3\\1&2\end{pmatrix}$
1.本宮逢煞氣,當其衰,合成18,旺陰丁星,主旺女丁為主,易留意早夭不育症。 2.逢流年七赤破軍星至,為退氣易破敗;與山星合成17,金水多情,貪花戀酒;與水星合成87,夫妻失和,財產易散,在此開門尚吉,置藍色地毯來增益。 3.農曆1、4、10月注意健康(四肢、胃腸、口腔、耳、貧血);可小量紅色,以白色布置為主,可置黑醋調和化解。	1.本宮逢生氣(近旺氣),合成54,具文才智慧,事業順暢,宜留意貪花戀酒,家業落敗。 2.逢流年三碧木螢尤星至,是非多,官訟破財;與山星合成53,長子多判逆,家業不寧;與水星合成43,時運反覆,好壞無常,難聚財,易誤事生是非,在此開門不吉,置土黃色地毯底置五帝錢調和化解。 3.農曆6、9月注意健康(肝脾、足疾、皮膚);可小量紅色,宜以淡黃色布置為主;置銅葫蘆來調和化解。	1.本宮逢生氣(近旺氣),合成63,父子不和,頭痛傷足。 2.逢流年二黑病符星至;山星合成62,父子不合,合夥敗散;與水星合成32,勞碌奔波,阻礙破敗;在此開門尚吉,可置紅色地毯調和化解。 3.農曆5、8月注意健康(頭、肝膽、四肢、胃腸);忌綠色,可小量紅色,宜以白色為主掛銅鈴來調和化解。
離(南) 午方太歲 $\begin{pmatrix}3&6\\4&5\end{pmatrix}$	中宮 $\begin{pmatrix}7&2\\9&1\end{pmatrix}$	坎(北) 子方歲破 $\begin{pmatrix}2&7\\5&6\end{pmatrix}$
1.本宮逢死氣,當其衰,合成36,善於官場奔走,有利可圖,惟金木交戰多是非。 2.逢流年五黃災病星至,不利健康;又逢流年午方太歲,宜靜不宜動;與山星合成35,多叛逆,易得易失;與水合成65,雖有官運與財運,多小人發難,官場焦頭爛額。 3.農曆2、4、8、11月注意健康(頭、精神之疾、四肢、呼吸器官);宜以白色布置,可置安忍水及銅葫蘆來調和化解。	1.本宮逢旺氣,合成72,先天火,留意回祿之災,陰神滿地,婦女不和,留意食物不潔。 2.逢流年一白水貪狼星至,主思路廣,有進取心;與山星合71,水冷金寒,是非破財;與水星合成21,不利次男健康。 3.農曆4、7月注意健康(金屬傷、泌尿、胃腸);2、7、9、11月小心火燭,宜淡黃色布置為主;可置7杯水來調和化解。	1.本宮逢煞氣,當其衰,合成27,先天火,留意火災、血光之災,口舌是非多。 2.逢流年六白武曲星至,任事果決;又逢流年子方歲破,宜靜不宜動;山星合成26,老父多病,官非糾纏;與水星合成76,交劍煞,女凶男之象,老少不安,破財。 3.農曆3、9、12月注意健康(胃腸、頭、鼻、口腔、呼吸器官);2、5、7、12月小心火燭;宜以白色布置為主及置黑醋來調和化解。
巽(東南) $\begin{pmatrix}8&1\\8&9\end{pmatrix}$	震(東方) $\begin{pmatrix}9&9\\7&8\end{pmatrix}$	艮(東北) $\begin{pmatrix}4&5\\3&4\end{pmatrix}$
1.本宮逢退氣,當其衰,合成81,逢近旺星1白水,置4綠木調和,避免影響9運旺氣。 2.逢流年九紫火喜慶星至,利桃花,應酬多,宜多節制;與山星合成89,火炎土燥,易生眼疾;與水星合成19,兄妹不和,不利事業發展。 3.農曆3、6、12月注意健康(頭、眼、血液、耳疾);宜以米黃色布置為主,可置金屬飾物調和化解。	1.本宮逢煞氣,當其衰為小凶,合成99,為後天火局,雙旺星在後,可布小量水局,留意火災及多生女,易破財。 2.逢流年八白正財星至,剛失運,不旺不衰為退氣(衰氣);與山水星合成98,火炎土燥,易生愚子,生眼疾。 3.農曆2、11月注意健康(血症、呼吸器官、心臟、眼疾);5、7、9月小心火燭,忌綠色,宜以白色為主,可置紫水晶飾物(或能量球)旺財及7杯水來調和化解。	1.本宮逢死氣,當其衰,合成45,木剋土,婦女多病。 2.逢流年四綠木文昌星至,利考試、桃花;與山星合成44,子女成績優異;與水星合成54,事業滯困,多病痛。 3.農曆1、4、10月注意健康(頭、肝膽、風疾、精神方面);宜以白色主布置,置銅葫蘆調和化解及置文昌筆(塔)來增益。

第柒章 九運二十四山吉凶便覽

514

三、乙山辛向

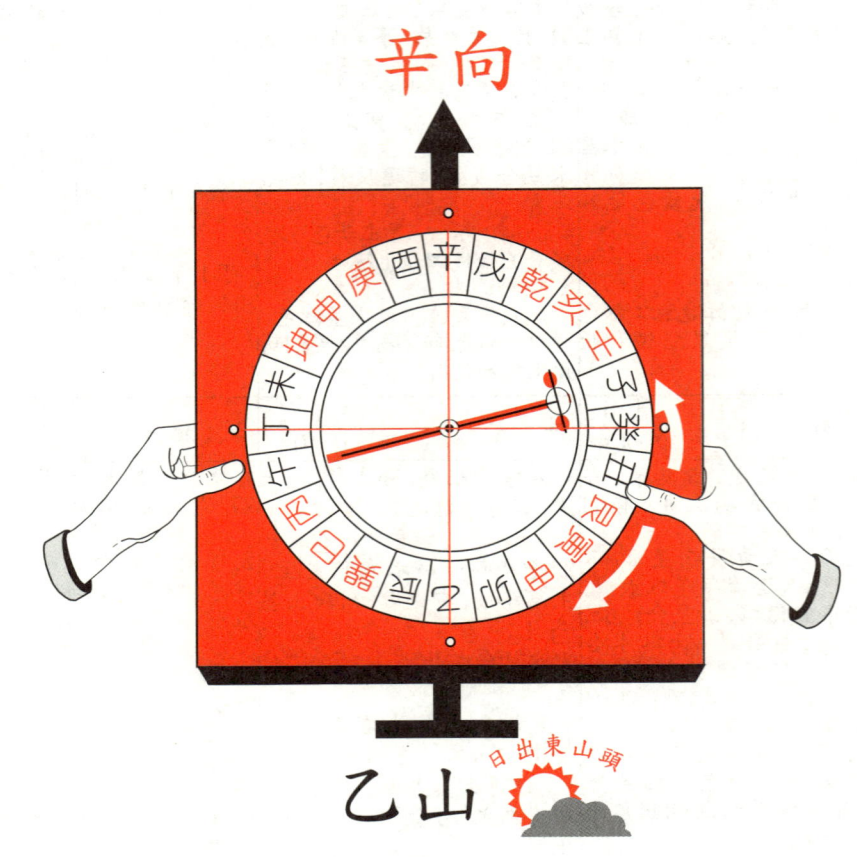

第五節 震宮甲卯乙三山

（羅盤坐向方位）

坐	
震宮（東方）	
24山	乙山（東東南）
角度	97.5⁰ ～ 112.5⁰

向	
兌宮（西方）	
24山	辛向（西西北）
角度	277.5⁰ ～ 292.5⁰

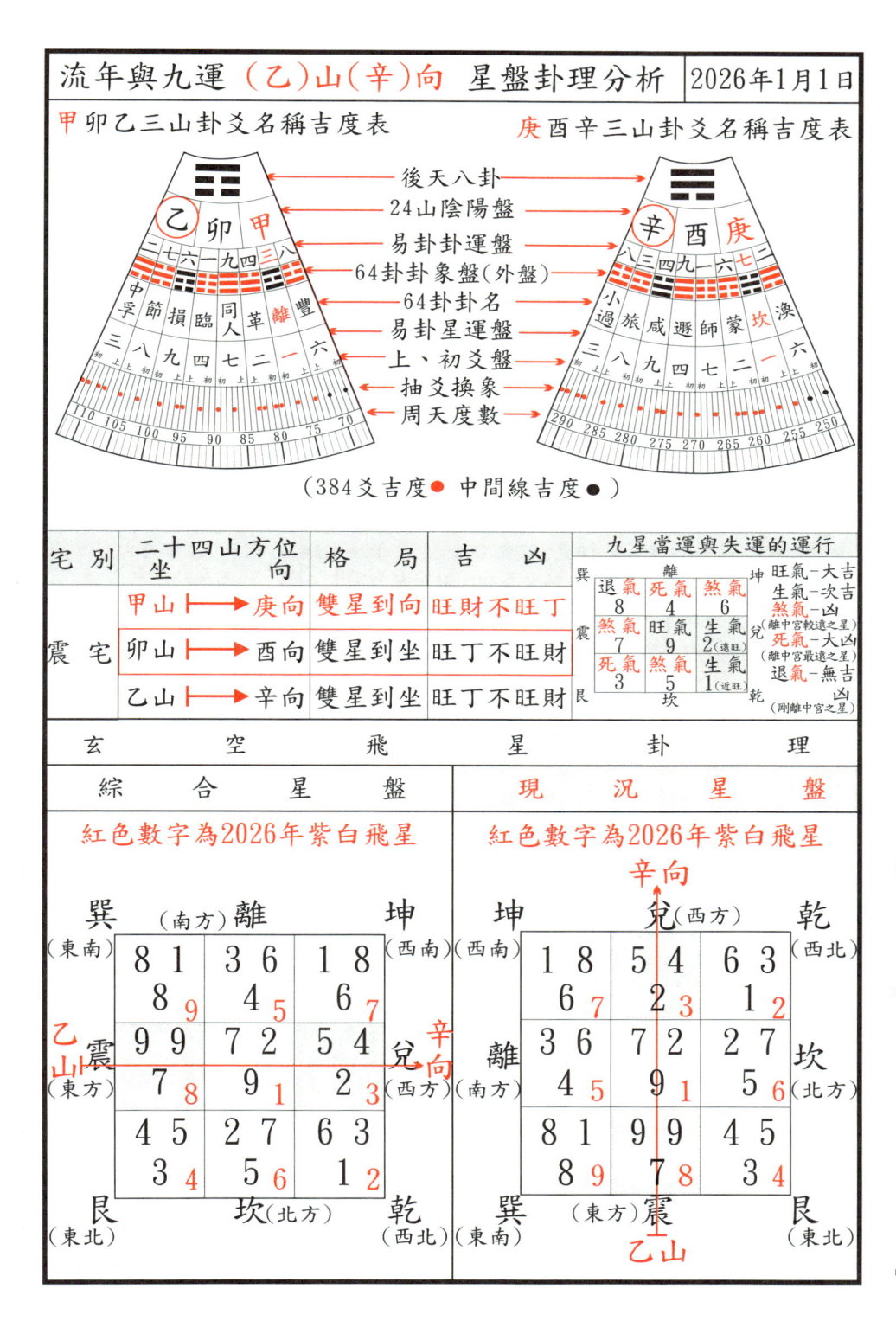

流年與九運（乙）山（辛）向 星盤卦理分析　2026年1月1日

甲卯乙三山卦爻名稱吉度表　　　庚酉辛三山卦爻名稱吉度表

- 後天八卦
- 24山陰陽盤
- 易卦卦運盤
- 64卦卦象盤（外盤）
- 64卦卦名
- 易卦星運盤
- 上、初爻盤
- 抽爻換象
- 周天度數

（384爻吉度● 中間線吉度●）

宅別	二十四山方位坐　　向	格　局	吉　凶
震宅	甲山 → 庚向	雙星到向	旺財不旺丁
	卯山 → 酉向	雙星到坐	旺丁不旺財
	乙山 → 辛向	雙星到坐	旺丁不旺財

九星當運與失運的運行

	巽 退氣 8	離 死氣 4	坤 煞氣 6	
震	煞氣 7	旺氣 9（遠旺）	生氣 2（近旺）	兌
	艮 死氣 3	坎 煞氣 5	乾 生氣 1（近旺）	

- 旺氣－大吉
- 生氣－次吉
- 煞氣－凶
- 死氣－大凶（離中宮最遠之星）
- 退氣－無吉
- 凶（剛離中宮之星）

玄　空　飛　星　卦　理

綜合星盤
紅色數字為2026年紫白飛星

巽（東南）	離（南方）	坤（西南）
8 1　8 9	3 6　4 5	1 8　6 7
9 9　7 8	7 2　9 1	5 4　2 3 乙山震（東方）→辛向兌（西方）
4 5　3 4	2 7　5 6	6 3　1 2
艮（東北）	坎（北方）	乾（西北）

現況星盤
紅色數字為2026年紫白飛星

辛向

坤（西南）	兌（西方）	乾（西北）
1 8　6 7	5 4　2 3	6 3　1 2
3 6　4 5 離（南方）	7 2　9 1	2 7　5 6 坎（北方）
8 1　8 9	9 9　7 8	4 5　3 4
巽（東南）	震（東方）	艮（東北）

乙山

第柒章　九運二十四山吉凶便覽

516

流年與九運(乙)山(辛)向星盤卦理釋義

坤(西南) (1 8 / 6 7)	兌(西) (5 4 / 2 3)	乾(西北) (6 3 / 1 2)
1. 本宮逢煞氣,當其衰,合成18,旺陰丁星,主旺女丁為主,易留意早夭不育症。 2. 逢流年七赤破軍星至,為退氣易破敗;與山星合成17,金水多情,貪花戀酒;與水星合成87,夫妻失和,財產多散在此開門尚吉,置藍色地毯來增益。 3. 農曆1、4、10月注意健康(四肢、胃腸、口腔、耳、貧血);可小量紅色,以白色布置為主,可置黑醋調和化解。	1. 本宮逢生氣(近旺氣),合成54,具文才智慧,事業順暢,宜留意貪花戀酒,家業落敗。 2. 逢流年三碧木蚩尤星至,是非多,官訟破財;與山星合成53,長子多判逆,家業不寧;與水星合成43,時運反覆,好壞無常,難聚財,易誤事生是非;在此開門不吉,置土黃色地毯底置五帝錢調和化解。 3. 農曆6、9月注意健康(肝脾、足疾、皮膚);可小量紅色,宜以淡黃色布置為主;置銅葫蘆來調和化解。	1. 本宮逢生氣(近旺氣),合成63,父子不和,頭痛傷足。 2. 逢流年二黑病符星至;山星合成62,父子不合,合夥敗散;與水星合成32,勞碌奔波,阻礙破敗;在此開門尚吉,可置紅色地毯調和化解。 3. 農曆5、8月注意健康(頭、肝膽、四肢、胃腸);忌綠色,可小量紅色,宜以白色為主掛銅鈴來調和化解。
離(南) 午方太歲 (3 6 / 4 5)	中宮 (7 2 / 9 1)	坎(北) 子方歲破 (2 7 / 5 6)
1. 本宮逢死氣,當其衰,合成36,善於官場奔走,有利可圖,惟金木交戰多是非。 2. 逢流年五黃災病星至,不利健康;又逢流年午方太歲,宜靜不宜動;與山星合成35,多叛逆,易得易失;與水星合成65,雖有官運與財運,多小人發難,官場焦頭爛額。 3. 農曆2、4、8、11月注意健康(頭、精神之疾、四肢、呼吸器官);宜以白色布置,可置安忍水及銅葫蘆來調和化解。	1. 本宮逢旺氣,合成72,先天火,留意回祿之災,陰神滿地,婦女不和,留意食物不潔。 2. 逢流年一白水貪狼星至,主思路廣,有進取心;與山星合71,水冷金寒,是非破財;與水星合成21,不利次男健康。 3. 農曆4、7月注意健康(金屬傷、泌尿、胃腸);2、7、9、11月小心火燭,宜淡黃色布置為主;可置7杯水來調和化解。	1. 本宮逢煞氣,當其衰,合成27,先天火,留意火災、血光之災,口舌是非多。 2. 逢流年六白武曲星至,任事果決;又逢流年子方歲破,宜靜不宜動;山星合成26,老父多病,官非糾纏;與水星合成76,交劍煞,女凶男之象,老少不安,破財。 3. 農曆3、9、12月注意健康(胃腸、頭、鼻、口腔、呼吸器官);2、5、7、12月小心火燭;宜以白色布置為主及置黑醋來調和化解。
巽(東南) (8 1 / 8 9)	震(東方) (9 9 / 7 8)	艮(東北) (4 5 / 3 4)
1. 本宮逢退氣,當其衰,合成81,逢近旺星1白水,置4綠木調和,避免影響9運旺氣。 2. 逢流年九紫火喜慶星至,利桃花,應酬多,宜多節制;與山星合成89,火炎土燥,易生眼疾;與水星合成19,兄妹不和,不利事業發展。 3. 農曆3、6、12月注意健康(頭、眼、血液、耳疾);宜以米黃色布置為主,可置金屬飾物調和化解。	1. 本宮逢煞氣,當其衰為小凶,合成99,為後天火局,雙旺星在後,可布小量水局,留意火災及多生女,易破財。 2. 逢流年八白正財星至,剛失運,不旺不衰為退氣(衰氣);與山水星合成98,火炎土燥,易生愚子,生眼疾。 3. 農曆2、11月注意健康(血症、呼吸器官、心臟、眼疾);5、7、9月小心火燭,忌綠色,宜以白色為主,可置紫水晶飾物(或能量球)旺財及7杯水來調和化解。	1. 本宮逢死氣,當其衰,合成45,木剋土,婦女多病。 2. 逢流年四綠木文昌星至,利考試、桃花;與山星合成44,子女成績優異;與水星合成54,事業滯困,多病痛。 3. 農曆1、4、10月注意健康(頭、肝膽、風疾、精神方面);宜以白色主布置,置銅葫蘆調和化解及置文昌筆(塔)來增益。

第五節 震宮甲卯乙三山

第六節、巽宮辰巽巳三山

一、辰山戌向

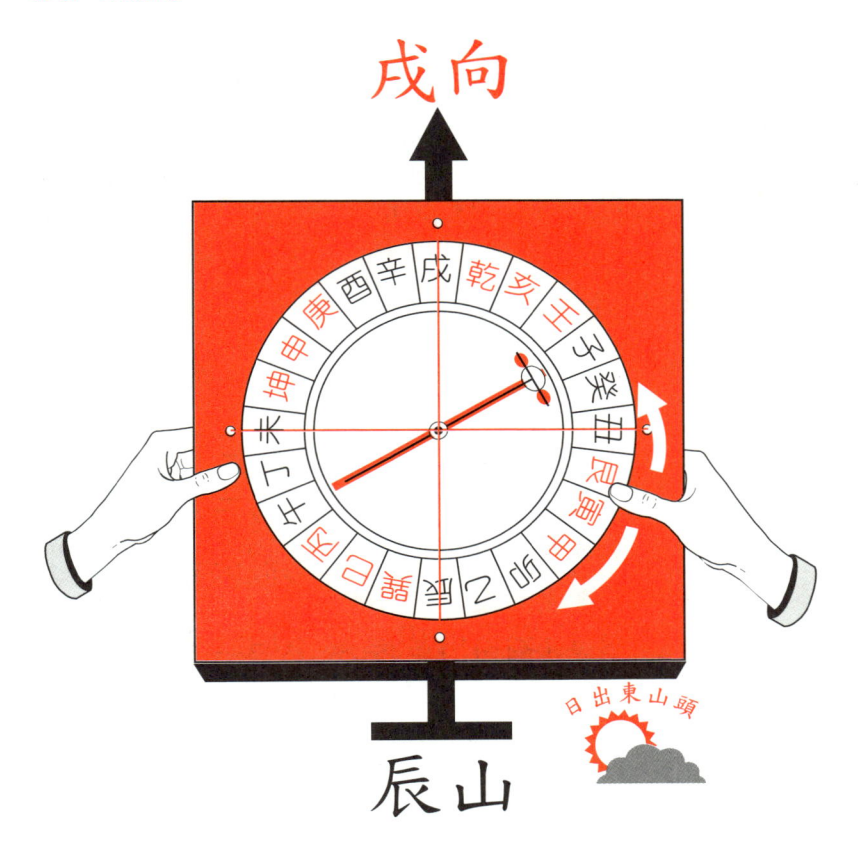

戌向

辰山

（羅盤坐向方位）

坐	
巽宮（東南）	
24山	辰山（東南東）
角度	112.5⁰～127.5⁰

向	
乾宮（西北）	
24山	戌向（西北西）
角度	292.5⁰～307.5⁰

第六節　巽宮辰巽巳三山

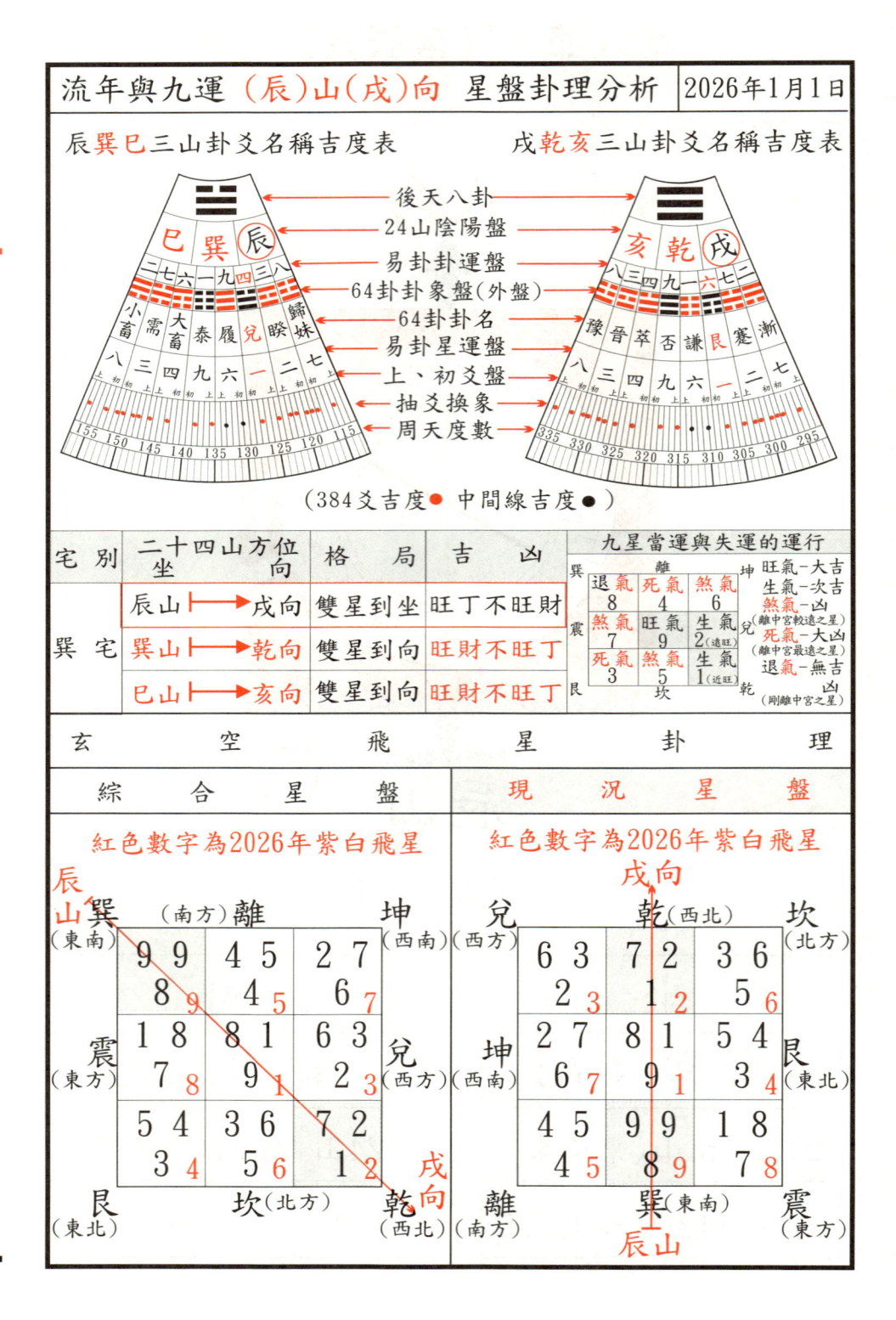

流年與九運（辰）山（戌）向　星盤卦理分析　2026年1月1日

辰巽巳三山卦爻名稱吉度表　　　戌乾亥三山卦爻名稱吉度表

（384爻吉度● 中間線吉度●）

宅別	二十四山方位 坐　　向	格局	吉凶
巽宅	辰山 → 戌向	雙星到坐	旺丁不旺財
	巽山 → 乾向	雙星到向	旺財不旺丁
	巳山 → 亥向	雙星到向	旺財不旺丁

九星當運與失運的運行

巽	離	坤
退氣 8	死氣 4	煞氣 6
煞氣 7	旺氣 9	生氣 2（近旺）
死氣 3	煞氣 5	生氣 1（近旺）
震		
艮	坎	乾

旺氣-大吉
生氣-次吉
煞氣-次凶
（離中宮較遠之星）
死氣-大凶
（離中宮最遠之星）
退氣-無吉凶
（剛離中宮之星）

玄　空　飛　星　卦　理

綜合星盤

紅色數字為2026年紫白飛星

辰山巽

（南方）離		坤（西南）
9 9 / 8 9	4 5 / 4 5	2 7 / 6 7
震（東方）		兌（西方）
1 8 / 7 8	8 1 / 9 1	6 3 / 2 3
5 4 / 3 4	3 6 / 5 6	7 2 / 1 2
艮（東北）	坎（北方）	乾（西北）戌向

現況星盤

紅色數字為2026年紫白飛星

戌向

兌（西方）	乾（西北）	坎（北方）
6 3 / 2 3	7 2 / 1	3 6 / 5 6
坤（西南）		艮（東北）
2 7 / 6	8 1 / 9 1	5 4 / 3 4
4 5 / 4 5	9 9 / 8	1 8 / 7 8
離（南方）	巽（東南）辰山	震（東方）

519

流年與九運(辰)山(戌)向星盤卦理釋義

兌(西) (6 3 / 2 3)	乾(西北) (7 2 / 1 2)	坎(北) 子方歲破 (3 6 / 5 6)
1.本宮逢生氣(遠旺氣),合成63,父子不和,頭痛傷足。 2.逢流年三碧木蚩尤星至,是非多,官訟破財;與山星合成63,金木交戰,家人多爭執;與水星合成33,盛氣凌人,官非訟事;在此開門不吉,宜置紅色地毯調和化解。 3.農曆6、9月注意健康(肝脾、四肢、胃腸、頭痛);忌綠色,可小量紅色,宜以白色為主,掛銅鈴來調和化解。	1.本宮逢生氣(近旺氣),合成72,先天火,留意回祿之災,陰神滿地,婦女不和。 2.逢流年二黑病符星至;與山星合成72;留意回祿之災,婦女不和;與水星合成22,老母多病,留意小人暗算;在此開門不吉,置土黃色地毯底置五帝錢調和化解。 3.農曆2、8、11月注意健康(四肢、胃腸、口腔、鼻);1、3、8、10月小心火燭,宜淡黃色布置為主;可置7杯水來調和化解。	1.本宮逢煞氣,當其衰,合成36,善於官場奔走,有利可圖,惟金木交戰多是非。 2.逢流年六白武曲星至,任事果決,又逢流年子方歲破,宜靜不宜動;與山星合成36,被劫盜更見官災;與水星合成66,官運亨通;在此開門尚吉,置紅色地毯調和化解。 3.農曆3、9、12月注意健康(頭、四肢、肝脾、呼吸器官);7月小心竊盜,小量紅色,宜以白色布置為主,掛銅鈴來調和化解。調和化解。

坤(西南) (2 7 / 6 7)	中宮 (8 1 / 9 1)	艮(東北) (5 4 / 3 4)
1.本宮逢煞氣,當其衰,合成27,先天火,留意火災、血光之災,口舌是非多。 2.逢流年七赤破軍星至,為退氣易破敗,與山星合成27,留意回祿之災,婦女不和,與水星合成77,是非口舌,竊賊入室。 3.農曆1、4、10月注意健康(口腔、酸痛、胃腸);6月小心火燭;忌綠色及紅色,以淡黃色為主,可置7杯水調和化解。	1.本宮逢旺氣,合成81,逢近旺星1白水,宜置4綠木調和,避免影響9運旺氣。 2.逢流年一白水貪狼星至,主思路廣,有進取心;與山星合成81,易流產,兄弟不和;與水星合成11,利文才,易患腎耳之疾。 3.農曆1、4、10月注意健康(風疾、胃腸、四肢);可小量紅色,宜以米黃色布置為主,可置金屬飾物調和化解。	1.本宮逢死氣,當其衰,合成54,具文才智慧,事業順暢,宜留意貪花戀酒,家業落敗。 2.逢流年四綠木文昌星至,利考試、桃花;與山星合成54,為女性多病痛;與水星合成44,文曲星雙到,子女成績優異。 3.農曆1、4、6、10月注意健康(風疾、呼吸器官、口腔);可小量紅色,宜以淡黃色布置為主;置銅葫蘆來調和化解及文昌筆來增益。

離(南) 午方太歲 (4 5 / 4 5)	巽(東南) (9 9 / 8 9)	震(東方) (1 8 / 7 8)
1.本宮逢死氣,當其衰,合成45,木剋土,婦女多病。 2.逢流年五黃災病星至,不利健康;又逢流年午方太歲,宜靜不宜動;與山星合成45,博弈好飲,事業荒廢;與水星合成55,比和,災煞橫行,留意血光之災。 3.農曆2、4、8、11月注意健康(肺、足、口腔、精神之疾);忌綠色,宜以米白色為主,置銅葫蘆來調和化解。	1.本宮逢退氣,當其衰,合成99,為後天火局,雙旺星在後,可布小量水局,宜留意火災及多生女,易破財。 2.逢流年九紫火喜慶星至,利桃花,應酬多,宜多節制;與山水星合成99,文章顯達,利財源,多生女。 3.農曆3、6、12月注意健康(頭、血症、眼、心臟、耳);宜白色為主,可置紫水晶飾物(或能量球)旺財及7杯水來調和化解。	1.本宮逢煞氣,當其衰為小凶,合成18,旺陰丁星,主旺女丁,宜留意早夭不育症。 2.逢流年八白正財星至,剛失運,不旺不衰為退氣(衰氣);與山星合成18,易流產,兄弟不和;與水星合成88,土重不利中男,業務阻礙多。 3.農曆2、11月注意健康(頭、肺、風疾);宜以白色為主,可置紫水晶飾物來增益。

二、巽山乾向

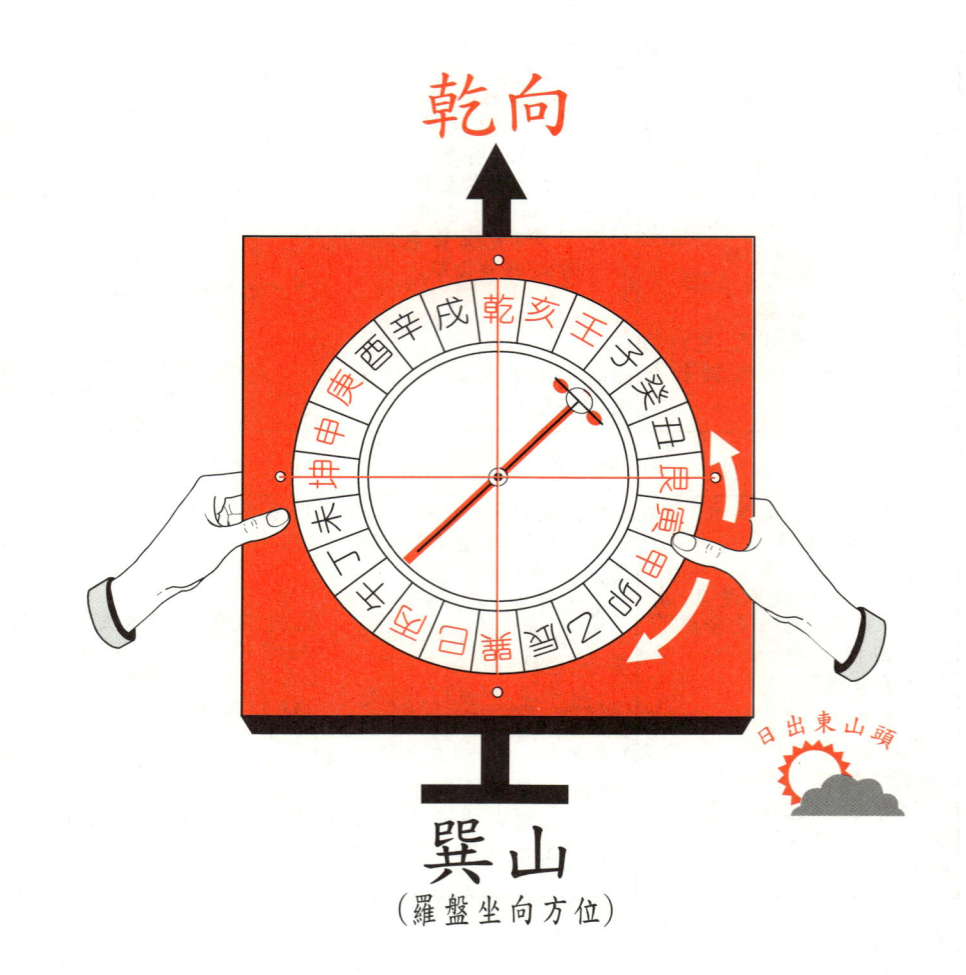

第六節　巽宮辰巽巳三山

坐	
巽宮（東南）	
24山	巽山（正東南）
角度	127.5°～142.5°

向	
乾宮（西北）	
24山	乾向（正西北）
角度	307.5°～322.5°

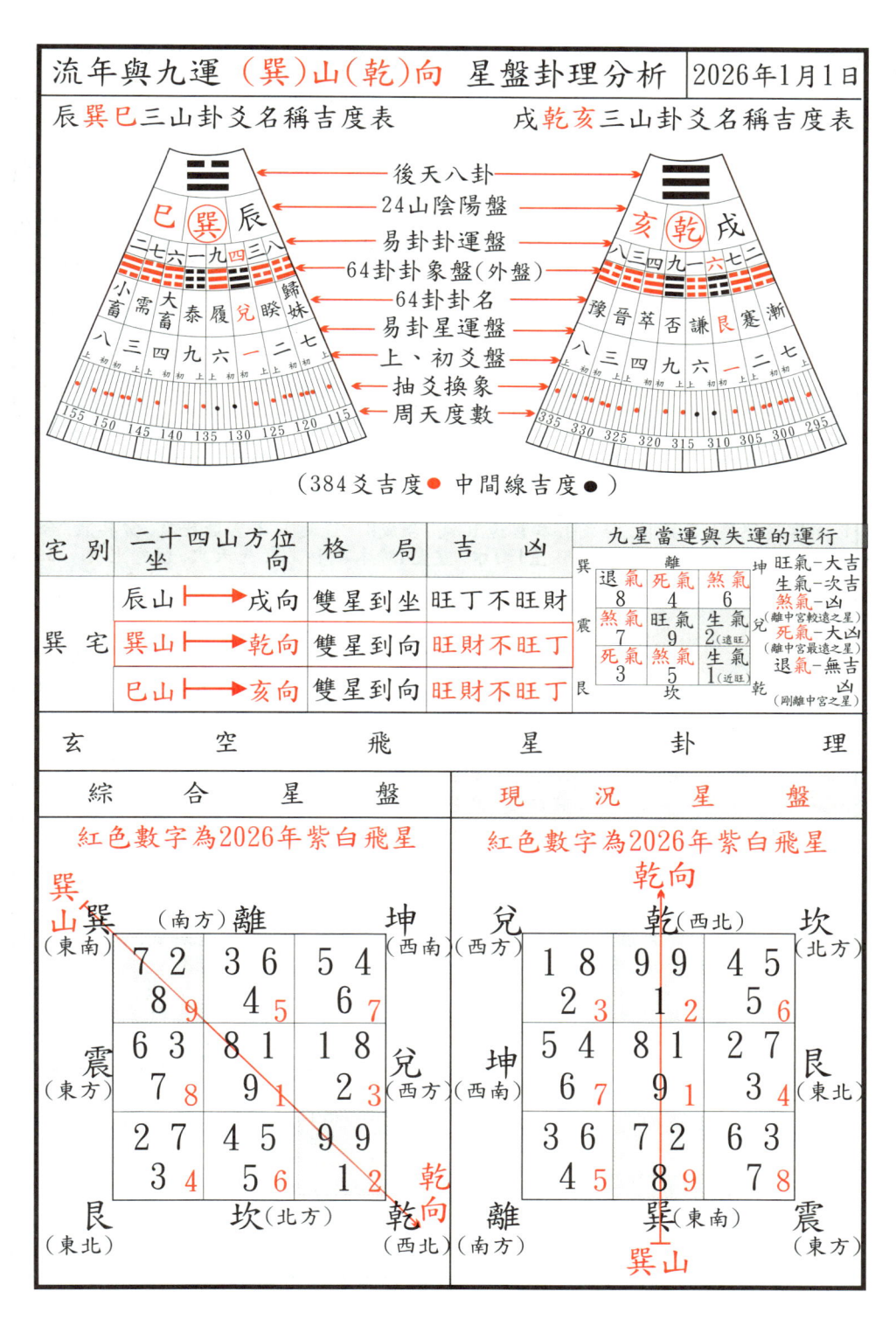

流年與九運（巽）山（乾）向 星盤卦理分析　2026年1月1日

辰巽巳三山卦爻名稱吉度表　　戌乾亥三山卦爻名稱吉度表

（384爻吉度● 中間線吉度●）

宅別	二十四山方位 坐　　　向	格　局	吉　凶
巽宅	辰山 → 戌向	雙星到坐	旺丁不旺財
	巽山 → 乾向	雙星到向	旺財不旺丁
	巳山 → 亥向	雙星到向	旺財不旺丁

九星當運與失運的運行

	巽	離	坤
震	退氣 8	死氣 4	煞氣 6
	煞氣 7	旺氣 9	生氣(近旺) 2
艮	死氣 3	煞氣 5	生氣(近旺) 1
		坎	乾

旺氣－大吉
生氣－次吉
煞氣－凶
（離中宮較遠之星）
死氣－大凶
（離中宮最遠之星）
退氣－無吉
（剛離中宮之星）

玄空飛星卦理

綜合星盤
紅色數字為2026年紫白飛星

巽山巽（東南）

（南方）離		坤（西南）
7 2 / 8 9	3 6 / 4 5	5 4 / 6 7
6 3 / 7 8	8 1 / 9 1	1 8 / 2 3
2 7 / 3 4	4 5 / 5 6	9 9 / 1 2

震（東方）　兌（西方）
艮（東北）　坎（北方）　乾向（西北）

現況星盤
紅色數字為2026年紫白飛星

乾向

兌（西方）	乾（西北）	坎（北方）
1 8 / 2 3	9 9 / 1 2	4 5 / 5 6
5 4 / 6 7	8 1 / 9 1	2 7 / 3 4
3 6 / 4 5	7 2 / 8 9	6 3 / 7 8

坤（西南）　　　　　　　艮（東北）
離（南方）　巽（東南）巽山　震（東方）

流年與九運(巽)山(乾)向星盤卦理釋義

兌(西) (1 8 / 2 3)	乾(西北) (9 9 / 1 2)	坎(北) 子方歲破 (4 5 / 5 6)
1.本宮逢生氣(遠旺氣),合成18,旺陰丁星,主旺女丁為主,易留意早夭不育症。 2.逢流年三碧木螢尤星至,是非多,官訟破財;與山星合成13,有利長子事業,留意口角是非;與水星合成83,利合作事業,不利小口健康;在此開門尚吉,置紅色地毯來調和化解。 3.農曆6、9月注意健康(鼻、四肢、腎、血症);忌綠色,可小量紅色,以白色為主,掛銅鈴來調和化解。	1.本宮逢生氣(近旺氣),合成99,為後天火局,離、震、乾三宮設納氣口,合七星打劫局,利丁財,宜開正門。 2.逢流年二黑病符星至;與山水星合成92,火炎土燥,陰氣重,易患眼疾胃腸之苦;在此開門尚吉,置咖啡色地毯底置五帝錢調和化解。 3.農曆2、8、11月注意健康(心臟、眼、胃腸、風疾);3、12月小心火燭,宜淡黃色布置為主;可置銅葫蘆及7杯水來調和化解。	1.本宮逢煞氣,當其衰,合成45,木剋土,婦女多病。 2.逢流年六白武曲星至,任事果決;又逢流年子方歲破,宜靜不宜動;與山星合成46,合十,宜加強親情關係有搬遷勞役之苦;與水星合成56,煩惱難題待解,焦頭爛額;在此開不吉,可置咖啡色地毯下置五帝錢調和解。 3.農曆3、9、12月注意健康(頭痛、風疾、四肢、鼻),忌綠色、紅色;以白色布置為主,置銅葫蘆來調和化解

坤(西南) (5 4 / 6 7)	中宮 (8 1 / 9 1)	艮(東北) (2 7 / 3 4)
1.本宮逢煞氣,當其衰,合成54,具文才智慧,事業順暢,留意貪花戀酒,家業落敗。 2.逢流年七赤破軍星至,為退氣易破敗;與山星合成57,具有不動產,是非不斷;水星合成47,陰神滿地,諸多口舌,留意桃花劫。 3.農曆1、4、10月注意健康(風疾、心臟、口腔);6月小心火燭;忌綠色及紅色,以淡黃色為主,可置7杯水調和化解。	1.本宮逢旺氣,合成81,逢近旺星1白水,宜置4綠木調和,避免影響9運旺氣。 2.逢流年一白水貪狼星至,主思路廣,有進取心;與山星合成81,易流產,兄弟不和;與水星合成11,利文才,易患腎耳之疾。 3.農曆1、4、10月注意健康(風疾、胃腸、四肢);可小量,宜以米黃色布置為主,可置金屬飾物調和化解。	1.本宮逢死氣,當其衰,合成27,先天火,留意火災、血光之災,口舌是非多。 2.逢流年四綠木文昌星至,利考試、桃花;與山星合成24,婆媳欠和,留意不正當異性緣;與水合成74,陰神滿地,諸多口舌,留意桃花劫。 3.農曆1、4、6、10月注意健康(頭、肺臟、風疾);忌綠色,以白色布置為主,置7杯水調和化解及置文昌筆(塔)來增益。

離(南) 午方太歲 (3 6 / 4 5)	巽(東南) (7 2 / 8 9)	震(東方) (6 3 / 7 8)
1.本宮逢死氣,當其衰,合成36,善於官場奔走,有利可圖,惟金木交戰多是非。 2.逢流年五黃災病星至,不利健康;又逢流年午方太歲,宜靜不宜動;與山星合成35,多叛逆,易得易失;與水星合成65,雖有官運財運,多小人發難,官場焦頭爛額。 3.農曆2、4、8、11月注意健康(頭、胃腸、呼吸器官、四肢);忌綠色,以白色為主,置銅葫蘆調和化解。	1.本宮逢退氣,當其衰,合成72,先天火,留意回祿之災,陰神滿地,婦女不和,留意食物不潔。 2.逢流年九紫火喜慶星至,利桃花,應酬多,宜多節制;與山星合成79,易生回祿之災;與水星合成29,火炎土燥,陰氣重多病痛。 3.農曆3、6、12月注意健康(頭、肺、心臟、眼);1、6、8、10月小心火燭;以淡黃色為主,或能量球及7杯水調和化解。	1.本宮逢煞氣,當其衰為小凶,合成63,父子不和,頭痛傷足。 2.逢流年八白正財星至,剛失運,不旺不衰為退氣(衰氣);與山星合成68,六八雖雙吉,為父子不合,事業阻礙多,與水星合成38,三八逢損小口,兄弟不和。 3.農曆2、11月注意健康(頭、肝、四肢、呼吸器官);可小量紅色,宜以淡黃色布置為主,可置紫水晶飾物來增益。

第六節 巽宮辰巽巳三山

三、巳山亥向

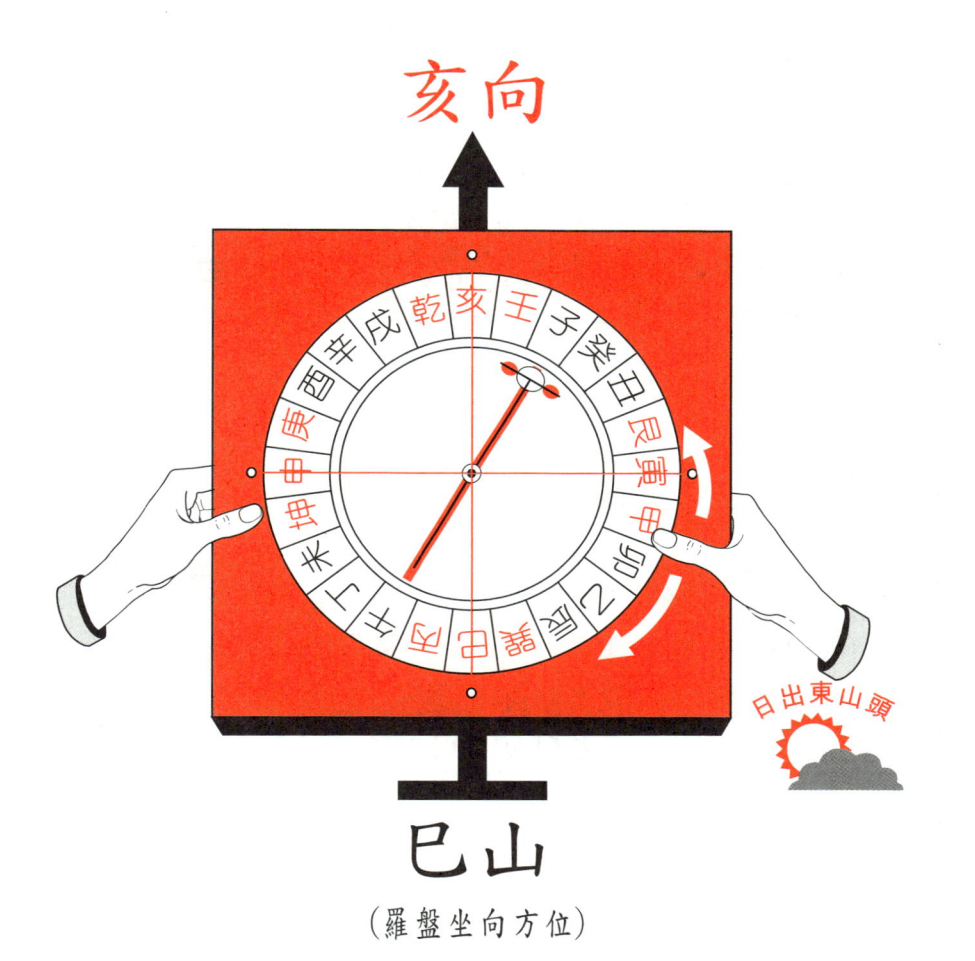

亥向

巳山

（羅盤坐向方位）

日出東山頭

坐	
巽宮（東南）	
24山	巳山（東南南）
角度	142.5°～157.5°

向	
乾宮（西北）	
24山	亥向（西北北）
角度	322.5°～337.5°

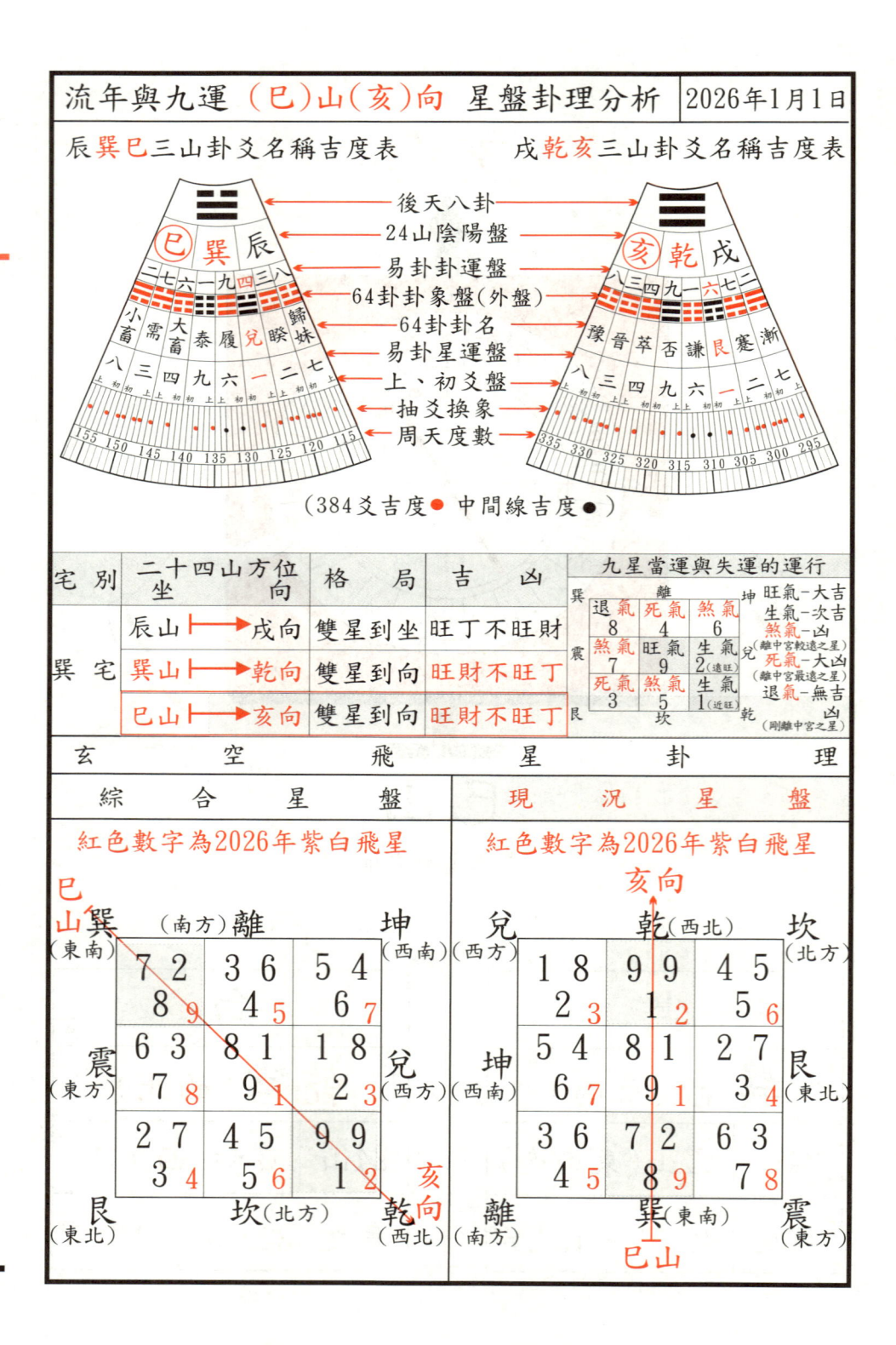

流年與九運（巳）山（亥）向 星盤卦理分析　2026年1月1日

辰巽巳三山卦爻名稱吉度表　　戌乾亥三山卦爻名稱吉度表

- 後天八卦
- 24山陰陽盤
- 易卦卦運盤
- 64卦卦象盤(外盤)
- 64卦卦名
- 易卦星運盤
- 上、初爻盤
- 抽爻換象
- 周天度數

（384爻吉度● 中間線吉度●）

宅別	二十四山方位 坐 → 向	格局	吉凶
巽宅	辰山 → 戌向	雙星到坐	旺丁不旺財
	巽山 → 乾向	雙星到向	旺財不旺丁
	巳山 → 亥向	雙星到向	旺財不旺丁

九星當運與失運的運行

	巽	離	坤	
	退氣 8	死氣 4	煞氣 6	旺氣－大吉 生氣－次吉 煞氣－凶
震	煞氣 7	旺氣 9	生氣 2(遠旺)	離中宮乾遠之星 死氣－大凶
	死氣 3	煞氣 5	生氣 1(近旺)	離中宮最遠之星 退氣－無吉
	艮	坎	乾	凶 (剛離中宮之星)

玄空飛星卦理

綜合星盤
紅色數字為2026年紫白飛星

巳山巽（東南）

(南方)離		坤(西南)
7 2 8 9	3 6 4 5	5 4 6 7
震(東方)		兌(西方)
6 3 7 8	8 1 9 1	1 8 2 3
艮(東北)	坎(北方)	乾(西北) 亥向
2 7 3 4	4 5 5 6	9 9 1 2

現況星盤
紅色數字為2026年紫白飛星

亥向

兌(西方)	乾(西北)	坎(北方)
1 8 2 3	9 9 1 2	4 5 5 6
坤(西南)		艮(東北)
5 4 6 7	8 1 9 1	2 7 3 4
離(南方)	巽(東南) 巳山	震(東方)
3 6 4 5	7 2 8 9	6 3 7 8

第六節　巽宮辰巽巳三山

525

流年與九運(巳)山(亥)向星盤卦理釋義

兌(西) (1 8 / 2 3)	乾(西北) (9 9 / 1 2)	坎(北) 子方歲破 (4 5 / 5 6)
1.本宮逢生氣(遠旺氣),合成18,旺陰丁星,主旺女丁為主,易留意早夭不育症。 2.逢流年三碧木蚩尤星至,是非多,官訟破財;與山星合成13,有利長子事業,留意口角是非;與水星合成83,利合作事業,不利小口健康;在此開門尚吉,置紅色地毯來調和化解。 3.農曆6、9月注意健康(鼻、四肢、腎、血症);忌綠色,可小量紅色,以白色為主,掛銅鈴來調和化解。	1.本宮逢生氣(近旺氣),合成99,為後天火局,離、震、乾三宮設納氣口,合七星打劫局,利丁財,宜開正門。 2.逢流年二黑病符星至;與山水星合成92,火炎土燥,陰氣重,易患眼疾胃腸之苦;在此開門尚吉,置咖啡色地毯底置五帝錢調和化解。 3.農曆2、8、11月注意健康(心臟、眼、胃腸、風疾);3、12月小心火燭,宜淡黃布置為主;可置銅葫蘆及7杯水來調和化解。	1.本宮逢煞氣,當其衰,合成45,木剋土,婦女多病。 2.逢流年六白武曲星至,任事果決;又逢流年子方歲破,宜靜不宜動;與山星合成46,合十,宜加強親情關係有搬遷勞役之苦;與水星合成56,煩惱難題待解,焦頭爛額;在此開不吉,可置咖啡色地毯下置五帝錢調和解。 3.農曆3、9、12月注意健康(頭痛、風疾、四肢、鼻);忌綠色、紅色;以白色布置為主,置銅葫蘆來調和化解。
坤(西南) (5 4 / 6 7)	中宮 (8 1 / 9 1)	艮(東北) (2 7 / 3 4)
1.本宮逢煞氣,當其衰,合成54,具文才智慧,事業順暢,留意貪花戀酒,家業落敗。 2.逢流年七赤破軍星至,為退氣易破敗;與山星合成57,具有不動產,是非不斷;水星合成47,陰神滿地,諸多口舌,留意桃花劫。 3.農曆1、4、10月注意健康(風疾、心臟、口腔);6月小心火燭;忌綠色及紅色,以淡黃色為主,可置7杯水調和化解。	1.本宮逢旺氣,合成81,逢近旺星1白水,宜置4綠木調和,避免影響9運旺氣。 2.逢流年一白水貪狼星至,主思路廣,有進取心;與山星合成81,易流產,兄弟不和;與水星合成11,利文才,易患腎耳之疾。 3.農曆1、4、10月注意健康(風疾、胃腸、四肢);可小量紅色,宜以米黃色布置為主,可置金屬飾物調和化解。	1.本宮逢死氣,當其衰,合成27,先天火,留意火災、血光之災,口舌是非多。 2.逢流年四綠木文昌星至,利考試、桃花;與山星合成24,婆媳欠和,留意不正當異性緣;與水星合74,陰神滿地,諸多口舌,留意桃花劫。 3.農曆1、4、6、10月注意健康(頭、肺臟、風疾);忌綠色,以白色布置為主,置7杯水調和化解及置文昌筆(塔)來增益。
離(南) 午方太歲 (3 6 / 4 5)	巽(東南) (7 2 / 8 9)	震(東方) (6 3 / 7 8)
1.本宮逢死氣,當其衰,合成36,善於官場奔走,有利可圖,惟金木交戰多是非。 2.逢流年五黃災病星至,不利健康;又逢流年午方太歲,宜靜不宜動;與山星合成35,多叛逆,易得易失;與水星合成65,雖有官運財運,多小人發難,官場焦頭爛額。 3.農曆2、4、8、11月注意健康(頭、胃腸、呼吸器官、四肢);忌綠色,以白色為主,置銅葫蘆調和化解。	1.本宮逢退氣,當其衰,合成72,先天火,留意回祿之災,陰神滿地,婦女不和,留意食物不潔。 2.逢流年九紫火喜慶星至,利桃花,應酬多,宜多節制;與山星合成79,易生回祿之災;與水星合成29,火炎土燥,陰氣重多病痛。 3.農曆3、6、12月注意健康(頭、肺、心臟、眼);1、6、8、10月小心火燭;以淡黃色為主,或能量球及7杯水調和化解。	1.本宮逢煞氣,當其衰為小凶,合成63,父子不和,頭痛傷足。 2.逢流年八白正財星至,剛失運,不旺不衰為退氣(衰氣);與山星合成68,六八雖雙吉,為父子不合,事業阻礙多;與水星合成38,三八逢損小口,兄弟不和。 3.農曆2、11月注意健康(頭、肝、四肢、呼吸器官);可小量紅色,宜以淡黃色布置為主,可置紫水晶飾物來增益。

第柒章 九運二十四山吉凶便覽

第七節、離宮丙午丁三山

一、丙山壬向

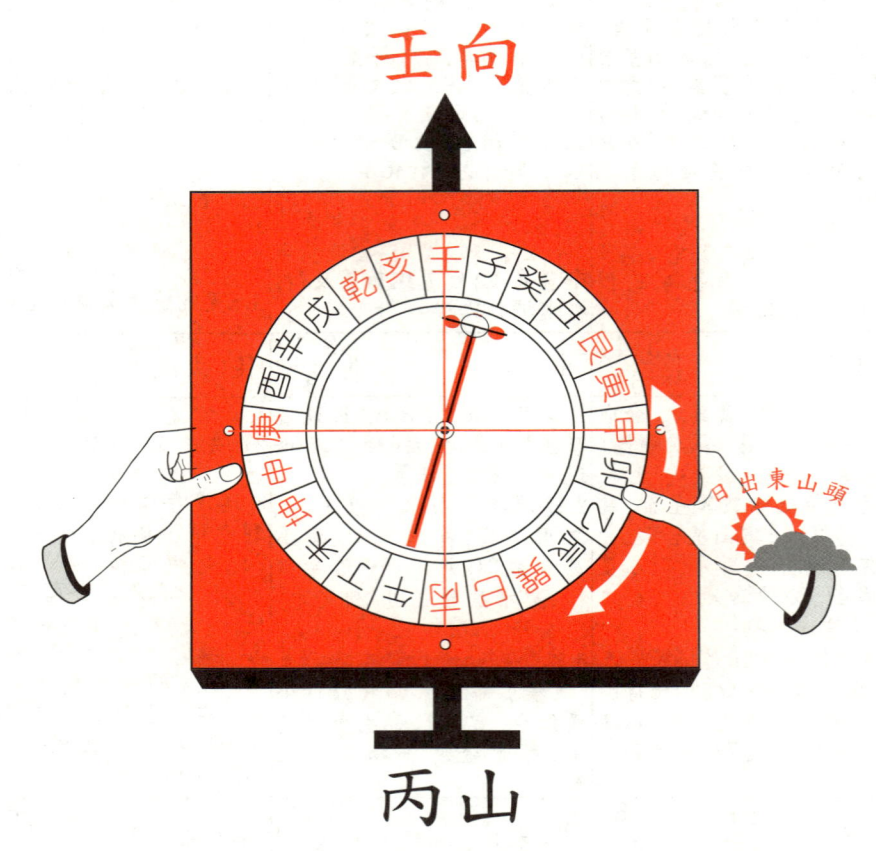

壬向

丙山

（羅盤坐向方位）

坐	
離宮（南方）	
24山	丙山（南東南）
角度	157.5° ～172.5°

向	
坎宮（北方）	
24山	壬向（北西北）
角度	337.5° ～352.5°

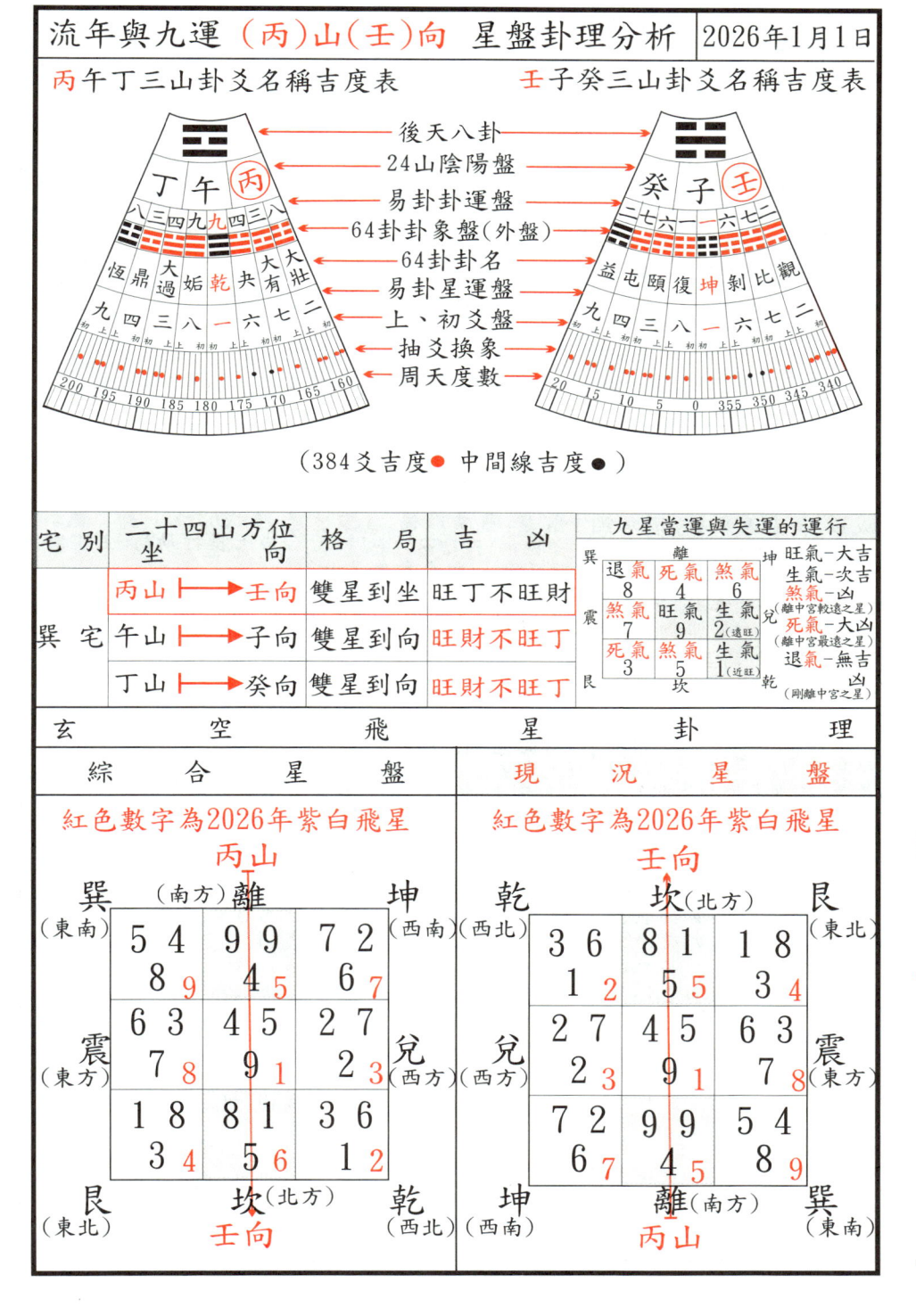

流年與九運 (丙)山(壬)向 星盤卦理分析　2026年1月1日

丙午丁三山卦爻名稱吉度表　　壬子癸三山卦爻名稱吉度表

（384爻吉度● 中間線吉度●）

宅別	二十四山方位坐　　向	格局	吉凶
巽宅	丙山 → 壬向	雙星到坐	旺丁不旺財
	午山 → 子向	雙星到向	旺財不旺丁
	丁山 → 癸向	雙星到向	旺財不旺丁

九星當運與失運的運行

巽	離	坤
退氣 8	死氣 4	煞氣 6
煞氣 7	旺氣 9	生氣 2 (遠旺)
死氣 3	煞氣 5	生氣 1 (近旺)
震		兌
艮	坎	乾

旺氣－大吉
生氣－次吉
煞氣－凶
（離中宮較遠之星）
死氣－大凶
（離中宮最近之星）
退氣－無吉凶
（剛離中宮之星）

玄　空　飛　星　卦　理

綜合星盤　　　　　　現況星盤

紅色數字為2026年紫白飛星　　紅色數字為2026年紫白飛星

丙山

巽（東南）	離（南方）	坤（西南）
5 4　8 9	9 9　4 5	7 2　6 7
6 3　7 8	4 5　9 1	2 7　2 3
1 8　3 4	8 1　5 6	3 6　1 2
艮（東北）	坎（北方）**壬向**	乾（西北）

壬向

乾（西北）	坎（北方）	艮（東北）
3 6　1 2	8 1　5 6	1 8　3 4
2 7　2 3	4 5　9 1	6 3　7 8
7 2　6 7	9 9　4 5	5 4　8 9
坤（西南）	離（南方）**丙山**	巽（東南）

第柒章　九運二十四山吉凶便覽

流年與九運(丙)山(壬)向星盤卦理釋義

乾(西北) (3 6 / 1 2)	坎(北) 子方歲破 (8 1 / 5 6)	艮(東北) (1 8 / 3 4)
1.本宮逢生氣(近旺氣),合成63,財官運佳,留意父子不合。 2.逢流年二黑病符星至;與山星合成32,鬥年煞,易惹官非訟事;與水星合成62,利財源廣進;在此開門尚吉,可置紅色地毯調和化解。 3.農曆5、8月注意健康(肝膽、風疾、四肢、頭疾);3、12月防竊盜;可小量紅色,宜以白色布置為主,置金屬銅鈴來調和化解。	1.本宮逢煞氣,當其衰,合成81,雖吉利財源及置不動產但婦女不育,小子難養。 2.逢流年六白武曲星至,驛馬星動,任果事決;又逢流年子方歲破,宜靜不宜動;與山星合成86,吉利財源,置不動產;與水星合成16,升職加薪;在此開門吉,置咖啡色地毯底置五帝錢調和化解。 3.農曆3、9、12月注意健康(肩骨、耳、頭疾、呼吸器官、瘦痛);宜以白色布置為主,可置銅葫蘆調和化解。	1.本宮逢死氣,當其衰,合成18,兄弟不和,不利合作事業易患血、耳症。 2.逢流年四綠木文昌星至,利考試、桃花;與山星合成14,利升職加薪,讀書考試;與水星合成84,留意精神之疾,不利小口;在此開門尚吉,置紅色地毯調和化解。 3.農曆1、4、10月注意健康(流產、腎、耳、鼻);可小量紅色,以白色布置為主,可置文昌筆(塔)來增益。
兌(西) (2 7 / 2 3)	中宮 (4 5 / 9 1)	震(東方) (6 3 / 7 8)
1.本宮逢生氣(遠旺氣),合成72,為先天火數,家庭興旺婦人稱貴,利升職加薪。 2.逢流年三碧木螢尤星至,是非多,官訟破財;與山星合成23,口角是非重;與水星合成73,防竊盜及官災。 3.農曆6、9月注意健康(口腔、呼吸器官、胃腸);2、11月小心火燭;可小量紅色,以白色布置為主,可掛銅鈴及置7杯水來調和化解。	1.本宮逢旺氣,合成45,具文才智慧,事業順暢,宜留意貪花戀酒,家業落敗。 2.逢流年一白水貪狼星至,主思路廣,有進取心;與山星合成41,利科名讀書考試;與水星合成51,中子遭殃,腎病纏身。 3.農曆4、7、9月注意健康(腎、膀胱、婦女病、耳疾);空間宜亮,可小量紅色,白色布置為主,可置銅葫蘆及水晶球(燈飾)來調和化解。	1.本宮逢煞氣,當其衰為小凶,合成63,震、離、乾二宮合成七星打劫局,主丁財兩旺。 2.逢流年八白正財星至,剛失運,不旺不衰為退氣(衰氣);與山星合成68,吉利財源;與水星合成38,小兒多災,兄弟爭產不和。 3.農曆2、11月注意健康(頭、頸、瘦痛、鼻及、足疾);可小量紅色,以白色布置為主,水星與運星組合67交劍煞置黑醋調和化解。
坤(西南) (7 2 / 6 7)	離(南) 午方太歲 (9 9 / 4 5)	巽(東南) (5 4 / 8 9)
1.本宮逢煞氣,當其衰,合成72,為先後天火局,致災有數,陰氣集合,旺女丁。 2.逢流年七赤破軍星至,為退氣易破敗;與山星合成77,夫妻欠合,財產易散;與水星合成27,可置不動產,小口多病。 3.農曆1、4、10月注意健康(瘦痛、呼吸器官、口腔);6月小心火燭;忌紅色,以米黃色布置為主,及7杯水調和化解。	1.本宮逢死氣,合成99,為後天火局,宜留意火災及多生女,易破財。 2.逢流年五黃災病星至,不利健康;又逢流年午方太歲,宜靜不宜動;與山水星合成95,體弱多病,神智難清。 3.農曆2、4、8、11月注意健康(心臟、眼、風疾);6月小心火燭;以白色為主,置銅葫蘆(或能量球)調和化解。	1.本宮逢退氣,當其衰,合成54,易生中風、風濕、乳瘤。 2.逢流年九紫火喜慶星至,利桃花,應酬多,宜多節制;與山星合成59,生旺五黃災病星,不利健康;與水星合成49,利文昌科名。 3.農曆3、6、12月注意健康(流產、風疾、心臟、眼睛);可掛(擺)金屬製龍形飾物增益,以白色布置為主,可布銅葫蘆調和化解。

第七節 離宮丙午丁三山

二、午山子向

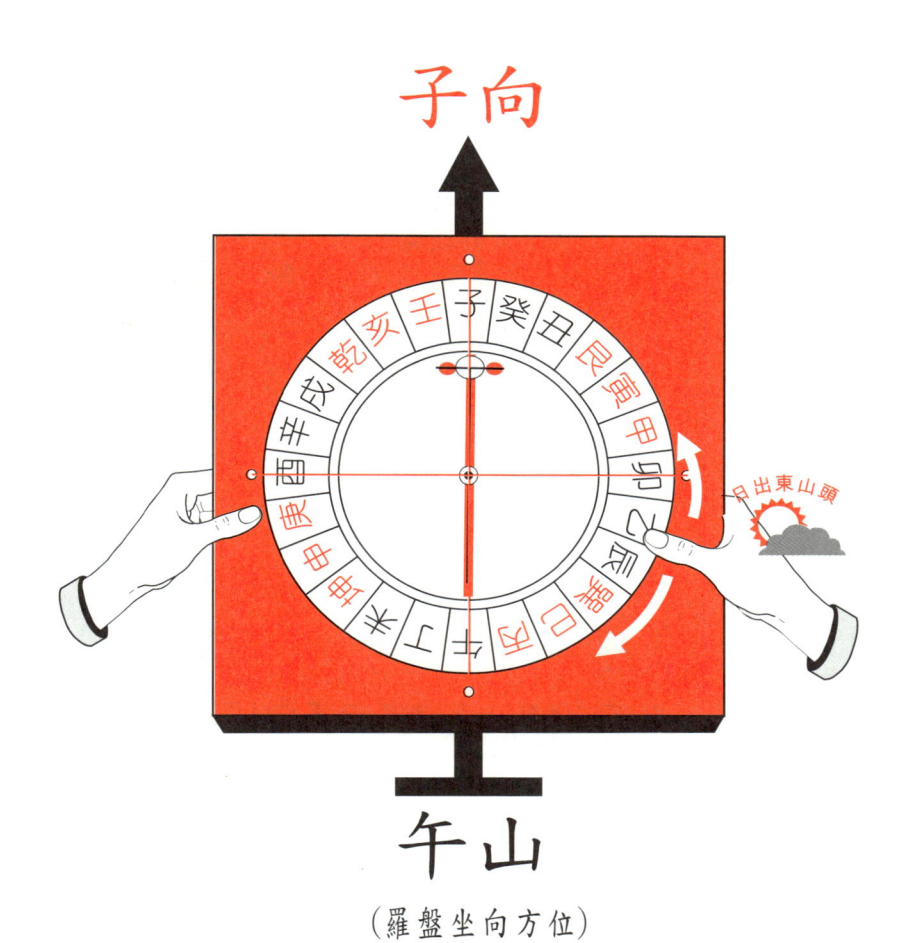

子向

午山

（羅盤坐向方位）

坐	
離宮（南方）	
24山	午山（正南）
角度	172.5⁰ ～ 187.5⁰

向	
坎宮（北方）	
24山	子向（正北）
角度	352.5⁰ ～ 7.5⁰

第七節 離宮丙午丁三山

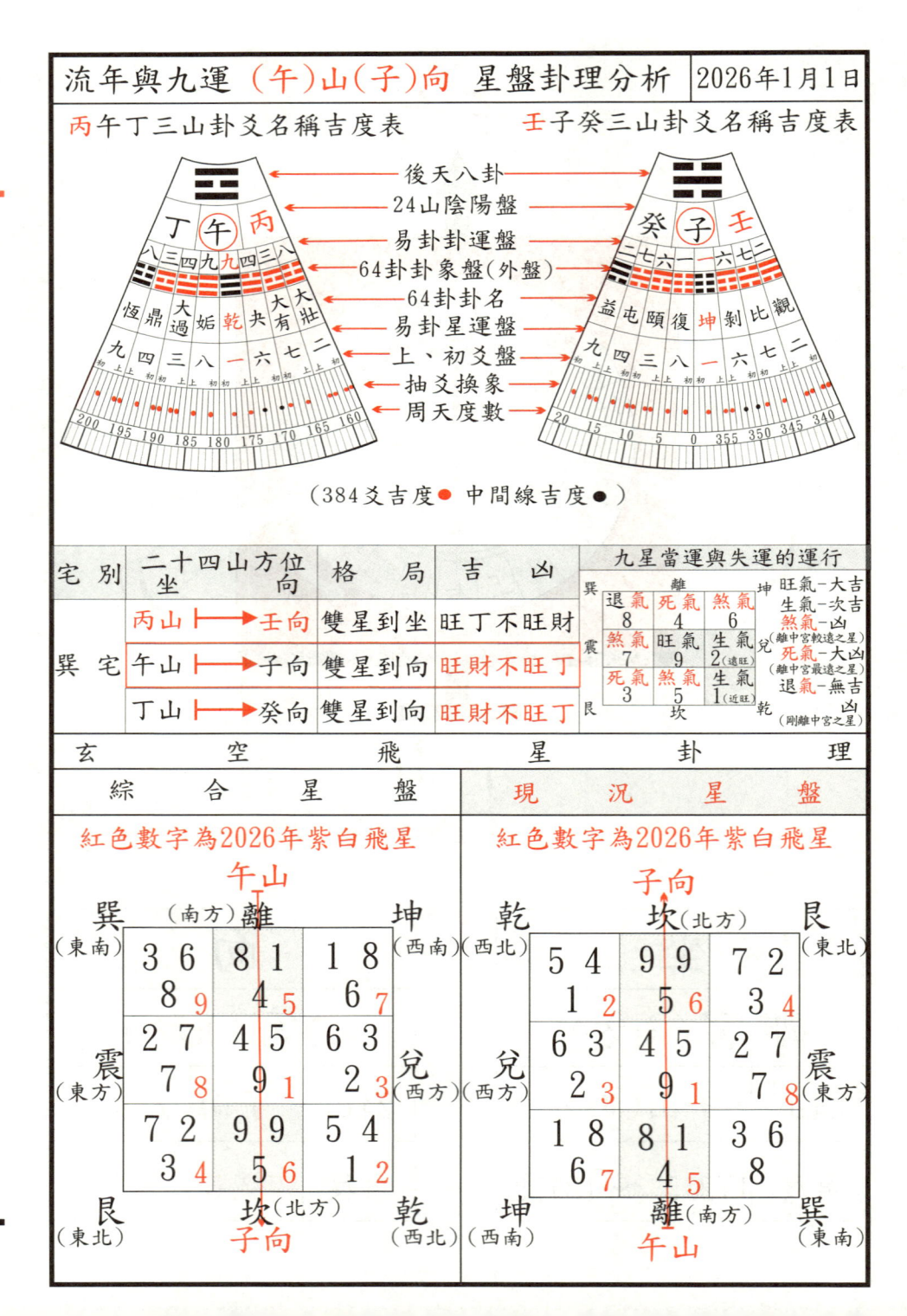

流年與九運 (午)山(子)向 星盤卦理分析　2026年1月1日

丙午丁三山卦爻名稱吉度表　　壬子癸三山卦爻名稱吉度表

（384爻吉度● 中間線吉度●）

宅別	二十四山方位 坐　　向	格　局	吉　凶
巽宅	丙山 → 壬向	雙星到坐	旺丁不旺財
	午山 → 子向	雙星到向	旺財不旺丁
	丁山 → 癸向	雙星到向	旺財不旺丁

九星當運與失運的運行

巽	離	坤
退氣 8	死氣 4	煞氣 6
煞氣 7	旺氣 9	生氣 2（遠旺）
死氣 3	煞氣 5	生氣 1（近旺）
震		兌
艮	坎	乾

旺氣－大吉
生氣－次吉
煞氣－凶
死氣－大凶（離中宮最遠之星）
退氣－無吉（剛離中宮之星）

玄　空　飛　星　卦　理

綜合星盤

紅色數字為2026年紫白飛星

午山

巽(東南)	(南方)離	坤(西南)
3　6 8　9	8　1 4　5	1　8 6　7
震(東方)		兌(西方)
2　7 7　8	4　5 9　1	6　3 2　3
艮(東北)	坎(北方)	乾(西北)
7　2 3　4	9　9 5　6	5　4 1　2

子向

現況星盤

紅色數字為2026年紫白飛星

子向

乾(西北)	坎(北方)	艮(東北)
5　4 1　2	9　9 5　6	7　2 3　4
兌(西方)		震(東方)
6　3 2　3	4　5 9　1	2　7 7　8
坤(西南)	離(南方)	巽(東南)
1　8 6　7	8　1 4　5	3　6 8

午山

流年與九運(午)山(子)向星盤卦理釋義

乾(西北) $\begin{pmatrix} 5 & 4 \\ & 1 \end{pmatrix} 2$	坎(北) 子方 歲破 $\begin{pmatrix} 9 & 9 \\ & 5 \end{pmatrix} 6$	艮(東北) $\begin{pmatrix} 7 & 2 \\ & 3 \end{pmatrix} 4$
1. 本宮逢生氣(近旺氣),合成54,木剋土,婦女多病。 2. 逢流年二黑病符星至;與山星合成53,長子多判逆,家業不寧;與水星合成43,時運反覆,好壞無常,難聚財,易誤事生是非,可置紅色地毯下置圓形銅片或五帝錢來調和化解。 3. 農曆5、8月注意健康(頭、胃腸、風疾、四肢);可少量紅色,白色布置為主,可置銅葫蘆來調和化解。	1. 本宮逢煞氣,當其衰,合成99,雙旺星在前,宜開正門,宜留意火災,多生女。 2. 逢流年六白武曲星至,驛馬星動,任事果決;又逢流年子方歲破,宜靜不宜動;與山水星合成96,易出罵父逆子,宜多忍讓;在此開門尚吉,可置咖啡色地毯來調和化解。 3. 農曆3、9、12月注意健康(心臟、眼疾、頭疾);7月小心火燭;忌紅色,宜米黃色為主,可置陶瓷飾物(或能量球)及7杯水調和化解。	1. 本宮逢死氣,當其衰,合成27,為先天火,留意火災、血光之災,口舌是非多。 2. 逢流年四綠木文昌星至,利考試、桃花;與山星合成74,陰神滿地,諸多口舌,留意桃花劫;與金星合成24,為婆媳不和,不利老母健康,留意事業衰退;在此開門尚吉置紅色地毯來調和化解。 3. 農曆1、4、10月注意健康(口腔、呼吸器官、風疾);以白色布置為主,可小量紅色,置文昌筆(塔)來增益。

兌(西) $\begin{pmatrix} 6 & 3 \\ & 2 \end{pmatrix} 3$	中宮 $\begin{pmatrix} 4 & 5 \\ & 9 \end{pmatrix} 1$	震(東方) $\begin{pmatrix} 2 & 7 \\ & 7 \end{pmatrix} 8$
1. 本宮逢生氣(遠旺氣),合成63,善於官場奔走,有利可圖,惟金木交戰多是非。 2. 逢流年三碧木蚩尤星至,是非多,官訟破財;與山合成63,父子不合,合夥敗散;與水星合成33,盛氣凌人,官非訟事。 3. 農曆6、9月注意健康(頭、肝膽、足疾、肺臟);宜可小量紅色,以白色為主,可掛銅鈴來調和化解。	1. 本宮逢旺氣,合成45,具文才智慧,事業順暢,宜留意貪花戀酒,家業落敗。 2. 逢流年一白水貪狼星至,主思路廣,有進取心;與山星合成41,利科名讀書考試;與水星合成51,中子遭殃,腎病纏身。 3. 農曆4、7、9月注意健康(腎、膀胱、婦女病、耳疾);空間宜亮,可小量紅色,白色布置為主,可置銅葫蘆及水晶球(燈飾)來調和化解。	1. 本宮逢煞氣,當其衰為小凶,合成27,先天火,留意回祿之災,陰神滿地,婦女不和,留意食物不潔。 2. 逢流年八白正財星至,剛失運,不旺不衰為退氣(衰氣);與山星合成28,多不動產,小口多病;與水星合成78,夫妻失和,財產易散。 3. 農曆2、11月注意健康(呼吸器官、肺、口腔、四肢);5、6、9月小心火燭,以淡黃色為主,可置銅葫蘆及7杯水調和化解。

坤(西南) $\begin{pmatrix} 1 & 8 \\ & 6 \end{pmatrix} 7$	離(南) 午方 太歲 $\begin{pmatrix} 8 & 1 \\ & 4 \end{pmatrix} 5$	巽(東南) $\begin{pmatrix} 3 & 6 \\ & 8 \end{pmatrix} 9$
1. 本宮逢煞氣,當其衰,合成18,逢近旺星1白水,置4綠木調和,避免影響9運旺氣。 2. 逢流年七赤破軍星至,為退氣易破敗;與山星合成17,水冷金寒,是非破財傷身;與水星合成87,夫妻失和,財產易散。 3. 農曆1、4、10月注意健康(頭、鼻、口腔、呼吸器官);忌紅色,宜米黃色為主,可置7杯水來調和化解。	1. 本宮逢死氣,當其衰,合成81,旺陰丁氣,主旺女丁為主,易留意早夭不育之症。 2. 逢流年五黃災病星至,不利健康;又逢流年午方太歲,宜靜不宜動;與山星合成85,利財運,不利小口;與水星合成15,利財貴,陰處生瘡。 3. 農曆2、4、8、11月注意健康(心臟、眼、風疾);6月小心火燭;以白色為主,置銅葫蘆調和化解。	1. 本宮逢退氣,當其衰,合成36,父子不和,頭痛傷足。 2. 逢流年九紫火喜慶星至,利桃花,應酬多,宜多節制;與山星合39,口角是非多;與水星合69,易出罵父逆子,宜多忍讓。 3. 農曆3、6、12月注意健康(心臟、眼疾、頭痛、四肢);10月防賊竊;宜白色為主,可掛紅色飾物及銅鈴來調和化解。

三、丁山癸向

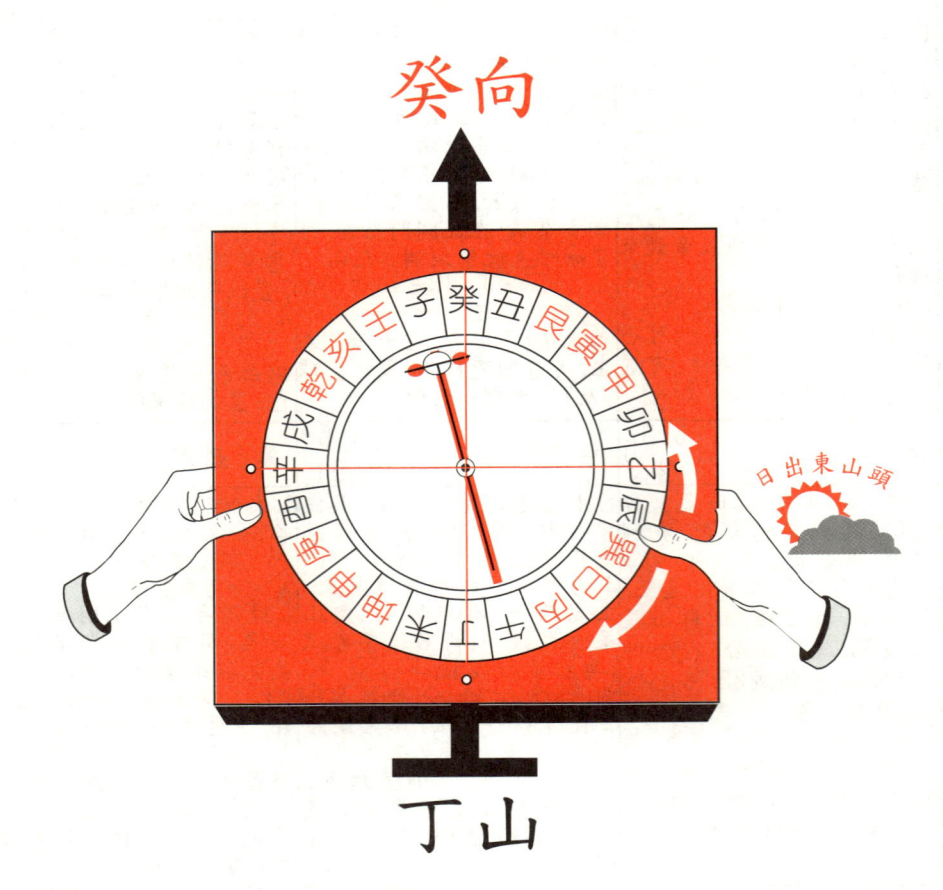

第七節 離宮丙午丁三山

癸向

丁山

（羅盤坐向方位）

坐	
離宮（南方）	
24山	丁山（南西南）
角度	187.5°～202.5°

向	
坎宮（北方）	
24山	癸向（北東北）
角度	7.5°～22.5°

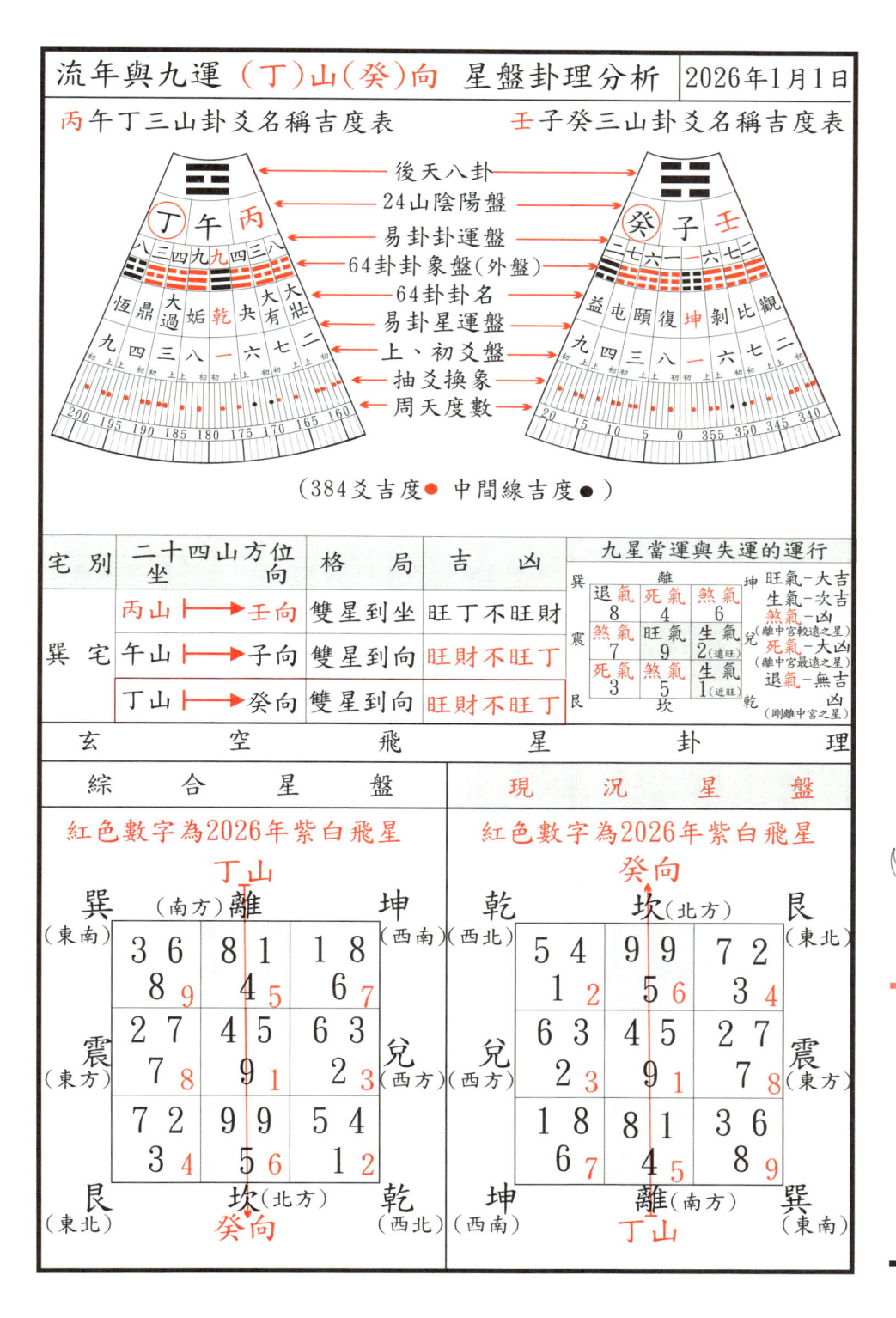

流年與九運（丁）山（癸）向 星盤卦理分析　2026年1月1日

丙午丁三山卦爻名稱吉度表　　　**壬子癸三山卦爻名稱吉度表**

← 後天八卦
← 24山陰陽盤
← 易卦卦運盤
← 64卦卦象盤（外盤）
← 64卦卦名
← 易卦星運盤
← 上、初爻盤
← 抽爻換象
← 周天度數

（384爻吉度● 中間線吉度●）

宅別	二十四山方位 坐　　向	格　局	吉　凶
巽宅	丙山 → 壬向	雙星到坐	旺丁不旺財
	午山 → 子向	雙星到向	旺財不旺丁
	丁山 → 癸向	雙星到向	旺財不旺丁

九星當運與失運的運行

巽	離	坤
退氣 8	死氣 4	煞氣 6
震 煞氣 7	旺氣 9	兌 生氣 2（遠旺）
艮 死氣 3	煞氣 5	乾 生氣 1（近旺）
	坎	

旺氣－大吉
生氣－次吉
煞氣－凶（離中宮較遠之星）
死氣－大凶（離中宮最遠之星）
退氣－無吉凶（剛離中宮之星）

玄　空　飛　星　卦　理

綜合星盤

紅色數字為2026年紫白飛星

丁山

	（南方）離	
巽（東南） 3 6 / 8 9	8 1 / 4 5	1 8 / 6 7 坤（西南）
震（東方） 2 7 / 7 8	4 5 / 9	6 3 / 2 3 兌（西方）
艮（東北） 7 2 / 3 4	9 9 / 5 6	5 4 / 1 2 乾（西北）
	（北方）坎 癸向	

現況星盤

紅色數字為2026年紫白飛星

癸向

	（北方）坎	
乾（西北） 5 4 / 1 2	9 9 / 5 6	7 2 / 3 4 艮（東北）
兌（西方） 6 3 / 2 3	4 5 / 9 1	2 7 / 7 8 震（東方）
坤（西南） 1 8 / 6 7	8 1 / 4 5	3 6 / 8 9 巽（東南）
	（南方）離 丁山	

第柒章　九運二十四山吉凶便覽

534

流年與九運(丁)山(癸)向星盤卦理釋義

乾(西北) $\binom{5\ 4}{1\ 2}$	坎(北) 子方歲破 $\binom{9\ 9}{5\ 6}$	艮(東北) $\binom{7\ 2}{3\ 4}$
1.本宮逢生氣(近旺氣),合成54,木剋土,婦女多病。 2.逢流年二黑病符星至;與山星合成53,長子多判逆,家業不寧;與水星合成43,時運反覆,好壞無常,難聚財,易誤事生是非,可置紅色地毯下置圓形銅片或五帝錢來調和化解。 3.農曆5、8月注意健康(頭、胃腸、風疾、四肢);可小量紅色,白色布置為主,可置銅葫蘆來調和化解。	1.本宮逢煞氣,當其衰,合成99,雙旺星在前,宜開正門,宜留意火災,多生女。 2.逢流年六白武曲星至,驛馬星動,任事果決;又逢流年子方歲破,宜靜不宜動;與山水星合成96,易出寡父逆子,宜多忍讓;在此開門尚吉,可置咖啡色地毯來調和化解。 3.農曆3、9、12月注意健康(心臟、眼疾、頭疾);7月小心火燭;忌紅色,宜米黃色為主,可置陶瓷飾物(或能量球)及7杯水調和化解。	1.本宮逢死氣,當其衰,合成27,為先天火,留意火災、血光之災,口舌是非多。 2.逢流年四綠木文昌星至,利考試、桃花;與山星合成74,陰神滿地,諸多口舌,留意桃花劫;與金星合成24,為婆媳不和,不利老母健康,留意事業衰退;在此開門尚吉,置紅色地毯來調和化解。 3.農曆1、4、10月注意健康(口腔、呼吸器官、風疾);以白色布置為主,可小量紅色,置文昌筆(塔)來增益。
兌(西) $\binom{6\ 3}{2\ 3}$	中宮 $\binom{4\ 5}{9\ 1}$	震(東方) $\binom{2\ 7}{7\ 8}$
1.本宮逢生氣(遠旺氣),合成63,善於官場奔走,有利可圖,惟金木交戰多是非。 2.逢流年三碧木螢尤星至,是非多,官訟破財;與山星合成63,父子不合,合夥敗散;與水星合成33,盛氣凌人,官非訟事。 3.農曆6、9月注意健康(頭、肝膽、足疾、肺臟);宜可小量紅色,以白色為主,可掛銅鈴來調和化解。	1.本宮逢旺氣,合成45,具文才智慧,事業順暢,宜留意貪花戀酒,家業落敗。 2.逢流年一白水貪狼星至,主思路廣,有進取心;與山星合成41,利科名讀書考試;與水星合成51,中子遭殃,腎病纏身。 3.農曆4、7、9月注意健康(腎、膀胱、婦女病、耳疾);空間宜亮,可小量紅色,白色布置為主,可置銅葫蘆及水晶球(燈飾)來調和化解。	1.本宮逢煞氣,當其衰為小凶,合成27,先天火,留意回祿之災,陰神滿地,婦女不和,留意食物不潔。 2.逢流年八白正財星至,剛失運,不旺不衰為退氣(衰氣);與山星合成28,多不動產,小口多病;與水星合成78,夫妻失和,財產易散。 3.農曆2、11月注意健康(呼吸器官、肺、口腔、四肢);5、6、9月小心火燭,以淡黃色為主,可置銅葫蘆及7杯水調和化解。
坤(西南) $\binom{1\ 8}{6\ 7}$	離(南) 午方太歲 $\binom{8\ 1}{4\ 5}$	巽(東南) $\binom{3\ 6}{8\ 9}$
1.本宮逢煞氣,當其衰,合成18,逢近旺星1白水,置4綠木調和,避免影響9運旺氣。 2.逢流年七赤破軍星至,為退氣易破敗;與山星合成17,水冷金寒,是非破財傷身;與水星合成87,夫妻失和,財產易散。 3.農曆1、4、10月注意健康(頭、鼻、口腔、呼吸器官);忌紅色,宜米黃色為主,可置7杯水來調和化解。	1.本宮逢死氣,當其衰,合成81,旺陰丁星,主旺女丁為主,易留意早夭不育之症。 2.逢流年五黃災病星至,不利健康;又逢流年午方太歲,宜靜不宜動;與山星合成85,利財運,不利小口;與水星合成15,利財貴,陰處生瘡。 3.農曆2、4、8、11月注意健康(心臟、眼、風疾);6月小心火燭;以白色為主,置銅葫蘆調和化解。	1.本宮逢退氣,當其衰,合成36,父子不和,頭痛傷足。 2.逢流年九紫火喜慶星至,利桃花,應酬多,宜多節制;與山星合39,口角是非多;與水星合69,易出罵父逆子,宜多忍讓。 3.農曆3、6、12月注意健康(心臟、眼疾、頭痛、四肢);10月防賊竊;宜白色為主,可掛紅色飾物及銅鈴來調和化解。

第八節、坤宮未坤申三山

一、未山丑向

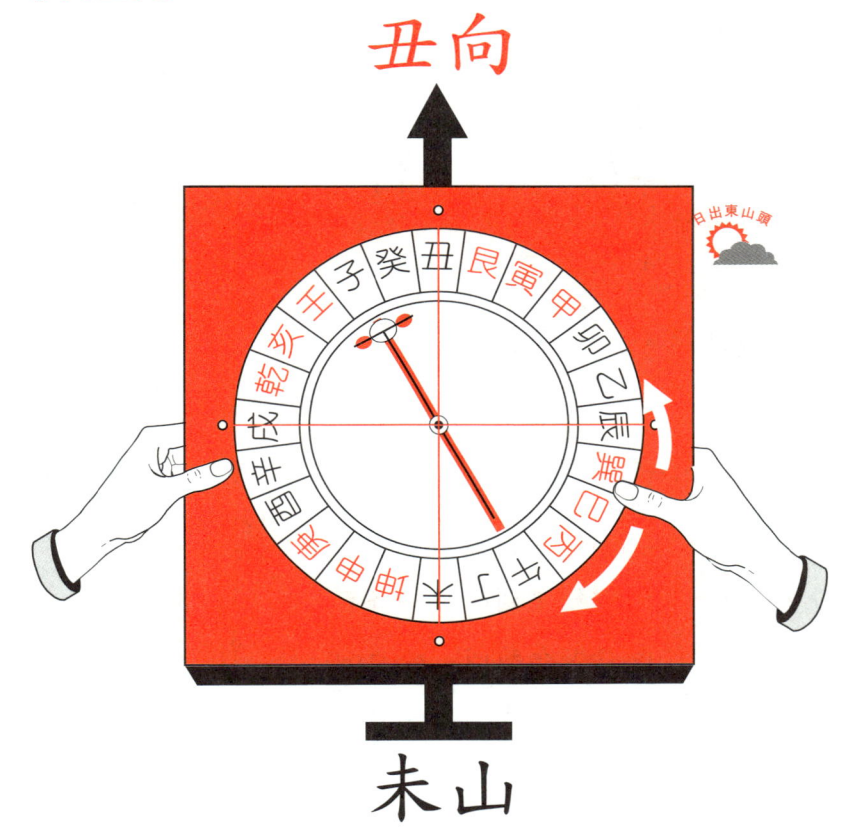

丑向

未山

（羅盤坐向方位）

坐	
坤宮（西南）	
24山	未山（西南南）
角度	202.5⁰～217.5⁰

向	
艮宮（東北）	
24山	丑向（東北北）
角度	22.5⁰～37.5⁰

第八節 坤宮未坤申三山

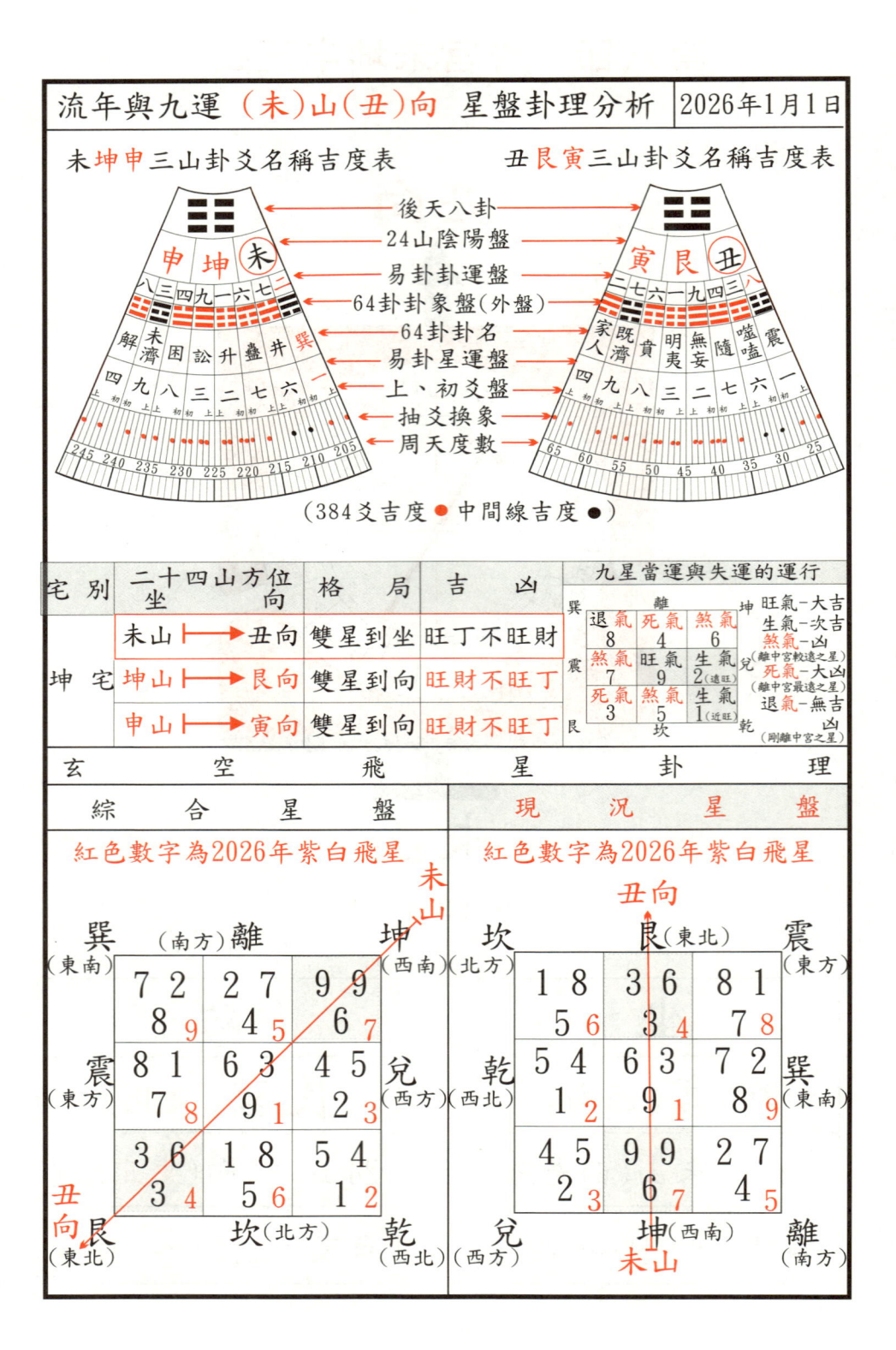

流年與九運（未）山（丑）向 星盤卦理分析　2026年1月1日

未坤申三山卦爻名稱吉度表　　丑艮寅三山卦爻名稱吉度表

(384爻吉度● 中間線吉度●)

宅別	二十四山方位 坐　　向	格局	吉凶
坤宅	未山 → 丑向	雙星到坐	旺丁不旺財
	坤山 → 艮向	雙星到向	旺財不旺丁
	申山 → 寅向	雙星到向	旺財不旺丁

九星當運與失運的運行

巽 退氣 8	離 死氣 4	坤 煞氣 6	旺氣－大吉 生氣－次吉 煞氣－凶
震 煞氣 7	旺氣 9	兌 生氣 2（遠旺）	死氣－大凶（離中宮最遠之星）
艮 死氣 3	坎 煞氣 5	乾 生氣 1（近旺）	退氣－無吉 凶（剛離中宮之星）

玄空飛星卦理

綜合星盤
紅色數字為2026年紫白飛星

未山

巽（東南）	離（南方）	坤（西南）
7 2　8 9	2 7　4 5	9 9　6 7
8 1　7 8	6 3　9 1	4 5　2 3
3 6　3 4	1 8　5 6	5 4　1 2
震（東方）		兌（西方）

丑向 艮（東北）　　坎（北方）　　乾（西北）

現況星盤
紅色數字為2026年紫白飛星

丑向

坎（北方）	艮（東北）	震（東方）
1 8　5 6	3 6　3 4	8 1　7 8
5 4　1 2	6 3　9 1	7 2　8 9
4 5　2 3	9 9　6 7	2 7　4 5
乾（西北）	坤（西南） 未山	巽（東南）

兌（西方）　　　　　　　　離（南方）

流年與九運(未)山(丑)向星盤卦理釋義

坎(北) 子方歲破 (1 8 / 5 6)	艮(東北) (3 6 / 3 4)	震(東方) (8 1 / 7 8)
1.本宮逢煞氣,當其衰,合成18,雖吉利財源及置不動產,但婦女不育,小子難養。 2.逢流年六白武曲星至,任事果決;又逢流年子方歲破,宜靜不宜動;與山星合成16,事業煩惱頭痛;與水星合成86,吉利財源,置不動產;在此開門尚吉,置咖啡色地毯下置五帝錢來調和化解。 3.農曆3、9、12月注意健康(頭、耳、鼻、金屬所傷);宜以淺藍色布置為主,可置紫水晶飾物(或能量球)增益。	1.本宮逢死氣,當其衰,合成36,父子不和,頭痛傷足。 2.逢流年四綠木文昌星至,利考試、桃花;與山星合成34,反覆無常易誤事;與水星合成64,宜加強親情關係;在此開門尚吉,置紅色地毯調和化解。 3.農曆1、4、10月注意健康(頭、肝膽、風疾、精神方面);宜可小量紅色,以白色為主,可置文昌筆(塔)來增益。	1.本宮逢煞氣,當其衰為小凶,合成81,主旺女丁為主,易留意早夭不育之症。 2.逢流年八白正財星至,剛失運,不旺不衰為退氣(衰氣);與山星合成88,土重不利中男,業衰阻礙多;與水星合成18,雖吉利財源,小子難養;在此開門吉。 3.農曆2、11月注意健康(頭、鼻、足、腎);可小量紅色,宜米黃色為主,可置土多盆景來增益。

乾(西北) (5 4 / 1 2)	中宮 (6 3 / 9 1)	巽(東南) (7 2 / 8 9)
1.本宮逢生氣(近旺氣),合成45,木剋土,婦女多病。 2.逢流年二黑病符星至,與山星合成52,多災病,留意老人健康;與水星合成42,為婆媳不和,不利老母健康,留意事業衰退。 3.農曆5、8月注意健康(肝脾、風疾、痠痛、頭疾);可小量紅色,宜以淡黃色布置為主,置金屬飾物(或銅葫蘆)來調和化解。	1.本宮逢旺氣,合成63,善於官場奔走,有利可圖,惟金木交戰多是非。 2.逢流年一白水貪狼星至,主思路廣,有進取心;與山星合成61,家庭不和夫妻反目,宜多忍讓;與水星合成31,有利長子事業發展,留意口角是非及防竊盜。 3.農曆4、7月注意健康(頭、肝膽、四肢、胃腸);宜白色為主,可掛紅色飾物及水晶球(燈飾)來調和化解。	1.本宮逢退氣,當其衰,合成72,合成先天火,留意火災、血光之災,口舌是非多。 2.逢流年九紫火喜慶星至,利桃花,應酬多,宜多節制;與山星合成79,易生回祿之災,是非破財傷身;與水星合成29,謹慎多思量,桃花重。 3.農曆3、6、12月注意健康(金屬傷、胃腸、口腔、呼吸器官);1、6、8、10月小心火燭;宜白色為主,置7杯水來調和化解。

兌(西) (4 5 / 2 3)	坤(西南) (9 9 / 6 7)	離(南) 午方太歲 (2 7 / 4 5)
1.本宮逢生氣(遠旺氣),合成45,具文才智慧,事業順暢,留意貪花戀酒,家業落敗。 2.逢流年三碧木蚩尤星至,是非多,官訟破財;與山星合成星43,時運反覆,好壞無常,難聚財;水星合成53,長子多判逆,家業不寧。 3.農曆6、9月注意健康(肝膽、風疾);可小量紅色,以白色主布置,置銅葫蘆調和化解。	1.本宮逢煞氣,當其衰,合成99,為後天火局,雙旺星在前,宜開正門,宜留意火災及多生女,易破財。 2.逢流年七赤破軍星至,為退氣易破敗;與山水星合成97,女性聰明伶俐,易合成先後天火局,留意回祿之災。 3.農曆1、4、10月注意健康(呼吸器官、心臟、眼疾);忌紅色,以米黃色布置為主,及7杯水調和化解。	1.本宮逢死氣,當其衰,合成72先天火,留意回祿之災,陰神滿地,婦女不和,留意食物不潔。 2.逢流年五黃災病星至,不利健康;又逢流年午方太歲,宜靜不宜動;與山星合成25,多災病;與水星合成75,口舌是非,易惹桃花劫。 3.農曆2、4、8、11月注意健康(胃腸、頭、口腔、呼吸器官);2、4、6、11月小心火燭;宜白色布置為主及置7杯水來調和化解。

第柒章　九運二十四山吉凶便覽

538

二、坤山艮向

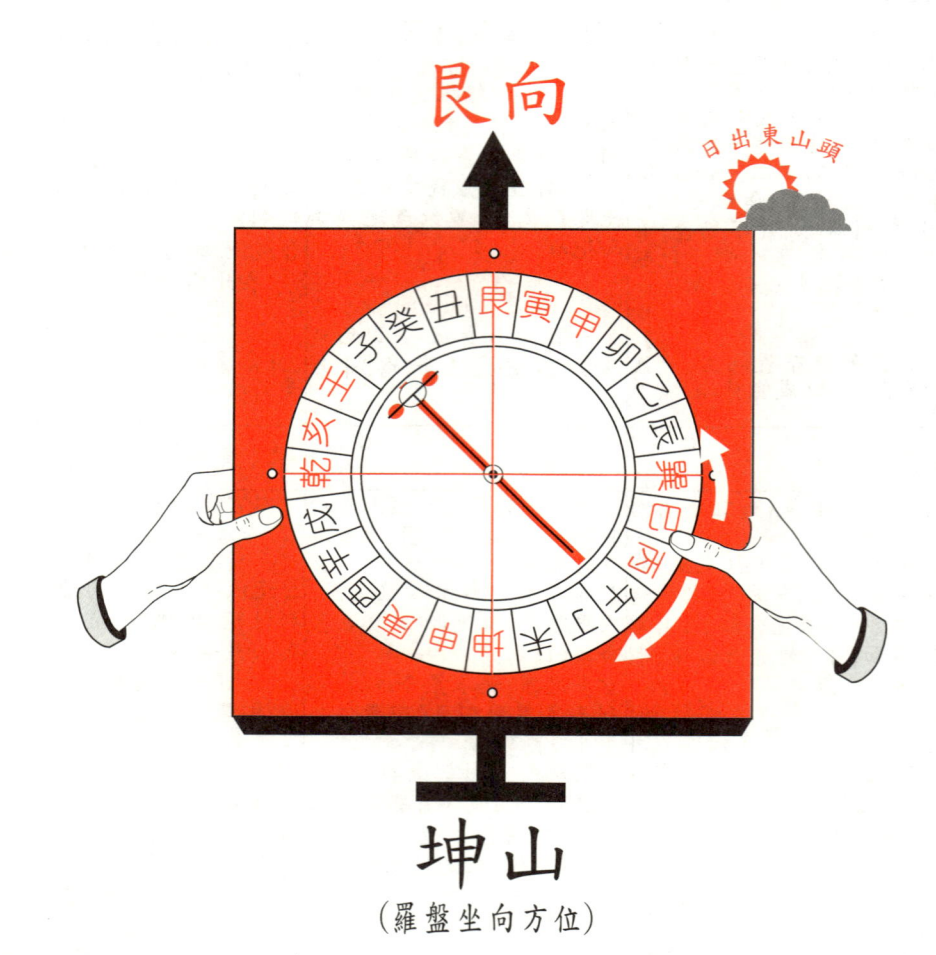

第八節　坤宮未坤申三山

艮向

日出東山頭

坤山
（羅盤坐向方位）

坐	
坤宮（西南）	
24山	坤山（正西南）
角度	217.5°〜232.5°

向	
艮宮（東北）	
24山	艮向（正東北）
角度	37.5°〜52.5°

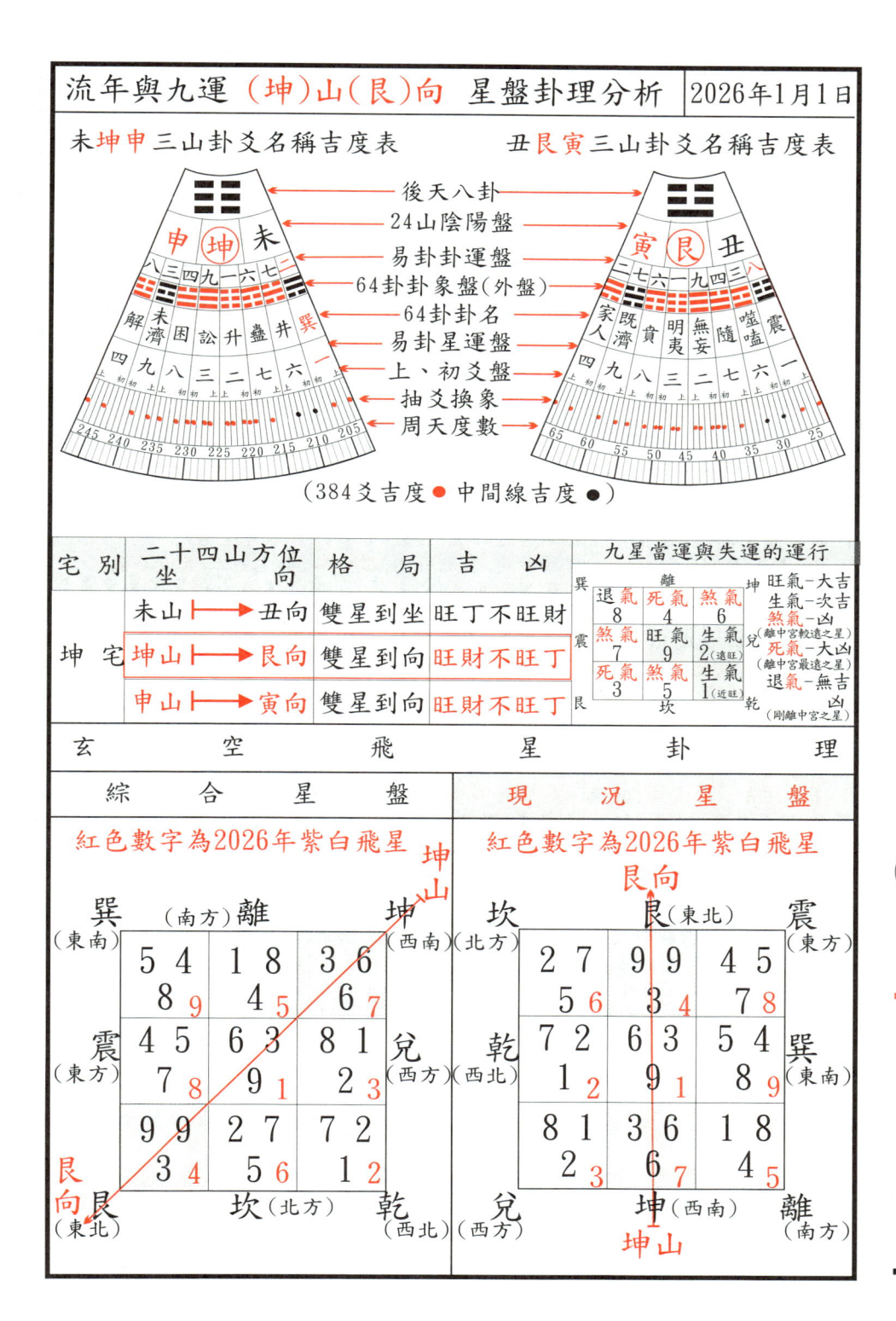

流年與九運（坤）山（艮）向 星盤卦理分析　2026年1月1日

未坤申三山卦爻名稱吉度表　　　　丑艮寅三山卦爻名稱吉度表

- 後天八卦
- 24山陰陽盤
- 易卦卦運盤
- 64卦卦象盤（外盤）
- 64卦卦名
- 易卦星運盤
- 上、初爻盤
- 抽爻換象
- 周天度數

（384爻吉度● 中間線吉度●）

宅別	二十四山方位 坐 → 向	格 局	吉 凶
坤宅	未山 → 丑向	雙星到坐	旺丁不旺財
	坤山 → 艮向	雙星到向	旺財不旺丁
	申山 → 寅向	雙星到向	旺財不旺丁

九星當運與失運的運行

	巽	離	坤	
	退氣 8	死氣 4	煞氣 6	旺氣-大吉 生氣-次吉 煞氣-凶
震	煞氣 7	旺氣 9	生氣 2（遠旺）	兌 死氣-大凶 （離中宮最遠之星）
	死氣 3	煞氣 5	生氣 1（近旺）	退氣-無吉 （剛離中宮之星）
	艮	坎	乾	

玄　空　飛　星　卦　理

綜合星盤
紅色數字為2026年紫白飛星

	巽(東南)	離(南方)	坤(西南) 坤山	
	5 4 8 9	1 8 4 5	3 6 6 7	
震(東方)	4 5 7 8	6 3 9 1	8 1 2 3	兌(西方)
	9 9 3 4	2 7 5 6	7 2 1 2	
艮向(東北)	艮	坎(北方)	乾(西北)	

現況星盤
紅色數字為2026年紫白飛星

	坎(北方)	艮(東北) 艮向	震(東方)	
	2 7 5 6	9 9 3 4	4 5 7 8	
乾(西北)	7 2 1 2	6 3 9 1	5 4 8 9	巽(東南)
	8 1 2 3	3 6 6 7	1 8 4 5	
	兌(西方)	坤(西南) 坤山	離(南方)	

第柒章 九運二十四山吉凶便覽

540

流年與九運(坤)山(艮)向星盤卦理釋義

坎(北) 子方歲破 (2 7 / 5 6)	艮(東北) (9 9 / 3 4)	震(東方) (4 5 / 7 8)
1. 本宮逢煞氣，當其衰，合成27，先天火，留意回祿之災，陰神滿地，婦女不和。 2. 逢流年六白武曲星至，任事果決；又逢流年子方歲破，宜靜不宜動；與山星合成26，夫妻不和，宜多忍讓；與水星合成76，為交劍煞，女凶男多衝突破財；在此開門尚吉，置藍色地毯下置銅片或五帝錢調和化解。 3. 農曆3、9、12月注意健康(頭、肺、鼻、風疾)；3、5、7、12月小心火燭；宜淡黃色布置為主，可置黑醋及7杯水來調和化解。	1. 本宮逢死氣，當其衰，合成99，為後天火局，可布小量水局，宜留意火災及多生女，易破財。 2. 逢流年四綠木文昌星至，利考試、桃花；與山水星合成94，木見火生聰明奇士，利讀書考試；在此開門吉，置紅色地毯調和化解。 3. 農曆1、4、10月注意健康(頭、心臟、風疾)；可小量紅色，以米白色布置為主，可置紫水晶飾物(或能量球)旺財及文昌筆(塔)來增益。	1. 本宮逢煞氣，當其衰為小凶，合成45，具文才智慧，事業順暢，宜留意貪花戀酒，家業落敗。 2. 逢流年八白正財星至，剛失運，不旺不衰為退氣(衰氣)；山星合成48，四會八易損小口，留意精神之疾；與水星合成58，利財源，不利小口，易患眼疾；在此開門尚吉，置紅色地毯下置銅片或五帝錢來調和化解。 3. 農曆2、11月注意健康(肝腸、四肢、風疾)；以白色布置為主，可置銅葫蘆來調和化解。
乾(西北) (7 2 / 1 2)	中宮 (6 3 / 9 1)	巽(東南) (5 4 / 8 9)
1. 本宮逢生氣(近旺氣)，合成72，先天火，留意火災、血光之災，口舌是非多。 2. 逢流年二黑病符星至；與山星合成72，合成先天火，留意火災、血光之災；與水星合成22，老母多病，留意小人暗算。 3. 農曆5、8月注意健康(四肢、胃腸、口腔、鼻)；1、3、8、10月小心火燭；宜淡黃色布置為主；可置7杯水來調和化解。	1. 本宮逢旺氣，合成63，善於官場奔走，有利可圖，惟金木交戰多是非。 2. 逢流年一白水貪狼星至，主思路廣，有進取心；與山星合成61，家庭不和夫妻反目，宜多忍讓；與水星合成31，有利長子事業發展，留意口角是非及防竊盜。 3. 農曆4、7月注意健康(頭、肝膽、四肢、胃腸)；宜白色為主，可掛紅色飾物及水晶球(燈飾)來調和化解。	1. 本宮逢退氣，當其衰，合成54，木剋土，婦女多病。 2. 逢流年九紫火喜慶星至，利桃花，應酬多，宜多節制；與山星合成59，紫黃毒藥立見災禍，易患眼疾；與水星合成49，木見火生聰明奇士。 3. 農曆3、6、12月注意健康(眼疾、胃腸、心臟、風疾)；宜以色布置為主，可置金屬飾物(或銅葫蘆)調和化解。
兌(西) (8 1 / 2 3)	坤(西南) (3 6 / 6 7)	離(南) 午方太歲 (1 8 / 4 5)
1. 本宮逢生氣(遠旺氣)，合成81，旺陰丁星，主旺女丁為主，易留意早夭不育症。 2. 逢流年三碧木蚩尤星至，是非多，官訟破財；與山星合成83，利合作事業，不利小口健康；與水星合成13，有利長子事業，留意口角是非。 3. 農曆6、9月注意健康(鼻、腎、四肢、呼吸器官)；忌綠色，可小量紅色，以白色為主，掛銅鈴來調和化解。	1. 本宮逢煞氣，當其衰，合成36，父子不和，頭痛傷足。 2. 逢流年七赤破軍星至，為退氣易破敗；與山星合成37，三七疊至，被劫盜更見官災；與水星合成67，交劍煞，為女凶男之象，破財。 3. 農曆1、4、10月注意(足頭、口腔、鼻、肝臟)；可小量紅色，宜以淡黃色布置為主，可置黑醋調和化解。	1. 本宮逢死氣，當其衰，合成18，逢近旺星1白水，宜置4綠木調和，避免影響9運旺氣。 2. 逢流年五黃災病星至，不利健康；又逢流年午方太歲，宜靜不宜動；與山星合成合成15，不利次子健康，留意腎腰衰竭；與水星合成85，鼻疾，不利小口。 3. 農曆2、4、8、11月注意健康(頭、耳、鼻、腎)；宜以白色布置為主，置同葫蘆來調和化解。

第八節　坤宮未坤申三山

541

三、申山寅向

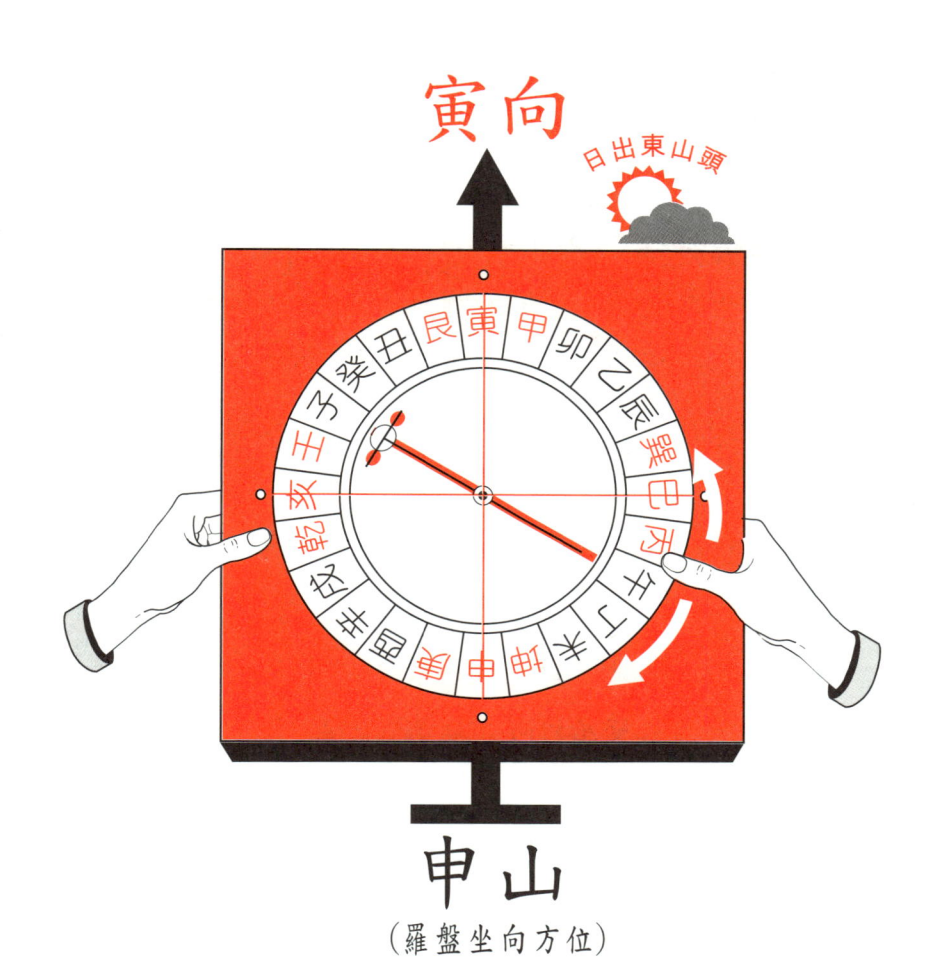

寅向

日出東山頭

申山
（羅盤坐向方位）

坐	
坤宮（西南）	
24山	申山（西南西）
角度	232.5⁰～247.5⁰

向	
艮宮（東北）	
24山	寅向（東北東）
角度	52.5⁰～67.5⁰

第九節 兌宮庚酉辛三山

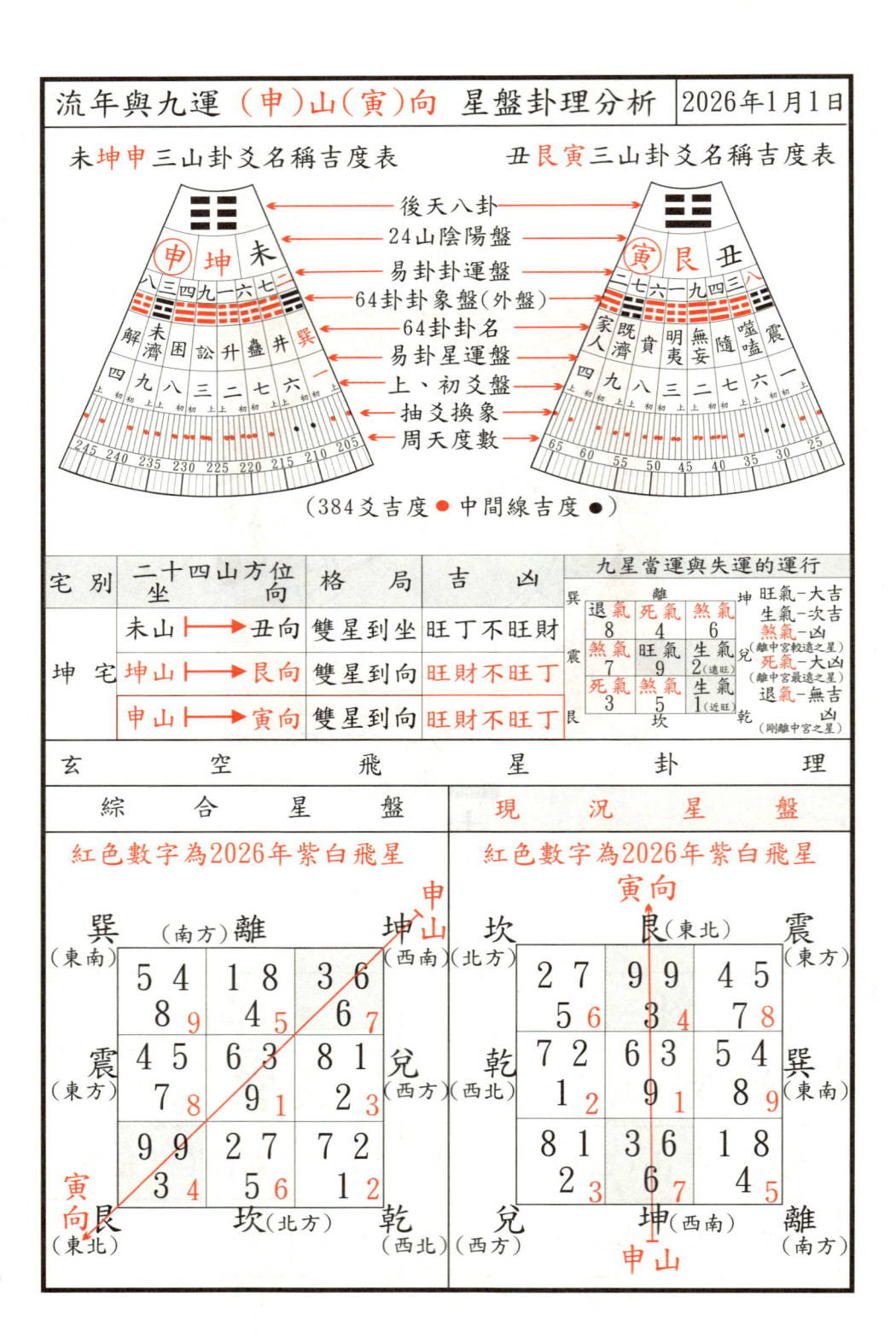

流年與九運 (申)山(寅)向 星盤卦理分析　2026年1月1日

未坤申三山卦爻名稱吉度表　　丑艮寅三山卦爻名稱吉度表

（384爻吉度●　中間線吉度●）

宅別	二十四山方位 坐　　向	格局	吉凶
坤宅	未山 → 丑向	雙星到坐	旺丁不旺財
坤宅	坤山 → 艮向	雙星到向	旺財不旺丁
坤宅	申山 → 寅向	雙星到向	旺財不旺丁

九星當運與失運的運行

	離		
巽 退氣 8	死氣 9	煞氣 6	坤 旺氣-大吉 生氣-次吉 煞氣-凶
震 煞氣 7	旺氣 9	生氣 2(近旺)	兌 (離中宮較遠之星) 死氣-大凶 (離中宮最遠之星)
艮 死氣 3	煞氣	生氣 1(近旺)	乾 退氣-無吉 凶 (剛離中宮之星)
	坎		

玄　空　飛　星　卦　理

綜合星盤
紅色數字為2026年紫白飛星

	巽(東南)	離(南方)	坤(西南) 申山
	5 4　8 9	1 8　4 5	3 6　6 7
震(東方)	4 5　7 8	6 3　9 1	8 1　2 3	兌(西方)
	9 9　3 4	2 7　5 6	7 2　1 2
寅向 艮(東北)		坎(北方)	乾(西北)

現況星盤
紅色數字為2026年紫白飛星

	坎(北方)	艮(東北) 寅向	震(東方)
	2 7　5 6	9 9　3 4	4 5　7 8
乾(西北)	7 2　1 2	6 3　9 1	5 4　8 9	巽(東南)
	8 1　2 3	3 6　6 7	1 8　4 5
兌(西方)		坤(西南) 申山	離(南方)

543

流年與九運(申)山(寅)向星盤卦理釋義

坎(北) 子方歲破 (2 7 / 5 6)	艮(東北) (9 9 / 3 4)	震(東方) (4 5 / 7 8)
1.本宮逢煞氣,當其衰,合成27,先天火,留意回祿之災,陰神滿地,婦女不利。 2.逢流年六白武曲星至,任事果決,又逢流年子方歲破,宜靜不宜動;與山星合成26,夫妻失和,宜多忍讓;與水星合成76,為交劍煞,女凶男多衝突破財;在此開門尚吉,置藍色地毯下置銅片或五帝錢調和化解。 3.農曆3、9、12月注意健康(頭、肺、鼻、風疾);3、5、7、12月小心火燭;宜淡黃色布置為主,可置黑醋及7杯水來調和化解。	1.本宮逢死氣,當其衰,合成99,為後天火局,可布小量水局,宜留意火災及多生女,易破財。 2.逢流年四綠木文昌星至,利考試、桃花;與山水星合成94,木見火生聰明奇士,利讀書考試;在此開門吉,置紅色地毯調和化解。 3.農曆1、4、10月注意健康(頭、心臟、風疾);可小量紅色,以米白色布置為主,可置紫水晶飾物(或能量球)旺財及文昌筆(塔)來增益。	1.本宮逢煞氣,當其衰為小凶,合成45,具文才智慧,事業順暢,宜留意貪花戀酒,家業落敗。 2.逢流年八白正財星至,剛失運,不旺不衰為退氣(衰氣);山星合成48,四會八易損小口,留意精神之疾;與水星合成58,利財源,不利小口,易患眼疾;在此開門尚吉,置紅色地毯下置銅片或五帝錢來調和化解。 3.農曆2、11月注意健康(肝腸、四肢、風疾);以白色布置為主,可置銅葫蘆來調和化解。
乾(西北) (7 2 / 1 2)	中宮 (6 3 / 9 1)	巽(東南) (5 4 / 8 9)
1.本宮逢生氣(近旺氣),合成72,先天火,留意火災、血光之災,口舌是非多。 2.逢流年二黑病符星至;與山星合成72,合成先天火,留意火災、血光之災;與水星合成22,老母多病,留意小人暗算。 3.農曆5、8月注意健康(四肢、胃腸、口腔、鼻);1、3、8、10月小心火燭;宜淡黃色布置為主;可置7杯水來調和化解。	1.本宮逢旺氣,合成63,善於官場奔走,有利可圖,惟金木交戰多是非。 2.逢流年一白水貪狼星至,主思路廣,有進取心;與山星合成61,家庭不和夫妻反目,宜多忍讓;與水星合成31,有利長子事業發展,留意口角是非及防竊盜。 3.農曆4、7月注意健康(頭、肝膽、四肢、胃腸);宜白色為主,可掛紅色飾物及水晶球(燈飾)來調和化解。	1.本宮逢退氣,當其衰,合成54,木剋土,婦女多病。 2.逢流年九紫火喜慶星至,利桃花,應酬多,宜多節制;與山星合成59,紫黃毒藥立見災禍,易患眼疾;與水星合成49,木見火生聰明奇士。 3.農曆3、6、12月注意健康(眼疾、胃腸、心臟、風疾);宜以色布置為主,可置金屬飾物(或銅葫蘆)調和化解。
兌(西) (8 1 / 2 3)	坤(西南) (3 6 / 6 7)	離(南) 午方太歲 (1 8 / 4 5)
1.本宮逢生氣(遠旺氣),合成81,旺陰丁星,主旺女丁為主,易留意早夭不育症。 2.逢流年三碧木蚩尤星至,是非多,官訟破財;與山星合成合83,利合作事業,不利小口健康;與水星合成13,有利長子事業,留意口角是非。 3.農曆6、9月注意健康(鼻、腎、四肢、呼吸器官);忌綠色,可小量紅色,以白色為主,掛銅鈴來調和化解。	1.本宮逢煞氣,當其衰,合成36,父子不和,頭痛傷足。 2.逢流年七赤破軍星至,為退氣易破敗;與山星合成37,三七疊至,被劫盜更見官災;與水星合成67,交劍煞,女凶男之象,破財。 3.農曆1、4、10月注意(足頭、口腔、鼻、肝臟);可小量紅色,宜以淡黃色布置為主,可置黑醋調和化解。	1.本宮逢死氣,當其衰,合成18,逢近旺星1白水,宜用4綠木調和,避免影響9運旺氣。 2.逢流年五黃災病星至,不利健康;又逢流年午方太歲,宜靜不宜動;與山星合成合成15,不利次子健康,留意腎腰衰竭;與水星合成85,鼻疾,不利小口。 3.農曆2、4、8、11月注意健康(頭、耳、鼻、腎);宜以白色布置為主,置同葫蘆來調和化解。

第九節、兌宮庚酉辛三山

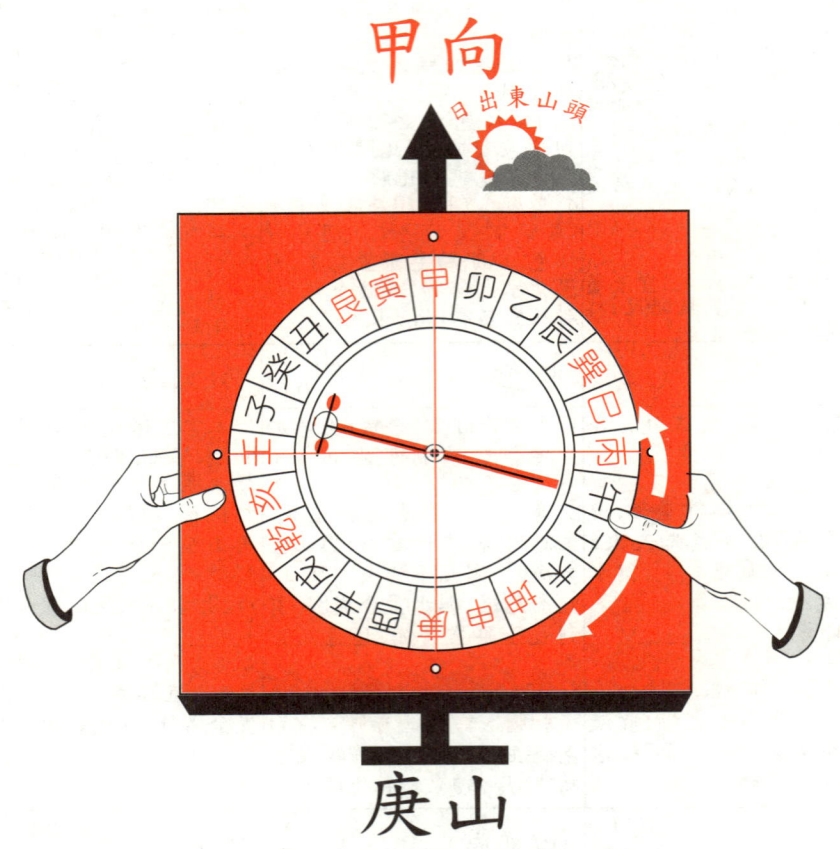

一、庚山甲向

甲向

日出東山頭

庚山
（羅盤坐向方位）

坐	
兌（西方）	
24山	庚山（西西南）
角度	247.5° ～ 262.5°

向	
震宮（東方）	
24山	甲向（東東北）
角度	67.5° ～ 82.5°

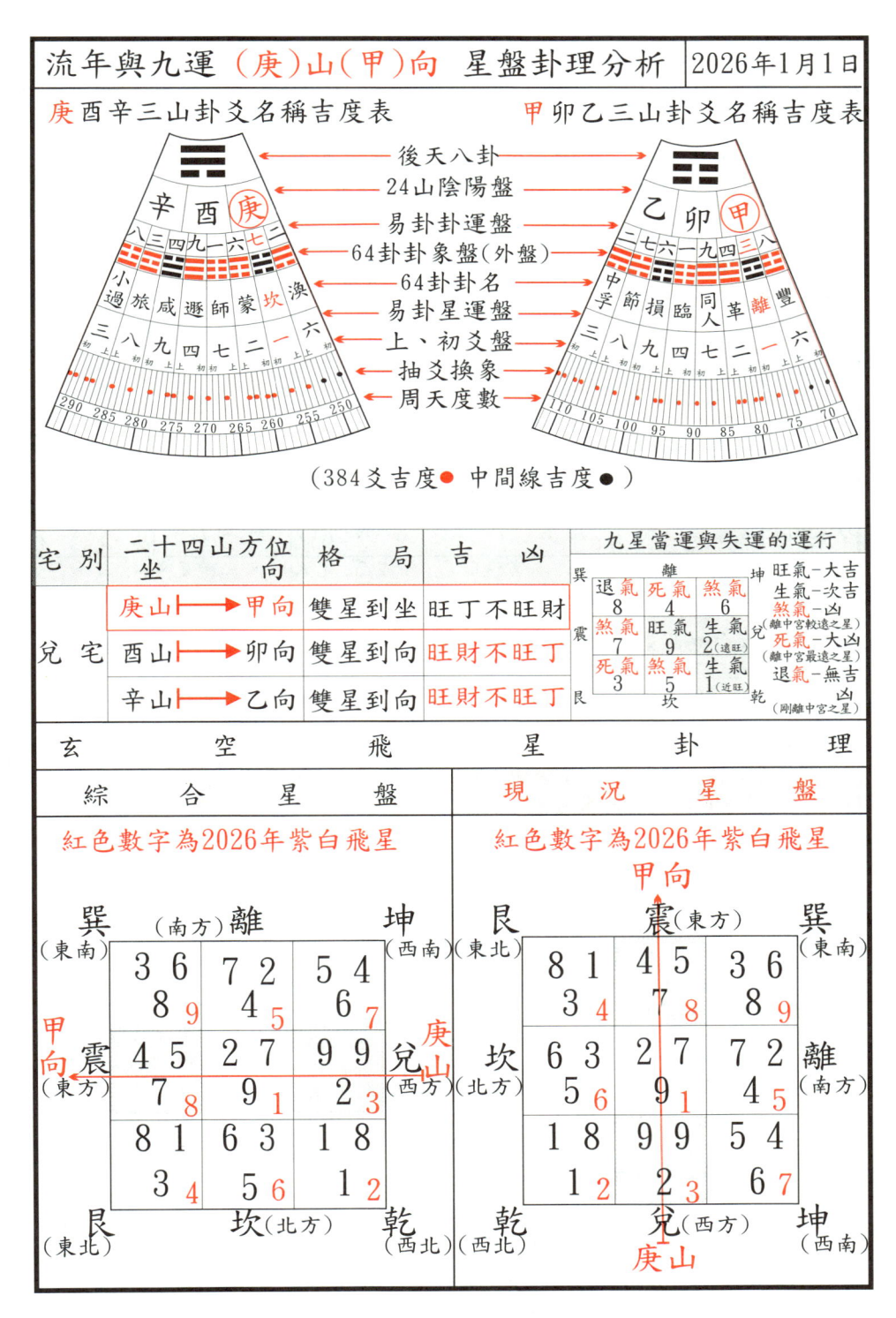

流年與九運（庚）山（甲）向 星盤卦理分析　2026年1月1日

庚酉辛三山卦爻名稱吉度表　　　甲卯乙三山卦爻名稱吉度表

（384爻吉度● 中間線吉度●）

宅別	二十四山方位 坐 → 向	格局	吉凶
兌宅	庚山 → 甲向	雙星到坐	旺丁不旺財
	酉山 → 卯向	雙星到向	旺財不旺丁
	辛山 → 乙向	雙星到向	旺財不旺丁

九星當運與失運的運行

巽	離	坤	
退氣 8	死氣 4	煞氣 6	旺氣－大吉 生氣－次吉 煞氣－凶
震 煞氣 2	旺氣 9	生氣 7(近旺)	兌 死氣－大凶 (離中宮最遠之星)
艮 死氣 3	煞氣 5	生氣 1(近旺)	乾 退氣－無吉 (剛離中宮之星)
	坎		

玄　空　飛　星　卦　理

綜合星盤　　　　　　　　現況星盤

紅色數字為2026年紫白飛星　　紅色數字為2026年紫白飛星

甲向

巽(東南)	離(南方)	坤(西南)
3 6 8　9	7 2 4　5	5 4 6　7
震(東方) 甲向	4 5 7　8　1	2 7 9　1	9 9 2　3	兌(西方) 庚山
艮(東北)	8 1 3　4	6 3 5　6	1 8 1　2	乾(西北)

艮(東北)	震(東方)	巽(東南)
8 1 3　4	4 5 7　8	3 6 8　9
坎(北方)	6 3 5　6	2 7 9　1	7 2 4　5	離(南方)
乾(西北)	1 8 1　2	9 9 2　3	5 4 6　7	坤(西南)

庚山

流年與九運(庚)山(甲)向星盤卦理釋義

艮(東北) (8 1 / 3 4)	震(東方) (4 5 / 7 8)	巽(東南) (3 6 / 8 9)
1.本宮逢死氣,當其衰,合成81,主旺女丁為主,宜留意早夭不育症。2.逢流年四綠木文昌星至,利考試、桃花;與山星合成84,留意精神之疾;與水星合成14,利讀書考試,留意貪花戀酒;在此開門吉,可置紅色地毯來增益。3.農曆1、4、10月注意健康(頭、鼻、精神、腎、膀胱);可小量紅色,宜以白色為主,置文昌筆(塔)來增益。	1.本宮逢煞氣,當其衰為小凶,合成45,具文才智慧,宜留意貪花戀酒,家業落敗。2.逢流年八白正財星至,剛失運,不旺不衰為退氣(衰氣);與山星合成48,四會八易損小口,留意精神之疾;與水星合成58,利財源,不利小口;在此開門尚吉,置咖啡色地毯下置五帝錢調和化解。3.農曆2、11月注意健康(腎、鼻、胃腸、風疾);忌綠色宜以白色布置為主,可置銅葫蘆來調和化解。	1.本宮逢退氣,當其衰,合成36,父子不和,頭痛傷足。2.逢流年九紫火喜慶星至,利桃花,應酬多,宜多節制;與山星合成39,口角是非,破財;與水星合成69,火燒天門,家出罵父之子;在此開門尚吉,可置紅色地毯調和化解。3.農曆3、6、12月注意健康(眼、心臟、四肢、肝脾);忌綠色;可小量紅色,以米白色布置為主,可置土多盆景來增益。
坎(北) 子方歲破 (6 3 / 5 6)	中宮 (2 7 / 9 1)	離(南) 午方太歲 (7 2 / 4 5)
1.本宮逢煞氣,當其衰,合成63善於官場奔走,有利可圖,惟金木交戰多是非。2.逢流年六白武曲星至,任事果決,又逢流年子方歲破,宜靜不宜動;山星合成66,驛馬星動,任事果決;與星合成36,父子不和,頭痛傷足。3.農曆3、9、12月注意健康(頭、四肢、肝脾、呼吸器官);7月注意賊竊,可小量紅色,以白色布置為主,掛銅鈴調和化解。	1.本宮逢旺氣,合成27,先天火,留意回祿之災,陰神滿地婦女不和,留意食物不潔。2.逢流年一白水貪狼星至,主思路廣,有進取心;與山星合成21,不利次男健康;與水星合成71,水冷金寒,是非破財。3.農曆4、7月注意健康(金屬傷、泌尿、胃腸);2、7、9、11月小心火燭,宜淡黃色布置為主;可置7杯水來調和化解。	1.本宮逢死氣,當其衰,合成27,先天火,留意火災、血光之災,口舌是非多。2.逢流年五黃災病星至,不利健康;又逢流年午方太歲,宜靜不宜動;與山星合成75,為交劍煞,女凶男多衝突,易破財;與水星合成25,夫妻失和,宜多忍讓。3.農曆2、4、8、11月注意健康(口腔、呼吸器官、胃腸);2、4、6、11月小心火燭,忌綠色,以白色布置為主,置銅葫蘆來調和化解。
乾(西北) (1 8 / 1 2)	兌(西) (9 9 / 2 3)	坤(西南) (5 4 / 6 7)
1.本宮逢生氣(近旺氣),合成18,逢近旺星1白水,宜置4綠木調和,避免影響9運旺氣。2.逢流年二黑病符星至,與山星合成12,女性當家,夫妻失和,易生胃腸病,與水星合成82,多不動產,小口多病痛。3.農曆5、8月注意健康(鼻、胃腸、酸痛、四肢);以白色為主,置銅葫蘆來調和化解。	1.本宮逢生氣(近旺氣),合成99,為後天火局,雙旺星在後,可布小量水局,宜留意火災及多生女,易破財。2.逢流年三碧木蚩尤星至,是非多,官訟破財;與山星合成93,口角是非,易破財。3.農曆6、9月注意健康(眼、心臟、四肢、肝脾),可小量紅色,宜以米白色為主,可置紫水晶飾物(或能量球)來增益。	1.本宮逢煞氣,當其衰,合成54,木剋土,婦女多病。2.逢流年七赤破軍星至,為退氣易破敗;與山星合成57,利財源,不利小口,易患眼疾;與水星合成47,陰神滿地,諸多口舌,留意桃花劫。3.農曆1、4、10月注意健康(風疾、心臟、口腔);以白色布置為主,可置黑醋調和化解。

第九節 兌宮庚酉辛三山

二、酉山卯向

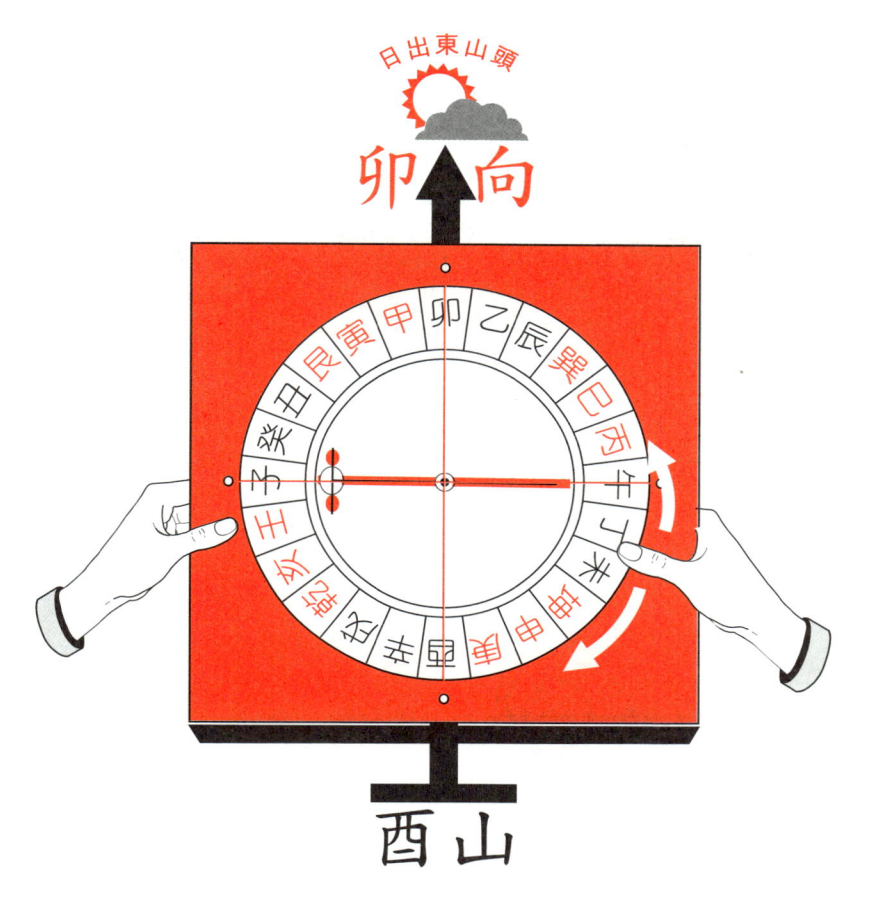

日出東山頭

卯 向

酉山

（羅盤坐向方位）

坐	
兌宮（西方）	
24山	酉山（正西）
角度	262.5°～277.5°

向	
震宮（東方）	
24山	卯向（正東）
角度	82.5°～97.5°

第九節 兌宮庚酉辛三山

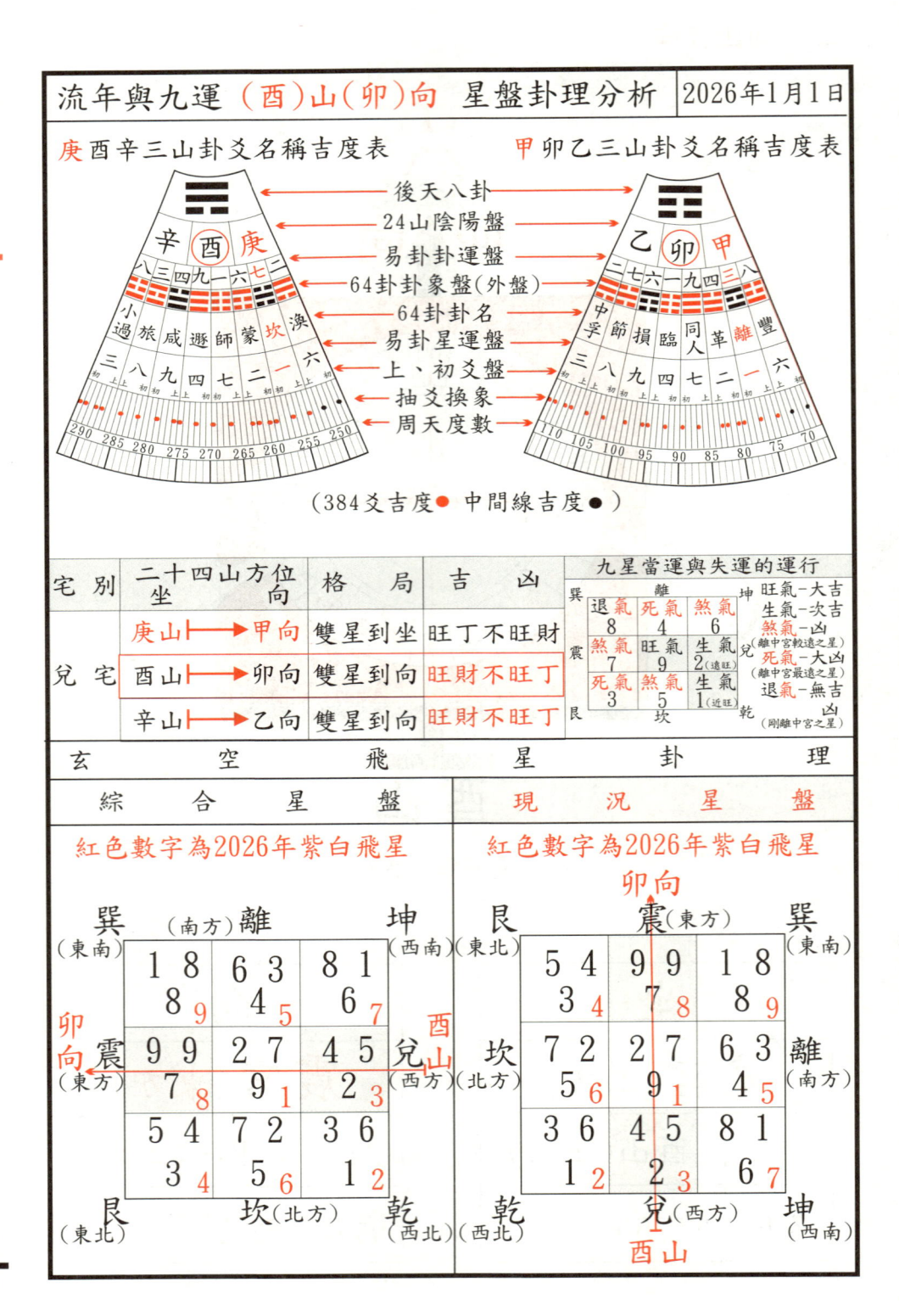

流年與九運 (酉)山(卯)向 星盤卦理分析　2026年1月1日

庚酉辛三山卦爻名稱吉度表　　甲卯乙三山卦爻名稱吉度表

← 後天八卦
← 24山陰陽盤
← 易卦卦運盤
← 64卦卦象盤(外盤)
← 64卦卦名
← 易卦星運盤
← 上、初爻盤
← 抽爻換象
← 周天度數

(384爻吉度● 中間線吉度●)

宅別	二十四山方位 坐 → 向	格局	吉凶
兌宅	庚山 → 甲向	雙星到坐	旺丁不旺財
	酉山 → 卯向	雙星到向	旺財不旺丁
	辛山 → 乙向	雙星到向	旺財不旺丁

九星當運與失運的運行

	巽	離	坤	
	退氣8	死氣9	煞氣2	旺氣-大吉 生氣-次吉
震	煞氣7	旺氣9(遠旺)	生氣2(近旺)	煞氣-凶 (離中宮較遠之星) 死氣-大凶
	死氣3	煞氣5	生氣1(近旺)	(離中宮最遠之星) 退氣-無吉
	艮	坎	乾	(剛離中宮之星)

玄空飛星卦理

綜合星盤
紅色數字為2026年紫白飛星

巽(東南) 離(南方)	坤(西南)
1 8 / 8 9	6 3 / 4 5	8 1 / 6 7
9 9 / 7 8	2 7 / 9 1	4 5 / 2 3
5 4 / 3 4	7 2 / 5 6	3 6 / 1 2

卯向 震(東方)　　　　　　　酉山 兌(西方)
艮(東北)　坎(北方)　乾(西北)

現況星盤
紅色數字為2026年紫白飛星

卯向

艮(東北) 震(東方)	巽(東南)
5 4 / 3 4	9 9 / 7 8	1 8 / 8 9
7 2 / 5 6	2 7 / 9 1	6 3 / 4 5
3 6 / 1 2	4 5 / 2 3	8 1 / 6 7

坎(北方)　　　　兌(西方)　　坤(西南)
乾(西北)　　　　酉山

流年與九運(酉)山(卯)向星盤卦理釋義

艮(東北) (5 4 / 3 4)	震(東方) (9 9 / 7 8)	巽(東南) (1 8 / 8 9)
1.本宮逢死氣,當其衰,合成54,木剋土,婦女多病。 2.逢流年四綠木文昌星至,利考試、桃花;與山星合成54,事業滯困,多病痛;與水星合44,子女成績優異;在此開門尚吉,可置紅色地毯下置銅片或五帝錢調和化解。 3.農曆1、4、10月注意健康(頭、肝膽、風疾、精神方面);宜以白色主布置,置銅葫蘆調和化解及置文昌筆(塔)來增益。	1.本宮逢煞氣,當其衰為小凶,合成99,為後天火局,可布小量水局,宜留意火災及多生女,易破財。 2.逢流年八白正財星至,剛失運,不旺不衰為退氣(衰氣);與山水星合成98,火炎燥,易生愚子,生眼疾;在此開門吉,置咖啡色地毯增益。 3.農曆2、11月注意健康(血症、呼吸器官、心臟、眼疾);5、7、9月小心火燭,忌綠色,宜以白色為主,可置紫水晶飾物(或能量球)旺財及7杯水來調和化解。	1.本宮逢退氣,當其衰,合成18,逢近旺星1白水,宜置4綠木調和,避免影響9運旺氣。 2.逢流年九紫火喜慶星至,利桃花,應酬多,宜多節制;與山星合成19,兄妹不和,不利事業發展;與水星合成89,火炎土燥,易生眼疾;在此開門吉,可置紅色地毯,底置圓銅片來增益。 3.農曆3、6、12月注意健康(頭、眼、血液、耳疾);宜以米黃色布置為主,可置金屬飾物調和化解。

坎(北) [子方歲破] (7 2 / 5 6)	中宮 (2 7 / 9 1)	離(南) [午方太歲] (6 3 / 4 5)
1.本宮逢煞氣,當其衰,合成72,先天火,留意火災、血光之災,口舌是非多。 2.逢流年六白武曲星至,任事果決;又逢流年子方歲破,宜靜不宜動;與山星合成76,交劍煞,女凶男之象,老少不安,破財;水星合成26,老父多病,官非糾纏。 3.農曆3、9、12月注意健康(胃腸、頭、鼻、口腔、呼吸器官);2、5、7、12月小心火燭;宜以白色布置為主及置黑醋來調和化解。	1.本宮逢旺氣,合成27,先天火,留意回祿之災,陰神滿地,婦女不和,留意食物不潔。 2.逢流年一白水貪狼星至,主思路廣,有進取心;與山星合成21,不利次男健康;與水星合成71,水冷金寒,是非破財。 3.農曆4、7月注意健康(金屬傷、泌尿、胃腸);2、7、9、11月小心火燭,宜淡黃色布置為主;可置7杯水來調和化解。	1.本宮逢死氣,當其衰,合成63,善於官場奔走,有利可圖,惟金木交戰多是非。 2.逢流年五黃災病星至,不利健康;又逢流年午方太歲,宜靜不宜動;與山星合成65,雖有官運與財運;與水星合成35,多叛逆,易得易失。 3.農曆2、11月注意健康(頭、四肢、肝脾、呼吸器官),小量紅色,宜以白色布置為主,掛銅鈴來化解。

乾(西北) (3 6 / 1 2)	兌(西) (4 5 / 2 3)	坤(西南) (8 1 / 6 7)
1.本宮逢生氣(近旺氣),合成36,父子不和,頭痛傷足。 2.逢流年二黑病符星至;與山星合成32,勞碌奔波,阻礙破敗;與水星合成62,父子不合,合夥敗散。 3.農曆5、8月注意健康(頭、肝膽、四肢、胃腸);忌綠色,可小量紅色,宜以白色為主,掛銅鈴來調和化解。	1.本宮逢生氣(近旺氣),合成45,具文才智慧,事業順暢,留意貪花戀酒,家業落敗。 2.逢流年三碧木蚩尤星至,是非多,官訟破財;與山星合成43,時運反覆,好壞無常,難聚財,易誤事生是非;與水星合成53,長子多叛逆,家業不寧。 3.農曆6、9月注意健康(肝脾、足疾、皮膚);可小量紅色,宜以淡黃色布置為主;置銅葫蘆來調和化解。	1.本宮煞氣,當其衰,合成81,旺陰丁星,主旺女丁為主,易留意早夭不育症。 2.逢流年七赤破軍星至,為退氣易破敗;與山星合成87,夫妻失和,財產易散;與水星合成17,金水多情,貪花戀酒。 3.農曆1、4、10月注意健康(四肢、胃腸、口腔、耳貧血);可小量紅色,以白色布置為主,可置黑醋調和化解。

三、辛山乙向

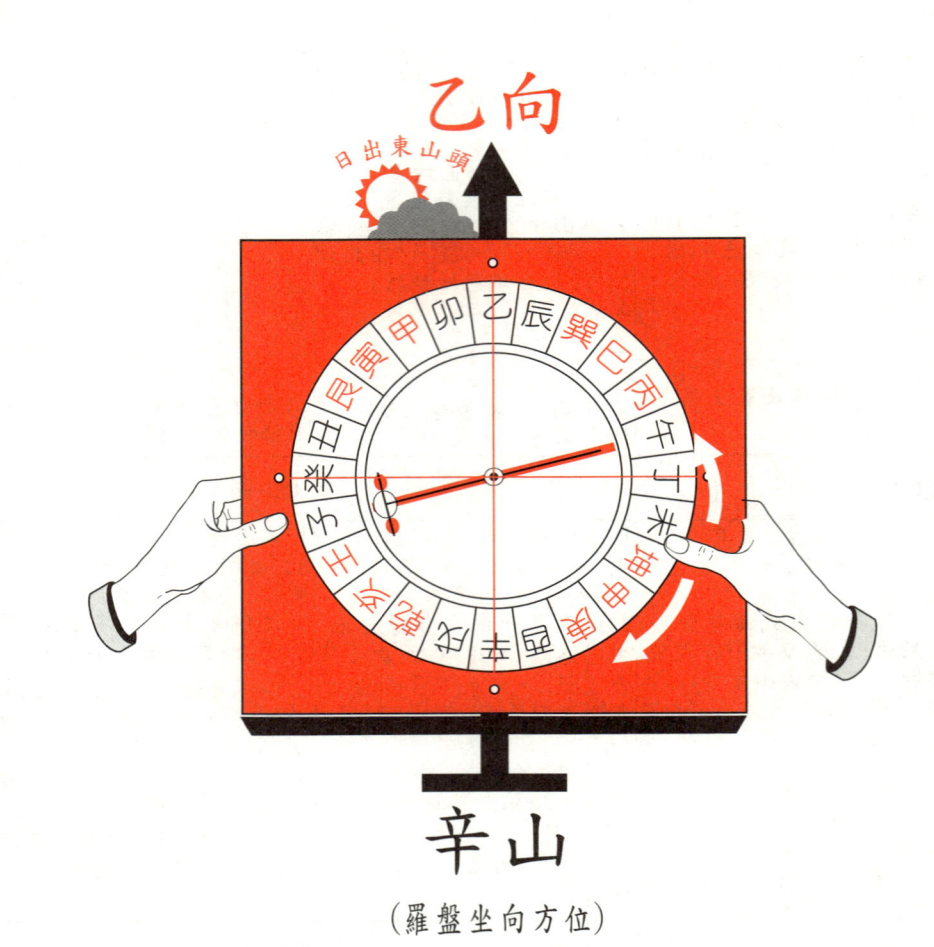

第九節 兌宮庚酉辛三山

（羅盤坐向方位）

坐	
兌宮（西方）	
24山	辛山（西西北）
角度	277.5⁰～292.5⁰

向	
震宮（東方）	
24山	乙向（東東南）
角度	97.5⁰～112.5⁰

551

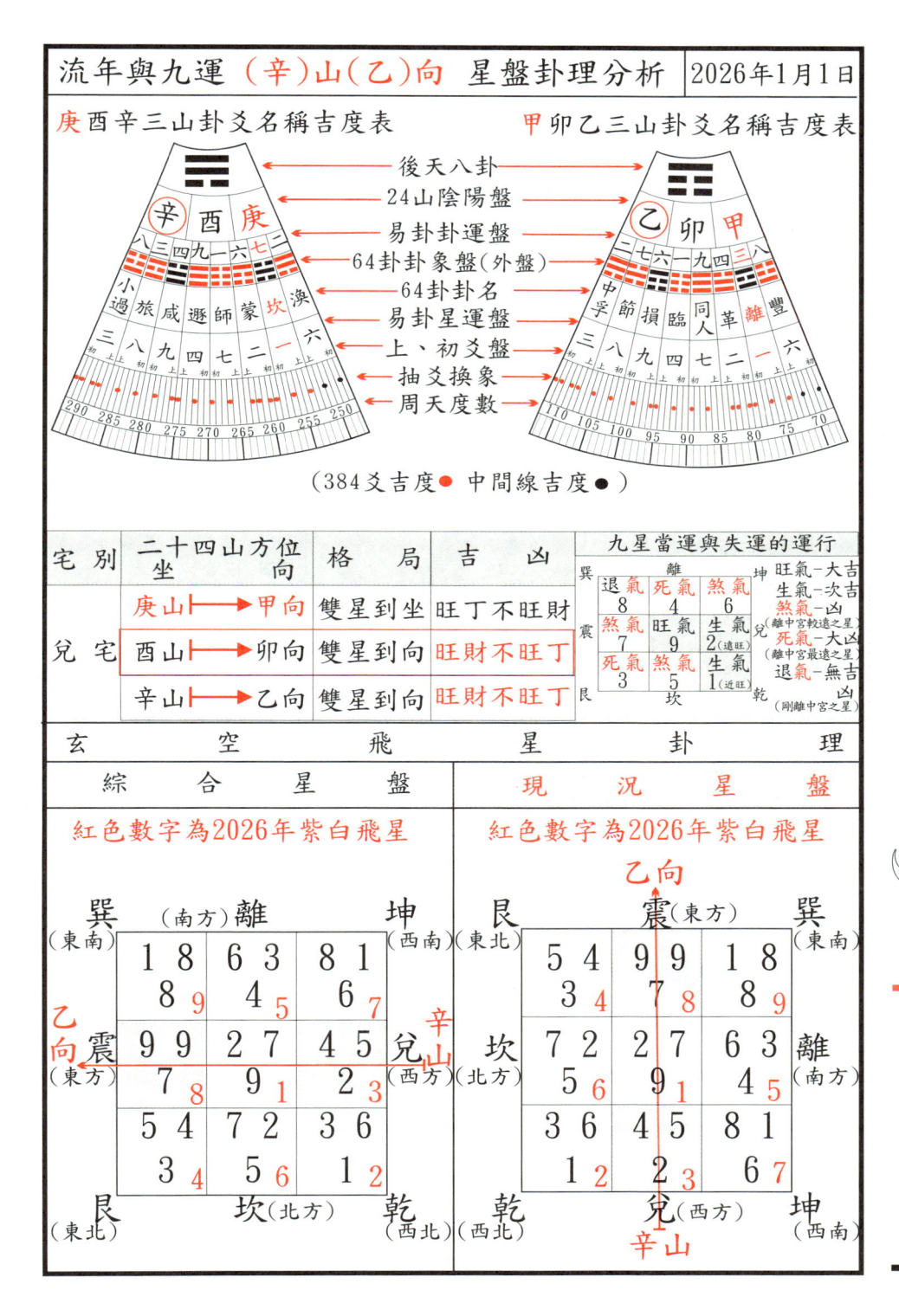

流年與九運（辛）山（乙）向 星盤卦理分析　2026年1月1日

庚酉辛三山卦爻名稱吉度表　　甲卯乙三山卦爻名稱吉度表

（384爻吉度● 中間線吉度●）

宅別	二十四山方位 坐　向	格局	吉凶
兌宅	庚山 → 甲向	雙星到坐	旺丁不旺財
	酉山 → 卯向	雙星到向	旺財不旺丁
	辛山 → 乙向	雙星到向	旺財不旺丁

九星當運與失運的運行

巽 退氣 8	離 死氣 4	坤 煞氣 6
震 煞氣 7	旺氣 9	兌 生氣 2（遠旺）
艮 死氣 3	坎 煞氣 5	乾 生氣 1（近旺）

旺氣-大吉
生氣-次吉
煞氣-凶
死氣-大凶（離中宮最遠之星）
退氣-無吉凶（剛離中宮之星）

玄　空　飛　星　卦　理

綜合星盤　　　　　　　　現況星盤

紅色數字為2026年紫白飛星　　紅色數字為2026年紫白飛星

綜合星盤（辛山乙向）：

巽（東南）	離（南方）	坤（西南）
1 8 / 8 9	6 3 / 4 5	8 1 / 6 7
9 9 / 7 8	2 7 / 9 1	4 5 / 2 3
5 4 / 3 4	7 2 / 5 6	3 6 / 1 2
艮（東北）	坎（北方）	乾（西北）

現況星盤：

艮（東北）	震（東方）	巽（東南）
5 4 / 3 4	9 9 / 7 8	1 8 / 8 9
7 2 / 5 6	2 7 / 9 1	6 3 / 4 5
3 6 / 1 2	4 5 / 2 3	8 1 / 6 7
乾（西北）	兌（西方）辛山	坤（西南）

第柒章　九運二十四山吉凶便覽

552

流年與九運(辛)山(乙)向星盤卦理釋義

艮(東北) (5 4 / 3 4)	震(東方) (9 9 / 7 8)	巽(東南) (1 8 / 8 9)
1. 本宮逢死氣，當其衰，合成54，木剋土，婦女多病。 2. 逢流年四綠木文昌星至，利考試、桃花；與山星合成54,事業滯困,多病痛；與水星合成44，子女成績優異；在此開門尚吉，可置紅色地毯下置銅片或五帝錢調和化解。 3. 農曆1、4、10月注意健康(頭、肝膽、風疾、精神方面)；宜以白色主布置，置銅葫蘆調和化解及置文昌筆(塔)來增益。	1. 本宮逢煞氣，當其衰為小凶，合成99，為後天火局，可布小量水局，宜留意火災及女生女,易破財。 2. 逢流年八白正財星至，剛失運，不旺不衰為退氣(衰氣)；與山水星合成98，火炎燥,易生愚子,生眼疾；在此開門吉，置咖啡色地毯增益。 3. 農曆2、11月注意健康(血症、呼吸器官、心臟、眼疾);5、7、9月小心火燭，忌綠色,宜以白色為主，可置紫水晶飾物(或能量球)旺財及7杯水來調和化解。	1. 本宮逢退氣，當其衰，合成18，逢近旺星1白水，宜置4綠木調和，避免影響9運旺氣。 2. 逢流年九紫火喜慶星至，利桃花，應酬多，宜多節制；與山星合成19,兄妹不和,不利事業發展；與水星合成89,火炎土燥,易生眼疾；在此開門吉，可置紅色地毯，底置圓銅片來增益。 3. 農曆3、6、12月注意健康(頭、眼、血液、耳疾)；宜以米黃色布置為主，可置金屬飾物調和化解。

坎(北) 子方歲破 (7 2 / 5 6)	中宮 (2 7 / 9 1)	離(南) 午方太歲 (6 3 / 4 5)
1. 本宮逢煞氣，當其衰，合成72，先天火，留意火災、血光之災、口舌是非多。 2. 逢流年六白武曲星至，任事果決；又逢流年子方歲破，宜靜不宜動；與山星合成76，交劍煞，女凶男之象,老少不安,破財；水星合成26，老父病，官非糾纏。 3. 農曆3、9、12月注意健康(胃腸、頭、鼻、口腔、呼吸器官);2、5、7、12月小心火燭；宜以白色布置為主及置黑醋來調和化解。	1. 本宮逢旺氣，合成27，先天火，留意回祿之災，陰神滿地婦女不和，留意食物不潔。 2. 逢流年一白水貪狼星至，主思路廣，有進取心；與山星合成21，不利次男健康；與水星合成71,水冷金寒,是非破財。 3. 農曆4、7月注意健康(金屬傷、泌尿、胃腸);2、7、9、11月小心火燭，宜淡黃色布置為主；可置7杯水來調和化解。	1. 本宮逢死氣，當其衰，合成63，善於官場奔走，有利可圖，惟金木交戰多是非。 2. 逢流年五黃災病星至，不利健康；又逢流年午方太歲，宜靜不宜動；與山星合成65，雖有官運與財運；與水星合成35,多叛逆,易得易失。 3. 農曆2、11月注意健康(頭、四肢、肝脾、呼吸器官);小量紅色，宜以白色布置為主，掛銅鈴來調和化解。

乾(西北) (3 6 / 1 2)	兌(西) (4 5 / 2 3)	坤(西南) (8 1 / 6 7)
1. 本宮逢生氣(近旺氣)，合成36，父子不和，頭痛傷足。 2. 逢流年二黑病符星至；與山星合成32，勞碌奔波,阻礙破敗；與水星合成62，父子不合,合夥敗散。 3. 農曆5、8月注意健康(頭、肝膽、四肢、胃腸)；忌色，可小量紅色，宜以白色為主，掛銅鈴來調和化解。	1. 本宮逢生氣(近旺氣)，合成45，具文才智慧，事業順暢，留意貪花戀酒,家業落敗。 2. 逢流年三碧木蚩尤星至，是非多,官訟破財；與山星合成43，時運反覆，好壞無常，難聚財，易誤事生是非；與水星合成53，長子多判逆,家業不寧。 3. 農曆6、9月注意健康(肝脾、足疾、皮膚)；可小量紅色，宜以淡黃色布置為主；置銅葫蘆來調和化解。	1. 本宮逢煞氣，當其衰，合成81，旺陰丁星，主旺女丁為主，易留意早夭不育症。 2. 逢流年七赤破軍星至，為退氣易破敗；與山星合成87，夫妻失和,財產易散；與水星合成17，金水多情,貪花戀酒。 3. 農曆1、4、10月注意健康(四肢、胃腸、口腔、耳貧血)；可小量紅色，以白色布置為主，可置黑醋調和化解。

第十節、乾宮戌乾亥三山

一、戌山辰向

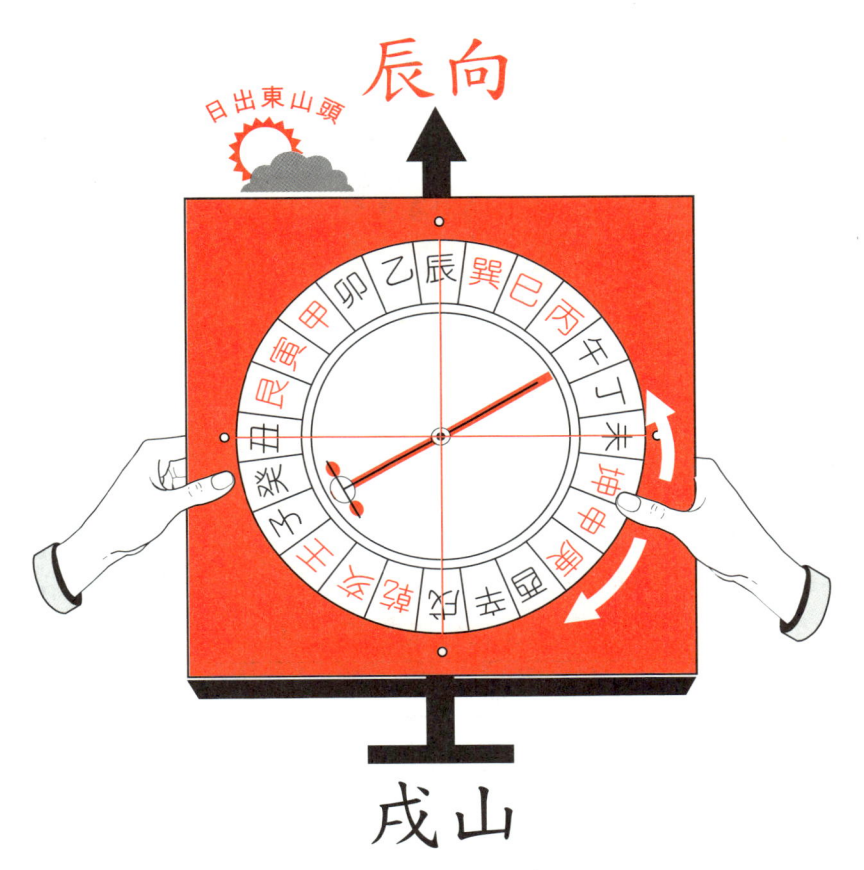

（羅盤坐向方位）

坐	
乾宮（西北）	
24山	戌山（西北西）
角度	292.5⁰～307.5⁰

向	
巽宮（東南）	
24山	辰向（東南東）
角度	112.5⁰～127.5⁰

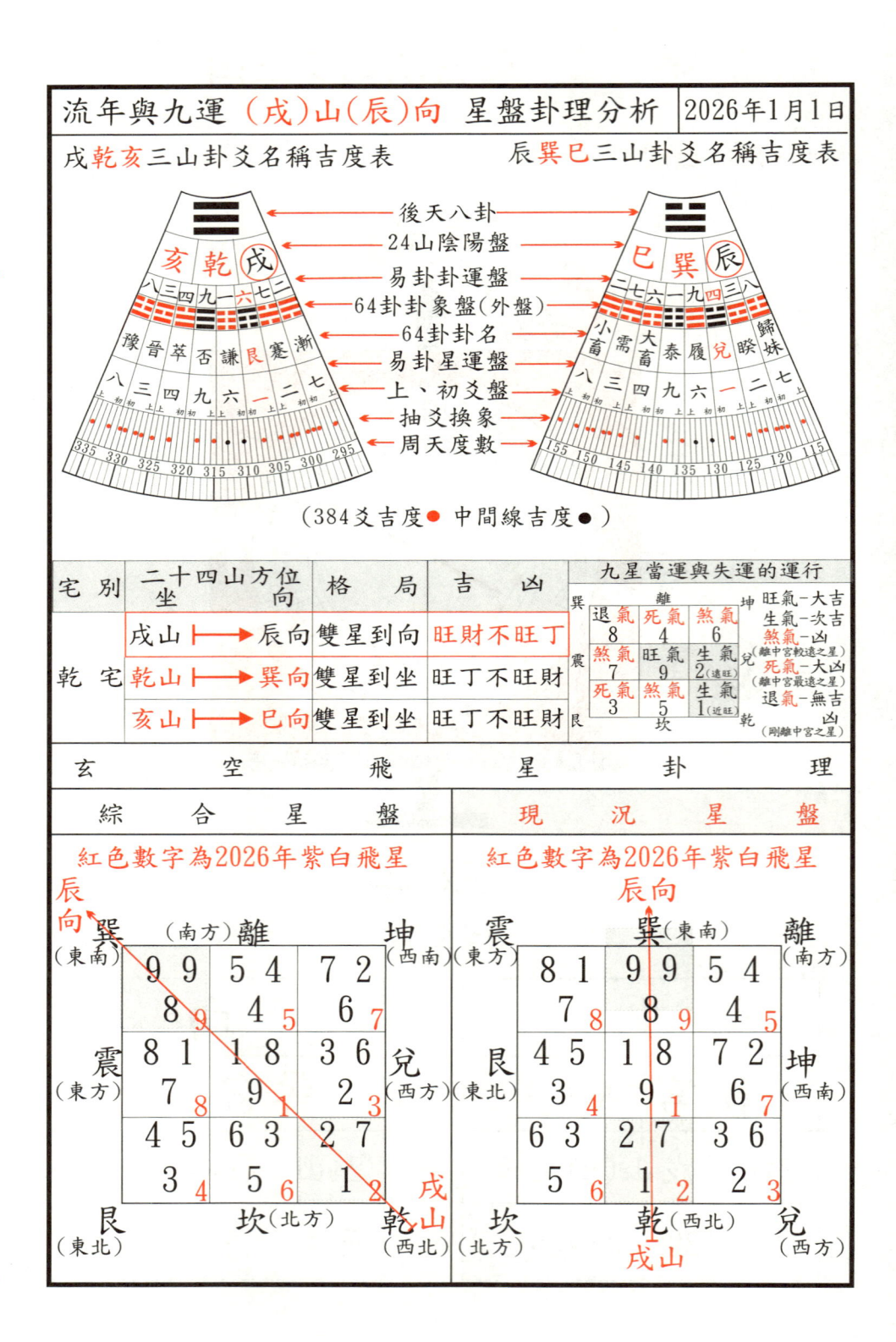

第十節 乾宮戌乾亥三山

流年與九運（戌）山（辰）向 星盤卦理分析　2026年1月1日

戌乾亥三山卦爻名稱吉度表　　　辰巽巳三山卦爻名稱吉度表

（後天八卦／24山陰陽盤／易卦卦運盤／64卦卦象盤(外盤)／64卦卦名／易卦星運盤／上、初爻盤／抽爻換象／周天度數）

（384爻吉度● 中間線吉度●）

宅別	二十四山方位 坐→向	格局	吉凶
乾宅	戌山→辰向	雙星到向	旺財不旺丁
乾宅	乾山→巽向	雙星到坐	旺丁不旺財
乾宅	亥山→巳向	雙星到坐	旺丁不旺財

九星當運與失運的運行

巽	離	坤
退氣 8	死氣 4	煞氣 6
煞氣 7	旺氣 9	生氣 2(遠旺)
死氣 3	煞氣 5	生氣 1(近旺)
震	坎	乾

旺氣－大吉
生氣－次吉
煞氣－凶（離中宮較遠之星）
死氣－大凶（離中宮最遠之星）
退氣－無吉
凶（剛離中宮之星）

玄空飛星卦理

綜合星盤（紅色數字為2026年紫白飛星）

辰向

巽(東南)	離(南方)	坤(西南)
9 9 / 8 9	5 4 / 4 5	7 2 / 6 7
震(東方) 8 1 / 7 8	1 8 / 9 1	3 6 / 2 3 兌(西方)
4 5 / 3 4	6 3 / 5 6	2 7 / 1 2
艮(東北)	坎(北方)	乾(西北) 戌山

現況星盤（紅色數字為2026年紫白飛星）

辰向

震(東方)	巽(東南)	離(南方)
8 1 / 7 8	9 9 / 8 9	5 4 / 4 5
艮(東北) 4 5 / 3 4	1 8 / 9 1	7 2 / 6 7 坤(西南)
6 3 / 5 6	2 7 / 1 2	3 6 / 2 3
坎(北方)	乾(西北) 戌山	兌(西方)

555

流年與九運(戌)山(辰)向星盤卦理釋義

震(東方) (8 1 / 7 8)	巽(東南) (9 9 / 8 9)	離(南) 午方太歲 (5 4 / 4 5)
1.本宮逢煞氣,當其衰為小凶,合成81,主旺女丁為主,宜留意早夭不育症。 2.逢流年八白正財星至,剛失運,不旺不衰為退氣(衰氣);與山星合成88,土重不利中男,業衰阻礙多;與水星合成18,易流產,兄弟不和;在此開門尚吉,可置紅色地毯來調和化解。 3.農曆2、11月注意健康(頭、肺、風疾);宜以白色為主,可置紫水晶飾物來增益。	1.本宮逢退氣,當其衰,合成99,為後天火局,雙旺星在後,可布小量水局,宜留意火災及多生女,易破財。 2.逢流年九紫火喜慶星至,利桃花,應酬多,宜多節制;與山星合成99,文章顯達,利財源,多生女;在此開門吉,可置咖啡色地毯來增益。 3.農曆3、6、12月注意健康(頭、血症、眼、心臟、耳);宜以白色為主,可置紫水晶飾物(或能量球)旺財及7杯水來調和化解。	1.本宮逢死氣,當其衰,合成54,木剋土,婦女多病。 2.逢流年五黃災病星至,不利健康;又逢流年午方太歲,宜靜不宜動;與山星合成55,災煞橫行,留意血光之災;與水星合成45,博弈好飲,事業荒廢;在此開門不吉,可置土黃色地毯,底置五帝錢調和化解。 3.農曆2、4、8、11月注意健康(肺、足、口腔、精神之疾);忌綠色,宜以米白色為主,置銅葫蘆來調和化解。

艮(東北) (4 5 / 3 4)	中宮 (1 8 / 9 1)	坤(西南) (7 2 / 6 7)
1.本宮逢死氣,當其衰,合成45,具文才智慧,事業順暢,留意貪花戀酒,家業落敗。 2.逢流年四綠木文昌星至,利考試、桃花;與山星合成44,文曲星雙到,子女成績優異;與水星合成54,為女性多病痛。 3.農曆1、4、6、10月注意健康(風疾、呼吸器官、口腔);可小量紅色,宜以淡黃色布置為主;置銅葫蘆來調和化解及文昌筆來增益。	1.本宮逢旺氣,合成18,逢近旺星1白水,宜置4綠木調和,避免影響9運旺氣。 2.逢流年一白水貪狼星至,主思路廣,有進取心;與山星合成11,易流產,兄弟不和;與水星合成81,利文才,易患腎耳之疾。 3.農曆1、4、10月注意健康(風疾、胃腸、四肢);可小量紅色,宜以米黃色布置為主,可置金屬飾物調和化解。	1.本宮逢煞氣,當其衰,合成72,先天火,留意火災、血光之災,口舌是非多。 2.逢流年七赤破軍星至,為退氣易破敗;與山星合成77,是非口舌,竊賊入室;與水星合成27,留意回祿之災,婦女不和。 3.農曆1、4、10月注意健康(口腔、酸痛、胃腸);6月小心火燭;忌綠色及紅色,以淡黃色為主,可置7杯水調和化解。

坎(北) 子方歲破 (6 3 / 5 6)	乾(西北) (2 7 / 1 2)	兌(西) (3 6 / 2 3)
1.本宮逢煞氣,當其衰,合成63,善於官場奔走,有利可圖惟金木交戰多是非。 2.逢流年六白武曲星至,任事果決;又逢流年子方歲破,宜靜不宜動;與山星合成66,交劍煞,為女凶男之象,破財;與水星合成36,被劫盜更見官災。 3.農曆3、9、12月注意健康(頭、四肢、肝脾、呼吸器官);7月小心竊盜,小量紅色,宜以白色布置為主,掛銅鈴來調和化解。	1.本宮逢生氣(近旺氣),合成27,先天火,留意回祿之災,陰神滿地,婦女不和。 2.逢流年二黑病符星至;與山星合成22,老母多病,留意小人暗算;與水星合成72,留意回祿之災,婦女不和。 3.農曆2、8、11月注意健康(四肢、胃腸、口腔、鼻);1、3、8、10月小心火燭,宜淡黃色布置為主;可置7杯水來調和化解。	1.本宮逢生氣(近旺氣),合成36,父子不和,頭痛傷足。 2.逢流年三碧木蚩尤星至,是非多,官訟破財;與山星合成33,盛氣凌人,官非訟事;與水星合成63,金木交戰,家人多爭執。 3.農曆6、9月注意健康(肝脾、四肢、胃腸、頭痛);忌綠色,可小量紅色,宜以白色為主,掛銅鈴來調和化解。

二、乾山巽向

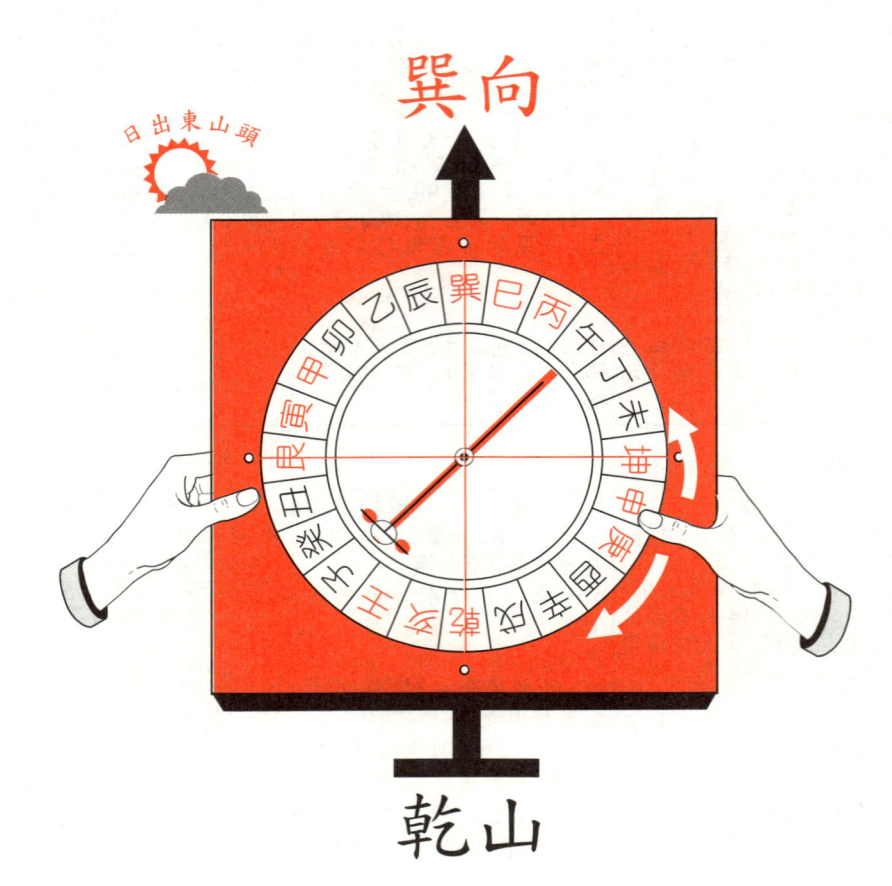

巽向

日出東山頭

乾山

（羅盤坐向方位）

坐	
乾宮（西北）	
24山	乾山（正西北）
角度	307.5⁰～322.5⁰

向	
巽宮（東南）	
24山	巽向（正東南）
角度	127.5⁰～142.5⁰

第十節 乾宮戌乾亥三山

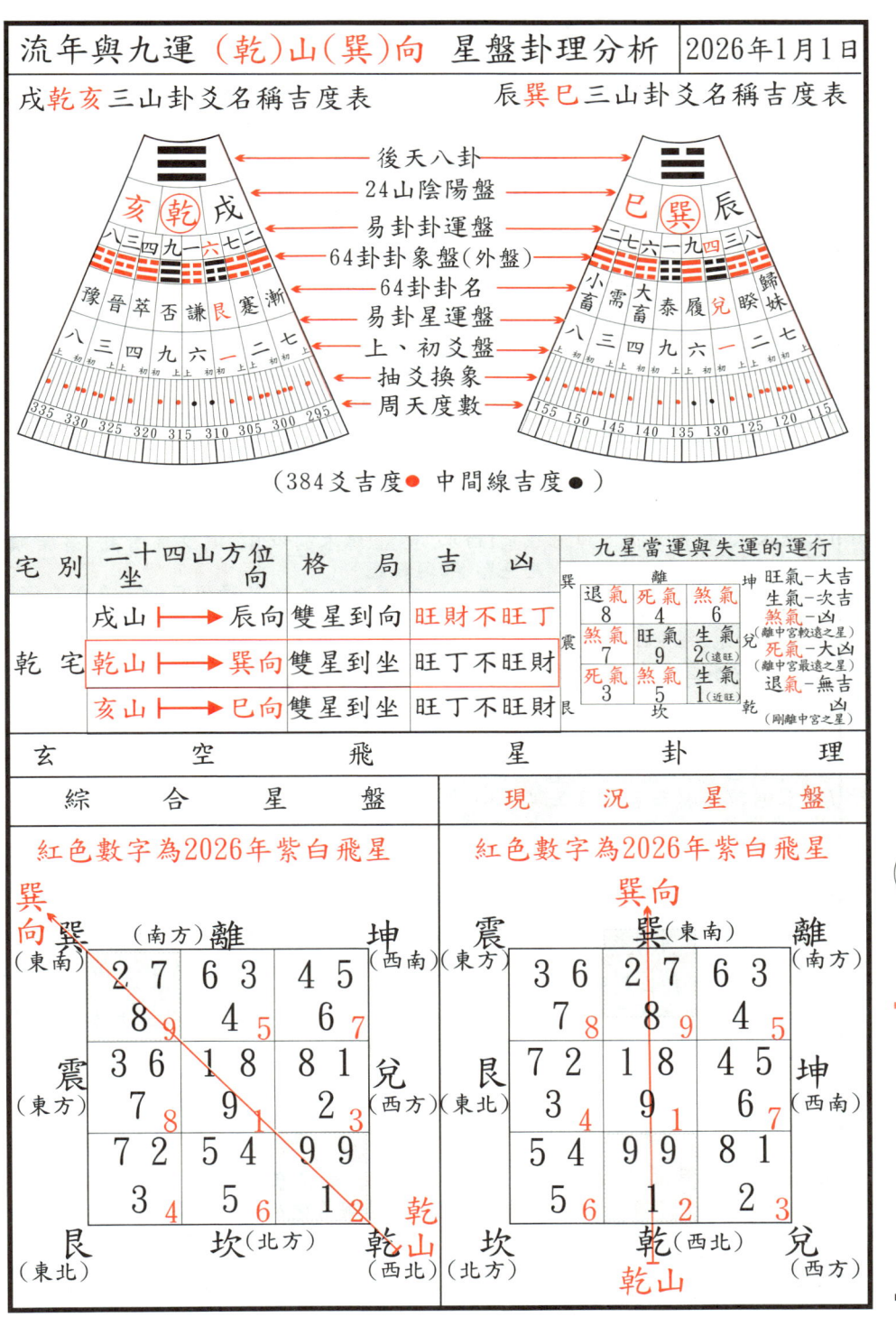

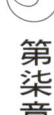

流年與九運 (乾)山(巽)向 星盤卦理分析　2026年1月1日

戌乾亥三山卦爻名稱吉度表　　　**辰巽巳**三山卦爻名稱吉度表

- 後天八卦
- 24山陰陽盤
- 易卦卦運盤
- 64卦卦象盤(外盤)
- 64卦卦名
- 易卦星運盤
- 上、初爻盤
- 抽爻換象
- 周天度數

(384爻吉度● 中間線吉度●)

宅別	二十四山方位 坐　　向	格局	吉凶
乾宅	戌山 → 辰向	雙星到向	旺財不旺丁
	乾山 → 巽向	雙星到坐	旺丁不旺財
	亥山 → 巳向	雙星到坐	旺丁不旺財

九星當運與失運的運行

巽	離	坤
退氣 8	死氣 4	煞氣 6
煞氣 7	旺氣 9	生氣 2(遠旺)
死氣 3	煞氣 5	生氣 1(近旺)
震		兌
艮	坎	乾

- 旺氣-大吉
- 生氣-次吉
- 煞氣-次凶
- 死氣-大凶（離中宮最遠之星）
- 退氣-無吉凶（剛離中宮之星）

玄　空　飛　星　卦　理

綜合星盤

紅色數字為2026年紫白飛星

巽向 (東南)	(南方)離		坤 (西南)
2 7 **9**	6 3 **5**	4 5 **7**	
震 (東方)	3 6 **8**	1 8 **9**	8 1 **2**	兌 (西方)
	7 2 **3**	5 4 **5**	9 9 **1**	
艮 (東北)	坎 (北方)	乾山 (西北)	

現況星盤

紅色數字為2026年紫白飛星

震 (東方)	巽向 (東南)	離 (南方)
3 6 **8**	2 7 **8**	6 3 **5**
艮 (東北) 7 2 **3**	1 8 **9**	4 5 **7** 坤 (西南)
5 4 **6**	9 9 **1**	8 1 **2**
坎 (北方)	乾山 (西北)	兌 (西方)

第柒章　九運二十四山吉凶便覽

558

流年與九運(乾)山(巽)向星盤卦理釋義

震(東方) (3 6 / 7 8)	巽(東南) (2 7 / 8 9)	離(南) 午方太歲 (6 3 / 4 5)
1.本宮逢煞氣,當其衰為小凶,合成36,父子不和、頭痛傷足。 2.逢流年八白正財星至,剛失運,不旺不衰為退氣(衰氣);與山星合成38,損小口,兄弟不和;與水星合成68,六八雖雙吉利財源;在此開門尚吉,置紅色地毯調和化解。 3.農曆2、11月注意健康(頭、肝、四肢、呼吸器官);可小量紅色,宜以淡黃色布置為主,可置紫水晶飾物來增益。	1.本宮逢退氣,當其衰,合成27,留意回祿之災,婦女不和,留意食物不潔。 2.逢流年九紫火喜慶星至,利桃花,應酬多,宜多節制;與山星合成29,火炎土燥,陰氣重多病痛;與水星合成79,易生回祿之災;在此開門尚吉,可置藍色地毯來調和化解。 3.農曆3、6、12月注意健康(頭、肺、心臟、眼);1、6、8、10月小心火燭;以淡黃色為主,可置能量球及7杯水來調和化解。	1.本宮逢死氣,當其衰,合成63,善於官場奔走,有利可圖,惟金木交戰多是非。 2.逢流年五黃災病星至,不利健康;又逢流年午方太歲,宜靜不宜動;與山星合成合成65,雖有官運財運,多小人發難,官場焦頭爛額;與水星35,多叛逆,易得易失;在此開門不吉,置咖啡色地毯底置五帝錢調和化解。 3.農曆2、4、8、11月注意健康(頭、胃腸、呼吸器官、四肢);忌綠色,以白色為主,置銅葫蘆調和化解。
艮(東北) (7 2 / 3 4)	中宮 (1 8 / 9 1)	坤(西南) (4 5 / 6 7)
1.本宮逢死氣,當其衰,合成72,先天火,留意火災、血光之災,口舌是非多。 2.逢流年四綠木文昌星至,利考試、桃花;與山星合成74,陰神滿地,諸多口舌,留意桃花劫;與水星合成24,婆媳欠和,留意不正當異性緣。 3.農曆1、4、6、10月注意健康(頭、肺臟、風疾);忌綠色,以白色布置為主,置7杯水調和化解及置文昌筆(塔)來增益。	1.本宮逢旺氣,合成18,逢近旺星1白水,宜置4綠木調和,避免影響9運旺氣。 2.逢流年一白水貪狼星至,主思路廣,有進取心;與山星合成11,易流產,兄弟不和;與水星合成81,利文才,易患腎耳之疾。 3.農曆1、4、10月注意健康(風疾、胃腸、四肢);可小量紅色,宜以米黃色布置為主,可置金屬飾物調和化解。	1.本宮逢煞氣,當其衰,合成45,具文才智慧,事業順暢,留意貪花戀酒,家業落敗。 2.逢流年七赤破軍星至,為退氣易破敗;與山星合成47,陰神滿地,諸多口舌,留意桃花劫;水星合成57,具有不動產,是非不斷。 3.農曆1、4、10月注意健康(風疾、心臟、口腔);6月小心火燭;忌綠色及紅色,以淡黃色為主,可置7杯水調和化解。
坎(北) 子方歲破 (5 4 / 5 6)	乾(西北) (9 9 / 1 2)	兌(西) (8 1 / 2 3)
1.本宮逢煞氣,當其衰,合成54,木剋土,婦女多病。 2.逢流年六白武曲星至,任事果決;又逢流年子方歲破,宜靜不宜動;與山星合成56,煩惱難題待解,焦頭爛額;與水星合成46,合十,宜加強親情關係有搬遷勞役之苦。 3.農曆3、12月注意健康(風疾、心臟、口腔);忌綠色、紅色;以白色布置為主,可置銅葫蘆來調和化解。	1.本宮逢生氣(近旺氣),合成99,為後天火局,雙旺星在後,可布小量水局,宜留意火災及多生女,易破財。 2.逢流年二黑病符星至;與山水星合成92,火炎土燥,陰氣重,易患眼疾胃腸之苦。 3.農曆2、8、11月注意健康(心臟、眼、胃腸、風疾);3、12月小心火燭,宜淡黃色布置為主;可置銅葫蘆及7杯水來調和化解。	1.本宮逢生氣(遠旺氣),合成81,旺陰丁星,主旺女丁為主,易留意早夭不育症。 2.逢流年三碧木蚩尤星至,是非多,官訟破財;與山星合成83,利合作事業,不利小口健康;與水星合成13,有利長子事業,留意口角是非。 3.農曆6、9月注意健康(鼻、四肢、腎、血症);忌綠色,可小量紅色,以白色為主,掛銅鈴來調和化解。

第十節　乾宮戌乾亥三山

三、亥山巳向

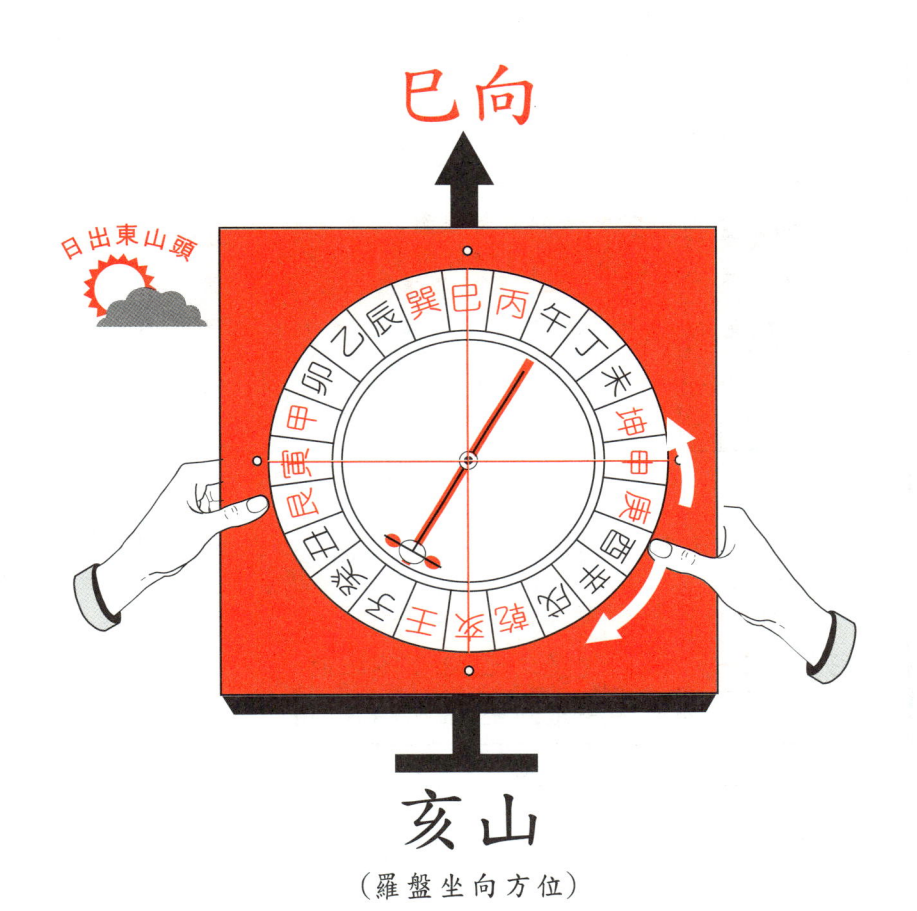

巳向 ↑

亥山
（羅盤坐向方位）

坐	
乾宮（西北）	
24山	亥山（西北北）
角度	322.5°～337.5°

向	
巽宮（東南）	
24山	巳向（東南南）
角度	142.5°～157.5°

第十節 乾宮戌乾亥三山

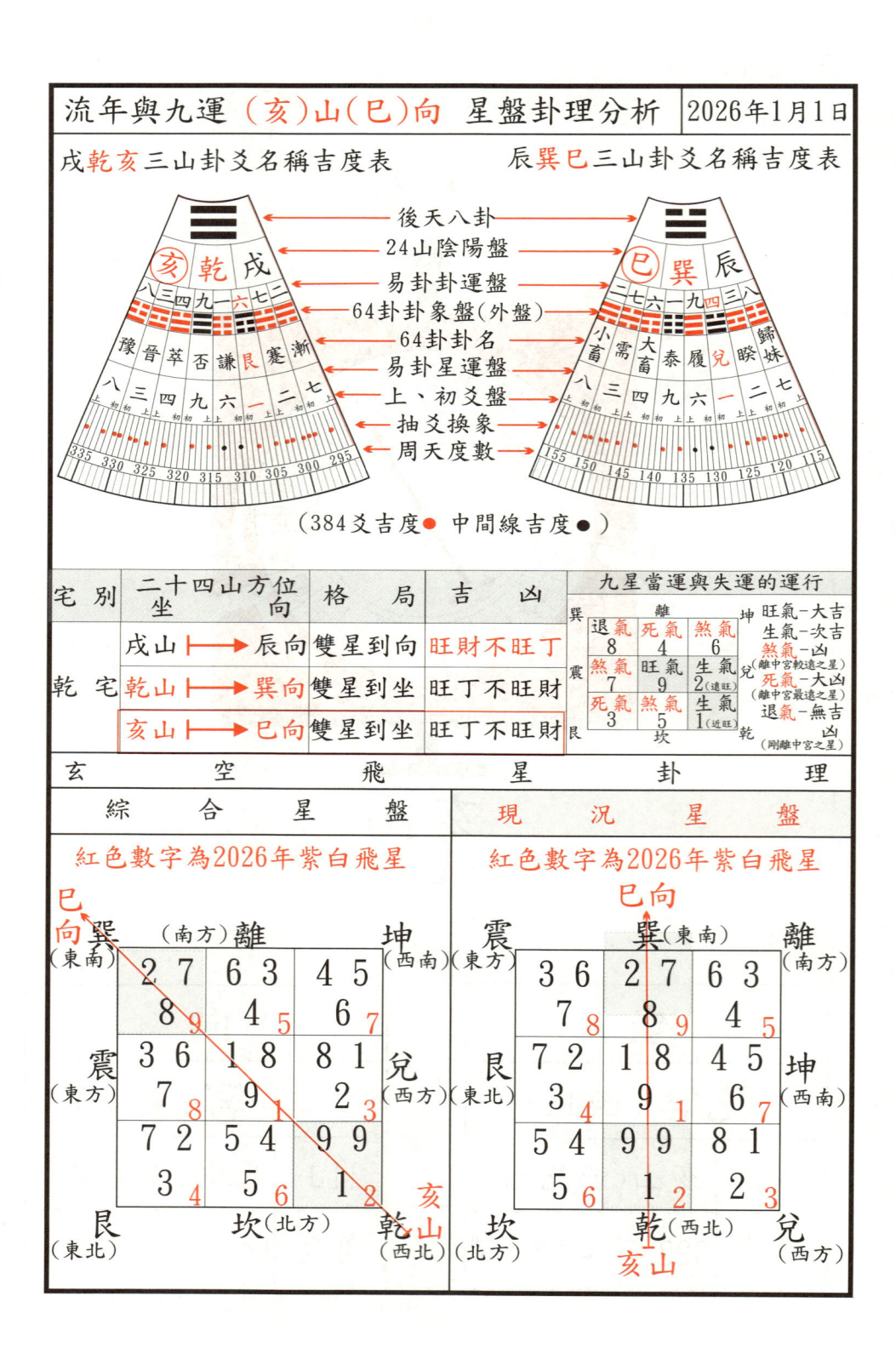

流年與九運（亥）山（巳）向 星盤卦理分析　2026年1月1日

戌乾亥三山卦爻名稱吉度表　　　辰巽巳三山卦爻名稱吉度表

（左扇形圖：亥乾戌；八三四九一六七二；豫晉萃否謙蹇漸艮；周天度數 335 330 325 320 315 310 305 300 295）

（右扇形圖：巳巽辰；二七六一九四三八；小畜需大畜泰履兌睽歸妹；周天度數 155 150 145 140 135 130 125 120 115）

後天八卦
24山陰陽盤
易卦卦運盤
64卦卦象盤（外盤）
64卦卦名
易卦星運盤
上、初爻盤
抽爻換象
周天度數

（384爻吉度● 中間線吉度●）

宅別	二十四山方位 坐	向	格局	吉凶
乾宅	戌山	→ 辰向	雙星到向	旺財不旺丁
	乾山	→ 巽向	雙星到坐	旺丁不旺財
	亥山	→ 巳向	雙星到坐	旺丁不旺財

九星當運與失運的運行

巽 8	離 4 死氣	坤 6 煞氣
震 7 煞氣	旺氣 9	兌 2 生氣（遠旺）
艮 3 死氣	坎 5 煞氣	乾 1 生氣（近旺）

旺氣－大吉
生氣－次吉
煞氣－凶（離中宮較遠之星）
死氣－大凶（離中宮最近之星）
退氣－無吉凶（剛離中宮之星）

玄 空 飛 星 卦 理

綜合星盤
紅色數字為2026年紫白飛星

巳向 巽（東南）｜（南方）離｜坤（西南）

2 7 8	6 3 4	4 5 6
3 6 7	1 8 9	8 1 2
7 2 3	5 4 5	9 9 1

震（東方）｜　｜兌（西方）

艮（東北）｜坎（北方）｜乾（西北） 亥山

現況星盤
紅色數字為2026年紫白飛星

巳向
震（東方）｜巽（東南）｜離（南方）

3 6 7	2 7 8	6 3 4
7 2 3	1 8 9	4 5 6
5 4 5	9 9 1	8 1 2

艮（東北）｜　｜坤（西南）

坎（北方）｜乾（西北）｜兌（西方）
亥山

561

流年與八運(亥)山(巳)向星盤卦理釋義

震(東方) (3 6 / 7 8)	巽(東南) (2 7 / 8 9)	離(南) 午方太歲 (6 3 / 4 5)
1.本宮逢煞氣,當其衰為小凶,合成36,父子不和、頭痛傷足。 2.逢流年八白正財星至,剛失運,不旺不衰為退氣(衰氣);與山星合成38,損小口,兄弟不和;與水星合成68,六八雖雙吉利財源;在此開門尚吉,置紅色地毯調和化解。 3.農曆2、11月注意健康(頭、肝、四肢、呼吸器官);可小量紅色,宜以淡黃色布置為主,可置紫水晶飾物來增益。	1.本宮逢退氣,當其衰,合成27,留意回祿之災、婦女不和、留意食物不潔。 2.逢流年九紫火喜慶星至,利桃花,應酬多,宜多節制;與山星合成29,火炎土燥,陰氣重多病痛;與水星合成79,易生回祿之災;在此開門尚吉,可置藍色地毯來調和化解。 3.農曆3、6、12月注意健康(頭、肺、心臟、眼);1、6、8、10月小心火燭;以淡黃色為主,可置能量球及7杯水來調和化解。	1.本宮逢死氣,當其衰,合成63,善於官場奔走,有利可圖,惟金木交戰多是非。 2.逢流年五黃災病星至,不利健康;又逢流年午方太歲,宜靜不宜動;與山星合成65,雖有官運財運,多小人發難,官場焦頭爛額;與水星35,多叛逆,易得易失;在此開門不吉,置咖啡色地毯底置五帝錢調和化解。 3.農曆2、4、8、11月注意健康(頭、胃腸、呼吸器官、四肢);忌綠色,以白色為主,置銅葫蘆調和化解。

艮(東北) (7 2 / 3 4)	中宮 (1 8 / 9 1)	坤(西南) (4 5 / 6 7)
1.本宮逢死氣,當其衰,合成72,先天火,留意火災、血光之災,口舌是非多。 2.逢流年四綠木文昌星至,利考試、桃花;與山星合成74,陰神滿地,諸多口舌,留意桃花劫;與水星合成24,婆媳欠和,留意不正當異性緣。 3.農曆1、4、6、10月注意健康(頭、肺臟、風疾);忌綠色,以白色布置為主,置7杯水調和化解及置文昌筆(塔)來增益。	1.本宮逢旺氣,合成18,逢近旺星1白水,宜置4綠木調和避免影響9運旺氣。 2.逢流年一白水貪狼星至,主思路廣,有進取心;與山星合成11,易流產,兄弟不和;與水星合成81,利文才,易患腎耳之疾。 3.農曆1、4、10月注意健康(風疾、胃腸、四肢);可小量紅色,宜以米黃色布置為主,可置金屬飾物調和化解。	1.本宮逢煞氣,當其衰,合成45,具文才智慧,事業順暢,留意貪花戀酒,家業落敗。 2.逢流年七赤破軍星至,為退氣易破敗;與山星合成47,陰神滿地,諸多口舌,留意桃花劫;水星合成57,具有不動產,是非不斷。 3.農曆1、4、10月注意健康(風疾、心臟、口腔);6月小心火燭;忌綠色及紅色,以淡黃色為主,可置7杯水調和化解。

坎(北) 子方歲破 (5 4 / 5 6)	乾(西北) (9 9 / 1 2)	兌(西) (8 1 / 2 3)
1.本宮逢煞氣,當其衰,合成54,木剋土,婦女多病。 2.逢流年六白武曲星至,任事果決;又逢流年子方歲破,宜靜不宜動;與山星合成56,煩惱難題待解,焦頭爛額;與水星合成46,合十,宜加強親情關係有搬遷勞役之苦。 3.農曆3、12月注意健康(風疾、心臟、口腔);忌綠色、紅色;以白色布置為主,可置銅葫蘆來調和化解。	1.本宮逢生氣(近旺氣),合成99,為後天火局,雙旺星在後,可布小量水局,宜留意火災及多生女,易破財。 2.逢流年二黑病符星至,與山水星合成92,火炎土燥,陰氣重,易患眼疾胃腸之苦。 3.農曆2、8、11月注意健康(心臟、眼、胃腸、風疾);3、12月小心火燭,宜淡黃色布置為主;可置銅葫蘆及7杯水來調和化解。	1.本宮逢生氣(遠旺氣),合成81,旺陰丁星,主旺女丁為主,易留意早夭不育症。 2.逢流年三碧木蚩尤星至,是非多,官訟破財;與山星合成83,利合作事業,不利小口健康;與水星合成13,有利長子事業,留意口角是非。 3.農曆6、9月注意健康(鼻、四肢、腎、血症);忌綠色,可小量紅色,以白色為主,掛銅鈴來調和化解。

第捌章
實踐案例分析
Shijian Anli Fenxi

　　風水案例的探討，彰顯了風水理論與建築規劃、設計巧思、圖資輔助、文獻回顧等多領域間的互補性。透過法訣應用（如時間與方位選擇、巒頭形勢判斷、氣場動靜掌握），因地制宜地採取不同意境與技法，展現出空間整合與布局調整的核心理念。本章共分為二節，內容涵蓋實務應用層面，如名片設計、數字號碼選擇、擇日避煞、流年吉方位布局規劃，以及建築風水案例分析，特別是在非旺局條件下如何進行微調以趨吉避凶。藉由理論與實務結合，務實滿足業主需求，期能提供具參考價值之應用方向與啟發。

本章提要

第一節、風水生活應用

第二節、風水案例分析

第捌章　實踐案例分析

第一節、風水生活應用

一、名片藏玄機扭轉乾坤

　　名片作為現代社會中自我介紹的重要工具，不僅傳達基本資訊，更承載著第一印象的關鍵。根據清代《欽定四庫全書‧子部》記載：「宋朝高承撰《事物紀原‧卷二‧門狀》中載：漢初未有紙，書名於刺，削木竹為之。後代稍用名紙。」說明在紙張尚未普及的漢初時期，古人以木片、竹片刻上姓名、籍貫、官職，自我介紹之用。歷代稱謂也有所不同：東漢稱「謁」、西漢稱「刺」或「名紙」、六朝稱「名」、唐代稱「名狀」、宋代稱「手刺」「門刺」、明清稱「名帖」，至清末中外交往頻繁後，名片使用益加普及。名片既為自我形象之延伸，無論採橫式或直式設計，皆蘊含氣場與象徵意涵，稍有不慎，可能牽動吉凶。猶如基地規劃，若能融合時運趨勢與風水理念，自能帶來助力。多年實務觀察顯示，結合流年資訊所設計的名片，往往效益最佳。可視名片為一枚小太極，自中心向外劃分八方位，結合陰陽、姓名學、五行、八卦、命卦及行業特性等要素，配合吉時吉位與卦象運用，不僅增強識別度，更可產生靈動之氣，達到趨吉避凶、助運提昇之效果。

(一)名片基本結構

1.識別系統：為公司之品牌形象，專屬商標，當令人印象深刻。
2.姓名：為名片上的主體，一般可用本名或偏名，本名具有先天性，偏名具後天性，以真名為體，偏名為用，體用得當，當可帶來助力。若本名之靈動力欠佳時，可以取偏名代之，為考慮有關權益或法律上之問題，一般常於偏名後加括號註明(本名)。
3.公司名稱：指核准登記設立之公司名稱或公文書印載的名稱。
4.地址：一般而言，地址之登錄係信用之表徵，代表公司之根基。
5.連絡模式：一般設為電話、手機、傳真、網址、LINE、WeChat、電子郵件、統一編號、統一社會信用代碼等。
6.頭銜：為公司頭銜或職稱，為應業務需求及代表公司某種程度之身份，以便行使其職權，裨益展開服務。

7.**個人照片**：常見於服務業居多，可讓客戶進一步認識自己，亦有協助監督之作用，照片代表個人精神，若有在上塗鴉，將有損運氣，宜妥善處理。

8.**地圖**：常見商店、賣場等服務業，地點不易尋找，省卻電話解說之不便，故多印製於名片背面。

9.**其它**：如企業口號、祝福語、精神標語、彩色圖案、價目表等，種類繁多具創意。

(二)掌握九星五行特性

　　五行元素相生排列為木、火、土、金、水，隔一位五行順生為木生火、火生土、土生金、金生水、水生木；隔二位五行相剋為木剋土、火剋金、土剋水、金剋木、水剋火(圖8-1)。九星特性如下，但進入下元九運(2024~2043年)，**九離火會變成最旺之星、八艮土退氣無吉凶、一坎水為生氣吉星。**

1.**一坎水**：主生氣為(吉)。
2.**二坤土**：主病符(凶)。
3.**三震木**：主是非(凶)。
4.**四巽木**：主文昌、桃花(吉)。
5.**五黃土**：主災病(凶)。
6.**六乾金**：主驛馬、武貴(吉)。
7.**七兌金**：主破財、官訟(凶)。
8.**八艮土**：主財帛、正財(吉)。
9.**九離(紫)火**：主名聲、喜慶

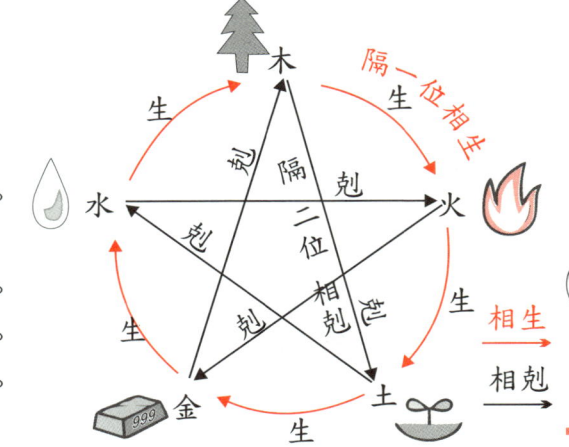

(圖8-1)五行生剋之運用

(三)掌握九宮八方位吉凶

　　一物一太極，將橫、直式名片虛擬畫成九格，以後天八卦區分九宮八方位，成為小太極，茲將橫式或直式名片區分八方位(圖8-2、8-3)。

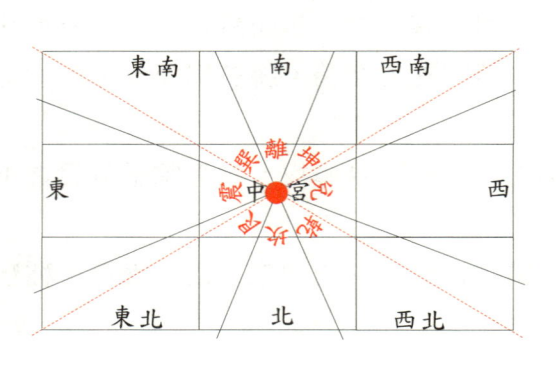

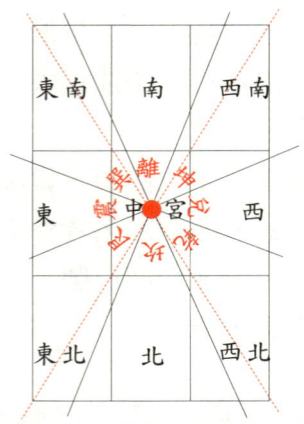

(圖8-2)橫式名片虛擬區分八方位　(圖8-3)直式名片虛擬區分八方位

(四)流年版面設計

　　以流年 2026 年丙午歲，即風水輪流轉，九星會隨時間的變化，每一個星均有原本吉凶特徵，與元旦盤(後天八卦)五行生剋比較，結果決定九宮八方位吉凶。因而掌握九星吉凶方位來規劃安排名片內容位置(圖8-4)；名片設計著重在"個人姓名"，次以"公司名稱"，宜特別安排在"生旺位"上(圖8-5)，才能帶來助益。

(東南方)巽	離(南方)	坤(西南方)
喜：咖啡色、黃色 喜慶旺星　火9 忌：藍、黑色	喜：白、金色、咖啡色、黃色 災病　土5 忌：紅、綠色	喜：黑、藍色 破耗　金7 忌：紅色、白色
(東方)震 喜：紅、咖啡色、黃色 正財　土8 退氣 忌：綠色、金屬色	喜：白、黑、藍色 生氣　水1 忌：黃、紅色	喜：紅色、紫色 是非　木3　兌(西方) 忌：綠、黃、藍色
喜：黑、藍、紅色 文昌桃花　木4 忌：綠色、黃色	喜：黃、藍、黑色 武貴　金6 忌：綠色、紅色	喜：金屬色、黃色 病符　土2 忌：紅、綠色
(東北方)艮	坎(北方)	乾(西北方)

(圖8-4)2026 年九星八卦五行吉凶分析

(東南方)巽	離(南方)		坤(西南方)
喜慶 旺氣吉 木生火　9	災病 凶 火生土　5	破敗 凶 土生金　7	
正財 退氣 半吉凶 木剋土　8	生氣 文曲 吉 土剋水　1	是非 凶 金剋木　3	(西方)兌
文昌桃花 吉 木剋土　4	武貴 吉 金生水　6	病符 凶 土生金　2	
(東北方)艮	坎(北方)		乾(西北方)

(東方)震

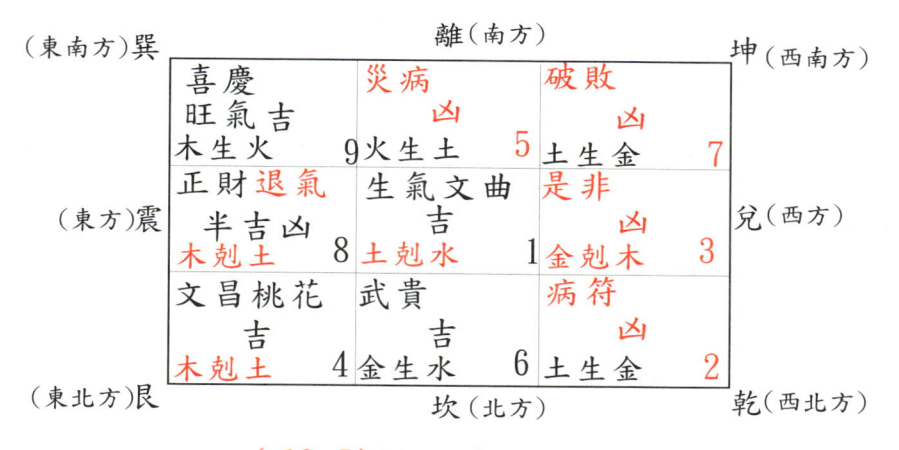

(圖8-5) 2026年名片吉凶方位

(五)案例分析

1. **名片加框**：雖然可突現美觀與價值；殊不知自我發展空間當受限制，易自滿或先入為主之思考模式，就如同，如同自己"囚"自己(圖8-6)。事實上易生諸多之煩惱罣礙。

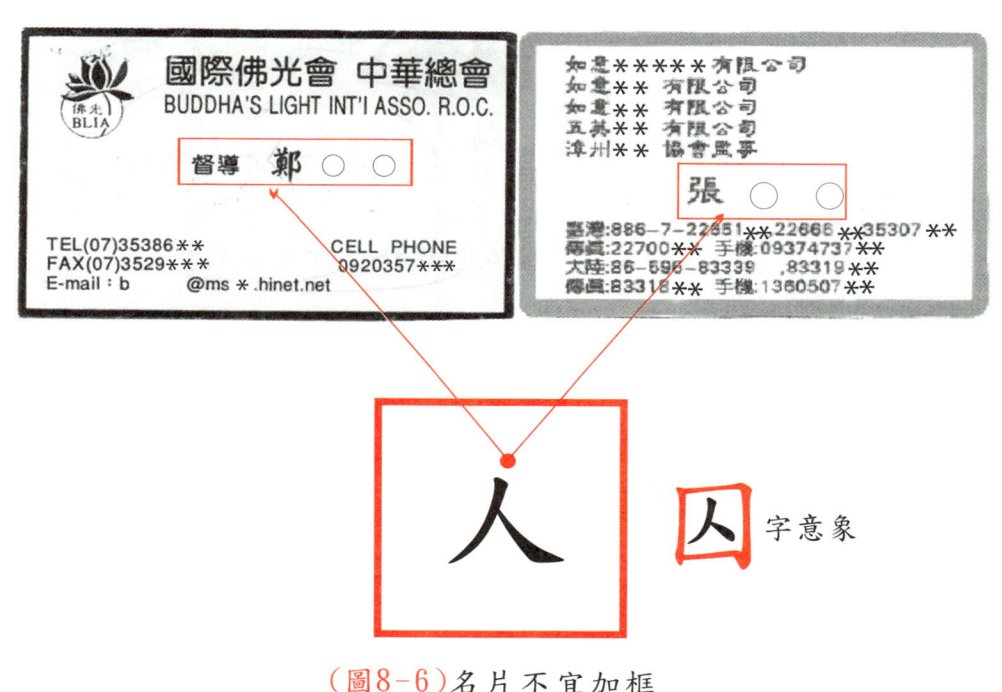

(圖8-6)名片不宜加框

2.病符位：陳師兄名片，姓名設計在東北方位置(圖8-7)，逢流年(2001年)病符星至"姓名位置"(圖8-8)，主該年身體確實不適住院治療。

3.是非位：李經理名片，姓名設計在南方位置，逢流年(2001年)是非星至"姓名位置"(圖8-9)，主該年口角是非重，徵員困難業績無法成長。

(圖8-7)2001年名字在病符位

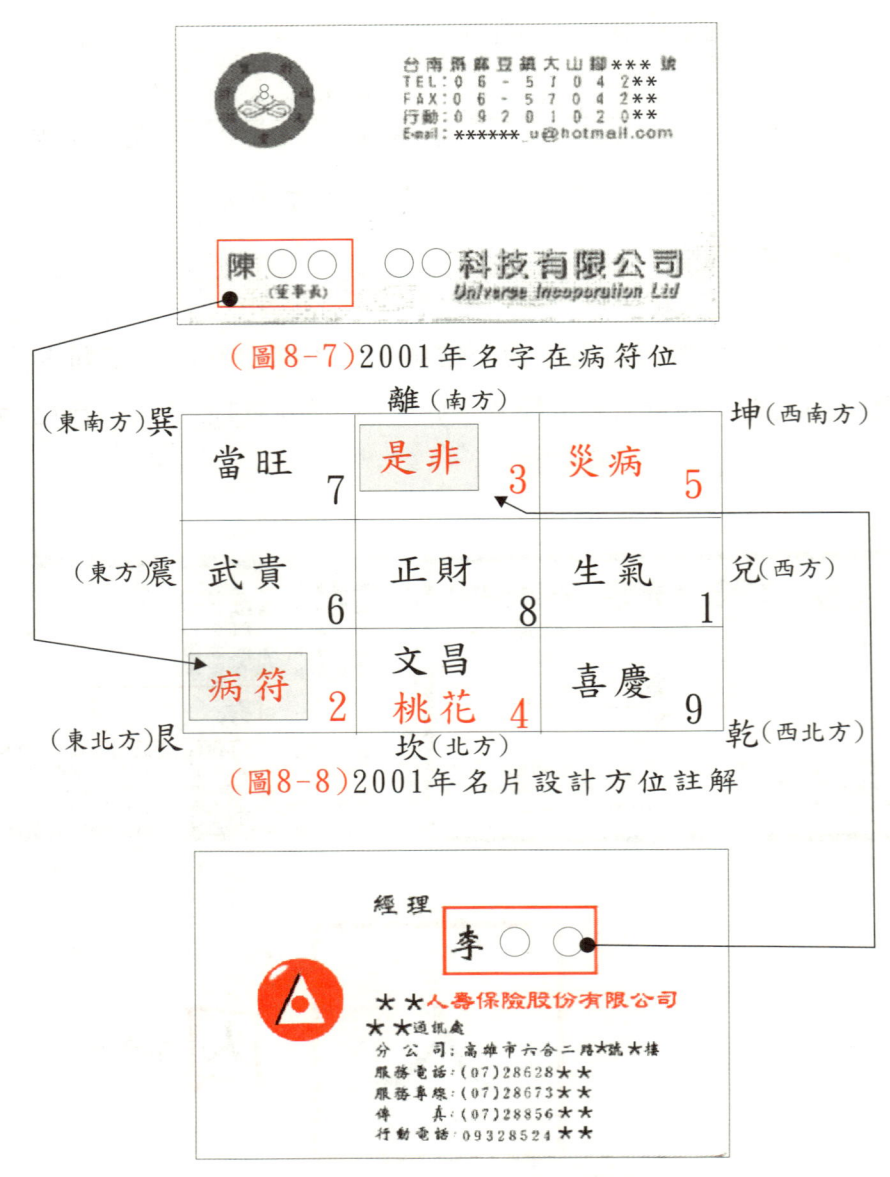

(東南方)巽	離(南方)		坤(西南方)
當旺 7	是非 3	災病 5	
(東方)震 武貴 6	正財 8	生氣 1	兌(西方)
病符 2	文昌 桃花 4	喜慶 9	
(東北方)艮	坎(北方)		乾(西北方)

(圖8-8)2001年名片設計方位註解

(圖8-9)2001年名字在是非位

4.吉方位：王執行長之名片，依流年(2005年)將"姓名、公司名稱"（圖8-10）規劃設計在吉方位上，學理上掌握字體顏色、八卦九星、陰陽平衡、五行平衡，凶煞化解。如三碧木是非星，在巽方（東南方），為雙木成林，昧事無常之象。因而字體可加紅色陰影來調和化解，紅色陰影顏色五形屬火，與三碧木合成木生火，帶來"木火通明，聰明文采"。據王執行長告之業績推展順利，小小名片確實帶來助益。

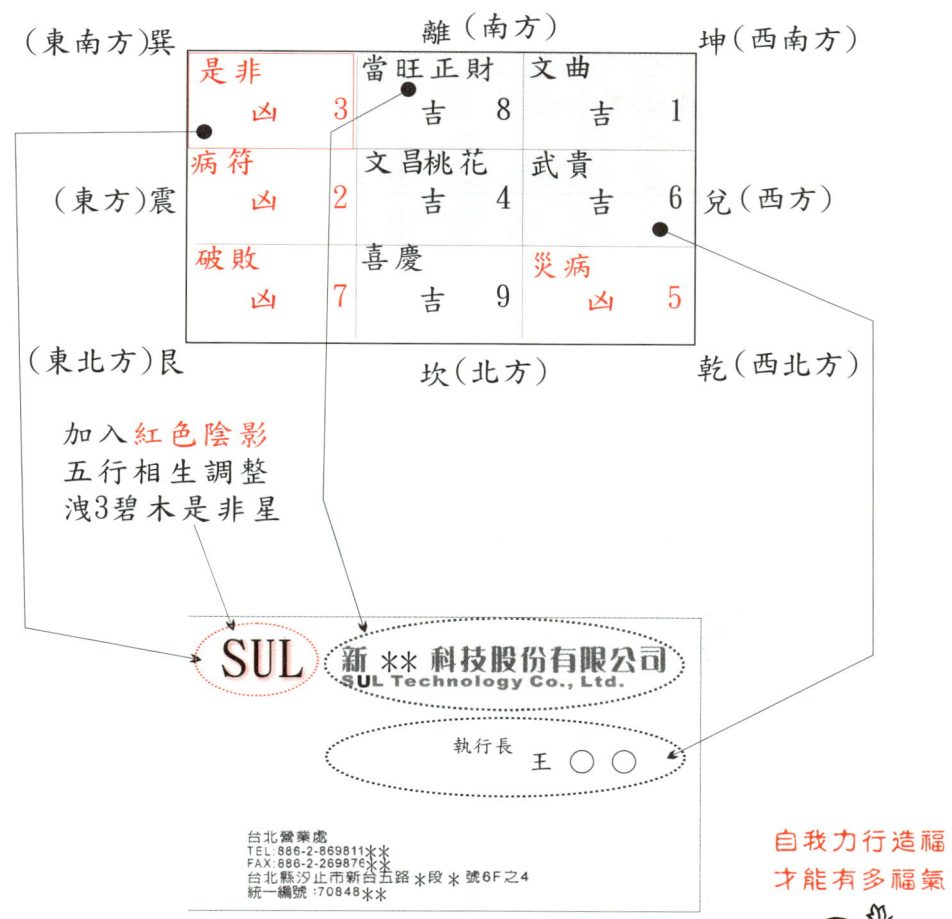

(東南方)巽	離（南方）	坤（西南方）
是非 凶 3	當旺正財 吉 8	文曲 吉 1
病符 凶 2	文昌桃花 吉 4	武貴 吉 6
破敗 凶 7	喜慶 吉 9	災病 凶 5
(東北方)艮	坎（北方）	乾（西北方）

加入 紅色陰影
五行相生調整
洩3碧木是非星

SUL　新※※科技股份有限公司
　　　SUL Technology Co., Ltd.

執行長　王○○

台北營業處
TEL:886-2-869811※※
FAX:886-2-269876※※
台北縣汐止市新台五路※段※號6F之4
統一編號:70848※※

自我力行造福
才能有多福氣

（圖8-10）2005年名片設計

5.2026年名片範例：與時俱進與趨吉避凶的理念，配合流年八卦九星、字體顏色、陰陽平衡、五行平衡，凶煞化解來規劃設計(圖8-11)，應用上往往會有不可思議之靈動力給自己帶來助益。

2026年名片吉凶方位

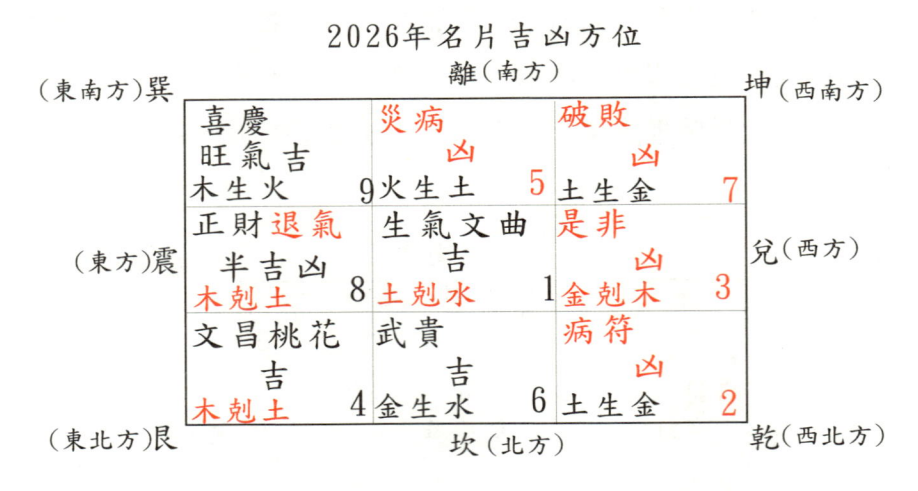

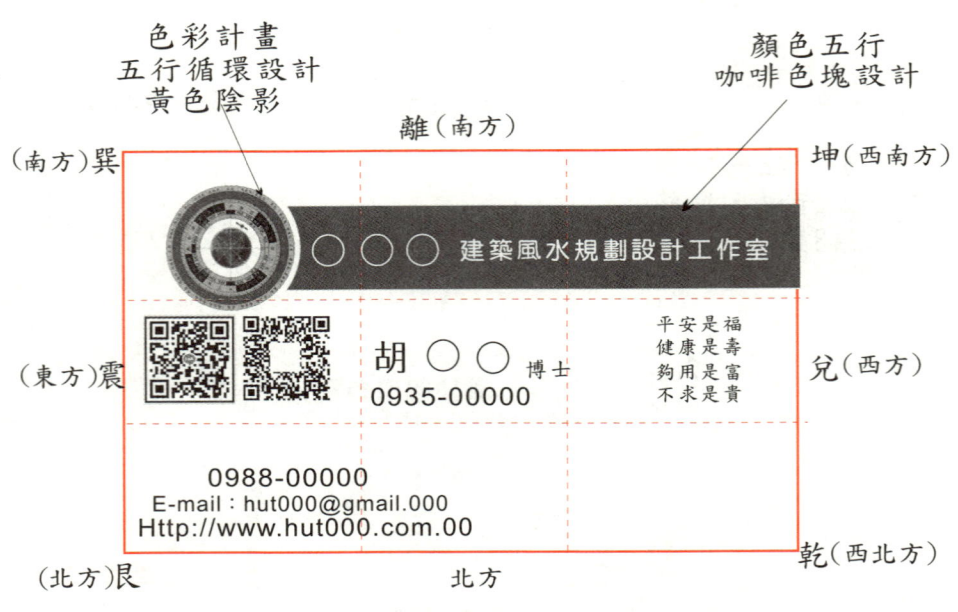

(東南方)巽	離(南方)		坤(西南方)
喜慶 旺氣吉 木生火　9	災病 凶 火生土　5	破敗 凶 土生金　7	
(東方)震	正財 退氣 半吉凶 木剋土　8	生氣文曲 吉 土剋水　1	是非 凶 金剋木　3	兌(西方)
	文昌桃花 吉 木剋土　4	武貴 吉 金生水　6	病符 凶 土生金　2	
(東北方)艮	坎(北方)		乾(西北方)

色彩計畫
五行循環設計
黃色陰影

顏色五行
咖啡色塊設計

名片內容：
○○○ 建築風水規劃設計工作室
胡○○ 博士
0935-00000
平安是福
健康是壽
夠用是富
不求是貴
0988-00000
E-mail：hut000@gmail.000
Http://www.hut000.com.00

(圖8-11)2025年名片設計範例

心境美
看什麼都美

二、慎選數字號碼迎好運

在日常生活中，數字的應用無處不在，如車牌號碼、電話號碼、提款卡密碼、產品型號等，無一不與我們息息相關。隨著數位化時代來臨，科技帶來了極大便利，以手機為例，幾乎人手一機，已成為不可或缺的生活工具。然而，自選的「數字組合」所蘊藏的吉凶禍福，往往如影隨形，實不可等閒視之。北宋理學家邵雍所著《梅花易數》，融合《周易》象數之理，建立出一套完整而神妙的推衍系統，用以預測萬事萬物的變化，理論精深，應用靈活。本文將以「電話號碼」與「車牌號碼」為例，結合「數碼組卦」的方式，解析其中蘊含之吉凶意象，作為現代人選號時的參考依據，趨吉避凶，助運增祥。

(一) 數碼組卦方式

先把數字分成二組，"偶數"位時恰可平分，前面一組為上卦，後面一組為下卦(圖8-12)；若為"奇數"，以前面一組，上卦少一數；後面一組，下卦多一數(圖8-13)；逢數字中含有"0"數字時，應剔除(圖8-14)，因"0"為太極空亡(指空虛)不佔位數，說明範例如下：

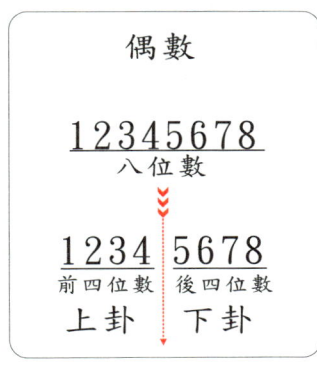

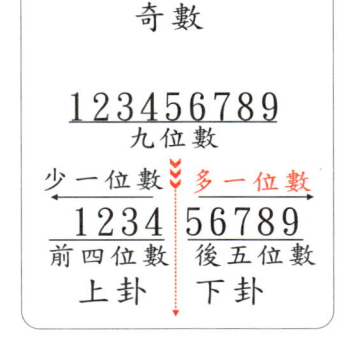

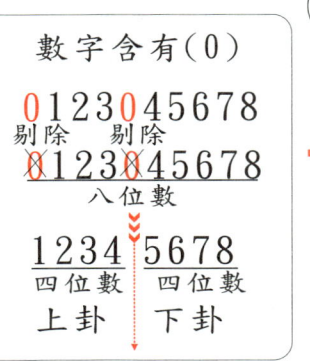

偶數	奇數	數字含有(0)
12345678 八位數 ↓ 1234　5678 前四位數　後四位數 上卦　　下卦	123456789 九位數 ← 少一位數　多一位數 → 1234　56789 前四位數　後五位數 上卦　　下卦	0̶1230̶45678　剔除　剔除 0̶1230̶45678 八位數 ↓ 1234　5678 四位數　四位數 上卦　　下卦
(圖8-12)偶數平分	(圖8-13)奇數不平分	(圖8-14)"0"剔除

(二)數字求卦名

1.求餘數：運用(數字和)/ 8，求其餘數，用來對應"先天八卦數"(指卦序)(圖8-15)，轉換為"卦名"，整理餘數轉換一覽表(表8-1)，可參考便捷應用。另上卦與下卦之組合及劃爻成卦之方式(圖8-16)。

(表8-1)餘數對應資料一覽表

卦名	卦象	本象	五行	卦序	總數除8餘數
乾	☰ (乾三連)	天	金	1	1
兌	☱ (兌上缺)	澤	金	2	2
離	☲ (離中虛)	火	火	3	3
震	☳ (震仰盂)	雷	木	4	4
巽	☴ (巽下斷)	風	木	5	5
坎	☵ (坎中滿)	水	水	6	6
艮	☶ (艮覆碗)	山	土	7	7
坤	☷ (坤六斷)	地	土	8	8、0

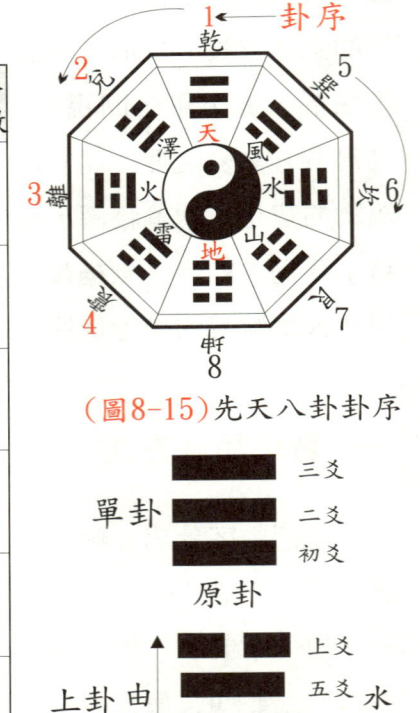

(圖8-15)先天八卦卦序

(圖8-16)劃爻成卦

2.求對應數：上、下卦數字之和，各除8，求"餘數"(商數不用)，參照上表轉換為卦名。如餘數為5對照卦序為5，轉換卦名為"巽"。

3.無餘數：若除盡，餘數為0時，當作8，即"坤"卦。

(三)體用卦之應用

掌握數字，用以確認"體"與"用"卦，通常分屬上卦或下卦。以過去式參考"本卦"，現在式參考"互卦"，未來式參考"變卦"，再以"體"與"用"卦兩者比較其五行生剋關係，用作吉凶判斷之重要參考憑據。

1. 應驗時刻

體用應驗時刻十分重要，可根據卦數與事理兩法來判斷。卦數以體用卦氣之生或剋來決定或以卦數（本卦、互卦、變卦）之總和作為應驗時間；事理時期採農曆年之地支、月、日數及時地支數相加之和來判斷。

2. 本卦

通常以"我"為主體，代表事件為主體之卦，通常指成卦六爻卦中，沒有變爻的上卦或下卦稱之為體卦。本卦代表過去或早年所受到的的影響。

3. 變卦

通常以"他"為客體，"我"為主體；相互產生直接的影響，在卦爻中所佔之卦位，指成卦（指六爻卦）中，有一原卦（指上卦或下卦）三爻中有"變爻"，變爻的該原卦稱"用卦"，如上卦變爻，即上卦稱用卦（指有變爻），下卦即為"體卦（指無變爻）；下卦變爻，即下卦稱用卦（指有變爻），上卦即為體卦（指無變爻）。變卦代表未來或晚年所受到的影響。

4. 互卦

通常以事情的發生過程；成卦劃爻過程以初爻（或稱一爻）、二爻、三爻、四爻、五爻、上爻（或稱六爻）依序往上畫爻而成，初爻為事情發生之起點，上爻代表事發生之終點，二爻至五爻為中間之發生過程。互卦之組成過程（圖8-17）；重點是採用成卦六爻中之"五、四、三爻"排列組合為上卦，稱互卦之上卦，另以成卦之"四、三、二爻"排列組合為下卦，稱為互卦之下卦。互卦代表現在或中年所受到的影響。

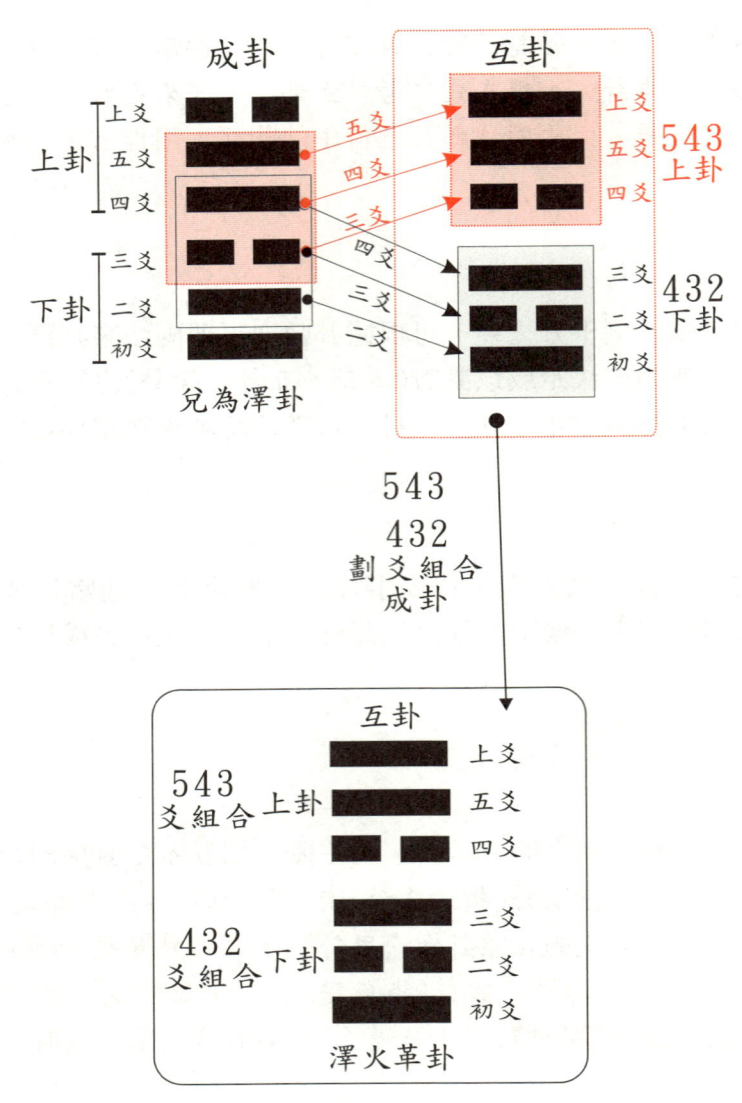

(圖8-17)互卦組爻成卦

5.變爻

　　通常以代表事情產生變化之因素點，就是掌握"陽爻變陰爻"，或"陰爻變陽爻"，卦中爻之變，為變卦之意(圖8-18)。符合《周易》記載：「吉凶悔吝，成乎動。」說明有動就有象，即有吉凶。一卦有六爻，求動爻，以六除之，求餘數代之(整除無餘數當著六)，餘一動初爻，餘二動二爻，餘三動三爻，餘四動四爻，餘五動五爻，餘六動上爻。

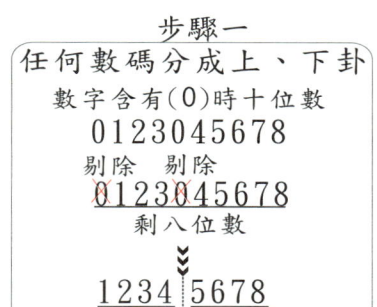

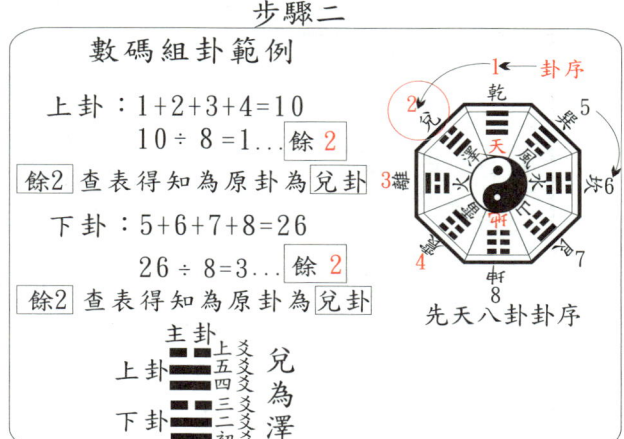

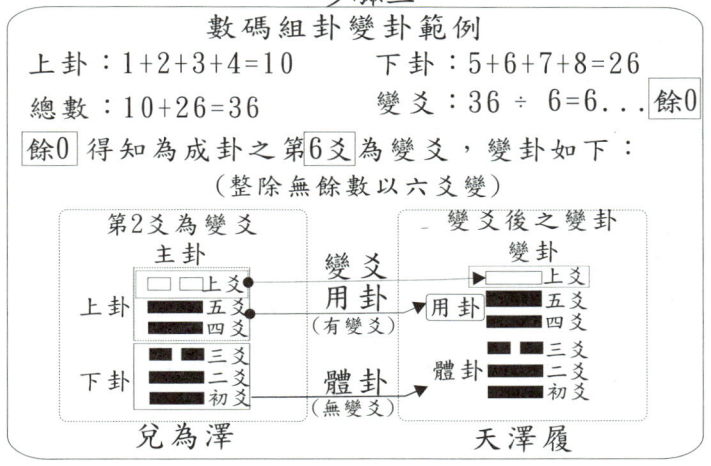

步驟一
任何數碼分成上、下卦
數字含有(0)時十位數
0123045678
剔除　剔除
0̶1̶2̶3̶0̶4̶5̶6̶7̶8̶
剩八位數
↓↓↓
1234 | 5678
四位數　四位數
上卦　　下卦

步驟二
數碼組卦範例
上卦：1+2+3+4=10
10÷8=1...餘2
餘2 查表得知為原卦為 兌卦
下卦：5+6+7+8=26
26÷8=3...餘2
餘2 查表得知為原卦為 兌卦

主卦
上卦 ▬▬ 上爻
　　 ▬▬ 五爻
　　 ▬▬ 四爻　兌
下卦 ▬▬ 三爻　為
　　 ▬▬ 二爻　澤
　　 ▬▬ 初爻

先天八卦卦序（乾1、兌2、離3、震4、巽5、坎6、艮7、坤8）

步驟三
數碼組卦變卦範例
上卦：1+2+3+4=10　　下卦：5+6+7+8=26
總數：10+26=36　　　變爻：36÷6=6...餘0

餘0 得知為成卦之第6爻為變爻，變卦如下：
（整除無餘數以六爻變）

第2爻為變爻　　　　　變爻後之變卦
　　主卦　　　　　　　　變卦
上卦　　　　變爻　　　　　上爻
　　　　　　用卦　　　　　五爻
　　　　　(有變爻)　用卦　　四爻
下卦　　　　　　　　　　　三爻
　　　　　　體卦　　體卦　二爻
　　　　　(無變爻)　　　　初爻
　兌為澤　　　　　　　　天澤履

(圖8-18)變卦變爻成卦

(1) **體卦**：代表自身之兆，是不可改變之本質。

(2) **用卦**：代表用事之端，隨時空，與人為會有不同之吉凶剋應。

(3) **盛衰區分**：體盛則吉，體衰則凶，比和亦吉。

(3) **五行生剋**：以體卦與用卦之五行生剋之理論，來推演吉凶禍福。

(4) **案例**：比較本卦（代表過去或早年）、互卦（代表現在或中年）、變卦（代表未來或晚年）之間的體卦與用卦的五行生剋吉凶推演為例。

例一：吳小姐手機號碼是0918185897，目前為學生，如分析表(表8-2)所示，她常與家人意見不合；但與同學相處融洽，課業順利成績尚佳。

第一節 風水生活應用

（表8-2）數碼組卦吉凶分析自我評量表 （以表格引導學習）

數碼區分	類別（ 電 話 ）	號碼： 0918185897	※0刪除
	組卦和數	上卦和數（ 19 ）	下卦和數（ 37 ）

組卦計算	上卦(19)÷8=(2)…餘(3)　下卦(37)÷8=(4)…餘(5)　※分別取餘數組上、下卦

組卦	上卦	下卦	組卦
	卦象（ ☲ ）卦名（ 離 ）五行（ 火 ）	卦象（ ☴ ）卦名（ 巽 ）五行（ 木 ）	上卦本象（ 火 ）下卦本象（ 風 ）　本卦卦名 由上下卦本象組合（ 火風鼎 ）

變爻	上卦(19)+下卦(37)=(56)÷6=(9)…餘(2 ）　變爻：第(2)爻變（※餘數為變爻數，當餘數為0時，當六爻變。）

組卦吉凶分析	區 分	本　卦（代表過去、早年之卦象）	互　卦（代表現在、中年之卦象）	變　卦（代表未來、晚年之卦象）
	卦別	上卦　下卦	上卦　下卦	上卦　下卦
	卦名	火風鼎	澤天夬	火山旅
	卦象	☲　☴	☱　☰	☲　☶
	體用分析	體　用	體　用	體　用
	五行分析	火　木	金　金	火　土
	卦意(64卦簡釋)	鼎立、穩當、建功利事	果決、去除、決而明瞭	過往、暫時、勢非常久
	五行分析（生剋比和）（○圈選）	上卦五行（火）生、剋、比和　下卦五行（木）	上卦五行（金）生、剋、比和　下卦五行（金）	上卦五行（火）生、剋、比和　下卦五行（土）
	吉凶分析（勾選）※視上、下卦體用區分以上、下卦五行之生、剋、比和作比較分析。	(✓)用卦生體卦大吉　( )用卦比和體卦吉　( )體卦剋用卦半吉　( )用卦剋體卦大凶　( )體卦生用卦凶	( )用卦生體卦大吉　(✓)用卦比和體卦吉　( )體卦剋用卦半吉　( )用卦剋體卦大凶　( )體卦生用卦凶	( )用卦生體卦大吉　( )用卦比和體卦吉　( )體卦剋用卦半吉　( )用卦剋體卦大凶　(✓)體卦生用卦凶
	建議（勾選）	( )選用　(✓)無緣再擇號　( )其他	行事	處事三思而行，則無憂

※用生體：有進益之喜。用剋體：諸事不宜。
　體生用：有耗失之患。體剋用：諸事尚可。

例二：壬午歲十月下旬午休時間，與研究所同學王技師等人，趨車前往市區用餐，車上八卦談笑解悶，話題談到王技師所開之藍色轎車，其車號為"yz-2448"，一般認為號碼有"四"為不吉，要筆者以數碼組卦分析看看。王同學年命卦屬金，轎車為藍色屬水，為金生水，即體卦生用

卦之象，對轎車之付出如修理、保養等費用甚多，但它帶給王同學業績成長不錯，也因這部車帶來好運，如分析表(表8-3)所示；經求證王同學笑稱：確實如此。他高興請客，大家便省了一頓午餐費。

(表8-3)　數碼組卦吉凶分析自我評量表(以表格引導學習)

數碼區分	類別(**車　號**)		號碼： **YZ-24↓48**		※0刪除	
	組卦和數		上卦和數(**6**)下卦和數(**12**)			
組卦計算	上卦(6)÷8=(**0**)…餘(**6**) 下卦(12)÷8=(**1**)…餘(**4**)			※分別取餘數組上、下卦		
組　卦	上卦 卦象(☵) 卦名(**坎**) 五行(**水**)	下卦 卦象(☳) 卦名(**震**) 五行(**木**)	組卦 上卦本象(**水**) 下卦本象(**雷**)		本卦卦名 由上下卦本象組合 (**水雷屯**)	
變　爻	上卦(6)+下卦(12)=(18)÷6=(3)…餘(0) 變爻：第(**6**)爻變(※餘數為變爻數，當餘數為0時，當六爻變。)					

組卦吉凶分析	區　分	本　　卦 (代表過去、早年之卦象)		互　　卦 (代表現在、中年之卦象)		變　　卦 (代表未來、晚年之卦象)	
	卦　別	上卦	下卦	上卦	下卦	上卦	下卦
	卦　名	**水雷屯**		**山地剝**		**風雷益**	
	卦　象	☵	☳	☶	☷	☴	☳
	體用分析	用	體	用	體	用	體
	五行分析	水	木	土	土	木	木
	卦　意 (64卦簡釋)	**屯積、聚蓄、等待機會**		**防桃花、謹慎保守、剝落衰敗**		**貴人相助、時來運轉**	
	五行分析 (生剋比和) (○圈選)	上卦五行(**水**)~~生~~、~~剋~~、比和 下卦五行(**木**)		上卦五行(**土**)~~生~~、~~剋~~、比和 下卦五行(**土**)		上卦五行(**木**)~~生~~、~~剋~~、比和 下卦五行(**木**)	
	吉凶 分析 (勾選) ※視上、下卦體用區分以上、下卦五行之生、剋、比和作比較分析。	(✓)用卦生體卦大吉 ( )用卦比和體卦吉 ( )體卦剋用卦半吉 ( )用卦剋體卦大凶 ( )體卦生用卦凶		( )用卦生體卦大吉 (✓)用卦比和體卦吉 ( )體卦剋用卦半吉 ( )用卦剋體卦大凶 ( )體卦生用卦凶		( )用卦生體卦大吉 (✓)用卦比和體卦吉 ( )體卦剋用卦半吉 ( )用卦剋體卦大凶 ( )體卦生用卦凶	
	建議 (勾選)	(✓)選用 ( )無緣再擇號　( )其他				行事：**防異性緣**	

※用生體：有進益之喜。用剋體：諸事不宜。
　體生用：有耗失之患。體剋用：諸事尚可。

三、擇日暗建煞推算之法

　　暗建煞是指流年紫白星與太歲星所飛臨之方位，為風水擇日中不可忽視之煞氣所在。其凶性不亞於五黃災病星，若於其位進行修方造葬，極易引發災禍。在三元風水學理中，擇日必須避開流年與逐月所飛臨的煞星，即所謂「飛太歲」，亦即暗建煞。不同於巒頭形煞或命理學中之太歲神煞，其判斷依據與操作原理有所差異。根據清末沈紹勳（1849－1906）於《沈氏玄空學・暗建》記載：「暗建煞切忌修造，犯凶禍立見，選擇應避之一端也。」明確指出此類方位如不慎動用，禍害立至，應慎之又慎。暗建煞的推算，主要以流年與月份之星曜飛臨方位為依據，是擇日避凶中極為重要的一環。茲分別說明如下：

(一)流年紫白太歲落宮

　　2026年丙午歲，太歲午在離宮，屬九離火；操作上先排流年玄空飛星盤，找出流年飛星入中數，以2026年紫白飛星1坎水入中，在玄空飛星盤中順飛，並確認紫白太歲九離火飛臨（落宮）之方位在巽宮（元旦盤東南方位置），方能藉以推算流月飛臨（即4巽木位置）之方位，即稱暗建煞。因而掌握流年、月飛星數入中數為重點，可運用手掌訣及常數推算(圖8-19)。

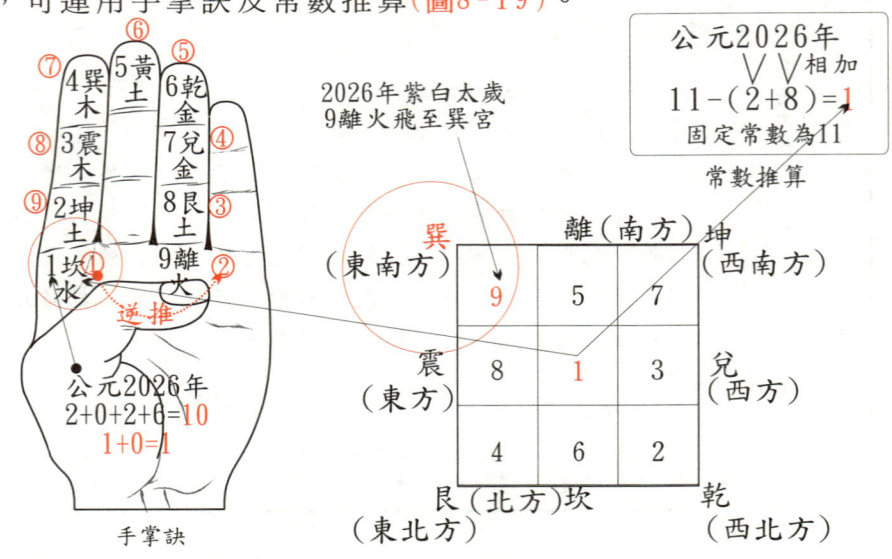

(圖8-19)2025年紫白太歲落兌宮（元旦盤7兌金位置）

(二)逐月暗建煞起法

　　推算流月紫白太歲所飛臨(落宮)之方位,即是月份所犯的暗建煞。操作上先找出月飛星入中數,根據《沈氏玄空學》記載:「《月上紫白吉星歌訣》:旺年八白中宮得,墓是五黃生是黑,逐月逆星次第行,一周之內可推測。」指出分旺、墓、生年,用以確認月紫白飛星入中數。旺年以子、午、卯、酉年,寅(正)月起八白逆推(表8-5);墓年以辰、戌、丑、未年,寅(正)月起五黃逆推(表8-6);生年以寅、申、巳、亥年,寅(正)月起二黑逆推(表8-7)。2026(丙午年)年之月飛星,採旺年以子、午、卯、酉年,表中寅(正)月起8白、2月起7赤、3月起6白、4月起5黃...(逆推)入中順飛;月飛星以4月份(農曆)為例,採5黃入中,順飛6到乾、7到兌、8到艮、9到離、1到坎、2到坤、3到震、4到巽。推算成果以2026年紫白太歲9離火在巽宮(東南方)位置,再以月飛星盤推算確認4巽木飛臨亦在巽宮(圖8-20)。因而2026年4月份,暗建煞在巽方(東南方),不宜營造、動土、修造,易生災禍。

(表8-4) 子、午、卯、酉 旺年 月紫白飛星入中表

農曆月份	正	二	三	四	五	六	七	八	九	十	十一	十二
月紫白飛星	8白 逆推	7赤	6白	5黃	4綠	3碧	2黑	1白	9紫	8白	7赤	6白

(表8-5) 辰、戌、丑、未 墓年 月紫白飛星入中表

農曆月份	正	二	三	四	五	六	七	八	九	十	十一	十二
月紫白飛星	5黃 逆推	4綠	3碧	2黑	1白	9紫	8白	7赤	6白	5黃	4綠	3碧

(表8-6) 寅、申、巳、亥 生年 月紫白飛星入中表

農曆月份	正	二	三	四	五	六	七	八	九	十	十一	十二
月紫白飛星	2黑 逆推	1白	9紫	8白	7赤	6白	5黃	4綠	3碧	2黑	1白	9紫

2026年4月 暗建煞在巽宮

(東南方) 巽 ④	(南方) 離 9	(西南方) 坤 2
(東方) 震 4	中宮 5	兌 (西方) 7
(東北方) 艮 8	(北方) 坎 1	(西北方) 乾 6

(圖8-20) 2026年4月飛星盤

用愛待人
用慈對人
則不惹人怨
能結好姻緣

四、2026年（丙午歲）三合貴位分析

　　2026為丙午年，流年太歲位於午方（正南方），屬太歲方宜「坐可不向」，不可面向該方，以免觸犯太歲之氣，招來不利。此外，地支三合為寅、午、戌三合火局，若能使此三方氣脈相通，有助於催旺財運（圖8-21）。然而，午方屬太歲所在，為帶殺氣之地，不宜再強化其氣場。特別提醒屬馬者，勿將馬形飾物擺放於南方，以免加劇太歲之凶性。同理，子方（正北方）為歲破之地，也忌擺放鼠形飾物，以免增強歲破氣場。實務上，建議透過「三合局」之原理來調和空間，促進和諧與順運。2026年之三合為「寅、午、戌」組成火局，分別對應生肖虎、馬與狗。為達互助互補之效，可於：南方（午方，太歲方）擺放木製羊形飾物，利用午與未之六合關係，以羊制馬，化解太歲；東北偏東（寅方）擺放銅製虎形飾物或掛上虎畫；西北偏西（戌方）擺放磁製狗形飾物或狗畫作。此為三合互補之法，所謂「合者順也」，寓意相輔相成、互助互惠，能促進氣場協調，達成諸事順利、心情愉悅之效。

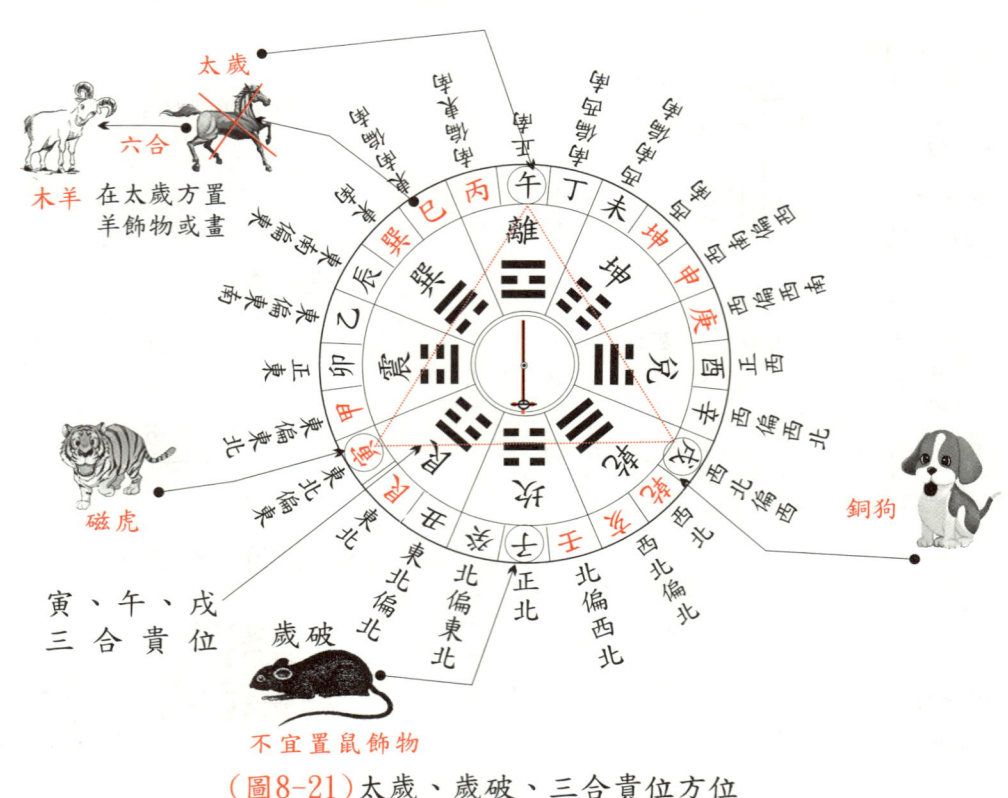

（圖8-21）太歲、歲破、三合貴位方位

五、2026年（丙午歲）吉方位布局

　　天地萬物之變化，皆可透過洛書九星（氣）與玄空挨星系統，探究其風水學中「以氣乘時」、「隨運轉化」的核心精神。九星之氣，隨元運興衰而轉變，因學派、師承不同，各有見解，往往難以形成一致定論。目前時空為下元九運（2024～2043年），九星氣場隨時間推移而異動，雖各星原本具有吉凶屬性，但一旦進入中宮，皆視為當運最旺之星。在九運期間，以九紫離火星為當旺之星，主名氣、人緣、喜慶及未來發展；而八白左輔星雖為過往之正財吉星，在此運中則轉為「退氣星」，代表逐漸式微的財氣與助力，若未善用，恐有失財失義之虞。因此，2026年之吉利方位，宜結合流年財位、零神位與三合貴位加以布局，以順應當運之氣（圖8-22），期能引動正能量，催財納福，趨吉避凶。

(一)流年財位：當運旺星九離（紫）火，飛至巽宮（東南方）本屬木，合成木生火，屬大吉，可置紫水晶球（或能量球）來旺財。
(二)零神位：當運旺星九離（紫）火的對宮坎方（北方）零神見水為旺。
(三)三合貴位：以寅（東北方偏東）、午（南方）、戌（西北方偏西）三合來調和互助互惠，主諸事順暢順心。

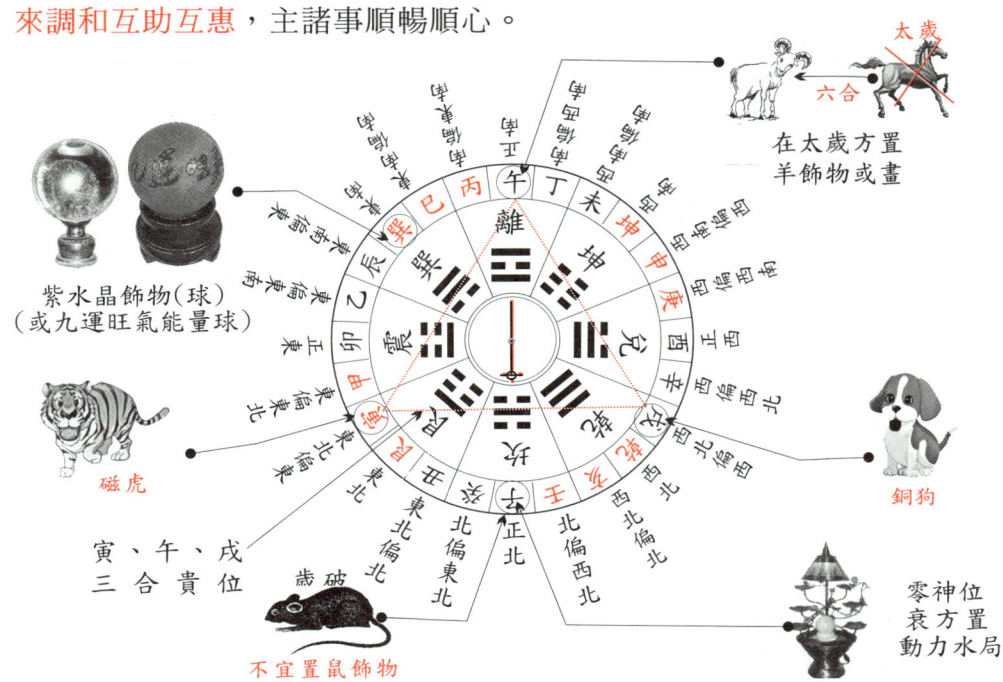

（圖8-22）2026年（丙午歲）吉方位布局

第二節、風水案例分析

一、舊居裝修－提升生活品質與空間機能

緣起

　　2024年8月下旬，長年從事房地產及娛樂事業的楊董事長，退休後選擇定居於花蓮市主商段一棟三層樓的獨棟老建築中。為提升生活品質與空間機能，楊董事長計畫將此棟老屋重新整修（圖8-23），並委託專業設計師規劃設計，同時邀請筆者運用建築風水技術參與本案規劃。整體作業過程結合衛星定位法、實地勘查與圖資分析，並輔以電腦模擬進行風水布局評估，以確認最佳裝修方案。茲將此次實務參與之心得與分析結果整理如下，提供參考：

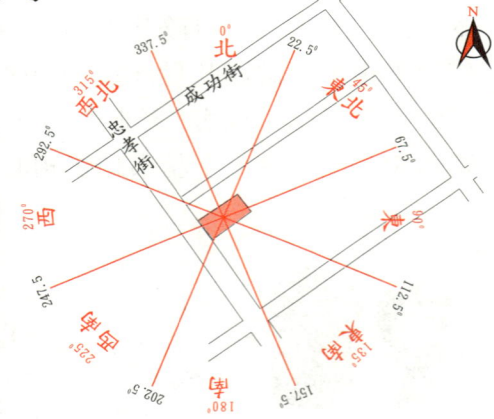

（圖8-23）花蓮市主商段三樓建築物位置

（一）基本資料

　　針對基地之自然與物理環境，應進行全面性勘察與分析，包括交通動線、地形地貌、排水模式、地質類型、周邊視野、使用活動、發展潛力、圖資資料及羅盤測量等，作為建築裝修規劃的重要依據。基地面積為156m^2（約47.19坪），適逢三元九運之第九運（2024~2043年），宜順應時運趨勢，結合巒頭觀測與理氣分析，掌握先天排龍須之吉勢與後天納氣方位之利基，作為空間機能量身規劃與趨吉避凶之關鍵。此一應用思維（圖8-24）亦為建築裝修設計的重要參考要點。

形理兼察理念

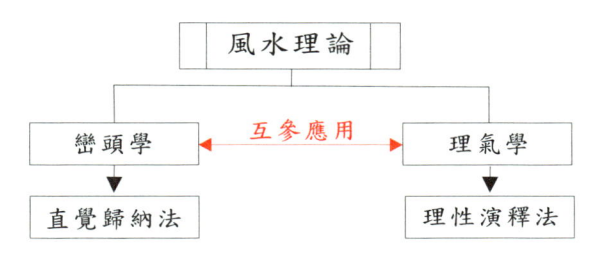

```
          風水理論
         /        \
      巒頭學  ←互參應用→  理氣學
        |                    |
     直覺歸納法           理性演繹法
```

掌握元運與時俱進

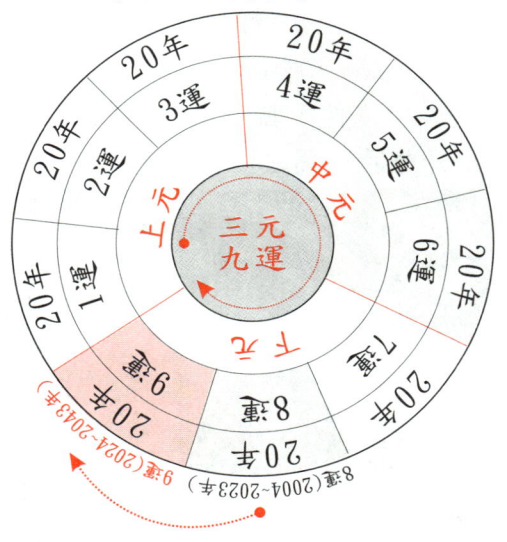

三元九運
上元：1運、2運、3運（各20年）
中元：4運、5運、6運（各20年）
下元：7運、8運、9運（各20年）

8運(2004~2023年)　9運(2024~2043年)

裝修操作應用系統

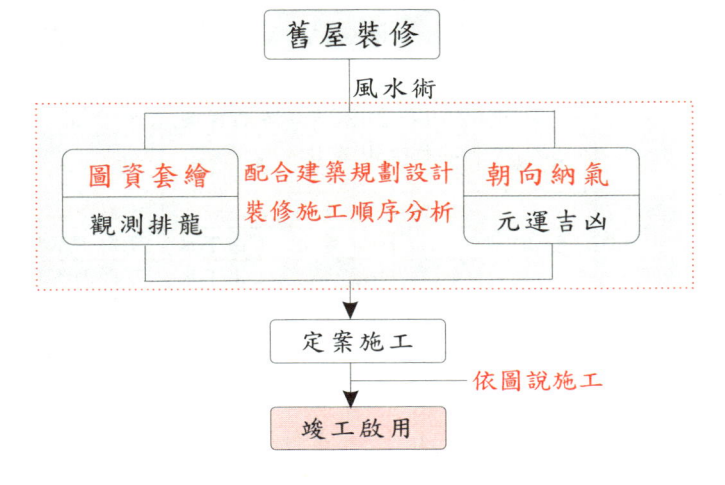

```
        舊屋裝修
          │ 風水術
    ┌─────┴─────┐
  圖資套繪      朝向納氣
  觀測排龍      元運吉凶
  配合建築規劃設計
  裝修施工順序分析
          │
        定案施工
          │ 依圖說施工
        竣工啟用
```

(圖8-24)舊屋裝修操作思維

第捌章　實踐案例分析

584

(二)研究心得

1.舊屋觀測結果

基地所處環境建築物林立，山水形勢已無法遠觀通視，傳統以「來龍去脈」為依據之判斷已失其效，實務操作宜改採「城門水口」為基準，運用排龍（證龍法）進行擇址定向，並以理性分析合理動線作為規劃重點。一般建築（如平房或透天厝）以堂氣開闊、通透順暢為佳。因此，在舊屋裝修思維上，更應掌握與時俱進之原則。適逢三元九運進入九運（2024~2043年），觀測現有建築為八運（已退運）時期所建，坐向232.5°（圖8-25），接近申/坤向，恐有「出線不吉」之虞。故應配合現場外在環境條件，調整當運門向為核心重點（圖8-26），以契合當運氣勢，提升整體空間之吉利與實用性。

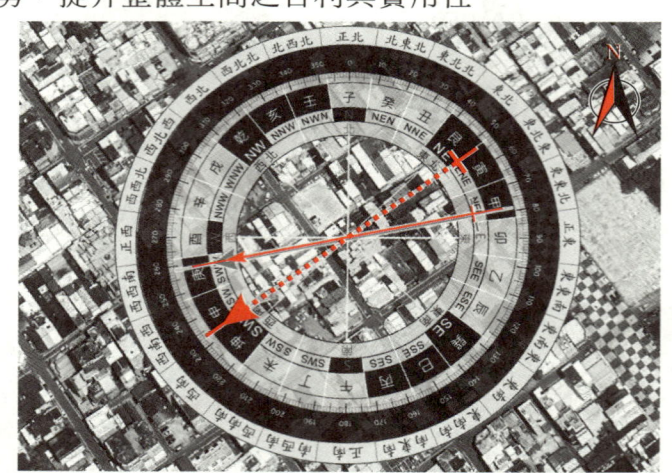

(圖8-25)建築物朝向232.5°(紅虛線)與規畫朝向259°(紅實線)

八運(2004~2023年)格局理氣基本分析

宅別	二十四山方位 坐　　　向	格　局	吉　凶
艮宅	丑山 → 未向	旺山旺向	丁財兩旺
	艮山 → 坤向	上山下水	丁財兩不旺
	寅山 → 申向	上山下水	丁財兩不旺

調整構想

九運(2024~2043年)格局理氣基本分析

宅別	二十四山方位 坐　　　向	格　局	吉　凶
震宅	甲山 → 庚向	雙星到向	旺財不旺丁
	卯山 → 酉向	雙星到坐	旺丁不旺財
	乙山 → 辛向	雙星到坐	旺丁不旺財

(圖8-26)調整當運門向為重點

2.舊屋裝修構想

一般建築物的朝向判定，可採用玄空風水的二十四山定位法，以門外為準來取旺向；亦可運用《易經》六十四卦納氣法，從門內取旺卦線。因此，在建築物裝修規劃中，檢討其朝向的吉度及大門納氣方向為重要環節。

本案例為八運（2004年~2023年）期間所建之舊屋，原坐向為寅山（東北東）、申向（西南西），屬於不旺丁財之格局。進入九運（2024年~2043年）後，建議依據「改天心」原則，重新調整門向為甲山（東東北）、庚向（西西南），對應旺線角度為259°，屬於旺財格局。

此配置亦考量業主命卦屬三震木命，採用六十四卦山水蒙卦，初爻卦運六，計算吉度為周天359°，與命卦相合，主吉、平安順遂。故此裝修設計以甲山庚向為納氣原則，並須配合外部環境與動線之便利，找出有利的關鍵點，定位於丑方（東北北）（圖8-27）。觀測宅外動線與關鍵點有吉有凶（表8-7），可知鄰里間之意見分歧，較難取得共識，建議業主多予忍讓，以利順利推展整修工程。

為進一步增旺丁財氣場，可輔以北斗七星打劫局的風水布局，用以劫取未來旺氣，提升居住者運勢。本案空間依據九運風水學理進行調整，建議將原本位於西南方的一樓大門，遷移至西方位置（圖8-28），以利納入旺氣。

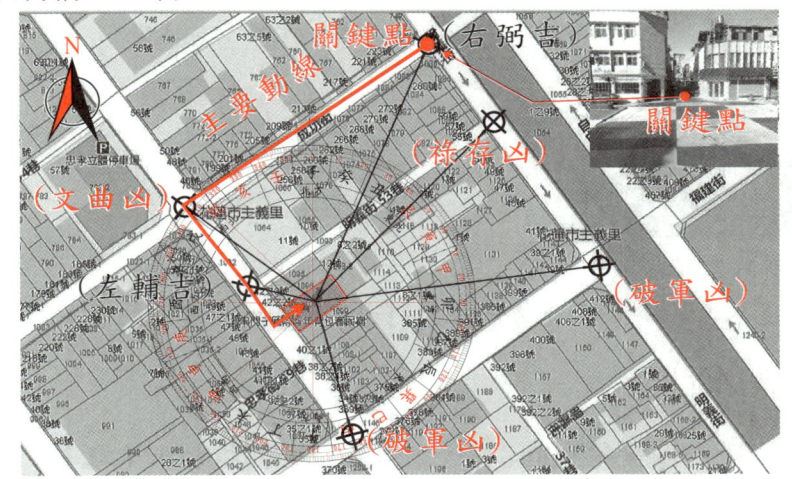

（圖8-27）配合外部環境與動線有利關鍵點位於丑方（東北北）

第二節 風水案例分析

(表8-7)外在動線及關鍵點吉凶分析

屬性	九星星名	吉凶	參　考　特　性
	貪狼	吉	大貴星、富貴綿長、聰明、孝順、旺人丁、顯貴生生不息。
	巨門	吉	人忠信、聰敏、財富應驗快、長壽官貴、陰德貴秀、利女性。
○	祿存	凶	退財、是非、主人口不和、愚蠢狂妄、為衰敗、禍患。
○	文曲	凶	桃花、是非、虛偽多詐、姻緣反覆、聰明、秀氣、多淫慾。
	廉貞	凶	遊蕩、暴戾、叛逆、無端惹禍。亦有轉福為禍之應、意外退財。
	武曲	吉	官運、財富、主和睦、富貴雙全、夫妻感情佳、秀雅多文。
○	破軍	凶	劫掠好訟、官非離婚、爭鬥、頑疾，剛毅，具殺傷力、破耗。
○○	左輔	吉	官貴福壽綿長，主平安、寧靜，利主管、財源廣進。
○○	右弼	吉	明禮善讀書、富貴榮華，主祥和、寧靜、顯發超凡。

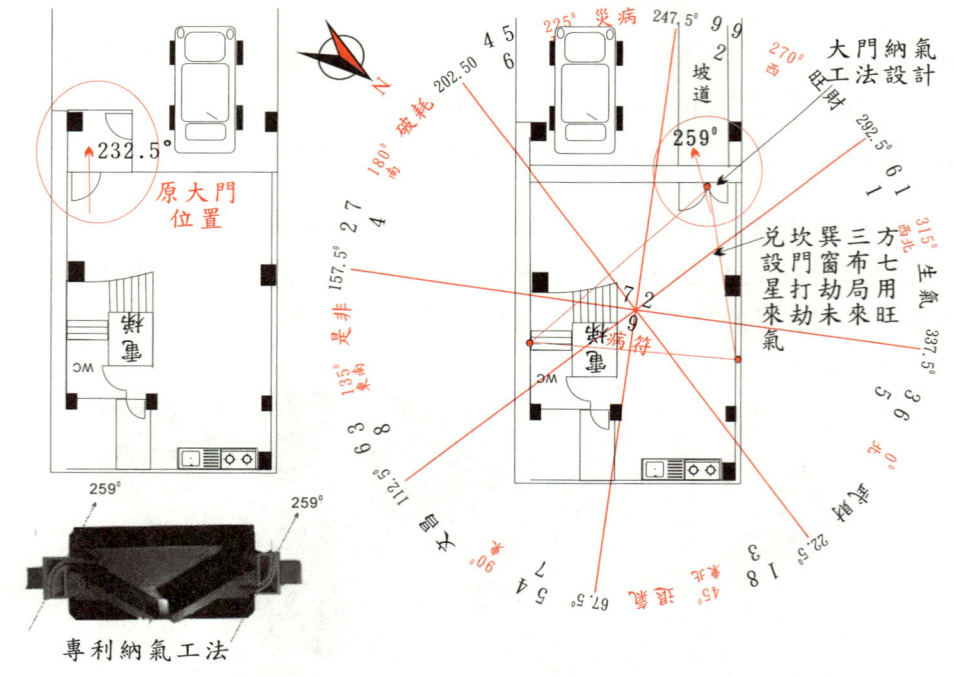

(圖8-28)西南方一樓大門遷移至西方位置用納氣工法設作

3.方位卦理分析

　　甲山庚向屬雙星到向；符合七星打劫局(指劫未來旺氣)，坎、巽、兌三宮設納氣口，有利丁財兩旺；風水應用重在配合，空間探學理

作趨吉避凶配置，就是減少損失。九運旺衰與甲山庚向飛星圖(圖8-29)。

(1)巽宮(東南方)：本宮逢退氣，是非多；飛星合成638同宮，為七星打劫方，納氣足夠，置紅色地毯，可作為電梯進出動線。

(2)離宮(南方)：本宮逢死氣，當其衰；飛星合成274同宮，旺陰丁星，主旺女丁為主，可作為客房使用。

(3)坤宮(西南方)：本宮逢煞氣，當其衰；飛星合成456同宮，木剋土(災病星)，置安忍水調和化解，可用做書房使用。

(4)兌宮(西方)：本宮逢生氣(遠旺氣)；合成992同宮，為七星打劫方，可做為大門位置納氣，亦可作為臥室空間使用。

(5)乾宮(西北方)：本宮逢生氣(近旺氣)；飛星合成611同宮，為近旺財星至，可置4綠木(或4支毛筆增益)調整後可作書房或臥室使用。

(6)中宮(中間)：本宮逢旺氣；飛星合成729同宮，陰神滿地女人當家，小心火燭，僅能作為通道使用。

(7)震宮(東方)：本宮逢煞氣小凶；飛星547同宮，為土生金剋木，為凶方，可作為衛浴使用。

(8)艮宮(東北方)：本宮逢死氣，當其衰；飛星183同宮，為土剋水不利小兒，可作為廚房餐廳空間使用。

(9)坎宮(北方)：本宮逢煞氣，當其衰；飛星365同宮，金木交戰是非多，可置紅色系列飾物或被單套來調和化解後後可作為臥室空間使用。

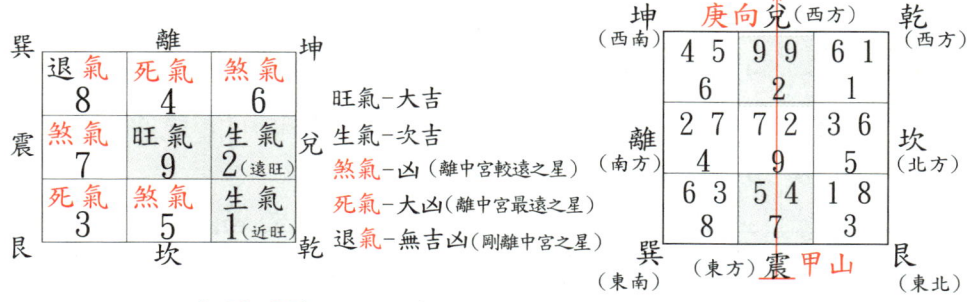

(圖8-29)九運旺衰與甲山庚向飛星圖

4.室內空間一樓示意配置

　　一樓空間大門採甲山(東東北)庚向(西西南)納氣方位，九運(2024~2043年)屬雙星到向旺財局，星盤坎(北方)、兌(西方)、巽(東南方)三方符合369父母三般卦，宜設門窗三方納氣來增益，可規劃七星打劫局(指劫未來旺氣)，即在西方設大門、北方與東南方設窗或通氣孔，有利丁財兩旺；風水應用重在配合，空間參探學理作趨吉避凶配置(圖8-30)。

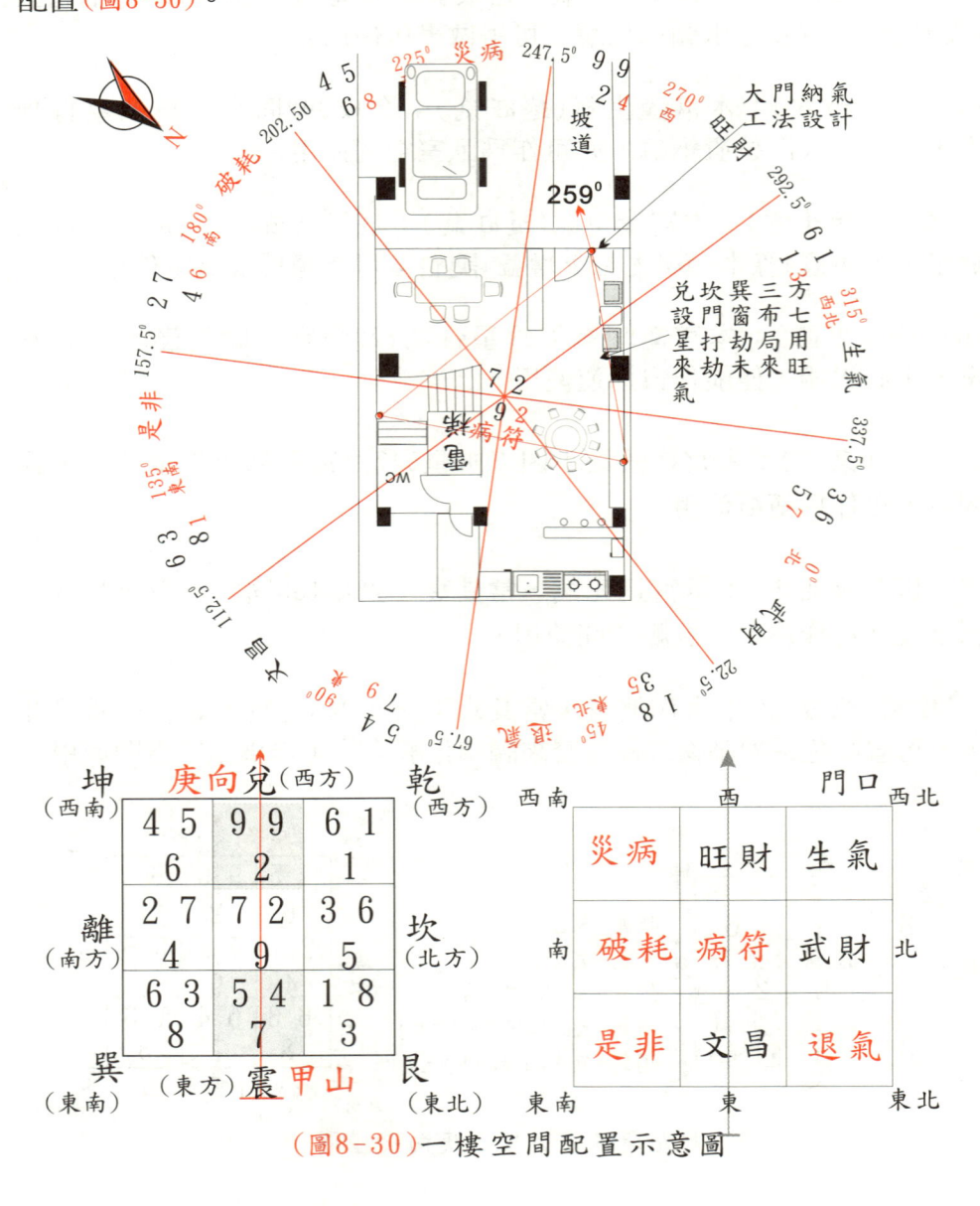

(圖8-30)一樓空間配置示意圖

5.室內空間二、三樓示意配置

二、三樓空間,參探學理作趨吉避凶配置(圖8-31)。

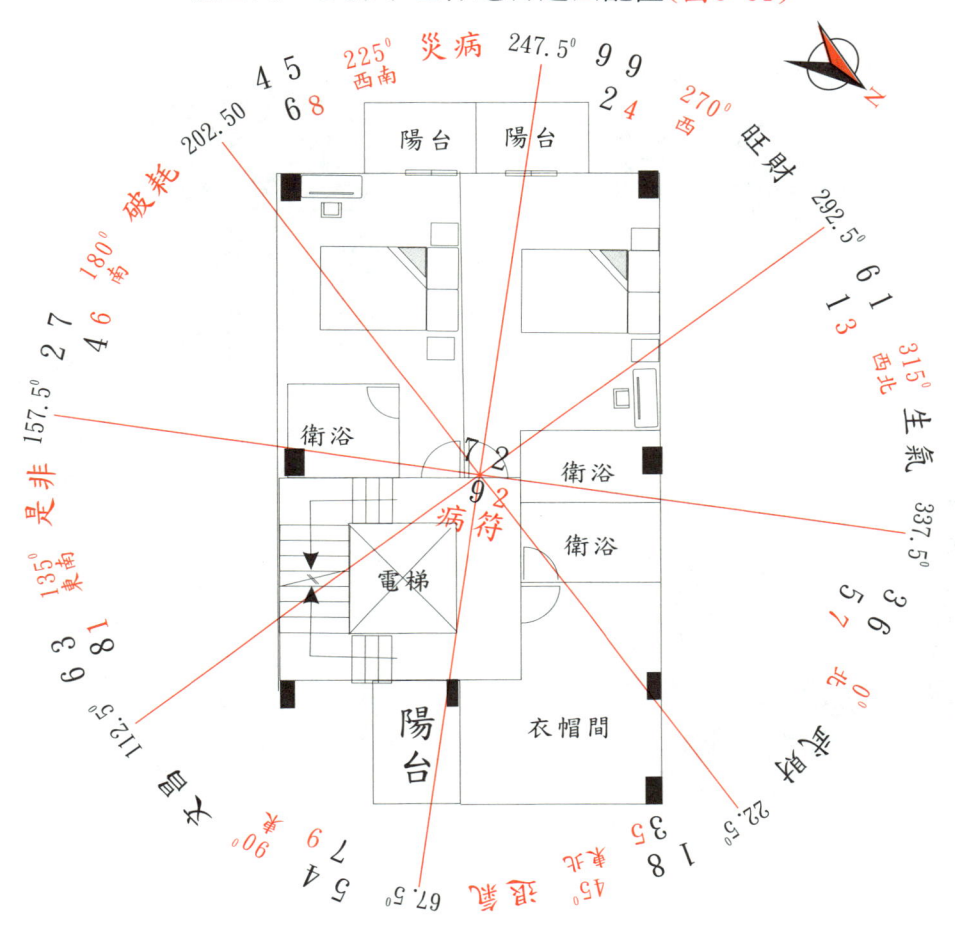

坤 (西南)	庚向兌(西方)		乾 (西方)
4 5 6	9 9 2	6 1 1	
離 (南方)	2 7 4	7 2 9	3 6 5	坎 (北方)
	6 3 8	5 4 7	1 8 3	
巽 (東南)		震甲山(東方)	艮 (東北)

	西南	西	門口 西北
南	災病	旺財	生氣	北
	破耗	病符	武財	
	是非	文昌	退氣	
	東南	東	東北

(圖8-31)二、三樓空間配置示意圖

6. 舊屋整修後照片

為尊重業主隱私權，僅提供部分照片參考（圖8-32）。

大門位置改在西方　　　一樓大門（納氣功法量身打造）

一樓西南方閱讀區　　　一樓東北方餐廳廚房

（圖8-32）舊居建物裝修竣工部分照片

（三）綜合評論

　　玄空風水學重視元運興衰，建築空間坐向與布局，吉凶衰旺有其一定年限，應用上須掌握承旺開門與趨吉避凶為重點。正逢三元九運，舊屋八運所建，配合外在環境優勢，改換天心後空間規劃構想以篩選 9 運（2024~2043年）建築吉向量身打造納旺氣入宅，機能配置以趨吉避凶定位，再擇吉日良辰入宅。半年後回報，全家平安順利。

二、空間蛻變－打造畫廊專屬之商業機能

緣起

　　2024年10月底，從事國際旅遊產業的陳經理，與友人共同籌劃投入畫廊與藝術品經營事業，選定台北市中山區一處一、二樓店面空間進行租賃(圖8-33)。為營造兼具藝術氛圍與商業機能的空間，特邀筆者提供建築風水規劃，並與設計施工團隊討論及協同執行空間機能之裝修工程。茲將此次實務操作心得整理如下，以資參考。

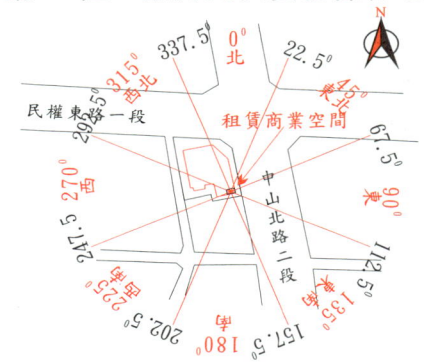

(圖8-33)租賃商業空間現況

（一）基本資料

　　本建物面積為$103.71m^2$（約31.37坪），屋齡僅一年，恰逢風水元運交替，由八運（2004~2023年）邁入九運（2024~2043年），正是與時俱進、乘勢而起的良機。在這樣的時運節點上，更應細察巒頭形勢、審慎理氣分析，從先天排龍的格局著手，尋得吉位龍脈；再至後天空間的門向納氣，講究生旺與調和，為使用者引氣入屋、聚福納祥。

（二）研究心得

1.山水龍之概況

　　基地環境山水龍脈，距離遙遠，周邊建築物密集林立，無法清晰通視來龍去脈，於此情況下，務實操作採用「城門水口」為核心，運用證龍法進行合理的排龍擇址與定向，作為風水規劃的關鍵依據，理性規劃出契合空間布局之吉祥方位。

2.畫廊整體設計思維

依據基地條件與風水原則，量身打造之機能配置，講求動線流暢、納氣得宜，讓空間在實用之中蘊藏生機與吉氣。整體設計思維 (表8-8)，可作為建築裝修規劃設計的參考，協助裝修團隊順勢而為。正值九運之始，此番規劃不僅為空間注入新意，也為使用者擘劃一份安心與希望。

(表8-8)畫廊機能設計考量關鍵元素

區分	考量元素	說明
1	光線控制	光線對藝術品的呈現至關重要。
2	空間布局	空間保持開放簡約有足夠的空間移動停留。
3	牆面顏色	選用中性或白色牆面以突顯作品本身氣韻。
4	溫濕控制	保護作品良好空調系統需控制恆定的溫濕度。
5	聲音控制	塑造一個優雅安靜的觀賞環境。
6	動線設計	確保貴賓可依指示標牌自然地瀏覽藝術精品。
7	安全維護	空間應設有安全系統確實保護藝術品。

2.空間門向納氣分析

本租賃空間，以門外取旺向，為酉山(西方)卯向(東方)，屬旺財局；以門內納氣取吉度，經羅盤實測大門向88°，微調定位調整為90°，屬於天火同人初爻卦運9，與業主一元卦澤地萃卦運4，組合卦運為49，屬貪狼吉星，主名望顯貴、財源穩定 (圖8-34)。

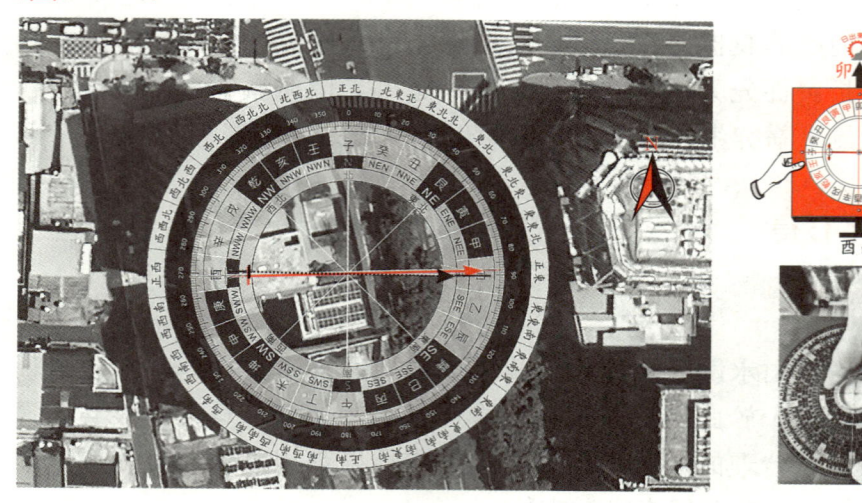

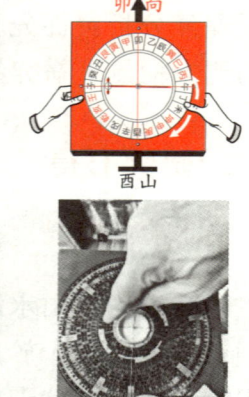

(圖8-34)實測為88°(紅色實線)定位調整為90°(黑色虛線)

3.改天心與動線分析

可因應九運(2024～2043年)進行空間裝修,猶如退運宅改天心迎新(當)運(圖8-35),使環境煥然一新。調整旺氣在前,符合北斗七星大劫局(布局成功可劫未來旺氣),並以離、震、乾三方通氣,可以旺丁財,較為利多。戶外動線關鍵點右弼吉星(圖8-36),外在動線及關鍵點吉凶分析(表8-9),主誠信和諧、平安順利;空間機能以9運卦理趨吉避凶布局為主,為空間注入新能量,有助於營造平安順利之氣場。

八運(2004~2023年)格局理氣基本分析

宅別	二十四山方位 坐　　　向	格　局	吉凶
兌宅	庚山 → 甲向	雙星到向	旺財不旺丁
	酉山 → 卯向	雙星到坐	旺丁不旺財
	辛山 → 乙向	雙星到坐	旺丁不旺財

九運(2024~2043年)格局理氣基本分析

宅別	二十四山方位 坐　　　向	格　局	吉凶
兌宅	庚山 → 甲向	雙星到坐	旺丁不旺財
	酉山 → 卯向	雙星到向	旺財不旺丁
	辛山 → 乙向	雙星到向	旺財不旺丁

(圖8-35)改天心調整當運旺向

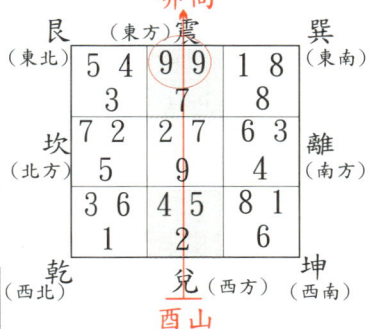

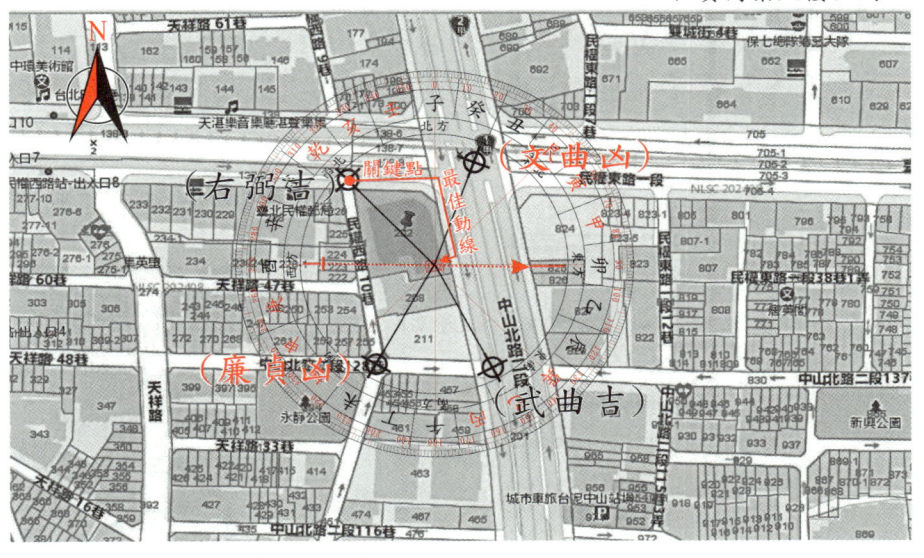

(圖8-36)關鍵點及最佳動線

(表8-9) 外在動線及關鍵點吉凶分析

屬性	九星星名	吉凶	參　考　特　性
	貪狼	吉	大貴星、富貴綿長、聰明、孝順、旺人丁、顯貴生生不息。
	巨門	吉	人忠信、聰敏、財富應驗快、長壽官貴、陰德貴秀、利女性。
◯	祿存	凶	退財、是非、主人口不和、愚蠢狂妄、為衰敗、禍患。
◯◯	文曲	凶	桃花、是非、虛偽多詐、姻緣反覆、聰明、秀氣、多淫慾。
◯◯	廉貞	凶	遊蕩、暴戾、叛逆、無端惹禍。亦有轉福為禍之應、意外退財。
◯	武曲	吉	官運、財富、主和睦、富貴雙全、夫妻感情佳、秀雅多文。
	破軍	凶	劫掠好訟、官非離婚、爭鬥、頑疾、剛毅、具殺傷力、破耗。
	左輔	吉	官貴福壽綿長，主平安、寧靜、利主管、財源廣進。
◯	右弼	吉	明禮善讀書、富貴榮華，主祥和、寧靜、顯發超凡。

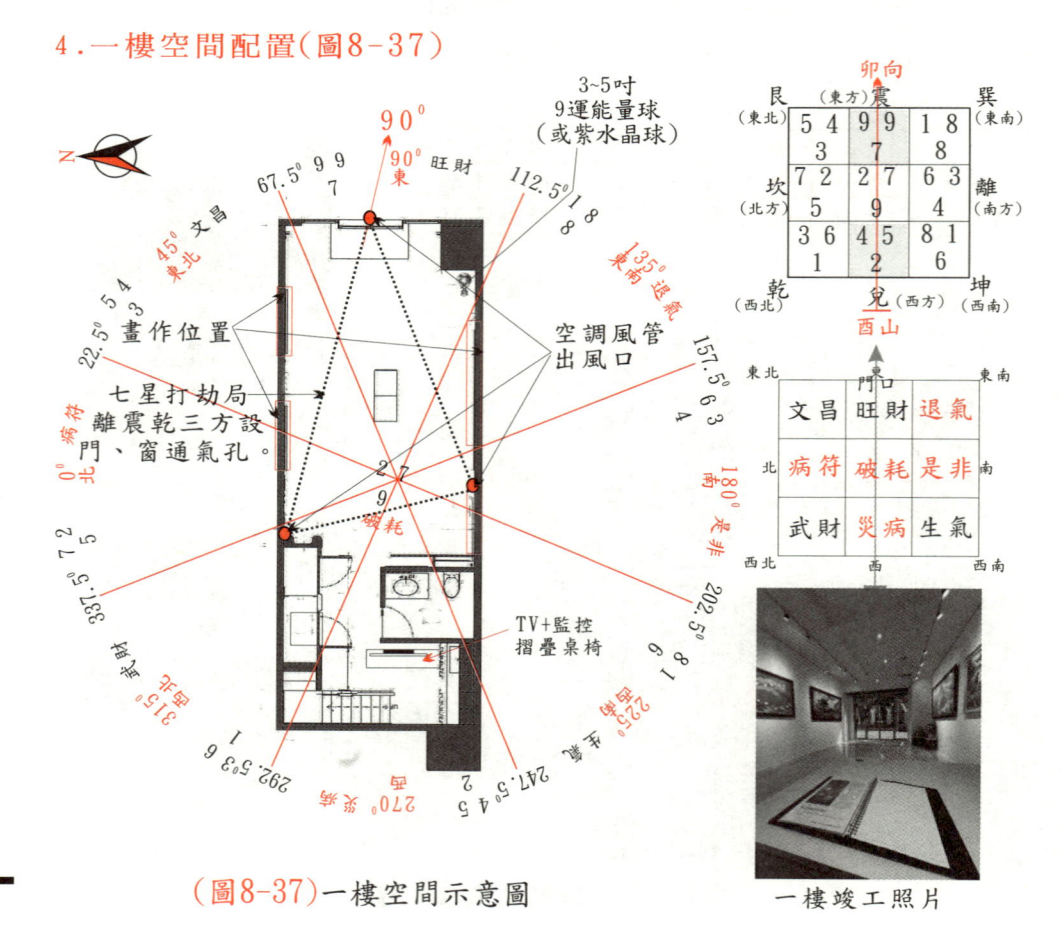

4. 一樓空間配置 (圖8-37)

(圖8-37) 一樓空間示意圖

一樓竣工照片

5.二樓空間配置（圖8-38）

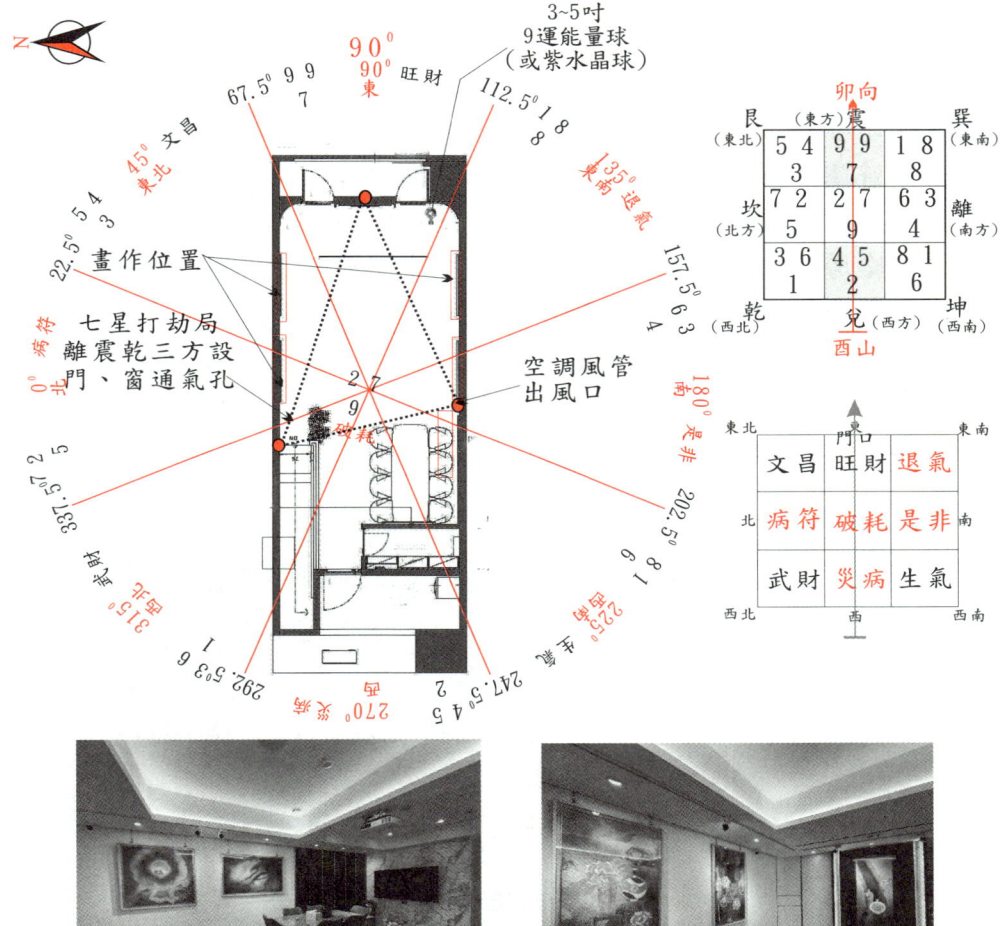

（圖8-38）二樓空間示意圖

二樓竣工照片（一）　　二樓竣工照片（二）

（三）綜合評論

　　畫廊空間格局依據功能需求進行規劃設計，並配合下元九運有利方位納氣，調整門向旺氣場。裝修設計融合五行理論，透過色彩與材質的選用，達到空間能量的平衡與調和，使整體環境煥然一新。完工後擇吉日良辰正式啓用，營運半年以來，回饋銷售表現穩健成長。

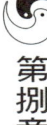

596

二、機能優化－友善便捷的自助洗衣服務

緣起

　　2023年5月中旬，從事電機產業的陳總經理，回顧10年前設立新廠之初，曾邀請筆者共同參與整棟廠辦大樓之營建工程。歷經多年穩健經營，業績表現良好，近期為擴展營運規模，遂於原廠區周邊再購置土地及廠房作為未來發展備用。為因應周邊廠區員工與社區住戶對便捷洗衣服務的需求，陳總經理決定將新購廠房部分空間規劃為自助洗衣店(圖8-39)，期望打造一處兼具機能性與便利性的服務空間，特別邀請筆者再次參與建築風水規劃與裝修設計作業。茲將此次實務操作經驗與心得彙整如下，提供參考之用。

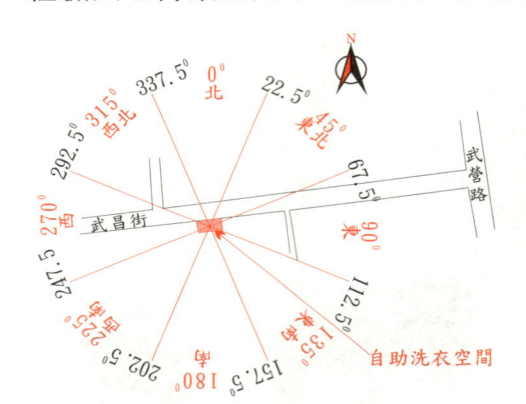

(圖8-39)自助洗衣環境現況

(一) 基本資料

　　本空間面積為165.5平方公尺(約50.2坪)，正值風水元運交替之際，從八運(2004～2023年)邁入九運(2024～2043年)。為順應時運變化，特依九運之風水學理，細察巒頭形勢，審慎分析理氣格局，重視大門納氣方位，講究引動生旺之氣，並藉由合理布局達到調和氣場、引氣入屋，以期空間機能與運勢同步提昇業績成長。

(二) 研究心得

1. 整體設計思維

依據基地條件與風水原則，量身打造之機能配置，講求融合便捷實用、美學風格與風水能量。整體設計思維(表8-9)，可作為空間裝修規劃設計的參考。協助裝修團隊順勢而為，為空間注入新意，也為使用者擘劃一份安心與希望。

(表8-9) 自助洗衣店機能設計考量關鍵元素

區分	考量元素	說明
1	空間動線	入(出)口、等候區、洗衣區、烘衣區、摺衣區、服務台、收銀台等定位依流程劃分，避免交叉動線。
2	機台位置	由小容量至大容量排序，利於視覺整齊，考量洗衣屬水，烘衣屬火，避免水火衝突，設置達求五行平衡。
3	引氣入門	確保納得吉氣，掌握九運火氣旺，宜取利火、木、土五行裝修設計，避金水相剋，有助財氣與人氣穩定。
4	氛圍營造	確定視覺風格、智慧系統，品牌識別，燈光設計，閱讀區、Wi-Fi、販賣機，營造乾淨清新的空間體驗感。
5	社區互動	結合社區公告、公益海報、洗衣知識牆等，建立友善親切的在地形象。

2. 空間門向納氣分析

本空間以門外方位定旺向，屬午山子向(南北軸線)，為旺財格局；再依門內納氣角度評估吉度，經羅盤實測大門實際朝向為 350^0，經微調 355^0 定位確認後，歸納為坤卦地上爻，對應易卦下元第六卦運，契合當前下元卦理，有助於聚氣納財，尤利事業穩健發展(圖8-40)。

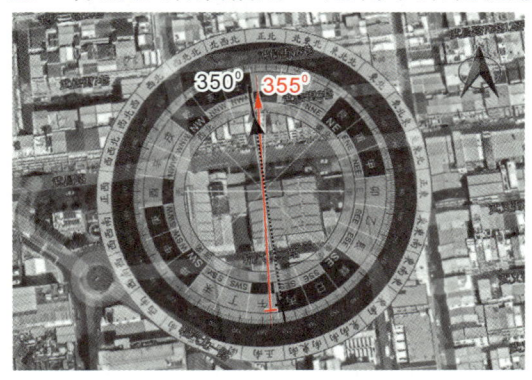

八運(2004~2023年)格局理氣基本分析

宅別	二十四山方位 坐 向	格 局	吉 凶
離宅	丙山 ➡ 壬向	雙星到向	旺財不旺丁
	午山 ➡ 子向	雙星到坐	旺丁不旺財
	丁山 ➡ 癸向	雙星到坐	旺丁不旺財

九運(2024~2043年)格局理氣基本分析

宅別	二十四山方位 坐 向	格 局	吉 凶
離宅	丙山 ➡ 壬向	雙星到坐	旺丁不旺財
	午山 ➡ 子向	雙星到向	旺財不旺丁
	丁山 ➡ 癸向	雙星到坐	旺財不旺丁

調整門向角度

(圖8-40) 實測為 350^0 (黑色虛線)定位調整為 355^0 (紅色實線)

3.最佳動線分析

　　調整旺氣在前，符合北斗七星大劫局（布局成功可劫未來旺氣），並以坎、兌、巽三方通氣，可以旺丁財，較為利多。戶外動線關鍵點巨門吉星（圖8-41），外在動線及關鍵點吉凶分析（表8-10），主財源廣進；空間機能以 9 運卦理趨吉避凶布局為主，為空間注入新能量，有助於營造和諧順利之氣場。

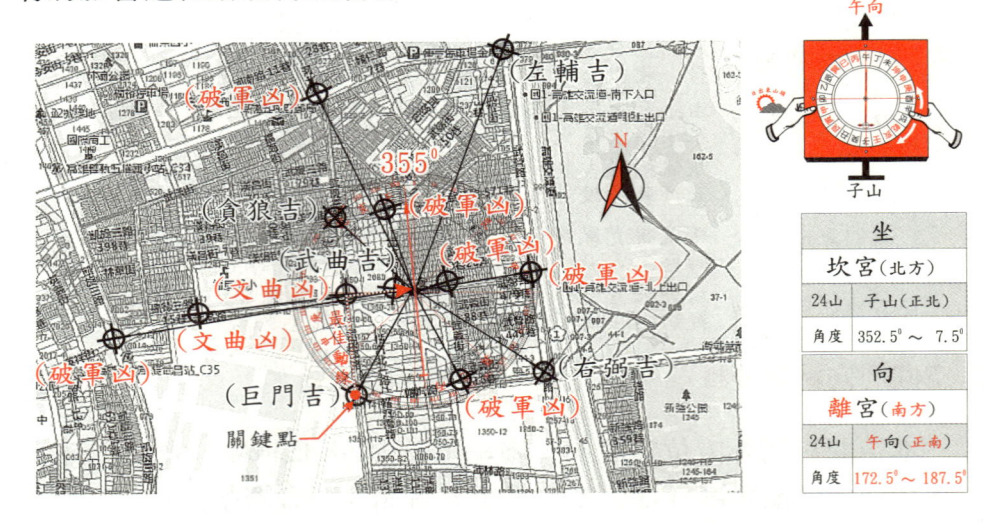

（圖8-41）實測為350⁰（黑色虛線）定位調整為255⁰（紅色實線）

（表8-10）外在動線及關鍵點吉凶分析

屬性	九星星名	吉凶	參　考　特　性
	貪狼	吉	大貴星、富貴綿長、聰明、孝順、旺人丁、顯貴生生不息。
○	巨門	吉	人忠信、聰敏、財富應驗快、長壽官貴、陰德貴秀、利女性。
	祿存	凶	退財、是非、主人口不和、愚蠢狂妄、為衰敗、禍患。
○	文曲	凶	桃花、是非、虛偽多詐、姻緣反覆、聰明、秀氣、多淫慾。
	廉貞	凶	遊蕩、暴戾、叛逆、無端惹禍。亦有轉福為禍之應、意外退財。
○	武曲	吉	官運、財富、主和睦、富貴雙全、夫妻感情佳、秀雅多文。
○	破軍	凶	劫掠好訟、官非離婚、爭鬥、頑疾、剛毅、具殺傷力、破耗。
○	左輔	吉	官貴福壽綿長，主平安、寧靜，利主管、財源廣進。
○	右弼	吉	明禮善讀書、富貴榮華，主祥和、寧靜，顯發超凡。

4.空間配置（圖8-42）

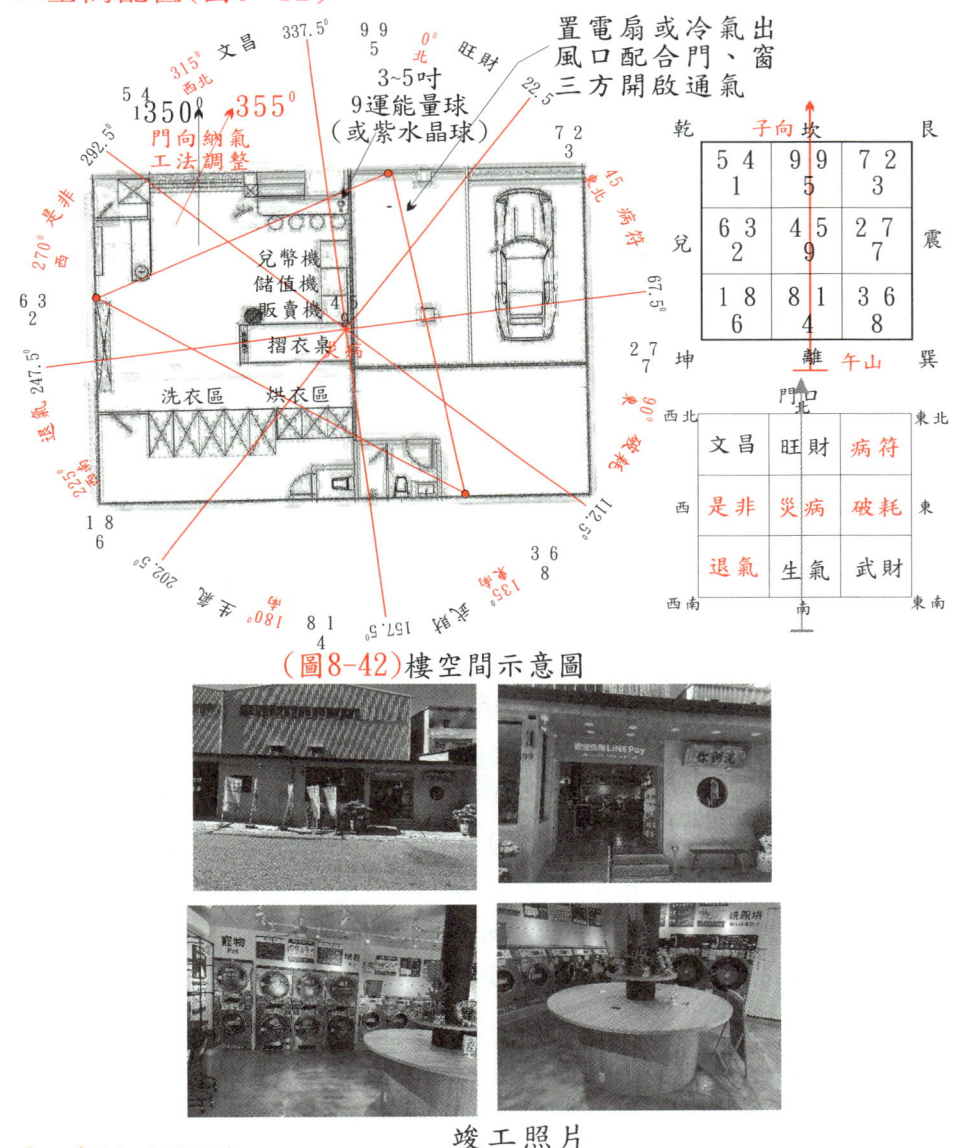

(圖8-42)樓空間示意圖

竣工照片

（三）綜合評論

　　本自助洗衣店空間依據使用機能需求進行整體規劃設計，並配合下元九運有利方位，調整門向以納旺氣場。機能裝修結合五行理論，透過色彩搭配與材質選用，實現空間能量的平衡與營造清新具現代感的使用環境。完工後擇定吉日良辰正式啟用，據悉開幕後營運表現良好，營收達成預期目標。

第玖章
吉日良辰
Jiri Liangchen

　　俗話說：「三分選地，七分擇日。」指出在選擇陰陽宅建地時，雖然地段選擇固然重要，但挑選一個適當的吉日來進行動工或啟用儀式，往往更具關鍵性，影響更深遠，佔據七成的重要性。擇日學淵源流長，傳承已久，自古以來，對於婚嫁、喪葬、喜慶、動土、上樑等重大事宜，人們皆重視選擇黃道吉日，以期過程順利、結果圓滿，可見擇日在傳統文化中的核心地位。本章共分為三節，著重於營建相關行事應用，內容涵蓋擇吉日良辰的重要意義、操作原則與宜忌說明，並整理彙編2026年1月至12月的吉日良辰一覽表，提供便捷實務操作上的參考與依據。

本章提要

第一節、擇吉日良辰之重要性

第二節、擇吉日良辰宜忌

第三節、2026年擇吉日良辰便覽

第玖章 吉日良辰

第一節、擇吉日良辰之重要性

風水是講究「天時、地利、人和」的密切配合，三者缺一不可。其中「擇日」作為掌握天時的要素，尤為關鍵。唐代卜則魏《雪心賦》記載：「山川有一節之小疵，不減真龍之厚福；年月有一端之失，反非吉地之禎祥。」說明擇日不妥，影響深遠。又《選擇論》記載：「發福由其地脈，催福出於良辰。」指出富貴貧賤受地理風水之影響，而發福要快，便要借助擇吉日良辰。因此，只論風水，而不配合擇日，等於有船無水難以啟航，欲吉而不成矣。

一、干支運用

干支紀年，始於東漢後期，把十天干與十二地支相互組合配成六十個組合為「六十甲子」，用以表示年、月、日次序；並將一天之時辰，地支固定，以二十四小時配十二地支，運用時的天干，由該日所對應之天干推求。也有採用地支配合十二種動物，用作簡單紀年。根據宋代歐陽修（1007~1072）《新唐書·卷一四二下》記載：「黠戛斯古堅昆國，以十二物紀年，如歲在寅，則曰虎年。」說明古代就已懂得以十二生肖動物，來命名紀年。天干地支，簡稱干支。以甲、乙、丙、丁、戊、己、庚、辛、壬、癸，稱十天干；以子、丑、寅、卯、辰、巳、午、未、申、酉、戌、亥，稱十二地支。天干地支五行應用，以合（助）、會（助）、沖（散）、破（碎）、害（傷）、刑（凌），並以正沖為最嚴重。

（一）三合

"合"，有調和或改變五行性質之作用，合者為順，為自助、人助、天助之合。地支三合，有四局，以亥、卯、未為木局，寅、午、戌為火局，巳、酉、丑為金局，申、子、辰為水局（圖9-1）。亦有天干三合有乾甲丁、坤壬乙、巽庚癸、艮丙辛四局。

（二）三會

"會"，有加強某一類五行之作用，為貴人多助，不求回報之意。

三會，以亥、子、丑會成北方水，巳、午、未會成南方火，寅、卯、辰會成東方木，申、酉、戌會西方金(圖9-1)。

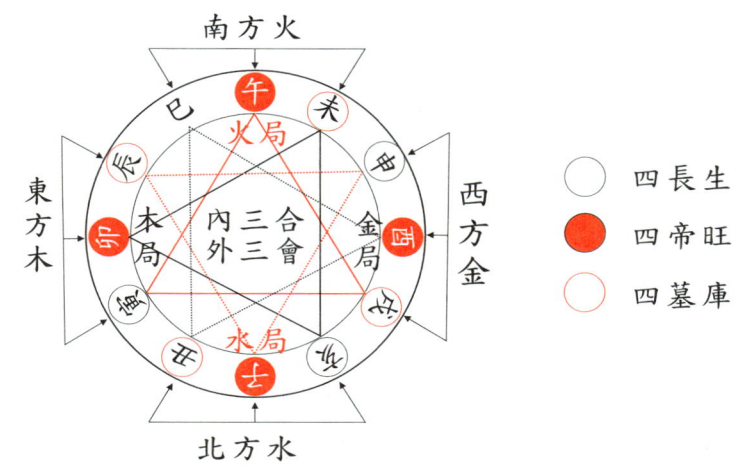

(圖9-1)三會(外圈)與三合(內三角形)

(三)五合

"合"有調和或改變五行性質之作用。五合，以天干一至十，為隔五相合，出自先天河圖 一六、二七、三八、四九、五十 相合之數。以甲、己(指一、六位置)合化土，乙、庚(指二、七位置)合化金，丙、辛(指三、八位置)合化水，丁、壬(指四、九位置)合化木，戊、癸(指五、十位置)合化火(圖9-2)。

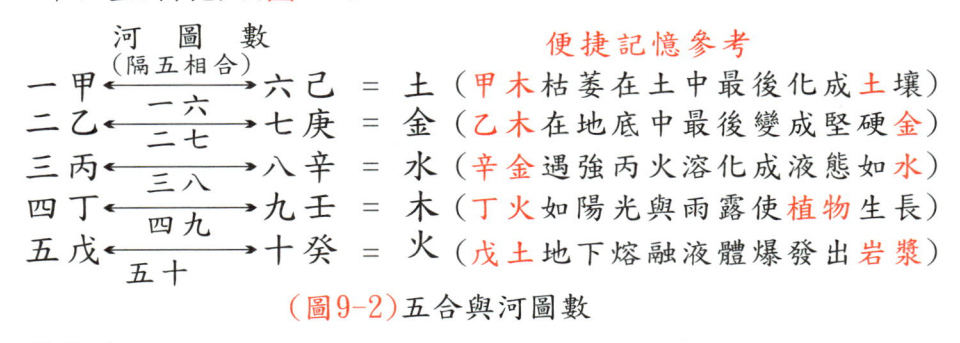

河圖數 (隔五相合)		便捷記憶參考
一甲 ←一六→ 六己	= 土	(甲木枯萎在土中最後化成土壤)
二乙 ←二七→ 七庚	= 金	(乙木在地底中最後變成堅硬金)
三丙 ←三八→ 八辛	= 水	(辛金遇強丙火溶化成液態如水)
四丁 ←四九→ 九壬	= 木	(丁火如陽光與雨露使植物生長)
五戊 ←五十→ 十癸	= 火	(戊土地下熔融液體爆發出岩漿)

(圖9-2)五合與河圖數

(四)六合

"合"有調和或改變五行性質之作用。六合，以子、丑合土，寅、亥合木，卯、戌合火，辰、酉合金，巳、申合水，午、未合日月(圖9-3)。

604

(圖9-3)六合

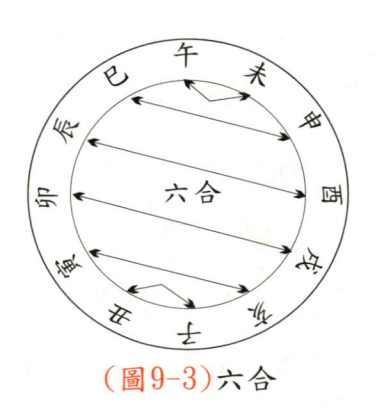

(五)六沖

　　"沖"有嚴重破壞之意,主血傷、失業、破財。六沖,以子、午沖,丑、未沖,寅、申沖,卯、酉沖,辰、戌沖,巳、亥沖(圖9-4)。子午卯酉沖,為感情傷害;辰戌丑未沖,為破財刑傷;寅申巳亥沖,為意外災害。

(圖9-4)六沖

(六)六害

　　"害"有妨礙之作用,主意外之象,易入無常。六害,以子未害,丑午害,寅巳害,卯辰害,申亥害,酉戌害(圖9-5)。

歌訣

從來白馬(午)怕青牛(丑)
羊(未)鼠(子)相逢一旦休
蛇(巳)遇猛虎(寅)如刀斷
豬(亥)遇猿猴(申)不到頭
龍(辰)逢兔(卯)兒雲端去
金雞(酉)見犬(戌)淚交流

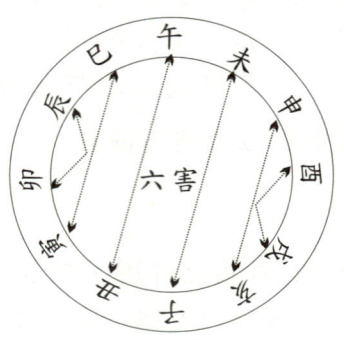

(圖9-5)六害

(七)六破

"破"有小量妨礙之作用，主損害，易毀之象。六破，以寅破亥、巳破申、子破酉、卯破午、丑破辰、戌破未(圖9-6)。

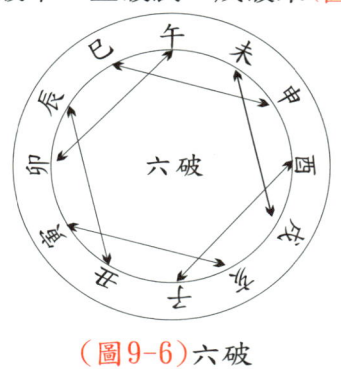

(圖9-6)六破

(八)三刑

"刑"有破壞之意，主多見官非，是非、婚變。三刑，以子刑卯、卯刑子、寅刑巳、巳刑申、申刑寅、丑刑戌、戌刑未、未刑丑，三合四局刑害(圖9-7)，以天乙貴人與六合解刑害。

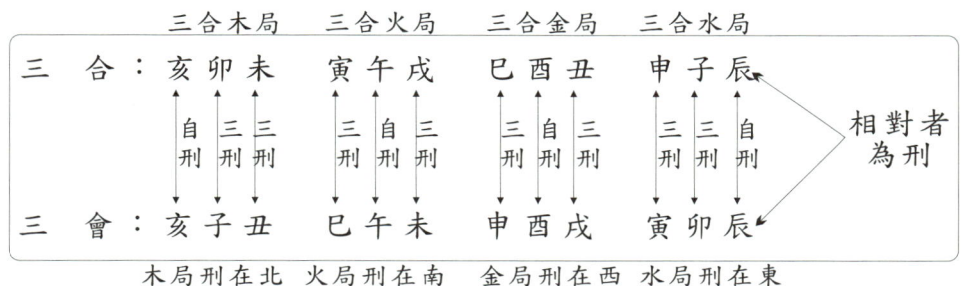

三合	三合木局 亥 卯 未	三合火局 寅 午 戌	三合金局 巳 酉 丑	三合水局 申 子 辰	相對者為刑
	自三三 刑刑刑	三自三 刑刑刑	三自三 刑刑刑	三三自 刑刑刑	
三會	亥 子 丑	巳 午 未	申 酉 戌	寅 卯 辰	

木局刑在北　火局刑在南　金局刑在西　水局刑在東

(圖9-7)三合四局刑害

(九)自刑

"刑"有破壞之意。自刑，以辰刑辰、午刑午、酉刑酉、亥刑亥。

(十)相刑

"刑"有破壞之意，有破壞之意。相刑，可分為四類如下：

1.**持勢之刑**：為持強而刑，如寅刑巳、巳刑申、申刑亥。

2.無恩之刑：為同室(同類)相刑，如未刑丑、丑刑戌、戌刑未。

3.無禮之刑：如母與子，由親情變化發生相刑，為子(屬水)刑卯(屬木)、卯刑子。

4.自刑之刑：為同支又見同支，如辰刑辰、午刑午、酉刑酉、亥刑亥。

(十一)三煞

"煞"有嚴重破壞、妨礙之作用。三煞，可向不可坐，坐三煞，即坐大煞，可分為三類(圖9-8)如下：

1.劫煞：掌管劫盜，意外傷害；居寅、申、巳、亥。
2.災煞：掌管災病疾厄；居子、午、卯、酉。
3.歲煞：掌管人丁健康；居辰、戌、丑、未。

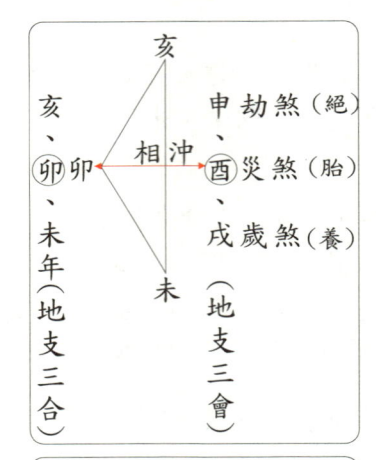

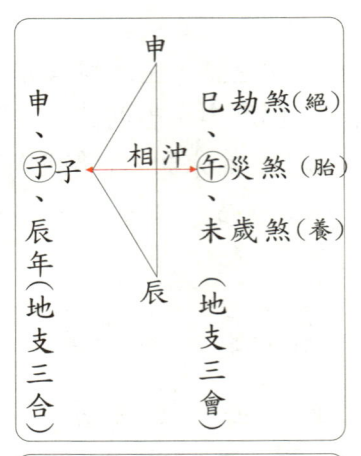

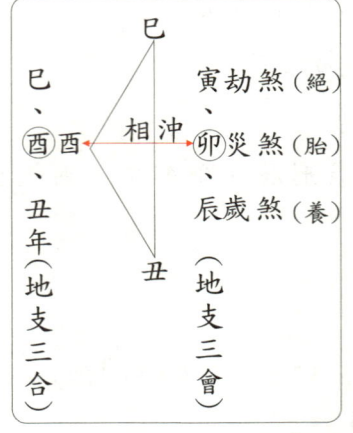

(圖9-8)三煞

(十二)回頭貢煞

四柱中三合全局回頭殺本命不能制化稱回頭貢煞。

1. 辰命之人：擇日時四柱中之三柱巳、酉、丑不可見。
2. 戌命之人：擇日時四柱中之三柱亥、卯、未不可見。
3. 丑命之人：擇日時四柱中之三柱寅、午、戌不可見。
4. 未命之人：擇日時四柱中之三柱申、子、辰不可見。

(十三)天罡四煞

1. 寅、午、戌命：為丑日、丑時。
2. 申、子、辰命：為未日、未時。
3. 亥、卯、未命：為戌日、戌時。
4. 巳、酉、丑命：為辰日、辰時。

(十四)天乙貴人

1. 甲戊庚牛羊（丑未）
2. 乙己鼠猴鄉（子申）
3. 丙丁豬雞位（亥酉）
4. 壬癸兔蛇藏（卯巳）

(十五)生、旺、墓

三合生旺墓之關係(圖9-9)。

四長生	四帝旺	四墓庫	
申	子	辰	三合
巳	酉	丑	
寅	午	戌	
亥	卯	未	

四生：生氣
四旺：旺氣
四庫：四氣收藏之氣

(圖9-9)生、旺、墓

二、二十八星宿

六十甲子為一元，宿有二十八(表9-1)，依日、月、火、水、木、金、土七政星纏度(指圍繞)而排列，故有七元之說。

(表9-1)二十八星宿　　半吉半凶◐　凶◑　吉●

七曜＼二八宿	木	金	土	日	月	火	水
東方七宿	角木蛟	亢金龍	氐土貉	房日兔	心月狐	尾火虎	箕水豹
北方七宿	斗木獬	牛金牛	女土蝠	虛日鼠	危月燕	室火豬	壁水貐
南方七宿	奎木狼	婁金狗	胃土雉	昴日雞	畢月烏	觜火猴	參水猿
西方七宿	井木犴	鬼金羊	柳土獐	星日馬	張月鹿	翼火蛇	軫水蚓

第二節、擇吉日良辰宜忌

請參閱2026年1~12月吉日良辰(速查速用，所載僅列吉課)重要行事便覽表，宜避開"相沖凶日"、注意"神煞吉凶"、選擇"吉日良辰"，便可安排重要行事，以收事半功倍之效。

一、常用行事術語(以營建有關行事為主)

1. 動土：建築施工時，如築屋、拆樓、崛地、裝修工事，開始使用機具施工。
2. 上樑：施工過程，安裝上屋頂之鋼樑或木樑之工事。
3. 謝土：建築物竣工後，舉行祭祀儀式。
4. 安香：屬宗教儀式，如安佛神位。
5. 入宅：遷入新宅，新居落成啓用之意。
6. 移徙：遷移住所，搬家之意。
7. 修造：修繕之事(裝修機能)並論空間坐向。
8. 拆卸：拆卸或破壞建築物之事。
9. 安門：門位論朝向，確定吉度線定位納氣之意，以大門修建、移位、安新門工事。
10. 安床：新婚安置新床、重新安新床、搬移舊床、遷徙搬床。
11. 安灶：安置新灶，或重新安新灶，搬移舊灶。
12. 祭祀：宗教儀式或拜祭祖先。

二、流年方位宜忌

重要行事宜取吉方、避開凶方，由太歲所管，輪值四維計有奏書為貴神，博士為喜神，力士為惡神，蠶室為凶神。

1.力士

為天子之護衛，歲之惡神掌殺戮、主刑威，不宜抵向。《協紀辨方》記載：「力士居歲君前維，有天子之護衛，羽林軍之象，故以力士名之。」年臨乾、坤、艮、巽方遇五黃災病星加臨，修造此方必主凶禍、

其流年方位(表9-2)，主是非災禍。

2.奏書

爲水神諫臣也，歲之貴神掌奏記、主伺察所理之地。《協紀辨方》記載：「奏書居歲君後維，有天子左圖右史鑑之，以出治之象，故以奏書名之。」宜祭祀、營建、修飾、祭祀，所臨之方(表9-2)。

3.博士

火神也，爲歲之貴神掌天子明堂，主擬議。《協紀辨方》記載：「博士居奏書對方，有出納王命，行政施惠之象，故以博士名之。」宜興築，所臨之方(表9-2)，利文書可規劃動工。

4.蠶室

爲歲凶神也，即後宮，主絲繭棉帛之事。《協紀辨方》記載：「蠶室居太歲後隅，有後宮之象，後宮之事莫大於親蠶，故以蠶室名之。」不可修動，所臨之方，否則會影響事業(表9-2)。

(表9-2)流年方位宜忌

神煞方位＼流年地支	寅、卯、辰	巳、午、未	申、酉、戌	亥、子、丑
奏書	艮	巽	坤	乾
博士	坤	乾	艮	巽
力士	巽	坤	乾	艮
蠶室	乾	艮	巽	坤

5.歲君

歲君又稱歲神，以六十甲子每歲輪值，俗稱值年太歲，如值歲(年)一覽表(表9-3)。

心不迷惑
就有定力

（表9-3）六十甲子值年太歲

年別/方位	子鼠	丑牛	寅虎	卯兔	辰龍	巳蛇	午馬	未羊	申猴	酉雞	戌狗	亥豬
子方	太歲	病符	天狗	福德	白虎	龍德	歲破	死符	五鬼	太陰	喪門	太陽
丑方	太陽	太歲	病符	天狗	福德	白虎	龍德	歲破	死符	五鬼	太陰	喪門
寅方	喪門	太陽	太歲	病符	天狗	福德	白虎	龍德	歲破	死符	五鬼	太陰
卯方	太陰	喪門	太陽	太歲	病符	天狗	福德	白虎	龍德	歲破	死符	五鬼
辰方	五鬼	太陰	喪門	太陽	太歲	病符	天狗	福德	白虎	龍德	歲破	死符
巳方	死符	五鬼	太陰	喪門	太陽	太歲	病符	天狗	福德	白虎	龍德	歲破
午方	歲破	死符	五鬼	太陰	喪門	太陽	太歲	病符	天狗	福德	白虎	龍德
未方	龍德	歲破	死符	五鬼	太陰	喪門	太陽	太歲	病符	天狗	福德	白虎
申方	白虎	龍德	歲破	死符	五鬼	太陰	喪門	太陽	太歲	病符	天狗	福德
酉方	福德	白虎	龍德	歲破	死符	五鬼	太陰	喪門	太陽	太歲	病符	天狗
戌方	天狗	福德	白虎	龍德	歲破	死符	五鬼	太陰	喪門	太陽	太歲	病符
亥方	病符	天狗	福德	白虎	龍德	歲破	死符	五鬼	太陰	喪門	太陽	太歲
區分宜忌	病符 勿探病	天狗 注意遠行	福德 為善積福	白虎 光之災	龍德 防意外血	歲破 防小人	死符 勿動土 防盜竊	五鬼 勿探喪	太陰 防官符	喪門 防口角	太陽 送喪勿看 喪物勿食	太歲 防失蹤 勿動土

第二節　擇吉日良辰宜忌

三、2026年神煞方位宜忌

(一)趨吉避凶：重要行事如動土、上樑、修造、拆卸等宜取吉方、避開 凶方(圖9-10)，吉凶一覽表(表9-4)。

(二)避三煞：三煞位是可向不可坐。

(三)避太歲：太歲為可坐不可向，是方位上之神煞，當年八方之方位，如必須動土應選太歲合日(即地支辰之六合日)。

(四)避災病煞：《河洛生剋吉凶斷》記載：「五黃土為戊己大殺，不論生剋俱凶，宜靜不宜動作。」及明朝王君榮《陽宅十書》記載：「論形 勢者，陽宅之體；論選擇者，陽宅之用。總令內外之形俱佳，修造之法盡善。若諸神煞一有所犯，凶禍立見，尤不可不慎。」

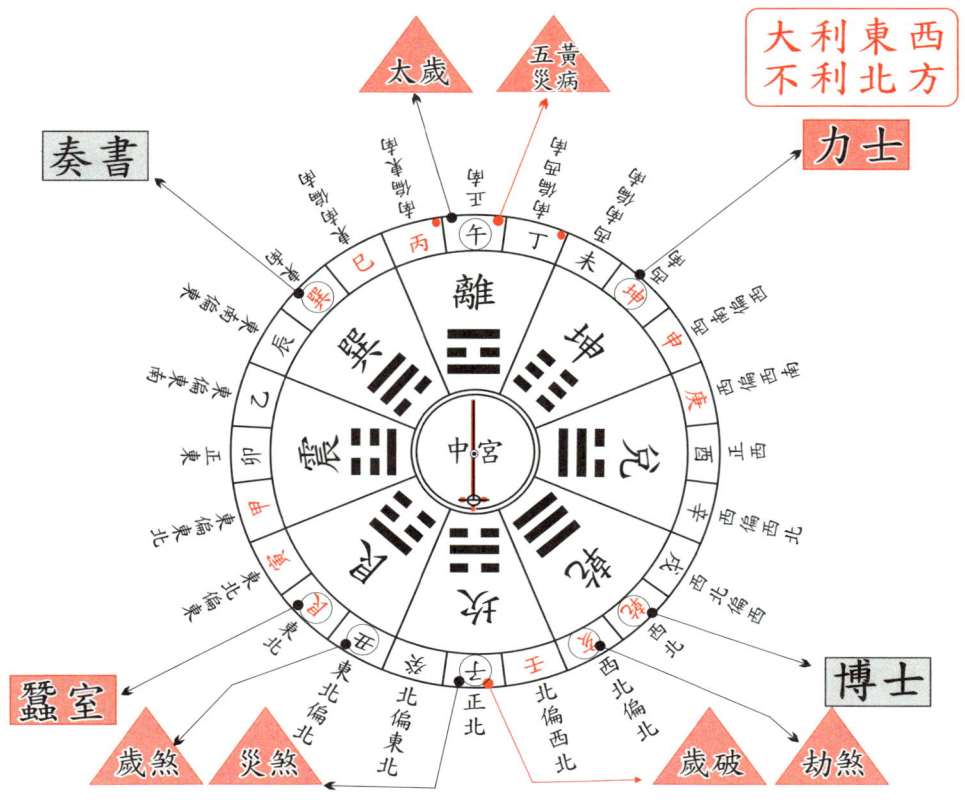

(圖9-10)神煞方位宜忌圖

(表9-4) 2026年(丙午歲)擇日神煞吉凶一覽表

區分	神煞		方位	重要行事	宜忌
吉	奏書		巽（東南方）	掌管祭祀、求福、修建。	宜 祭祀裝修
	博士		乾（西北方）	掌管建管、興築、修造、文書、規劃。	宜動土
凶	太歲		午（南方）	為一年之君王，統領各方、長時運秩序。	忌動土
	歲破		子（北北）	沖太歲之方，又稱七煞。	忌動土
	五黃		離（南方）	為正關煞、紫白飛星中最凶之神煞。	忌動土
	三煞	劫煞	亥（西北北）	掌管劫盜、意外傷害。	忌動土
		災煞	子（北方）	掌管災病疾厄。	忌動土
		歲煞	丑（東北北）	掌管人丁健康。	忌動土
	力士		坤（西南方）	瘟神、主刑罰、殺戮。歲之惡神，與五黃會合，家長有凶。	忌動土
	蠶室		艮（東北方）	掌管衣食。	忌動土

四、風水四不用原則

　　選擇吉日良辰，宜避免沖太歲、歲破、生肖、三煞等大凶。

(一)沖坐山不用：建築物坐"卯"向酉為例，因卯與酉相沖，則避免含"酉"之吉日良辰，即酉年、酉月、酉日、酉時不用。

(二)沖太歲不用：2022年壬寅年為例，以"寅"為太歲，以"申"為歲破，故申年、申月、申日、申時不用。

(三)沖生肖不用：如屬子鼠的人，應避免午(馬)年、午月、午日、午時不用。

(四)犯三煞不用：三煞為劫煞、災煞、歲煞有嚴重破壞妨礙之作用是可向不可坐。

第三節、2026年擇吉日良辰便覽

重要行事，配合選擇吉日良辰，須先擇期，並排除"生肖之凶日"，裨益趨吉避凶。一天劃分為十二個時辰，每個時辰相等於現在的兩小時(表9-5)，可參閱生肖相沖凶日一覽表(表9-6)。

(表9-5)時辰與鐘點換算表

時辰	鐘點	時辰	鐘點
子	下午11時至翌日上午1時	午	上午11時至下午1時
丑	上午1時至3時	未	下午1時至3時
寅	上午3時至5時	申	下午3時至5時
卯	上午5時至7時	酉	下午5時至7時
辰	上午7時至9時	戌	下午7時至9時
巳	上午9時至11時	亥	下午9時至11時

(表9-6)生肖相沖凶日一覽表

生肖	凶日 相沖	三殺	三刑	回頭貢殺	吉日 六合	三合
子鼠	午	未	卯		丑	申 辰
丑牛	未	辰	戌	寅、午、戌	子	巳 酉
寅虎	申	丑	巳		亥	午 戌
卯兔	酉	戌	子		戌	亥 未
辰龍	戌	未	辰	巳、酉、丑	酉	申 子
巳蛇	亥	辰	寅		申	酉 丑
午馬	子	丑	午		未	寅 戌
未羊	丑	戌	戌	申、子、辰	午	亥 卯
申猴	寅	未	巳		巳	子 辰
酉雞	卯	辰	酉		辰	巳 丑
戌狗	辰	丑	丑	亥、卯、未	卯	寅 午
亥豬	巳	戌	亥		寅	卯 未

2026年 1 月份 重要行事 擇吉日良辰便覽表

西曆 月	西曆 日	星期	農曆 月	農曆 日	干支	紫白日星	重要行事	良辰（紅字為天赦時）	正沖生肖	備註
1	1	四	11	13	乙亥	3	宜 動土、上樑、安香、入宅、移徙、修造、安灶	丑、卯、亥	正沖37歲（巳蛇）	
1	3	六	11	15	丁丑	5	宜 動土、安香、入宅、移徙、修造、拆卸、安床、祭祀	巳、酉、亥	正沖35歲（未羊）	
1	4	日	11	16	戊寅	6	宜 上樑、修造、拆卸、安床	巳、未	正沖34歲（申猴）	
1	5	一	11	17	己卯	7	宜 祭祀	子、卯、未	正沖33歲（酉雞）	小寒
1	7	三	11	19	辛巳	9	宜 動土、祭祀	丑、午、未、酉	正沖31歲（亥豬）	
1	8	四	11	20	壬午	1	宜 動土、上樑、謝土、入宅、移徙、修造、安床、祭祀	未、酉	正沖30歲（子鼠）	
1	10	六	11	22	甲申	3	宜 動土、安香、入宅、移徙、修造、拆卸、安灶	子、卯、戌	正沖28歲（寅虎）	
1	13	二	11	25	丁亥	6	宜 動土、上樑、修造、拆卸、安床、祭祀	丑、辰、未、酉、亥	正沖25歲（巳蛇）	
1	14	三	11	26	戊子	7	宜 謝土、安床、祭祀	卯、巳	正沖24歲（午馬）	
1	16	五	11	28	庚寅	9	宜 動土	丑、巳、亥	正沖22歲（申猴）	

第三節 （1月）吉日良辰

615

2026年 1 月份 重要行事 擇吉日良辰便覽表

西曆 月	西曆 日	星期	農曆 月	農曆 日	干支	紫白日星	重要行事	良辰（紅字為天赦時）	正沖生肖	備註
1	19	一	12	1	癸巳	3	宜 上樑、安香、入宅、移徙、修造、拆卸、安門、安床、安灶、祭祀	卯、巳	正沖19歲（亥豬）	
1	20	二	12	2	甲午	4	宜 上樑、謝土、安香、入宅、移徙、修造、拆卸、安床、祭祀	丑、卯	正沖18歲（子鼠）	大寒
1	22	四	12	4	丙申	6	宜 上樑、入宅、移徙、修造、拆卸	丑、酉	正沖16歲（寅虎）	
1	26	一	12	8	庚子	1	宜 謝土、祭祀	丑、卯、申、酉、亥	正沖12歲（午馬）	
1	28	三	12	10	壬寅	3	宜 上樑、安香、入宅、移徙、修造、拆卸、安床	丑、辰、巳、未	正沖10歲（申猴）	
1	31	六	12	13	乙巳	6	宜 上樑、安香、入宅、移徙、修造、拆卸、安門、安床、安灶、祭祀	丑	正沖67歲（亥豬）	

2026年 2月份 重要行事 擇吉日良辰便覽表

西曆 月	西曆 日	星期	農曆 月	農曆 日	干支	紫白日星	重要行事	良辰（紅字為天赦時）	正沖生肖	備註
2	4	三	12	17	己酉	1	宜 動土、上樑、安香、入宅、移徙、修造、拆卸、安門、祭祀	子、未	正沖63歲（卯兔）	立春
2	6	五	12	19	辛亥	3	宜 動土、上樑、安灶、祭祀	午、未、酉	正沖61歲（巳蛇）	
2	7	六	12	20	壬子	4	宜 動土、安床、祭祀	丑、辰、未、酉	正沖60歲（午馬）	
2	10	二	12	23	乙卯	7	宜 動土、上樑、謝土、修造、拆卸、安床、祭祀	丑、卯、亥	正沖57歲（酉雞）	
2	11	三	12	24	丙辰	8	宜 上樑、安香、入宅、移徙、修造、拆卸、安門、安床	酉	正沖56歲（戌狗）	
2	13	五	12	26	戊午	1	宜 上樑、謝土、安香、入宅、移徙、修造、拆卸、安門、安床、祭祀	卯、巳、酉	正沖54歲（子鼠）	
2	14	六	12	27	己未	2	宜 動土	卯	正沖53歲（丑牛）	
2	16	一	12	29	辛酉	4	宜 謝土、祭祀	午、未、酉	正沖51歲（卯兔）	大除夕
2	17	二	1	1	壬戌	5	宜 祭祀	未、酉、亥	正沖51歲（辰龍）	
2	19	四	1	3	甲子	7	宜 動土、祭祀	卯	正沖49歲（午馬）	

2026年 2月份 重要行事 擇吉日良辰便覽表

西曆 月日	星期	農曆 月日	干支	紫白日星	重要行事	良辰（紅字為天赦時）	正沖生肖	備註
2 21	六	1 5	丙寅	9	宜 上樑	午、未、酉	正沖47歲（申猴）	
2 22	日	1 6	丁卯	1	宜 動土、上樑、謝土、修造、拆卸、祭祀	未	正沖46歲（酉雞）	
2 25	三	1 9	庚午	4	宜 謝土、安香、入宅、移徙、修造、拆卸、安床、祭祀	申、酉、亥	正沖43歲（子鼠）	
2 26	四	1 10	辛未	5	宜 動土、上樑、謝土、安香、入宅、移徙、修造、拆卸、安門、安床、祭祀	卯、午、酉	正沖42歲（丑牛）	

第玖章 吉日良辰

2026年 3月份 重要行事 擇吉日良辰便覽表

西曆 月	西曆 日	星期	農曆 月	農曆 日	干支	紫白日星	重要行事	良辰（紅字為天赦時）	正沖生肖	備註
3	2	一	1	14	乙亥	9	宜 動土、上樑、安香、入宅、移徙、修造、拆卸、安門、安床、安灶、祭祀	丑、卯、亥	正沖38歲（巳蛇）	
3	5	四	1	17	戊寅	3	宜 上樑	巳、未	正沖35歲（申猴）	驚蟄 天赦日
3	10	二	1	22	癸未	8	宜 上樑、謝土、安香、入宅、移徙、修造、拆卸、安床、安灶、祭祀	寅、卯	正沖30歲（丑牛）	
3	11	三	1	23	甲申	9	宜 動土、上樑、謝土、安香、入宅、移徙、修造、拆卸、祭祀	子、卯、戌	正沖29歲（寅虎）	
3	13	五	1	25	丙戌	2	宜 動土、謝土、安床、祭祀	午、酉	正沖27歲（辰龍）	
3	14	六	1	26	丁亥	3	宜 動土、上樑、安香、入宅、移徙、修造、拆卸、安床、祭祀	丑、辰、未、酉、亥	正沖26歲（巳蛇）	
3	16	一	1	28	己丑	5	宜 動土、上樑、入宅、移徙、修造、拆卸、安床、安灶、祭祀	卯、巳	正沖24歲（未羊）	
3	17	二	1	29	庚寅	6	宜 動土、上樑、修造、拆卸、安床、安灶	丑、巳、亥	正沖23歲（申猴）	
3	18	三	1	30	辛卯	7	宜 謝土、祭祀	午	正沖22歲（酉雞）	
3	20	五	2	2	癸巳	9	宜 上樑、安灶	卯、巳	正沖20歲（亥豬）	春分

第三節 （3月）吉日良辰

619

2026年 3 月份 重要行事 擇吉日良辰便覽表

西曆 月	西曆 日	星期	農曆 月	農曆 日	干支	紫白日星	重要行事	良辰（紅字為天赦時）	正沖生肖	備註
3	22	日	2	4	乙未	2	宜 上樑、入宅、移徙、修造、拆卸、安灶、祭祀	卯、亥	正沖18歲（丑牛）	
3	23	一	2	5	丙申	3	宜 動土、謝土、祭祀	丑、酉	正沖17歲（寅虎）	
3	26	四	2	8	己亥	6	宜 安床、祭祀	卯、未	正沖14歲（巳蛇）	
3	28	六	2	10	辛丑	8	宜 動土、上樑、安香、入宅、移徙、修造、拆卸、安床、祭祀	卯、酉	正沖12歲（未羊）	
3	29	日	2	11	壬寅	9	宜 動土、上樑、修造、拆卸、安床	丑、辰、巳、未	正沖11歲（申猴）	

2026年 4月份 重要行事 擇吉日良辰便覽表

西曆 月	西曆 日	星期	農曆 月	農曆 日	干支	紫白日星	重要行事	良辰（紅字為天赦時）	正沖生肖	備註
4	3	五	2	16	丁未	5	宜 動土、上樑、謝土、入宅、移徙、修造、拆卸、安床、祭祀	巳、酉、亥	正沖66歲（丑牛）	
4	4	六	2	17	戊申	6	宜 動土、謝土、安香、入宅、移徙、修造、拆卸、祭祀	巳	正沖65歲（寅虎）	
4	5	日	2	18	己酉	7	宜 上樑、謝土、安香、入宅、移徙、修造、拆卸、安床、安灶、祭祀	子、未	正沖64歲（卯兔）	清明
4	8	三	2	21	壬子	1	宜 動土、上樑、謝土、修造、拆卸、安床、祭祀	丑、辰、未、酉	正沖61歲（午馬）	
4	10	五	2	23	甲寅	3	宜 動土、上樑、安香、入宅、移徙、修造、拆卸、安床、安灶	子、丑、卯、戌	正沖59歲（申猴）	
4	11	六	2	24	乙卯	4	宜 謝土、安床、安灶、祭祀	丑、卯、亥	正沖58歲（酉雞）	
4	17	五	3	1	辛酉	1	宜 謝土、祭祀	午、未、酉	正沖52歲（卯兔）	
4	20	一	3	4	甲子	4	宜 上樑、謝土、修造、拆卸、安床、安灶、祭祀	卯	正沖49歲（午馬）	穀雨
4	23	四	3	7	丁卯	7	宜 安香、入宅、移徙、安床、祭祀	未	正沖46歲（酉雞）	
4	25	六	3	9	己巳	9	宜 修造、拆卸、安床、祭祀	卯、未	正沖44歲（亥豬）	

2026年 4 月份 重要行事 擇吉日良辰便覽表

西曆 月	西曆 日	星期	農曆 月	農曆 日	干支	紫白日星	重要行事	良辰（紅字為天赦時）	正沖生肖	備註
4	28	二	3	12	壬申	3	宜 謝土、祭祀	丑、辰、未	正沖41歲（寅虎）	

第玖章 吉日良辰

622

2026年 5 月份 重要行事 擇吉日良辰便覽表

第三節 （5月）吉日良辰

西曆 月	日	星期	農曆 月	日	干支	紫白日星	重要行事	良辰（紅字為天赦時）	正沖生肖	備註
5	2	六	3	16	丙子	7	宜 上樑、謝土、修造、拆卸、安床、祭祀	丑、申、酉	正沖37歲（午馬）	
5	5	二	3	19	己卯	1	宜 謝土、祭祀	子、卯、未	正沖34歲（酉雞）	立夏
5	6	三	3	20	庚辰	2	宜 動土、上樑、謝土、修造、拆卸、祭祀	丑、巳、申、亥	正沖33歲（戌狗）	
5	8	五	3	22	壬午	4	宜 動土、上樑、謝土、安香、入宅、移徙、修造、拆卸、祭祀	未、酉	正沖31歲（子鼠）	
5	11	一	3	25	乙酉	7	宜 動土、上樑、謝土、修造、拆卸、安灶、祭祀	丑、亥	正沖28歲（卯兔）	
5	12	二	3	26	丙戌	8	宜 動土、上樑、修造、安床、祭祀	午、酉	正沖27歲（辰龍）	
5	14	四	3	28	戊子	1	宜 動土、上樑、謝土、入宅、移徙、修造、拆卸、祭祀	卯、巳	正沖25歲（午馬）	
5	15	五	3	29	己丑	2	宜 動土、上樑、謝土、修造、拆卸、安灶、祭祀	卯、巳	正沖24歲（未羊）	
5	16	六	3	30	庚寅	3	宜 上樑、安香、入宅、移徙、安床、安灶	丑、巳、亥	正沖23歲（申猴）	
5	17	日	4	1	辛卯	4	宜 動土、拆卸、祭祀	午	正沖22歲（酉雞）	

2026年 5 月份 重要行事 擇吉日良辰便覽表

西曆 月	日	星期	農曆 月	日	干支	紫白日星	重要行事	良辰（紅字為天赦時）	正沖生肖	備註
5	20	三	4	4	甲午	7	宜 動土、謝土、安香、入宅、移徙、修造、拆卸、祭祀	丑、卯	正沖19歲（子鼠）	天赦日
5	22	五	4	6	丙申	9	宜 動土、上樑、安香、入宅、移徙、修造、祭祀	丑、酉	正沖17歲（寅虎）	
5	23	六	4	7	丁酉	1	宜 謝土、祭祀	未、酉	正沖16歲（卯兔）	
5	24	日	4	8	戊戌	2	宜 動土、謝土、安香、入宅、移徙、修造、拆卸、安床、祭祀	巳	正沖15歲（辰龍）	
5	26	二	4	10	庚子	4	宜 動土、謝土、安香、入宅、移徙、修造、拆卸、安床、祭祀	丑、卯、申、酉、亥	正沖13歲（午馬）	
5	27	三	4	11	辛丑	5	宜 動土、謝土、祭祀	卯、酉	正沖12歲（未羊）	
5	29	五	4	13	癸卯	7	宜 動土、拆卸、安床、祭祀	巳、未	正沖10歲（酉雞）	
5	30	六	4	14	甲辰	8	宜 安香、入宅、移徙、安床、安灶、祭祀	卯	正沖69歲（戌狗）	

第玖章 吉日良辰

624

2026年 6 月份 重要行事 擇吉日良辰便覽表

西曆 日	星期	農曆 月	農曆 日	干支	紫白日星	重要行事	良辰（紅字為天赦時）	正沖生肖	備註
6 1	一	4	16	丙午	1	宜 動土、入宅、移徙、修造、拆卸、祭祀	丑、卯、午、酉	正沖67歲（子鼠）	
6 4	四	4	19	己酉	4	宜 上樑、謝土、安香、入宅、移徙、安床、安灶、祭祀	子、未	正沖64歲（卯兔）	
6 5	五	4	20	庚戌	5	宜 動土、謝土、祭祀	丑、巳、申、酉、亥	正沖63歲（辰龍）	芒種
6 6	六	4	21	辛亥	6	宜 動土、上樑、安香、入宅、移徙、修造、拆卸、安床、安灶、祭祀	午、未、酉	正沖62歲（巳蛇）	
6 8	一	4	23	癸丑	8	宜 動土、祭祀	卯、巳	正沖60歲（未羊）	
6 9	二	4	24	甲寅	9	宜 動土、上樑、修造、拆卸、安床、安灶	子、丑、卯、戌	正沖59歲（申猴）	
6 11	四	4	26	丙辰	2	宜 動土、上樑、安香、入宅、移徙、修造、拆卸、安床、祭祀	酉	正沖57歲（戌狗）	
6 12	五	4	27	丁巳	3	宜 動土、修造	丑、辰、未、酉	正沖56歲（亥豬）	
6 14	日	4	29	己未	5	宜 動土、上樑、安香、入宅、移徙、修造、拆卸、安床、祭祀	卯	正沖54歲（丑牛）	
6 15	一	5	1	庚申	6	宜 上樑、安香、入宅、移徙、修造、拆卸	丑、巳、亥	正沖53歲（寅虎）	

第三節 （6月）吉日良辰

2026年 6月份 重要行事 擇吉日良辰便覽表

西曆 月	日	星期	農曆 月	日	干支	紫白日星	重要行事	良辰（紅字為天赦時）	正沖生肖	備註
6	17	三	5	3	壬戌	8	宜 上樑、謝土、安香、入宅、移徙、修造、拆卸、祭祀	未、酉、亥	正沖51歲（辰龍）	
6	21	日	5	7	丙寅	6	宜 動土、上樑、修造、拆卸	午、未、酉	正沖47歲（申猴）	
6	23	二	5	9	戊辰	5	宜 動土、安香、入宅、移徙、修造、拆卸、安床、安灶、祭祀	巳、申、酉	正沖45歲（戌狗）	
6	24	三	5	10	己巳	4	宜 動土、安香、入宅、移徙、修造、拆卸、安灶	卯、未	正沖44歲（亥豬）	
6	26	五	5	12	辛未	2	宜 動土、上樑、入宅、移徙、修造、拆卸、安床、祭祀	卯、午、酉	正沖42歲（丑牛）	
6	27	六	5	13	壬申	1	宜 上樑、安香、入宅、移徙、修造、拆卸	丑、辰、未	正沖41歲（寅虎）	
6	29	一	5	15	甲戌	8	宜 動土、謝土、入宅、移徙、修造、拆卸、安床、祭祀	卯、亥	正沖39歲（辰龍）	
6	30	二	5	16	乙亥	7	宜 動土、上樑、安香、入宅、移徙、修造、拆卸、安灶、祭祀	丑、卯、亥	正沖38歲（巳蛇）	

第玖章 吉日良辰

2026年 7月份 重要行事 擇吉日良辰便覽表

西曆 月	日	星期	農曆 月	日	干支	紫白日星	重要行事	良辰（紅字為天赦時）	正沖生肖	備註
7	3	五	5	19	戊寅	4	宜 動土、上樑、修造、拆卸、安床、安灶	巳、未	正沖35歲（申猴）	
7	5	日	5	21	庚辰	2	宜 動土、上樑、安香、入宅、移徙、修造、拆卸、安床、安灶、祭祀	丑、巳、申、亥	正沖33歲（戌狗）	
7	6	一	5	22	辛巳	1	宜 動土、安香、入宅、移徙、修造、安灶	丑、午、未、酉	正沖32歲（亥豬）	
7	7	二	5	23	壬午	9	宜 祭祀	未、酉	正沖31歲（子鼠）	小暑
7	9	四	5	25	甲申	7	宜 動土、謝土、修造、拆卸、祭祀	子、卯、戌	正沖29歲（寅虎）	
7	12	日	5	28	丁亥	4	宜 動土、上樑、安香、入宅、移徙、修造、拆卸	丑、辰、未、酉、亥	正沖26歲（巳蛇）	
7	15	三	6	2	庚寅	1	宜 動土	丑、巳、亥	正沖23歲（申猴）	
7	16	四	6	3	辛卯	9	宜 動土、上樑、謝土、修造、拆卸、安床、安灶、祭祀	午	正沖22歲（酉雞）	
7	18	六	6	5	癸巳	7	宜 動土、上樑、修造、安床、安灶、祭祀	卯、巳	正沖20歲（亥豬）	
7	19	日	6	6	甲午	6	宜 祭祀	丑、卯	正沖19歲（子鼠）	天赦日

第三節 (7月) 吉日良辰

2026年 7月份 重要行事 擇吉日良辰便覽表

西曆 月/日/星期	農曆 月/日	干支	紫白日星	重要行事	良辰（紅字為天赦時）	正沖生肖	備註
7/21/二	6/8	丙申	4	宜 謝土、安香、入宅、移徙、修造、拆卸、祭祀	丑、酉	正沖17歲（寅虎）	
7/23/四	6/10	戊戌	2	宜 祭祀	巳	正沖15歲（辰龍）	大暑
7/25/六	6/12	庚子	9	宜 謝土、安床、祭祀	丑、卯、申、酉、亥	正沖13歲（午馬）	
7/27/一	6/14	壬寅	7	宜 上樑、安香、入宅、移徙、修造、拆卸	丑、辰、巳、未	正沖11歲（申猴）	
7/28/二	6/15	癸卯	6	宜 上樑、謝土、安香、入宅、移徙、修造、拆卸、安床、安灶、祭祀	巳、未	正沖10歲（酉雞）	
7/29/三	6/16	甲辰	5	宜 上樑、入宅、移徙、修造、拆卸、安灶、祭祀	卯	正沖69歲（戌狗）	
7/30/四	6/17	乙巳	4	宜 上樑、安床、安灶、祭祀	丑	正沖68歲（亥豬）	

第玖章 吉日良辰

2026年 8月份 重要行事 擇吉日良辰便覽表

西曆 月	日	星期	農曆 月	日	干支	紫白日星	重要行事	良辰（紅字為天赦時）	正沖生肖	備註
8	5	三	6	23	辛亥	7	宜 上樑、修造、拆卸、安床、安灶、祭祀	午、未、酉	正沖62歲（巳蛇）	
8	10	一	6	28	丙辰	2	宜 動土、上樑、謝土、安香、入宅、修造、拆卸、安床、祭祀	酉	正沖57歲（戌狗）	
8	11	二	6	29	丁巳	1	宜 入宅、移徙、祭祀	丑、辰、未、酉	正沖56歲（亥豬）	
8	13	四	7	1	己未	8	宜 動土、祭祀	卯	正沖54歲（丑牛）	
8	15	六	7	3	辛酉	6	宜 動土、上樑、謝土、修造、拆卸、安床、祭祀	午、未、酉	正沖52歲（卯兔）	
8	18	二	7	6	甲子	9	宜 動土、上樑、謝土、安香、入宅、移徙、修造、拆卸、安床、祭祀	卯	正沖49歲（午馬）	
8	21	五	7	9	丁卯	6	宜 安香、入宅、移徙、修造、拆卸、祭祀	未	正沖46歲（酉雞）	
8	22	六	7	10	戊辰	5	宜 動土、上樑、謝土、安香、入宅、移徙、修造、拆卸、安床、安灶、祭祀	巳、申、酉	正沖45歲（戌狗）	
8	23	日	7	11	己巳	7	宜 動土、上樑、安香、入宅、移徙、修造、安床、安灶、祭祀	卯、未	正沖44歲（亥豬）	處暑
8	25	二	7	13	辛未	5	宜 動土、謝土、安香、入宅、移徙、修造、拆卸、安灶、祭祀	卯、午、酉	正沖42歲（丑牛）	

2026年 8 月份 重要行事 擇吉日良辰便覽表

西曆 月日	星期	農曆 月日	干支	紫白日星	重要行事	良辰（紅字為天赦時）	正沖生肖	備註
8 26	三	7 14	壬申	4	宜 上樑、謝土、安香、入宅、移徙、安灶、祭祀	丑、辰、未	正沖41歲（寅虎）	
8 30	日	7 18	丙子	9	宜 動土、上樑、謝土、安香、入宅、移徙、修造、拆卸、安床、祭祀	丑、申、酉	正沖37歲（午馬）	

第玖章　吉日良辰

630

2026年 9月份 重要行事 擇吉日良辰便覽表

西曆 月	日	星期	農曆 月	日	干支	紫白日星	重要行事	良辰（紅字為天赦時）	正沖生肖	備註
9	2	三	7	21	己卯	6	宜 謝土、安香、入宅、移徙、修造、拆卸、祭祀	子、卯、未	正沖34歲（酉雞）	
9	3	四	7	22	庚辰	5	宜 動土、上樑、安香、入宅、移徙、修造、拆卸、安床、安灶、祭祀	丑、巳、申、亥	正沖33歲（戌狗）	
9	5	六	7	24	壬午	3	宜 動土、安床、祭祀	未、酉	正沖31歲（子鼠）	
9	7	一	7	26	甲申	1	宜 祭祀	子、卯、戌	正沖29歲（寅虎）	白露
9	9	三	7	28	丙戌	8	宜 動土、祭祀	午、酉	正沖27歲（辰龍）	
9	10	四	7	29	丁亥	7	宜 上樑、修造、拆卸、安床	丑、辰、未、酉、亥	正沖26歲（巳蛇）	
9	12	六	8	2	己丑	5	宜 動土、謝土、安香、入宅、移徙、修造、拆卸、安床、安灶、祭祀	卯、巳	正沖24歲（未羊）	
9	13	日	8	3	庚寅	4	宜 動土、上樑、修造、拆卸	丑、巳、亥	正沖23歲（申猴）	
9	15	二	8	5	壬辰	2	宜 安床、祭祀	未、酉、亥	正沖21歲（戌狗）	
9	16	三	8	6	癸巳	1	宜 動土、上樑、安香、入宅、移徙、修造、拆卸、安床、安灶、祭祀	卯、巳	正沖20歲（亥豬）	

第三節 （9月）吉日良辰

631

2026年 9 月份 重要行事 擇吉日良辰便覽表

西曆 月	日	星期	農曆 月	日	干支	紫白日星	重 要 行 事	良 辰（紅字為天赦時）	正沖生肖	備註
9	21	一	8	11	戊戌	5	宜 動土、修造、祭祀	巳	正沖15歲（辰龍）	
9	23	三	8	13	庚子	3	宜 祭祀	丑、卯、申、酉、亥	正沖13歲（午馬）	秋分
9	24	四	8	14	辛丑	2	宜 動土、修造、安床	卯、酉	正沖12歲（未羊）	
9	27	日	8	17	甲辰	8	宜 動土、上樑、安香、入宅、移徙、修造、拆卸、安床、安灶、祭祀	卯	正沖69歲（戌狗）	
9	28	一	8	18	乙巳	7	宜 動土、安香、入宅、移徙、修造、拆卸、安灶、祭祀	丑	正沖68歲（亥豬）	

第玖章 吉日良辰

2026年 10月份 重要行事 擇吉日良辰便覽表

西曆 月日 星期	農曆 月日	干支	紫白日星	重要行事	良辰（紅字為天赦時）	正沖生肖	備註
10 1 四	8 21	戊申	4	宜 動土、上樑、安香、入宅、移徙、修造、拆卸、安灶	巳	正沖65歲（寅虎）	天赦日
10 3 六	8 23	庚戌	2	宜 動土、上樑、入宅、移徙、修造、安床、祭祀	丑、巳、申、酉、亥	正沖63歲（辰龍）	
10 4 日	8 24	辛亥	1	宜 上樑、安香、入宅、移徙、修造、拆卸、安灶	午、未、酉	正沖62歲（巳蛇）	
10 6 二	8 26	癸丑	8	宜 動土、上樑、謝土、安香、入宅、移徙、修造、拆卸、安門、安床、安灶、祭祀	卯、巳	正沖60歲（未羊）	
10 8 四	8 28	乙卯	6	宜 祭祀	丑、卯、亥	正沖58歲（酉雞）	寒露
10 11 日	9 2	戊午	3	宜 上樑、安香、入宅、移徙、修造、拆卸、安床、安灶、祭祀	卯、巳、酉	正沖55歲（子鼠）	
10 13 二	9 4	庚申	1	宜 動土、上樑、謝土、安香、入宅、移徙、修造、拆卸、安灶、祭祀	丑、巳、亥	正沖53歲（寅虎）	
10 14 三	9 5	辛酉	9	宜 動土、謝土、安床、安灶、祭祀	午、未、酉	正沖52歲（卯兔）	
10 15 四	9 6	壬戌	8	宜 上樑、安床、祭祀	未、酉、亥	正沖51歲（辰龍）	
10 16 五	9 7	癸亥	7	宜 上樑、修造、拆卸、安床、祭祀	卯	正沖50歲（巳蛇）	

第三節 （10月）吉日良辰

633

2026年 10月份 重要行事 擇吉日良辰便覽表

西曆 月日 星期	農曆 月日 干支	紫白日星	重要行事	良辰（紅字為天赦時）	正沖 生肖	備註
10 20 二	9 11 丁卯	9	宜 上樑、修造、拆卸、安床、祭祀	未	正沖46歲（酉雞）	
10 23 五	9 14 庚午	6	宜 上樑、謝土、安香、入宅、移徙、修造、拆卸、安床、安灶、祭祀	申、酉、亥	正沖43歲（子鼠）	
10 27 二	9 18 甲戌	5	宜 上樑、修造、安床、祭祀	卯、亥	正沖39歲（辰龍）	
10 28 三	9 19 乙亥	4	宜 上樑、安香、入宅、移徙、修造、拆卸、安床、祭祀	丑、卯、亥	正沖38歲（巳蛇）	

第玖章 吉日良辰

2026年 11月份 重要行事 擇吉日良辰便覽表

西曆 月 日 星期	農曆 月 日	干支	紫白日星	重要行事	良辰（紅字為天赦時）	正沖生肖	備註
11 1 日	9 23	己卯	9	宜 上樑、謝土、安香、入宅、移徙、修造、拆卸、安床、安灶、祭祀	子、卯、未	正沖34歲（酉雞）	
11 4 三	9 26	壬午	6	宜 上樑、謝土、安香、入宅、移徙、修造、拆卸、安床、安灶、祭祀	未、酉	正沖31歲（子鼠）	
11 7 六	9 29	乙酉	3	宜 動土、謝土、拆卸、祭祀	丑、亥	正沖28歲（卯兔）	立冬
11 8 日	9 30	丙戌	2	宜 謝土、安床、祭祀	午、酉	正沖27歲（辰龍）	
11 10 二	10 2	戊子	9	宜 動土、上樑、安香、入宅、移徙、修造、拆卸	卯、巳	正沖25歲（午馬）	
11 13 五	10 5	辛卯	6	宜 動土、上樑、謝土、入宅、移徙、修造、拆卸、安床、安灶、祭祀	午	正沖32歲（酉雞）	
11 16 一	10 8	甲午	3	宜 動土、上樑、謝土、修造、拆卸、安灶、祭祀	丑、卯	正沖19歲（子鼠）	
11 17 二	10 9	乙未	2	宜 謝土、修造、拆卸、安床、安灶、祭祀	卯、亥	正沖18歲（丑牛）	
11 19 四	10 11	丁酉	9	宜 動土、謝土、拆卸、安床、祭祀	未、酉	正沖16歲（卯兔）	
11 22 日	10 14	庚子	6	宜 動土、謝土、安香、入宅、移徙、修造、拆卸、祭祀	丑、卯、申、酉、亥	正沖13歲（午馬）	小雪

2026年 11月份 重要行事 擇吉日良辰便覽表

西曆 月	日	星期	農曆 月	日	干支	紫白日星	重要行事	良辰（紅字為天赦時）	正沖生肖	備註
11	24	二	10	16	壬寅	4	宜 動土、上樑、入宅、移徒、修造、拆卸	丑、辰、巳、未	正沖11歲（申猴）	
11	25	三	10	17	癸卯	3	宜 動土、上樑、謝土、安香、入宅、移徒、修造、拆卸、安門、安床、安灶、祭祀	巳、未	正沖10歲（酉雞）	
11	26	四	10	18	甲辰	2	宜 上樑、謝土、安香、入宅、移徒、修造、拆卸、安床、祭祀	卯	正沖69歲（戌狗）	
11	29	日	10	21	丁未	8	宜 動土、上樑、謝土、修造、拆卸、安床、祭祀	巳、酉、亥	正沖66歲（丑牛）	

第玖章 吉日良辰

636

第三節 (12月) 吉日良辰

2026年 12 月份 重要行事 擇吉日良辰便覽表

西曆 月/日/星期	農曆 月/日/干支	紫白日星	重要行事	良辰（紅字為天赦時）	正沖生肖	備註
12 1 二	10 23 己酉	6	宜 動土、謝土、拆卸、安床、祭祀	子、未	正沖64歲（卯兔）	
12 2 三	10 24 庚戌	5	宜 謝土、祭祀	丑、巳、申、酉、亥	正沖63歲（辰龍）	
12 4 五	10 26 壬子	3	宜 動土、上樑、安香、入宅、移徙、修造、拆卸	丑、未、酉	正沖61歲（午馬）	
12 6 日	10 28 甲寅	1	宜 動土、上樑、入宅、移徙、修造	子、丑、卯、酉	正沖59歲（申猴）	
12 7 一	10 29 乙卯	9	宜 動土、上樑、謝土、入宅、移徙、修造、拆卸、安門、安床、安灶、祭祀	丑、卯、亥	正沖58歲（酉雞）	大雪
12 8 二	10 30 丙辰	8	宜 動土、上樑、謝土、安香、入宅、移徙、修造、拆卸、安門、安床、祭祀	酉	正沖57歲（戌狗）	
12 11 五	11 3 己未	5	宜 動土、安床、祭祀	卯	正沖54歲（丑牛）	
12 12 六	11 4 庚申	4	宜 上樑、謝土、安香、入宅、移徙、修造、拆卸、安門、安灶、祭祀	丑、巳、亥	正沖53歲（寅虎）	
12 14 一	11 6 壬戌	2	宜 動土、上樑、修造、拆卸、安門、安床、安灶、祭祀	未、酉、亥	正沖51歲（辰龍）	
12 16 三	11 8 甲子	6	宜 謝土、祭祀	卯	正沖49歲（午馬）	天赦日

637

2026年 12月份 重要行事 擇吉日良辰便覽表

西曆 月日	星期	農曆 月日	干支	紫白日星	重要行事	良辰（紅字為天赦時）	正沖生肖	備註
12 17	四	11 9	乙丑	5	宜 動土、安香、入宅、移徙、修造、拆卸、安床、安灶、祭祀	丑、卯、亥	正沖48歲（未羊）	
12 18	五	11 10	丙寅	4	宜 上樑、修造、拆卸、安床	午、未、酉	正沖47歲（申猴）	
12 20	日	11 12	戊辰	2	宜 動土、上樑、謝土、修造、拆卸、安門、安床、祭祀	巳、申、酉	正沖45歲（戌狗）	
12 23	三	11 15	辛未	8	宜 謝土、安床、祭祀	卯、午、酉	正沖42歲（丑牛）	
12 24	四	11 16	壬申	9	宜 上樑、謝土、入宅、移徙、修造、拆卸、安門、安灶、祭祀	丑、辰、未	正沖41歲（寅虎）	
12 26	六	11 18	甲戌	2	宜 動土、上樑、修造、拆卸、安門、安床、安灶、祭祀	卯、亥	正沖39歲（辰龍）	
12 27	日	11 19	乙亥	3	宜 動土、上樑、安香、入宅、移徙、修造、安灶	丑、卯、亥	正沖38歲（巳蛇）	
12 29	二	11 21	丁丑	5	宜 動土、上樑、修造、拆卸、安床、祭祀	巳、酉、亥	正沖36歲（未羊）	
12 30	三	11 22	戊寅	6	宜 上樑、修造、拆卸、安床	巳、未	正沖35歲（申猴）	

第玖章 吉日良辰

638

參考文獻

1. 晉朝，郭璞《山海經注》。
2. 春秋戰國，管輅《管氏地理指蒙》。
3. 漢朝，顧頡剛《五行思想家》。
4. 唐朝，楊筠松《天玉經》。
5. 唐朝，楊筠松《青囊奧語》。
6. 唐朝，楊筠松《八宅明鏡》。
7. 唐朝，曾文迪《青囊序》。
8. 唐朝，卜則巍《雪心賦》。
9. 唐朝，丘延翰《海角經》。
10. 宋朝，吳景鸞《玄空秘旨》。
11. 宋朝，吳景鸞《陰陽天機書表》。
12. 元朝，吳澄《葬書刪削本》。
13. 明朝，徐善繼、徐善述《地理人子須知》。
14. 明朝，柳洪泉《三元總錄》。
15. 明朝，劉基《堪輿漫興》。
16. 明朝，王君榮纂輯《陽宅十書》。
17. 明朝，黃復亭《陽宅大全》。
18. 清朝，沈竹祁《沈氏玄空學》。
19. 清朝，蔣大鴻《天元五歌》。
20. 清朝，蔣大鴻《地理辨正疏》。
20. 清朝，蔣大鴻《水龍經》。
21. 清朝，蔣大鴻《歸厚錄》。
22. 清朝，王汝元《陽宅集成》。
23. 清朝，王道亨《羅經詳解》。
24. 清朝，王道亨《山洋指迷》。

25. 清朝，葉九升《地理六經註》。
26. 清朝，葉泰《山法全書》。
27. 清朝，吳鼒《陽宅撮要》。
28. 清朝，章仲山《心眼指要》。
29. 清朝，熊起磻《堪輿泄秘》。
30. 清朝，黃宗羲《梅花易數》。
31. 清朝，紀大奎《地理末學數》。
32. 清朝，紀大奎《水法要訣》。
33. 清朝，張覺正《陽宅愛眾》。
34. 清朝，紀曉嵐《四庫全書》。
35. 清朝，胡國楨《羅經解定》。
36. 清朝，魏清江《陽宅大成》。
37. 清朝，范宜賓《地理乾坤法竅》。
38. 清朝，袁守定《地理啖蔗錄》。
39. 清朝，沈竹礽《地理辨正抉要》。
40. 清朝，葉九升《山法全書》。
41. 清朝，葉九升《地理六精註解》。
42. 清朝，尹一勺《地理四秘全書》。
43. 清朝，丁芮樸《風水祛惑》。
44. 清朝，袁守定《地理啖蔗錄》。
45. 清朝，范宜賓《地理乾坤法竅》。

　　　　　　　　讀古書
　　　　　　體會古人的意境
　　　　　　一理通則萬理徹

建築風水營建管理流程圖

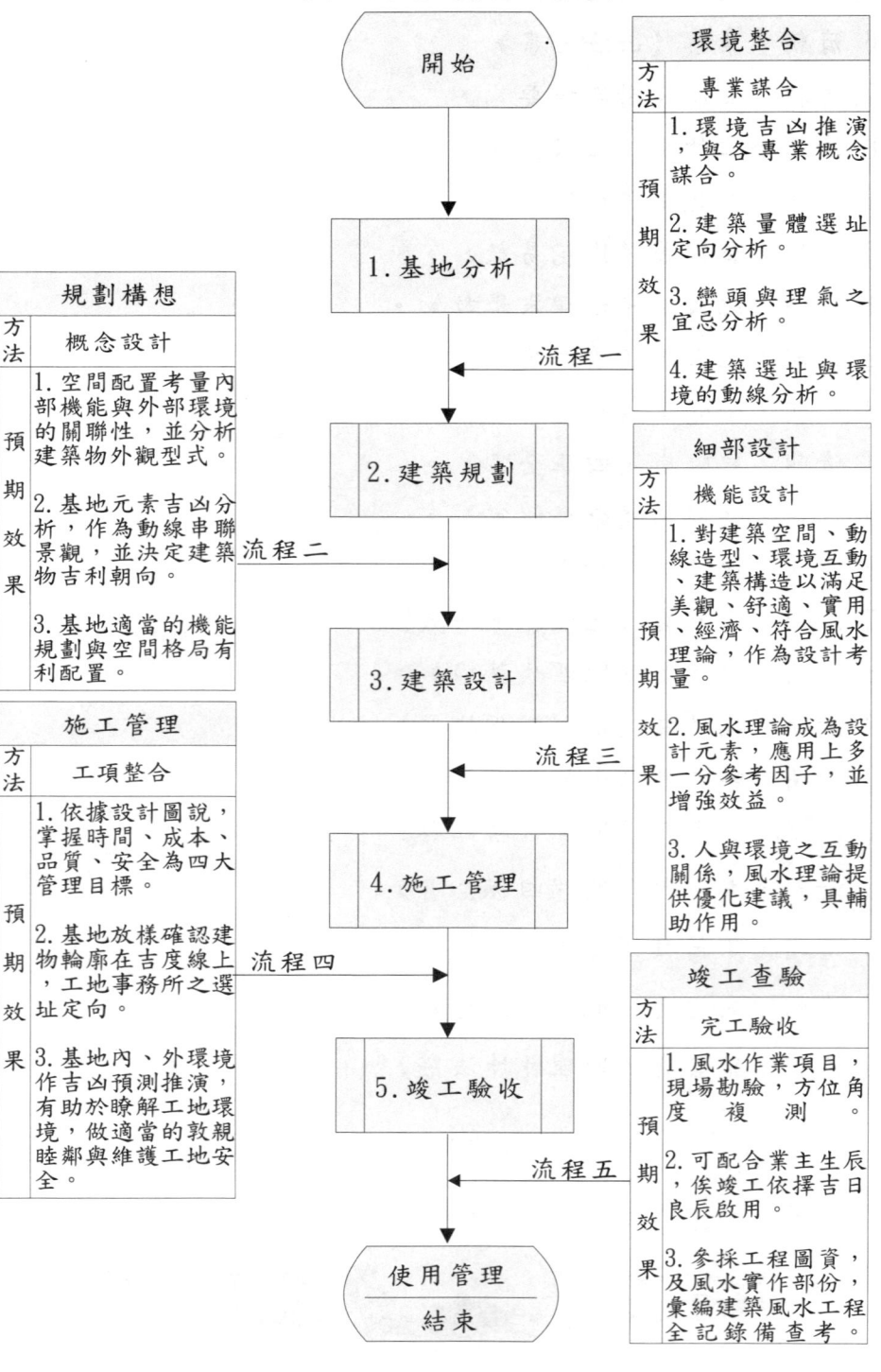

風水操作流程圖

```
                           開始
                            │
                            ▼
                      1. 基地分析  ◄──── 流程一 ──── 環境整合
                            │
                            ▼
    規劃構想 ────流程二──►  2. 建築規劃
                            │
                            ▼
                      3. 建築設計  ◄──── 流程三 ──── 細部設計
                            │
                            ▼
    施工管理 ────流程四──►  4. 施工管理
                            │
                            ▼
                      5. 竣工驗收  ◄──── 流程五 ──── 竣工查驗
                            │
                            ▼
                         使用管理
                          結束
```

環境整合
方法：專業謀合

預期效果：
1. 環境吉凶推演，與各專業概念謀合。
2. 建築量體選址定向分析。
3. 巒頭與理氣之宜忌分析。
4. 建築選址與環境的動線分析。

規劃構想
方法：概念設計

預期效果：
1. 空間配置考量內部機能與外部環境的關聯性，並分析建築物外觀型式。
2. 基地元素吉凶分析，作為動線串聯景觀，並決定建築物吉利朝向。
3. 基地適當的機能規劃與空間格局有利配置。

細部設計
方法：機能設計

預期效果：
1. 對建築空間、動線造型、環境互動、建築構造以滿足美觀、舒適、實用、經濟、符合風水理論，作為設計考量。
2. 風水理論成為設計元素，應用上多一分參考因子，並增強效益。
3. 人與環境之互動關係，風水理論提供優化建議，具輔助作用。

施工管理
方法：工項整合

預期效果：
1. 依據設計圖說，掌握時間、成本、品質、安全為四大管理目標。
2. 基地放樣確認建物輪廓在吉度線上，工地事務所之選址定向。
3. 基地內、外環境作吉凶預測推演，有助於瞭解工地環境，做適當的敦親睦鄰與維護工地安全。

竣工查驗
方法：完工驗收

預期效果：
1. 風水作業項目，現場勘驗，方位角度複測。
2. 可配合業主生辰，俟竣工依擇吉日良辰啟用。
3. 參採工程圖資，及風水實作部份，彙編建築風水工程全記錄備查考。

641

建築風水空間裝修流程圖

開始

↓

6.聘請專業

專業配合	
方法	理念謀合
預期效果	1.設計理念融入風水理論，除多一項參考因子，並能增加效益。 2.專業參與較能獲取較精確的圖資與施工經驗，確實掌握業主機能需求，對規劃設計的作品較能圓滿實踐。

流程六 →

7.確定風格

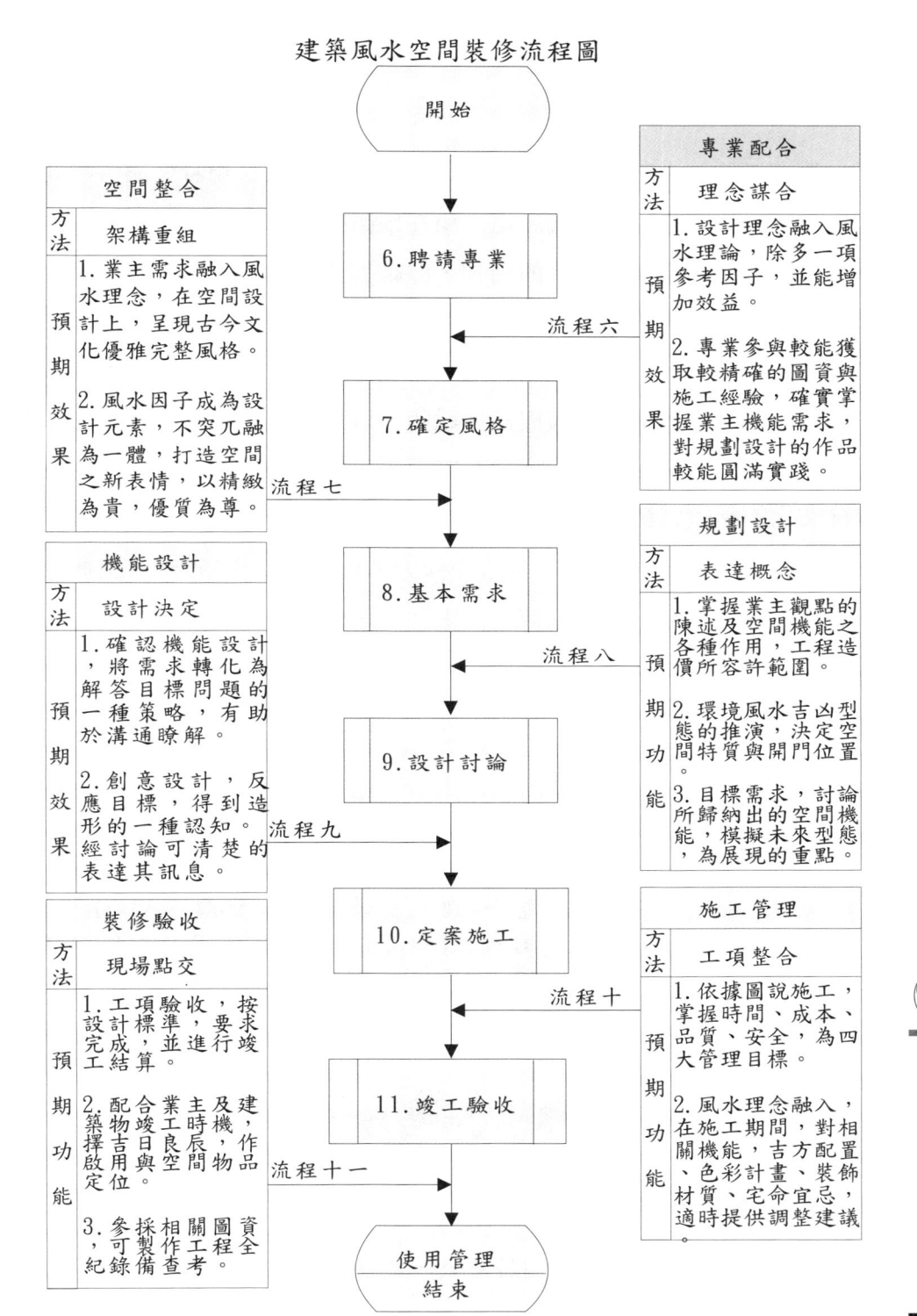

空間整合	
方法	架構重組
預期效果	1.業主需求融入風水理念，在空間設計上，呈現古今文化優雅完整風格。 2.風水因子成為設計元素，不突兀融為一體，打造空間之新表情，以精緻為貴，優質為尊。

流程七 →

8.基本需求

規劃設計	
方法	表達概念
預期功能	1.掌握業主觀點的陳述及空間機能之各種作用，工程造價所容許範圍。 2.環境風水吉凶型態的推演，決定空間特質與開門位置。 3.目標需求，討論所歸納出的空間機能，模擬未來型態，為展現的重點。

流程八 →

9.設計討論

機能設計	
方法	設計決定
預期效果	1.確認機能設計，將需求轉化為解答目標問題的一種策略，有助於溝通瞭解。 2.創意設計，反應目標，得到造形的一種認知。經討論可清楚的表達其訊息。

流程九 →

10.定案施工

施工管理	
方法	工項整合
預期功能	1.依據圖說施工，掌握時間、成本、品質、安全，為四大管理目標。 2.風水理念融入，在施工期間，對相關機能，吉方配置、色彩計畫、裝飾材質、宅命宜忌，適時提供調整建議。

流程十 →

11.竣工驗收

裝修驗收	
方法	現場點交
預期功能	1.工項驗收，按設計標準，要求完成，並進行竣工結算。 2.配合業主及建築物竣工時機，擇吉日良辰，作啟用與空間物品定位。 3.參採相關圖資，可製作工程全紀錄備查考。

流程十一 →

使用管理

結束

編後記

　　筆者以近二十年從事大學風水教育之資歷，結合親身參與各類建築與工程實務的經驗，長期關注風水學在學術研究與實務應用之間的整合與落實。秉持「反璞歸真」的精神，陸續編撰多部風水書系，出版後承蒙各界先進賜教與諸多同道好友的鼓勵與支持，深感欣慰。本書聚焦於風水學於建築設計、營建施工及生活管理等層面的實際應用，內容力求務實編修，並輔以圖例推演與操作說明，以增進讀者理解與應用的深度與廣度。拙作之問世，冀能成為有志深入研究者之進階參考，亦期能為傳統文化的承續與發揚略盡綿薄之力。展望未來，筆者將持續致力於風水與空間科學的融合發展，並積極探索 AI（人工智慧）於風水數據分析與應用設計之潛能，期望為傳統術數注入現代科技的新生命，拓展其在當代生活中的實用價值。匆促成稿，未免有疏漏之處，尚祈各界先進與讀者

不吝指正
以資改進

　　　　　　　　　　建築風水努力方向

　　　　　　　　升級-重組機能、藝術、建構、風水
　　　　　　　　整合-理性提煉、現代實踐、AI 分析
　　　　　　　　創新-科學方法、智能推演、操作模式
　　　　　　　　繼承-文化精神、當代表述、國際視野

　　　　　　　　　　　　　　　　胡肇台（圓銘）
　　　　　　　　　　　　　　　　　　敬啟

事莫明於有效，論莫定於有證。
　　　　——東漢王充《論衡》

附註：封面設計─可用的創意羅盤

自製與操作(適合初學者體驗)

1.準備一個指北針(或指南針)，用雙面膠布黏貼於書封面上(書可加裝23.5cm之塑膠書套)之創意羅盤中心點，確認羅盤上之北方與指北針(指南針確認羅盤上南方)底面之北方對齊位置(黏貼)。

2.使用時必須將指北針(或指南針)內之指針(可旋轉)有顏色的箭頭是朝向北方 0^0 （指南針則是朝向南方180^0 ）；使用時可旋轉書本，即確認羅盤上之南、北方與指針(可轉動書本旋轉)箭頭須重疊對齊，方可判讀相對方位。

3.目視觀測判讀時，置三角尺(塑膠製)從羅盤中心點延伸所測目標或物品，即可從羅盤上正確的判讀方位。

書本封面上「DIY創意羅盤」

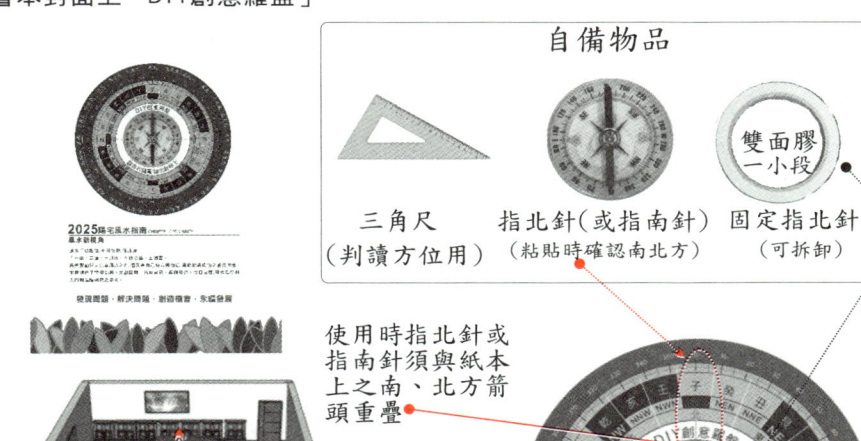

自備物品

三角尺（判讀方位用）　指北針(或指南針)（粘貼時確認南北方）　固定指北針（可拆卸）　雙面膠一小段

使用時指北針或指南針須與紙本上之南、北方箭頭重疊

利用三角板（判讀方位用）

操作方式

線向觀測：建築物坐向、門向。
方位觀測：助運方位(文昌、財位、桃花、驛馬)。

DIY創意羅盤

門市資訊 Information

瑞成書局 THE REGENT STORE｜台中總店

地　　址｜台中市雙十路一段4-33號
服務時間｜周一至周六AM10:00~PM06:00
門市電話｜04-2212-0708 #31
傳　　真｜04-2211-0566

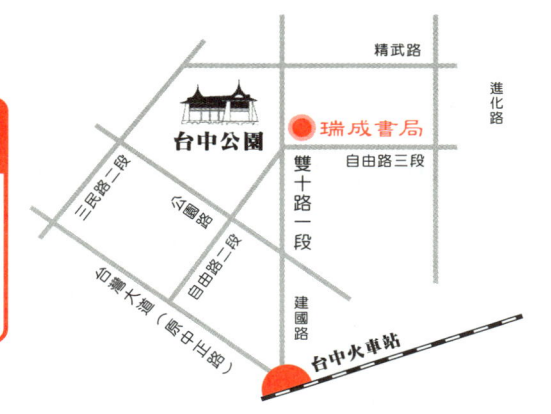

瑞成出版部 Publication

瑞成書局 THE REGENT STORE｜出版部

地　　址｜台中市東區天乙街107號
服務時間｜周一至周五AM08:00~PM05:00
電　　話｜04-2280-8033
傳　　真｜04-2280-8035
提供各類之出版品、排版編輯印刷、商業廣告設計

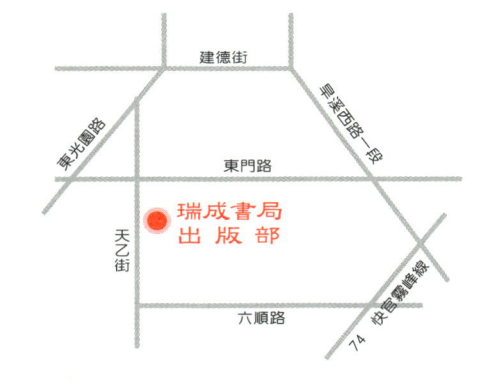

線上資源 On-line Resources

- 商城
- FB
- LINE
- 命理/心靈諮詢服務

瑞成書局
THE REGENT STORE

1 樓簡介　心靈、人文、保健類圖書

【解憂室】	【文物類】	【圖書類】		【飲品】
身心靈諮詢	水晶用品	心靈叢書	台灣文化	咖　啡
命理諮詢	水晶飾品	兩性關係	素、葷食譜	茶　品
	生活用品	親子叢書	兒童繪本	
	文創商品	醫學保健	輕小說	
		中醫、草藥	旅遊叢書	

瑞成書局
THE REGENT STORE

2樓簡介　五術類圖書

【文物類】
- 羅盤
- 五術用品
- 五術軟體
- 油燈、香品
- 供杯、爐具
- 法器、海青
- 佛幡、拜墊
- 法器、舍利塔

【文具用品】
- 辦公文具
- 書法用具

【圖書類】
- 風水、擇日
- 陽宅、相學
- 八字、易經
- 符咒、紫微
- 六爻、奇門遁甲
- 星座、姓名學
- 國學叢書

瑞成書局
THE REGENT STORE

3樓簡介　宗教教圖書

【圖書類】
佛、道經摺
佛學叢書
道學叢書
密學經摺
密學叢書
佛、道、密辭典

【文物類】
影音商品
唸佛機、計數器
佛、道、學用品
佛像(平面、立體)
文疏、蓮、祿位
佛學文物

瑞成書局
THE REGENT STORE

4 樓簡介　我的書房

【閱讀、展演空間】
書目療癒空間

體驗空間

空間租借

國家圖書館出版品預行編目（CIP）資料

```
陽宅風水指南. 2026 = Guide to yang house feng
  shui / 胡肇台編著. -- 1版. -- 臺中市：瑞成
  書局，2025.08
    面；  公分
  ISBN 978-957-785-930-3(平裝)

  1.CST: 相宅

294.1                                    114010789
```

2026 陽宅風水指南

編　　　著：胡肇台
版面編排：采奕設計
電　　　話：07-561-2288
出　版　者：瑞成書局
出　版　部：台中市東區天乙街 107 號
電　　　話：04-2280-8033
傳　　　眞：04-2280-8035
台中門市：台中市雙十路一段 4-33 號
電　　　話：04-2212-0708
傳　　　眞：04-2211-0566
郵政劃撥：00200373
戶　　　名：瑞成書局
網　　　址：www.theregentstore.com
行政院新聞局出版事業登記證局版台業字第 0519 號
Ｉ Ｓ Ｂ Ｎ：978-957-785-930-3
定　　　價：960 元
西元 2025 年 8 月 1 版 1 刷

◎版權所有，請勿翻印。
◎如有破損、缺頁或倒裝，請寄回更換。

百年書店
since1912

宗教｜五術｜心靈｜保健｜人文

瑞成書局
THE REGENT STORE

瑞成書局
THE REGENT STORE

百年書店
since1912

宗教｜五術｜心靈｜保健｜人文